OEUVRES

DE

WALTER SCOTT,

TRADUITES

PAR M. LOUIS VIVIEN,

AVEC TOUTES LES NOTES, PRÉFACES, INTRODUCTIONS ET MODIFICATIONS
AJOUTÉES PAR L'AUTEUR A LA DERNIÈRE ÉDITION D'ÉDIMBOURG ;

ET

DE NOUVELLES NOTES HISTORIQUES ET LITTÉRAIRES PAR LE TRADUCTEUR.

TROISIÈME ÉDITION.

Tome Deuxième.

—

GUY MANNERING.

PARIS :

Chez LEFÈVRE, Éditeur, rue de l'Éperon, 6.
POURRAT FRÈRES, Éditeurs, ‖ DAUVIN et FONTAINE, Libraires,
Rue des Petits-Augustins, 5. ‖ Passage des Panoramas, 35.

1840.

ŒUVRES

DE

WALTER SCOTT.

TOME II.

IMPRIMERIE DE BEAULÉ, RUE FRANÇOIS MIRON, 8.

ŒUVRES

DE

WALTER SCOTT

TRADUITES

PAR M. LOUIS VIVIEN,

AVEC TOUTES LES NOTES, PRÉFACES, INTRODUCTIONS ET MODIFICATIONS AJOUTÉES PAR L'AUTEUR
A LA DERNIÈRE ÉDITION D'ÉDIMBOURG;
ET DE NOUVELLES NOTES HISTORIQUES ET LITTÉRAIRES PAR LE TRADUCTEUR.

TROISIÈME ÉDITION.

TOME DEUXIÈME.

GUY MANNERING.

Paris,

Chez LEFÈVRE, Éditeur, rue de l'Éperon, 6;
DAUVIN et FONTAINE, Libraires, passage des Panoramas, 35;
POURRAT FRÈRES, Éditeurs, rue des Petits-Augustins, 5.

1840.

INTRODUCTION.

La nouvelle ou roman de WAVERLEY fit d'abord lentement son chemin vers la faveur publique, comme on devait s'y attendre; mais ensuite sa popularité s'accrut tellement, que l'auteur se sentit encouragé à une seconde tentative. Il chercha un nom et un sujet; et la manière dont fut composée la nouvelle ne peut être mieux expliquée qu'en rapportant la simple narration qui servit de base première à *Guy Mannering*, mais avec laquelle, dans le cours de la composition, l'ouvrage cessa d'avoir la moindre ressemblance, même la plus éloignée. L'histoire me fut originairement racontée par un ancien serviteur de mon père, bon vieux Highlander à qui je ne connaissais pas un défaut, à moins qu'on ne regarde comme tel une préférence marquée pour la *rosée des montagnes*[1] sur toute autre liqueur moins énergique. Il croyait à cette histoire aussi fermement qu'à aucun article de foi.

Selon le récit du vieux John Mac Kinlay, un homme âgé, d'extérieur grave, voyageant dans un des cantons les plus sauvages du Galloway, fut surpris par la nuit. Il parvint, non sans peine, à trouver une maison de campagne, où il fut accueilli aussitôt avec l'hospitalité du temps et du pays. Le maître de la maison, gentilhomme fort aisé, fut frappé des dehors respectables de son hôte, et s'excusa près de lui d'un certain degré de confusion qui devait inévitablement accompagner sa réception, et dont il ne pouvait manquer de s'apercevoir. La dame de la maison, lui dit-il, était retenue dans son appartement, et sur le point de le rendre père pour la première fois, quoiqu'ils fussent mariés depuis dix ans. Dans une telle conjoncture, ajouta le laird, il craignait que son hôte se pût croire un peu négligé.

—Nullement, monsieur, dit l'étranger; mes besoins sont peu nombreux et aisément satisfaits, et j'espère même que la circonstance présente m'offrira l'occasion de vous témoigner la gratitude que votre

---

[1] Le whisky. (L. V.)

hospitalité m'inspire. Qu'il me soit seulement permis de vous demander qu'on m'informe de l'instant précis de la naissance, et j'espère vous faire connaître quelques particularités qui pourront avoir une influence notable sur l'avenir de l'enfant prêt à faire son entrée dans ce monde d'activité et de vicissitudes. Je ne vous cacherai pas que je suis habile dans l'art de comprendre et d'interpréter les mouvements de ces corps planétaires qui exercent leur influence sur la destinée des mortels. C'est une science que je ne pratique pas, comme d'autres qui prennent le titre d'astrologues, en vue de salaire ou de récompense; car j'ai une fortune suffisante, et je n'use des connaissances que je possède que pour l'avantage de ceux à qui je prends intérêt.

Le laird s'inclina en signe de respect et de gratitude, et l'étranger fut installé dans un appartement d'où l'on pouvait contempler dans toute leur étendue les régions célestes.

L'hôte passa une partie de la nuit à déterminer la position des corps planétaires et à calculer leur influence probable; jusqu'à ce qu'enfin le résultat de ses observations le détermina à envoyer chercher le père, et à le conjurer de la manière la plus solennelle de faire retarder la naissance par les assistants, si la chose était praticable, ne fût-ce que de cinq minutes. Il fut répondu que c'était impossible; et, presque au même instant où l'on venait de recevoir cette réponse, le père et son hôte furent informés de la naissance d'un garçon.

L'astrologue vint le lendemain matin se réunir à la compagnie rassemblée pour le déjeuner; son air était si grave et si sombre qu'il excita les craintes du père, lequel, jusque-là, s'était réjoui de l'avenir que lui présageait la naissance d'un héritier de ses anciens domaines, qui, autrement, auraient dû passer à une branche éloignée de la famille. Il se hâta d'emmener l'étranger dans une pièce à l'écart.

—D'après votre air, dit le père, je crains que vous n'ayez de mauvaises nouvelles à m'annoncer au sujet de l'enfant qui vient de nous arriver; peut-être Dieu nous retirera-t-il la grâce qu'il nous a faite, avant que cet enfant ait atteint l'âge de virilité; peut-être doit-il se montrer indigne de l'affection que nous sommes naturellement portés à vouer à notre progéniture?

—Ni l'un ni l'autre, répondit l'étranger; à moins que mes prévisions ne me trompent grandement, l'enfant dépassera l'âge de sa minorité, et, par son caractère et ses dispositions, répondra à tout ce que ses parents peuvent désirer. Mais au milieu des heureuses influences de son horoscope, il en est une mauvaise qui domine puissamment, et qui menace de le soumettre à une impie et malheureuse tentation vers l'époque où il atteindra sa vingt-unième année : c'est à cette époque, selon les constellations, qu'aura lieu la crise de sa destinée. Mais sous quelle forme et dans quelle circonstance particulière cette tentation l'assiégera-t-elle? c'est ce que mon art ne peut découvrir.

— Ainsi, reprit le père alarmé, votre art ne nous peut fournir aucun secours contre le mal dont mon fils est menacé ?

— Pardonnez-moi, répondit l'étranger, il le peut. L'influence des constellations est puissante; mais Celui qui créa le ciel est plus puissant qu'elle, si son secours est invoqué avec un cœur sincère et fervent. Vous devez consacrer cet enfant au service immédiat de son Créateur, avec la même sincérité que Samuel fut voué au culte, par ses parents, dans le temple. Il faut que vous le regardiez comme un être séparé du reste du monde. Enfant et adolescent, il faudra qu'il soit entouré par vous de personnes pieuses et vertueuses, et protégé, par tous les moyens qui seront en votre pouvoir, contre la vue ou le récit de toute espèce de crimes, soit en paroles, soit en actions. Il faut qu'il soit élevé dans les principes les plus stricts de la religion et de la morale. Ne le laissez pas entrer dans le monde, de peur qu'il n'apprenne à partager ses folies, et peut-être ses vices. En un mot, préservez-le, autant que possible, de tout péché, sauf celui dont une part trop grande revient à tous les membres de la race déchue d'Adam. A l'approche de son vingt-unième anniversaire, viendra la crise de sa destinée. S'il y survit, sa vie ici-bas sera heureuse et prospère, et il sera un des vases d'élection à qui le Ciel est promis; mais s'il en est autrement... L'astrologue s'arrêta, et poussa un profond soupir.

— Monsieur, répliqua le père encore plus alarmé qu'auparavant, vos paroles sont de telle sorte, et vos avis si importants, que j'apporterai la plus grande attention à vos prescriptions; mais ne pouvez-vous m'aider davantage sur un objet si grave? Croyez-moi, je ne serai pas ingrat.

— Je ne demande ni ne mérite de reconnaissance pour faire une bonne action, reprit l'étranger, et surtout pour contribuer en tout ce qui est en mon pouvoir à sauver d'un sort redoutable l'innocent enfant que la nuit dernière a vu naître sous une conjonction planétaire si étrange. Voici mon adresse ; vous pourrez m'écrire de temps à autre, pour m'informer des progrès de l'enfant dans les connaissances religieuses. S'il est élevé selon mes avis, je pense que le mieux sera qu'il vienne chez moi, lorsqu'approchera l'époque fatale et décisive, c'est-à-dire avant qu'il n'ait complété sa vingt-unième année. Si vous me l'envoyez tel que je le désire, j'ai l'humble confiance que Dieu protégera celui qui se sera donné à Lui, quelque forte que soit la tentation à laquelle son destin puisse le soumettre.

Il donna alors son adresse à son hôte (elle indiquait une maison de campagne près d'une ville de poste dans le midi de l'Angleterre), et prit affectueusement congé de lui.

Le mystérieux étranger partit ; mais ses paroles restèrent empreintes dans l'esprit inquiet du père. Son fils était encore enfant, lorsqu'il perdit sa femme. Ce malheur, je crois, avait été prédit par l'astrologue ; et la confiance que, comme beaucoup de personnes de cette époque, il accordait à la science astrologique, en fut encore augmentée et fortifiée. Les plus grands soins furent donc pris pour réaliser le plan d'éducation sévère et presque ascétique que le sage avait prescrit. Un gouverneur des principes les plus rigides fut choisi pour diriger l'éducation du jeune homme ; il fut entouré de domestiques d'un caractère éprouvé, et incessamment surveillé par l'œil inquiet et attentif du père lui-même.

Les années d'enfance, celles de l'adolescence et de la première jeunesse s'écoulèrent comme ce dernier pouvait le désirer. Un jeune Nazaréen n'aurait pu être élevé avec plus de rigueur. Tout ce qui était mal était éloigné de lui : — il n'entendait que des préceptes de pure morale ; — il ne voyait que ce qui était digne d'être imité.

Mais lorsque les années de l'enfance commencèrent à faire place à celles de la raison, le père attentif découvrit des sujets d'alarme. Une ombre de tristesse, qui graduellement prit un caractère plus sombre, s'étendit peu à peu sur le caractère du jeune homme. Des larmes qui semblaient involontaires, un sommeil agité, des courses sans but à la clarté de la lune, une mélancolie à laquelle il ne pouvait assigner de cause, parurent menacer à la fois sa santé et son esprit. L'astrologue, consulté par lettre, répondit que cet état d'esprit inégal n'était que le début de son épreuve, et que le pauvre jeune homme aurait à soutenir des luttes de plus en plus difficiles avec le mal dont il était atteint.

Il n'y avait pas espoir de remède, à moins qu'il ne s'adonnât assidûment à l'étude des saintes Écritures. « Il souffre, ajoutait la lettre du sage, de l'éveil de ces harpies, les passions, qui ont sommeillé en lui, comme chez les autres, jusqu'à l'époque de la vie qu'il a maintenant atteinte. Mieux vaut cent fois qu'elles le tourmentent de sollicitations importunes, que s'il avait à se repentir de les avoir assouvies par une indulgence criminelle. »

Le jeune homme était doué de si excellentes dispositions qu'il combattit, par la raison et la religion, les accès de noire mélancolie qui parfois envahissaient son esprit; et ce fut seulement lorsqu'il eut atteint le commencement de sa vingt-unième année, que ces accès prirent un caractère qui fit trembler son père sur leurs conséquences. Il semblait que la plus sombre et la plus hideuse des maladies mentales eût pris la forme du désespoir religieux. Le jeune homme était toujours doux, poli, affectueux, soumis à la volonté de son père, et résistait de tout son pouvoir aux sinistres suggestions qui semblaient soufflées en lui par quelque émanation du Mauvais Principe, pour l'inciter, comme la méchante femme de Job, à maudire Dieu et à mourir.

Vint enfin le moment d'entreprendre ce qui était regardé alors comme un long voyage, et même comme un voyage quelque peu périlleux, pour se rendre chez l'ancien ami qui avait calculé son horoscope. Sa route le conduisit à travers plusieurs lieux intéressants, et il jouit du plaisir de voyager plus que lui-même ne l'eût cru possible. Il n'atteignit ainsi le lieu de sa destination que vers midi, la veille de l'anniversaire de sa naissance. Il semblait qu'il eût été entraîné par un flot inhabituel de sensations agréables, de manière à lui faire oublier, jusqu'à un certain point, ce que lui avait appris son père du but de son voyage. Il fit enfin halte devant une vieille maison d'apparence respectable, mais solitaire, qu'on lui avait indiquée comme la demeure de l'ami de son père.

Les domestiques qui vinrent prendre son cheval lui dirent qu'il était attendu depuis deux jours. Il fut conduit dans un cabinet, où l'étranger, maintenant vieillard vénérable, qui avait été l'hôte de son père, le reçut d'un air grave et le front obscurci d'un nuage de mécontentement. — Jeune homme, lui dit-il, pourquoi avoir fait si lentement un voyage de telle importance? — J'ai cru, répondit le nouvel arrivant en rougissant et en baissant les yeux, qu'il n'y avait pas de mal à voyager lentement et à satisfaire ma curiosité, pourvu que j'atteignisse votre demeure aujourd'hui ; car telle a été la recommandation de mon père. — Vous méritiez d'être blâmé pour votre lenteur, reprit le sage, attendu que le vengeur du sang était sur vos traces. Mais vous êtes arrivé, enfin, et nous aurons bon espoir, quoique le combat où vous allez être engagé sera d'autant plus terrible qu'il aura été plus longtemps retardé. Mais, d'abord, acceptez les rafraîchissements qu'exige la nature, non pour flatter, mais pour satisfaire l'appétit.

Le vieillard précéda son hôte dans un salon d'été, où un repas frugal fut placé sur la table. Au moment où ils y prirent place, ils furent rejoints par une jeune personne d'environ dix-huit ans, d'un aspect si agréable que sa vue fit complètement oublier au jeune étranger la singularité et le mystère qui entouraient son sort, et que son attention se concentra sur chacun de ses mouvements, sur la moindre de ses paroles. Elle parla peu, et ce fut sur les sujets les plus sérieux. Pour obéir à son père elle toucha du clavecin, mais ce fut par des hymnes qu'elle accompagna l'instrument. Enfin, sur un signe du sage, elle quitta la salle, et en partant elle jeta sur le jeune étranger un regard rempli d'intérêt et d'une indicible anxiété.

Le vieillard reconduisit alors son nouvel hôte à son cabinet, et s'entretint avec lui sur les points les plus importants de la religion, pour s'assurer qu'il pourrait rendre raison de la foi qu'il professait. Durant cet examen, le jeune homme, en dépit de lui-même, se sentit plus d'une fois l'esprit distrait ; involontairement ses souvenirs se reportaient sans cesse vers la vision séduisante qui avait partagé leur repas de midi. Quand ceci arrivait, et que son attention se relâchait, l'astrologue prenait un air grave et secouait la tête ; pourtant, au total, il fut satisfait des réponses du néophyte.

Au coucher du soleil, le jeune homme fut conduit au bain ; puis on le fit se vêtir d'une robe assez semblable à celle que portent les Arméniens, ses longs cheveux rabattus par le peigne sur ses épaules, le cou, les mains et les pieds nus. Dans ce déguisement, il fut mené à une chambre écartée, absolument vide de meubles, sauf une lampe, une chaise et une table, sur laquelle une Bible était posée. — Je dois vous laisser seul ici, lui dit l'astrologue, passer la période la plus critique de votre vie. Si vous pouvez, par le souvenir des grandes vérités dont nous nous sommes entretenus, repousser les attaques qui seront dirigées contre votre courage et vos principes, vous n'avez rien à craindre. Mais l'épreuve sera sévère et difficile. Les traits du vieillard prirent alors une expression de solennité touchante, des larmes roulèrent dans ses yeux, et ce fut d'une voix affaiblie par l'émotion qu'il ajouta : « Cher enfant, à ton arrivée au monde, j'ai prévu cette fatale épreuve; puisse Dieu te faire la grâce de la supporter avec fermeté ! »

Le jeune homme fut laissé seul; et à peine se trouva-t-il ainsi livré à lui-même, que, semblables à un essaim de démons, tous ses péchés de fait et d'omission, rendus plus terribles par la rigidité de son éducation, lui revinrent en pensée et assaillirent son esprit, et, comme des furies armées de verges brûlantes, semblaient vouloir le pousser au désespoir. Tandis qu'il combattait ces horribles souvenirs avec des pensées distraites, mais avec une âme résolue, il sentit qu'un autre répondait à ses arguments par des sophismes, et que la dispute n'était plus confinée dans ses propres pensées. L'Auteur du Mal était présent, là, dans la chambre, sous forme corporelle; et puissant sur les esprits d'une trempe mélancolique, il le pénétrait d'un sentiment de désespoir, et lui montrait le suicide comme le moyen le plus prompt de mettre un terme à sa carrière criminelle. Parmi ses fautes, le plaisir qu'il avait pris à prolonger inutilement son voyage, et l'attention qu'il avait donnée à la beauté de la fille du vieillard, quand toutes ses pensées auraient dû être consacrées aux pieux discours de son père, s'offraient à lui sous les couleurs les plus noires; et il fut traité en homme qui, ayant péché contre la lumière, est, en conséquence et avec justice, livré comme une proie au Prince des Ténèbres.

A mesure qu'avançait l'heure fatale marquée par le destin, les terreurs de l'odieuse Présence devenaient plus accablantes pour les facultés mortelles de la victime, et le réseau de ses détestables sophismes devenait plus inextricable en apparence, du moins pour la proie qu'il enserrait. Il n'eut plus ni le pouvoir de rendre raison de l'assurance de pardon qu'il continuait d'affirmer, ni la force de prononcer le Nom victorieux auquel il se confiait. Mais sa foi ne l'abandonna pas, quoique pendant quelques moments il eût perdu la faculté de l'exprimer. — Dites ce que vous voudrez, répondit-il au Tentateur, je sais qu'il y a dans ce Livre tout ce qu'il faut pour m'assurer le pardon de mes fautes et le salut de mon âme. En cet instant, il entendit sonner l'horloge annonçant que l'heure fatale était écoulée. Avec la parole, le jeune homme recouvra à l'instant même toute sa puissance intellectuelle. Il se répandit en actions de grâces, et exprima, dans les termes les plus ardents, sa confiance dans la vérité de l'Évangile et dans son divin auteur. Le démon vaincu se retira en poussant des hurlements de rage, et le vieillard, entrant dans l'appartement, félicita son hôte, les larmes aux yeux, de sa victoire dans la lutte fatidique.

Le jeune homme épousa plus tard la jeune et belle personne qui, à la première vue, avait fait sur lui une impression si profonde, et l'histoire, en finissant, les laissait jouissant du bonheur domestique. — Ainsi se terminait la légende de John Mac Kinlay.

L'Auteur de *Waverley* avait cru possible de tracer une œuvre d'imagination qui ne serait dépourvue ni d'intérêt, ni peut-être même d'édification, en mettant en scène les incidents de l'existence d'un individu prédestiné, dont les efforts vers le bien et la vertu seraient constamment traversés par l'intervention, en quelque sorte, de quelque être malveillant, et qui cependant sortirait enfin victorieux de cette lutte terrible. Quelque chose, en un mot, fut médité sur un plan semblable à l'histoire imaginaire de Sintram et de ses compagnons par M. le baron de La Motte-Fouqué, quoique, si cette histoire existait alors, l'auteur ne la connût pas.

On peut retrouver dans les trois ou quatre premiers chapitres de l'ouvrage des traces du plan projeté ; mais de plus mûres considérations déterminèrent l'auteur à abandonner son dessein. Il lui parut que l'astrologie, quoique Bacon lui-même en ait autrefois reconnu et admis l'influence, ne conservait pas aujourd'hui sur la généralité des esprits assez d'empire pour qu'on en pût faire le ressort principal d'un roman. Il réfléchit en outre que, pour traiter convenablement un tel sujet, il eût non-seulement fallu plus de talent que l'auteur n'avait conscience d'en posséder, mais aussi qu'il eût fallu aborder des doctrines et des discussions d'une nature trop sérieuse pour son objet et pour le caractère de l'ouvrage. En changeant son plan, néanmoins, ce qui n'eut lieu que quand l'impression était déjà commencée, les premières feuilles conservèrent des vestiges de la conception originaire, bien qu'alors ils y fussent attachés comme un embarras aussi peu nécessaire que peu naturel. L'auteur a dû expliquer, pour s'en excuser, la cause de l'existence de ces vestiges.

Il est digne de remarque que, bien que les doctrines astrologiques soient tombées dans un discrédit universel, et aient été supplantées par des superstitions d'une nature plus grossière et beaucoup moins nobles, elles ont cependant, même dans les temps modernes, conservé quelques sectateurs.

Un des plus remarquables croyants de cette science oubliée et méprisée a été un homme mort depuis peu, et qui tenait un rang éminent dans l'art de la prestidigitation. On aurait pu croire qu'une personne de cette nature aurait dû, par sa connaissance des mille moyens d'illusion qui peuvent abuser les yeux, être moins que d'autres exposée aux caprices de la superstition. Peut-être est-ce l'habitude de ces combinaisons abstruses par lesquelles beaucoup de tours de cartes et autres sont exécutés, d'une manière surprenante pour l'artiste lui-même, qui porta cet homme à étudier les rapports mutuels des étoiles et des planètes, dans l'espoir d'y trouver des communications prophétiques.

Il construisit un thème de sa propre nativité, calculé suivant telles règles de l'art qu'il put tirer des meilleurs auteurs astrologiques. Pour le passé, le résultat se trouva en parfaite concordance avec ce qui lui était arrivé jusqu'alors ; mais pour l'avenir, cette partie importante du thème, il se présentait une difficulté singulière. Il y avait deux années durant le cours desquelles il ne pouvait en aucune manière reconnaître avec certitude si le sujet de l'horoscope serait mort ou vivant. Inquiet sur une circonstance si importante, il communiqua le thème à un confrère en astrologie, qui se trouva aussi arrêté par la même difficulté. A une certaine époque, il trouvait que le *natif* ou *sujet* était certainement en vie ; à une autre époque, qu'il était indubitablement mort. Mais un intervalle de deux ans séparait ces deux termes, et dans cet intervalle il ne pouvait trouver de certitude ni pour sa mort ni pour son existence.

L'astrologue nota dans son Journal cette circonstance frappante, et continua ses exhibitions dans les diverses parties de l'empire, jusque vers le moment où allait expirer la période durant laquelle la certitude de son existence avait été garantie. Enfin, un jour qu'il exécutait devant une nombreuse assemblée ses tours habituels de prestesse, ses mains, dont la promptitude avait si souvent mis en défaut les observateurs les plus attentifs, perdirent tout à coup leur pouvoir ; les cartes s'en échappèrent, et il tomba, paralytique impuissant. L'artiste languit en cet état pendant deux années, au bout desquelles il mourut

On dit que le Journal de ce moderne astrologue sera bientôt rendu public.

Le fait, s'il est exactement rapporté, est une de ces singulières coïncidences qui s'éloignent si étrangement des calculs ordinaires, mais où il y a toujours quelques irrégularités sans lesquelles la vie humaine ne présenterait pas aux mortels dont les regards plongent sur l'avenir cet abîme d'impénétrable obscurité qu'il a plu au Créateur d'interposer entre eux et les temps futurs. Si tout arrivait selon le cours ordinaire des choses, l'avenir serait soumis, comme les chances du jeu, aux règles de l'arithmétique. Mais des événements extraordinaires, d'étonnants coups du hasard, défient les calculs des hommes, et jettent d'impénétrables ténèbres sur les événements à venir.

A l'anecdote qui précède, on peut en ajouter une autre encore plus récente. L'auteur fut dernièrement honoré d'une lettre d'une personne profondément versée dans ces mystères, qui entreprit obligeamment de calculer la nativité de l'auteur de *Guy Mannering*, lequel pouvait être supposé propice à l'art divin que cette personne professait. Mais il fut impossible de fournir les données nécessaires pour la construction d'un horoscope, alors même que le *sujet* l'eût désiré, tous ceux qui auraient pu indiquer les détails précis de jour, d'heure et de minute étant alors depuis longtemps partis de notre sphère mortelle.

Après avoir ainsi dit quelque chose de l'idée première qui servit de point de départ à l'histoire, et qui fut si tôt abandonnée, l'auteur, suivant le plan de la présente édition, a maintenant à parler des prototypes des principaux personnages de *Guy Mannering*.

Quelques circonstances de position locale donnèrent à l'auteur, dans sa jeunesse, l'occasion de voir un peu par lui-même, et surtout de connaître, par le rapport d'autres témoins, cette classe d'êtres dégradés qu'on nomme *gipsies*, classe qui n'est plus, en beaucoup de cas, qu'une race mêlée, composée en partie des descendants de ces *Égyptiens* qui arrivèrent en Europe vers le commencement du quinzième siècle, et en partie de vagabonds d'origine européenne.

L'Égyptienne sur laquelle le caractère de Meg Merrilies a été modelé était bien connue, vers le milieu du dernier siècle, sous le nom de Jeanne Gordon; elle habitait le village de Kirk-Yetholm, dans les monts Cheviot, non loin des frontières d'Angleterre. L'auteur a donné au public sur ce personnage remarquable, dans un des premiers numéros du *Blackwood's Magazine*, quelques détails qu'il va reproduire ici :

« Mon père se rappelait la vieille Jeanne Gordon de Yetholm, qui avait une grande influence dans sa tribu. C'était tout à fait une Meg Merrilies, et elle possédait à un degré égal la même fidélité sauvage. Ayant été souvent reçue avec hospitalité à la ferme de Lochside, près de Yetholm, elle s'était soigneusement abstenue de commettre aucune déprédation sur les propriétés du fermier. Mais ses fils (elle en avait neuf) n'eurent pas, ce semble, la même retenue, et volèrent une truie pleine à leur généreux protecteur. Jeanne fut mortifiée de cette ingratitude, et en eut tant de honte, qu'elle quitta Lochside pour plusieurs années.

« Il arriva par la suite qu'une gêne temporaire obligea le fermier de Lochside d'aller à Newcastle emprunter quelque argent pour payer sa rente. Il réussit dans son dessein ; mais, à son retour, il fut surpris par la nuit au milieu des monts Cheviot, et s'égara.

« Une lumière, brillant à travers la fenêtre d'une grange délabrée, reste d'une ancienne ferme, le guida vers un lieu d'abri ; et quand il cogna à la porte, ce fut Jeanne Gordon qui vint la lui ouvrir. Sa taille peu ordinaire (car elle avait près de six pieds[1]), et ses traits ainsi que son costume non moins remarquable, la lui firent reconnaître sur-le-champ, quoiqu'il ne l'eût pas vue depuis plusieurs années ; et se rencontrer avec une telle femme dans un lieu si solitaire, à peu de distance, sans doute, de sa tribu, fut une surprise qui n'eut rien d'agréable pour le pauvre homme, qui portait sur lui l'argent de sa redevance, dont la perte l'eût ruiné.

« Jeanne poussa une bruyante exclamation de joyeuse reconnaissance. — Eh, sirs[2] ! le bon fermier[3] de Lochside ! Mettez pied à terre, mettez pied à terre ; car vous n'irez pas plus loin ce soir, quand la maison d'un ami est si près. — Il fallut que le fermier descendît de cheval, et acceptât l'offre d'un souper et d'un lit que lui fit l'Égyptienne. Il y avait dans la grange abondance de provisions, n'importe comment elles y fussent venues, et la vieille était en train de préparer un repas copieux ;

---

[1] A peu près cinq pieds et demi de France. (L. V.)

[2] Exclamation familière aux Écossais, pour exprimer la joie, la surprise, tous les mouvements subits et violents de l'âme. Littéralement, *hé, messieurs!* (L. V.)

[3] Jeanne Gordon emploie l'expression *gudeman*, bonhomme, titre que reçoivent dans les campagnes d'Écosse les chefs de famille. Il en est de même dans nos campagnes du nord de la France. (L. V.)

le fermier, au grand accroissement de son inquiétude, remarqua que ce repas était destiné à douze convives, de la même trempe, probablement, que son hôtesse.

« Jeanne ne le laissa pas dans le doute à cet égard. Elle lui rappela l'histoire de la truie volée, et lui dit combien de peine et de contrariété elle en avait éprouvé. Comme d'autres philosophes, elle fit observer que le monde allait chaque jour de mal en pis ; et, comme d'autres parents, que les enfants ne l'écoutaient plus, et négligeaient les anciens règlements des Égyptiens, qui leur prescrivaient de respecter, dans leurs déprédations, les propriétés de leurs bienfaiteurs. Elle finit en s'enquérant du fermier quel argent il avait sur lui, et en lui demandant instamment ou plutôt en lui ordonnant de lui confier la garde de sa bourse, attendu que les enfants, comme elle appelait ses fils, ne tarderaient pas à revenir. Le pauvre fermier fit de nécessité vertu, raconta son histoire, et remit son or à la garde de Jeanne. Elle lui fit mettre quelques shillings dans sa poche, observant que s'il était trouvé voyageant sans un sou, cela exciterait les soupçons.

« Cet arrangement fait, le fermier se coucha sur une sorte de *shake down*, comme disent les Écossais, c'est-à-dire entre des couvertures arrangées sur un peu de paille ; mais, comme on le croira aisément, il ne dormit pas.

« Vers minuit, la bande revint, avec divers articles de butin, et les bohémiens se mirent à parler de leurs exploits en termes qui faisaient frissonner le fermier. Ils ne tardèrent pas à découvrir qu'ils avaient un hôte, et ils demandèrent à Jeanne qui elle avait reçu là.

« — C'est, répondit-elle, le bon fermier de Lochside. Le pauvre diable ! il a été à Newcastle chercher de l'argent pour payer sa rente, l'honnête homme ! mais le diable soit rossé s'il en a pu trouver, et il retourne chez lui la bourse vide et le cœur triste.

« — Ça peut être, Jeanne, répliqua un des bandits ; mais il faut un peu visiter ses poches, pour voir si l'histoire est vraie ou non. Jeanne s'emporta en exclamations contre cette violation de l'hospitalité, mais sans pouvoir lui faire changer de détermination. Bientôt après le fermier les entendit chuchotter et marcher avec précaution près de sa couche, et comprit qu'ils fouillaient ses habits. Quand ils trouvèrent l'argent que la prévoyance de Jeanne Gordon lui avait fait conserver, ils se consultèrent pour savoir s'ils le lui prendraient ou non ; mais la médiocrité du butin, et la vivacité des remontrances de Jeanne, les décidèrent pour la négative. Ils ripaillèrent et allèrent se coucher. Dès que le jour commença à poindre, Jeanne éveilla son hôte, lui remit son cheval, qu'elle avait sellé et bridé derrière le *hallan*¹, et le guida pendant plusieurs milles, jusqu'à ce qu'il fût sur le grand chemin de Lochside. Elle lui rendit alors sa bourse intacte, et les instances du fermier ne purent la décider à accepter seulement une guinée.

« J'ai entendu dire à des habitants âgés de Jedburgh que tous les fils de Jeanne y avaient été condamnés à mort le même jour. On dit que le jury était également partagé, lorsqu'un ami de la justice, qui avait dormi durant tout le cours des débats, se réveilla subitement et vota pour la condamnation en s'écriant avec emphase : *Pendez-les tous!* L'unanimité n'est pas exigée dans un jury d'Écosse, de sorte que le verdict de culpabilité fut rendu. Jeanne, qui était présente, dit seulement : « Que le Seigneur secoure l'innocent dans un jour comme celui-ci ! » Sa propre mort fut accompagnée de brutalités et d'outrages qu'à beaucoup d'égards la pauvre Jeanne ne méritait pas. Parmi d'autres défauts, ou parmi d'autres mérites, selon qu'il plaira au lecteur, elle avait celui d'être une jacobite renforcée. Se trouvant à Carlisle, un jour de foire ou de marché, peu après l'année 1746, elle donna cours à ses prédilections politiques, au grand scandale de la populace de cette ville. Chaleureuse dans son *loyalisme*, alors qu'il n'y avait plus de danger, en proportion de la soumission empressée qu'elle avait mise à se rendre aux Highlanders en 1745, la populace ne crut pas pouvoir infliger à la pauvre Jeanne Gordon une peine plus légère que d'être plongée dans l'Eden jusqu'à ce que mort s'ensuivît ². Ce fut une opération qui dura quelque temps, car Jeanne était vigoureuse ; en luttant avec ses meurtriers elle ramenait souvent sa tête au-dessus de l'eau, et chaque fois elle continua de crier, tant qu'il lui resta un souffle de voix : *Charles toujours! Charles toujours*³ ! Quand j'étais enfant, et que je me trouvais aux lieux qu'elle fréquentait, j'ai souvent entendu raconter ces histoires, et pleuré de pitié sur la pauvre Jeanne Gordon.

---

¹ Les notes de *Waverley* ont déjà expliqué ce que c'était que le *hallan* dans une chaumière d'Écosse. C'est une sorte d'appentis extérieur. (L. V.)

² Cette circonstance a sans doute suggéré à l'auteur l'idée de la mort de Madge Wildfire dans le *Cœur de Midlothian*, ch. xl. (L. V.)

³ *Charlie yet. Charlie yet!*

« Avant de quitter les gipsies des Borders, je puis raconter que mon grand-père, un jour qu'il traversait à cheval les *moors* de Chaterhouse, lande communale alors fort étendue, tomba tout à coup au milieu d'une bande nombreuse de ces hommes, occupés à boire dans un creux du moor entouré de broussailles. Ils s'emparèrent aussitôt de la bride de son cheval en poussant force cris de bienvenue, et en s'écriant (car il était bien connu de beaucoup d'entre eux,) qu'ils avaient souvent dîné à ses dépens, et que maintenant il fallait qu'il s'arrêtât et partageât leur bonne chère. Mon aïeul fut quelque peu alarmé, car il avait, comme le fermier de Lochside, plus d'argent sur lui qu'il ne se souciait d'en risquer en telle société. Néanmoins, étant naturellement hardi et réjoui, il entra dans l'esprit de l'aventure et prit place au festin, qui consistait en toute sorte de gibier, en volaille, porc, et autres provisions qu'avait pu rassembler un système de rapine exercé en grand et sans distinction. Le dîner fut des plus joyeux ; mais mon grand-père profita de l'avis que quelques-uns des plus vieux gipsies lui donnèrent de se retirer au moment

> Où la joie devenait plus bruyante et la plaisanterie plus emportée ;

et remontant à cheval, il prit congé à la française [1] de ses amphitryons, sans avoir éprouvé la moindre atteinte aux lois de l'hospitalité. Je crois que Jeanne Gordon était à ce festin [2]. » (*Blackwood's Magazine*, t. Ier, p. 54.)

Nonobstant les *malheurs* de la postérité de Jeanne, dont

> Une grande partie
> Ont fini tristement au bout de la wuddie [3],

une petite fille lui survécut, et je me souviens de l'avoir vue, c'est-à-dire à peu près comme le docteur Johnson se souvenait confusément de la reine Anne, une dame au port imposant, vêtue de noir et couverte de diamants ; ainsi ma mémoire a conservé vaguement l'impres-

---

[1] Prendre congé sans rien dire, s'esquiver. (L. V.)

[2] Le lecteur trouvera de beaucoup plus amples détails sur les *gipsies* ou *bohémiens*, tant ceux d'Écosse que des autres parties de l'Europe, dans une des notes de *Quentin Durward*. (L. V.)

[3] *Wuddie* ou *woodie*, dans l'idiome écossais, est une corde, et plus spécialement une sorte de hart d'osier qui paraît avoir servi originairement à pendre les malfaiteurs. *Wood*, en anglais, signifie bois, et *wooden*, ce qui est fait de bois ; ainsi, l'expression écossaise est une dérivation du mot anglais. (L. V.)

sion solennelle d'une femme plus grande que les autres femmes, vêtue d'un long manteau rouge, qui commença la connaissance entre nous en me donnant une pomme, mais que néanmoins je regardais avec autant de crainte et de respect que le futur docteur, tout haut dignitaire de l'Église et tory qu'il devait être un jour, put en éprouver à la vue de la reine. Je crois que cette femme est la Madge Gordon qui a été l'objet, dans le même article où il est question de sa mère Jeanne, d'une notice intéressante tracée par une autre plume.

« Feu Madge Gordon était à cette époque regardée comme la reine des clans de Yetholm. C'était, à ce que nous croyons, une petite fille de la célèbre Jeanne Gordon, et on disait qu'elle lui ressemblait beaucoup. Les renseignements suivants sur son compte sont extraits de la lettre d'un ami, qui pendant fort longtemps a eu de fréquentes et favorables occasions d'observer les particularités caractéristiques des tribus de Yetholm. « Madge Gordon descendait de Faa[1] par sa mère,
« et épousa un Young. C'était une personne remarquable, — d'un as-
« pect imposant et de haute stature, ayant près de six pieds[2]. Elle
« avait un grand nez aquilin. — des yeux perçants, même dans sa
« vieillesse, — des cheveux touffus qui s'échappaient d'un chapeau de
« paille de gipsie et retombaient sur ses épaules, — un manteau court
« d'une forme particulière, et un long bâton presque aussi haut qu'elle-
« même. Je me souviens bien d'elle ; — toutes les semaines elle rendait
« une visite à mon père pour en recevoir ses *awmous*[3], à l'époque où
« je n'étais encore qu'un petit garçon, et je regardais Madge avec un
« degré peu ordinaire de respect et de terreur. Quand elle parlait avec
« véhémence (car elle se plaignait bien haut), elle avait coutume
« de frapper de son bâton sur le plancher, et de prendre une attitude
« qu'il était impossible de regarder avec indifférence. Elle avait cou-
« tume de dire qu'elle pourrait faire venir, des parties les plus éloignées
« de l'île, des amis pour venger sa querelle, tandis qu'elle resterait
« tranquillement assise dans sa cabane ; et elle se vantait souvent qu'un
« temps avait été où elle avait eu encore une plus grande importance,
« car il y avait à ses noces cinquante ânes sellés, et des ânes non sellés

---

[1] Patrick Faa, chef gipsie, mari de Jeanne Gordon.
[2] Le lecteur a déjà été prévenu que le pied anglais est d'un pouce environ plus court que le nôtre. (L. V.)
[3] Expression écossaise, pour *aumône*; en anglais, *alms*. (L. V.)

« sans nombre. Si Jeanne Gordon a été le prototype du *caractère* de Meg
« Merrilies, je pense que Madge doit avoir posé devant l'auteur inconnu
« pour représenter sa *personne*. » (*Blackwood's Magazine*, t. Ier, p. 56.)

Jusqu'à quel point l'ingénieux correspondant de Blackwood avait-il raison ou se méprenait-il dans sa conjecture, c'est ce dont le lecteur a été informé.

Si nous passons à un caractère d'une nature bien différente, Dominie Sampson, le lecteur peut aisément supposer qu'un pauvre et modeste érudit, qui a su faire son chemin dans le pays classique, mais non tenir le vent dans le voyage de la vie, n'est pas un personnage rare dans un pays où une certaine dose de connaissances peut être aisément obtenue par ceux qui veulent bien se condamner à souffrir la soif et la faim en échange de leurs acquisitions de grec et de latin. Mais il y a un prototype beaucoup plus spécial du digne Dominie, sur lequel est fondé le rôle qu'il joue dans le roman, mais dont, pour certaines raisons particulières, on ne peut parler ici qu'en termes très-généraux.

Un précepteur tel qu'est supposé avoir été M. Sampson fut réellement gouverneur des enfants d'un riche gentilhomme. Ses jeunes élèves grandirent et entrèrent dans le monde; mais le précepteur continua de demeurer dans la famille, circonstance autrefois assez commune en Écosse, où la nourriture et l'abri étaient aisément accordés à des amis ou à des serviteurs pauvres. Les ancêtres du laird avaient été imprudents; lui-même fut négligent et malheureux. La mort lui enleva ses fils, dont les succès dans le monde auraient pu balancer sa propre incapacité et sa mauvaise fortune. Ses dettes s'accrurent et ses ressources diminuèrent, jusqu'à ce qu'une ruine complète s'ensuivit. Le domaine fut vendu; et le vieillard allait s'éloigner de la maison de ses pères, sans savoir où se réfugier, quand, semblable à un vieux meuble qui, laissé à sa place habituelle, peut y durer encore longtemps, mais qui se brise en pièces si on essaie de l'en ôter, il tomba sur le seuil de sa porte, frappé de paralysie.

Le précepteur s'éveilla comme d'un rêve. Il vit son patron mort, et le seul enfant qui lui restât, une femme âgée, qui alors n'était ni belle ni gracieuse, si jamais elle avait été l'une ou l'autre, devenue par cette calamité une orpheline sans asile et sans pain. Il lui parla à peu près comme parle Dominie Sampson à miss Bertram, et lui déclara sa résolution de ne pas l'abandonner. En conséquence, il réveilla pour en

INTRODUCTION. 17

tirer parti, des talents qui sommeillaient depuis longtemps, ouvrit une petite école et soutint tant qu'elle vécut la fille de son patron, à laquelle il montra toujours le même humble respect et la même attention dévouée qu'il avait eus pour elle aux jours de sa prospérité.

Telle est l'esquisse de l'histoire réelle de Dominie Sampson, histoire qui n'offre ni incidents romanesques, ni passion sentimentale, mais qui, peut-être, par la rectitude et la simplicité de caractère qu'elle révèle, intéressera le cœur et remplira de larmes les yeux du lecteur, aussi puissamment que s'il s'agissait de malheurs d'une nature plus noble et plus raffinée.

Ces notices préliminaires concernant le roman de *Guy Mannering*, et quelques-uns des caractères qui y sont introduits, pourront, dans le cas actuel, épargner à l'auteur la peine d'écrire, et au lecteur celle de parcourir une longue suite de notes détachées.

ABBOTSFORD, janvier 1829.

GUY MANNERING,

ou

L'ASTROLOGUE.

> On dit qu'aux heures planétaires des paroles et des signes commandent aux esprits; mais je n'approuve guère le rôle aventureux de ceux qui pratiquent un art si plein de danger.   *Le Lai du dernier Ménestrel.*

CHAPITRE PREMIER.

> Il ne pouvait nier qu'en parcourant des yeux cette affreuse région, et ne voyant autour de lui que des champs d'un aspect morne et des arbres dépouillés, des collines brumeuses et des plaines inondées, il se laissât pendant un temps aller à la mélancolie, et se prît à désirer de se revoir chez lui sain et sauf.
>
> *Voyages de Will. Marvel. Le Flâneur*, n° 49.

Vers le commencement du mois de novembre 17..., un jeune gentleman anglais, qui venait de quitter l'université d'Oxford, employait ses premiers jours de liberté à visiter diverses parties du nord de l'Angleterre, et la curiosité prolongea sa tournée jusqu'au delà de la frontière écossaise. Il avait parcouru, le jour où s'ouvre notre histoire, les ruines d'un monastère dans le comté de Dumfries, et employé une partie de la journée à y dessiner des points de vue sous différents aspects; de sorte que lorsqu'il remonta à cheval pour reprendre son voyage, le court et sombre crépuscule de la saison était déjà survenu. Le chemin qu'il avait à suivre traversait une vaste plaine marécageuse couverte de mousses noirâtres et se prolongeant de chaque côté et devant lui dans une étendue de plusieurs milles. De petites éminences surgissaient comme autant d'îles à la surface de cette lande, et sur ces éminences on voyait çà et là ou des coins de terre couverts de blé encore vert, même dans cette saison, ou une cabane, une petite ferme, ombragées par un ou deux saules et entourées de hautes touffes de sureaux. Ces habitations isolées communiquaient entre elles par des sentiers sinueux à travers le marais, impraticables pour tout autre que pour les *naturels*. Le grand chemin, cependant, était passablement entretenu et assez sûr, de sorte que la perspective d'avoir à voyager de nuit n'entraînait pas de danger réel. Néanmoins il est peu agréable de parcourir seul, et dans l'obscurité, un pays inconnu, et il n'est guère d'occasions ordinaires où l'imagination soit portée à travailler et à s'alarmer, autant que dans une situation pareille à celle où se trouvait Mannering.

Comme à chaque instant le jour devenait plus faible et le pays plus noir, notre voyageur interrogea avec plus de soin tous les passants que le hasard amenait de son côté, sur la distance où il était encore de Kippletringam, village où il se proposait de passer la nuit. A ses questions il était ordinairement répondu par une contre-interrogation touchant le lieu d'où il venait. Tant qu'il resta assez de jour pour qu'on pût discerner le costume et l'extérieur d'un *gentleman*, ces contre-interrogations étaient ordinairement posées sous forme de doute, comme : « Vous aurez été à la vieille abbaye de Halycross, monsieur? il y a beaucoup de *gentlemen* anglais qui vont la voir; » — ou : « Votre Honneur viendra de la maison de Pounderloupat? » Mais quand il ne fut plus possible que d'entendre sa voix, la réponse ordinaire était : « D'où venez-vous à une telle heure, par une nuit comme celle-ci? » — ou : « Vous ne seriez pas de ce pays, l'ami? » Les réponses plus directes, quand il en obtenait, n'étaient ni bien d'accord entre elles, ni précises quant aux informations qu'elles lui donnaient. Kippletringam était d'abord éloigné *d'un bout de chemin;* puis le « bout de chemin » était plus précisément déterminé à *environ trois milles;* puis les « trois milles » se réduisaient à *quelque chose comme un mille et un petit bout*, puis ils s'étendaient jusqu'à *quatre milles ou à peu près*[1]. Enfin une femme, après avoir fait taire les vagissements d'un enfant qu'elle portait dans ses bras, assura Guy Mannering « qu'il y avait encore un bien long chemin jusqu'à Kippletringam, et une bien mauvaise route pour des piétons. » La pauvre haquenée que montait Mannering était probablement d'avis que la route ne lui convenait pas mieux qu'à cette femme; car elle commença à baisser le cou et à ralentir le pas, ne répondit plus aux coups d'éperons que par des gémissements, et trébucha à chaque pierre (et il n'en manquait pas, qui se rencontrait sous ses pieds.

---

[1] Ces indications, dans l'original, sont rapportées sous la forme piquante de locutions provinciales, qui ajoute à la vérité locale du tableau, mais qu'une traduction ne saurait rendre, plus qu'on ne pourrait rendre en anglais les idiotismes picards normands ou autres. (L. V.)

Mannering commençait à s'impatienter. De temps à autre, l'apparition d'une lumière scintillante lui donnait l'espoir trompeur que la fin de son voyage était proche ; mais, en arrivant plus près, il s'apercevait, à son grand désappointement, que cette lumière provenait de quelqu'une de ces fermes qui çà et là rompaient la monotonie du vaste marécage. Enfin, pour compléter son embarras, il arriva à un endroit où la route se divisait en deux. Lors même qu'il eût fait assez clair pour qu'il pût consulter les restes d'un poteau indicateur qui se trouvait là, il n'en aurait guère été plus avancé, attendu que, selon la louable coutume de l'Écosse, l'inscription était effacée presque aussitôt que placée. Notre aventurier fut donc contraint, comme un chevalier errant du vieux temps, de se confier à la sagacité de son cheval, lequel prit sans hésiter le chemin de gauche, et parut alors avancer d'un pas un peu plus délibéré qu'auparavant, donnant par-là à son maître l'espoir qu'il se sentait approcher d'un gîte pour la nuit. Cet espoir, cependant, ne se réalisait pas promptement, et Mannering, à qui l'impatience triplait chaque stade, commença à croire que Kippletringam se retirait devant lui à mesure qu'il avançait.

La nuit était alors très-obscure, quoique de temps à autre les étoiles répandissent une clarté scintillante et incertaine. Jusque-là rien n'avait troublé le silence autour de lui, sauf le cri grave du *bog-blitter* ou taureau des marais, grande espèce de butor, et les gémissements du vent au-dessus du triste marécage. A ces sons lugubres se joignait maintenant le mugissement éloigné de l'océan, dont le voyageur semblait s'approcher rapidement. Ceci n'était pas de nature à le rassurer. Beaucoup de routes de ce canton longeaient le rivage de la mer, et étaient exposées à être couvertes par les marées qui s'élèvent à une grande hauteur et s'avancent avec une extrême rapidité. D'autres étaient coupées par des criques et de petites baies, qu'il n'était sûr de passer qu'à la marée basse ; ni l'une ni l'autre de ces deux circonstances n'aurait été convenable à une nuit obscure, à un cheval fatigué, et à un voyageur ignorant son chemin. Mannering résolut donc de s'arrêter pour la nuit à la première place habitée qu'il rencontrerait, quelque pauvre qu'elle fût, à moins qu'il ne pût se procurer un guide pour ce malheureux village de Kippletringam.

Une misérable chaumière lui donna le moyen d'exécuter son projet. Il n'eut pas peu de peine à trouver la porte, et pendant un certain temps il frappa sans obtenir d'autre réponse qu'un duo entre une femme et un dogue, l'un aboyant de toutes ses forces, l'autre criant à l'unisson. Par degrés la voix humaine prit le dessus ; mais l'aboiement furieux du chien s'étant subitement changé en un hurlement, il est probable que quelque chose de plus que la force seule des poumons contribua à la victoire.

— Au diable ton gosier, donc ! ce furent les premiers mots articulés ;

— ne me laisseras-tu pas entendre ce que l'homme veut, avec tes hurlements?

— Suis-je loin de Kippletringam, ma bonne dame?

— De Kippletringam!!! répondit-elle d'un ton d'étonnement, dont nos trois points d'exclamation ne rendront que bien faiblement l'énergie; oh, l'ami! il aurait fallu que vous tiriez toujours à l'*eassel*[1], pour aller à Kippletringam. — A présent, il faut que vous retourniez jusqu'au Whaap[2], et que vous suiviez le Whaap jusqu'à ce que vous arriviez à Ballenloan, et quand vous serez là...

— Je ne ferai jamais cela, bonne dame! mon cheval est rendu de fatigue. — Ne pouvez-vous me loger pour la nuit?

— En vérité, non; — je suis une femme seule, car James est à la foire de Drumshourloch avec les brebis, et de la vie je n'oserais ouvrir la porte à des coureurs de campagne de votre sorte.

— Mais que faut-il donc que je fasse, bonne dame? car je ne puis dormir là sur la route toute la nuit.

— En vérité, je n'en sais rien, à moins que vous ne vouliez descendre jusqu'à *la Place*[3], et y demander un gîte pour la nuit. Je garantis qu'on vous y recevra, que vous soyez noble ou *simple*[4].

— Assez simple pour courir les champs à cette heure de la nuit, pensa Mannering, qui ne comprenait pas le sens de la phrase. — Mais comment arriverai-je à *la Place*, comme vous l'appelez? reprit-il.

— Il faudra tirer à *wessel*[5] au bout du *loan*[6], et prendre garde au *jaw-hole*[7].

— Oh! si vous en revenez à vos *eassel* et à vos *wessel*, je n'y suis plus! — N'y a-t-il personne qui pourrait me servir de guide jusqu'à cette *Place*? je le paierai généreusement.

Le mot *payer* opéra comme un charme. — Jock! maudit coquin! cria la voix de l'intérieur, allez-vous rester à ronfler comme un veau, quand

---

[1] Du côté de l'est. C'est une expression provinciale, ainsi que *wessel*, qui vient un peu plus loin. Mannering, qui n'entend que l'anglais, ne comprend ni l'une ni l'autre. (L. V.)

[2] Le *hope*, qu'on prononce souvent *whaap*, est la partie abritée ou le creux de la montagne. *Hoff*, *houff*, *hoof*, *haven*, sont des modifications du même mot. (W. S.)

[3] *Place*, comme désignation de *lieu*, d'*endroit*, a la même signification en anglais qu'en français; mais en anglais ce mot est souvent pris d'une manière absolue pour désigner, dans le langage des habitants d'une localité, le château ou le manoir voisin. C'est dans ce dernier sens qu'il est employé ici. (L. V.)

[4] *Semple*, idiotisme provincial; par opposition à *gentle* ou *noble*. (L. V.)

[5] A l'Ouest.

[6] Le *loan* ou *loaning* est la partie réservée d'un pré où l'on trait les vaches. (L. V.)

[7] Évier, cloaque. Nous avons conservé, en les distinguant par des lettres italiques, les expressions de ce dialogue qui sont purement provinciales ou écossaises, et à peu près aussi étrangères à l'anglais qu'à notre propre langue. Aussi, Mannering ne les comprend-il pas davantage que ne les comprendrait le lecteur français sans les explications que nous y joignons. (L. V.)

il y a là un jeune gentleman qui demande le chemin de *la Place?* Levez-vous, mauvais garnement, et montrez-lui le chemin le long du grand *loaning*. — Il va vous montrer le chemin, monsieur, et je vous garantis que vous serez bien reçu, car on n'y ferme jamais la porte à personne ; et vous arriverez au bon moment, je crois, car le domestique du laird, — non pas son valet de chambre¹, mais l'aide, — a passé par ici ce soir à cheval, pour aller chercher la *houdie*², et il ne s'est arrêté que le temps de boire deux pintes de *tippenny*³, pour nous dire que mylady était prise des premières douleurs.

— Peut-être qu'en un tel moment l'arrivée d'un étranger serait gênante ?

— Du tout, du tout ; ne soyez pas honteux pour ça. Leur maison est grande assez, et temps de ponte est toujours temps joyeux⁴.

Sur ces entrefaites, Jock, étant parvenu à passer ses bras et ses jambes dans un pourpoint en loques, et dans une paire de culottes encore plus déguenillées, sortit de la maison. C'était un gros garçon d'une douzaine d'années, aux cheveux blanc-de-filasse et aux jambes nues, autant que Mannering en put juger à la lueur d'une chandelle longue et mince que la mère à demi vêtue tenait à la main, de manière à pouvoir jeter un coup d'œil sur l'étranger sans trop s'exposer elle-même à la vue. Jock prit à l'ouest au bout de la maison, tenant le cheval de Mannering par la bride, et le pilotant avec assez d'adresse par l'étroit sentier qui bordait le redoutable *jaw-hole*, dont le voisinage fut révélé à l'étranger par plus d'un sens à la fois. Son guide traîna alors la bête fatiguée le long d'un chemin à charrettes rompu et pierreux, puis à travers un champ labouré, et ouvrant un *slap*⁵, comme il disait, dans un mur d'enclos de pierres sèches, il fit passer le passif animal par l'ouverture. Bientôt après, il amena cheval et maître, après avoir passé par un guichet, dans ce qu'on pouvait encore prendre pour une avenue, quoique bon nombre d'arbres eussent été abattus. Le bruit des vagues de la mer était alors rapproché et très-distinct, et la lune, qui commençait à se montrer, frappait sur un grand manoir à tourelles, d'apparence délabrée. Mannering y arrêta ses regards avec une sensation de tristesse.

— Dites-moi, mon petit ami, ceci est une ruine et non une maison !

— Ha ! les lairds y ont demeuré longtemps ; — c'est Ellangowan Auld Place⁶ ; il y revient des bogles⁷. — Mais vous n'avez pas besoin

---

¹ *Body-servant*, littéralement domestique de corps. (L. V.)
² Sage-femme ; en anglais *midwife*. (L. V.)
³ Pour *two pence* ou deux pence (quatre de nos sous). Le *two pence* ou *tippenny* est le nom d'une petite bière. (L. V.)
⁴ *Clecking time's aye canty time*, proverbe écossais. (L. V.)
⁵ Brèche. (L. V.)
⁶ La vieille Place d'Ellangowan.
⁷ Lutins, esprits. (L. V.)

d'avoir peur, — je n'y en ai jamais vu un seul, et nous sommes tout à l'heure à la porte de la nouvelle Place [1].

Laissant, en effet, les ruines sur la droite, le voyageur se trouva, quelques pas plus loin, vis-à-vis d'une habitation moderne de médiocre étendue, à la porte de laquelle son guide frappa de manière à annoncer un visiteur de grande importance [2]. Mannering exposa sa situation au domestique, et le maître de la maison, qui l'entendit du parloir [3], s'avança et annonça à l'étranger qu'il était le bienvenu à Ellangowan. L'enfant, rendu heureux avec une demi-couronne, fut renvoyé à sa chaumière ; le cheval fatigué fut mené à l'écurie, et au bout de quelques minutes Mannering lui-même se vit assis en face d'un souper confortable, auquel sa course par une nuit froide le disposait à faire honneur.

---

[1] *New Place.*

[2] On sait qu'en Angleterre le nombre et la force des coups qu'on frappe à la porte d'une maison varient en raison de l'importance de l'arrivant. (**L. V.**)

[3] *Parlour,* salon.

CHAPITRE II.

> Il vient me ronger et m'enlever la meilleure de mes terres; monstrueuse échancrure, comme une large demi-lune.
> *Henry IV*. Ire Partie.

La société réunie dans le parloir d'Ellangowan se composait du laird et d'un personnage qui pouvait être le maître d'école du village, ou peut-être le clerc du ministre; son extérieur était trop mesquin pour qu'on supposât que ce pût être le ministre lui-même qui fût ainsi en visite chez le laird.

Celui-ci était une de ces personnes de second rang, telles qu'on en trouve fréquemment dans les campagnes. Fielding a dépeint une classe d'hommes comme *feras consumere nati*[1]; mais l'amour de la chasse suppose une certaine activité d'esprit qu'avait perdue M. Bertram, s'il l'avait eue jamais. Un air d'insouciance et de bonne humeur était la seule expression notable de ses traits, quoiqu'ils fussent plutôt beaux qu'autrement. Dans le fait, sa physionomie révélait le vide de caractère qui marqua toute sa vie. Pendant qu'il débite à Mannering une longue dissertation sur la convenance et l'utilité d'envelopper de paille ses étriers, quand il avait à monter à cheval par une soirée froide, je vais donner au lecteur quelques renseignements sur la situation et les habitudes de sir Bertram.

Godefroy Bertram d'Ellangowan succédait, comme beaucoup de lairds de cette époque, à une longue généalogie et à de courtes rentes. La liste de ses ancêtres remontait si haut qu'elle se perdait dans les âges barbares de l'indépendance galwégienne[2]; de sorte que son arbre généalogique, outre la longue kyrielle des noms chrétiens de Godefroy, de Gilbert, de Dennise et de Roland, dont plusieurs avaient glorieusement figuré dans les croisades, portait des fruits païens d'âges encore plus obscurs : — des Arths, des Knarths, des Donagilds, des Hanlons. Il est très-vrai qu'ils avaient été autrefois possesseurs turbulents d'un domaine étendu, mais désert, et chefs d'une nombreuse tribu appelée

---

[1] Nés pour manger le gibier, c'est-à-dire pour être chasseurs. (L. V.)

[2] C'est-à-dire de l'indépendance du Galloway. L'ancienne province du *Galloway* (littéralement *Chemin des Gaëls*) comprenait, à l'extrémité S.-O. de l'Écosse, cette partie de pays comprise entre le golfe de Solway et le canal du Nord, et qui forme aujourd'hui les trois comtés de Dumfries, de Kirkcudbright et de Wigtown. Une presqu'île de cette dernière province, faisant directement face à l'Irlande, conserve encore le nom particulier de district de Galloway. (L. V.)

Mac-Dingawaie, quoique plus tard ils eussent adopté le surnom normand de Bertram. Pendant bien des siècles ils avaient fait la guerre et soulevé des rebellions, ils avaient été défaits, décapités et pendus, comme il convenait à une famille d'importance. Mais graduellement ils avaient perdu du terrain dans le monde, et de chefs de conspirations, de trames et de rebellions, les Bertrams ou Mac-Dingawaies d'Ellangowan étaient descendus au rôle de complices subalternes. Leurs plus funestes preuves en cette dernière qualité avaient été faites au dix-septième siècle, époque où le démon souffla en eux un esprit de contradiction qui les mit en opposition constante avec les pouvoirs dominants. Ils offrirent précisément l'inverse de la conduite du célèbre vicaire de Bray [1], et s'attachèrent avec autant de ténacité au côté le plus faible, que le digne ecclésiastique au plus fort. Et comme lui aussi, ils eurent leur récompense.

Allan Bertram d'Ellangowan, qui florissait *tempore Caroli primi* [2], fut, dit mon autorité, sir Robert Douglas, dans son *Scotish Baronage* (Voyez le titre *Ellangowan*), un loyaliste constant, plein de zèle pour la cause de Sa Majesté très-sacrée, cause dans laquelle il s'unit avec le grand marquis de Montrose et d'autres patriotes remplis de zèle et d'honneur, et pour laquelle il supporta de grandes pertes. Il eut l'honneur d'être fait chevalier par Sa très-sacrée Majesté, puis il fut séquestré de ses biens comme *malignant* [3] par le parlement, en 1642 [4], et plus tard, en 1648, comme *résolutionnaire* [5]. Ces deux fatales épithètes de malignant et de résolutionnaire coûtèrent au pauvre sir Allan la moitié des domaines de sa famille. Son fils Dennis Bertram épousa la fille d'un fanatique élevé en dignité siégeant au Conseil d'État, et par cette union sauva ce qui restait des propriétés patrimoniales. Mais comme si le malheur s'en fût mêlé, il s'éprit des principes de la dame aussi bien que de ses charmes, et mon auteur trace de lui ce portrait : « C'était un homme de talents distingués et de résolution, raison qui le fit choisir par les comtés de l'ouest pour un des délégués de la grande

---

[1] L'histoire du vicaire de Bray, qui changea quatre fois de religion pour conserver sa cure, est devenue proverbiale en Angleterre. (L. V.)

[2] Au temps de Charles Ier.

[3] Expression consacrée par l'histoire, et qu'on peut rendre par celle de *malveillant*. (L. V.)

[4] Année où commence, avec le *long parlement*, la guerre civile qui conduisit Charles Ier à l'échafaud de Whitehall. Les *malignants* de cette époque sont les partisans du roi. (L. V.)

[5] On qualifia de *résolutionnaires*, parmi les presbytériens, ceux qui se joignirent aux *cavaliers* ou royalistes contre Cromwell, à la différence des *remontrants* (remonstrators), qui repoussaient une telle alliance comme impie. Ces qualifications des partis de la première révolution anglaise se reproduisent fréquemment dans *Old Mortality*.
L. V.)

et de la petite noblesse¹, qui portèrent leurs griefs devant le conseil privé de Charles II au sujet des déprédations de l'armée highlandaise en 1678. » Cette mission patriotique lui valut une amende pour le paiement de laquelle il lui fallut engager la moitié de la moitié restante des domaines de ses ancêtres. Une économie sévère eût pu réparer cette perte ; mais lorsqu'éclata la rebellion du duc d'Argyle, Dennis Bertram, de nouveau soupçonné par le Gouvernement, fut arrêté et envoyé au château de Dunnotar sur la côte des Mearns, et là il se rompit le cou en essayant de s'évader d'un cachot souterrain appelé le Caveau des Whigs², où il avait été confiné avec environ quatre-vingts presbytériens du même parti. L'*apprizer* (comme on nommait alors celui à qui un bien était hypothéqué) entra donc en possession, et pour parler comme Hotspur³, vint faire au domaine d'Ellangowan une nouvelle et monstrueuse échancrure.

Donohoe Bertram, quelque peu Irlandais de nom et de caractère, succéda aux propriétés fort diminuées de la famille. Il mit à la porte le révérend Aaron Macbriar, chapelain de sa mère (ayant eu querelle ensemble, dit-on, au sujet des bonnes grâces d'une servante de la laiterie), s'enivra tous les jours en buvant à la santé du roi, du conseil et des évêques ; fit mainte orgie avec le laird de Lagg, Théophile Oglethorpe, et sir James Turner, et finalement monta son hongre gris et joignit Clavers à Killiecrankie⁴. A l'affaire de Dunkeld, en 1689, il fut tué par un caméronien avec un bouton d'argent (étant supposé avoir reçu du diable un charme qui le mettait à l'épreuve du plomb et de l'acier⁵); et son tombeau est encore désigné sous le nom de Tombe du mauvais Laird.

Son fils, Lewis, eut plus de prudence que ce ne semblait être le lot de la famille. Il s'attacha à améliorer ce qui lui restait de terres ; car les excès de Donohoe avaient, comme les confiscations et les amendes, fait une autre brèche au domaine. Et quoique lui-même ne pût échapper à la fatalité qui poussait les lairds d'Ellangowan à se mêler des affaires publiques, il eut cependant la précaution, avant d'aller *dehors*⁶ avec lord Kenmore en 1715, de mettre ses biens en fidéicommis, afin de les soustraire aux suites de sa démarche, dans le cas où le comte

---

¹ *Noblemen and gentlemen.*
² *Whig's Vault.* Le lecteur peut voir à ce sujet l'Introduction d'*Old Mortality*. (L. V.)
³ Personnage de l'*Henry IV* de Shakspeare, qui a fourni l'épigraphe mise en tête de ce chapitre. (L. V.)
⁴ Affaire où Claverhouse, à la tête des Highlanders qu'il avait levés en faveur des Stuarts proscrits, fut à la fois victorieux et tué. (L. V.)
⁵ Au sujet de cette superstition populaire, nous renverrons le lecteur à une des notes (J) d'*Old Mortality*. (L. V.)
⁶ Nous avons expliqué cette expression (*to go out*) dans nos notes sur *Waverley*. On désignait ainsi ceux qui étaient *sortis* de chez eux pour prendre les armes contre le Gouvernement. (L. V.)

de Mar échouerait dans sa tentative contre la maison de Hanovre. Mais Scylla et Charybde, — un mot suffit au sage : — il ne préserva ses terres qu'au prix d'un procès qui subdivisa encore ce qui lui restait de propriétés. C'était, du reste, un homme de résolution. Il vendit une partie des terres, et abandonna le vieux château, où la famille vivait dans sa décadence comme une souris (disait un vieux fermier) vit sous un boisseau. Achevant de démolir une portion de ces vénérables ruines, il bâtit, des matériaux qu'il en retira, une étroite maison élevée de trois étages, avec une façade semblable à un bonnet de grenadier, ayant au centre même une fenêtre circulaire, pareille à l'œil unique d'un cyclope, deux autres fenêtres de chaque côté, et au milieu une porte donnant entrée sur un parloir et une seconde pièce percés de jours sur tous les points.

C'était la nouvelle place d'Ellangowan, où nous avons laissé notre héros s'amusant plus, peut-être, que nos lecteurs, et où s'était retiré Lewis Bertram, plein de projets pour rétablir la prospérité de sa famille. Il fit valoir lui-même ses terres, en prit quelques autres à rente des propriétaires voisins, acheta et vendit des bœufs highlandais et des moutons du mont Cheviot, se rendit aux foires et aux assemblées, se donna tout entier aux spéculations, et tint autant qu'il le put le besoin à longueur de bâton [1]. Mais ce qu'il gagna en argent il le perdit en considération, car de telles transactions agricoles et commerciales étaient fort mal vues des autres lairds, qui ne s'occupaient que de combats de coqs, de chasse et de courses de chevaux, ou, de temps à autre, à régler les conditions d'un duel à mort. Les occupations auxquelles il se livrait étaient, dans leur opinion, une dérogation à la noblesse d'Ellangowan ; peu à peu il se vit contraint de se retirer de leur société, et tomba dans ce qui était alors un caractère fort équivoque, celui d'un *gentleman farmer* [2]. Au milieu de ses plans la mort réclama son tribut, et les maigres débris d'une grande fortune échurent à son fils unique, Godefroy Bertram, le propriétaire actuel.

Le danger des spéculations de son père se révéla bientôt. Privées de la surveillance active et personnelle de Lewis, toutes les entreprises du feu laird tournèrent à mal ; toutes échouèrent ou devinrent scabreuses. Sans une seule étincelle d'énergie pour faire face à ces malheurs ou pour les éloigner, Godefroy se reposa sur l'activité d'un autre. Il n'entretenait ni chevaux de chasse, ni meute, ni aucun des autres préliminaires de ruine usités dans le sud ; mais, comme l'ont remarqué ses compatriotes, il avait un *homme d'affaires*, ce qui conduisait aussi bien au but. Sous l'intendance de celui-ci, de petites dettes

[1] Adage écossais. (L. V.)

[2] Gentilhomme fermier. Ce rôle du *gentleman* ou petit gentilhomme faisant lui-même valoir ses terres est depuis lors devenu aussi fréquent et aussi honorable en Angleterre, qu'il était alors rare et peu considéré. (L. V.)

grandirent, les intérêts furent accumulés avec le capital, des engagements à terme furent convertis en rentes perpétuelles, et les frais de justice s'ajoutèrent au tout; bien qu'Ellangowan fût si peu possédé de l'esprit de chicane, qu'en deux occasions il eut à payer les frais d'un long procès dont il n'avait jamais entendu parler auparavant. Aussi tous ses voisins prédisaient sa ruine finale. Ceux de la classe la plus élevée, avec quelque malignité, le tenaient déjà pour un frère dégradé. Les classes inférieures, ne voyant rien à envier dans sa situation, accordaient plus de compassion à ses embarras. C'était même pour eux une sorte de favori; et s'agissait-il de la division d'un pré communal, ou de la tenue d'une *cour* pour des délits de pêche ou de chasse, ou de quelque circonstance analogue où ils se regardaient comme foulés par la noblesse, ils avaient coutume de se dire entre eux: — « Ah! si Ellangowan, le digne homme, avait ce que ses ancêtres ont eu avant lui, ce n'est pas lui qui verrait opprimer le pauvre monde de cette façon-là! » Cependant, cette bonne opinion générale ne les empêcha jamais de l'exploiter aussi souvent qu'ils le purent, conduisant leurs bestiaux dans ses clos, volant son bois, tuant son gibier, et ainsi du reste: — « car le laird, le digne homme, ne s'en apercevra jamais; — il ne se met jamais en peine de ce que fait le pauvre monde. » — Porte-balles, bohémiens, chaudronniers ambulants[1], vagabonds de toute espèce, juchaient toujours dans ses granges ou hantaient sa cuisine; et le laird, qui n'était pas fier, comme on disait, mais une vraie commère, comme la plupart des esprits faibles, trouvait la récompense de son hospitalité dans le plaisir de les questionner sur les affaires du pays.

Une circonstance arrêta Ellangowan sur la pente de sa ruine: ce fut son mariage avec une dame qui lui apportait environ quatre mille livres[2]. Personne dans le voisinage ne put s'expliquer comment elle l'avait épousé et lui avait fait abandon de sa fortune, si ce n'est parce qu'il était grand, d'un bel extérieur et d'un visage agréable, qu'il était doux et d'une parfaite égalité d'humeur. On pourrait ajouter, comme considérations accessoires, qu'elle avait atteint le chiffre inquiétant de vingt-huit ans, et qu'elle n'avait pas de parents en droit de contrôler ni ses actions ni son choix.

C'était pour cette dame, sur le point d'accoucher de son premier enfant, que l'exprès actif et diligent mentionné par la vieille femme de la chaumière avait été dépêché à Kippletringam le soir de l'arrivée de Mannering.

---

[1] Cette espèce d'hommes courant les fermes et les hameaux pour réparer ou vendre les ustensiles de cuisine est tenue en Écosse, si elle y existe encore, dans un discrédit tout particulier. (L. V.).

[2] A peu près 100,000 fr. argent de France. (L. V.)

Quoique nous nous soyons arrêtés si longtemps avec le laird, il nous reste encore à faire faire au lecteur quelque connaissance avec son compagnon : c'était Abel Sampson, communément appelé, d'après ses fonctions de pédagogue, Dominie¹ Sampson. Il était de basse extraction ; mais ayant, dès le berceau, montré des dispositions peu communes, ses pauvres parents crurent pouvoir espérer que leur *garçon* pourrait, comme ils disaient, « remuer tout de même la tête dans une chaire. » En vue d'une fin si ambitieuse, ils épargnèrent et amassèrent ; se levèrent tôt et se couchèrent tard, mangèrent du pain sec et burent de l'eau, afin d'assurer à Abel les moyens d'étudier. Cependant sa grande taille et sa tournure gauche, ses manières graves et taciturnes, et quelques tics ridicules, tels que de se dandiner et de grimacer en récitant ses leçons, firent du pauvre Sampson le plastron de tous ses compagnons d'école. Les mêmes qualités lui assurèrent au collége de Glasgow une large part de la même espèce de célébrité. Aux heures de récréation, la moitié des écoliers ne manquaient pas de se rassembler pour voir *Dominie* Sampson (car cet honorable titre lui avait déjà été conféré) descendre l'escalier de sa classe de grec, son *lexicon* sous le bras, ses longues jambes mal faites se déjetant de côté, et ses larges omoplates s'élevant et s'abaissant alternativement par un mouvement gauche sous l'habit noir, lâche et montrant la corde qui était sa constante et unique parure. Quand il parlait, les efforts du professeur (tout professeur de théologie qu'il était) ne pouvaient réprimer le rire inextinguible des étudiants, ni quelquefois même le sien propre. Le visage long et blême du pauvre Dominie, ses yeux louches, sa large mâchoire inférieure, qui ne semblait pas s'ouvrir et se fermer par un acte de sa propre volonté, mais tomber et se relever par l'effet intérieur de quelque mécanisme compliqué ; — sa voix rauque et dissonante, et les notes de chat-huant qu'elle faisait entendre quand on lui demandait de parler plus haut : — tout ajoutait un nouveau sujet de gaieté à ceux que fournissaient l'habit troué et les souliers percés, textes de légitime raillerie contre l'étudiant pauvre, depuis le temps de Juvénal jusqu'au nôtre. Il n'y avait pas d'exemple que ces railleries eussent jamais provoqué chez Sampson la moindre irritabilité, ni que jamais il eût fait la moindre tentative de se venger de ses persécuteurs. Il s'échappait du collége par les chemins les plus secrets qu'il pouvait découvrir, et allait s'ensevelir dans son misérable grabat, où, pour dix-huit pence par semaine², il avait la jouissance d'une paillasse ; et, quand son hôtesse était de bonne humeur, la permission d'étudier ses leçons au coin du feu. Malgré toutes ces difficultés, il devint habile en grec et en latin, et acquit quelque teinture des sciences.

---

[1] Maître.

[2] Un franc quatre-vingts centimes.

Avec le temps, Abel Sampson, *probationer* [1] en théologie, fut admis aux priviléges de prédicateur. Mais, hélas! en partie par sa propre timidité, en partie par l'effet d'une irrésistible envie de rire qui, à sa première phrase, s'empara évidemment de la congrégation, il se sentit dans l'impossibilité absolue de continuer son sermon projeté. Il resta la bouche béante, le visage grimaçant, ses yeux roulant dans leurs orbites comme s'ils eussent voulu s'en échapper, ferma sa Bible, descendit précipitamment l'escalier de la chaire, en trébuchant sur les vieilles femmes qui y prennent généralement leur station, et depuis ce moment fut toujours qualifié de ministre capot [2]. Et ainsi il revint à son village, son avenir et ses espérances détruits, partager la pauvreté de ses parents. Comme il n'avait ni ami ni confident, ni même à peine une connaissance, personne ne fut à même d'observer de près comment Dominie Sampson supporta un désappointement qui pendant une semaine fut pour toute la ville un sujet de gorges chaudes. On n'en finirait pas si l'on voulait rapporter les nombreuses plaisanteries auxquelles cet événement donna naissance, depuis une ballade intitulée : l'*Énigme de Sampson*, composée sur le sujet par un jeune et espiègle humaniste, jusqu'à l'espoir malicieusement exprimé par le principal, que le fugitif, à l'imitation de son puissant homonyme [3], n'avait pas emporté dans sa retraite les portes du collége.

Selon toute apparence, l'égalité d'âme de Sampson était inébranlable. Il chercha à aider ses parents en élevant une école, et il eut bientôt de nombreux disciples, mais fort peu d'honoraires. Et dans le fait, il recevait les fils de fermiers pour ce qu'ils voulaient bien lui donner, et ceux des pauvres pour rien ; et à la honte des premiers, on doit dire que les gains du pédagogue n'égalèrent jamais ceux d'un habile garçon de charrue. Néanmoins, comme il avait une belle écriture, il ajoutait quelque chose à sa pitance en copiant des comptes et en écrivant des lettres pour le laird d'Ellangowan. Celui-ci, qui ne voyait aucune société, prit goût, par degrés, à celle de Dominie Sampson. La conversation, il est vrai, était ici hors de question ; mais le Dominie savait écouter, et il attisait le feu avec assez d'adresse. Il essaya même de moucher les chandelles ; mais il fut malheureux dans ses tentatives, et renonça à cette charge de courtoisie ambitieuse, après avoir deux fois plongé le salon dans une obscurité complète. Ses civilités se bornèrent donc, à partir de ce moment, à porter son verre d'ale

---

[1] Littéralement *novice*. Jeune ecclésiastique à qui le presbytère a conféré la licence de prêcher, quoiqu'il ne puisse pas encore administrer les sacrements. (L. V.)

[2] *Stickit minister*, qu'on pourrait rendre aussi littéralement par ministre enfoncé. Expression locale par laquelle on désigne dans les écoles un novice en théologie, ou *probationer*, devenu impropre aux fonctions ecclésiastiques, soit par incapacité, soit par défaut de conduite. (L. V.)

[3] Sampson est la forme anglaise du nom de Samson. (L. V.)

à ses lèvres en même temps exactement et dans la même mesure que le laird, et à proférer certains murmures indistincts d'approbation, chaque fois qu'Ellangowan terminait le narré confus d'une de ses longues histoires.

Ce fut dans une de ces occasions que Mannering put distinguer pour la première fois sa grande et gauche personne maigre et osseuse, couverte d'un habit noir montrant la corde, son cou nerveux et décharné enveloppé d'un mouchoir de couleur jadis propre, et le reste de son extérieur accoutré de culottes grises, de bas bleu-foncé, et de souliers à clous avec de petites boucles de cuivre.

Telle est l'esquisse rapide de la vie et de la fortune de ces deux personnes, dans la société desquelles Mannering se trouvait alors confortablement assis.

CHAPITRE III.

> Les histoires de tous les siècles ne relatent-ils pas plus d'un miraculeux présage d'étranges changements dans les affaires du monde, dû aux astrologues, aux devins, aux chaldéens, à de savants généthliaques, et à ceux qui ont écrit des almanachs ?
> *Hudibras.*

Les circonstances dans lesquelles se trouvait la maîtresse de la maison furent alléguées à Mannering, d'abord comme excuse de ce qu'elle ne s'était pas présentée pour recevoir son hôte, et de l'absence de ces petites attentions dans lesquelles une femme ne se remplace pas, puis comme un motif de faire apporter par *extrà* une bouteille de bon vin.

— Je ne pourrai bien dormir, dit le laird avec l'expression d'inquiétude d'un père en un tel moment, que lorsque j'aurai appris qu'elle est débarrassée ; — et si vous n'êtes pas trop fatigué, monsieur, et que vous vouliez nous faire, à moi et au Dominie, l'honneur de rester avec nous, je suis sûr que nous ne vous retiendrons pas très-tard. La mère Howaston est fort expéditive ; — il y eut autrefois une fille qui se trouvait dans cette passe, elle ne demeurait pas bien loin d'ici... Vous n'avez pas besoin de secouer la tête et de pousser un gémissement, Dominie ; — je suis sûr que tous les droits de l'Église ont été acquittés, et qu'est-ce qu'un homme peut faire de plus ? — On lui reprocha la chose jusqu'à ce que le poêle eût passé sur sa tête ; et l'homme qu'elle a épousé depuis ne l'en estime pas d'une épingle moins pour le malheur qui lui était arrivé. — Ils demeurent, M. Mannering, à Annan sur la côte, et c'est un couple très-décent et très-rangé, avec six enfants aussi beaux que vous pouvez jamais désirer en voir barboter dans une mare d'eau salée. Et le petit bouclé, Godfroy, — c'est l'aîné, et il vient à faire plaisir, je puis dire, — est à bord d'un yacht de la douane. — J'ai un cousin à bord du yacht : — c'est le commissaire Bertram. Il a obtenu sa commission dans la grande contestation pour le comté, dont vous devez avoir entendu parler, et où il fut appelé à la Chambre des Communes. — J'y aurais bien voté pour le laird de Balruddery ; mais, voyez-vous, mon père était jacobite, et il fut *dehors* avec Kenmore, de sorte qu'il ne prêta jamais le serment ; et je ne sais pas bien comment ça se fit, mais malgré tout ce que je pus dire ou faire, ils me rayèrent des listes, quoique mon agent, qui avait une voix pour mon domaine, comptât comme un bon vote pour le vieux sir Thomas Kittlecourt. Mais pour en revenir à ce que je disais, la mère Howaston est fort expéditive, car cette fille...

Ici la narration décousue et à perte d'haleine du laird fut interrompue par la voix de quelqu'un qui montait l'escalier conduisant de la cuisine à l'étage supérieur, et qui chantait à gorge déployée. Les notes élevées étaient trop aiguës pour un homme, et les notes basses semblaient trop graves pour une femme. Les paroles, autant que Mannering put les distinguer, semblaient être celles-ci :

> Heureux instant, heureuse crise! La dame est-elle délivrée? Que ce soit fille ou garçon, que le signe de la croix et une messe éloignent les mauvaises influences!

— C'est Meg Merrilies l'Égyptienne, aussi sûr que je suis un pécheur, dit M. Bertram. Le Dominie laissa échapper un gros soupir, décroisa ses jambes, ramena sous lui son gros et large pied qui dans sa première attitude était étendu en avant, et étendit son autre jambe par-dessus, tout en poussant au dehors, entre chacun de ses mouvements, de larges bouffées de fumée de tabac.

— Qu'avez-vous à soupirer, Dominie? reprit le laird. Pour sûr, les chansons de Meg ne nous feront pas de mal.

— Ni de bien non plus, repartit Dominie Sampson, d'une voix dont la rudesse discordante répondait à la bizarrerie de toute sa personne. C'étaient les premiers mots que Mannering lui entendît prononcer; et comme il avait attendu avec une certaine curiosité l'instant où cet automate mangeant, buvant, remuant et fumant remplirait le rôle d'être parlant, il ne fut pas médiocrement diverti par les sons rauques qui en sortirent. Mais en ce moment la porte s'ouvrit, et Meg Merrilies parut.

Son apparition fit tressaillir Mannering. Elle avait bien six pieds de haut[1], portait une redingote d'homme par-dessus ses autres vêtements, avait à la main un gros bâton de prunellier sauvage, et par tout son équipement, sauf les jupons, offrait l'apparence d'un homme plutôt que d'une femme. Les touffes tortillées de ses cheveux noirs s'échappaient, comme les serpents de la Gorgone, de dessous la coiffe à l'ancienne mode appelée un *bongrâce*, ombrageant à demi ses traits fortement prononcés et hâlés par les intempéries, et ajoutant encore à leur effet singulier, tandis que la manière dont ses yeux hagards roulaient de côté et d'autre semblait indiquer une démence réelle ou feinte.

— Hé bien! Ellangowan, dit-elle, n'aurait-ce pas été une jolie chose que mylady eût accouché pendant que j'étais à la foire de Drumshourloch, sans que j'en sache un mot, sans que j'y eusse pensé? Qu'est-ce, dites-moi, qui aurait tenu éloignés les worriecows[2]? Oui, et qu'est-ce

---

[1] Six pieds anglais. (L. V.)

[2] Lutins malfaisants de la mythologie populaire d'Ecosse. (L. V.)

qui aurait écarté les fées et les gyre-carlings¹ du joli enfant, le bonheur soit avec lui! oui, et qu'est-ce qui aurait dit le charme de saint Colme pour lui, le cher enfant? Et sans attendre de réponse, elle se mit à chanter :

> Trèfle, verveine, herbe de saint Jean, anet, détournent le mauvais vouloir des sorcières; et mieux vaut encore quand on peut jeûner le jour de la Saint-André.
>
> Sainte Bride² et son petit, saint Colme et son chat, saint Michel et sa lance, préservent la maison de la guerre et des voleurs.

Elle chanta ce charme d'un ton sauvage et d'une voix forte et pénétrante; et, terminant par trois sauts exécutés avec tant de vigueur et d'agilité que sa tête alla presque toucher au plafond, elle ajouta : — Et maintenant, laird, est-ce que vous n'allez pas me faire donner un verre d'eau-de-vie?

— Vous l'aurez, Meg. — Asseyez-vous là derrière à la porte, et dites-nous quelles nouvelles vous avez apprises à la foire de Drumshourloch.

— En vérité, laird, vous y faisiez grand'faute, et ceux qui vous ressemblent; car il y avait là bon nombre de jolies filles, sans me compter, et du diable s'il s'y trouvait un seul galant homme pour leur faire un cadeau.

— Et combien de gipsies ont été envoyés à la tolbooth, Meg?

— En vérité, rien que trois, laird, car il n'y en avait que trois à la foire, sans me compter, comme je disais, et je leur ai même donné caution sur mes jambes³, car on n'est pas bien aise d'avoir quelque chose à démêler avec des gens malcommodes. Et il y a Dunbog qui a signifié au Red Rotten⁴ et à John Young d'avoir à sortir de ses terres; — malheur sur lui! Il n'est pas gentilhomme, il n'a pas un sang de gentilhomme dans les veines, celui-là qui refuse à de pauvres gens errants l'abri d'une misérable chaumière, et les chardons du bord du chemin pour un méchant âne, et des bouts d'écorce pourrie pour faire bouillir leur goutte de parritch⁵! Mais il y a quelqu'un au-dessus de tout; — et nous verrons si le coq rouge ne chantera pas dans sa belle basse-cour quelque matin avant l'aube du jour.

— Paix, Meg! paix, paix! ce que vous dites là est dangereux.

— Que veut-elle dire? demanda Mannering à Sampson, à demi-voix.

— Menace d'incendie, répondit le laconique Dominie.

---

¹ Sorcières, ogresses. On désigne aussi quelquefois par ce nom les Parques de la mythologie du Nord, les *sœurs fatales*. (L. V.)

² Abréviation de Brigitte. (L. V.)

³ *Leg-bail*, caution de jambes; dicton populaire d'Écosse, qui revient à notre adage, prendre ses jambes à son cou. (L. V.)

⁴ Le Rat Rouge.

⁵ Sorte de gruau de farine d'avoine. (L. V.)

— Quelle est donc cette femme?

— Vagabonde, voleuse, égyptienne et sorcière, répondit de nouveau Sampson.

— Oh! en vérité, laird, continuait Meg durant cet *à parte*, ce n'est qu'à des gens comme vous qu'on peut ouvrir son cœur; voyez-vous, on dit que Dunbog n'est pas plus gentilhomme que le manœuvre qui a bâti la jolie maison du pré-bas. Mais vos pareils, laird, vous qui êtes un vrai gentilhomme depuis tant de siècles, et qui n'avez pas chassé les pauvres gens de vos terres comme si c'étaient des chiens enragés, pas un des nôtres ne toucherait à ce qui est à vous, auriez-vous autant de chapons qu'il y a de feuilles sur le trysting-tree[1]. — Et maintenant il faut que quelqu'un de vous tire sa montre et me dise l'heure et la minute précise où le poupon naîtra, afin que je lui tire son horoscope.

— Oui, Meg, mais nous n'aurons pas besoin de votre assistance, car voilà un étudiant d'Oxford qui saura bien mieux que vous comment lui tirer son horoscope; — il le fait par les étoiles.

— Certainement, monsieur, dit Mannering, qui voulut entrer dans l'humeur de son hôte, je calculerai sa nativité d'après la règle des triplicités, recommandée par Pythagore, Hippocrate, Dioclès et Avicenne. Et je commencerai *ab horâ questionis*, comme l'ont aussi recommandé Haly, Messahala, Ganwehis et Guido Bonatus.

Une des grandes recommandations de Sampson près de M. Bertram était que jamais il ne pénétrait les mystifications même les plus grossières dont il était l'objet; de sorte que le laird, dont les humbles tentatives pour viser au plaisant ne dépassaient guère ce qu'on nommait alors des *bites* et des *bams*, ou ce qu'on nomme aujourd'hui des *hoaxes* et des *quizzes*[2], avait le plus beau champ possible pour donner carrière à son esprit contre le candide Dominie. Il est vrai que celui-ci ne riait jamais, et jamais ne se réunissait au rire qu'excitait sa simplicité; — on dit même qu'il ne rit qu'une seule fois en sa vie, et qu'en cette occasion l'hôtesse qui le logeait fit une fausse couche, causée en partie par la surprise même d'un pareil événement, et en partie par les hideuses contractions qui accompagnèrent cet accès de rire inaccoutumé. Le seul effet que la découverte de ces mystifications produisit sur ce flegmatique personnage était de lui arracher une exclamation de Prodigieux! — ou Très-facétieux! articulée syllabe à syllabe, mais sans qu'un seul muscle de sa physionomie perdît rien de son impassibilité.

Dans l'occasion actuelle, il ouvrit de grands yeux et fixa d'un air ébahi son regard louche sur le jeune astrologue, comme s'il eût été

---

[1] Arbre du Rendez-vous, lieu où se réunissaient dans un bois, dans une lande, les bandes de vagabonds et de voleurs. (L. V.)

[2] Expressions qui désignent des railleries déguisées, des plaisanteries à double sens, des mystifications en paroles. (L. V.)

incertain d'avoir bien entendu la réponse de celui-ci à son patron.

— Je crains, monsieur, dit Mannering en se tournant vers lui, que vous ne soyez un de ces hommes malheureux dont les yeux obscurcis sont incapables de pénétrer jusqu'aux sphères étoilées, et d'y lire à la distance où nous en sommes les décrets du Ciel, et dont le cœur est fermé à la conviction par les préjugés et la négligence.

— En vérité, répliqua Sampson, je pense avec sir Isaac Newton, chevalier, et ci-devant maître de l'hôtel des monnaies de Sa Majesté, que la science (prétendue) de l'astrologie est tout à fait vaine, frivole et trompeuse. Et après avoir prononcé cet oracle, sa mâchoire se remit au repos.

— Réellement, reprit le voyageur, je suis fâché de voir un homme de votre savoir et de votre gravité plongé dans une telle erreur et dans un aussi étrange aveuglement. Placerez-vous le nom si court d'Isaac Newton, nom moderne, et je puis dire, vernaculaire, en opposition avec les autorités imposantes et sonores des Dariot, des Bonatus, des Ptolémée, des Haly, des Etzler, des Dieterick, des Naibob, des Harfurt, des Zael, des Tautstettor, des Agrippa, des Duretus, des Maginus, des Origène et des Argol? Chrétiens et païens, juifs et gentils, poëtes et philosophes, n'ont-ils pas tous d'un commun accord reconnu l'influence des astres?

— *Communis error,* — erreur générale, repartit l'inflexible Dominie Sampson.

— Nullement, répliqua le jeune Anglais; c'est une croyance générale et bien fondée.

— C'est la ressource des imposteurs, des fripons et des fourbes.

— *Abusus non tollit usum;* l'abus d'une chose n'en détruit pas l'usage légitime.

Durant cette discussion, Ellangowan ressemblait assez bien à une bécasse prise dans ses filets. Il portait ses regards alternativement d'un interlocuteur à l'autre, et d'après la gravité que Mannering opposait à son adversaire, et l'érudition qu'il déployait dans la controverse, il commençait à croire que ce n'était pas tout à fait une plaisanterie. Quant à Meg, elle fixait sur l'astrologue des yeux hagards, subjuguée par un jargon encore plus mystérieux que le sien.

Mannering profita de ses avantages et mit en avant tous les termes de l'art que lui fournissait une mémoire excellente, et avec lesquels une circonstance, que nous ferons connaître plus tard, l'avait familiarisé dès sa première jeunesse.

Signes et planètes, dans leurs aspects sextiles, quartiles, trines, conjoints ou opposés; maisons du ciel, avec leurs cornes, leurs heures et leurs minutes; Almuten, Almochoden, Anahibazon, Catahibazon; enfin, mille autres termes aussi sonores et non moins significatifs, tombaient en bataillons serrés sur l'intrépide Dominie, à qui son opiniâtre incrédulité servait de bouclier contre les projectiles de ce vigoureux assaut.

Enfin l'heureuse nouvelle que mylady venait de donner un beau garçon à son mari, et (naturellement) qu'elle était aussi bien qu'on pouvait l'attendre, vint couper court à cette discussion. M. Bertram courut à la chambre de mylady; Meg Merrilies descendit à la cuisine pour avoir sa part du *groaning-malt* et du *ken-no*[1]; et Mannering, après avoir regardé à sa montre et noté avec précision l'heure et la minute de la naissance, pria le Dominie, avec la gravité convenable, de le vouloir bien conduire en quelque endroit de la maison d'où il pût observer les corps célestes.

Le maître d'école se leva sans répondre un mot, et ouvrit une porte à demi vitrée qui donnait accès sur une terrasse à l'ancienne mode située derrière la maison neuve, et communiquant avec la plate-forme sur laquelle étaient situées les ruines de l'ancien château. Le vent s'était élevé, et avait chassé devant lui les nuages dont le ciel était couvert au commencement de la soirée. La lune, alors dans son plein, avait dépassé le haut de sa course, et tous les satellites moins apparents de l'armée du ciel brillaient d'un éclat dont nulle vapeur n'altérait la pureté. Le spectacle que leur ensemble offrait à Mannering était tout à fait inattendu et frappant au plus haut degré.

Nous avons fait remarquer que dans la dernière partie de sa course notre voyageur s'était approché du rivage de la mer, sans qu'il sût au juste à quelle distance il en était. Il vit alors que les ruines d'Ellangowan étaient situées sur un rocher en saillie formant promontoire, et encaissant d'un côté une crique où les eaux de la mer s'enfonçaient calmes et unies. L'habitation moderne était placée plus bas, quoique très-près de là, et derrière elle le terrain s'inclinait vers la rive par une pente douce couverte de verdure, divisée naturellement en terrasses successives où croissaient quelques vieux arbres, et se terminant à la grève blanchâtre. L'autre côté de la petite baie, à l'opposite du vieux

---

[1] Le *groaning-malt* (drèche des gémissements) était l'ale qui avait été brassée expressément pour être bue après l'heureuse délivrance de l'accouchée. Le *ken-no* (je ne sais) dérive d'une source plus ancienne, et peut-être l'usage en vient-il des rites secrets du culte de la *bona dea*. Un large et copieux fromage était fait par les femmes de la famille, avec une grande affectation de mystère, pour la réconfortation des commères qui assistaient à l'heureuse délivrance. C'était le *ken-no*, ainsi nommé de ce que son existence était tenue cachée (ou du moins était censée telle) à tous les hommes de la famille, et spécialement au mari. Il devait, en conséquence, se conduire comme s'il ignorait absolument ces préparatifs, engager instamment les femmes présentes de prendre quelques rafraîchissements, et paraître étonné de leur refus obstiné. Mais dès qu'il avait le dos tourné, le *ken-no* était tiré de sa cachette; et après que chacune en avait mangé à son appétit, en l'arrosant convenablement du *groaning-malt*, le reste était partagé entre les commères, et chacune d'elles en emportait chez elle une large part, avec la même affectation de profond mystère. (W. S.)

château, était aussi formé par un second promontoire déclive et varié, presque entièrement couvert de bois, qui, sur cette côte favorisée, croissent presque jusqu'à la limite des eaux de la mer. Une cabane de pêcheur perçait entre les arbres. A cette heure calme de la nuit, des lumières se mouvaient encore sur la grève, lumières occasionnées probablement par le déchargement d'un lougre contrebandier de l'île de Man, qui était à l'ancre dans la crique. A la première vue de la clarté qui s'échappa de la porte vitrée de la maison, les cris de Garde à vous! Attention à la lumière! partis du bâtiment, répandirent l'alarme sur la plage, et les lumières disparurent subitement.

Il était une heure après minuit, et la scène qui se déroulait autour de Mannering était ravissante. Les vieilles tours grisâtres du château en ruines, celles-ci entières, celles-là à demi démolies, ici portant la rude empreinte des siècles, ailleurs à demi revêtues d'un manteau de lierre, se dressaient le long du sombre escarpement du rocher qui s'élevait sur la droite. Vis-à-vis de notre héros était la baie tranquille, dont la surface étincelait aux rayons de la lune, légèrement ridée par les petites vagues qui roulaient, poussées l'une par l'autre, vers la grève caillouteuse où elles venaient expirer avec un doux murmure. A gauche, les bois s'avançaient jusqu'au bord de l'Océan, s'agitant, à la clarté de la lune, au-dessus des ondulations d'un sol accidenté, et offrant ces oppositions d'ombre et de lumière, et cette attachante succession de fourrés et d'éclaircies, sur lesquelles l'œil aime à se reposer, attiré par ce qu'il découvre, et curieux, cependant, de pénétrer plus profondément dans les dédales de ces sites boisés. Sur sa tête, les planètes parcouraient leurs orbes lumineuses, distinguées par leur éclat des étoiles inférieures ou plus éloignées. Les puissances de l'imagination peuvent exercer un si étrange ascendant sur ceux-là même dont la volonté les a évoquées, que Mannering, en contemplant ces corps brillants, se sentit presque porté à croire à l'influence que la superstition leur attribue sur les événements humains. Mais Mannering était jeune et amoureux, et peut-être était-il sous l'empire des sentiments si heureusement exprimés par un poëte moderne :

« La fable est le monde de l'amour, c'est son domaine et son berceau ; il s'arrête avec délices parmi les fées, et les talismans, et les esprits : d'essence divine lui-même, il aime à croire à tout ce qui est divin. Créations transparentes des anciens poëtes, heureuses personnifications des vieux cultes, pouvoir, beauté, majesté suprême, qui peuplaient les vallées et les montagnes que le pin couronne, et les forêts, et le ruisseau tranquille, et la source rocailleuse, et les abîmes, et les profondeurs des mers : — vous vous êtes toutes évanouies ! vous ne vivez plus dans la foi que la raison domine ! Mais au cœur il faut toujours son langage, et le vieux instinct fait encore revivre les vieux noms. Ils se sont réfugiés vers le monde étoilé, ces esprits et ces dieux qui jadis partageaient la terre avec l'homme comme avec un ami ; pour l'amant, ils se meuvent là-haut, et de ce firmament visible leur influence descend sur nous. Aujourd'hui encore, c'est

Jupiter qui dispense tout ce qui est grand, Vénus tout ce qui est doux et tendre. »

Ces rêveries le conduisirent bientôt à d'autres rêveries. — Hélas! murmura-t-il, mon bon vieux tuteur, qui avait coutume de s'enfoncer si avant dans la controverse entre Heydon et Chambers au sujet de l'astrologie, mon bon vieux tuteur aurait contemplé la scène avec d'autres yeux, et se serait sérieusement efforcé de découvrir, d'après les positions respectives de ces luminaires, leurs effets probables sur la destinée du nouveau-né, comme si les mouvements ou les émanations des astres dominaient la Providence divine, ou tout au moins se coordonnaient avec elle. Qu'il repose en paix! il a instillé en moi assez de connaissances pour dresser un thème de nativité, et je vais m'en occuper. A ces mots, et après avoir noté la position des principaux corps planétaires, Guy Mannering rentra dans la maison. Le laird vint le retrouver au salon, et, plein de joie, l'informa que l'enfant était un beau petit gaillard plein de santé; il semblait en même temps tout disposé à se remettre à table. Il admit, néanmoins, les excuses de Mannering qui allégua sa fatigue, et il le conduisit à la chambre à coucher qu'on lui avait préparée et où il le laissa se livrer au repos.

CHAPITRE IV.

> — Approche et vois ! crois-en tes propres yeux. Un signe terrible se trouve dans la maison de vie : c'est un ennemi. Un démon est plongé dans la lumière qui émane de ta planète ; — oh, sois averti !
>
> SCHILLER.

Au milieu du dix-septième siècle, la croyance à l'astrologie était presque universelle ; vers la fin de ce siècle, cette croyance commença à chanceler sous le poids du doute, et au commencement du dix-huitième, l'art tomba dans un discrédit et même dans un ridicule général. Il conserva cependant encore de nombreux partisans, même dans les chaires des savants. Des hommes graves et laborieux répugnaient à renoncer aux calculs qui depuis leur jeunesse étaient l'objet principal de leurs études, et ce n'était qu'à contre-cœur qu'ils se voyaient descendre de cette hauteur prédominante au-dessus du reste de l'humanité, où les avait portés leur faculté supposée de plonger leurs regards dans l'avenir, grâce à leur pouvoir d'interroger les influences et les conjonctions cachées des astres.

Au nombre de ceux qui entouraient ce privilége imaginaire d'une foi que le doute n'avait pas atteinte, était un vieil ecclésiastique près duquel Mannering avait été placé durant sa jeunesse. Il s'usait les yeux à observer les astres, et le cerveau à calculer leurs combinaisons diverses. Son élève, dans sa première jeunesse, prit naturellement une part de son enthousiasme, et travailla pendant un temps à se rendre maître dans les procédés techniques des recherches d'astrologie ; de sorte qu'avant qu'il ne se fût convaincu de l'absurdité de cette science prétendue, William Lilly lui-même lui eût accordé « un esprit délicat et un jugement pénétrant dans la résolution d'un problème de nativité. »

Dans l'occasion actuelle, Mannering se leva d'aussi bonne heure que le lui permettait la longueur des nuits, et se mit en devoir de calculer la nativité du jeune héritier d'Ellangowan. Il procéda *secundùm artem*, aussi bien pour conserver les apparences, que par une sorte de curiosité de savoir s'il se souviendrait encore de cette science imaginaire, et s'il pourrait la mettre en pratique. Il projeta donc son plan ou figure du ciel, divisé en ses douze *maisons ;* y indiqua la position des planètes d'après les éphémérides, et rectifia leur situation pour l'heure précise de la nativité. Sans fatiguer nos lecteurs des pronostics généraux que l'astrologie judiciaire aurait inférés de ces circonstances, il se trouvait dans ce plan un indice qui frappa l'attention de notre astrologue. Mars, occupant alors le point culminant de la corne de la douzième maison, menaçait le sujet de captivité, ou de mort soudaine et violente; et Mannering, ayant recours à ces règles de vérification par lesquelles les adeptes prétendent s'assurer de la justesse de cette fâcheuse indication, trouva par le résultat que trois époques seraient particulièrement périlleuses, — la *cinquième* année du sujet, — sa *dixième* — et sa *vingt-et-unième*.

Il est remarquable que Mannering avait déjà une fois auparavant essayé en plaisantant les mêmes calculs d'horoscope, sur les instances de Sophie Wellwood, la jeune dame à qui il était attaché, et qu'une semblable conjonction d'influence planétaire l'avait aussi menacée de mort ou d'emprisonnement dans sa trente-neuvième année. Elle en avait alors dix-huit; de sorte que d'après le résultat du thème dans les deux cas, la même année la menaçait du même malheur présagé à l'enfant qui venait d'entrer dans le monde. Frappé de cette coïncidence, Mannering répéta ses calculs; et le résultat rapprocha toujours les événements prédits, au point que le même mois et le même jour semblèrent désignés comme le moment de péril pour tous les deux.

On croira sans peine qu'en mentionnant cette circonstance nous ne prétendons nullement donner du poids à la prétendue prédiction ainsi déduite. Mais il arrive souvent, tant est grand notre amour naturel pour le merveilleux, que nous-mêmes faisons contribuer volontairement nos propres efforts à décevoir notre jugement. Que la coïncidence que nous venons de rapporter fût réellement un de ces hasards singuliers qui se présentent quelquefois contre toute vraisemblance ordinaire; ou que Mannering, égaré dans un labyrinthe de calculs et dans le jargon technique de l'astrologie, fût deux fois à son insu tombé dans la même voie pour en sortir; ou bien enfin que son imagination, séduite par quelques rapports apparents, eût prêté son aide pour rendre la similitude des deux opérations plus exacte et plus complète qu'elle ne l'eût été sans cela, c'est ce qu'il est impossible de deviner; mais, toujours est-il que son esprit resta fortement frappé de cette impression que les résultats se correspondaient exactement.

Il ne put s'empêcher d'être surpris d'une coïncidence si singulière et si peu attendue. — Le diable se mêle-t-il à la danse, se dit-il, pour se venger de ce que nous traitons légèrement un art qu'on dit être d'origine magique? ou bien, comme l'ont admis Bacon et sir Thomas Brown, se pourrait-il qu'il y eût quelque vérité dans une astrologie saine et sagement pratiquée, et qu'il fallût en effet admettre l'influence des astres, quoique l'abus que les fripons ont fait de cet art et de ses applications en ait grandement fait suspecter la réalité? Un simple moment réflexion sur ce sujet lui fit bientôt abandonner cette opinion comme de dénuée de tout fondement, et que ces savants hommes n'avaient sanctionnée que parce qu'ils n'avaient pas osé secouer d'un seul coup les préjugés universels de leur siècle, ou parce qu'eux-mêmes, peut-être, n'étaient pas tout à fait dégagés de l'influence contagieuse d'une superstition dominante. Malgré tout, le résultat de ses calculs dans ces deux cas laissa dans son esprit une impression si désagréable, qu'à l'exemple de Prospero[1] il renonça mentalement à son art, et résolut de ne plus pratiquer à l'avenir l'astrologie judiciaire, non plus par plaisanterie que sérieusement.

Il hésita longtemps sur ce qu'il dirait au laird d'Ellangowan au sujet de l'horoscope de son premier-né ; et il se détermina enfin à lui exposer simplement le résultat qu'il y avait trouvé, en même temps qu'il le préviendrait de la futilité des règles de l'art sur lequel ce résultat reposait. Dans cette résolution, il se rendit sur la terrasse.

Si le paysage qui entourait Ellangowan l'avait frappé à la clarté de la lune, il ne perdait rien de sa beauté, éclairé par le soleil matinal. La terre, même au mois de novembre, s'épanouissait sous son influence. Une montée rapide, mais régulière, conduisait de la terrasse à une éminence voisine, où Mannering se trouva vis-à-vis du vieux château. Cet ancien édifice consistait en deux lourdes tours rondes, projetant leurs masses noirâtres aux angles extrêmes d'une façade ou courtine unie qui s'étendait de l'une à l'autre, et protégeait ainsi l'entrée principale, laquelle conduisait, par une arche élevée pratiquée au milieu de la courtine, à la cour intérieure du château. Les armes de la famille, sculptées en pierre, montraient encore leurs emblèmes menaçants au-dessus de la grande porte, et on distinguait sur le portail les espaces ménagés par l'architecte pour baisser la herse et lever le pont-levis. Une barrière grossièrement faite de jeunes sapins réunis et cloués ensemble était alors la seule défense de cette entrée jadis formidable. L'esplanade en avant du château commandait une admirable perspective.

L'horrible scène de désolation que la route de Mannering avait traversée dans la soirée précédente était cachée à la vue par une élévation de terrain, et le paysage offrait une agréable succession de creux et de collines, entre lesquels serpentait une rivière qui en quelques endroits était visible, et qui parfois roulait ses eaux dans l'encaissement de rives profondes et boisées. La flèche d'une église et quelques maisons dont on apercevait le toit indiquaient l'emplacement d'un village au point même où le cours d'eau opérait sa jonction avec l'océan. Les vallons paraissaient bien cultivés, les petits enclos entre lesquels ils étaient divisés bordant le pied des collines, et les lignes de haies vives qui les entouraient s'élevant quelquefois jusqu'à mi-côte. Au-dessus, se dé-

---

[1] L'enchanteur de la *Tempête* de Shakspeare. (L. V.)

ployaient de vertes pâtures, principalement occupées par des troupeaux de gros bétail, dont l'élève formait alors l'occupation dominante du pays, et dont les meuglements entendus à distance contribuaient agréablement à l'animation de la scène. Les collines plus éloignées étaient d'un caractère plus sévère, et, plus loin encore, elles s'élevaient en montagnes revêtues de sombres bruyères, et formaient à l'horizon un rideau qui, en annonçant la limite du pays cultivé, ajoutait par cela même à celui-ci l'idée agréable de retraite et de solitude. La côte maritime, que Mannering apercevait alors dans toute son étendue, répondait par la beauté de ses aspects variés au charme du paysage intérieur. Çà et là elle s'élevait en hautes falaises, fréquemment couronnées de ruines d'anciennes constructions, de tours ou de phares, lesquels, selon la tradition, avaient été placés en vue les uns des autres, afin qu'en temps d'invasion ou de guerre civile, ils pussent communiquer entre eux par signaux, pour la défense et la protection mutuelles. Le château d'Ellangowan surpassait de beaucoup ces ruines, en étendue et en importance, et confirmait, par sa grandeur et sa situation, la suprématie que ses fondateurs avaient, dit-on, exercée jadis parmi les chefs et les nobles du district. En d'autres endroits, la côte était d'un aspect moins âpre, ici découpée en petites baies, vers lesquelles le terrain s'inclinait en pente douce, ailleurs se projetant en pointes avancées couvertes de bois.

Une scène si différente de ce que lui avait présagé sa course du soir précédent produisit sur Mannering une impression d'autant plus vive. Sous ses yeux était l'habitation moderne; demeure plus que modeste, à la vérité, sous le point de vue architectural, mais placée à une exposition ravissante. — Combien, pensa notre héros, la vie s'écoulerait délicieusement au sein d'une semblable retraite! D'un côté, les vestiges frappants d'une ancienne grandeur, avec le secret sentiment d'orgueil de famille qu'ils font naître; de l'autre, assez d'élégance moderne et de confort pour satisfaire des désirs modérés. Ici donc, et avec toi, Sophie!...

Nous ne suivrons pas plus loin les rêveries d'un amant. Mannering s'arrêta là pendant une minute, les bras croisés, puis il se dirigea vers les ruines du château.

Quand il en eut franchi l'entrée, il vit que la rude magnificence de la cour intérieure répondait à la grandeur du dehors. D'un côté, courait un rang de hautes et larges fenêtres, divisées par des pilastres en pierre sculptée, qui éclairaient autrefois la grande salle du château; de l'autre, étaient divers bâtiments d'inégale hauteur et de dates différentes, mais assez bien harmonisés pour que leur façade offrît à l'œil un certain effet général d'uniformité. Les portes et les fenêtres étaient ornées de saillies présentant de grossiers échantillons de sculptures et de moulures, les unes entières, les autres brisées, et en partie couvertes de

CHAPITRE IV.

lierre et de plantes grimpantes qui offraient au milieu des ruines une végétation luxuriante. Le côté de la cour faisant face à l'entrée avait été aussi primitivement enclos d'une rangée de bâtiments; mais par suite, disait-on, de la canonnade qu'y avait dirigée la flotte du Parlement commandée par Deane, à l'époque de la grande guerre civile, cette partie du château était beaucoup plus délabrée que le reste, et présentait une large ouverture par laquelle Mannering put contempler la mer, et d'où il aperçut le petit bâtiment (un lougre armé) qui était toujours à l'ancre au centre de la baie [1]. Tandis que Mannering était occupé à examiner les ruines au milieu desquelles il se trouvait, il entendit sortir de l'intérieur d'un appartement, à sa gauche, une voix qu'il reconnut pour celle de l'Égyptienne qu'il avait vue le soir précédent. Il eut bientôt trouvé une ouverture qui lui permit de l'observer sans être vu d'elle; et il ne put se défendre de penser que son extérieur, son occupation et son attitude donnaient bien l'idée d'une ancienne sibylle.

Elle était assise sur une corniche brisée, dans l'angle d'une chambre pavée, qu'elle avait en partie nettoyée des décombres qui l'obstruaient, afin de ménager une place nette et unie aux évolutions de son fuseau. Un vif rayon de soleil, qui pénétrait à travers une croisée haute et étroite, tombait en plein sur ses traits et sur son bizarre accoutrement, et l'éclairait dans son occupation; le reste de la pièce était très-obscur. Vêtue d'habits qui, au costume national du bas peuple d'Écosse, mêlaient quelque chose du costume oriental, elle tordait, au moyen de la quenouille et du fuseau, ces anciens ustensiles de la ménagère maintenant presque bannis du pays, un fil composé de laines de trois couleurs différentes, le noir, le blanc et le gris. Tout en filant, elle chantait des paroles qui semblaient être un charme. Mannering, après avoir vainement essayé de retenir exactement les paroles de sa chanson, en essaya ensuite, d'après ce qu'il en avait pu saisir, l'imitation suivante :

Unissez-vous, enlacez-vous! car ainsi, dans le fil de l'existence humaine, se mêlent les nuances de joie et de douleur, d'espérance et de crainte, de paix et de combats!

Tandis que se forme ce fil mystérieux, et que la vie de l'enfant commence, quelles images variées m'apparaissent à travers un sombre crépuscule!

Les passions ardentes, et les vaines folies, et les plaisirs remplacés bientôt par la douleur, et le soupçon, et la jalousie, et la crainte, se montrent à moi dans la danse magique.

Ils montent, puis ils descendent, et tournoient sans cesse avec le tournoyant fuseau. Unissez-vous, enlacez-vous! ainsi se mêlent les joies et les douleurs humaines!

---

[1] La description qui précède, en ce qui se rapporte aux ruines supposées, paraît offrir quelque ressemblance avec les nobles restes du château de Carlaverock, à six ou sept milles de Dumfries, non loin de Lochar-Mouth. (W. S.)

Avant que notre héros eût arrangé dans sa tête cette translation, ou plutôt cette imitation libre des stances de la sibylle, et tandis qu'il cherchait encore une rime difficile, la tâche de Meg fut accomplie et toute sa laine filée. Elle prit le fuseau chargé de son travail, et déroulant lentement le fil qui le couvrait, elle le mesura en le passant sur son coude en en ramenant chaque tour entre l'index et le pouce. Quand elle eut fini cette opération, elle se dit à demi-voix : Un écheveau, mais non pas d'un seul bout, — trois fois dix années, mais trois fois rompues et trois fois renouées ; il sera heureux s'il en parcourt toute la longueur.

Mannering allait adresser la parole à la prophétesse, quand une voix, aussi rude que le bruit des vagues auquel elle se mêlait, cria deux fois, et avec un ton d'impatience croissante : Meg ! Meg Merrilies ! — Égyptienne ! — Sorcière ! — Mille diables !

— J'y vais, j'y vais, capitaine ! répondit Meg ; mais presque au même instant l'impatient patron, auquel elle s'adressait parut à la partie ouverte des ruines.

Il avait les dehors d'un marin ; sa taille était plutôt au-dessous qu'au-dessus de la moyenne, et ses traits étaient bronzés par les mille combats qu'il avait eus à soutenir avec le vent du nord-est. Sa structure ramassée et fortement musclée annonçait une vigueur prodigieuse, de sorte qu'il semblait ne devoir craindre la rencontre personnelle d'aucun homme de plus grande taille. Sa mine était repoussante, et qui pis est, son air n'avait rien de cette insouciance, de cette gaîté pétulante et de cette curiosité *flâneuse*, traits caractéristiques du marin à terre. Ces qualités, peut-être, autant qu'aucune autre, contribuent à la haute popularité de nos hommes de mer, et à la bonne disposition que chez nous la société montre généralement à leur égard. Leur hardiesse, leur courage intrépide, sont des qualités qui commandent le respect, qui peut-être même humilient un peu en leur présence les pacifiques citadins ; et le respect, non plus qu'un sentiment d'humiliation, ne s'allie aisément avec une amitié familière pour ceux qui les inspirent. Mais la gaîté presque enfantine du marin hors de son bâtiment, ses accès de folie, sa joyeuse insouciance, tempèrent les parties plus imposantes de son caractère. Il n'y avait rien de tout cela dans la mine de cet homme. Quelque chose de rechigné et même de sauvage dans ses traits faisait au contraire paraître plus sombre encore une physionomie qui n'avait pas besoin de cette expression additionnelle pour être rude et déplaisante.

— Où êtes-vous, mère Devylson¹ ? cria-t-il avec un accent légèrement étranger, quoiqu'il parlât un fort bon anglais. Tonnerre et malédiction ! voilà une demi-heure que nous vous attendons. — Allons, venez bénir le bon navire et le voyage, et puis que vous soyez maudite comme une vieille sorcière de Satan !

Fille du diable

CHAPITRE IV.

En ce moment, il aperçut Mannering, qui, par suite de la position qu'il avait prise pour observer les incantations de Meg Merrilies, et à demi caché par l'arc-boutant derrière lequel il se trouvait, avait l'air de quelqu'un qui cherche à se dérober à la vue. Le capitaine (c'est le titre qu'il se donnait) s'arrêta tout à coup avec une sorte de tressaillement, et porta vivement sa main droite entre son gilet et sa jaquette, comme pour y prendre une arme. — Qu'est cela, camarade? dit-il; on dirait que vous êtes aux aguets, — hé?

Avant que Mannering, quelque peu interdit par le geste menaçant de l'homme et par son ton insolent, eût ouvert la bouche pour répondre, l'Égyptienne sortit de son repaire, et rejoignit l'étranger. S'adressant à elle à demi-voix et en portant les yeux sur Mannering, il lui dit : Un requin de la côte, hé?

Elle répondit du même ton, et en employant le langage d'argot de sa tribu : Coupez vos *whids* et *larguez-les;* c'est un noble *cove* du *ken* [1].

Le visage sombre du marin s'éclaircit un peu. — Salut, monsieur, dit-il; je vois que vous êtes en visite chez mon ami M. Bertram. — Je vous demande pardon; mais je vous avais pris pour une autre espèce d'homme.

— Et vous, monsieur, repartit Mannering, vous êtes sans doute le patron de ce bâtiment en rade dans la baie?

— Oui, oui, monsieur; je suis le capitaine Dirk Hatteraick du *Yung frauw Hagenslaapen*, bien connu sur cette côte; je ne rougis ni de mon nom, ni de mon navire, — non, ni de ma cargaison non plus, quant à ça.

— Je pense bien que vous n'avez pas sujet d'en rougir, monsieur.

— Mille tonnerres! — non; je suis tout en voie d'honnête commerce. — Chargé là-bas à Douglas dans l'île de Man; — du vrai cognac, — du véritable hyson et du pur souchong [2], — des dentelles de Malines, si vous en avez besoin. — Oui, oui, d'excellent cognac; — nous en avons roulé à terre cent barils, la nuit dernière.

— Je ne suis qu'un voyageur, monsieur, et je n'ai, quant à présent, aucun besoin d'objets de cette nature.

— Hé bien! alors, bonjour, car il faut penser aux affaires; — à moins que vous ne veuillez venir à bord prendre un schnaps [3]. — Vous rapporterez vos pleines poches de thé; — Dirk Hatteraick connaît la civilité.

Il y avait en cet homme un mélange d'impudence, de hardiesse et de crainte soupçonneuse qui soulevait un inexprimable dégoût. Ses

---

[1] Nous avons conservé les termes mêmes du jargon de l'Égyptienne, que Walter Scott explique ainsi en note : Cessez votre langage incivil; c'est un gentleman de la maison là-bas. (L. V.)

[2] Espèces de thé. (L. V.)

[3] Un verre de liqueur. (W. S.)

manières étaient celles d'un bandit, qui sent quelle opinion doit s'attacher à lui, et qui vise à la détourner par une affectation d'insouciance et de familiarité. Mannering refusa ses offres en peu de mots; et après un adieu prononcé d'un ton bourru, Hatteraick regagna avec l'Égyptienne cette partie des ruines par où il était entré. Un escalier fort étroit, taillé probablement pour l'utilité de la garnison en temps de siége, conduisait jusqu'à la baie. Ce fut par cet escalier que descendirent les dignes acolytes, aussi séduisants d'apparence que respectables par leur profession. Le soi-disant capitaine s'embarqua dans une chaloupe où deux hommes paraissaient l'avoir attendu, et l'Égyptienne resta sur la plage, récitant ou chantant des paroles, et gesticulant avec une extrême véhémence.

CHAPITRE V.

> Vous avez fait paître vos bestiaux sur mes seigneuries, détruit les palissades de mes parcs, et abattu les arbres de mes forêts ; vous avez arraché les bannières de ma maison suspendues au-dessus de mes fenêtres, et effacé mes armoiries ; vous ne m'avez laissé aucun signe, sauf l'opinion des hommes et mon propre sang, qui puisse montrer au monde que je suis gentilhomme. *Richard II.*

Dès que la chaloupe qui portait l'honnête capitaine l'eut déposé à bord de son bâtiment, le navire se couvrit de voiles et se mit bientôt en mouvement. Trois coups de canon saluèrent le château d'Ellangowan, puis le lougre s'éloigna rapidement toutes voiles dehors, poussé au large par la brise qui soufflait de terre.

— Ha ! ha ! dit le laird, qui depuis quelques moments était à la recherche de Mannering, et qui venait de le rejoindre, les voilà partis, — les voilà partis, ces négociants sans patente ! — Le voilà parti, le capitaine Dirk Hatteraick du *Yungfrauw Hagenslaapen*, moitié Mankois [1], moitié Hollandais, moitié diable ! En avant le beaupré ! hissez la grande voile, les voiles des huniers, la royale, la voile du perroquet, et en route ; — suive qui pourra ! Ce camarade-là, M. Mannering, est la terreur de toute l'accise et des croiseurs de la douane ; ils n'en peuvent venir à bout ; il les étrille ou leur échappe. — Et en parlant d'accise, je viens vous chercher pour déjeuner ; vous goûterez du thé que...

Mannering avait déjà pu remarquer quel étrange enchaînement liait un sujet à un autre dans la concaténation intellectuelle du digne M. Bertram, chez qui les idées se succédaient

« Comme des perles d'Orient s'échappant au hasard ; »

et en conséquence, avant que le courant de ses associations ne l'eût fait dériver plus loin du point qu'il abandonnait, il l'y ramena par quelques questions sur ce Dirk Hatteraick.

— Oh ! c'est un — un — une assez bonne sorte de vaurien ; — personne ne se soucie de le contrarier. — Contrebandier, quand ses canons sont en lest ; — corsaire ou pirate quand il les a remis sur l'affût. Il a

---

[1] Natif de l'île de Man. (L. V.)

fait plus de mal aux gens du fisc qu'aucun coquin qui soit jamais sorti de Ramsay [1].

— Mais, mon cher monsieur, si tel est l'homme, je suis surpris qu'il trouve protection et encouragement sur cette côte.

— Hé mais! M. Mannering, les gens ont besoin d'eau-de-vie et de thé, et on ne consomme dans le pays que ceux qui arrivent par cette route-là; — et puis c'est un compte bientôt réglé, et peut-être une barrique ou deux, ou une douzaine de livres, qu'on laisse à la porte de votre écurie, au lieu d'un damné compte de Noël qui n'en finit pas, que vous ferait Duncan Robb, l'épicier de Kippletringan, qui a toujours une addition à vous faire, et à qui il faut de l'argent comptant ou un billet à courte échéance. Au lieu de ça, Hatteraick prendra du bois, ou de l'écorce à tan, ou de l'orge, ou n'importe quoi, selon le temps. A propos de ça, je vais vous conter une bonne histoire. Il y avait autrefois un laird, — c'était Macfie de Gudgeonford; — il avait une grande qualité de poules *kain*, — ce sont des poules que le tenant paie à son propriétaire, — une sorte de redevance en nature; — on me nourrit toujours bien mal les miennes: — la mère Finniston m'en a envoyé trois la semaine dernière, que c'était une honte rien que de les voir, et pourtant elle a douze bows [2] de semences de victuailles. — Il est vrai que son homme, Duncan Finniston, — c'est-à-dire son défunt — (nous devons tous mourir, M. Mannering, c'est une grande vérité); — et en parlant de cela, il faut vivre en attendant, car le déjeuner est sur la table, et le Dominie prêt à dire le *benedicite*.

Le Dominie prononça en effet une bénédiction qui surpassait en longueur tout ce que Mannering lui avait entendu dire jusqu'alors. Le thé, qui naturellement provenait du noble commerce du capitaine Hatteraick, fut proclamé excellent. Mannering revint encore, quoique avec les ménagements convenables, sur le danger d'encourager des hommes de cette trempe. — Ne serait-ce que par justice pour le fisc, dit-il, j'aurais supposé...

— Oh! les gens du fisc, — car M. Bertram n'embrassait jamais une idée générale ou abstraite, et ses notions sur le fisc se personnifiaient dans les commissaires, les surveillants, les contrôleurs et les inspecteurs qu'il pouvait connaître, — les gens du fisc sont assez adroits par eux-mêmes; — personne n'a besoin de les aider, — sans compter qu'ils ont tous les soldats pour leur prêter la main. — Et quant à la justice, — vous serez étonné d'apprendre cela, M. Mannering, — mais je ne suis pas juge de paix [3].

---

[1] Ville de la côte septentrionale de l'île de Man, située dans la mer d'Irlande, au midi de la côte méridionale du Galloway. (L. V.)

[2] Mesure écossaise de denrées sèches. (L. V.)

[3] L'à-propos, ou si l'on veut, la *concaténation* d'idées de l'honnête M. Bertram est

CHAPITRE V.

Mannering prit l'air de surprise voulu par la circonstance, mais il pensa à part lui que l'honorable corps des juges du canton n'éprouvait pas un grand préjudice à être privé de l'assistance de son excellent amphitryon. M. Bertram venait de toucher un des sujets, heureusement peu nombreux, qui lui tenaient à cœur, et il y revint avec quelque chaleur.

— Non, monsieur, — le nom de Bertram Godefroy d'Ellangowan *n'est pas* compris dans la dernière commission, quoiqu'il y ait à peine dans le pays un rustre ayant une charrue de terre [1] qui ne puisse monter à cheval pour aller aux *quarter sessions* [2] et écrire J. P. après son nom [3]. Mais je sais parfaitement bien à qui je dois cela ; — sir Thomas Kittlecourt a été assez bon pour me dire, avant la dernière élection, qu'il s'assiérait sur mes basques si je ne lui donnais pas ma voix : et parce que j'ai mieux aimé appuyer mon propre sang, mon cousin au troisième degré, le laird de Balruddery, ils m'ont effacé du rôle des francs-tenanciers. Vient ensuite une nouvelle nomination de juges, et je suis encore laissé à l'écart ! et cette fois, ils prétendent que c'est à cause que je laissais David Mac Guffog rendre les warrants [4], et mener les affaires à sa guise, comme si j'avais été une figure de cire [5], ce qui est une insigne fausseté : car je n'ai rendu que sept warrants dans ma vie, et le Dominie les a tous rédigés ; — et si ce n'avait été cette malheureuse affaire de Sandy Mac Gruthar, que les constables auraient gardé deux ou trois jours là-haut dans le vieux château, rien que pour attendre une occasion de l'envoyer à la prison du comté, — et c'est une affaire qui m'a coûté assez d'argent... Mais je sais très-bien ce que veut sir Thomas ; — tout cela vient de raisons et d'autres au sujet du banc dans l'église de Kilmagirdle. — N'avais-je pas le droit d'avoir le premier banc vis-à-vis du ministre, plutôt que Mac Crosskie de Creochstone, le fils du syndic Mac Crosskie le tisserand de Dumfries ?

Mannering exprima son acquiescement à la justice de ces diverses plaintes.

— Et puis, M. Mannering, il y a l'histoire à propos de la route et du mur de mon parc à moutons. — Je sais que sir Thomas était là derrière, et je ne me suis pas gêné pour dire au clerc des commissaires que je voyais le pied-fourchu, qu'ils le prennent comme ils voudront.

---

moins sensible en français qu'en anglais, où le même mot (*justice*) signifie à la fois *justice*, dans le sens abstrait, et *juge*. (L. V.)

[1] *Plough-gate*, ce qu'une charrue peut labourer de terre en un jour. (L. V.)

[2] *Sessions trimestrielles*, réunion des juges de paix d'un canton en une cour judiciaire qui peut connaître de tout crime n'emportant pas la peine capitale ; ces réunions ont lieu quatre fois par an. (L. V.).

[3] Abréviation de *justice of peace*, juge de paix. (L. V.)

[4] Mandats d'amener ou d'appréhender. (L. V.)

[5] Un nez de cire, dit le texte, *nose c' wax*. (L. V.)

— Y a-t-il un gentilhomme, ou une assemblée de gentilshommes, qui voudraient faire passer une route droit à travers l'angle d'un parc à moutons, et faire perdre, comme le leur fit observer mon agent, près de deux perches de bonne pâture de bruyères? — Et il y a aussi l'histoire de l'élection du collecteur des taxes...

— Certainement, monsieur, il est triste d'avoir rencontré si peu d'égards dans un pays où vos ancêtres, à en juger par l'étendue de leur résidence, doivent avoir fait très-grande figure.

— C'est bien vrai, M. Mannering. — Je suis un homme tout simple, et je ne m'arrête pas sur de telles choses; et je puis dire même que j'en garde peu de souvenir : mais je voudrais que vous eussiez entendu les histoires de mon père sur les anciens combats des Mac Dingawaies, — c'est-à-dire des Bertrams d'aujourd'hui, — avec les Irlandais et avec les Highlanders, qui vinrent ici dans leurs berlings[1] d'Ilay et de Cantyre[2]; — et comment ils furent à la Terre sainte, — c'est-à-dire à Jérusalem et à Jéricho, — avec tous leurs clans à leurs talons : — ils auraient mieux fait d'aller à la Jamaïque, comme l'oncle de sir Thomas Kittlecourt; — et comment ils rapportèrent chez eux des reliques, comme celles qu'ont les catholiques, et une bannière qui est là-haut au grenier. — Si ç'avait été des tonneaux de muscat ou des poinçons de rhum, le domaine s'en trouverait mieux aujourd'hui. — Mais il n'y a guère de comparaison entre le vieux donjon de Kittlecourt et le château d'Ellangowan; — je doute que le donjon ait quarante pieds de façade. — Mais vous ne déjeunez pas, M. Mannering; vous ne mangez rien. Permettez-moi de vous offrir un peu de ce kipper[3]; — c'est John Hay qui l'a pêché, il y a eu samedi trois semaines, là-bas dans la rivière au-dessous du gué de Hempeed, etc., etc., etc.

Le laird, que son indignation avait tenu pendant quelques moments assez ferme sur un même sujet, retomba alors dans le style de conversation vagabonde qui lui était habituel, et qui donna à Mannering tout le temps de réfléchir aux inconvénients attachés à une situation qui, une heure auparavant, lui avait paru si digne d'envie. Il voyait là un gentilhomme campagnard, dont la qualité la plus estimable semblait être un bon naturel parfait, se tourmentant lui-même et murmurant contre les autres, pour des causes qui devaient, comparées aux maux réels de la vie, peser dans la balance comme un grain de poussière. Mais telle est l'équitable distribution de la Providence. A ceux qui restent en dehors des grandes afflictions, sont assignées de petites vexations qui suffisent pour troubler la sérénité de leur existence; et cha-

[1] Galères ou grands bateaux à demi pontés. (L. V.)

[2] *Cantyre* est une grande presqu'île de l'ouest de l'Écosse, qu'un bras de mer de trente milles (dix de nos lieues communes) sépare de la côte occidentale du Galloway *Ilay*, grande île à l'ouest du Cantyre. (L. V.)

[3] Saumon salé et fumé. (L. V.)

cun de nos lecteurs peut avoir observé que ni apathie naturelle ni philosophie acquise ne peuvent rendre un gentilhomme campagnard insensible aux contrariétés qui accompagnent les élections, les sessions trimestrielles et les assemblées de canton.

Curieux d'étudier les coutumes du pays, Mannering profita d'une pause dans l'enfilade d'histoires du bon M. Bertram, pour lui demander pourquoi le capitaine Hatteraick avait paru si impatient de trouver l'Égyptienne.

— Oh! pour assurer un heureux voyage à son navire, je suppose. Il faut que vous sachiez, M. Mannering, que ces commerçants libres, que la loi qualifie de contrebandiers, n'ayant pas de religion, la font toute consister en superstitions; et ils ont autant de charmes, de conjurations, de niaiseries...

— Vanités et pis encore! interrompit le Dominie; c'est un trafic avec le Mauvais Esprit. Conjurations, talismans et charmes sont de son invention : — toutes flèches de choix sorties du carquois d'Apollyon.

— Paix, Dominie, — vous parlez toujours; — (notez qu'à l'exception du *benedicite* et des grâces, c'étaient les premiers mots que le digne homme eût prononcés de la matinée;) — M. Mannering ne peut placer une parole! — Et ainsi, M. Mannering, en parlant d'astronomie, de charmes et de choses semblables, avez-vous été assez bon pour examiner ce dont nous parlions hier au soir?

— Je commence à croire, M. Bertram, avec votre digne ami ici présent, que j'ai voulu jouer avec des armes tranchantes; et quoique ni vous ni moi, non plus qu'aucun homme de sens, ne puisse ajouter foi aux prédictions de l'astrologie, cependant, comme il est quelquefois arrivé que des recherches sur l'avenir, entreprises en plaisantant, ont eu néanmoins, par leurs résultats, de sérieux et fâcheux effets sur les actions et les caractères, je désirerais réellement que vous voulussiez bien me dispenser de satisfaire à votre question.

Il était aisé de voir que cette réponse évasive ne faisait que rendre plus vive la curiosité du laird. Mannering, cependant, résolut intérieurement de ne pas exposer l'enfant aux inconvénients qui pourraient résulter pour lui de la persuasion où l'on serait qu'il aurait été l'objet d'une prédiction fâcheuse. Il remit donc le papier à M. Bertram, et lui recommanda de le conserver, sans en rompre le cachet, pendant cinq ans entiers, jusqu'après l'expiration du mois de novembre. Ce délai passé, il le laissait maître de prendre connaissance de l'écrit, espérant que la première période fatale étant alors écoulée sans accident, il n'ajouterait plus foi à ce que les calculs annonçaient pour la suite. Il fallut bien que M. Bertram fît cette promesse, et Mannering, pour s'assurer davantage qu'il la garderait, lui donna à entendre que des malheurs arriveraient certainement, si ses recommandations étaient enfreintes. Le reste du jour, qu'à l'invitation de M. Bertram Mannering passa à

Ellangowan, n'offrit rien autre de remarquable; et le lendemain, de bonne heure, le voyageur remonta son palefroi, prit affectueusement congé de son hôte hospitalier et de son ami le maître d'école, réitéra l'expression de ses vœux pour la prospérité de la famille, et, tournant la tête de son cheval vers l'Angleterre, disparut aux yeux des habitants d'Ellangowan. Il faut aussi qu'il disparaisse à ceux de nos lecteurs; car notre narration ne le retrouvera maintenant qu'à une autre époque de sa vie plus avancée.

CHAPITRE VI.

> Près de là est le juge, la panse proéminente et garnie d'un bon chapon, le regard sévère et la barbe dûment taillée, rempli de sages dictons et d'adages modernes : et ainsi il joue son rôle. *Comme il vous plaira.*

QUAND mistress Bertram d'Ellangowan fut en état d'entendre raconter ce qui s'était passé pendant sa délivrance, sa chambre retentit de commérages de toutes sortes au sujet du beau jeune étudiant d'Oxford, qui avait tiré, d'après les étoiles, un tel horoscope du jeune laird, « les bénédictions soient sur sa jolie tête ! » On ne tarissait pas sur la tournure, sur l'accent, sur les manières de l'étranger. Son cheval, sa bride, sa selle, ses étriers, ne furent pas oubliés. Tout ceci fit une grande impression sur l'esprit de mistress Bertram ; car la bonne dame n'avait pas une médiocre dose de superstition.

Sa première occupation, dès qu'elle put se livrer à un léger travail, fut de faire un petit sac de velours pour le thème de nativité qu'elle avait obtenu de son mari. Les doigts lui démangeaient de rompre le cachet ; mais la crédulité l'emporta sur la curiosité, et elle eut la force de l'enfermer intact entre deux feuilles de parchemin qu'elle cousit ensemble pour qu'il ne pût être froissé ; puis le tout fut enfermé dans le sac de velours, et suspendu comme un talisman au cou de l'enfant, où sa mère avait résolu de le laisser jusqu'au moment où elle pourrait légitimement satisfaire sa curiosité.

Le père résolut aussi de remplir son devoir envers l'enfant, en lui assurant une bonne éducation ; et afin de la commencer avec les premières lueurs de raison, il détermina sans peine Dominie Sampson à renoncer à la profession publique de maître d'école de la paroisse, de venir s'établir à demeure à la Place, et en retour d'une somme presque égale aux gages que recevait alors un domestique, d'entreprendre la tâche de communiquer au laird futur d'Ellangowan toute l'érudition qu'il possédait, et toutes les grâces et les perfections... qu'il ne possédait pas, à la vérité, mais dont il ne s'était jamais aperçu qu'il manquât. Dans cet arrangement, le laird trouvait en outre son compte particulier, en s'assurant l'avantage constant d'un patient auditeur à qui il narrait ses histoires quand ils étaient seuls, et aux dépens duquel il pouvait lancer une fine plaisanterie, quand il y avait compagnie.

Quatre ans environ après cette époque, une grande commotion eut lieu dans le comté où est situé Ellangowan.

Ceux qui épiaient les signes du temps pensaient depuis longtemps qu'un changement de ministère était sur le point d'avoir lieu, et enfin, après une proportion convenable d'espérances, de craintes et de délais, après bien des rumeurs fondées sur de bonnes ou de mauvaises autorités, ou même sans autorités bonnes ou mauvaises, après que certains clubs eurent bu au triomphe de l'homme d'état, et d'autres à sa chute, après bien des courses à cheval, à pied et en poste, après mainte adresse et contre-adresse, mainte offre de vies et de fortunes, le coup fut frappé, l'administration renversée, et, par une conséquence naturelle, le parlement dissous.

Sir Thomas Littlecourt, comme d'autres membres placés dans la même situation, prit la poste pour revenir dans son comté, et n'y reçut qu'un froid accueil. C'était un partisan de l'ancienne administration, et les amis de l'administration nouvelle avaient déjà commencé une brigue active en faveur de John Featherhead[1], esq., qui avait les meilleurs limiers et les meilleurs coureurs du comté. Au nombre de ceux qui se rangèrent sous l'étendard de la révolte, était le procureur Gilbert Glossin, agent du laird d'Ellangowan. Cet honnête gentleman avait sans doute éprouvé le refus de quelque faveur de la part de l'ex-membre, ou, ce qui est aussi probable, en avait tiré tout ce qu'il en pouvait obtenir, et ne pouvait espérer que d'un autre côté un nouvel avancement. M. Glossin avait un vote sur les propriétés d'Ellangowan, et il décida alors que son patron en aurait un aussi, n'ayant aucun doute sur le côté qu'appuierait M. Bertram dans le conflit. Il persuada sans peine à Ellangowan qu'il lui serait honorable de se mettre en campagne à la tête d'un aussi fort parti que possible ; et immédiatement il se mit à l'œuvre, créant des votes, de la manière connue de tout légiste écossais, en fractionnant et subdivisant les *supériorités*[2] sur cette ancienne et jadis puissante baronnie. Il fit tant et si bien, qu'à force de couper et de rogner sur un point, d'ajouter et d'agrandir sur un autre, et de créer des *supérieurs*[3] sur tout le domaine que Bertram tenait de la couronne, ils s'avancèrent, au jour du combat, à la tête de dix *hommes de parchemin*[4] aussi bons qu'aucun de ceux qui jamais aient prêté le serment de foi et possession. Ce notable renfort décida de l'issue

---

[1] Tête de Plume. Esq. est l'abréviation d'*esquire*, écuyer, titre qui, dans la hiérarchie sociale de l'Angleterre, vient après celui de baronnet. (**L. V.**)

[2] Partage fictif d'une propriété, de manière à y créer autant d'électeurs que le comporte la somme totale de son revenu divisée par le cens électoral exigé. (**L. V.**)

[3] *Over-lords*, ceux qui tiennent nominativement les *supériorités* ou fractionnements fictifs d'un domaine. (**L. V.**)

[4] Les électeurs fictifs créés au moyen des manœuvres légales que nous venons d'indiquer ; les *hommes de paille* des élections anglaises. (**L. V.**)

CHAPITRE VI.

de la bataille. Le patron et son agent partagèrent l'honneur; la récompense échut au dernier exclusivement. M. Gilbert Glossin fut fait greffier de la justice de paix, et Godfroy Bertram vit son nom inscrit sur une nouvelle promotion de juges de paix promulguée immédiatement après l'installation du Parlement.

C'avait toujours été le dernier point de l'ambition de M. Bertram; non qu'il aimât ni les embarras ni la responsabilité de l'office, mais il le regardait comme une dignité à laquelle il avait tout droit, et dont il avait été écarté par les trames de ses ennemis. Il y a un ancien proverbe écossais qui dit avec vérité « qu'il ne faut pas donner aux fous de bâtons ferrés [1], » c'est-à-dire des armes offensives. M. Bertram ne fut pas plutôt revêtu de l'autorité judiciaire après laquelle il aspirait depuis si longtemps, qu'il commença à l'exercer avec plus de rigueur que de merci, et démentit totalement l'opinion qu'on s'était formée jusqu'alors de sa bonne et inerte nature. Nous avons lu quelque part qu'un homme qui venait d'être promu aux fonctions de juge de paix écrivit à un libraire pour le prier de lui faire parvenir l'acte des statuts de sa charge, et orthographia ainsi sa lettre : *Please send thé ax relating to Augustus Pease*, « veuillez m'envoyer la hache relative à Auguste Pois [2] ». Nul doute que lorsque ce savant gentleman fut en possession de la *hache*, il ne s'en soit servi pour couper et tailler les lois. M. Bertram n'était pas tout à fait aussi ignorant de la grammaire anglaise que son honorable prédécesseur ; mais Auguste Pois lui-même n'aurait pu se servir plus aveuglément de l'arme inconsidérément remise entre ses mains.

De très-bonne foi, il regarda la commission dont il venait d'être investi, comme une marque personnelle de la faveur de son souverain; oubliant que précédemment il avait attribué à une simple cabale de parti son exclusion d'un privilége honorifique auquel avaient droit tous ceux de son rang. Il ordonna à son fidèle aide-de-camp, Dominie Sampson, de lui lire à haute voix la commission ; et aux premiers mots : « Il a plu au roi de désigner..... » — Il lui a plu ! s'écriat-il dans un transport de gratitude; le digne gentleman ! à coup sûr, ça ne peut pas lui avoir fait plus de plaisir qu'à moi.

En conséquence, ne voulant borner sa reconnaissance ni à des sentiments ni à des mots, il donna pleine carrière à son zèle magistral de fraîche date, et s'attacha à prouver, par une activité sans relâche dans "accomplissement de ses fonctions, quel prix il attachait à l'honneur qu'on lui avait fait. Balai neuf balaie mieux, dit-on ; et je puis moi-même porter témoignage qu'à l'apparition d'une nouvelle servante,

---

[1] *Fools should not have chapping-sticks.*

[2] Le nouveau juge avait voulu écrire : *Please send the act relative to justice of peace*, veuillez m'envoyer l'acte relatif aux juges de paix. (L. V.)

les vieilles araignées domestiques qui depuis nombre de générations, sous le règne pacifique de celle qui l'avait précédée, tissaient leurs toiles sur les rayons inférieurs de ma bibliothèque (principalement composés de jurisprudence et de théologie), s'enfuirent de toute leur vitesse devant les incursions empressées de la nouvelle camériste. C'est ainsi que le laird d'Ellangowan commença sans pitié son rôle de réformateur, aux dépens des maraudeurs et des voleurs de toute sorte qui regardaient leur établissement comme assuré par la prescription, et qui étaient ses voisins depuis un demi-siècle. Il opéra ses miracles comme un second duc Humphrey; et par l'influence de la canne du bedeau, il fit marcher le boiteux, rendit la vue à l'aveugle, et au perclus l'usage de ses membres. Il découvrit les braconniers, ennemis du gibier et du poisson, les pilleurs de vergers et les tueurs de pigeons; et pour récompense, il eut les applaudissements de ses collègues, et la réputation publique d'un actif magistrat.

Tout ce bien ne fut pas sans quelque mélange de mal. Même un mal reconnu, s'il est d'ancienne date, ne peut être extirpé sans quelque précaution. Le zèle de notre digne ami jetait alors dans une grande détresse divers personnages dont sa propre faiblesse avait contribué à nourrir et à rendre invétérées les habitudes de fainéantise et de vagabondage, ou que l'impossibilité réelle où ils étaient de se livrer à une vie active rendait, pour employer leurs propres expressions, dignes de la charité de tout bon chrétien. Le vieux mendiant connu de tout le pays, et qui depuis vingt ans faisait régulièrement ses rondes dans le voisinage, accueilli partout plutôt en ami pauvre qu'en objet de charité, fut envoyé à la maison de travail la plus rapprochée. La pauvre vieille décrépite, qui faisait en brouette le tour de la paroisse, circulant de porte en porte, comme un mauvais shilling que chacun a hâte de passer à son voisin; elle qui avait coutume d'appeler ses porteurs aussi haut et plus haut qu'un voyageur ne demande des chevaux de poste, elle aussi partagea le même sort désastreux. Jock l'idiot, qui, moitié niais, moitié fourbe, avait été pendant une bonne partie du siècle le jouet des générations successives des enfants du village, fut confiné dans la maison de correction du comté, où, privé du grand air et du soleil, les seules jouissances qu'il pût goûter, il mourut après avoir langui six mois. Le vieux marin qui si longtemps avait réjoui les solives de chaque cuisine du pays en chantant *le capitaine Ward* et *le hardi amiral Benbow*, fut banni du comté sur la seule raison qu'on lui supposa un fort accent irlandais. La ronde annuelle du porte-balle lui-même fut supprimée par le nouveau juge, dans son zèle précipité pour l'administration de la police rurale.

Ces réformes ne passèrent pas sans remarques et sans critique. Nous ne sommes faits ni de bois ni de pierre, et ce qui touche à nos cœurs ou à nos habitudes ne saurait, comme l'écorce ou la mousse, nous être

CHAPITRE VI.

enlevé sans exciter nos regrets. Il manquait à la femme du fermier sa dose de caquetage accoutumée, et peut-être aussi la satisfaction intérieure qu'elle éprouvait en distribuant ses *awmous*[1], sous la forme d'un *gowpen*[2] de farine d'avoine, au mendiant qui lui apportait les nouvelles. La chaumière éprouvait les inconvénients de l'interruption du petit trafic des marchands ambulants. Les enfants n'avaient ni leurs rations de dragées ni leurs joujoux ; les jeunes femmes manquaient d'épingles, de rubans, de peignes et de ballades ; et les vieilles ne pouvaient plus troquer leurs œufs pour du sel et du tabac. Toutes ces circonstances attirèrent sur le laird affairé d'Ellangowan un discrédit général, qui s'accrut encore de toute son ancienne popularité. Son lignage même fut invoqué contre lui. — Qu'importe, disait-on, tout ce que pouvait faire un Greenside, un Burnville, un Viewforth ou leurs pareils? ils étaient étrangers au pays ; mais Ellangowan ! lui dont le nom était connu chez eux depuis un temps immémorial ; — *lui*, écraser ainsi le pauvre ! — On appelait son grand-père le Méchant Laird ; mais quoiqu'il fût parfois passablement hargneux, quand il se trouvait en compagnie rageuse et qu'il avait un peu trop bu, ce n'est pas lui qui aurait voulu faire cela ! Non, non ; la grande cheminée d'Auld Place était toujours fumant dans ce temps-là, et il y avait autant de pauvres gens à se partager les os dans la cour et à la porte, que de nobles dans la salle. Et myleddy, à chaque fête de Noël qui revenait, donnait douze pennies d'argent à chaque pauvre qui se trouvait là, en honneur des douze apôtres. On appelait ça de la papisterie ; mais nous croyons que nos grandes gens pourraient bien quelquefois prendre une leçon des papistes. Les papistes secourent autrement le pauvre monde qu'en leur jetant le dimanche une pièce de *sixpence*[3], pour les fouetter et les tambouriner les six autres jours de la semaine !

Tels étaient les propos qui se débitaient en buvant la bonne *twopenny* dans chaque cabaret situé à trois ou quatre milles d'Ellangowan, rayon de l'orbite dans lequel notre ami Godfroy Bertram, esq., J. P., devait être regardé comme l'astre dominant. Un aliment encore plus grand fut donné aux mauvaises langues par le bannissement d'une colonie d'Égyptiens qui depuis bien des années avait eu, sans y être inquiétée, son principal établissement sur le domaine d'Ellangowan, et dont un des membres est déjà quelque peu connu de nos lecteurs.

---

[1] Aumônes.
[2] Poignée.
[3] A peu près douze de nos sous. (L. V.)

CHAPITRE VII.

> Venez, princes du régiment en guenilles, et vous princes du sang! *Prigg*, mon très-intègre seigneur, et ceux-là, quel que soit le nom ou le titre qu'ils aient toujours porté, *Jarkman* ou *Patrico*, *Cranke* ou *Clapper-Dudgeon Frater* ou *Abram-man* : — je vous appelle tous.
>
> *Le Buisson du Mendiant.*

Quoique le caractère de ces tribus d'Égyptiens qui ont jadis inondé la plupart des pays de l'Europe, et qui y subsistent encore, jusqu'à un certain point, comme peuple distinct, soit généralement connu, le lecteur me pardonnera de dire ici quelques mots de leur situation en Écosse.

On n'ignore pas que les Égyptiens, à une époque ancienne, furent reconnus comme race distincte et indépendante par un des rois d'Écosse, et qu'ils furent moins favorablement traités par une loi subséquente qui assimila le caractère d'Égyptien, dans la balance de la justice, à celui de voleur commun et habituel, et qui le punit en conséquence. Nonobstant la sévérité de ce statut et de plusieurs autres, la confrérie prospéra au milieu des calamités du pays, et se recruta largement parmi ceux que la famine, l'oppression ou l'épée avait privés des moyens ordinaires de subsistance. Par ce mélange, les Égyptiens perdirent en grande partie leur caractère national, et devinrent une race mêlée, ayant toutes les habitudes d'oisiveté et de déprédation de leurs ancêtres orientaux, avec une férocité qu'ils devaient probablement aux hommes du Nord qui s'étaient joints à eux. Ils voyageaient en bandes séparées, et avaient entre eux des règles par lesquelles chaque tribu était confinée dans son propre district. Le plus léger empiètement sur les limites assignées à une autre tribu amenait des luttes acharnées, dans lesquelles il y avait souvent beaucoup de sang répandu.

Le zélé patriote Fletcher de Saltoun a tracé de ces bandits, il y a environ un siècle, un portrait que mes lecteurs liront avec étonnement.

« Il y a aujourd'hui en Écosse (outre un grand nombre de pauvres
« familles très-misérablement entretenues par le tronc des églises, et
« d'autres auxquelles une mauvaise nourriture occasionne diverses ma-
« ladies) deux cent mille gens mendiants allant de porte en porte. Non-
« seulement ces mendiants ne sont d'aucun avantage, mais c'est un

« très-lourd fardeau pour un pays si pauvre. Et quoique leur nombre
« soit peut-être double de ce qu'il était autrefois, en raison de la grande
« détresse qui règne actuellement, néanmoins en tout temps, il y a eu
« environ cent mille de ces vagabonds qui ont vécu sans aucun res-
« pect ni sujétion aux lois du pays, non plus qu'à celles de Dieu et de
« la nature......... Nul magistrat ne pourrait jamais découvrir ou être
« informé comment meurent des centaines de ces misérables, ou s'ils
« ont jamais été baptisés. Bien des meurtres ont été découverts parmi
« eux ; et non-seulement ils sont, au delà de tout ce qu'on peut dire,
« un fléau pour les pauvres tenanciers (qui, s'ils ne donnent pas du
« pain, ou des provisions quelconques à peut-être quarante scélérats
« de cette espèce dans le même jour, sont sûrs d'être maltraités par
« eux), mais encore ils volent beaucoup de pauvres gens dont les mai-
« sons sont éloignées de tout voisinage. Dans les années d'abondance,
« des milliers d'entre eux se réunissent dans les montagnes, où pen-
« dant nombre de jours ils festoient et font ripaille ; et aux noces de
« campagne, aux marchés, aux enterrements, et aux occasions sem-
« blables de réunions publiques, on peut les voir, hommes et femmes,
« buvant sans relâche, maugréant, blasphémant, et se battant entre eux. »

Nonobstant le tableau déplorable présenté dans cet extrait, et auquel Fletcher lui-même, défenseur éloquent et chaleureux de la liberté, ne voit pas de meilleur remède que l'introduction d'un système d'esclavage domestique, le cours du temps, en augmentant les moyens d'existence et le pouvoir de la loi, a graduellement resserré ce mal terrible dans de plus étroites limites. Les tribus de *gipsies*, *jockies* ou *cairds*, — — car ces bandits sont connus sous toutes ces dénominations [1], — devinrent de moins en moins nombreuses, et beaucoup furent entièrement extirpées. Il en restait cependant assez pour alarmer quelquefois et tourmenter constamment. Quelques grossières industries leur étaient exclusivement abandonnées : c'étaient eux qui fabriquaient des assiettes de bois, des cuillères de corne et tout ce qui se rapportait à la chaudronnerie ; à ces métiers ils ajoutaient un petit commerce de poteries communes. Tels étaient leurs moyens ostensibles d'existence. Chaque tribu avait d'ordinaire un lieu de rendez-vous déterminé, où ils se réunissaient de temps à autre, qu'ils considéraient comme leur camp fixe et dans le voisinage duquel ils s'abstenaient généralement d'actes de déprédation. Ils avaient même des talents qui dans l'occasion les ren-

---

[1] Le nom de *gipsies*, comme en Espagne celui de *Gitani*, est une altération de celui d'*Égyptien*, qui fut autrefois donné à ces hordes errantes (plus généralement connues en France sous la dénomination de *Bohémiens*), parce qu'on les supposait originaires de l'Égypte. — *Jockies* est le mot anglais *jockeys*, que leur ont fait appliquer leurs habitudes de maquignonnage. — C'est aussi à un de leurs métiers les plus ordinaires en Écosse, celui de chaudronnier ambulant, que se rapporte l'appellation de *Cairds*, qui a cette signification. (L. V.)

daient utiles et agréables. Beaucoup cultivaient la musique avec succès, et c'était souvent dans un camp égyptien que se trouvait le violon ou le *piper*¹ favori d'un district. Ils étaient adroits à tous les exercices de la campagne, tels, notamment, que la chasse aux loutres et la pêche, et nul ne savait mieux dénicher le gibier. Ils élevaient les terriers les meilleurs et les plus hardis, et ils avaient quelquefois de bons chiens d'arrêt à vendre. En hiver, les femmes disaient la bonne aventure, et les hommes faisaient des tours de passe-passe; et ces talents aidaient souvent à faire paraître moins longue une soirée d'ennui ou d'orage au cercle réuni dans la salle du fermier. L'étrangeté de leur caractère, et l'insurmontable dédain qu'ils affichaient pour tout travail régulier, commandaient une certaine crainte, que ne diminuait nullement la considération que ces rôdeurs étaient une race vindicative, qu'aucun frein ni de crainte ni de conscience n'arrêtait dans la vengeance cruelle qu'ils tiraient de ceux qui les avaient offensés. Ces tribus, en un mot, étaient les parias de l'Écosse, vivant comme des Indiens errants au milieu des Européens sédentaires, et que, comme eux, on jugeait d'après leurs propres coutumes, leurs opinions et leurs habitudes, plutôt qu'on ne les considérait comme appartenant à la partie civilisée de la communauté. Quelques-unes de leurs hordes subsistent encore, principalement dans les localités propres à leur offrir une prompte retraite par la proximité d'un pays sauvage ou d'une autre juridiction. Les traits de leur caractère ne se sont guère adoucis. Leur nombre, cependant, est tellement réduit, qu'au lieu des cent mille que comptait Fletcher, il serait peut-être maintenant impossible d'en réunir plus de cinq cents dans toute l'Écosse.

Une tribu de ces vagabonds, à laquelle appartenait Meg Merrilies, était depuis longtemps établie dans un *glen* ou vallon du domaine d'Ellangowan, d'une manière aussi stable que leurs habitudes le leur permettaient. Ils y avaient construit quelques huttes, qu'ils appelaient leur *cité de refuge*, et où, quand ils n'étaient pas en excursions, ils résidaient sans être inquiétés, comme les corneilles perchées sur les vieux frênes qui les entouraient. Ils occupaient ce poste depuis tant d'années, qu'ils étaient considérés en quelque sorte comme propriétaires des misérables *shealings*² qu'ils habitaient. Ils avaient, disait-on, anciennement acheté cette protection du laird par leur service en temps de guerre, ou, plus fréquemment, en faisant des incursions de pillage sur les terres des barons voisins avec lesquels ceux d'Ellangowan se trouvaient être en état d'hostilité. Plus récemment, leurs services avaient été d'une nature plus pacifique. Les femmes filaient des mitaines pour mylady et

---

¹ Joueur de cornemuse. (L. V.)

² Le *shealing* est, en Écosse, une cabane temporaire que les pâtres habitent en été dans les montagnes. C'est le *buron* de notre Auvergne et le *chalet* de la Suisse.
(L. V.)

tricotaient des chausses pour le laird, et chaque année, à l'époque de
Noël, ces présents étaient offerts avec apparat. Les matrones âgées bénissaient la couche nuptiale du laird quand il se mariait, et le berceau
de l'héritier nouveau-né. Les hommes raccommodaient les porcelaines
de mylady, assistaient le laird dans ses parties de chasse, soignaient ses
jeunes chiens, coupaient les oreilles des petits de ses terriers. Les enfants ramassaient des noix dans le bois, cueillaient des airelles dans le
marais et des champignons dans les prés, pour les porter à la Place. En
retour de ces actes de tribut volontaire et de ces marques de dépendance, la horde obtenait protection en quelques occasions et tolérance
en d'autres, outre les distributions de vivres, d'ale et d'eau-de-vie quand
les circonstances nécessitaient un déploiement de générosité; et cet
échange mutuel de bons offices, qui durait depuis au moins deux siècles, avait établi une sorte d'alliance tacite entre les habitants de
Derncleugh [1] et les lairds d'Ellangowan. « Les coquins (c'était l'expression du laird) étaient de sûrs amis; » et il se serait regardé
comme injurié lui-même, si son appui n'avait pu de temps à autre les
servir contre la loi du pays et les magistrats du canton. Mais cette union
amicale devait bientôt être rompue.

La communauté de Derncleugh, qui se mettait peu en peine des voleurs qui ne lui appartenaient pas, n'avait conçu nulle alarme de la
rigueur des mesures du nouveau juge de paix envers les autres vagabonds. Ils ne doutaient pas que son intention ne fût de ne souffrir dans
le pays de mendiants et de rôdeurs que ceux qui résidaient sur ses
propres terres, et qui exerçaient leur métier par sa permission immédiate, expresse ou tacite. M. Bertram ne se hâtait pas non plus de
déployer sa récente autorité contre les anciens colons de Derncleugh;
mais il fut entraîné par les circonstances.

A l'assemblée trimestrielle des juges du canton, il fut publiquement
reproché à notre nouveau fonctionnaire, par un gentleman de l'autre
parti politique, que tandis qu'il affectait un grand zèle pour la police
du pays, et semblait ambitieux de la réputation d'actif magistrat, il
nourrissait une horde des plus grands coquins de la contrée, et leur permettait de résider à un mille du manoir d'Ellangowan. Il n'y avait
rien à répondre, car le fait était d'une évidence trop notoire. Le laird
digéra l'affront de son mieux, et en revenant chez lui il se mit à rêver
au moyen le plus facile de se débarrasser de ces vagabonds, qui jetaient une tache sur sa bonne renommée comme magistrat. Au moment même où il venait de prendre la résolution de profiter de la première occasion de querelle avec les parias de Derncleugh, une cause
de provocation se présenta d'elle-même.

Depuis la promotion de notre ami aux fonctions de conservateur de

---

[1] Vallée cachée.

la paix publique, il avait ordonné que la porte d'entrée de son avenue, qui précédemment, n'ayant qu'un seul gond, restait en tout temps hospitalièrement ouverte, — il avait ordonné, dis-je, que cette porte fût réparée et peinte à neuf. Il avait fait clore en outre, au moyen de palissades de genêts épineux artistement entrelacés, certaines ouvertures dans les haies adjacentes, à travers lesquelles les enfants égyptiens avaient l'habitude de s'introduire pour aller chercher des nids dans les arbres, les vieillards du village pour abréger leur chemin, les garçons et les filles pour leurs rendez-vous du soir ; — tous sans rien dévaster et sans en demander permission. Mais ces jours paisibles devaient maintenant avoir un terme, et une inscription comminatoire sur un des battants de la barrière annonça « que tous ceux qui seraient trouvés franchissant ces enclos seraient *prosecuted* (poursuivis) selon la loi » (le peintre avait écrit *persecuted*[1] : l'un vaut bien l'autre[2]). De l'autre côté, et pour faire pendant, était un avis de précaution indiquant des fusils à ressort et des piéges d'une telle force, que, disait l'inscription dans un emphatique *Nota bene*, « si un homme s'y faisait prendre, ils briseraient la jambe d'un cheval ».

En dépit de ces menaces, six garçons ou filles gipsies déjà assez grands étaient, quand le laird arriva, à cheval sur la barrière neuve, occupés à faire des bouquets de fleurs bien évidemment cueillies dans l'enceinte interdite. Avec autant de courroux qu'il était susceptible d'en ressentir, ou peut-être d'en affecter, le laird leur ordonna de descendre : ils ne firent pas la moindre attention à son injonction. Il commença alors à les pousser à bas l'un après l'autre : ils résistèrent, passivement au moins, chacun des robustes garnements au teint de bronze se cramponnant aussi ferme que possible, ou regrimpant aussi vite qu'il était démonté.

Ellangowan appela alors son valet à son aide, rude compagnon qui débuta par faire jouer sa lourde cravache. Quelques sanglades eurent bientôt fait déguerpir la bande ; et ainsi eut lieu la première hostilité entre la maison d'Ellangowan et les Gipsies de Derncleugh.

Ceux-ci furent quelque temps à se persuader que la guerre fût réelle : — jusqu'à ce qu'ils virent que leurs enfants étaient étrillés par le surveillant à la moindre transgression ; que leurs ânes étaient séquestrés par le garde champêtre[3] quand ils les lâchaient dans les lieux plantés, ou même quand ils les laissaient brouter le long des chemins, contre les dispositions du bill des barrières ; enfin, que le constable commençait à s'enquérir de plus près de leurs moyens de subsistance, et manifestait sa surprise de ce que les hommes dormaient tout le jour dans les cabanes, et étaient en course une bonne partie de la nuit.

---

[1] Persécutés.
[2] La remarque, un peu extrà-légale, est en français dans le texte. (L. V.)
[3] *Ground officer.*

CHAPITRE VII.

Quand les choses en vinrent à ce point, les Égyptiens ne se firent pas scrupule de se livrer à des représailles. Les poulaillers d'Ellangowan furent pillés, son linge volé sur les cordes ou sur le pré où il était étendu à se blanchir, ses pêcheries envahies, ses chiens dérobés, ses jeunes arbres coupés et écorcés. Une foule de petits dégâts furent commis, et quelques-uns évidemment pour le seul plaisir de les commettre. D'une autre part, des mandats furent impitoyablement délivrés pour poursuivre, rechercher, saisir et appréhender; et malgré leur adresse, un ou deux des malfaiteurs ne purent éviter des condamnations. L'un d'eux, jeune et robuste compagnon, qui avait quelquefois été en mer à la pêche, fut livré au capitaine de la *presse* à D***; deux enfants furent rudement flagellés, et une matrone égyptienne envoyée à la maison de correction.

Les gipsies ne faisaient néanmoins aucun mouvement pour quitter le lieu où ils étaient établis depuis si longtemps, et M. Bertram éprouvait quelque peine à les priver de leur ancienne *cité de refuge;* de sorte que cette petite guerre se prolongea durant plusieurs mois, sans que de part ni d'autre les hostilités parussent s'accroître ou se ralentir.

CHAPITRE VIII.

> Ainsi l'homme rouge des bords de l'Ontario, qui eut pour berceau une peau de panthère aux couleurs bigarrées, à mesure que s'affaiblit sa race basanée, voit d'un œil de douleur la cabane de l'homme blanc s'élever au pied des arbres. Il abandonne l'abri de sa forêt natale, il dit adieu au murmure des flots de l'Ohio; et précipitant ses pas, en proie à une rage impuissante, à travers des chemins où jamais pied humain ne foula la feuille tombée des arbres, il dirige sa course vers des lieux où depuis la naissance des temps rien n'a troublé la sublime horreur des forêts sombres et silencieuses. *Tableaux de l'Enfance.*

En retraçant la naissance et les progrès de la guerre des marrons[1] d'Écosse, nous ne devons pas omettre de rappeler que les années avaient marché, et que le petit Harry Bertram, un des enfants les plus intrépides et les plus vifs qui eussent jamais fait un sabre de bois et un bonnet de grenadier en joncs, allait bientôt avoir, à l'époque où nous sommes, ses cinq ans révolus. Une hardiesse de caractère qui s'était développée de très-bonne heure faisait déjà de lui un petit coureur; il connaissait tous les enclos et toutes les vallées des environs d'Ellangowan, et pouvait dire, dans son langage à peine articulé, sur quels *baulks*[2] venaient les plus jolies fleurs, et quel bouquet d'arbres avait les noisettes les plus mûres. Mainte fois il avait épouvanté ceux qui étaient chargés de le surveiller, en grimpant sur les ruines du vieux château, et plus d'une fois aussi il avait fait une excursion à la dérobée jusqu'au hameau des gipsies.

En ces occasions, il était ordinairement ramené par Meg Merrilies. Depuis que son neveu avait été embarqué de force, rien n'avait pu décider Meg à entrer à la Place d'Ellangowan; mais elle ne semblait pas étendre son ressentiment jusqu'à l'enfant. Souvent, au contraire, elle le guettait dans ses petites courses, lui chantait une chanson gipsie, le faisait monter sur son âne, et glissait dans sa poche un morceau de pain d'épice ou une pomme purpurine. L'ancien attachement de cette femme pour la famille, repoussé et refoulé de tout autre côté, semblait être heureux de trouver quelque objet sur lequel il pût se reposer et s'épancher. Elle prophétisa cent fois « que le jeune M. Harry serait l'orgueil

---

[1] On sait que dans les colonies on désigne par l'épithète de *marrons* les Nègres fugitifs, qui s'organisent en guerre ouverte avec leurs anciens maîtres. (L. V.)

[2] Les *baulks* ou *bauks* sont, en Écosse, des endroits incultes et encaissés. (L. V.)

de la famille, et qu'il n'y avait pas eu un tel rejeton du vieux chêne depuis la mort d'Arthur Mac Dingawaie, qui fut tué à la bataille de Bloody Bay ; car, quant à la souche actuelle, elle n'était bonne à rien qu'à brûler. » Une fois, l'enfant étant malade, elle passa la nuit entière sous sa fenêtre à chanter des stances qu'elle regardait comme souveraines contre la fièvre ; et on ne put obtenir d'elle ni qu'elle entrât dans la maison, ni qu'elle quittât la station qu'elle avait choisie, jusqu'à ce qu'elle sût que l'accès était passé.

L'affection de cette femme inspira des soupçons, non pas au laird, qui n'était jamais prompt à présumer le mal, mais à sa femme, qui était faible de santé et d'esprit. Elle était alors fort avancée dans une seconde grossesse. Ne pouvant plus sortir elle-même, et la femme qui soignait Henry étant jeune et écervelée, elle pria Dominie Sampson de s'imposer la tâche de veiller sur l'enfant dans ses courses, toutes les fois qu'il ne pourrait être autrement accompagné. Le Dominie aimait son jeune élève, et était ravi de l'honneur qu'il lui faisait, l'ayant déjà amené jusqu'à lui faire épeler couramment des mots de trois syllabes. L'idée que ce précoce prodige d'érudition pût être enlevé par les gipsies, comme un second Adam Smith [1], ne pouvait être supportée ; et en conséquence, quoique cette commission fût contraire à toutes ses habitudes, il s'en chargea avec empressement, et on put le voir rôdant çà et là, un problème de mathématiques en tête, et les yeux sur un enfant de cinq ans, dont les courses le mirent cent fois dans des situations ridicules. Deux fois le Dominie fut poursuivi par une vache têtue ; une fois il tomba dans le ruisseau en le traversant sur la chaussée de pierres ; une autre fois il s'embourba jusqu'à mi-corps dans la mare de Lochend [2], en voulant y cueillir un lis d'eau pour le jeune laird. Les matrones du village qui tirèrent Sampson de ce dernier pas furent d'avis « que le laird pourrait aussi bien confier le soin de son bairn [3] à un épouvantail à oiseaux ; » mais le bon Dominie supportait toutes ces mésaventures avec une gravité et une sérénité également imperturbables. — Pro-di-gi-eux ! telle était la seule exclamation qu'elles eussent jamais arraché à son impassibilité.

Le laird s'était enfin décidé à en finir avec les marrons de Derncleugh. A cette nouvelle, les vieux serviteurs secouèrent la tête, et Dominie Sampson lui-même risqua une remontrance indirecte ; mais comme cette remontrance fut renfermée dans la phrase d'oracle : *Ne moveas Camarinam* [4], ni l'allusion, ni l'idiome dans lequel elle était renfermée,

---

[1] Le père de la philosophie économique fut, en effet, dans son enfance, enlevé par des gipsies, et resta plusieurs heures en leur possession. (W. S.)

[2] *Lochend* signifie Extrémité ou Tête du Lac. (L. V.)

[3] *Bairn*, expression tout écossaise pour désigner un enfant. (L. V.)

[4] *Ne remuez pas le lac Camarin* ; proverbe antique, qui remontait aux mauvais effets produits par le dessèchement d'un certain lac Camarin en Sicile. (L. V.)

n'étaient calculés pour l'édification de M. Bertram, et on procéda contre les gipsies selon les formes légales. Chaque porte du hameau fut marquée à la craie par l'officier de la loi, en signe d'avertissement formel de déguerpir au prochain terme. On ne vit chez eux, toutefois, nul symptôme de soumission et d'obéissance. Enfin arriva le jour fatal, la Saint-Martin, et on recourut à des mesures d'expulsion violente. Un fort détachement d'officiers de paix, suffisant pour rendre toute résistance vaine, enjoignit aux habitants d'avoir à déloger avant midi; et comme ils n'obéirent pas, les officiers civils, aux termes de leur mandat, procédèrent à enlever le toit des misérables chaumières, et à jeter à bas les portes et les fenêtres, — mode d'expulsion aussi efficace que sommaire, encore pratiqué dans quelques cantons reculés de l'Écosse, quand un tenant se montre réfractaire. Les gipsies contemplèrent d'abord l'œuvre de destruction en silence et dans une sombre immobilité; puis ils se mirent à seller et à charger leurs ânes, et à faire les préparatifs de leur départ. Ces préparatifs ne furent pas longs chez des gens qui tous avaient les habitudes des Tartares nomades, et ils se mirent en route pour aller chercher un nouvel établissement dans quelque lieu où leurs patrons ne fussent ni du *quorum*, ni *custos rotulorum* [1].

Certains scrupules de sensibilité avaient détourné Ellangowan d'assister en personne à l'expulsion de ses tenants. Il laissa la partie exécutive de l'affaire aux officiers de la loi, sous la direction immédiate de Frank Kennedy, inspecteur ou officier à cheval appartenant à l'accise, qui, depuis peu, était devenu un des hôtes assidus de la Place, et dont nous reparlerons plus amplement au chapitre suivant. Quant à M. Bertram, il avait choisi ce jour-là pour visiter un ami qui demeurait à quelque distance; mais il arriva, malgré ses précautions, qu'il ne put éviter la rencontre de ses ci-devant tenanciers dans leur retraite de son domaine.

Ce fut dans un chemin creux, près du sommet d'une montée rapide, sur la limite des terres d'Ellangowan, que M. Bertram rencontra le cortége égyptien. Quatre ou cinq hommes formaient l'avant-garde, enveloppés dans de longs et larges vêtements qui cachaient leurs grands et maigres corps, de même que de larges chapeaux à bords rabattus, enfoncés sur leurs fronts, dérobaient presque entièrement leurs traits farouches, leurs yeux noirs et leurs faces basanées. Deux d'entre eux portaient de longs fusils, un autre avait un grand sabre sans fourreau, et tous étaient pourvus du *dirk* [2] highlandais, quoiqu'ils ne fissent pas parade de cette arme, et ne la portassent pas ostensiblement. Après eux

---

[1] Titres de l'organisation judiciaire de l'Écosse, se rapportant aux juges de paix.
(L. V.)

[2] Sorte de grand poignard. (L. V.)

venait la suite des ânes chargés, et de petites charrettes ou *tumblers*, comme on les nomme dans ce pays, sur lesquelles étaient placés les vieillards et les enfants, c'est-à-dire la partie décrépite et inutile de la communauté proscrite. Aux femmes, couvertes de leurs manteaux rouges et de leurs chapeaux de paille, et aux enfants plus âgés, têtes et pieds nus, et le corps à peine vêtu, était confié le soin immédiat de la petite caravane. Le chemin était étroit, et courait entre deux berges de sable inégales dans leur hauteur. Le domestique de M. Bertram prit les devants, et, faisant claquer son fouet d'un air d'autorité, ordonna d'un geste aux gipsies de faire place à leurs supérieurs. Son injonction fut sans résultat. Interpellant alors les hommes qui s'avançaient nonchalamment en tête de la troupe : Demeurez à la tête de vos bêtes, leur cria-t-il, et faites place pour le passage du laird !

— Il aura sa part de la route, répondit un des gipsies sans lever ni la tête, ni son chapeau à grands bords rabattus, et il n'en aura pas plus ; le grand chemin est aussi bien fait pour nos ânes que pour son cheval.

D'après le ton bourru et même menaçant de cet homme, M. Bertram pensa que le mieux qu'il avait à faire était de mettre sa dignité en poche, et de passer tranquillement près de la procession dans la partie du chemin qu'on voudrait bien lui laisser, et qui était assez étroite. Pour cacher sous des dehors d'indifférence son sentiment du manque de respect avec lequel il était traité, il adressa la parole à un des hommes, qui passait à côté de lui sans s'incliner, sans le saluer, sans même paraître le reconnaître : — Giles Baillie, lui dit-il, avez-vous appris que votre fils Gabriel fût bien ?

La question se rapportait au jeune homme qui avait été *pressé*, ou embarqué de force.

— Si j'avais appris autre chose, répondit le vieillard en levant vers le laird un regard sombre et menaçant, vous en auriez eu aussi des nouvelles ; et il se remit en marche sans attendre d'autre question [1]. Quand le laird se fut dégagé, non sans difficulté, de cette foule de figures bien connues, qui autrefois auraient témoigné à son approche le respect dû à un être supérieur, mais où il ne lisait plus à présent que haine et mépris ; quand il fut sorti de cette foule, il ne put s'empêcher de faire retourner son cheval, et de suivre des yeux les progrès de leur marche. Le groupe eût été un excellent sujet pour le pinceau de Callot. L'avant-garde avait déjà atteint un bouquet d'arbres rabougris situé au pied de la colline, et derrière lequel la caravane disparut successivement, jusqu'aux derniers traîneurs.

Ses sensations n'étaient pas sans amertume. Ceux qu'il avait ainsi expulsés sommairement de leur ancienne place de refuge étaient, à la vé-

[1] L'anecdote est un fait littéral. (W. S.)

rité, une race fainéante et vicieuse; mais avait-il tenté de les rendre autres? Ils n'étaient pas pires maintenant qu'ils n'avaient été alors qu'ils avaient en quelque sorte droit de se regarder comme dépendants et subordonnés de sa famille; sa nouvelle qualité de magistrat aurait-elle dû opérer tout à coup un tel changement dans sa conduite à leur égard? Quelques essais de réforme eussent dû au moins être tentés, avant d'envoyer sept familles d'un seul coup par le monde, et de les priver d'une sorte d'appui qui les empêchait du moins d'arriver aux derniers degrés du crime. Il y avait aussi au cœur du laird une compassion naturelle, en se séparant de tant de figures connues et familières; et Godfroy Bertram était particulièrement accessible à ce sentiment, par suite de la nature bornée de son esprit, qui cherchait surtout ses distractions dans les petits objets qui l'environnaient. Au moment où il allait continuer son chemin, Meg Merrilies, qui était restée en arrière de la troupe, se présenta inopinément devant lui.

Elle était debout sur une de ces berges escarpées qui, ainsi que nous l'avons dit, dominaient la route; de sorte qu'elle se trouvait beaucoup plus élevée qu'Ellangowan, bien qu'il fût à cheval. Sa grande stature, se détachant sur l'azur du ciel, paraissait presque de hauteur surnaturelle. Nous avons déjà dit qu'il y avait dans l'ensemble de son accoutrement, ou plutôt dans la manière de l'ajuster, quelque chose d'un costume étranger, habilement adopté, peut-être, en vue d'ajouter à l'effet de ses charmes et de ses prédictions, ou peut-être aussi d'après quelques notions traditionnelles du costume de ses ancêtres. Ce jour-là, une large bande de cotonnade rouge était enroulée autour de sa tête en forme de turban, sous lequel ses yeux noirs brillaient d'un éclat inaccoutumé. Ses longs cheveux noirs tombaient irrégulièrement en boucles mêlées, des plis de cette singulière coiffure. Son attitude était celle d'une sibylle inspirée, et elle tenait étendue, à sa main droite, une jeune branche d'arbre qui semblait nouvellement arrachée.

— Que je sois damné, dit le valet, si elle n'a pas coupé un jeune frêne dans le parc de Dukit! Le laird ne répondit rien, mais il continua de tenir les yeux fixés sur la figure qui dominait ainsi son chemin.

— Passez votre chemin, dit l'Égyptienne; passez votre chemin, laird d'Ellangowan; — passez votre chemin, Godfroy Bertram! — Aujourd'hui vous avez éteint sept foyers fumants; — voyez si le feu de votre parloir en brûlera plus clair pour cela. Vous avez arraché les toits de sept chaumières; — voyez si la poutre du vôtre en sera plus solide. — Vous pouvez loger vos vaches dans les shealings de Derncleugh; — prenez garde que le lièvre ne fasse son gîte sous la pierre du foyer d'Ellangowan. — Passez votre chemin, Godfroy Bertram; — pourquoi vous retournez-vous vers les nôtres? Il y a là trente personnes qui auraient manqué de pain avant que vous manquiez de recherche pour votre table, et qui auraient versé tout leur sang avant que votre doigt eût eu une égratignure. Oui ; — il y en a là-bas trente, depuis la vieille femme centenaire jusqu'à l'enfant né de huit jours, que vous avez chassés de leurs pauvres abris, pour les envoyer dormir dans les muirs[1] avec le renard et le coq de bruyère ! — Passez votre chemin, Ellangowan. — Nos enfants sont suspendus sur nos dos fatigués ; — voyez si le beau berceau du vôtre en sera mieux assuré. — Ce n'est pas que je veuille du mal au petit Harry, ou à celui qui est encore à naître : Dieu m'en préserve ! — et qu'il les rende bons au pauvre et meilleurs que leur père ! — Et maintenant, passez votre chemin ; car ces paroles sont les dernières que vous entendrez jamais de Meg Merrilies, et cette branche est la dernière que je couperai jamais dans les jolis bois d'Ellangowan.

A ces mots, elle rompit le rameau qu'elle tenait à la main, et en jeta les fragments dans la route. Marguerite d'Anjou, lançant sur ses ennemis triomphants son ardente malédiction[2], n'aurait pu se détourner d'eux avec un geste plus orgueilleusement méprisant. Le laird allait élever la voix, et portait la main à sa poche pour en tirer une demi-couronne ; mais l'Égyptienne n'attendit ni sa réponse ni son offrande, et descendit à grands pas la colline pour rejoindre la caravane.

Ellangowan revint chez lui tout pensif ; et il est remarquable qu'il ne parla de son entrevue à personne de sa famille. Le valet ne fut pas si réservé : il conta l'histoire tout au long en pleine assemblée dans la cuisine, et termina en jurant « que si jamais le diable avait parlé par la bouche d'une femme, c'était par celle de Meg Merrilies dans ce bienheureux jour. »

[1] Forme écossaise du *moor* anglais ; lande marécageuse. (L. V.)
[2] Allusion à une scène magnifique du *Richard III* de Shakspeare, acte Ier. (L. V.)

CHAPITRE IX.

> Peignez l'Ecosse inclinée sur son chardon, sa pinte vide comme un sifflet, et les damnés commis se pressant pour saisir un alambic, que triomphants ils brisent comme une limace ou une écaille de moule. BURNS.

Durant la période de l'active magistrature de M. Bertram, il n'oublia pas les intérêts du fisc. La contrebande, pour laquelle l'île de Man offrait alors des facilités toutes particulières, était générale, ou, pour mieux dire, universelle sur toute la côte sud-ouest de l'Écosse. Presque tout le bas peuple y prenait une part active, la petite noblesse fermait les yeux, et les officiers du fisc étaient fréquemment entravés dans l'exercice de leurs fonctions par ceux-là mêmes qui auraient dû les protéger.

Un certain Francis Kennedy, déjà nommé dans notre narration, était employé, à cette époque, comme officier à cheval ou inspecteur dans cette partie du pays ; c'était un homme vigoureux, actif et résolu, qui avait opéré un grand nombre de saisies, et qui était détesté en proportion par ceux qui étaient intéressés au *commerce libre*, nom dont on décorait le métier de ces aventureux contrebandiers. Kennedy était le fils naturel d'un homme de bonne famille, et il devait à cette circonstance, aussi bien qu'à sa réputation de bon convive et de joyeux chanteur, d'être admis dans la société des gentilshommes du pays, outre qu'il était membre de plusieurs de leurs clubs où on se livrait aux exercices gymnastiques, exercices dans lesquels il était particulièrement expert.

Kennedy était à Ellangowan un hôte fréquent et toujours agréable. Sa vivacité épargnait à M. Bertram l'embarras de la réflexion et le travail que lui coûtait une seule et même suite d'idées, en même temps que les aventures hardies et dangereuses qu'il avait rencontrées dans l'exercice de ses fonctions formaient un excellent thème de conversation. Le laird d'Ellangowan avait un goût prononcé pour toutes ces aventures de douaniers, et l'amusement qu'il trouvait à la société de Kennedy fut pour lui une excellente raison de soutenir et d'assister le narrateur dans l'exécution de devoirs dangereux à remplir, et qui l'exposaient à bien des haines.

— Frank Kennedy, disait-il, était gentleman, quoique sorti du mauvais côté de la couverture ; — il était allié de la famille d'Ellangowan, par la maison de Glengubble. Le dernier laird de Glengubble aurait fait passer son domaine dans la ligne d'Ellangowan ; mais allant à Harrigate, il y rencontra miss Jeane Hadaway. — Pour le dire en passant, l'auberge du *Dragon-Vert*, à Harrigate, est la meilleure maison des deux ; — mais, pour en revenir à Frank Kennedy, dans un sens il était né gentleman, et c'était une honte de ne le pas soutenir contre ces garnements de contrebandiers.

Après que cette ligue eut été formée entre l'homme de la justice et l'homme d'exécution, il arriva que le capitaine Dirk Hatteraick débarqua une cargaison d'esprits et d'autres objets de contrebande sur la plage voisine d'Ellangowan, et que, confiant dans l'indifférence avec laquelle le laird avait vu jusqu'alors de telles infractions à la loi, il ne mit pas beaucoup d'empressement à cacher non plus qu'à hâter ses transactions. Il en résulta que M. Frank Kennedy, muni d'un warrant d'Ellangowan, dirigé par quelques gens du laird qui connaissaient les localités, et soutenu par un détachement de soldats, fondit sur les barils, les balles et les sacs, et après une escarmouche opiniâtre, où il y eut plusieurs blessés de part et d'autre, réussit à apposer l'empreinte royale sur les objets saisis, et à les porter en triomphe au bureau de douane le plus proche. Dirk Hatteraick jura, en hollandais, en allemand et en anglais, de tirer une pleine vengeance du *jaugeur* et de ses soutiens ; et tous ceux qui le connaissaient pensèrent que, selon toute probabilité, il tiendrait sa parole.

Quelque temps après le départ de la tribu égyptienne, M. Bertram demanda un matin à sa femme, en déjeûnant, si ce n'était pas le jour anniversaire de la naissance du petit Harry ?

— Il va avoir aujourd'hui exactement cinq ans, répondit la dame ; ainsi nous pouvons voir ce qu'il y a dans le papier du gentleman anglais.

M. Bertram aimait à montrer son autorité dans les petites choses. — Non, ma chère, dit-il ; pas encore ce matin. La dernière fois que je suis allé à la session du trimestre, le shériff nous dit que *dies*, — *dies inceptus*.... bref, vous n'entendez pas le latin ; mais cela signifie qu'un jour fixé pour terme n'est pas commencé jusqu'à ce qu'il soit fini.

— Cela ressemble à une absurdité.

— Cela peut être, ma chère ; mais ce peut bien n'en pas être une moins bonne loi pour cela. Et pour sûr, à propos de jours de terme, je voudrais, comme dit Frank Kennedy, que la Pentecôte eût tué la Saint-Martin et fût pendue pour le meurtre ; — car je viens de recevoir une lettre au sujet de cette rente de Jenny Cairn, et du diable si un seul tenancier est encore venu apporter à la Place un boddle de redevance, — et s'il en viendra avant la Chandeleur. — Mais en parlant de Frank Kennedy, je crois bien qu'il sera ici aujourd'hui, car il est allé faire un tour à Wigton, pour avertir un vaisseau du roi qui est à l'ancre dans la baie que le lougre de Dirk Hatteraick se montre encore sur la côte, et il reviendra aujourd'hui même; ainsi nous aurons une bouteille de claret, pour boire à la santé du petit Harry.

— Je voudrais que Frank Kennedy laissât Dirk Hatteraick tranquille. Qu'a-t-il besoin de faire plus l'empressé que les autres? Ne peut-il chanter sa chanson, boire sa bouteille et toucher ses appointements, comme le collecteur Snail[1], le digne homme, qui n'a jamais tourmenté personne? Et je m'étonne, laird, que vous vous en mêliez aussi. — Avions-nous jamais besoin d'envoyer chercher du thé ou de l'eau-de-vie à la ville, quand Dirk Hatteraick avait l'habitude de venir tranquillement dans la baie.

— Mistress Bertram, vous n'entendez rien à ces choses-là. Pensez-vous qu'il convienne à un magistrat de laisser sa propre maison devenir un réceptacle de marchandises de contrebande? Frank Kennedy vous montrera les pénalités dans le statut, et vous savez vous-même qu'ils avaient habitude de déposer leurs marchandises débarquées dans la vieille place d'Ellangowan, là-haut à côté d'ici.

— Hé bien! mon cher M. Bertram, où était le mal, quand il y aurait eu quelques barriques d'eau-de-vie cachées pour un temps dans les murailles et les caveaux du vieux château? A coup sûr, vous n'étiez pas obligé de le savoir; et quel mal ça faisait-il au roi que les lairds du pays eussent une mesure de boisson, et les dames leur tasse de thé, à un taux raisonnable? — C'est une honte qu'ils les aient chargés de pareils droits! — Et ne me trouvais-je pas bien de ces bonnets et de ces dentelles de Flandre que Dirk Hatteraick m'envoyait d'Anvers à chaque voyage? Il se passera du temps avant que le roi m'envoie la moindre chose, ni Frank Kennedy non plus. Et puis, il a fallu que vous vous fissiez une querelle avec ces gipsies, encore! Je m'attends tous les jours à apprendre que la grange est à bas.

— Je vous répète encore, ma chère, que vous n'entendez rien à ces choses-là. — Voici Frank Kennedy qui monte l'avenue en galopant.

— C'est bon, c'est bon, Ellangowan! dit la dame en élevant la voix, comme le laird sortait de la chambre; je désire que vous y entendiez quelque chose, vous: voilà tout!

Le laird échappa joyeusement à ce dialogue conjugal, pour aller à la rencontre de son fidèle ami, M. Kennedy, qui arrivait tout échauffé.

— Pour l'amour de Dieu, Ellangowan, dit celui-ci, montez au château! vous verrez ce vieux renard de Dirk Hatteraick, et les chiens de Sa Majesté lancés à sa piste. A ces mots, il jeta la bride de son cheval à un enfant, et gravit précipitamment la montée du vieux château, suivi du laird et de plusieurs autres habitants de la Place, qu'avait alarmés le bruit du canon, qu'on entendait alors distinctement en mer.

En arrivant à cette partie des ruines qui commandait la perspective

---

[1] Limaçon.

la plus étendue, ils virent un lougre qui traversait la baie en forçant de voiles, poursuivi de près par un sloop de guerre qui faisait de l'avant un feu nourri, auquel ripostaient toutes les pièces de l'arrière du lougre. — Ils sont encore à grande portée, s'écria Kennedy avec une joie extrême, mais ils seront plus près tout à l'heure : — Malédiction ! le voilà qui lance sa cargaison à la mer. Je vois la bonne nantz[1] passer par-dessus le bord, barrique à barrique ! — c'est diablement mal à M. Hatteraick, et je lui en dirai deux mots tout à l'heure. — Bon ! bon ! ils prennent le vent sur lui ! — C'est cela ! c'est cela ! — Serrez-le de près ! serrez-le de près ! — Courage, mes chiens ! courage ! — Serrez le vieux renard, serrez-le de près !

— Je crois, dit le vieux jardinier à une de ses filles, que le jaugeur est *fie*[2]. C'est par ce mot que le commun peuple désigne cette agitation violente qu'il regarde comme un présage de mort.

Cependant la chasse continuait. Le lougre, manœuvré avec une grande habileté, et usant de toutes les ressources nautiques pour y échapper, avait alors atteint et était sur le point de doubler le cap qui formait la pointe avancée de la côte gauche de la baie, quand un boulet atteignit la vergue dans les élingues et fit tomber la grande voile sur le pont. La conséquence de cet accident semblait inévitable, mais les spectateurs ne purent en être témoins ; car le bâtiment, qui venait de doubler la pointe, disparut en ce moment même derrière le promontoire. Le sloop de guerre força de voiles pour le poursuivre ; mais il s'était tenu trop près du cap, de sorte qu'il fut obligé de virer de bord pour ne pas toucher à la côte, et de reprendre le large dans la baie avant de doubler la pointe à son tour.

— Ils vont le perdre, au nom du diable ! — cargaison ou lougre, ils perdront l'un ou l'autre, sinon tous deux ! s'écria Kennedy. Il faut que je galope jusqu'à la pointe de Warroch (c'était la pointe de terre si souvent mentionnée), pour leur faire savoir par signal où il aura chassé de l'autre côté. Adieu pour une heure, Ellangowan ; — préparez le bol à punch d'un gallon, et force citrons. Je fournirai l'article français[3] à mon retour, et nous boirons à la santé du jeune laird un bol qui engloutirait la yole du collecteur. A ces mots, il sauta sur son cheval et partit au galop.

A un mille environ de la maison, et sur la lisière du bois qui, comme nous l'avons dit, couvrait une presqu'île se terminant par la pointe de Warroch, Kennedy rencontra le jeune Harry Bertram, accompagné de son précepteur Dominie Sampson. Il avait souvent promis à l'enfant, dont il était devenu le favori en chantant, en dansant et en fai-

---

[1] Eau-de-vie.
[2] *Fie* ou *fey*, expression propre aux superstitions populaires d'Écosse, et dont la phrase suivante du texte explique l'acception. (L. V.)
[3] L'eau-de-vie. (L. V.)

sant polichinelle pour l'amuser, une promenade sur son galloway[1]; il ne parut pas plutôt au haut du sentier, que l'enfant réclama bruyamment l'exécution de sa promesse. Kennedy, qui ne vit aucun risque à le satisfaire, et qui désirait tourmenter le Dominie, sur la figure duquel il lisait une remontrance, enleva Harry de terre, le plaça devant lui, et poursuivit sa route, le « Mais, peut-être, M. Kennedy..... » de Sampson se perdant dans le bruit des pas de son cheval. Le pédagogue hésita un moment s'il irait après eux ; mais Kennedy étant une personne qui avait toute la confiance de la famille, et avec lequel lui-même n'aimait guère à se trouver, « attendu que c'était un homme adonné à de profanes et mauvaises plaisanteries, » il continua sa promenade, sans se presser, jusqu'à la Place d'Ellangowan.

Les spectateurs postés aux ruines du château avaient continué de suivre les mouvements du sloop de guerre, qui enfin, mais non sans avoir perdu un temps considérable, avait repris assez d'espace pour doubler la pointe de Warroch, et qui disparut à leur vue derrière les bois qui couronnaient ce promontoire. Au bout de quelque temps, plusieurs coups de canon se firent de nouveau entendre au loin, et furent suivis, après un intervalle, d'une explosion plus forte, comme celle d'un vaisseau qui saute ; puis un nuage de fumée s'éleva au-dessus des arbres, et alla se mêler à l'azur du ciel. Alors on se sépara, chacun augurant diversement du sort du contrebandier, mais le plus grand nombre regardant sa capture comme inévitable, si déjà il n'était pas coulé à fond.

— L'heure du dîner approche, mon cher, dit mistress Bertram à son mari ; M. Kennedy sera-t-il longtemps à revenir ?

— Je l'attends à chaque moment, ma chère, répondit le laird ; peut-être amène-t-il quelques-uns des officiers du sloop avec lui.

— Mon Dieu, M. Bertram ! pourquoi ne m'avez-vous pas dit cela plus tôt, pour que nous pussions mettre la grande table ronde ? — Et puis, ils sont tous las de viandes salées, et pour vous dire la simple vérité, une croupe de bœuf est la meilleure partie de votre dîner. — Et puis, j'aurais mis une autre robe, et vous-même n'auriez pas été plus mal avec une cravate blanche.—Mais vous aimez à surprendre les gens et à les mettre dans l'embarras ; — à coup sûr, je ne pourrai pas toujours tenir contre cette manière d'agir. — Mais quand les gens manquent, on les regrette.

— Bah ! bah ! au diable le bœuf, et la robe, et la table, et la cravate ! — nous serons tous très-bien. — Où est le Dominie, John (s'adressant à un domestique occupé à dresser la table) ? — où est le Dominie, et le petit Harry ?

— M. Sampson est à la maison depuis deux heures et plus ; mais je ne crois pas que M. Harry soit revenu avec lui.

---

[1] Nom spécial d'une petite race de chevaux. (L. V.)

CHAPITRE IX.

— N'est pas revenu avec lui ! s'écria la dame. Prévenez M. Sampson de se rendre ici à l'instant même.

— M. Sampson, lui dit-elle dès qu'elle le vit paraître, n'est-ce pas la chose la plus extraordinaire du monde, que vous, qui n'avez rien autre chose à faire, — qui avez le lit, la table et le blanchissage, — et avec cela douze livres sterling par an, pour veiller sur cet enfant, vous le perdiez de vue pendant deux ou trois heures ?

Sampson faisait une inclination d'humble adhésion à chaque intervalle que mettait la dame irritée dans l'énumération des avantages de la situation du précepteur, afin de donner plus de poids à la remontrance qu'elle lui adressait ; puis, en termes que nous ne chercherons pas à reproduire, il raconta comment M. Francis Kennedy « s'était chargé spontanément de M. Harry, en dépit de ses remontrances pour l'en dissuader. »

— Je suis fort peu obligée de ses peines à M. Francis Kennedy, dit aigrement la dame. Supposez qu'il laisse tomber l'enfant de son cheval et le rende boiteux ? — ou qu'un boulet soit venu jusqu'à la côte, et l'ait tué ? — ou...

— Ou supposez, ma chère, interrompit Ellangowan, ce qui est beaucoup plus probable que tout le reste, qu'ils aient été à bord du sloop ou de la prise, et qu'ils reviennent en doublant la pointe avec la marée ?

— Et alors ils peuvent se noyer, répliqua la dame.

— Véritablement, reprit Sampson, je croyais que M. Kennedy était revenu depuis une heure ; — j'ai réellement cru entendre les pas de son cheval.

— C'était Grizzel qui chassait la vache sans cornes hors du clos, dit John avec une grimace.

Sampson rougit jusqu'aux oreilles, — non de cette intention de raillerie dont il ne se serait jamais aperçu, et dont il ne se serait pas fâché s'il l'eût découverte, mais à une pensée qui lui vint tout à coup à l'esprit :

— J'ai eu tort, dit-il ; pour sûr, j'aurais dû attendre l'enfant. En même temps il prit son chapeau et sa canne à tête d'ivoire, et partit en se dirigeant vers le bois de Warroch, d'un pas si précipité, que jamais, ni avant ni depuis, on ne le vit marcher si vite.

Le laird resta encore quelque temps à discuter avec lady Bertram. Enfin, il vit reparaître le sloop de guerre ; mais au lieu d'approcher de la côte, il fila vers l'ouest toutes voiles dehors, et cessa bientôt d'être en vue. L'état de crainte et d'agitation était si habituel chez la dame, que ses appréhensions produisirent fort peu d'effet sur son seigneur et maître ; mais une sorte de trouble et d'anxiété parmi les domestiques vint exciter ses alarmes, surtout lorsqu'il fut appelé hors de la chambre, et prévenu en particulier que le cheval de M. Kennedy était revenu seul à la porte de l'écurie, sa selle tournée sous son ventre et les rênes de la bride rompues, et qu'un fermier les avait informés en passant qu'il y avait un lougre contrebandier qui brûlait comme une fournaise de l'autre côté de la pointe de Warroch, et que quoiqu'il eût traversé le bois, il n'avait rien vu ni entendu de Kennedy ni du jeune laird ; que seulement il avait rencontré Dominie Sampson, qui se démenait comme un fou en cherchant après eux.

Tout fut alors en mouvement à Ellangowan. Le laird et ses domestiques, hommes et femmes, coururent au bois de Warroch. Les tenanciers et les cottagers des environs prêtèrent leur assistance, partie par zèle, partie par curiosité. Des bateaux furent mis en mer pour explorer la côte, qui, de l'autre côté de la pointe, était bordée de rochers élevés, où la mer formait de nombreux enfoncements. Un vague soupçon se répandait, trop horrible pour qu'on l'exprimât, que l'enfant avait pu tomber de l'un de ces rochers.

Le jour s'affaiblissait quand ils entrèrent dans le bois et se dispersèrent de différents côtés à la recherche de l'enfant et de son compagnon. L'obscurité croissante, le sifflement du vent de novembre à travers les arbres dépouillés, le bruissement des feuilles mortes qui jonchaient les clairières, les cris répétés des différents groupes, qui se rapprochaient fréquemment dans l'espoir de rencontrer les objets de leurs recherches, tout donnait à la scène un caractère d'horrible sublimité.

Enfin, après avoir sans résultat fouillé minutieusement le bois, tout le monde se réunit en un seul corps, pour comparer les indices recueillis. Le père ne pouvait plus cacher ses angoisses, qui égalaient à peine celles du précepteur. — Plût à Dieu que je fusse mort à sa place! répétait l'affectionnée créature sur tous les tons du plus profond désespoir. Ceux qui étaient moins intéressés à l'événement se lancèrent dans une discussion tumultueuse de chances et de possibilités. Chacun donnait son opinion, et chacun tour à tour écoutait l'opinion des autres. Quelques-uns pensaient que ceux qu'ils cherchaient étaient allés à bord du sloop ; d'autres, qu'ils s'étaient rendus à un village situé à trois milles de là ; d'autres enfin disaient tout bas qu'il pouvait se faire qu'ils se fussent trouvés à bord du lougre, dont le flot poussait déjà quelques débris sur la plage.

En ce moment un cri partit du rivage, mais si aigu, si perçant, si différent de ceux qui jusque-là avaient retenti dans le bois, que personne n'hésita un instant à penser qu'il annonçait des nouvelles, et des nouvelles d'une nature terrible. Tout le monde courut vers l'endroit d'où il était parti, et s'aventurant sans réfléchir par des sentiers qu'en tout autre moment on n'eût regardés qu'en frissonnant, ils descendirent vers une fente de rocher, où l'équipage d'un bateau avait déjà pris terre. — Ici, messieurs! — ici! — par ici, au nom du Ciel! — Par ici! par ici! telles étaient les exclamations réitérées. Ellangowan se fit jour à travers la foule qui se pressait déjà sur le lieu fatal, et contempla l'objet de leur terreur: c'était le cadavre de Kennedy. Au premier aspect, il semblait avoir péri en tombant du haut des rochers qui dominaient la place où il gisait, formant là un escarpement à pic d'une centaine de pieds au-dessus de la grève. Le corps était gisant à moitié dans l'eau, à demi hors de l'eau : la marée montante, lui soulevant le bras et enflant ses vêtements, lui donnait, à quelque distance, une apparence de mouvement, de sorte que ceux qui les premiers l'avaient découvert crurent d'abord qu'il existait encore ; mais la dernière étincelle de vie était depuis longtemps éteinte.

— Mon enfant! mon enfant! criait le père au désespoir, où peut-il être? Toutes les bouches s'ouvrirent à la fois pour lui donner un espoir que personne ne conservait. Il arriva enfin que quelqu'un mentionna... les gipsies! En un moment Ellangowan eut gravi les rochers ; puis il s'élança sur le premier cheval qu'il rencontra, et courut comme un furieux aux huttes de Derncleugh. Tout y était sombre et désolé ; et en mettant pied à terre pour se livrer à une recherche plus minutieuse, il trébucha sur des meubles brisés qui avaient été jetés hors des chaumières, et sur des débris de portes et de toitures démolies par son ordre. Au même instant le souvenir sinistre de la prophétie ou plutôt de l'anathème de Meg Merrilies se présenta à sa pensée : Vous avez enlevé le toit de sept chaumières : — voyez si la poutre de votre maison en sera plus solide!

— Rendez-moi mon enfant, cria-t-il, rendez-moi mon enfant! Ramenez-moi mon fils, et tout sera oublié et pardonné! Comme il proférait ces mots, dans une sorte de frénésie, ses yeux aperçurent une lueur qui s'échappait de l'une des cabanes démantelées : — c'était celle où résidait précédemment Meg Merrilies. La clarté, qui semblait produite par un brasier, brillait non-seulement à travers la fenêtre, mais aussi par le haut de la chaumière, dont la couverture avait été arrachée.

Il y courut. L'entrée en était fermée. Le désespoir donna au malheureux père la force de dix hommes : il se précipita contre la porte avec une telle violence, qu'elle céda à l'instant. Le cottage était vide; mais il offrait des traces d'habitation récente : — le feu était allumé et une marmite y était suspendue, contenant quelques provisions. Tandis qu'il promenait avidement ses yeux autour de lui, pour tâcher de découvrir quelque indice qui confirmât son espoir que son enfant vivait encore, quoique tombé entre les mains de ce peuple étrange, un homme entra dans la hutte.

C'était son vieux jardinier. — O monsieur! dit le vieillard, je ne pensais pas vivre pour voir jamais une pareille nuit! — Il faut que vous veniez tout de suite à la Place!

— Mon fils est-il retrouvé? est-il en vie? Avez-vous retrouvé Harry Bertram? — André, avez-vous retrouvé Harry Bertram?

— Non, monsieur; mais...

— Alors il est enlevé[1] ! j'en suis sûr, André ! aussi sûr que je foule la terre ! Elle l'a volé. — Je ne bougerai pas d'ici que je n'aie eu des nouvelles de mon enfant !

— Oh ! mais il faut revenir à la maison, monsieur ; il faut revenir à la maison ! — Nous avons envoyé chercher le shériff, et nous placerons une garde ici, toute la nuit, en cas que les gipsies reviennent. Mais, *vous*, il faut que vous reveniez à la maison, monsieur..., car milady est à son lit de mort !

Bertram tourna un œil stupéfait et égaré sur le messager qui lui annonçait cette affreuse nouvelle ; et répétant les mots « à son lit de mort ! » comme s'il n'en eût pu comprendre le sens, il se laissa entraîner jusqu'à son cheval par le vieillard. Durant le chemin, il ne put que dire : Femme et enfant à la fois ! — la mère et le fils à la fois ! — C'est cruel, bien cruel à supporter !

Il est inutile de nous arrêter sur la nouvelle scène d'angoisses qui l'attendait. Le bruit du sort de Kennedy avait été répandu rapidement et sans précaution à Ellangowan, avec l'addition gratuite que « sans doute il avait entraîné le jeune laird dans sa chute du haut du rocher, quoique le flot eût emporté le corps de l'enfant. — Il était léger, le pauvre petit, et il avait dû être emmené plus loin par le ressac. »

Ces bruits parvinrent aux oreilles de mistress Bertram. Très-avancée dans sa grossesse, elle fut prise des douleurs d'un accouchement avant terme, et avant qu'Ellangowan fût assez revenu à lui pour comprendre toute l'horreur de sa situation, il était père d'une fille et avait perdu sa femme.

---

[1] Le texte se sert du mot *kidnapped*, qui désigne le vol d'enfants auquel se livraient fréquemment les bandes vagabondes d'Écosse, soit pour se recruter, soit dans d'autres vues criminelles. (L. V.)

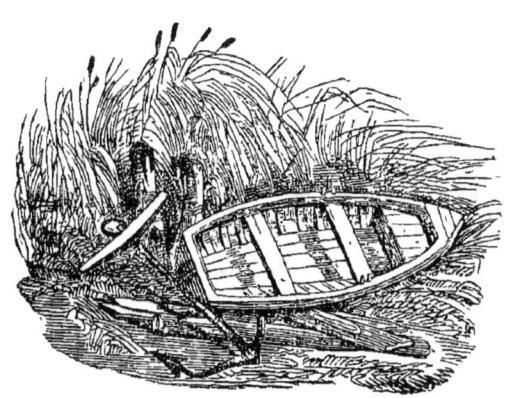

CHAPITRE X.

> Mais voyez : son visage est noir et ensanglanté ; ses yeux semblent jaillir de leurs orbites, et leur regard fixe et horrible ressemble à celui d'un homme étranglé ; ses cheveux sont hérissés, ses narines dilatées par la lutte ; ses mains ouvertes et étendues semblent indiquer les derniers efforts agonisants du malheureux qui cherche à se rattacher à la vie que la violence lui enlève. *Henry IV*, Ire Partie

Le vice-shériff du comté arriva à Ellangowan le jour suivant à la pointe du jour. La loi écossaise assigne à ce magistrat provincial des pouvoirs fort étendus ; c'est sur lui que repose la tâche de diriger des enquêtes sur tous les crimes commis dans sa juridiction, de faire arrêter et emprisonner les personnes suspectes, et autres soins semblables [1].

Le gentleman qui remplissait cet office dans le comté de ***, à l'époque de cette catastrophe, était un homme bien né et bien élevé ; et quoiqu'on l'accusât d'un peu de pédantisme et de minutie dans ses habitudes, il était généralement respecté comme magistrat actif et intelligent. Son premier soin fut d'interroger tous ceux dont le témoignage pouvait jeter quelque jour sur ce mystérieux événement, et de dresser le procès-verbal de *precognition*, selon le terme technique, que la pratique d'Écosse a substitué à l'enquête du coroner. L'instruction minutieuse et habilement dirigée du shériff fit ressortir nombre de circonstances qui semblaient ne pouvoir se concilier avec l'opinion originelle que Kennedy était tombé par accident du haut des rochers. Nous allons en rapporter succinctement quelques-unes.

Le corps avait été déposé dans une cabane de pêcheur voisine, mais sans rien changer à l'état où il avait été trouvé. Ce fut le premier objet de l'examen du shériff. Quoique horriblement écrasé et mutilé par une chute d'une telle hauteur, on remarqua sur la tête du cadavre une profonde entaille, qui, dans l'opinion d'un habile chirurgien, devait avoir été faite par un sabre ou un coutelas. L'expérience de ce chirurgien reconnut d'autres indices propres à faire naître des soupçons. Le visage était devenu presque noir, les yeux étaient horriblement tournés et les veines du cou gonflées. Un mouchoir de couleur qui avait servi de cravate à l'infortuné ne présentait pas l'apparence ordinaire ; il était

---

[1] En des occasions telles que celles dont il s'agit actuellement, le shériff écossais remplit à peu de chose près les mêmes fonctions qu'un *coroner* anglais. (W. S.)

très-lâche, le nœud était déplacé et extrêmement serré, et les plis étaient d'ailleurs comprimés, comme si l'on s'en était servi pour harper la victime, et la traîner, peut-être, jusqu'au bord du précipice.

D'un autre côté, la bourse du malheureux Kennedy fut trouvée intacte; et, ce qui parut encore plus extraordinaire, les pistolets qu'il portait habituellement sur lui quand il partait pour quelque aventure hasardeuse, furent trouvés dans sa poche, et chargés. Ceci parut particulièrement étrange, car il était connu et redouté des contrebandiers, comme un homme aussi intrépide qu'adroit dans l'usage de ses armes, ce dont il avait donné mainte preuve. Le shériff s'enquit si Kennedy était dans l'habitude de porter d'autres armes? Beaucoup des domestiques de M. Bertram se souvinrent qu'il était ordinairement muni d'un couteau de chasseur, ou court *hanger ;* mais aucune arme de cette espèce ne fut trouvée sur le cadavre, et ceux qui l'avaient vu dans la matinée du jour fatal ne purent prendre non plus sur eux d'affirmer qu'il portait alors cette arme ou non.

Le corps de Kennedy ne présentait pas d'autres indices au sujet du sort de la victime; car quoique les vêtements fussent dans un grand désordre, et les membres horriblement fracturés, la première circonstance semblait la conséquence probable, et la seconde la conséquence certaine d'une telle chute. Les mains du défunt étaient fortement serrées et remplies de terre et de gazon ; mais ceci parut également équivoque.

Le magistrat se rendit alors à la place où le corps avait été découvert, et fit donner sur le lieu même, à ceux qui l'avaient aperçu les premiers, un détail particulier de la situation où il était. Un énorme fragment de rocher paraissait avoir accompagné ou suivi la chute de la victime de la partie supérieure de la falaise. Ce rocher était d'une substance si dure et si compacte, qu'il avait à peine en tombant projeté quelques éclats, de sorte que le shériff put, d'abord, en estimer le poids par la masse, puis, de l'apparence du fragment, conclure quelle portion en avait été adhérente au rocher dont il avait été détaché. L'apparence particulière de la partie qui avant la chute n'était pas exposée à l'atmosphère ne laissait pas de doute sur ce dernier point. Ils montèrent alors, pour l'examiner, à l'endroit d'où était parti le fragment. Il parut évident, par l'inspection de la partie creuse où ce fragment était encaissé avant sa chute, que le seul poids d'un homme placé sur ce qui alors s'en trouvait en saillie, n'avait pu suffire à en rompre l'équilibre, et à l'entraîner avec lui du front de la falaise. Cependant, l'adhérence semblait avoir été assez incomplète pour que l'usage d'un levier, ou la force réunie de trois ou quatre hommes, eût pu aisément l'arracher de sa position. Le gazon court qui couvrait le sol aux abords du précipice avait été très-foulé; on eût dit qu'il avait été trépigné par des pieds humains dans une lutte acharnée, ou pendant de violents mouvements. Des traces semblables, moins visiblement marquées, conduisirent le judicieux investigateur jusqu'à la lisière du bois, qui, en cet endroit, s'approchait à peu de distance du bord du précipice.

Avec patience et persévérance on suivit ces traces dans la partie la plus épaisse du fourré, direction que personne n'aurait prise volontairement, si ce n'est dans l'intention de se cacher. Là on trouva, d'espace en espace, d'évidents vestiges de lutte et de violences : des branches étaient brisées ou arrachées, comme si elles eussent été saisies par quelque malheureux qu'on eût entraîné de force; le sol, dès qu'il devenait un peu tendre ou humide, portait l'empreinte de pas nombreux; on voyait aussi des marques qui pouvaient être celles de sang humain. En tout cas, il était certain que plusieurs personnes devaient s'être frayé avec peine un passage parmi les chênes, les coudriers et les broussailles qui croissaient ensemble et ne laissaient que fort peu d'espace; et en quelques endroits apparaissaient des traces telles qu'en aurait pu laisser un sac de grain, ou un cadavre, ou quelque autre objet également lourd et solide traîné sur le sol. Dans un de ces endroits du bois il se trouvait une petite portion de terrain marécageux, dont l'argile, probablement mêlée de marne, était blanchâtre. Or, le dos de l'habit de Kennedy paraissait maculé de taches de même couleur.

Enfin, à un quart de mille environ du bord du fatal précipice, les traces les conduisirent à un petit espace découvert, plus foulé que tout le reste et évidemment taché de sang, quoique des feuilles sèches eussent été répandues sur la terre, et que d'autres précautions eussent été prises à la hâte pour effacer les marques, qui semblaient évidemment provenir d'un conflit désespéré. A côté de cette clairière on trouva le coutelas sans gaîne de la victime, qui paraissait avoir été lancé dans le fourré; sur un autre point, on retrouva la gaîne et le ceinturon, qui semblaient avoir été cachés avec plus de soins et de précautions.

Le magistrat fit examiner et noter avec soin les empreintes de pieds marquées sur cette place. Quelques-unes correspondaient à la chaussure de la malheureuse victime; d'autres étaient plus ou moins grandes, et il en résultait que quatre ou cinq hommes au moins l'avaient entourée. Par-dessus tout, là, et là seulement, on apercevait les vestiges d'un pied d'enfant; et comme on n'en découvrait nulle part ailleurs, et que le rude sentier battu qui traversait le bois de Warroch était contigu, il était naturel de penser qu'au milieu de la confusion l'enfant avait pu s'échapper dans cette direction. Mais comme on ne l'avait revu nulle part, le shériff, qui fit soigneusement consigner tous ces faits, exprima son opinion, d'une part, que Kennedy avait été assassiné, et, d'autre part, que les meurtriers, quels qu'ils fussent, s'étaient emparés de la personne du petit Harry Bertram.

On fit alors toutes les recherches possibles pour découvrir les coupables. Les soupçons se partageaient entre les contrebandiers et les gipsies. Le sort du bâtiment de Dirk Hatteraick était certain. Deux hommes, quoique à une grande distance, avaient vu, du côté opposé de la baie de Warroch (nom que porte la passe que la pointe de Warroch couvre au nord), le lougre dériver à l'est après avoir doublé le cap, et, autant qu'ils en avaient pu juger d'après ses manœuvres, en grande partie désemparé. Peu après, ils s'étaient aperçus qu'il avait touché; puis il en était sorti une fumée épaisse, et finalement il avait pris feu. Le lougre, selon les expressions de l'un de ces hommes, n'était plus qu'une flamme, quand ils virent un bâtiment du roi, ses couleurs arborées, sortir de derrière le cap. Les canons du lougre incendié partaient d'euxmêmes à mesure que le feu les gagnait; enfin, ils le virent sauter en l'air avec une forte explosion. Le sloop de guerre s'était toujours par prudence tenu au large, et après avoir louvoyé jusqu'au moment de l'explosion, il avait mis toutes ses voiles dehors et filé vers le sud. Le shériff s'informa soigneusement de ces hommes si aucune chaloupe n'avait quitté le lougre. Ils ne purent le dire, — ils n'en avaient vu aucune; — mais dans leur position par rapport au bâtiment incendié, et sous la fumée que le vent poussait à la côte, des embarcations eussent pu se détacher du contrebandier sans que les témoins les eussent aperçues.

Que le bâtiment détruit fût celui de Dirk Hatteraick, personne n'en doutait; son lougre était bien connu sur la côte, et il y était attendu précisément à cette époque. Une lettre du commandant du sloop royal, auquel s'en référa le shériff, mit la chose hors de doute; il envoya en outre un extrait de son journal de bord, contenant les opérations du jour du combat, et portant qu'ils s'étaient mis en croisière contre un lougre contrebandier, commandé par Dirk Hatteraick, sur l'avis et la réquisition de Francis Kennedy, attaché au service des douanes de Sa Majesté; et que Kennedy devait rester en observation sur la côte, au cas où Hatteraick, qui était connu pour un homme déterminé, et se trouvait sous le coup de mainte condamnation, essaierait de faire échouer son navire. Vers neuf heures du matin, ils avaient aperçu une voile qui répondait au signalement du bâtiment de Hatteraick; ils lui avaient donné la chasse, et, après des signaux répétés de hisser ses couleurs et d'amener, avaient tiré sur lui. Le lougre avait alors arboré le pavillon hambourgeois, et rendu le feu; puis un combat s'était engagé. Il y avait trois heures que l'engagement durait, lorsqu'au moment où le lougre allait doubler la pointe de Warroch, ils s'aperçurent que la grande vergue était coupée dans ses élingues, et que le bâtiment était désemparé. Il ne fut pas de quelque temps au pouvoir de l'équipage du vaisseau de guerre de mettre cette circonstance à profit, parce qu'ils se trouvaient trop près de terre pour doubler le cap. Enfin, après avoir couru quelques bordées, ils avaient gagné le large et vu le lougre en feu, sans que personne s'y montrât dans les manœuvres. La flamme ayant atteint quelques barriques d'esprit, qui étaient placées sur le pont avec d'autres combustibles, probablement à dessein, s'était augmentée avec une telle furie, qu'aucune embarcation n'avait osé approcher du bâtiment, d'autant moins que les canons chargés partaient l'un après l'autre par la chaleur. Le capitaine n'avait aucun doute que l'équipage n'eût mis le feu au navire et n'eût échappé dans ses chaloupes. Après avoir observé l'incendie jusqu'à ce que le lougre eût sauté, le sloop de Sa Majesté, *le Shark*[1], s'était porté vers l'île de Man, dans l'intention de couper la retraite aux contrebandiers, lesquels, bien qu'ils pussent se cacher dans les bois pour un jour ou deux, essaieraient probablement, à la première occasion, de gagner cette retraite; mais jusque-là on n'en avait aperçu aucun.

Tel fut le compte rendu par William Pritchard, maître et commandant du sloop de guerre de S. M. *le Shark;* et il concluait en exprimant le profond regret de ne pas avoir eu le bonheur de se rencontrer de plus près avec les drôles qui avaient eu l'impudence de faire feu sur le pavillon de Sa Majesté, et en assurant que si à l'avenir il rencontrait M. Dirk Hatteraick dans quelque autre croisière, il ne manquerait pas de l'amener au port amarré à son arrière, pour qu'il eût à répondre de ses faits.

Ainsi donc, comme il ne paraissait guère douteux que l'équipage du lougre se fût sauvé, la mort de Kennedy, s'il avait été rencontré par ces hommes dans le bois, alors qu'ils étaient irrités de la perte de leur bâtiment et de la part qu'il y avait eue, était aisée à concevoir. Et il n'était pas hors de probabilité que de tels hommes, dont le naturel farouche avait dû être encore exaspéré par leur situation, n'eussent même pas reculé devant le meurtre de l'enfant, contre le père duquel on savait que Hatteraick avait proféré d'horribles menaces, en haine de l'activité qu'il avait tout à coup montrée à la poursuite des contrebandiers.

On objectait à cette hypothèse qu'un équipage de quinze à vingt hommes n'aurait pu se tenir caché sur la côte, où des recherches si attentives avaient eu lieu immédiatement après la destruction de leur bâtiment; ou du moins que s'ils étaient parvenus à se cacher dans les bois, leurs chaloupes eussent dû être aperçues sur la côte; — enfin, que dans une situation si dangereuse, et quand toute retraite aurait dû leur paraître déjà bien difficile, sinon impossible, on ne pouvait guère penser qu'ils se fussent tous accordés à commettre un meurtre inutile, pour le seul plaisir de la vengeance. Ceux qui étaient de cette opinion supposaient ou que les embarcations du lougre avaient été mises en mer et avaient gagné le large avant que le sloop eût doublé le cap, sans avoir été remarquées par ceux dont l'attention était concentrée sur le navire en flammes; ou bien que les chaloupes ayant été avariées ou détruites par le feu du *Shark* durant la chasse, l'équipage avait pris la

---

[1] *Le Requin.*

résolution désespérée de périr avec le bâtiment. Ce qui donnait quelque consistance à cette dernière supposition, c'est que M. Dirk Hatteraick, ni aucun de ses marins, tous bien connus de ceux qui se livraient à la contrebande, ne furent revus sur la côte, et qu'on n'entendit plus parler d'eux dans l'île de Man, où des recherches actives furent faites. D'un autre côté, un seul corps mort, qui semblait être celui d'un matelot frappé d'un boulet, fut poussé à la côte. Ainsi, tout ce qu'on put faire fut de dresser un état nominatif, avec leur signalement, des individus appartenant à l'équipage du lougre, et d'offrir une récompense à ceux qui pourraient se saisir de quelqu'un d'entre eux. Pareilles promesses furent faites à quiconque, sauf les assassins eux-mêmes, procurerait des renseignements propres à conduire à la découverte des meurtriers de Francis Kennedy.

Une autre opinion, qui ne manquait pas de vraisemblance, tendait à charger de cet horrible forfait les ci-devant habitants de Derncleugh; on savait qu'ils avaient manifesté un vif ressentiment de la conduite du laird d'Ellangowan envers eux, et qu'ils avaient proféré des menaces qu'on les connaissait capables de mettre à exécution. Le vol de l'enfant était un crime plus d'accord avec leurs habitudes qu'avec celles des contrebandiers, et son gardien temporaire avait pu succomber dans ses tentatives pour le protéger contre eux. On se souvenait en outre que deux ou trois jours auparavant, Kennedy avait joué un rôle actif dans leur expulsion de Derncleugh, et qu'en cette occasion mémorable, des paroles âpres et menaçantes avaient été échangées entre lui et quelques-uns des patriarches de la tribu.

Le shériff reçut aussi les dépositions du malheureux père et de son domestique, au sujet de ce qui s'était passé lors de leur rencontre avec la caravane de gipsies, au moment où ceux-ci quittaient les terres d'Ellangowan. Les expressions de Meg Merrilies parurent particulièrement suspectes. Il y avait là, fit observer le magistrat dans son langage professionnel, *damnum minatum*, — une menace de dommage ou de malheurs, — et *malum secutum*, — un mal de la nature prédit, arrivé peu après la menace. Une jeune villageoise qui, le jour du crime, avait été cueillir des noix dans le bois de Warroch, avait en outre la ferme persuasion, quoiqu'elle refusât de l'affirmer sous serment, qu'elle avait vu Meg Merrilies, ou du moins une femme de sa taille remarquable et de son extérieur, sortir tout à coup du taillis; — elle ajouta qu'elle l'avait appelée par son nom, mais que comme la femme s'était éloignée sans répondre, elle ne savait si c'était l'Égyptienne ou son *double* [1], et qu'elle n'avait pas osé s'approcher plus près d'une personne qu'on avait toujours regardée, selon l'expression com-

---

[1] *Wraith*, apparition d'une personne vivante. C'est une superstition commune en Écosse. (L. V.)

CHAPITRE X.

mune, comme *uncanny* [1]. Ce rapport vague reçut quelque corroboration de cette circonstance que, dans cette soirée-là même, du feu allumé avait été trouvé dans la chaumière abandonnée de l'Égyptienne, fait dont témoignèrent Ellangowan et son jardinier. Cependant, il semblait qu'on ne pût supposer sans extravagance que si cette femme eût pris part à un crime si horrible, elle fût revenue, le soir même du jour où il avait été commis, au lieu où il était le plus probable que les premières recherches seraient dirigées.

Meg Merrilies fut néanmoins arrêtée et interrogée. Elle nia fortement qu'elle eût été ni à Derncleugh ni dans le bois de Warroch, le jour de la mort de Kennedy; et plusieurs gens de sa tribu firent serment qu'elle n'avait pas quitté un seul instant le lieu où ils avaient campé, dans une vallée éloignée d'environ six milles d'Ellangowan. Il y avait, à la vérité, peu de fond à faire sur leurs serments; mais, dans la circonstance, à quel autre témoignage pouvait-on recourir? Un fait remarquable, un seul, ressortit de son interrogatoire. Elle avait au bras une blessure légère qui paraissait avoir été faite par une arme tranchante, et cette blessure était entourée d'un mouchoir d'Harry Bertram. Mais le chef de la horde reconnut l'avoir *corrigée* ce jour-là avec son coutelas [2]; — elle-même et d'autres assignèrent la même cause à sa blessure. Et quant au mouchoir, la quantité de linge volé à Ellangowan durant les derniers mois qu'ils y avaient résidé pouvait expliquer cette circonstance, sans qu'il y eût à charger Meg d'un crime plus odieux.

On remarqua, pendant son examen, qu'elle répondit avec indifférence aux questions relatives à la mort de Kennedy, ou du *jaugeur*, comme elle l'appelait, mais manifesta un mépris emphatique et une grande indignation, à la supposition qu'elle eût pu maltraiter le petit Harry Bertram. Elle fut longtemps retenue en prison, dans l'espoir que quelque circonstance imprévue viendrait jeter du jour sur cette obscure et sanglante affaire. Rien, cependant, ne se présenta; et Meg fut à la fin relâchée, mais sous une sentence qui la bannissait du pays, comme vagabonde, voleuse et ennemie des lois. Nulle trace de l'enfant ne put jamais être découverte; et enfin, l'événement, après avoir fait tant de bruit, fut graduellement regardé comme tout à fait inexplicable. Seulement, la mémoire en fut conservée dans le nom du *Saut du Jaugeur*, qui fut généralement donné au rocher d'où le malheureux Kennedy était tombé ou avait été précipité.

---

[1] Méchante, de mauvaise nature. Le vulgaire d'Écosse attache aussi à cette qualification une idée superstitieuse. (L. V.)

[2] *Whinger*.

CHAPITRE XI.

> LE TEMPS. MONOLOGUE :
>
> Moi — qui plais aux uns et soumets tout à l'épreuve ; moi qui suis la joie et la terreur du bon et du méchant ; moi qui engendre et dévoile l'erreur, — maintenant, moi qui suis le Temps, je fais usage de mes ailes. Ne faites un crime ni à moi, ni à mon rapide passage, de ce que je glisse, sans m'y arrêter, sur un intervalle de seize années.
>
> *Conte d'Hiver.*

NOTRE narration va maintenant faire une large enjambée et franchir un espace de près de dix-sept ans, espace durant lequel nous ne trouvons rien de particulier à noter, en ce qui touche à l'histoire dont nous avons entrepris le récit. Ce vide est assez grand ; mais si le lecteur a assez vécu pour reporter en arrière ses regards sur un pareil nombre d'années, l'intervalle paraîtra à peine plus long à son souvenir, que le temps qu'il mettra à passer du chapitre précédent à celui-ci.

C'était donc au mois de novembre, dix-sept ans environ après la catastrophe racontée dans le dernier chapitre, que par une soirée froide et orageuse, un groupe se pressait autour de la cheminée des *Armes de Gordon*, petite mais confortable auberge de Kippletringan, tenue par mistress Mac Candlish. La conversation des personnages de ce groupe m'évitera la peine de raconter le peu d'événements survenus pendant cette lacune de notre histoire, et dont il est nécessaire que le lecteur soit informé.

Mistress Mac Candlish, trônant dans un confortable fauteuil recouvert de cuir noir, était occupée à se régaler, avec une couple de commères, d'une tasse de véritable thé, tout en suivant d'un œil attentif les mouvements de ses domestiques, allant et venant pour s'acquitter de leurs fonctions diverses. Le sacristain de la paroisse, dont il était aussi grand-chantre, savourait un peu plus loin sa pipe du samedi soir, et aidait à son agréable fumigation en humant de temps à autre une gorgée d'eau-de-vie coupée d'eau. Le diacre[1] Bearcliff, homme de grande importance dans le village, cumulait la double jouissance de l'hôtesse et du sacristain, car il avait sa pipe et sa tasse de thé, celle-ci relevée d'un peu d'eau-de-vie. Deux ou trois villageois étaient assis au fond de la salle, occupés à boire leur petite ale.

---

[1] Syndic d'une corporation. (L. V.)

— Etes-vous sûre que le parloir soit prêt pour eux, que le feu soit bien flambant, et que la cheminée ne fume pas? demanda l'hôtesse à une servante.

Celle-ci répondit affirmativement. — On ne voudrait pas être incivile envers eux, surtout dans leur malheur, ajouta l'hôtesse en se tournant vers le diacre.

— Assurément non, mistress Mac Candlish, assurément non. A coup sûr, pour toutes les petites choses qu'ils pourraient avoir à prendre dans ma boutique, jusqu'à sept, ou huit, ou même dix livres [1], je leur ferais crédit comme au premier du pays. Viennent-ils dans la vieille chaise?

— J'ose dire que non, dit le grand-chantre : car miss Bertram vient tous les jours à l'église sur son poney blanc, et c'est une de nos plus assidues; — et c'est plaisir de l'entendre chanter les psaumes, la jeune et jolie créature.

— Oui, et le jeune laird de Hazlewood fait la moitié du chemin avec elle après le sermon, dit une des commères de la société; je voudrais bien savoir comment le vieux Hazlewood prend la chose?

— Je ne sais pas comment il peut la prendre maintenant, dit une autre des buveuses de thé; mais il a été un temps où Ellangowan aurait tout aussi peu aimé voir sa fille en tenir pour leur fils.

— Oui, *il a été un temps*, repartit la première en appuyant quelque peu sur les mots.

— Il est sûr, voisine Ovens, reprit l'hôtesse, que les Hazlewoods d'Hazlewood, quoiqu'ils soient d'une bonne et ancienne famille du pays, n'auraient jamais pensé, avant ces derniers quarante ans, à marcher de niveau avec les Ellangowans. — Je vous atteste, ma chère, que les Bertrams d'Ellangowan sont les anciens Dingawaies d'il y a longtemps; — il y a une chanson sur l'un d'eux qui épousait la fille du roi de Man; elle commence par :

> Le joyeux Bertram s'est mis en mer
> Pour aller chercher une femme.

J'ose dire que M. Skreigh pourrait nous chanter la ballade.

— Mistress Mac Candlish, dit Skreigh avec une sorte de moue, et en humant une gorgée de punch à l'eau-de-vie d'un air solennel, nos talents nous ont été donnés pour un autre usage que pour chanter de sottes vieilles chansons si près du dimanche.

— Allons donc, M. Skreigh! je garantirais que je vous ai entendu chanter plus d'une joyeuse chanson le samedi soir. Mais quant à la chaise, diacre, elle n'est pas sortie de la remise depuis que mistress

---

[1] Il s'agit de livres d'Écosse, à peu près de même valeur que les nôtres. (L. V.)

Bertram est morte, il y a de cela seize ou dix-sept ans ; — Jock Jabos est allé les chercher avec une des miennes. — Je suis étonnée qu'il ne soit pas encore revenu. Il fait noir comme dans un trou ; — mais il n'y a que deux mauvais endroits sur la route, et le pont de Warroch Burn [1] est assez sûr, s'il tient le côté droit. Seulement il y a le Heavieside-Brae [2], qui est la mort aux chevaux de poste ; mais Jock connaît bien la route.

En ce moment on frappa bruyamment à la porte.

— Ce n'est pas eux ; je n'ai pas entendu le bruit des roues. — Grizzel, allez à la porte, paresseuse !

— C'est un monsieur seul, rapporta Grizzel d'un ton dolent ; faut-il que je le fasse entrer dans le parloir ?

— Le diable soit dans vos jambes, bâtarde ! Ce sera quelque cavalier anglais. Arriver sans un domestique à l'heure qu'il est ! — Le garçon d'écurie a-t-il pris le cheval ? — Vous pouvez allumer une bourrée dans la chambre rouge.

— Je désirerais, madame, dit le voyageur qui entra en ce moment dans la cuisine, que vous me permissiez de me chauffer ici, car la soirée est très-froide.

Son extérieur, sa voix et ses manières lui gagnèrent la bienveillance de l'hôtesse. C'était un fort bel homme, à la taille grande et élancée, et entièrement vêtu de noir, comme on le vit quand il se fut débarrassé de son surtout de voyage. Il pouvait avoir de quarante à cinquante ans ; l'expression de ses traits était grave et commandait l'intérêt, et il avait dans son air quelque chose de militaire. Tout dans son extérieur et son langage annonçait l'homme de distinction. Une longue habitude avait donné à mistress Mac Candlish un tact exquis pour discerner au premier coup d'œil la qualité de ses visiteurs, et régler sa réception en conséquence :

> « Pour chacun de ses hôtes elle avait un langage ; elle savait traiter chacun selon ses dehors et son état : Respectueuse ou sans gêne, plaisante ou polie. — Je suis la servante de Votre Honneur ! — Maître Smith, bonsoir ! »

Dans l'occasion actuelle, elle fut humble dans ses civilités, et intarissable dans ses excuses. L'étranger pria qu'on veillât à son cheval ; elle sortit elle-même pour le recommander au garçon d'écurie.

« Jamais plus joli morceau de chair de cheval n'était entré dans l'écurie des *Armes de Gordon*, » dit l'homme ; information qui accrut encore le respect de l'hôtesse pour le cavalier. Comme l'étranger refusa de passer dans une autre chambre (qui, à la vérité, au dire même de l'hôtesse, serait froide et enfumée jusqu'à ce que le feu flambât bien),

---

[1] Du ruisseau de Warroch.
[2] La Montée-Rude.

elle l'installa commodément au coin du feu de la cuisine, et mit à sa disposition tous les rafraîchissements que sa maison pouvait fournir.

— Une tasse de votre thé, si vous le voulez bien, madame.

Mistress Mac Candlish s'empressa, remit du thé dans la théière, et s'acquitta de tous ces soins de son air le plus gracieux. — Nous avons un salon très-propre, monsieur, et tout ce qui peut être agréable à un gentilhomme; mais je l'ai promis pour cette nuit à un gentleman et à sa fille, qui vont quitter cette partie du pays. — Une de mes chaises est partie pour eux, et va revenir au premier moment. — Ils ne sont plus si haut placés dans le monde qu'ils l'ont été; mais nous sommes tous sujets à des hauts et à des bas dans la vie, comme Votre Honneur doit le savoir. — Mais la fumée de tabac n'est-elle pas désagréable à Votre Honneur?

— Nullement, madame; je suis un vieux militaire, et j'y suis parfaitement accoutumé. — Me permettrez-vous de vous demander quelques renseignements sur une famille de ces environs?

En cet instant, le bruit de la voiture se fit entendre, et l'hôtesse courut à la porte pour recevoir ceux qu'elle attendait. Elle rentra presque aussitôt, suivie du postillon : — Non, disait celui-ci, ils ne peuvent venir pour rien au monde; le laird est trop mal.

— Mais, Dieu les aide! repartit l'hôtesse, c'est demain matin le terme; — absolument le dernier jour qu'ils peuvent rester dans la maison. — Tout est pour être vendu.

— Hé bien! oui; mais je vous dis qu'ils ne peuvent venir pour rien au monde. — M. Bertram ne peut se remuer.

— Quoi! M. Bertram? dit l'étranger; ce n'est pas M. Bertram d'Ellangowan, j'espère?

— C'est lui-même, monsieur; et si vous êtes de ses amis, vous êtes venu dans un moment où il se trouve dans une triste passe.

— J'ai été bien des années à l'étranger; — sa santé est-elle dérangée à ce point?

— Oui, et ses affaires aussi, dit le diacre. Les créanciers sont entrés en possession du domaine, et on va le vendre; et certaines gens qui lui doivent tout ce qu'ils sont, — je ne nomme personne, mais mistress Mac Candlish sait ce que je veux dire — (l'hôtesse fit un signe de tête significatif), sont aujourd'hui les plus acharnés après lui. Il m'est dû quelque petite chose à moi-même, mais j'aimerais mieux le perdre que de venir jeter le vieillard hors de sa maison, et au moment où il est mourant, encore!

— Oui, dit à son tour le sacristain de la paroisse; mais il tarde au facteur [1] Glossin de se débarrasser du vieux laird, et il pousse à la vente, de peur que l'héritier mâle ne lui tombe sur les bras; car j'ai en-

---

[1] *Factor,* agent d'affaires. (L. V.)

tendu dire que s'il y avait un héritier mâle, on ne pourrait pas vendre le domaine pour les dettes du vieux Ellangowan.

— Il avait un fils qui est né il y a bon nombre d'années, reprit l'étranger ; il est donc mort?

— C'est ce que personne ne saurait dire, répondit mystérieusement le sacristain.

— Mort! dit le diacre ; je garantis qu'il est mort il y a longtemps. On n'a pas entendu parler de lui depuis vingt ans ou à peu près.

— Je suis bien sûre qu'il n'y a pas vingt ans, dit l'hôtesse ; il n'y en aura pas plus de dix-sept à la fin du mois où nous sommes. Tout cela fit assez de bruit dans ce pays ; — l'enfant disparut le jour même que l'inspecteur Kennedy fit une si triste fin. — Si vous avez autrefois connu ce pays, Votre Honneur a peut-être aussi connu l'inspecteur Kennedy. C'était un homme gai et amusant, qui fréquentait les meilleurs gentilshommes du comté, et qui a fait dans cette maison plus d'une joyeuse partie. J'étais jeune alors, monsieur, et nouvellement mariée au bailli Mac Candlish, qui est mort et trépassé, — (elle soupira) — et j'ai bien souvent ri avec l'inspecteur. C'était un chien fou. — Oh! s'il avait pu ménager un peu les contrebandiers! Mais il était toujours aventureux. — Et alors, voyez-vous, monsieur, il y avait un sloop du roi, là-bas dans la baie de Wigton, et il fallut que Frank Kennedy lui fît donner la chasse au lougre de Dirk Hatteraick. — Vous vous souviendrez de Dirk Hatteraick, diacre? J'ose dire que vous avez fait plus d'une affaire avec lui. (Le diacre donna une sorte d'acquiescement par un signe de tête et un *humph*.) Le camarade n'était pas timide, et son navire se battit tant et si bien qu'il sauta comme une pelure d'ognon. Frank Kennedy avait été le premier à bord ; il fut lancé à un quart de mille de là, et vint tomber dans l'eau à la pointe de Warroch, au pied du rocher qu'on appelle aujourd'hui le Saut du Jaugeur.

— Et l'enfant de M. Bertram, dit l'étranger, en quoi tout cela le concerne-t-il?

— Ha, monsieur, l'enfant était toujours fourré avec l'inspecteur ; et on pensa généralement qu'il avait été à bord du lougre avec lui, car les enfants sont toujours en avant là où il y a du mal.

— Non, non, dit le diacre, vous n'y êtes pas du tout, Luckie[1], car le jeune laird fut volé par une enragée gipsie qu'on appelait Meg Merrilies, — je crois encore la voir, — par vengeance de ce qu'Ellangowan l'avait fait tambouriner dans tout Kippletringan pour une cuillère d'argent qu'elle avait volée.

— Avec votre permission, diacre, vous êtes dans l'erreur tout autant que mistress Candlish, dit le grand-chantre.

---

[1] Expression familière aux Écossais des classes inférieures, et qui revient à notre interpellation *la mère*. (L. V.)

CHAPITRE XI.

— Et quelle est votre version de l'histoire, monsieur? lui demanda l'étranger en se tournant vers lui avec intérêt.

— Ce n'est peut-être pas trop sûr à dire, répondit le chantre d'un ton solennel.

Pressé de parler, cependant, il préluda par deux ou trois énormes bouffées de tabac; et du milieu du sanctuaire nuageux que la fumée formait autour de lui, il débita la légende suivante, après s'être préalablement éclairci la voix par quelques hem! hem! et en imitant, d'aussi près qu'il le pouvait, l'éloquence qui chaque semaine tonnait du haut de la chaire au-dessus de sa tête.

— Ce que nous avons maintenant à dire, mes frères... Hem! hem! — je veux dire nos bons amis, — n'a pas été fait dans un coin, et peut servir de réponse à ceux qui se font avocats des sorcières, aux athées, aux mécréants de toute sorte. — Vous saurez que le respectable laird d'Ellangowan n'était pas aussi ponctuel qu'il aurait pu l'être à nettoyer son pays de sorcières (au sujet desquelles il est dit : « Tu ne laisseras pas une sorcière vivre »), non plus que de ceux qui avaient des esprits familiers, et se mêlaient de divinations, et de conjurations, et de sorts, ce qui est le fait des Égyptiens, comme ils s'appellent eux-mêmes, et d'autres malheureuses gens, dans ce pays-ci. Et le laird fut marié trois ans sans avoir de famille; — et il fut tellement abandonné à lui-même, que l'on pensa qu'il entretenait des rapports et des communications continuels avec cette Meg Merrilies, qui était bien la sorcière la plus notoire de tout le Galloway et du comté de Dumfries.

— Je sais qu'il y a là-dedans quelque chose de vrai, dit mistress Mac Candlish ; je l'ai vu lui faire donner deux verres d'eau-de-vie dans cette maison même.

— Hé bien! mistress, si c'est vrai, j'en mens d'autant moins. — De façon donc que la dame devint enceinte à la fin, et dans la nuit où elle devait accoucher, voici qu'il arriva à la porte de la maison, — la Place d'Ellangowan, comme on l'appelle, — un homme âgé, étrangement accoutré, qui demanda à être reçu. Sa tête, ses jambes et ses bras étaient nus, quoiqu'on fût en hiver, et il avait une barbe grise de trois quarts d'aune de long. Il fut donc reçu ; et quand mylady fut délivrée, il demanda à connaître la minute précise de la naissance, puis il sortit et alla consulter les étoiles. Et quand il revint, il dit au laird que le Mauvais Esprit aurait du pouvoir sur le nouveau-né, et il lui recommanda de le faire élever dans des principes de religion, et d'avoir un saint ministre sous la main, pour qu'il priât *avec* l'enfant et *pour* lui. Puis le vieillard disparut, et personne de ce pays ne l'a jamais revu depuis.

— Ho, ho, cela ne passera pas, dit le postillon, qui, à une distance respectueuse, avait écouté la conversation ; j'en demande bien pardon à M. Skreigh et à la compagnie, — il n'y avait pas plus de poils sur la face du sorcier, qu'il n'y en a en ce moment sur celle du grand-chantre.

Et il avait une aussi bonne paire de bottes qu'un homme peut en mettre à ses jambes, et des gants aussi; — et dans ce temps-là je savais déjà ce que c'étaient que des bottes, je pense.

— Paix, Jock, dit l'hôtesse.

— Oui-dà? et que *savez-vous* de la chose, l'ami Jabos? dit le grand-chantre d'un ton méprisant.

— Pas grand'chose, pour sûr, M. Skreigh; — seulement que je demeurais à un jet de pierre de la tête de l'avenue d'Ellangowan, quand un homme vint carillonner à notre porte, la nuit que le jeune laird vint au monde, et ma mère m'envoya, que je n'étais encore qu'un petit garçon, montrer le chemin de la Place à l'étranger; si ç'avait été un tel sorcier, il me semble qu'il aurait bien pu le connaître lui-même; — et c'était un jeune homme de bonne mine et bien habillé, comme un Anglais. Et je vous dis qu'il avait un aussi bon chapeau, d'aussi bonnes bottes et d'aussi bons gants, qu'il faut qu'un gentleman en ait. Il est sûr qu'il regarda le vieux château d'une manière qui n'était pas rassurante, — et qu'il s'y passait d'étranges choses, — je l'ai toujours entendu dire; mais quant à avoir disparu, c'est moi-même qui lui tins l'étrier quand il partit, et il me donna une ronde demi-couronne. — Il montait un cheval de louage qu'on appelait Souple-Sam, qui appartenait à George de Dumfries; — c'était un cheval bai, très-attaqué des éparvins. — J'ai bien connu la bête avant et depuis ce jour-là.

— Bon, bon, Jock, reprit M. Skreigh d'un ton de solennité radouci, nos récits ne diffèrent pas sur des points essentiels; mais je ne savais pas que vous eussiez vu l'homme. — Ainsi, voyez-vous, mes amis, ce devin ayant pronostiqué mal de l'enfant, son père engagea un saint ministre pour être avec lui matin et soir.

— Oui, c'était celui qu'on appelle Dominie Sampson, dit le postillon.

— Qui n'est qu'un chien muet, fit observer le diacre. J'ai entendu dire qu'il n'a jamais pu prêcher cinq mots d'un sermon de suite, depuis le temps qu'il est ordonné.

— A la bonne heure, reprit le chantre, en agitant la main comme dans l'impatience de reprendre le fil de son discours; mais il n'en veilla pas moins nuit et jour sur le jeune laird. Or, il arriva, l'enfant allait avoir cinq ans, que le laird reconnut ses erreurs, et se décida à chasser ces Égyptiens de ses terres. Il ordonna qu'on les renvoyât, et ce Frank Kennedy, qui était un rude compagnon, toujours un jurement à la bouche, fut chargé de les faire partir. Il jura et blasphéma après eux, et ils le lui rendirent bien; et cette Meg Merrilies, qui était la plus puissante près de l'Ennemi du genre humain, fut assez bonne pour lui dire qu'elle serait maîtresse de lui, corps et âme, avant que trois jours eussent passé sur sa tête. Et je tiens de bonne part, de quelqu'un qui l'a vu, de John Wilson, qui était domestique du laird, que Meg apparut au laird comme il revenait de Singleside, sur Gibbie-Know [1], et le menaça de ce qu'elle ferait à sa famille. Mais était-ce bien Meg ou quelque chose de pis qui avait pris sa figure, car elle semblait plus grande qu'aucune créature mortelle, c'est ce que John ne peut dire.

— La chose peut être ainsi, dit le postillon ; — je n'ai rien à dire contre, car je n'étais pas alors dans le pays; mais John Wilson était un poltron qui n'avait pas autant de cœur qu'un moineau.

— Et quelle fut la fin de tout ceci ? dit l'étranger avec quelque impatience.

— La fin finale de tout ceci, monsieur, continua le chantre, fut que tandis que tout le monde était occupé à regarder pour voir un vaisseau du roi donner la chasse à un contrebandier, ce Kennedy partit tout à coup du milieu d'eux, sans qu'on en eût pu donner une raison, — cordes ni câbles ne l'auraient retenu, — et courut au bois de Warroch aussi vite que sa bête pouvait le porter. Sur le chemin, il rencontra le jeune laird et son gouverneur, et il s'empara de l'enfant en jurant que s'il était ensorcelé, l'enfant aurait la même chance que lui. Le ministre le suivit aussi vite qu'il put, et presque aussi vite qu'eux, car il avait un pas étonnamment allongé ; — et il vit Meg la sorcière, ou son maître sous sa ressemblance, sortir tout à coup de terre et arracher subitement l'enfant des bras du jaugeur ; — et alors il se démena et tira son sabre, — car vous savez qu'un homme fie [2] ne craint pas le diable.

— Je crois que c'est très-vrai, dit le postillon.

— Ainsi, monsieur, elle le saisit, et le lança comme une pierre partie d'une fronde par-dessus les rochers de Warroch-Head, où il fut trouvé le soir même ; — mais que devint le petit? franchement, c'est ce que je ne peux dire. Mais le ministre d'alors, qui maintenant a une meilleure place, était d'opinion que l'enfant était seulement transporté pour un temps au pays des fées.

Plusieurs parties de ce récit avaient arraché à l'étranger un léger sourire; mais avant qu'il eût pu répondre, le bruit d'un cheval se fit entendre, et un domestique couvert d'une élégante livrée et portant une cocarde à son chapeau entra dans la cuisine d'un pas leste et d'un air dégagé, en disant : Un peu de place, bonnes gens ! Mais apercevant l'étranger, son ton descendit tout à coup à celui d'un domestique civil et réservé; il ôta respectueusement son chapeau, et il remit une lettre entre les mains de son maître. — La famille d'Ellangowan est dans une grande affliction, monsieur, et hors d'état de recevoir aucune visite.

— Je le sais, repartit son maître. — Et maintenant, madame, si

---

[1] La Butte de Gibbie.

[2] On a vu dans une note précédente quel est le sens de cette expression toute locale. (L. V.)

vous vouliez avoir la bonté de me permettre d'occuper le salon dont vous me parliez, comme vos hôtes ne viendront pas...

— Certainement, monsieur, interrompit mistress Candlish; et elle se hâta de prendre les devants, une lumière à la main, avec tout l'empressement qu'une hôtesse active aime à déployer en de telles occasions.

— Jeune homme, dit le diacre au domestique en lui emplissant un verre, vous ne vous trouverez pas plus mal de ceci, après votre course.

— Pas d'une plume, monsieur; — je vous remercie. — A votre santé, monsieur.

— Que peut être votre maître, mon ami?

— Le gentleman qui était ici? — c'est le fameux colonel Mannering, monsieur, des Indes orientales.

— Quoi! celui dont il est question dans les gazettes?

— Oui, oui, celui-là même. C'est lui qui a secouru Cuddieburn, et défendu Chingalore, et battu le grand chef mahratte Ram Jolli Bundleman. — J'étais avec lui dans la plupart de ses campagnes.

— Dieu nous garde! s'écria l'hôtesse; il faut que j'aille voir ce qu'il voudra pour son souper. — Et moi qui l'aurais fait rester ici!

— Oh! il n'est pas difficile, la mère : — vous n'avez de votre vie vu une créature plus simple que notre colonel; et pourtant il a tout de même un grain de diablerie dans le corps.

La suite de la conversation dans la cuisine n'offrant rien de fort intéressant, nous allons, avec l'agrément du lecteur, monter d'un étage et passer au salon.

CHAPITRE XII.

> La réputation? — C'est l'idole que l'homme érige contre Dieu, le législateur suprême, qui nous a dit : Tu ne tueras point! et cependant nous disons, nous, que la réputation nous ordonne le meurtre, et c'est à elle que nous obéissons ! En quoi un honnête homme peut-il craindre pour sa reputation? en quoi voudra-t-il blesser la réputation d'un autre? Craindre de commettre une action basse et indigne, c'est du courage ; mais l'endurer si elle est dirigée contre nous, c'est du courage aussi.   BEN JONSON.

LE colonel se promenait dans le salon d'un air pensif, quand l'officieuse hôtesse rentra pour prendre ses ordres. Après les lui avoir donnés de la manière qu'il crut la plus convenable « pour le bien de la maison, » il la pria de rester un moment.

— Je crois, madame, lui dit-il, si j'ai bien compris ces bonnes gens, que M. Bertram a perdu son fils dans sa cinquième année?

— Oui, monsieur, il n'y a pas de doute à cela, quoiqu'il y ait bien de sots contes sur la voie et la manière ; car c'est maintenant une vieille histoire, et chacun la raconte à sa façon au coin du feu, comme nous le faisions tout à l'heure. Mais l'enfant a été perdu dans sa cinquième année, comme le dit Votre Honneur, colonel ; et la nouvelle, ayant été imprudemment rapportée à mylady, qui était alors enceinte, lui coûta la vie dans la même nuit. — Depuis ce temps-là, le laird n'a jamais prospéré, et il a laissé tout aller à la débandade ; — quoique, quand sa fille miss Lucy est devenue grande, elle ait essayé de remettre un peu d'ordre dans la maison. — Mais que pouvait-elle faire, la pauvre créature? — De façon que les voilà maintenant hors de leur maison et de leurs biens.

— Pouvez-vous vous rappeler, madame, vers quelle époque de l'année l'enfant fut perdu?

L'hôtesse, après un instant de réflexion, répondit qu'elle était sûre que c'était vers le temps de l'année où ils étaient alors ; et quelques souvenirs locaux venant en aide à sa mémoire, elle put fixer la date de l'événement aux premiers jours de novembre 17...

L'étranger fit deux ou trois fois, en silence, le tour de la chambre, mais en faisant signe à mistress Mac Candlish de ne pas le quitter.

— Dois-je croire véritablement, reprit-il, que le domaine d'Ellangowan est en vente?

— En vente? — Il sera vendu demain matin au plus offrant. — C'est-à-dire non pas demain matin, qui est dimanche, Dieu me soit en aide! mais lundi prochain; et les meubles, ainsi que le bétail, seront mis à l'encan en même temps que les terres. — C'est l'opinion de tout le pays, que la vente a été honteusement pressée ainsi, parce qu'il y a en ce moment si peu d'argent comptant en Écosse, à cause de cette malheureuse guerre d'Amérique, que quelqu'un pourra avoir le domaine presque pour rien. — Le diable le confonde! — Dieu me pardonne de parler ainsi! ajouta la bonne dame dont la colère était excitée par l'idée de cette injustice.

— Et où la vente se fera-t-elle?

— Sur les lieux mêmes, comme dit l'affiche; — c'est-à-dire à la maison d'Ellangowan, Votre Honneur, à ce que j'ai compris.

— Et qui produit les titres de propriété, le registre des rentes, et le plan du domaine?

— Un très-digne homme, M. le substitut-shériff du comté, délégué de la cour des sessions. Il se trouve maintenant dans le bourg, dans le cas où Votre Honneur voudrait le voir; et il pourrait vous en dire plus que personne au sujet de la perte de l'enfant, car le député-shériff (c'est-à-dire son supérieur) se donna bien des peines pour découvrir la vérité de cette affaire, à ce que j'ai entendu dire.

— Et le nom de ce gentleman est...

— Mac Morlan, monsieur; c'est un homme de réputation, et dont on ne dit que du bien.

— Envoyez-lui mes compliments, — les compliments du colonel Mannering, et informez-le que je serais charmé qu'il voulût bien me faire le plaisir de souper avec moi, et d'apporter en même temps ces papiers; — et je vous prie, ma chère dame, de n'en rien dire à personne autre.

— Moi, monsieur? je n'en dirai jamais un mot. — Je voudrais que Votre Honneur (une révérence), ou tout autre honorable gentleman qui s'est battu pour son pays (seconde révérence), eût le domaine, puisqu'il faut que la vieille famille le quitte (un soupir), plutôt que ce rusé fripon, ce Glossin, qui s'est élevé sur la ruine du meilleur ami qu'il ait jamais eu. — Et maintenant que j'y pense, je vais passer ma mante et mes patins[1], et j'irai moi-même chez M. Mac Morlan. — Il est chez lui à cette heure; — il n'y a qu'un pas.

— Volontiers, ma bonne hôtesse, et je vous en remercie d'avance. — Dites en même temps à mon domestique de monter, et de m'apporter mon portefeuille.

Deux minutes après, le colonel Mannering était tranquillement assis, ayant devant lui tout ce qu'il lui fallait pour écrire. Nous avons le pri-

---

[1] Le patin est une ancienne chaussure de femme à talons très-hauts. (L. V.)

vilége de suivre par-dessus son épaule les mots que trace sa plume, et nous en communiquerons volontiers la substance à nos lecteurs. La lettre était adressée à Arthur Mervyn, esq., de Mervyn-Hall, Llanbraithwaite, Westmoreland. Elle contenait un récit succinct des voyages antérieurs du colonel depuis leur séparation, et continuait en ces termes :

« Et maintenant, me reprocherez-vous encore ma mélancolie, Mervyn? — Croyez-vous qu'après un espace de vingt-cinq ans, marqué par des batailles, des blessures, une captivité, des malheurs de toute espèce, je puisse être encore ce même Guy Mannering si vif et si gai, qui gravissait le Skiddaw avec vous, ou tirait des grouses sur le Crossfell? Vous, qui êtes demeuré au sein du bonheur domestique, que vous ayez peu changé, que vos pas soient aussi légers et votre imagination aussi riante qu'alors, c'est l'heureux effet d'un tempérament que la santé et le contentement ont toujours accompagné, dans le cours d'une vie douce et paisible. Mais ma carrière, à *moi*, a été une carrière de difficultés, de doutes et d'erreurs. Depuis mon enfance, j'ai été le jouet du hasard; et quoique le vent m'ait souvent poussé au port, rarement ce fut à celui où je tendais. Laissez-moi vous rappeler, — mais en peu de mots, — le destin bizarre et aventureux de ma jeunesse, et les malheurs de mon âge mûr.

« Le premier, direz-vous, n'a rien eu de bien effrayant. Tout ne fut pas pour le mieux, mais tout fut supportable. Mon père, fils aîné d'une famille ancienne, mais peu fortunée, me laissa avec peu de chose, sauf le titre de chef de la famille, sous la protection de ses frères plus fortunés. Ils avaient pour moi tant d'amitié, que j'étais pour eux presque une cause de querelle. Mon oncle l'évêque aurait voulu me faire entrer dans les ordres et m'offrait un bénéfice; — mon oncle le négociant aurait voulu me voir dans une maison de commerce, et m'offrait une part dans la riche société Mannering et Marshall, de Lombard-Street [1] : — mon infortunée personne glissa entre ces deux sellettes, ou plutôt entre ces deux siéges doux, commodes et bien rembourrés, du sacerdoce et du commerce, et retomba assise sur une selle de dragon. Plus tard, l'évêque désira me faire épouser la nièce et seule héritière du doyen de Lincoln, et mon oncle l'alderman me proposa la fille unique du vieux Slocthorn [2] le négociant en vins, assez riche pour jouer à *Span-Counter* avec des moidores [3] et faire des liasses de billets de banque : — je parvins encore à tirer mon cou de leurs nœuds, et j'épousai la pauvre — bien pauvre Sophie Wellwood.

[1] Rue des négociants, à Londres. (L. V.)

[2] Prunellier sauvage. Pour comprendre l'intention épigrammatique de ce nom, il faut savoir que les baies du prunellier sauvage sont souvent employées à faire par infusion une boisson aigrelette que l'on décore quelquefois du titre de petit vin. (L. V.)

[3] Monnaie d'or portugaise. J'ignore en quoi consiste le jeu de *Span-Counter*. (L. V.)

« Vous direz que ma carrière militaire dans l'Inde, quand je m'y rendis avec mon régiment, a dû me donner quelque satisfaction : oui, assurément. Vous me rappellerez aussi que si je trompai les espérances de mes tuteurs, je n'encourus pas leur déplaisir ; — que l'évêque, à sa mort, me légua sa bénédiction, ses sermons manuscrits et un curieux portefeuille contenant les portraits des théologiens éminents de l'église anglicane, et que mon second oncle, sir Paul Mannering, me laissa seul héritier d'une fortune considérable. Hé bien, tout ceci me profita peu. — Je vous ai dit que mon âme était chargée d'un poids que j'emportais au tombeau, qu'une inépuisable source d'amertume empoisonnait pour moi la coupe de l'existence. Je veux vous en dire la cause plus en détail que je n'ai eu le courage de le faire tandis que j'habitais sous votre toit hospitalier. C'est une histoire que vous entendrez souvent mentionner, et peut-être avec des circonstances différentes et inexactes. Je vais donc m'ouvrir à vous ; mais que l'événement lui-même, non plus que le sentiment de tristesse dont il m'a pénétré, ne soient jamais un sujet de discussion entre nous.

« Sophie, comme vous le savez, me suivit dans l'Inde. Elle avait autant d'innocence que de gaîté, mais aussi, malheureusement pour elle et pour moi, autant de gaîté que d'innocence. Mes manières s'étaient en partie formées sur mes anciennes études, et d'après des habitudes de retraite qui s'accordaient assez peu avec ma position comme chef d'un régiment dans un pays où une hospitalité universelle est offerte et attendue par tout Européen ayant droit au titre de gentleman. Dans un moment d'embarras (vous savez combien il nous est quelquefois difficile d'obtenir des visages blancs pour former au moins notre première ligne de bataille), un jeune homme, nommé Brown, joignit notre régiment comme volontaire, et trouvant l'état militaire plus à son goût que le commerce, dans lequel il avait été engagé, il demeura avec nous en qualité de cadet. Qu'il me soit permis de rendre justice à ma malheureuse victime : — il se comporta en toute occasion avec une telle bravoure, que la première commission vacante [1] était regardée comme lui étant due. Je m'absentai pendant quelques semaines pour une expédition éloignée ; à mon retour, je trouvai ce jeune homme établi dans la maison tout à fait sur le pied de l'intimité, et quittant à peine ma femme et ma fille. Cet arrangement me déplut à beaucoup d'égards, quoique nul reproche ne pût atteindre ni ses manières ni sa réputation. — J'aurais pu, cependant, m'habituer à sa familiarité dans ma famille, sans les suggestions d'un tiers. Si vous avez lu le drame d'*Othello*, — que jamais je n'ose ouvrir, — vous aurez quelque idée de ce qui suivit : — j'entends parler de mes soupçons ; — mes actions, grâces à Dieu, furent moins coupables. Il y avait un autre cadet ambitieux du

---

[1] Nous dirions, en France, la première place d'officier. (L. V.)

premier poste vacant. Il appela mon attention sur ce qu'il me conduisit à appeler le manége entre ma femme et ce jeune homme. Sophie était vertueuse, mais fière de sa vertu ; irritée de ma jalousie, elle fut assez imprudente pour exciter et encourager une intimité qu'elle voyait que je désapprouvais et que je regardais d'un œil de soupçon. Entre Brown et moi, il existait une sorte d'aversion cachée. Il fit quelques efforts pour surmonter mes préventions ; mais elles étaient assez fortes pour que j'attribuasse à ses démarches un motif coupable. Se sentant repoussé avec dédain, il n'insista pas ; et comme il était sans famille et sans amis, il n'en fut naturellement que plus sensible aux procédés d'un homme plus heureux que lui à cet égard.

« Je tenterais vainement de vous exprimer les tortures que j'éprouve en écrivant cette lettre ; et pourtant il me semble trouver une sorte de plaisir à reculer le dénouement, comme si par là j'éloignais aussi la catastrophe qui a si longtemps empoisonné ma vie. Mais.... il faut y arriver, et je serai bref.

« Ma femme, quoiqu'elle ne fût plus de la première jeunesse, était encore remarquablement belle, et.... que je puisse le dire pour ma propre justification, — elle aimait passionnément qu'on la trouvât telle. — Je répète ce que j'ai déjà dit : — je ne doutai jamais de sa vertu ; mais, poussé par les suggestions artificieuses d'Archer, il me sembla qu'elle montrait peu d'égards pour mon repos, et que les soins que le jeune homme, Brown, continuait de lui rendre en dépit de moi avaient pour but de me braver. Peut-être, de son côté, me regardait-il comme un homme orgueilleux et despotique, qui profitait de son rang dans le monde et dans l'armée pour tourmenter ceux que les circonstances plaçaient au-dessous de lui. Et s'il s'aperçut de ma sotte jalousie, il vit probablement, dans les blessures qu'il faisait à cette partie vulnérable de mon caractère, un moyen de se venger des petits désagréments que j'avais le pouvoir de lui infliger. Cependant, un ami plus pénétrant tenta de me faire envisager ses assiduités sous un jour moins blessant et moins offensant ; selon lui, elles avaient pour objet ma fille Julia, quoique adressées immédiatement à sa mère, dans le but de se concilier sa protection. Ces intentions ne pouvaient ni me plaire ni me flatter, de la part d'un jeune homme obscur et sans nom ; mais cette folie, du moins, ne m'eût pas offensé, à beaucoup près, au même degré que la présomption dont je l'accusais. Cette offense, cependant, je l'avais reçue, et elle était mortelle.

« La moindre étincelle allumera un incendie, quand tout est disposé pour la recevoir et la propager. Je ne songeais nullement à la cause directe qui pouvait faire éclater une querelle entre nous, lorsque quelques paroles un peu vives, échangées à la table de jeu, furent l'occasion d'un défi. Nous nous rencontrâmes le lendemain matin derrière les remparts et l'esplanade de la forteresse dont j'étais commandant, sur la limite de l'établissement. Cet arrangement avait été pris pour la sûreté de Brown, au cas où je succomberais. Je voudrais presque qu'il en eût été ainsi! mais il tomba au premier feu. Nous nous précipitâmes pour le secourir; mais au même instant, une troupe de ces *loodies*, espèce de bandits du pays toujours aux aguets pour le pillage, fondit sur nous. Archer et moi regagnâmes nos chevaux avec peine, et parvînmes à nous faire jour au milieu d'eux, après un combat sérieux dans lequel il reçut plusieurs blessures fort graves. Pour compléter les désastres de ce malheureux jour, ma femme, qui soupçonnait l'intention dans laquelle j'étais sorti de la forteresse, et qui était montée en palanquin pour me suivre, fut effrayée par l'apparition d'une autre troupe de ces pillards, entre les mains desquels elle faillit tomber. Elle fut promptement délivrée par un parti de notre cavalerie; mais je ne puis me dissimuler à moi-même que les incidents de cette fatale matinée portèrent un coup sérieux à sa santé déjà délicate. L'aveu que me fit Archer, en voyant approcher la mort, d'avoir inventé quelques circonstances, et, pour servir ses vues, méchamment interprété les autres; l'explication franche avec Sophie, qui suivit cet aveu, et le pardon mutuel de nos torts, rien ne put arrêter les progrès du mal dont elle était attaquée. Elle mourut environ huit mois après cet événement, en ne me léguant qu'une fille, celle dont mistress Mervyn a bien voulu se charger temporairement. Julia aussi était gravement malade; de sorte que je me décidai à renoncer à mon commandement et à revenir en Europe, où l'air de son pays natal, le temps et la nouveauté des scènes dont elle est entourée, ont contribué à dissiper son abattement et à lui rendre la santé.

« Maintenant que vous connaissez mon histoire, vous ne me demanderez plus la raison de ma tristesse, et vous me permettrez de m'y livrer. Il y a sans doute, dans le récit que vous venez d'entendre, assez d'amertume pour gâter, sinon pour empoisonner la coupe que la fortune et la renommée dont vous me parlez si souvent ont préparée pour charmer mes années de retraite.

« Je pourrais ajouter plus d'une circonstance que votre vieux précepteur aurait citée en preuve de la *fatalité*; — mais vous ririez de moi si je mentionnais de telles particularités, vous surtout qui savez que je n'y ajoute nullement foi. Cependant, depuis mon arrivée dans la maison d'où je vous écris, j'ai appris une singulière coïncidence, qui sera plus tard entre nous, si je la trouve établie sur des témoignages satisfaisants, un curieux sujet de discussion. Mais je ne vous fatiguerai pas davantage quant à présent, et j'attends quelqu'un avec qui je dois causer de l'acquisition d'une propriété maintenant en vente dans cette partie du pays. C'est un endroit pour lequel j'ai un goût dont je rendrais difficilement raison, et j'espère que l'acquisition que je pourrai faire de cette propriété sera utile à ceux qui s'en séparent, attendu qu'il y a un

CHAPITRE XII.

complot pour l'acheter au-dessous de sa valeur. Mes respectueux compliments à mistress Mervyn ; et je vous charge, malgré vos prétentions de jeune homme, d'embrasser Julia pour moi. — Adieu, mon cher Mervyn. — A toi pour jamais. GUY MANNERING. »

M. Mac Morlan entra en ce moment dans la chambre. La haute réputation du colonel Mannering disposa tout d'abord ce gentleman, homme d'intelligence et de probité, à lui parler avec franchise et confiance. Il exposa les avantages et les inconvénients de la propriété. — Elle était substituée, dit-il, la plus grande partie, du moins, aux héritiers mâles, et l'acheteur aurait le privilége de conserver par-devers lui une portion considérable du prix, au cas de la réapparition, dans un certain terme limité, de l'enfant qui avait disparu.

— Mais alors, pourquoi presser cette vente? dit Mannering.

Mac Morlan sourit. — Ostensiblement, répondit-il, pour substituer les intérêts du prix de vente aux rentes précaires et mal payées d'un domaine négligé ; mais en réalité, au moins on le croit, pour servir les désirs et les vues d'un certain acquéreur, qui, après s'être rendu le créancier principal, s'est immiscé dans la conduite de l'affaire par des moyens qui lui sont familiers, et qui trouverait très à son gré d'acheter le domaine sans avoir à en débourser le prix.

Mannering s'entendit avec M. Mac Morlan sur les moyens à prendre pour déjouer cette machination méprisable. Ils causèrent ensuite longtemps de la singulière disparition d'Harry Bertram le jour même du cinquième anniversaire de sa naissance, événement qui confirmait la prédiction aventurée de Mannering, dont, toutefois, on croira aisément qu'il ne se vanta pas. M. Mac Morlan n'était pas sur les lieux quand cet incident arriva ; mais il en connaissait bien toutes les circonstances, et promit à notre héros qu'elles lui seraient détaillées par le député-shériff lui-même, si, comme il se le proposait, il s'établissait dans cette partie de l'Écosse. Sur cette assurance, ils se séparèrent, satisfaits l'un de l'autre et du résultat de leur conférence.

Le lendemain, le colonel Mannering se rendit en grande tenue à l'église de la paroisse. Personne de la famille d'Ellangowan ne s'y trouvait ; et l'on sut que l'état du vieux laird empirait plutôt qu'il ne s'amendait. Jock Jabos, envoyé une seconde fois pour le ramener, revint sans plus de résultat que la première ; mais miss Bertram espérait qu'il pourrait être transporté le jour suivant.

CHAPITRE XIII.

> Ils m'ont dit que par arrêt de la loi, ils avaient commission de saisir tous tes biens. — Il y avait là un manant à face ignoble, qui mettait la main sur une pile de vaisselle plate amoncelée pour l'enchère publique ; — un autre faisait de basses plaisanteries sur ta mine : celui-là avait pris possession de tes plus anciens meubles de famille.
>
> OTWAY.

De bonne heure, le matin du jour suivant, Mannering monta à cheval, et, suivi de son domestique, partit pour Ellangowan. Il n'eut pas besoin de s'informer du chemin. Une vente de campagne est une occasion de réunion et d'amusement, et des gens de toute sorte y affluaient de tous les points.

Après une heure de marche environ dans un pays agréable, les vieilles tours du château en ruines se présentèrent à l'horizon. Les pensées si différentes avec lesquelles il les avait quittées tant d'années auparavant se représentèrent alors au souvenir du voyageur. Le paysage était le même, mais combien étaient changés les sentiments, les désirs et les espérances de celui qui le contemplait ! Alors la vie et l'amour étaient neufs encore, et l'avenir tout entier se dorait de leurs rayons. Et maintenant, trompé par le sort dans ses affections, rassasié de renommée et de ce que le monde appelle la gloire, poursuivi par un souvenir et des regrets dont le temps ne pouvait adoucir l'amertume, son seul espoir était de trouver une retraite où il pût nourrir la mélancolie qui devait l'accompagner au tombeau. — Mais quel homme oserait ici se plaindre de l'instabilité du sort et de ses espérances évanouies? Les anciens chefs qui élevèrent l'énorme masse de ces tours massives destinées à être la forteresse de leur race et le siége de leur pouvoir, auraient-ils pu penser qu'un jour viendrait où le dernier de leurs descendants serait expulsé de ses possessions, ruiné et sans asile? La nature seule est inaltérable dans ses libéralités. Que ces ruines deviennent la propriété d'un étranger, ou celle d'un sordide et obscur intrigant qui exploite la loi à son profit, le soleil ne luira pas sur elles avec moins d'éclat que lorsque la bannière du fondateur flotta pour la première fois sur leurs créneaux.

Ces réflexions amenèrent Mannering jusqu'à la porte de la maison, qui ce jour-là était ouverte à tout venant. Il entra en même temps que d'autres qui traversaient les appartements, ceux-ci pour faire choix

CHAPITRE XIII.

des articles qu'ils voulaient acheter, ceux-là par un simple motif de curiosité. Il y a quelque chose de triste en une telle scène, même dans les circonstances les plus favorables. L'état de confusion des meubles, déplacés pour en rendre l'examen et le transport plus commodes aux acquéreurs, est désagréable aux yeux. Ces objets qui, bien tenus et bien rangés, semblaient en bon état et avaient un air de richesse, ont alors une apparence mesquine et misérable; et les appartements, dépouillés de tout ce qui les rend commodes et confortables, ont un aspect de ruine et de dilapidation. On ne peut voir non plus sans une impression pénible les lieux réservés aux réunions domestiques et à la retraite livrés aux regards curieux de la foule, ni entendre les stupides raisonnements du vulgaire et ses plaisanteries grossières sur des modes et des objets qui lui sont étrangers : — disposition railleuse excitée encore par le whisky, qui, en Écosse, n'est pas épargné en de semblables occasions. Tels sont les effets ordinaires d'une scène telle qu'Ellangowan en présentait alors une; mais la pensée qu'ici elle indiquait la ruine totale d'une ancienne et honorable famille, les rendait trois fois plus poignants.

Il se passa quelque temps avant que le colonel Mannering trouvât quelqu'un disposé à répondre à ses questions réitérées au sujet d'Ellangowan lui-même. Enfin, une vieille servante, qui en parlant tenait son tablier sur ses yeux, lui dit que le laird était un peu mieux, et qu'on espérait qu'il pourrait ce jour-là quitter la maison. Miss Lucy, ajouta-t-elle, attendait la chaise de moment en moment; et comme le temps était beau pour la saison, on l'avait transporté dans son fauteuil au haut de la pelouse devant le vieux château, pour qu'il n'eût pas ce triste spectacle sous les yeux. Le colonel Mannering se dirigea de ce côté, et ne tarda pas à apercevoir le petit groupe, composé de quatre personnes. La montée était rapide, de sorte qu'il eut le temps de les examiner en avançant, et de réfléchir à la manière dont il devrait se présenter à eux.

M. Bertram, paralytique et presque incapable de se mouvoir, était placé dans son fauteuil, la tête couverte d'un bonnet de nuit, vêtu d'une robe de chambre de camelot, et les jambes enveloppées de couvertures. Derrière lui, les mains croisées sur la canne qui lui servait d'appui, se tenait Dominie Sampson, que Mannering reconnut sur-le-champ. Le temps n'avait opéré aucun changement en lui, si ce n'est que son habit noir tirait plus au rougeâtre, et que ses joues maigres étaient encore plus creuses que lorsque Mannering l'avait vu pour la première fois. À côté du vieillard était une forme aérienne, une jeune fille de dix-sept ans environ, que le colonel pensa être miss Lucy. Ses regards inquiets se portaient de temps à autre vers l'avenue, comme impatients de voir arriver la chaise de poste; et dans les intervalles elle s'occupait à ajuster les couvertures de manière à protéger son père contre le froid, et elle répondait aux questions que le vieux laird semblait lui adresser d'un air de plainte et d'humeur. Elle n'avait pas le courage de tourner les yeux vers la Place, quoique le bruit de la foule assemblée dût attirer son attention de ce côté. La quatrième personne du groupe était un jeune homme bien fait et d'une tournure agréable, qui semblait partager l'anxiété de miss Bertram, et sa sollicitude pour calmer son père et l'entourer de soins.

Ce jeune homme fut le premier qui aperçut le colonel Mannering, et il se dirigea immédiatement vers lui, comme pour le prier poliment de ne pas s'approcher davantage du malheureux vieillard. Mannering s'arrêta à l'instant même, et expliqua les motifs de sa démarche. — Il était, dit-il, un étranger envers qui M. Bertram s'était autrefois montré bienveillant et hospitalier; il n'aurait pas eu l'indiscrétion de se présenter à lui dans un moment de détresse, s'il ne lui eût semblé que c'était aussi un moment d'abandon; son seul désir était d'offrir à M. et à miss Bertram tous les services qui seraient en son pouvoir.

Il s'avança alors à peu de distance du fauteuil. Son ancienne connaissance le regarda d'un œil terne, où ne se peignit aucun signe de souvenir; — le Dominie semblait trop profondément plongé dans sa douleur pour remarquer même sa présence. Le jeune homme dit quelques mots à part à miss Bertram, qui s'approcha timidement et remercia le colonel Mannering de sa bonté; mais, ajouta-t-elle les larmes aux yeux, mon père, je le crains bien, n'aura pas l'esprit assez présent pour vous reconnaître.

Elle se rapprocha du fauteuil, accompagnée du colonel. — Mon père, dit-elle, voici M. Mannering, un ancien ami, qui vient s'informer de vos nouvelles.

— Il est le bienvenu, dit le vieillard en se soulevant sur son siége et en essayant de faire un geste de politesse, en même temps qu'un rayon de satisfaction hospitalière semblait passer sur ses traits flétris; — mais, ma chère Lucy, redescendons à la maison; vous ne devriez pas laisser monsieur au froid. — Dominie, prenez la clef du cellier. Monsieur Ma...a... Monsieur acceptera sûrement quelque chose après une course à cheval.

Mannering fut douloureusement affecté en rapprochant dans son souvenir cette réception de celle que lui avait faite le malheureux laird lors de leur première rencontre. Il ne put retenir ses larmes, et son évidente émotion lui gagna la confiance de l'infortunée miss Bertram.

— Hélas! lui dit-elle, ce spectacle est déchirant, même pour un étranger; mais il vaut peut-être mieux pour mon pauvre père qu'il soit dans cette situation, que s'il pouvait tout connaître et tout sentir.

En ce moment un domestique en livrée gravit l'esplanade, et s'adressa à demi-voix au jeune homme: — M. Charles, mylady vous attend là-bas impatiemment, afin que vous enchérissiez pour elle l'ar-

CHAPITRE XIII.

moire d'ébène ; et lady Jeanne Devorgoil est avec elle et tous les autres ; — il faut que vous descendiez sur-le-champ.

— Dites-leur que vous n'avez pu me trouver, Tom ; ou plutôt — dites que je suis en train d'examiner les chevaux.

— Non, non, dit vivement Lucy Bertram ; si vous ne voulez pas ajouter au malheur de ce triste événement, rejoignez sur-le-champ la compagnie. — Monsieur, j'en suis sûr, nous accompagnera jusqu'à la voiture.

— Sans nul doute, madame, votre jeune ami peut se reposer sur moi.

— Adieu donc, dit le jeune Hazlewood. Il ajouta un mot à voix basse à l'oreille de miss Lucy, puis il descendit précipitamment la pelouse, comme s'il eût craint qu'un pas plus lent n'eût fait chanceler sa résolution.

— Où court Charles Hazlewood ? demanda le vieillard, qui apparemment était habitué à sa présence et à ses attentions ; où court Charles Hazlewood ? — pourquoi donc nous quitte-t-il ?

— Il va revenir dans un moment, dit doucement miss Lucy.

Un bruit de voix se fit entendre des ruines. Le lecteur peut se souvenir qu'il existait de la grève au château une communication, par laquelle étaient arrivés ceux que l'on entendait parler en ce moment.

— Oui, il y a abondance de coquillages et d'herbes marines pour servir d'engrais, comme vous voyez ; — mais si on était disposé à bâtir une nouvelle maison, ce qui, à la vérité, pourrait être nécessaire, il ne manque pas de bonnes pierres de taille dans ce vieux donjon du diable...

— Grand Dieu ! dit précipitamment miss Bertram à Sampson, c'est la voix de ce misérable Glossin ! — Si mon père le voit, cela achèvera de le tuer !

Sampson se tourna tout d'une pièce, et se dirigea à grands pas au-devant du procureur, qui en ce moment même sortait de la porte des ruines. Éloignez-vous, lui dit-il, — éloignez-vous ! veux-tu le tuer et le dépouiller ?

— Allons, allons, maître Dominie Sampson, répondit impudemment Glossin, si vous ne pouvez prêcher en chaire, nous ne voulons pas de vos sermons ici. Nous marchons la loi à la main, mon bon ami ; nous vous laissons l'évangile.

La seule mention du nom de cet homme avait suffi depuis quelque temps pour exciter dans le malheureux laird l'irritation la plus violente. Le son de sa voix produisit un effet instantané. M. Bertram se leva seul et sans aide, et se tourna vers Glossin, la pâleur de ses traits formant un étrange contraste avec la violence de ses exclamations. — Ote-toi de ma vue, vipère ! — vipère glacée que j'ai réchauffée et qui me perces le sein ! — Ne crains-tu pas que les murailles de la demeure de mes ancêtres ne s'écroulent sur toi et n'écrasent tes membres et tes os? — Ne crains-tu pas que le seuil même du château d'Ellangowan ne s'entr'ouvre et ne t'engloutisse? — N'étiez-vous pas sans amis, — sans maison, — sans un penny, — quand je vous pris par la main? — et n'est-ce pas vous qui me chassez, — moi et cette innocente enfant, — sans amis, sans maison et sans un penny, de la maison qui depuis mille ans nous a abrités nous et les nôtres?

Si Glossin eût été seul, il se serait probablement esquivé; mais la vue d'un étranger et la présence de la personne qui l'accompagnait (une espèce d'arpenteur) le décidèrent à payer d'impudence. La tâche, cependant, était presque trop forte, même pour son effronterie. — Monsieur — monsieur — M. Bertram, — vous ne devriez pas vous en prendre à moi, mais à votre propre imprudence, monsieur...

L'indignation de Mannering était au comble. — Monsieur, dit-il à Glossin, sans vouloir me porter juge de cette discussion, je dois vous avertir que vous avez pris pour l'aborder un lieu, un moment et un ton fort peu convenables, et que vous m'obligerez en vous retirant sans la pousser plus loin.

Glossin était un homme grand et vigoureux; il ne fut pas fâché d'avoir à répondre à un étranger qu'il espérait intimider, plutôt qu'à justifier son horrible conduite devant l'homme dont il avait causé la perte. — J'ignore qui vous êtes, monsieur, dit-il, et je ne permettrai à personne d'employer avec moi de semblables expressions.

Mannering était d'un naturel irritable. — Ses yeux brillèrent d'un feu sombre; — il se mordit la lèvre avec tant de violence que le sang en sortit, et s'approchant de Glossin : — Voyez-vous, monsieur, lui dit-il, il importe peu que vous sachiez qui je suis. *Je vous connais*, moi; et si vous ne descendez d'ici à l'instant même et sans articuler une syllabe, par le ciel qui est au-dessus de nous! vous ne ferez qu'une enjambée du sommet au pied.

Le ton imposant de légitime colère du colonel subjugua la férocité du lâche fanfaron. Il hésita, tourna sur ses talons, et murmurant entre ses dents quelque chose de la crainte d'effrayer la jeune dame, il les délivra de son odieuse présence.

Le postillon de mistress Mac Candlish, qui venait d'arriver et avait été témoin de la scène, s'écria que « si le misérable coquin n'était pas descendu vite, il lui aurait prêté un coup de fouet pour le presser, d'aussi bon cœur qu'il eût jamais palpé un boddle[1]. »

Il s'avança alors, et annonça que ses chevaux étaient prêts pour le malade et sa fille.

Mais ils n'étaient plus nécessaires. Les forces débilitées de M. Bertram furent épuisées dans ce dernier transport d'indignation et de co-

---

[1] Petite monnaie de cuivre. (L. V.)

lère ; il se laissa retomber sur son fauteuil, et expira presque sans un mouvement et sans un soupir d'agonie. L'extinction de sa dernière étincelle de vie produisit sur ses traits si peu d'altération, que les cris de sa fille, quand elle vit son regard fixe et qu'elle sentit son pouls arrêté, annoncèrent seuls sa mort aux témoins de cette triste scène.

CHAPITRE XIV.

> L'airain fait entendre un coup; — nous ne comptons les heures que lorsqu'elles sont passées. Il est donc sage à l'homme d'avoir donné une langue au temps. Ces sons solennels me semblent la voix d'un ange:...
> YOUNG.

L'OBSERVATION morale qu'a suggérée au poëte le mode nécessaire de mesurer le temps, peut aussi bien s'appliquer à nos sentiments touchant cette courte portion de l'éternité qui constitue la vie humaine. Nous remarquons les hommes âgés ou infirmes et ceux que leur état expose à des dangers immédiats, et nous tremblons pour eux comme s'ils étaient au bord même de la tombe; mais la condition précaire de leur existence ne nous sert pas de leçon avant que nous ne les ayons vus succomber. Alors, pour un moment du moins,

> Nos espérances et nos craintes se soulèvent alarmées, et jettent un regard au delà de l'étroite limite de la vie. — Sur quoi? — sur un abîme sans fond, sur une éternité ténébreuse, — qui s'ouvrent devant nous et nous attendent!...

Les oisifs et les curieux rassemblés en foule à Ellangowan s'étaient livrés aux sujets de distraction qui les y avaient amenés, ou à ce qu'ils appelaient leurs affaires, et s'inquiétaient peu des souffrances et des angoisses de la malheureuse famille. Peu de gens, à la vérité, en connaissaient quelque chose. Le père, par suite de sa retraite, de sa situation malheureuse et de l'affaiblissement de ses facultés, avait été, depuis nombre d'années, en quelque sorte oublié de ses contemporains; — la fille n'en avait jamais été connue. Mais quand la nouvelle se répandit que l'infortuné M. Bertram était mort dans l'effort qu'il avait fait pour sortir de la maison de ses pères, ce fut un débordement de sympathie, comme les eaux jaillirent du rocher frappé par la verge du prophète. On cita avec respect l'ancienne origine et la probité sans tache de la famille; chacun surtout payait alors à la sainte vénération due au malheur le tribut qu'en Écosse elle réclame rarement en vain.

M. Mac Morlan se hâta d'annoncer qu'il surseoirait à la vente du domaine et du mobilier, et qu'il laisserait la jeune dame en possession des lieux, jusqu'à ce qu'elle se fût consultée avec ses parents, et qu'il eût été pourvu aux funérailles de son père.

CHAPITRE XIV.

Glossin avait cédé, pendant quelques instants, à cette expression générale de sympathie ; mais il s'enhardit en ne voyant dans la foule aucun symptôme d'indignation contre ses procédés, et il eut l'audace de requérir que la vente continuât.

— Je prendrai sur moi de l'ajourner, dit le substitut-sheriff, et je consens à être responsable des conséquences. Je ferai connaître par un avertissement public le moment où il sera procédé à la suite des opérations. Il est de l'intérêt de toutes les parties que les terres soient portées au plus haut prix possible, et c'est à quoi il ne faudrait sûrement pas s'attendre en ce moment. — J'en prendrai la responsabilité sur moi.

Glossin quitta la salle et la maison aussi, secrètement et en toute hâte ; et il fit probablement bien de prendre ce parti, car déjà notre ami Jock Jabos haranguait un nombreux attroupement de jeunes garçons à jambes nues, sur la convenance de le pourchasser jusqu'à la limite du domaine.

Quelques chambres furent disposées à la hâte pour recevoir la jeune miss et le corps de son père. Mannering sentit que son intervention cessait ici d'être nécessaire, et pourrait être mal interprétée. Il remarqua, d'ailleurs, que plusieurs familles alliées de celle d'Ellangowan, et qui, à la vérité, tiraient leur principal titre de noblesse de cette alliance, se montraient maintenant disposées à payer à leur arbre généalogique un tribut que les revers de celui dont ils réclamaient la parenté n'avaient pu leur arracher, et que l'honneur de présider aux funérailles de feu Godfrey Bertram (comme dans la circonstance mémorable du lieu de la naissance d'Homère) semblait devoir être débattu entre sept gentilshommes riches et de rang élevé, dont, lui vivant, pas un ne lui avait offert un asile. Mannering résolut donc, sa présence devenant tout à fait inutile, de faire une excursion d'une quinzaine de jours, délai à l'expiration duquel la vente ajournée du domaine d'Ellangowan devait être reprise.

Mais, avant de partir, il fit demander une entrevue au Dominie. Informé qu'un gentleman désirait lui parler, le pauvre homme arriva avec une expression d'étonnement répandue sur ses traits décharnés, dont sa douleur récente avait augmenté la laideur. Il fit deux ou trois profonds saluts à Mannering ; puis, se redressant, il attendit patiemment qu'il lui fît connaître ses ordres.

— Vous êtes probablement en peine de deviner, M. Sampson, ce qu'un étranger peut avoir à vous dire?

— A moins que ce ne soit pour me demander d'entreprendre d'instruire quelque jeune homme dans les belles-lettres et les connaissances humaines..... Mais je ne puis, — je ne puis ; — j'ai encore une tâche à accomplir.

— Non, M. Sampson, mes vœux ne s'élèvent pas si haut. Je n'ai pas de fils, et ma fille unique, je présume, ne vous paraîtrait pas une élève convenable.

— Pour sûr, non, répliqua le candide Sampson. Néanmoins, c'est moi qui ai enseigné à miss Lucy toutes les connaissances utiles, — quoique ç'ait été la femme de charge qui l'ait formée à ces vains exercices de l'aiguille et du métier.

— Hé bien, monsieur, c'est de miss Lucy que je veux vous parler. — Vous n'avez, je présume, conservé de moi aucun souvenir?

Sampson, toujours assez sujet à des absences d'esprit, ne se rappelait ni l'astrologue d'autrefois, ni même l'étranger qui tout à l'heure avait pris la défense de son patron contre Glossin, tant la mort soudaine de son ami avait brouillé ses idées.

— N'importe, poursuivit le colonel; j'étais une ancienne connaissance de feu M. Bertram, et j'ai le pouvoir et la volonté de venir en aide à sa fille dans les circonstances où elle se trouve. En outre, j'ai l'intention d'acheter ce domaine, et je désirerais que les choses y fussent tenues en ordre; auriez-vous la bonté d'employer cette petite somme aux dépenses ordinaires de la famille? — Et il mit entre les mains du Dominie une bourse contenant un certain nombre de pièces d'or.

— Pro-di-gi-eux! exclama Dominie Sampson. Mais si Votre Honneur voulait attendre.....

— Impossible, monsieur, impossible, interrompit Mannering en lui échappant.

— Pro-di-gi-eux! exclama de nouveau Sampson, en le suivant sur l'escalier la bourse à la main. Mais à l'égard de cet argent monnayé.....

Mannering descendait l'escalier avec toute la promptitude possible.

— Pro-di-gi-eux! s'écria une troisième fois Dominie Sampson, debout devant la porte. Mais à l'égard de ces espèces.....

Mais Mannering était à cheval et ne pouvait plus l'entendre. Le Dominie, qui jamais n'avait eu entre les mains, soit à lui, soit comme dépositaire, le quart de cette somme, quoiqu'elle ne se montât qu'à vingt guinées, se demandait ce qu'il devait faire de cet or laissé ainsi à sa garde. Heureusement il trouva dans Mac Morlan un conseiller désintéressé, qui lui indiqua les moyens les plus convenables d'en disposer pour les besoins de miss Bertram, tel étant, sans nul doute, l'usage auquel il était destiné par le donateur.

Beaucoup de gentilshommes du voisinage firent alors à miss Bertram des offres empressées et sincères d'hospitalité et d'appui. Mais elle éprouvait une répugnance naturelle à entrer, pour la première fois, dans une famille étrangère, où elle serait reçue par compassion plutôt que par hospitalité, et elle se détermina à attendre l'opinion et l'avis de la plus proche parente de son père, mistress Marguerite Bertram de Singleside, vieille dame célibataire, à qui elle écrivit pour l'informer de sa situation douloureuse.

CHAPITRE XIV.

Les obsèques de M. Bertram eurent lieu avec décence, mais sans apparat, et l'infortunée miss dut, à partir de ce moment, se regarder comme n'habitant plus que temporairement la maison où elle était née, et où ses soins attentifs et patients avaient si longtemps « balancé le berceau de la vieillesse. » M. Mac Morlan lui avait néanmoins fait espérer qu'elle ne serait pas privée subitement et avec dureté de cet asile; mais la fortune en ordonna autrement.

Dans deux jours on allait procéder à la vente des terres et du domaine d'Ellangowan, et Mac Morlan attendait de moment en moment l'arrivée du colonel Mannering; ou tout au moins une lettre contenant procuration pour agir en son nom. Mais rien n'arrivait. Le jour de la vente, M. Mac Morlan s'éveilla de bonne heure et alla lui-même au bureau de poste : il n'y avait pas de lettres pour lui. Il tâchait de se persuader que le colonel arriverait dans la matinée, et il recommanda à sa femme de mettre sur la table ses plus belles porcelaines et de se parer elle-même en conséquence. Mais tous ces préparatifs furent inutiles. — Si j'avais pu prévoir ceci, se dit-il, j'aurais parcouru toute l'Écosse, jusqu'à ce que j'eusse trouvé quelque enchérisseur sur Glossin. — Hélas! ces réflexions venaient trop tard. L'heure désignée arriva; tout le monde se réunit dans la maison du maçon à Kippletringan, lieu fixé pour l'adjudication ajournée. Mac Morlan consuma en préliminaires autant de temps qu'il put décemment le faire, et il lut les articles de la vente aussi lentement que s'il eût donné lecture de sa propre condamnation à mort. Il portait les yeux vers la porte chaque fois qu'elle s'ouvrait, avec une espérance qui s'affaiblissait de plus en plus. Il prêtait l'oreille au moindre bruit qui se faisait entendre dans la rue du village, et s'efforçait d'y reconnaître les pas d'un cheval ou le roulement d'une voiture. Tout fut en vain. Une idée s'offrit tout à coup à son esprit : peut-être le colonel Mannering avait-il employé quelque autre personne dans cette affaire; — il ne se serait pas arrêté un seul instant au manque de confiance qu'un tel procédé eût indiqué. Mais cet espoir aussi était sans fondement. Après une pause solennelle, M. Glossin offrit le prix d'estimation des terres et baronnie d'Ellangowan. Nulle réponse ne fut faite, aucun compétiteur ne se présenta; et après l'intervalle d'usage réglé par l'écoulement d'un sablier, l'acquéreur présentant les sûretés convenables, M. Mac Morlan fut contraint, aux termes de la loi, de « trouver et déclarer la vente légalement consommée, et de proclamer ledit Gilbert Glossin acquéreur desdites terres et domaine. » L'honnête homme de loi refusa d'assister à un régal splendide que Gilbert Glossin, écuyer, maintenant Glossin d'Ellangowan, offrit à toute l'assemblée, et il revint chez lui le cœur rempli d'amertume, et se répandant en plaintes contre la légèreté et les caprices de ces «Nababs indiens [1], »

---

[1] On désigne ainsi, en Angleterre, ceux qui se sont enrichis dans l'Inde. (L. V.)

qui jamais n'ont la même idée dix jours de suite. Mais la fortune prit généreusement sur elle tout le blâme, et ne permit même pas à Mac Morlan d'exhaler son ressentiment de ce côté.

Un exprès arriva vers les six heures du soir, « très-particulièrement ivre, » selon l'expression de la servante, avec une lettre du colonel Mannering, datée de quatre jours, et partie d'un lieu éloigné d'une centaine de milles de Kippletringan [1]; cette lettre donnait plein pouvoir à M. Mac Morlan, ou à tout autre par qui il voudrait se faire remplacer, de se rendre acquéreur du domaine; et elle informait le substitut que d'importantes affaires de famille obligeaient le colonel de se rendre dans le Westmoreland, où il attendrait une lettre sous le couvert d'Arthur Mervyn, esq., de Mervyn-Hall.

Dans un transport de colère, Mac Morlan jeta le pouvoir à la tête d l'innocente servante; et on eut grand'peine à l'empêcher d'étriller à coups de fouet le misérable messager, dont la lenteur et l'ivrognerie avaient occasionné ce désappointement.

[1] Environ trente-quatre de nos lieues communes. (L. V.)

CHAPITRE XV.

> Mon or est parti, mon argent est dépensé ; il ne me reste que mon domaine : prends-le. Compte-moi de l'or, bon John de Scales, et mon domaine est à toi pour jamais.
> Alors John fit dresser contrat, puis John lui jeta quelques deniers d'or. Mais à quelque prix qu'ait agréé John, le domaine, j'en suis sûr, valait trois fois autant.
>
> *L'Héritier de Linne.*

John de Scales[1] le Galwégien était un plus adroit compagnon que son prototype. Il réussit à se substituer à l'héritier de Linne sans la désagréable formalité « de compter le bon or rouge. » Miss Bertram n'eut pas plutôt appris cette pénible nouvelle, à laquelle elle avait cessé de s'attendre, qu'elle reprit à la hâte ses préparatifs pour quitter immédiatement la maison. M. Mac Morlan l'aida dans ces arrangements, et la pressa si obligeamment d'accepter la protection hospitalière de son toit, jusqu'à ce qu'elle eût reçu la réponse de sa cousine, ou qu'elle eût pu prendre un parti pour l'avenir, qu'elle sentit qu'il serait désobligeant de refuser une invitation faite avec tant d'instance. Mistress Mac Morlan était une dame bien élevée, qui, par sa naissance et ses manières, devait rendre agréable à miss Bertram le séjour de sa maison. Un asile et une réception hospitalière lui étaient donc assurés, et ce fut avec un cœur moins abattu qu'elle s'occupa de solder les gages et de recevoir les adieux des domestiques peu nombreux de la famille de son père.

Lorsque, de part et d'autre, il y a des qualités estimables, un tel moment a toujours quelque chose de touchant ; — dans de telles circonstances, il l'était doublement. Chacun reçut ce qui lui était dû, et même quelque chose en sus, et tous firent leurs adieux à leur jeune maîtresse, en versant des larmes et en l'accablant de leurs remercîments et de leurs vœux pour son bonheur. Il ne resta dans le salon que Dominie Sampson, miss Bertram et M. Mac Morlan, qui était venu pour accompagner celle-ci chez lui. — Et maintenant, reprit la pauvre jeune fille, il me faut dire adieu à un de mes plus anciens et de mes meilleurs amis. — Que le Ciel vous bénisse, M. Sampson, et vous récompense de vos leçons affectueuses à votre pauvre élève, et de votre attachement pour celui que nous avons perdu ! — J'espère que j'aurai souvent de vos nouvelles. Elle lui glissa dans la main un papier dans

---

[1] Jean de la Balance, prototype de l'usurier. — Galwégien, natif du Galloway. (L. V.)

lequel étaient enveloppées plusieurs pièces d'or, et se leva comme pour sortir.

Dominie Sampson se leva aussi; mais il resta immobile et comme frappé d'étonnement. Dans la simplicité de son jugement, l'idée de se séparer de miss Lucy, n'importe où elle pût aller, ne s'était jamais offerte à lui. Il remit l'argent sur la table.

— C'est peu de chose, certainement, dit Mac Morlan, qui se méprit sur sa pensée; mais les circonstances...

M. Sampson fit de la main un signe d'impatience. — Ce n'est pas le lucre, dit-il, — ce n'est pas le lucre; — mais moi, qui pendant vingt ans et plus ai mangé le pain de son père et bu à sa coupe, — penser que je vais la quitter, — la quitter quand elle est malheureuse et affligée... non, miss Lucy; il ne faut pas y penser! Vous ne voudriez pas renvoyer le pauvre chien de votre père; vous ne voudrez pas me traiter plus mal qu'un chien. Non, miss Lucy Bertram, tant que je vivrai, je ne me séparerai pas de vous. Je ne vous serai pas à charge; — j'y ai songé. Mais comme Ruth dit à Noémi : « Ne me parle pas de te quitter ni de me séparer de toi : car où tu iras, j'irai; où tu demeureras, je demeurerai. Ton peuple sera mon peuple, et ton Dieu sera mon Dieu. Où tu mourras je veux mourir et être enterrée. Que la malédiction du Seigneur soit sur moi, si quelque chose autre que la mort nous sépare! »

Durant ce discours, le plus long qu'on eût jamais entendu prononcer à Dominie Sampson, des larmes brillaient dans les yeux de l'affectionnée créature, et ni Lucy ni Mac Morlan ne purent retenir les leurs à cette explosion inattendue de sensibilité et d'attachement. — M. Sampson, dit enfin Mac Morlan, après avoir eu alternativement recours à sa tabatière et à son mouchoir, ma maison est assez grande, et si vous voulez bien y accepter un lit, tant que miss Bertram nous honorera de sa présence, je me regarderai comme très-heureux, et mon toit comme très-favorisé, de recevoir un homme de votre mérite et de votre caractère. Puis, avec une délicatesse qui avait pour objet de prévenir toute objection de la part de miss Bertram à amener avec elle ce satellite imprévu, il ajouta : — Mes affaires me rendent fréquemment nécessaire l'aide d'un homme plus habitué aux calculs qu'aucun de mes clercs actuels, et je serai charmé de pouvoir de temps à autre recourir pour cet objet à votre assistance.

— Sûrement, sûrement, dit vivement Sampson; je sais tenir les livres en partie double et à la méthode italienne.

Notre postillon avait pénétré dans la chambre pour annoncer sa chaise et ses chevaux; il fut, sans être remarqué, témoin de cette scène extraordinaire, et assura mistress Mac Candlish que c'était la chose la plus attendrissante qu'il eût jamais vue; la mort de la jument grise, pauvre bête! n'était rien auprès de ça. Cette circonstance futile eut ensuite des conséquences d'un grand intérêt pour le Dominie.

CHAPITRE XV.

Les arrivants furent reçus avec empressement par mistress Mac Morlan, à qui, aussi bien qu'aux autres, son mari dit qu'il avait requis l'assistance de Dominie Sampson pour débrouiller quelques comptes embarrassés, occupation durant laquelle il lui serait plus commode de résider avec la famille. La connaissance que M. Mac Morlan avait du monde l'induisit à donner cette couleur à la chose, sentant bien que quelque honorable que pût être pour le cœur de Dominie et pour la famille d'Ellangowan la constance de l'attachement qu'il témoignait à la fille de son défunt patron, son extérieur le rendait peu propre à devenir un « écuyer de dames, » et qu'au total ces dehors feraient de lui un suivant passablement ridicule pour une jolie personne de dix-sept ans.

Dominie Sampson s'acquittait avec un grand zèle du travail que M. Mac Morlan croyait pouvoir lui confier ; mais on ne tarda pas à remarquer que régulièrement à une certaine heure après le déjeuner il s'éclipsait, pour revenir vers l'heure du dîner. Il consacrait ensuite la soirée à la besogne de son hôte. Le samedi suivant, il parut devant M. Mac Morlan avec un air de triomphe, et mit deux pièces d'or sur la table.

— Qu'est-ce que cela, Dominie?

— C'est d'abord pour vous indemniser des charges que je vous occasionne, digne M. Mac Morlan ; le reste est à l'usage de miss Lucy Bertram.

— Mais, M. Sampson, votre travail ici fait beaucoup plus que me dédommager ; — c'est moi qui suis votre débiteur, mon bon ami.

— En ce cas, reprit le Dominie en étendant la main, que tout soit pour l'utilité de miss Lucy Bertram.

— C'est bien, Dominie ; mais cet argent....

— Est honnêtement gagné, M. Mac Morlan ; c'est la généreuse récompense d'un jeune gentleman à qui j'enseigne les langues, et avec qui je lis trois heures par jour.

Il ne fallut pas beaucoup de questions pour apprendre de Dominie que ce libéral élève était le jeune Hazlewood, et que tous les jours il se réunissait à son précepteur chez mistress Mac Candlish, qui, par les louanges qu'elle avait données à l'attachement désintéressé de Sampson pour la jeune miss, lui avait valu cet infatigable et généreux écolier.

Mac Morlan fut frappé de ce qu'il apprenait. Dominie Sampson était sans doute un très-bon humaniste, et sans nul doute aussi les classiques méritaient bien d'être lus ; mais qu'un jeune homme de vingt ans fît pour cela sept milles chaque jour de la semaine, et autant pour s'en retourner, c'était un zèle pour la littérature auquel il n'était pas disposé à ajouter une foi entière. Il n'eut pas besoin de finesse pour sonder le Dominie, car le cerveau de ce digne homme n'avait jamais admis que les idées les plus directes et les plus simples. — Miss Bertram sait-elle à quoi votre temps est employé, mon bon ami?

— Sûrement non ; — M. Charles m'a recommandé de le lui cacher, de peur qu'elle ne se fît scrupule d'accepter la petite assistance qui en résulte pour elle. Mais, ajouta-t-il, il ne serait pas possible de le lui cacher longtemps, attendu que M. Charles se proposait de prendre de temps à autre ses leçons dans la maison.

— Oui-dà! Oui, oui, je comprends tout. — Et dites-moi, je vous prie, M. Sampson, ces trois heures sont-elles entièrement employées à des thèmes et à des versions?

— Non, sans doute ; — nous causons aussi quelque peu pour alléger l'étude. — *Neque semper arcum tendit Apollo* [1].

Le questionneur désira savoir du Phébus gallowégien sur quel sujet roulaient principalement leurs entretiens.

— Sur nos anciennes réunions d'Ellangowan ; — et vraiment, je crois que nous causons très-souvent aussi de miss Lucy. — Car M. Charles Hazlewood me ressemble en cela, M. Mac Morlan : quand je commence à parler d'elle, je ne sais jamais où je m'arrêterai ; — et, comme je le dis (en plaisantant), elle nous vole la moitié de nos leçons.

— Oho! pensa Mac Morlan ; est-ce de là que le vent souffle? J'avais déjà entendu dire quelque chose comme cela.

Il réfléchit alors à la ligne de conduite qu'il devrait adopter dans l'intérêt de sa protégée, et même pour sa propre sûreté ; car le vieux Hazlewood était puissant, riche, ambitieux et vindicatif, et il ne considérait pas moins la fortune que la naissance dans toute alliance que pourrait former son fils. Enfin, ayant la plus haute opinion du bon sens et de la pénétration de miss Lucy, il se détermina à saisir la première occasion, quand il se trouverait seul avec elle, de lui apprendre l'état des choses sous forme de simple nouvelle. C'est ce qu'il fit avec autant de naturel qu'il le put. — Je veux, dit-il, que vous vous réjouissiez de la bonne fortune de votre ami M. Sampson, miss Bertram ; il a trouvé un élève qui lui paie deux guinées pour douze leçons de grec et de latin.

— Vraiment, — j'en suis aussi heureuse que surprise. — Qui peut être si libéral? — le colonel Mannering serait-il de retour?

— Non, non, ce n'est pas le colonel Mannering ; mais que pensez-vous de votre connaissance M. Charles Hazlewood? — Il parle de prendre ses leçons ici ; — je désire que nous puissions arranger cela pour sa commodité.

Les joues de Lucy se couvrirent d'une vive rougeur. — Au nom du Ciel, non, M. Mac Morlan ; — ne faites pas cela. — Charles Hazlewood a déjà été assez tourmenté à ce sujet.

---

[1] Apollon n'a pas toujours son arc tendu. (*Horace.*)

CHAPITRE XV.

— Au sujet des classiques, ma chère miss? repartit Mac Morlan, qui feignit avec intention de ne pas la comprendre. — Il est bien sûr que beaucoup de jeunes gens sont tourmentés pour cela à une époque ou à une autre; mais ses études actuelles sont volontaires.

Miss Bertram laissa tomber la conversation, et son hôte, voyant qu'elle semblait réfléchir sur ce qu'elle venait d'entendre, afin, sans doute, de prendre une résolution, ne fit aucun effort pour la relever.

Le lendemain, miss Bertram prit une occasion d'en causer avec M. Sampson. Tout en le remerciant, de la manière la plus affectueuse, de son attachement désintéressé, et en lui témoignant combien elle prenait part à sa bonne fortune, elle lui insinua que la manière actuelle dont il dirigeait les études de M. Charles Hazlewood devait être si incommode pour son élève, que tant que cet engagement durerait, le mieux serait qu'il consentît à s'éloigner d'elle temporairement, pour aller résider soit chez son écolier, soit aussi près de lui que possible. Sampson refusa, comme elle s'y attendait, de prêter l'oreille à cette proposition; — il ne la quitterait pas pour être fait précepteur du prince de Galles. — Mais je vois, ajouta-t-il, que vous êtes trop fière pour partager mon gain; et peut-être que je vous deviens à charge.

— Non vraiment; — vous êtes l'ancien ami, presque le seul ami de mon père; — je ne suis pas fière, — Dieu le sait; je n'ai pas de raison de l'être. — A tout autre égard, vous ferez ce que vous jugerez convenable; mais obligez-moi de dire à M. Charles Hazlewood que vous m'avez parlé de ses études, et que j'ai été d'avis qu'il était tout à fait impossible de les continuer dans cette maison, et qu'il ne fallait pas y songer.

Dominie Sampson la quitta l'oreille basse, et en fermant la porte il ne put s'empêcher de murmurer le *varium et mutabile*[1] de Virgile. Le jour suivant, il reparut l'air consterné, et remit une lettre à miss Bertram.

— M. Hazlewood, dit-il, allait discontinuer ses leçons, quoiqu'il l'eût généreusement dédommagé de la perte pécuniaire. — Mais comment se dédommagera-t-il lui-même de la perte des connaissances qu'il aurait pu acquérir sous ma direction? Même pour le seul article de l'écriture, il a été une heure avant de pouvoir achever ce petit billet; il en a déchiré je ne sais combien, il a abîmé quatre plumes et usé un cahier de bon papier blanc. — En trois semaines je lui aurais donné une main ferme, courante, nette et lisible; — il serait devenu un calligraphe. — Mais que la volonté de Dieu soit faite!

La lettre ne contenait que quelques lignes; le jeune Charles murmurait et se répandait en amers regrets contre la cruauté de miss Bertram, qui non-seulement refusait de le voir, mais qui ne lui permettait pas même de s'informer de sa santé et de contribuer à l'obliger de la

---

[1] Variable et changeant (est le sexe).

manière la plus indirecte. Elle se terminait par les assurances que sa sévérité était vaine, et que rien ne pouvait ébranler l'attachement de Charles Hazlewood.

Sous l'actif patronage de mistress Mac Candlish, Sampson se fit quelques autres écoliers, — d'un rang bien différent, à la vérité, de celui de Charles Hazlewood, — et dont les leçons étaient loin d'être aussi productives. Mais enfin, il gagnait quelque chose, et c'était la gloire de son cœur de l'apporter chaque semaine à M. Mac Morlan, après en avoir prélevé seulement un léger *peculium* pour remplir sa tabatière et sa pipe.

Ici nous devons quitter Kippletringan pour voir ce que devient notre héros, de peur que nos lecteurs ne conçoivent la crainte de le perdre une seconde fois de vue pendant un autre quart de siècle.

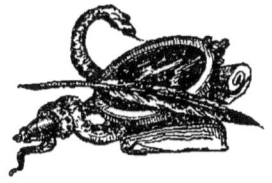

CHAPITRE XVI.

> Notre Polly est une franche coquine, qui ne prend pas garde à ce que nous lui avons appris. Je m'étonne qu'homme au monde veuille jamais élever une fille ; car quand elle est habillée avec bien des soins et des dépenses, toute séduisante, toute belle, tout avenante, comme on vous servirait un concombre, elle vous plante là.
>
> *Opéra des Gueux.*

Après la mort de M. Bertram, Mannering était parti pour une courte tournée, se proposant de revenir dans le voisinage d'Ellangowan avant que la vente de cette propriété n'eût lieu. Il visita donc Édimbourg et quelques autres endroits, et ce fut à son retour vers le district sud-ouest de l'Écosse où est placée notre scène, qu'à une centaine de milles de Kippletringan, dans une ville de poste où il avait prié son ami M. Mervyn de lui adresser ses lettres, il en reçut une de ce gentleman qui contenait une nouvelle assez peu agréable. Nous nous sommes déjà arrogé le privilège de pénétrer dans la correspondance secrète de notre héros, et en conséquence nous allons faire part au lecteur d'un extrait de cette épître.

« Je vous demande pardon, mon cher et bon ami, de la peine que je vous ai causée, en vous forçant de rouvrir ces blessures encore mal fermées dont parle votre lettre. J'ai toujours entendu dire, quoique erronément peut-être, que les attentions de M. Brown avaient pour objet miss Mannering. Mais quand cela serait, on ne pourrait supposer que dans votre situation sa hardiesse dût passer inaperçue et sans châtiment. Les sages disent que nous faisons à la société civile l'abandon de nos droits naturels de défense personnelle, à la seule condition que l'action de la loi nous protégera. Quand la condition ne peut être remplie, l'abandon devient nul. Par exemple, personne ne suppose que je n'ai pas le droit de défendre ma bourse et ma personne contre un voleur de grand chemin, tout comme si j'étais un Indien sauvage qui ne reconnaît ni lois ni magistrats. La question de résistance ou de soumission doit être résolue d'après les moyens et la situation. Mais si, armé et égal en force, je me soumets à l'injustice et à la violence de qui que ce soit, puissant ou faible, je ne pense pas que cette conduite soit mise sur le compte de sentiments religieux ou moraux, à moins que je ne sois un quaker. Une agression contre mon honneur me semble tout à fait identique. L'insulte, quelque légère qu'elle soit en elle-même, est de bien plus grande conséquence, sous tous les rapports de la vie commune, qu'un tort quelconque qui puisse m'être fait par un voleur de grand chemin, et, dans ce cas, venger la partie offensée est bien moins au pouvoir de la magistrature publique, ou plutôt cette réparation est entièrement hors de sa portée. Si un homme dérobe à Arthur Mervyn le contenu de sa bourse, en supposant que ledit Arthur manque de moyens de défense, ou bien qu'il n'ait pas l'habileté ou le courage de s'en servir, les assises de Lancastre ou de Carlisle lui feront justice du voleur : — et cependant, qui dira que je suis tenu d'attendre cette justice, et de me soumettre à être dépouillé d'abord, si j'ai par moi-même les moyens et le courage de protéger ce qui m'appartient? Mais si un affront m'est fait, un affront de nature à ternir à jamais ma réputation aux yeux des hommes d'honneur, et dont les douze juges d'Angleterre, avec le chancelier par-dessus le marché, ne pourraient me laver, par quelle règle de loi ou de raison serai-je détourné de protéger ce qui doit être, ce qui est en effet infiniment plus cher à un homme d'honneur que toute sa fortune? Je ne dirai rien du point de vue religieux de la question, jusqu'à ce que je trouve un révérend théologien qui condamne la défense personnelle à l'égard de la vie et de la propriété. Si, dans ce cas, la légitimité de cette défense est généralement admise, il me semble qu'il y a peu de distinction à faire entre défendre ses biens et sa personne, et protéger sa réputation. Que mon honneur puisse être attaqué par des hommes d'un tout autre rang dans le monde, d'une moralité sans tache, peut-être, et d'une réputation irréprochable, c'est ce qui ne peut affecter mon droit légal de défense personnelle. Je puis déplorer que les circonstances m'aient engagé dans une lutte personnelle avec un homme d'un tel caractère; mais je ressentirais la même douleur pour un noble ennemi qui tomberait sous mon épée dans une querelle entre nations. J'abandonnerai la question aux casuistes, cependant en faisant remarquer seulement que ce que je viens de dire ne s'applique ni au duelliste de profession ni à l'aggresseur dans une dispute d'honneur. J'ai seulement voulu disculper celui qui est entraîné sur le terrain par une offense telle qu'on ne pourrait s'y soumettre sans forfaire à son rang dans le monde et renoncer à l'estime générale.

« Je suis fâché que vous ayez l'idée de vous fixer en Écosse, et charmé, cependant, que ce ne soit pas à une distance incommensurable, et que la latitude soit toute en notre faveur. Venir du Devonshire dans le Westmoreland[1] pourrait faire frissonner un arrivant des Indes-Orientales; mais venir à nous du Galloway ou du comté de Dumfries, c'est un pas, quoique faible, plus près du soleil. Si, en outre, comme je le

---

[1] Le Devonshire (comté de Devon) est situé à l'extrémité S.-O. de l'Angleterre, et le Westmoreland dans la partie septentrionale, non loin de la frontière d'Écosse. (L. V.)

soupçonne, le domaine en vue est voisin du vieux château hanté où vous avez joué le rôle d'astrologue dans votre *tour* du nord, il y a quelque vingt ans, je vous ai trop souvent entendu nous en faire la description avec un risible enthousiasme, pour oser croire que vous renonciez à l'acquisition. J'espère cependant que votre laird si hospitalier et si commère n'a pas encore couru sur les bas-fonds, et que son chapelain, dont vous nous avez si souvent amusé, est encore in *rerum naturâ* [1].

« Je voudrais pouvoir m'arrêter ici, mon cher Mannering, car j'ai une peine incroyable à vous raconter le reste de mon histoire, quoique je puisse en toute sûreté vous garantir qu'il n'y a pas eu d'intention d'inconvenance de la part de ma pupille temporaire, Julia Mannering; mais il me faut encore mériter mon surnom de collége, *le Franc Dunstable*. Donc, en un mot, voici la chose :

« Votre fille a beaucoup du tour romanesque de votre caractère, avec un peu de ce goût pour l'admiration que toute jolie femme partage plus ou moins; il y a en outre toute apparence qu'elle sera votre héritière, circonstance peu importante pour ceux qui voient Julia avec les mêmes yeux que moi, mais appât puissant pour les hommes astucieux, intrigants et bas. Vous savez combien je l'ai plaisantée sur sa tendre mélancolie, ses promenades solitaires du matin avant que personne ne soit levé, ou au clair de la lune quand tout le monde devrait être au lit, ou assis à la table de whist, ce qui est la même chose. L'incident suivant peut ne pas dépasser les limites d'une plaisanterie; mais j'aime mieux que celle-ci vienne de vous que de moi.

« Deux ou trois fois durant la dernière quinzaine, j'entendis, à une heure avancée de la nuit ou de très-bonne heure le matin, un flageolet jouer le petit air hindou que votre fille aime tant. Je pensai d'abord que quelque domestique ami de l'harmonie, et qui pendant le jour ne pouvait se livrer à son goût pour la musique, choisissait cette heure silencieuse pour imiter les sons que son oreille aurait saisis pendant son service dans le salon. Mais la nuit dernière, étant resté tard dans mon cabinet, qui est immédiatement au-dessous de l'appartement de miss Mannering, non-seulement j'entendis distinctement le flageolet, mais, à ma grande surprise, je m'assurai que les sons venaient du lac situé sous la fenêtre. Curieux de savoir qui nous donnait une sérénade à cette heure inhabituelle, je me glissai sans bruit à la fenêtre de mon appartement. Mais je n'étais pas le seul qui veillât. Vous pouvez vous souvenir que miss Mannering préféra cet appartement, à cause d'un balcon qui de sa fenêtre donne sur le lac. Hé bien! monsieur, j'entendis lever le châssis de sa fenêtre et ouvrir les volets, et je reconnus la propre voix de miss Julia en conversation avec quelqu'un qui répon-

---

[1] Dans la nature des choses, c'est-à-dire au nombre des vivants.

dait d'en bas. Ceci n est pas « beaucoup de bruit pour rien[1]; » je ne pouvais méconnaître sa voix, ni ses accents si doux, si pénétrants; — et, pour dire la vérité, ceux qui venaient d'en bas étaient empreints aussi du ton le plus passionné. — Mais que disait-on? je l'ignore. Je levai le châssis de ma fenêtre, afin de pouvoir entendre quelque chose de plus que le murmure de ce rendez-vous à l'espagnole; mais, malgré mes précautions, le bruit donna l'alarme aux causeurs : la fenêtre de la jeune personne retomba à l'instant même, et les volets se refermèrent. Le clapotement d'une paire de rames dans le lac annonça en même temps que l'interlocuteur mâle faisait retraite. Je vis même son bateau, qu'il manœuvrait avec une extrême rapidité et une grande adresse, traverser le lac comme une barque entraînée par douze vigoureux rameurs. Le lendemain matin j'interrogeai quelques-uns de mes domestiques, comme par hasard, et j'appris que le garde-chasse, en faisant ses rondes, avait deux fois vu ce bateau sous les fenêtres de la maison, monté par une seule personne, et avait entendu le flageolet. Je ne voulus pas faire d'autres questions, de peur de compromettre Julia dans l'esprit de ceux que j'aurais fait parler. Le jour suivant, à déjeuner, je laissai échapper occasionnellement quelques mots de la sérénade de l'avant-dernière nuit, et je puis vous assurer que miss Mannering devint alternativement pourpre et pâle. Je donnai aussitôt à la chose un tour qui pût lui faire supposer que mon observation était amenée uniquement par le hasard. J'ai depuis ordonné qu'on laissât une lumière dans ma bibliothèque et qu'on en laissât les volets ouverts, afin d'empêcher l'approche de notre visiteur nocturne, et j'ai mis en avant le refroidissement du temps et l'humidité des brouillards pour faire cesser les promenades solitaires. Miss Mannering acquiesça avec une facilité passive qui n'est pas dans sa nature, et qui, à vous parler sans détour, est de toutes les circonstances de l'affaire celle qui me plaît le moins. Julia a trop du caractère de son cher papa pour se laisser brider dans aucune de ses fantaisies, s'il n'y avait pas chez elle quelque avertissement de conscience qu'il peut être prudent d'éviter le débat.

« Maintenant mon histoire est dite, et vous jugerez ce que vous aurez à faire. Je n'ai rien dit de la chose à mon excellente femme, qui, avocat discret des faiblesses de son sexe, se serait certainement opposée à ce que vous fussiez instruit de ces particularités, et, au lieu de cela, aurait pu se mettre en tête de donner cours à son éloquence près de miss Mannering; faculté qui, toute puissante qu'elle soit contre moi, son but légitime, aurait pu, je le crains, faire plus de mal que de bien dans le cas supposé. Peut-être vous-même penserez-vous que le plus prudent est d'agir sans remontrances et sans paraître instruit de cette petite anecdote. Julia ressemble beaucoup à certain de mes amis; elle a une

---

[1] Titre d'une comédie de Shakspeare. (L. V.)

CHAPITRE XVI.

imagination prompte et ardente, et une profonde sensibilité, également disposées à exagérer le bien et le mal de la vie. Ce n'en est pas moins une charmante fille, aussi bonne et spirituelle qu'elle est aimable. Je me suis acquitté de tout mon cœur du baiser que vous m'avez envoyé pour elle, et pour ma peine elle m'a donné une petite tape sur les doigts. Revenez, je vous en prie, dès que vous le pourrez. En attendant, comptez sur les soins de votre dévoué

« ARTHUR MERVYN. »

« *P. S.* — Vous voudrez naturellement savoir si je n'ai aucun soupçon concernant la personne de la sérénade. Réellement, je n'en ai aucun. Je ne vois pas, dans le voisinage, de jeune homme, à qui son rang et sa fortune permettraient d'aspirer à la main de miss Julia, qui jouerait un rôle si romanesque. Mais sur l'autre bord du lac, presque vis-à-vis de Mervyn-Hall, est une maudite auberge, le point de rendez-vous des gentilshommes errants de toute sorte, poëtes, comédiens, musiciens et peintres, qui viennent rêver, réciter et extravaguer dans nos pittoresques environs. C'est en acheter un peu la beauté, qui attire et réunit ici cet essaim de freluquets. Si Julia était ma fille, c'est un de ces compagnons-là que je craindrais pour elle. Elle est généreuse et exaltée, elle a une correspondante à qui elle écrit six pages par semaine, et il est dangereux, dans un cas semblable, de manquer d'un sujet propre à exercer les sentiments ou la plume. Encore une fois, adieu. Si j'avais traité cette affaire plus sérieusement, j'aurais fait injure à votre jugement; si je l'avais tout à fait passée sous silence, j'aurais fait tort au mien. »

Il résulta de cette lettre qu'après avoir expédié à M. Mac Morlan l'infidèle messager avec les pouvoirs nécessaires pour l'acquisition du domaine d'Ellangowan, le colonel Mannering tourna la tête de son cheval vers le sud, et qu'il ne s'arrêta qu'arrivé au château de son ami M. Mervyn, sur les bords de l'un des lacs du Westmoreland.

CHAPITRE XVII.

> Le Ciel, dans sa bonté, révéla aux mortels l'art épistolaire, en faveur des belles renfermées et des amants dans les fers, ou pour quelque auteur qui, plaçant ses personnages devant nous, leur laisse assez peu galamment retracer leur propre histoire.
>
> *Imité de Pope*

Le premier soin de Mannering, à son retour en Angleterre, avait été de placer sa fille dans un pensionnat renommé de demoiselles; mais ne trouvant pas ses progrès dans les talents qu'il voulait lui voir acquérir assez rapides au gré de son impatience, son père l'en avait retirée à l'expiration du premier trimestre. Elle n'eut donc que le temps de contracter une amitié éternelle avec miss Mathilde Marchmont, jeune personne à peu près de son âge, c'est-à-dire d'environ dix-huit ans. C'était aux yeux discrets de cette amie qu'étaient destinés ces cahiers formidables qui partaient de Mervyn-Hall, sur les ailes de la poste, tandis que miss Mannering en était une habitante. Il peut être nécessaire, pour la parfaite intelligence de notre récit, que le lecteur en parcoure quelques extraits succints.

PREMIER EXTRAIT.

« Hélas! ma chère Mathilde, quelle histoire est la mienne! Depuis le berceau, le malheur a marqué de son sceau votre amie infortunée. Se peut-il que nous soyons séparées pour une cause si légère, une faute de construction dans mes exercices d'italien, et trois fausses notes dans une des sonates de Paësiello! Mais ceci est un trait du caractère de mon père, dont il m'est impossible de dire si je l'aime, l'admire ou le crains le plus. Ses succès dans le monde et dans la guerre, — son habitude de faire plier tous les obstacles sous son active énergie, alors même qu'ils semblaient insurmontables, — tout a contribué à donner à son caractère une disposition violente et impérieuse qui ne peut ni souffrir la contradiction ni excuser les faiblesses. C'est que lui-même est si accompli! Savez-vous qu'il courait un bruit, à demi confirmé par quelques paroles mystérieuses échappées à ma pauvre mère, qu'il possède d'autres sciences, maintenant perdues dans le monde, qui donnent à celui qui y est initié le pouvoir d'évoquer devant lui les formes obscures et fantastiques des événements futurs? L'idée seule d'une telle puissance, ou même les talents éminents et la haute intelligence que le monde peut confondre avec elle, ne jettent-ils pas, ma chère Mathilde, une grandeur mystérieuse sur celui qui en est doué? Vous appellerez cela du romanesque : mais songez que je suis née sur la terre des talismans et des charmes, et que mon enfance a été bercée par des récits dont vous ne pouvez jouir qu'à travers le voile épais d'une traduction française. O Mathilde, je voudrais que vous eussiez pu voir les visages basanés de mes femmes indiennes tendus avec une avide attention autour du récit magique qui découlait, moitié poésie, moitié prose, des lèvres du narrateur! Il ne faut pas s'étonner que les fictions européennes semblent froides et décharnées, après avoir été témoin des merveilleux effets que les romans de l'Orient produisent sur ceux qui les entendent. »

SECOND EXTRAIT.

« Vous possédez, ma chère Mathilde, le secret de mon cœur au sujet de ces sentiments que j'ai conçus pour Brown; je ne dirai pas pour sa mémoire. Je suis convaincue qu'il vit et qu'il est fidèle. Ses soins étaient autorisés par ma mère : imprudemment, peut-être, en considérant les préjugés de mon père en faveur de la naissance et du rang. Mais sûrement on ne pouvait attendre de moi, presque enfant encore, que je fusse plus sage que celle sous la protection de qui la Nature m'avait placée. Je ne voyais qu'à de rares intervalles mon père, constamment occupé de ses devoirs militaires, et j'avais appris à le regarder avec plus de crainte que de confiance. Plût au Ciel qu'il en eût été autrement! Nous pourrions tous aujourd'hui nous en trouver mieux! »

TROISIÈME EXTRAIT.

« Vous me demandez pourquoi je n'apprends pas à mon père que Brown vit encore, ou que du moins il survécut à la blessure reçue dans ce malheureux duel, et qu'il avait écrit à ma mère pour l'informer de sa pleine convalescence et de l'espoir où il était d'échapper bientôt à la captivité. Un soldat, qui, « dans le métier de la guerre, a souvent immolé son semblable, » éprouve sans doute peu d'émotion au souvenir de la catastrophe dont moi je fus presque pétrifiée. Et si je lui montrais cette lettre, n'en résulterait-il pas que Brown, vivant et aspirant toujours aux affections de votre pauvre amie, avec la persévérance qui déjà une fois a failli le faire périr de la main de mon père, serait pour le calme d'esprit du colonel Mannering un ennemi plus formidable qu'il ne peut l'être dans la tombe où on le croit étendu? S'il s'échappe des mains de ces maraudeurs, je suis convaincue qu'il sera bientôt en Angleterre, et il sera temps alors de réfléchir comment son existence peut être dévoilée à mon père. — Mais si, hélas! ma plus chère et ma plus intime espérance était trahie, à quoi bon alors révéler un mystère chargé de tant de souvenirs pénibles? Ma mère chérie craignait tellement que ce mystère ne fût pénétré, qu'elle aima mieux, je crois, laisser soupçonner à mon père qu'elle-même était l'objet des attentions de Brown, que de lui faire connaître leur objet réel; et quelque respect, ô Mathilde, que je doive à la bonté d'une mère qui n'est plus, qu'il me soit permis de rendre justice au père que le Ciel m'a conservé. Je ne puis m'empêcher de désapprouver la politique dissimulée qu'elle avait cru devoir adopter, comme injuste envers mon père et grandement périlleuse pour elle-même et pour moi. — Mais paix à ses cendres! Ses actions étaient inspirées par le cœur plutôt que par le raisonnement; et sa fille, qui a hérité de toutes ses faiblesses, doit-elle être la première à écarter le voile qui les couvre? »

QUATRIÈME EXTRAIT.

Mervyn-Hall.

« Si l'Inde est le pays de la magie, cette contrée, ma chère Mathilde, est celui du roman. Le paysage est de ceux qu'enfanta la Nature dans ses moments d'inspiration les plus sublimes : — des cataractes retentissantes; — des montagnes qui cachent dans les nues leurs fronts dépouillés; — des lacs qui, se courbant aux sinuosités des vallées ombreuses, offrent à chaque détour des solitudes toujours plus romantiques; — des rochers qui touchent au ciel. Tout le caractère sauvage de Salvator rapproché des scènes féeriques de Claude. Je suis heureuse, en outre, de trouver au moins un objet sur lequel mon père puisse partager mon enthousiasme. Il sait admirer la nature en artiste et en poëte, et j'ai trouvé un plaisir extrême dans les observations par lesquelles il explique le caractère et l'effet de ces brillants spécimens de son pouvoir. Je voudrais qu'il se fixât dans cette terre d'enchantements. Mais ses projets se portent encore plus dans le nord, et en ce moment il est absent pour une excursion en Écosse, en vue, je crois, de l'achat de quelque domaine qui puisse lui convenir comme résidence. D'anciens souvenirs lui font aimer ce pays. Ainsi, ma chère Mathilde, ce n'est qu'en m'éloignant de vous plus encore que je me fixerai dans des foyers qui soient nôtres. — Et combien je serai heureuse, Mathilde, quand je pourrai vous dire : — Venez, venez sous le toit de votre affectionnée Julia!

« Je demeure, quant à présent, chez M. et mistress Mervyn, anciens amis de mon père. Mistress Mervyn est, dans toute l'étendue du mot, une bonne espèce de femme, — moitié dame et moitié ménagère; — mais, quant aux qualités de l'esprit et à l'imagination, bon Dieu! ma chère Mathilde, votre amie aurait tout aussi bien pu espérer d'être comprise de mistress *Teach'em*[1]! — vous voyez que je n'ai pas oublié les surnoms de classe. M. Mervyn est un homme différent, — bien

---

[1] Mistress j'Enseigne.

différent de mon père ; néanmoins il m'amuse et me souffre. C'est un gros homme, doué d'un heureux naturel, d'assez de bon sens et de gaîté ; mais ayant été bien fait, je suppose, dans sa jeunesse, il conserve encore quelque prétention à être un *beau garçon*[1], de même qu'il a celle d'être un agronome enthousiaste. J'aime à le faire grimper à la cime des montagnes et au pied des cataractes, et, en retour, j'admire ses turneps, sa luzerne et ses prés. Il me regarde, j'imagine, comme une demoiselle bien simple et bien romanesque, avec quelque beauté — (il faut que le mot passe) — et quelque bon naturel ; et je pense, moi, que le gentleman a assez de goût pour apprécier l'extérieur d'une femme, sans m'attendre à ce qu'il comprenne mes sentiments. Ainsi donc, il me raille et il me conduit tout en clopinant (car à ses agréments la chère créature joint la goutte), et me raconte d'anciennes histoires du grand monde qu'il a longtemps fréquenté ; moi, j'écoute, et je souris, et je prends l'air aussi gentil, aussi agréable, aussi simple qu'il m'est possible. Et ainsi, nous nous entendons très-bien.

« Mais, hélas ! ma chère Mathilde, comment le temps s'écoulerait-il, même dans ce paradis du roman, occupé comme il l'est par un couple si mal assorti aux scènes qui les entourent, sans votre exactitude à répondre à mon fastidieux bavardage ? Je vous en prie, ne manquez pas de m'écrire au moins trois fois par semaine ; — vous ne pouvez être en peine de sujets. »

CINQUIÈME EXTRAIT.

« Comment communiquer ce que j'ai maintenant à dire ? — Ma main et mon cœur sont tellement agités, qu'il m'est presque impossible d'écrire. — Ne disais-je pas bien qu'il vivait ? — ne disais-je pas que je ne voulais pas désespérer ? Comment avez-vous pu insinuer, ma chère Mathilde, que mes sentiments, à moi séparée si jeune de lui, provenaient de la chaleur de mon imagination plutôt que de mon cœur ? — Oh ! j'étais bien sûre qu'ils étaient véritables, quelque trompeurs que soient si souvent les mouvements de notre âme. — Mais j'en viens à mon récit ; — qu'il soit, mon amie, le gage le plus sacré de notre attachement, comme il en est le plus sincère !

« Nous nous retirons ici de bonne heure, — de trop bonne heure pour que mon cœur, rempli d'inquiétude, me permette de me livrer immédiatement au repos. Je prends donc habituellement un livre pendant une heure ou deux après être rentrée dans ma chambre, que je crois vous avoir dit s'ouvrir sur un petit balcon donnant sur ce beau lac dont j'ai essayé de vous tracer une légère esquisse. Mervyn-Hall, datant en partie d'une époque ancienne, et construit comme place de

---

[1] Ces deux mots sont en français dans le texte.

défense, est situé sur le bord même du lac. Une pierre tombée du balcon en saillie, dans l'eau qui est au-dessous, trouve assez de profondeur pour qu'une barque y soit à flot. J'avais laissé mon volet à demi ouvert, afin qu'avant de me mettre au lit je pusse, selon ma coutume, contempler au-dehors les reflets de la lune sur le lac. J'étais profondément absorbée dans cette belle scène du *Marchand de Venise* où deux amants, dépeignant le calme d'une nuit d'été, enchérissent à l'envi l'un sur l'autre, et je me perdais dans les rêveries que cette lecture éveillait en moi, lorsque j'entendis sur le lac le son d'un flageolet. Je vous ai dit que c'était l'instrument favori de Brown. Qui pouvait en jouer dans une nuit calme et sereine, à la vérité, mais trop froide et trop avancée dans la saison pour avoir pu inviter à une promenade sur l'eau par simple plaisir? Je m'approchai de la fenêtre, et j'écoutai avec attention; je respirais à peine. Les sons cessèrent pendant quelques instants, — puis ils recommencèrent, — se turent de nouveau, — et de nouveau frappèrent mon oreille, plus distincts et rapprochés. Enfin, je distinguai parfaitement ce petit air hindou que vous appelez mon air favori. — Je vous ai dit de qui je l'avais appris : — l'instrument, les sons, étaient bien les *siens!* — Était-ce une musique terrestre, ou des notes apportées par le vent, pour m'avertir de *sa* mort?

« Il se passa quelque temps avant que je pusse m'enhardir assez pour m'avancer sur le balcon. — Rien n'aurait pu m'en donner le courage, sinon la ferme conviction qu'il était encore vivant, et que nous devions nous revoir; — mais cette conviction me prêta des forces, et je m'aventurai. Oh! mon cœur battait bien fort; j'aperçus un petit esquif et une seule personne; — Mathilde, c'était lui! — Après une si longue absence, et malgré l'obscurité de la nuit, je le reconnus aussi parfaitement que si je l'eusse quitté de la veille et retrouvé à la clarté du soleil. Il amena son bateau sous le balcon, et me parla. Je savais à peine ce qu'il disait et ce que je répondais. Les larmes, à la vérité, me coupaient presque la parole; mais c'étaient des larmes de joie. Nous fûmes troublés par l'aboiement d'un chien à quelque distance, et nous nous séparâmes, mais non sans qu'il m'eût conjuré de le revoir cette nuit au même lieu et à la même heure.

« Mais à quoi tout ceci aboutira-t-il? — Puis-je répondre à cette question? Non. — Le Ciel, qui l'a sauvé de la mort et l'a délivré de la captivité; le Ciel, qui a préservé mon père d'avoir arraché la vie à un homme qui n'aurait pas touché à un cheveu de sa tête, le Ciel doit me sortir de ce labyrinthe. Il me suffit de prendre la ferme résolution que Mathilde n'aura pas à rougir de son amie, mon père de sa fille, ni mon amant de celle à qui il a consacré ses affections. »

CHAPITRE XVIII.

<blockquote>Parler à un homme d'une fenêtre ! — un entretien bien convenable !
Beaucoup de bruit pour rien.</blockquote>

Il nous faut continuer nos extraits des lettres de miss Mannering, qui jettent un heureux jour sur un bon sens naturel, des principes et une sensibilité gâtés par une éducation imparfaite et la folie d'une mère sans jugement, qui, dans son cœur, regardait son mari comme un tyran, et le redoutait comme tel, et que la lecture des romans avait tellement éprise des intrigues compliquées qu'elle y voyait, qu'elle voulut avoir aussi à diriger un petit roman d'intérieur dans sa propre famille, et fit de sa fille, une enfant de seize ans, la principale héroïne de son plan. Elle se complaisait aux petits mystères, aux petites intrigues, aux petits secrets, et cependant elle tremblait devant l'indignation que ses manœuvres puériles excitaient dans l'esprit de son époux. Elle formait ainsi fréquemment des plans pour le seul plaisir de les former, ou peut-être par esprit de contradiction, s'y enfonçait plus avant qu'elle n'y avait songé, s'efforçait de s'en tirer par de nouveaux artifices, ou de couvrir sa faute par la dissimulation, s'embarrassait dans les réseaux de ses propres filets, et se trouvait obligée de poursuivre, par la crainte d'être découverte, des machinations qu'elle n'avait d'abord conçues que par simple légèreté d'esprit.

Heureusement le jeune homme qu'elle admit si imprudemment dans son intimité, et qu'elle encouragea à élever ses vœux jusqu'à sa fille, avait un fond de principes et d'honnête orgueil qui le rendit moins dangereux, dans la situation où l'avait placé mistress Mannering, que celle-ci n'aurait dû oser l'espérer ou l'attendre. L'obscurité de sa naissance pouvait seule lui être opposée ; à tout autre égard,

<blockquote>Il se montrait dans le monde avec un brillant avenir, un pur amour de la vertu, un vif désir de la renommée. Chacun observait la route où le pousserait son esprit élevé, et tous prédisaient les rapides progrès qu'il y devrait faire.</blockquote>

Mais on ne pouvait s'attendre à ce qu'il échappât au piége que l'imprudence de mistress Mannering avait tendu sous ses pas, ni qu'il évitât de s'attacher à une jeune personne dont la beauté et les grâces auraient justifié sa passion, là même où ces dons sont plus aisés à rencontrer que dans une forteresse écartée de nos établissements de l'Inde. Les événements qui suivirent ont été en partie détaillés dans la lettre de Mannering à M. Mervyn ; y ajouter de nouvelles explications serait abuser de la patience de nos lecteurs.

Nous allons donc reprendre les extraits que nous avons promis des lettres de miss Mannering à son amie.

SIXIEME EXTRAIT.

« Je l'ai revu, Mathilde, — je l'ai revu deux fois. J'ai usé de tous les arguments pour le convaincre que ces relations secrètes sont dangereuses pour nous deux ; je l'ai même pressé de poursuivre ses vues de fortune sans penser plus longtemps à moi, et de regarder le calme de mon esprit comme suffisamment assuré par la certitude où j'étais qu'il n'avait pas succombé sous l'épée de mon père. Il répond... mais comment détailler tout ce qu'il a à répondre ? — Il réclame comme une dette ces espérances que ma mère lui avait permis de concevoir, et voudrait me persuader de consentir à la folie d'une union sans la sanction de mon père. Mais en ceci, Mathilde, je ne me laisserai pas entraîner. J'ai résisté, j'ai imposé silence aux sentiments qui se soulèvent dans mon âme en sa faveur ; mais comment sortir de ce malheureux labyrinthe, dans lequel le sort et l'imprudence nous ont engagés l'un et l'autre ?

« J'y ai tant pensé, Mathilde, que ma tête en a presque des vertiges ; — et je ne puis trouver rien de mieux que de tout avouer à mon père. Il le mérite, car sa bonté est infatigable ; et je crois avoir remarqué, depuis que j'ai fait de son caractère une étude plus attentive, qu'il ne se livre guère à ses emportements que lorsqu'il soupçonne qu'on le trompe ou qu'on le joue ; et sous ce rapport, peut-être, il fut mal compris par quelqu'un qui lui était cher. Il a, de plus, en lui une teinte romanesque ; j'ai vu le récit d'une action généreuse, d'un trait d'héroïsme ou d'une vertueuse abnégation, lui arracher des larmes qui refusaient de couler au tableau d'un malheur ordinaire. Mais Brown allègue qu'il lui est personnellement hostile. — Et l'obscurité de sa naissance... Ce serait la véritable pierre d'achoppement. O Mathilde, j'espère qu'aucun de vos ancêtres ne s'est trouvé aux batailles de Poitiers ou d'Azincourt. Sans la vénération que mon père attache à la mémoire de son aïeul sir Jules Mannering, je tremblerais moitié moins de lui faire mon aveu. »

SEPTIÈME EXTRAIT.

« Je reçois votre lettre à l'instant même ; — quel bien elle m'a fait ! — combien je vous remercie, ma chère et bonne amie, de votre sympathie et de vos conseils ! — je n'y puis dignement répondre que par une confiance sans bornes.

« Vous me demandez quelle est l'origine de Brown, que ce doive être pour mon père un point si désagréable. Son histoire n'est pas longue. Il est d'extraction écossaise, mais étant resté orphelin, son éducation fut suivie par des parents établis en Hollande. Il fut élevé pour le commerce et envoyé très-jeune dans un de nos établissements de l'Orient, où son tuteur avait un correspondant; mais ce correspondant était mort quand il arriva dans l'Inde, et il n'eut d'autre ressource que d'entrer comme commis chez un négociant. La guerre survint, et la pénurie où nous fûmes d'abord réduits jeta dans l'armée tous les jeunes gens qui étaient disposés à embrasser cette carrière; Brown, qui se sentait fortement enclin au parti des armes, fut le premier à abandonner ce qui aurait pu être le chemin de la fortune, et à choisir celui de la gloire. Le reste de son histoire vous est connu; mais imaginez la colère de mon père, qui méprise le commerce (quoique, pour le dire en passant, la meilleure part de sa fortune ait été acquise par mon grand-oncle dans cette honorable profession), et qui a pour les Hollandais une antipathie toute particulière, imaginez de quelle oreille il écouterait probablement des propositions, pour son unique enfant, de M. Vanbeest Brown, élevé par charité dans la maison Vanbeest et Vanbruggen! O Mathilde, cela ne sera jamais; — et moi-même, tel est mon enfantillage, que j'ai peine à m'empêcher de partager ses sentiments aristocratiques. Mistress Vanbeest Brown! Le nom n'est guère engageant, à coup sûr. — Quels enfants nous sommes! »

HUITIÈME EXTRAIT.

« Tout est maintenant fini, Mathilde; — je n'aurai jamais le courage de rien dire à mon père; — il y a plus, j'ai tout lieu de craindre qu'il n'ait déjà appris mon secret par une autre voie, ce qui m'enlèverait tout le mérite de mon aveu, et anéantit le faible rayon d'espoir que j'osais y attacher. La nuit dernière, Brown vint selon sa coutume, et son flageolet annonça son approche sur le lac. Nous étions convenus qu'il continuerait d'employer ce signal. Ces lacs pittoresques attirent de nombreux visiteurs, qui s'abandonnent à leur enthousiasme en visitant à toute heure le paysage, et nous espérions que si Brown était remarqué de quelqu'un de la maison, il pourrait être pris pour un de ces admirateurs de la nature donnant issue à ses sentiments par l'intermédiaire de la musique. Ces sons pouvaient aussi me servir d'excuse si j'étais aperçue sur le balcon. Mais la nuit dernière, tandis que nous discutions avec chaleur, moi pour justifier mon plan de confession entière à mon père, lui pour m'en dissuader, nous entendîmes ouvrir doucement la fenêtre de la bibliothèque de M. Mervyn, qui est au-dessus de ma chambre. Je fis signe à Brown de se retirer, et je rentrai immédiatement avec le faible espoir que notre entrevue n'aurait pas été remarquée.

« Mais hélas, Mathilde! je n'eus pas plutôt aperçu la physionomie de M. Mervyn, le lendemain matin à déjeuner, que cet espoir s'évanouit à l'instant. Il avait dans son air quelque chose de si mystérieux et de si provoquant, que si je l'eusse osé, je me serais mise dans la plus grande colère où j'aie été de ma vie; mais il faut faire bonne contenance, et mes promenades sont maintenant limitées à l'enceinte de ses fermes, où le bon gentilhomme peut me suivre sans peine, collé à mes côtés. Je l'ai surpris une ou deux fois essayant de me sonder et d'épier l'expression de ma physionomie. Plus d'une fois il m'a parlé de flageolet; à différentes reprises, il m'a fait l'éloge de l'active surveillance de ses chiens, et de leur férocité, et de la régularité avec laquelle le gardien fait ses rondes muni d'un fusil chargé. Il parlait même de pièges et de fusils à ressort. Je ne voudrais pas braver l'ancien ami de mon père dans sa propre maison; mais il me tarde de lui montrer que je suis la fille de mon père, ce dont M. Mervyn sera certainement convaincu, si jamais je me laisse aller à répondre comme je le voudrais à ses insinuations indirectes. Je suis certaine d'une chose, — et je lui en sais gré, — c'est qu'il n'a rien dit à mistress Mervyn. Le Seigneur me protége! quels sermons il m'aurait fallu écouter sur les inconvénients de l'amour et de l'air de la nuit sur le lac, sur le danger des rhumes et des chasseurs de fortune, sur l'utilité et la convenance du petit-lait coupé de canarie et des fenêtres fermées! — Je ne puis m'empêcher de plaisanter, Mathilde, quoique j'aie le cœur bien triste. Je ne sais ce que fera Brown. Je présume, cependant, que la crainte d'être découvert l'empêche de reprendre ses visites nocturnes. Il loge dans une auberge, de l'autre côté du lac, sous le nom, m'a-t-il dit, de Dawson¹; — il faut convenir qu'il a un malheureux choix de noms. Je ne crois pas qu'il ait quitté le service, mais il ne dit rien de ses vues actuelles.

« Pour mettre le comble à mon anxiété, mon père est revenu tout à coup, et l'air fort mécontent. Notre bonne hôtesse, ainsi que je l'ai appris par une conversation animée entre elle et sa femme de charge, ne s'attendait pas à le voir avant huit jours; mais j'ai quelque lieu de croire que son arrivée n'a pas été une surprise pour son ami M. Mervyn. Ses manières avec moi ont été singulièrement froides et contraintes; — assez pour avoir éteint tout le courage avec lequel je m'étais décidée à m'abandonner à sa générosité. Il rejette la cause de sa mauvaise humeur sur ce qu'il a manqué une acquisition qu'il avait à cœur, dans le sud-ouest de l'Écosse; mais je ne crois pas que son égalité d'âme puisse être si aisément troublée. Sa première excursion a été à l'auberge que j'ai mentionnée; il s'y est rendu par le lac, dans la barque de M. Mervyn. Vous pouvez imaginer l'agonie avec laquelle j'attendais son retour. — S'il eût reconnu Brown, qui eût pu prévoir les conséquences! — Il revint, cependant, sans paraître avoir fait aucune

---

¹ Fils de chouette.

CHAPITRE XVIII.

découverte. J'apprends qu'en conséquence de son récent désappointement, il a maintenant l'intention de louer une maison au voisinage de cet Ellangowan, dont je suis condamnée à tant entendre parler ; — il paraît regarder comme probable que le domaine après lequel il aspire sera bientôt remis en vente. Je n'enverrai pas cette lettre avant d'avoir su plus positivement quelles sont ses intentions. »

« Je viens d'avoir une entrevue avec mon père, entrevue où il s'est, je présume, ouvert à moi autant qu'il veut le faire. Aujourd'hui, après le déjeuner, il m'a demandé de passer avec lui dans la bibliothèque ; mes genoux, Mathilde, tremblaient sous moi, et ce n'est pas une exagération de dire que je pouvais à peine le suivre. Je n'aurais pu dire ce que je craignais. — Depuis mon enfance, j'ai vu tout ce qui l'entoure trembler sous son regard. Il m'a fait signe de m'asseoir, et je n'ai jamais obéi à un ordre de si bon cœur, car en vérité je pouvais à peine me soutenir. Lui-même continuait de se promener de long en large dans la salle. Vous avez vu mon père, et vous avez été frappée, je m'en souviens, de l'ensemble remarquablement expressif de ses traits. Ses yeux sont d'une nuance claire et transparente, mais l'agitation ou la colère leur donne une teinte plus sombre et une expression plus ardente ; il a aussi une habitude de contracter les lèvres, quand il est fortement ému, qui révèle un combat entre l'emportement naturel du caractère et l'habitude d'en maîtriser les mouvements. C'était la première fois que nous nous trouvions seuls depuis son retour d'Écosse, et comme je remarquais en lui ces signes d'agitation, je ne doutais pas que nous ne fussions sur le point d'aborder le sujet que je redoutais le plus.

« A mon grand soulagement, je vis que je m'étais trompée, et qu'instruit ou non des soupçons ou des découvertes de M. Mervyn, son intention n'était pas de s'entretenir avec moi sur ce sujet. Craintive comme je l'étais, j'éprouvai un inexprimable soulagement, quoique, s'il eût véritablement approfondi les rapports qui peuvent être venus à son oreille, la réalité eût pu être fort au-dessous de ses soupçons. Mais, quoique mon courage fût grandement relevé en me voyant ainsi échapper inopinément à ce que j'avais craint, je n'eus pas la force d'entamer la discussion, et j'attendis en silence qu'il me fît connaître ses intentions.

« — Julia, me dit-il, mon agent m'écrit d'Écosse qu'il a trouvé à louer une maison pour moi, décemment meublée et fournie de ce qui peut être nécessaire à ma famille ; — elle est à trois milles de celle que j'avais intention d'acheter. — Ici il s'arrêta, et parut attendre une réponse.

« — Quel que soit le lieu de résidence qui vous convienne, monsieur, il me doit convenir aussi parfaitement.

« — Humph ! — Ce n'est cependant pas mon intention, Julia, que vous résidiez tout à fait seule dans cette maison durant l'hiver.

« —(M. et mistress Mervyn, pensai-je en moi-même.)Toute société qui vous sera agréable me le sera aussi, répondis-je.

« — Oh! c'est un peu trop, que cet esprit de soumission universelle; c'est une excellente disposition en pratique, mais m'en répéter constamment le jargon me rappelle les éternels *salams* de nos esclaves noirs de l'Orient. En un mot, Julia, je sais que vous avez du goût pour la société, et j'ai dessein d'inviter une jeune personne, la fille d'un ami qui n'est plus, à venir passer quelques mois avec nous.

« — Pas une gouvernante, au nom du Ciel! m'écriai-je; mes craintes, en ce moment, l'emportant tout à fait sur ma prudence.

« — Non, miss Mannering, pas une gouvernante, répliqua le colonel avec quelque mécontentement, mais une jeune dame dont l'excellent exemple, élevée comme elle l'a été à l'école du malheur, pourra, l'espère, vous enseigner l'art de vous gouverner vous-même.

« Répondre à ceci était entamer un terrain trop dangereux; il y eut une nouvelle pause.

« — Cette jeune dame est-elle Écossaise, mon père?

« Il me répondit par un Oui assez sec.

« — A-t-elle beaucoup d'accent, monsieur?

« — Beaucoup du diable! répondit-il brusquement. Croyez-vous que je me mette en peine des *a* et des *aa*, des *i* et des *ee*? — Je vous dis, Julia, que je parle sérieusement. Vous avez une disposition à l'amitié, c'est-à-dire à former des intimités auxquelles vous donnez ce nom; — (n'était-ce pas s'exprimer bien durement, Mathilde?) — or, je veux vous procurer l'occasion de faire enfin une amie qui mérite ce titre, et c'est pourquoi j'ai résolu que cette jeune dame habiterait avec nous pendant quelques mois, et je compte que vous aurez pour elle ces égards qui sont dus à l'infortune et à la vertu.

« — Certainement, monsieur. — Ma future amie a-t-elle les cheveux roux?

« Il me lança un de ses regards sévères. Vous direz peut-être que je le méritais; mais je crois qu'en certaines occasions le démon lui-même me souffle des questions impertinentes.

« — Elle vous est aussi supérieure en beauté, Julia, que par sa réserve et son affection pour ses amis.

« — Mon Dieu, mon père, pensez-vous que cette supériorité soit une recommandation près de moi? — mais je vois, monsieur, que vous prenez tout ceci trop au sérieux; quelle que soit cette jeune dame, je puis vous assurer que, recommandée par vous, elle n'aura pas lieu de se plaindre de mon manque d'égards. — (Après une pause:) — A-t-elle quelqu'un attaché à son service? dans le cas contraire, vous savez que j'aurais à y songer.

« — N... on, — non pas précisément quelqu'un qui la serve. — Le

CHAPITRE XVIII.

chapelain qui résidait près de son père est un fort bon homme, et je crois que je lui ferai place dans la maison.

« — Un chapelain, mon père? Le Seigneur nous protége!

« — Oui, miss Mannering, un chapelain; le mot a-t-il quelque chose de si neuf? N'avions-nous pas un chapelain à la résidence, quand nous habitions l'Inde?

« — Oui, mon père; mais vous étiez commandant, alors.

« — Et je le serai encore, miss Mannering; — dans ma famille, au moins.

« — Certainement, monsieur; — mais nous lira-t-il le service de l'Église anglicane?

« Sa gravité ne put tenir à la simplicité apparente avec laquelle je fis cette question. — Allons, Julia, me dit-il, vous êtes une méchante fille; mais je ne gagne rien à vous gronder. — De ces deux étrangers, la jeune dame est une personne que, je le crois, vous ne pouvez manquer d'aimer; — et celle que, faute d'un meilleur terme, j'appelle chapelain, est un très-digne et quelque peu ridicule personnage, qui ne s'apercevra jamais que vous riez de lui, à moins que vous ne riiez bien fort.

« — Mon cher papa, cette partie de son caractère me plaît singulièrement. — Mais, je vous prie, la maison que nous allons aller habiter est-elle aussi agréablement située que celle-ci?

« — Peut-être pas autant à votre goût; — il n'y a pas de lac sous les fenêtres, et vous serez obligée d'avoir toute votre musique à l'intérieur.

« Ce dernier trait mit fin à notre lutte de reparties, car vous pouvez croire, Mathilde, qu'il m'ôta tout courage de répliquer.

« Cependant ma confiance, comme il ne sera peut-être que trop manifeste par ce dialogue, s'était insensiblement relevée, et en quelque sorte en dépit de moi-même. Brown vivant, libre, et en Angleterre! Il n'est pas d'embarras, pas d'inquiétude, que je ne puisse et ne doive supporter. Nous partons d'ici dans deux jours pour notre nouvelle résidence. Je ne manquerai pas de vous faire savoir ce que je penserai de ces hôtes écossais que mon père, je n'ai que trop lieu de le croire, a dessein d'établir dans sa maison comme un couple d'honorables espions : une sorte de Rosencrantz femelle et de révérend Guildenstern, l'une en jupon de tartan, l'autre en soutane. Quel contraste avec la société que j'aurais voulu me former! Je vous écrirai, aussitôt mon arrivée à notre nouvelle demeure, et j'informerai ma chère Mathilde du sort ultérieur de — sa JULIA MANNERING. »

CHAPITRE XIX.

> Des collines aux pentes doucement inclinées l'entourent. Là croissent et le bouleau et le chêne au feuillage sévère, et sous leurs arceaux épais et sombres, une rivière célèbre épanche son onde. Délicieux Tusculum de bonheur rustique, où la nature charme et captive!
> WARTON.

WOODBOURNE, l'habitation que par l'entremise de M. Mac Morlan le colonel Mannering avait louée pour une saison, était une maison grande et commode, agréablement située au pied d'une colline couverte de bois, qui l'abritaient au nord et à l'est. En regard de la façade se déployait une petite plaine bordée de bouquets de vieux arbres; en arrière s'étendaient quelques champs de terres en culture, qui descendaient jusqu'à la rivière, qu'on pouvait apercevoir des fenêtres du château. Un jardin passable, quoique dessiné à l'ancienne mode, un colombier bien garni, et la jouissance d'autant de terrain qu'en pouvaient réclamer les convenances de la famille, rendaient à tous égards le lieu propre à servir de résidence, comme le disaient les annonces de location, « à une famille de gentlemen. »

Ce fut donc là que pour quelque temps au moins Mannering résolut de planter son pavillon. Quoique ancien résident de l'Inde, il avait peu de goût pour tout ce qui n'était que parade et ostentation: c'était un homme trop fier pour être vain. Il résolut donc de s'établir sur le pied d'un gentilhomme campagnard jouissant de quelque fortune, sans afficher et sans permettre que sa maison affichât rien du faste qui alors était regardé comme caractéristique d'un *nabab*.

Il ne perdait pas de vue l'acquisition d'Ellangowan, que M. Glossin, dans l'opinion de Mac Morlan, serait obligé d'abandonner, attendu que quelques-uns des créanciers lui contestaient le droit de garder entre ses mains une partie si considérable du prix d'achat, et qu'il était fort douteux qu'il pût l'acquitter immédiatement. Dans ce cas, Mac Morlan était persuadé qu'il céderait aisément son marché, s'il était tenté par un certain bénéfice. Il peut paraître étrange que Mannering fût tellement attaché à un lieu qu'il n'avait vu qu'une fois dans sa jeunesse, et pendant un temps très-court. Mais les circonstances de cette visite avaient fait sur son esprit une forte impression. Il semblait que le destin eût marqué des rapports entre les événements remarquables de l'histoire de sa propre famille et de celle des habitants d'Ellangowan, et il éprouvait un mystérieux désir de se voir possesseur de la terrasse d'où il avait lu dans le livre du Ciel une destinée si étrangement accomplie dans la personne de l'héritier des Bertram, et si étroitement correspondante avec celle dont sa propre famille avait été frappée. En outre, quand cette pensée se fut emparée de lui, il ne put supporter sans une vive répugnance l'idée de voir ses vues traversées, et par un homme tel que Glossin. Ainsi la fierté vint en aide à l'imagination, et l'une et l'autre se réunirent pour l'affermir dans la résolution d'acheter le domaine, s'il était possible.

Soyons justes envers Mannering. Le désir d'obliger l'infortune avait aussi eu sa part dans la détermination qu'il avait prise. Il avait senti l'avantage que Julia pouvait trouver dans la société de Lucy Bertram, dont la rectitude de jugement et le bon sens étaient si bien faits pour inspirer toute confiance. Cette pensée s'était de plus en plus emparée de lui, depuis la confidence que lui avait faite Mac Morlan, sous le sceau du secret, de toute sa conduite envers le jeune Hazlewood. Il y aurait eu moins de délicatesse à lui proposer de devenir un hôte de sa famille, s'il eût demeuré loin des lieux où elle avait passé son enfance, et du petit nombre de ceux qu'elle appelait ses amis; mais à Woodbourne, il était aisé de la déterminer à venir comme visiteuse passer une saison avec eux, sans la rabaisser à la situation d'humble compagne de sa fille. Lucy Bertram n'accepta pas sans hésitation l'invitation de passer quelques semaines avec miss Mannering. Elle sentait trop bien que, sous quelques dehors que la délicatesse du colonel pût déguiser la vérité, son motif principal était un généreux désir de lui prêter un appui et une protection auxquels la haute position du colonel et son noble caractère devaient donner une grande influence près des habitants du voisinage.

Vers le même temps, l'orpheline reçut une lettre de mistress Bertram, la parente à qui elle avait écrit, aussi froide et aussi peu consolante qu'on pouvait le présumer d'avance. Cette lettre renfermait, à la vérité, une faible valeur pécuniaire, mais elle recommandait fortement l'économie, et elle conseillait à miss Bertram de se mettre en pension dans quelque famille paisible, soit à Kippletringan, soit aux environs, en l'assurant que bien que son propre revenu fût très-modique, elle ne voudrait pas voir sa parente dans le besoin. La lecture de cette épître, dictée par un cœur froid, arracha des larmes à miss Bertram ; car, du vivant de sa mère, Ellangowan avait servi de résidence à cette bonne dame pendant près de trois ans, et ce n'avait été qu'en héritant d'une propriété d'environ quatre cents livres de revenu [1] qu'elle avait dit adieu à son toit hospitalier, qui sans cela eût bien pu avoir l'honneur de l'abriter jusqu'à la mort du laird. Lucy fut fortement tentée de renvoyer la

---

[1] Près de 10,000 fr.

mesquine offrande que l'orgueil, aux prises avec l'avarice, avait arrachée à la vieille dame. Mais, après réflexion, elle se contenta de répondre qu'elle acceptait l'envoi comme un prêt qu'elle espérait ne pas tarder à acquitter, et elle demanda en même temps l'avis de sa parente au sujet de l'invitation qu'elle avait reçue du colonel et de miss Mannering. Cette fois la réponse ne se fit pas attendre, tant mistress Bertram craignait que quelque frivole délicatesse, quelque *non-sens*, comme elle disait, ne portât sa cousine à refuser une offre si avantageuse, et par-là à continuer d'être un fardeau pour sa famille. Lucy n'avait donc pas d'alternative, à moins qu'elle ne voulût rester à charge aux dignes Mac Morlans, trop généreux pour être riches. Ceux qui avaient d'abord réclamé la faveur de sa société avaient peu à peu retiré leurs offres de services, soit silencieusement, soit en exprimant leur mécontentement de ce qu'elle avait préféré l'invitation de Mac Morlan à la leur.

Le sort de Dominie Sampson eût été bien triste, s'il eût dépendu de tout autre que de Mannering, admirateur de l'originalité, car se séparer de Lucy Bertram eût certainement été pour lui le coup de la mort. Mac Morlan avait rendu compte au colonel de la conduite de Sampson envers la famille de son patron. Mannering, dans sa réponse, s'informa si le Dominie possédait toujours cette admirable vertu de taciturnité qui l'avait si notablement distingué à Ellangowan. Il n'avait pas changé, répliqua Mac Morlan. — « Informez M. Sampson, disait la lettre suivante du colonel, que j'aurai besoin de son assistance pour cataloguer et mettre en ordre la bibliothèque de mon oncle l'évêque, que j'ai donné ordre de m'envoyer par mer. J'aurai en outre besoin de lui pour copier et arranger différents papiers. Fixez son salaire à ce que vous croirez convenable. Que le pauvre homme soit convenablement habillé, et qu'il accompagne sa jeune lady à Woodbourne. »

L'honnête Mac Morlan reçut cette commission avec grande joie, mais il ne fut pas peu embarrassé de cette partie du mandat qui avait pour objet le nouvel accoutrement du digne Dominie. Il l'examina d'un œil scrutateur : il n'était que trop visible que ses vêtements actuels tombaient de jour en jour dans un état plus déplorable. Lui remettre l'argent et lui laisser le soin de s'équiper lui-même, c'eût été seulement le mettre à même de se rendre ridicule ; car lorsqu'il arrivait à M. Sampson, événement bien rare, d'acheter des habits neufs, les additions que, guidé par son goût, il faisait à sa garde-robe, attiraient habituellement après lui pendant plusieurs jours tous les enfants du village. D'un autre côté, lui amener un tailleur pour lui faire prendre mesure, et lui faire envoyer ses habits à la maison, comme pour un écolier, c'eût été probablement le blesser. Enfin Mac Morlan prit le parti de consulter miss Bertram, et de réclamer son intervention. Elle l'assura que bien qu'elle ne pût prétendre à la surintendance d'une garde-robe masculine, rien n'était plus aisé que d'arranger celle du Dominie.

— A Ellangowan, lui dit-elle, toutes les fois que mon pauvre père pensait que quelque partie des habits du Dominie avait besoin d'être renouvelée, un domestique recevait l'ordre d'entrer dans sa chambre pendant la nuit, car il a le sommeil aussi dur qu'un loir, d'emporter le vieil habillement et de mettre le neuf en place; et personne n'a jamais remarqué que le Dominie se fût le moins du monde aperçu de ces sortes de substitutions.

Mac Morlan, se conformant à l'avis de miss Bertram, se procura un artiste habile, qui, après avoir attentivement examiné le Dominie, entreprit de lui faire deux habillements complets, l'un noir et l'autre gris foncé, et s'engagea même à ce qu'ils lui iraient convenablement, — autant du moins (ce fut ainsi que le tailleur qualifia son entreprise) qu'un homme si extraordinairement bâti pouvait être habillé par des aiguilles et des ciseaux purement humains. Quand le tailleur eut achevé sa tâche, et que les habits furent apportés à la maison, Mac Morlan, se déterminant judicieusement à procéder par degrés, lui retira le soir même une partie importante de son vêtement, et mit en place le nouvel article correspondant. S'apercevant que la chose s'était fort bien passée, le lendemain il risqua le gilet, et finalement l'habit. Lorsque le Dominie fut ainsi complètement métamorphosé, et couvert d'habits propres, pour la première fois de sa vie, on remarqua seulement qu'il semblait avoir la conscience indistincte et confuse qu'un changement avait eu lieu dans son *homme extérieur*. Toutes les fois qu'ils voyaient percer sur sa physionomie cette expression de doute, accompagnée d'un regard qui tantôt s'arrêtait sur la manche de son habit, tantôt sur les genoux de sa culotte, où probablement il ne retrouvait pas quelque antique rapiècement, qui, exécuté en fil bleu sur un fond noir, avait quelque chose de l'effet d'une broderie, ils avaient toujours soin de reporter son attention dans une autre voie, jusqu'à ce que, l'usage aidant, ses vêtements reprissent leur premier caractère. La seule remarque qu'on lui entendit jamais faire à ce sujet fut « que l'air d'un bourg comme Kippletringan semblait favorable aux habits, car il lui semblait que le sien avait l'air presque aussi neuf que la première fois qu'il l'avait mis, le jour où il avait subi l'épreuve pour sa licence de prédicateur. »

A la première nouvelle que le Dominie reçut de la généreuse proposition du colonel Mannering, il tourna vers miss Bertram un regard de soupçon et de doute, comme si le projet lui eût paru suspect d'avoir leur séparation pour but; mais M. Mac Morlan s'étant hâté de l'informer qu'elle aussi viendrait pour quelque temps habiter Woodbourne, il se frotta ses larges mains et laissa éclater un accès de gaîté bruyante, comparable à celui de l'Afrita dans le conte du *Calife Vathek*. Après cette explosion inhabituelle de contentement, il redevint complètement passif dans le reste des arrangements.

Il avait été arrêté que M. et mistress Mac Morlan prendraient possession de la maison, quelques jours avant l'arrivée du colonel Mannering, pour achever de tout mettre en ordre, et rendre aussi aisé et aussi délicat que possible le changement de résidence de miss Bertram. En conséquence, dans les premiers jours de décembre, ils étaient tous installés à Woodbourne.

CHAPITRE XX.

> Gigantesque génie, capable de lutter avec des bibliothèques entières. BOSWELL, *Vie de Johnson.*

Le jour où le colonel et miss Mannering étaient attendus à Woodbourne arriva enfin. L'heure approchait rapidement, et chacun de ceux qui composaient le petit cercle avait son sujet d'inquiétude. Mac Morlan désirait naturellement s'attacher le patronage et l'appui d'un homme aussi riche et aussi important que Mannering. Il avait compris, grâce à sa connaissance des hommes, que Mannering, quoique généreux et bienveillant, avait le faible d'attendre et d'exiger une soumission minutieuse à ses ordres ; il mettait donc tous ses souvenirs à contribution pour voir si tout était disposé selon les désirs et les instructions du colonel, et dans cette incertitude d'esprit, il parcourut plus d'une fois la maison, du grenier aux écuries. Mistress Mac Morlan circulait dans un orbite plus étroit, comprenant la salle à manger, la chambre de la femme de charge et la cuisine ; sa seule crainte fut que le dîner ne souffrît, au grand dommage de sa réputation de ménagère. L'impassibilité habituelle du Dominie lui-même fut tellement troublée, qu'il se mit deux fois à la fenêtre donnant sur l'avenue, et que deux fois il s'écria : Qui peut arrêter les roues de leur carrosse? Lucy, plus calme que les autres, se livrait à de tristes pensées ; elle allait se trouver confiée aux soins, presque à la bienveillance d'étrangers dont le caractère, quoique jusque-là il ne se fût montré que sous les dehors les plus prévenants, ne lui était néanmoins que fort imparfaitement connu : les moments d'attente lui paraissaient donc longs et pénibles.

Enfin, le pas des chevaux et le bruit des roues se firent entendre. Les domestiques qui étaient déjà arrivés se réunirent dans la salle pour recevoir leurs maîtres, avec un apparat et un empressement qui avaient quelque chose d'alarmant pour Lucy, peu habituée qu'elle était à la société, et à ce qu'on nomme les manières du grand monde. Mac Morlan s'avança à la porte au-devant du maître et de la maîtresse de la maison, et peu d'instants après ils étaient dans le salon.

Mannering, qui, selon l'usage, avait fait route à cheval, entra donnant le bras à sa fille. La taille de miss Mannering était petite, mais d'une élégance parfaite ; ses yeux noirs et perçants et ses longs cheveux de jais se mariaient fort bien à la vivacité spirituelle de ses traits, où une légère teinte de hauteur se mêlait à une nuance de timidité, et ou respirait en outre, avec beaucoup de malice, une certaine disposition au sarcasme. — Je ne l'aimerai pas : tel fut le résultat du premier coup d'œil de Lucy Bertram; mais au second elle se dit : Je crois pourtant que je l'aimerai.

Miss Mannering était couverte de fourrures et complètement enveloppée dans son mantelet, pour se défendre de la rigueur du temps; le colonel était vêtu de sa grande capote militaire. Il salua mistress Mac Morlan, à qui sa fille fit aussi une révérence à la mode, pas assez basse pour l'incommoder. Le colonel conduisit alors sa fille vers miss Bertram, et prenant la main de celle-ci avec un air de bonté presque paternelle : — Julia, dit-il, voici la jeune dame que nos bons amis, je l'espère, auront décidée à honorer notre maison d'une longue visite. Je serai bien satisfait si vous pouvez rendre Woodbourne aussi agréable à miss Bertram, qu'Ellangowan le fut pour moi la première fois que le hasard m'amena dans ce pays.

Miss Mannering fit un salut d'acquiescement, et prit la main de sa nouvelle amie. Mannering se tourna alors vers le Dominie, qui, depuis l'entrée des arrivants, n'avait pas cessé de faire des saluts, tirant la jambe en arrière, et courbant le dos comme un automate qui répète le même mouvement tant que l'artiste n'en a pas arrêté le ressort. — Mon bon ami M. Sampson, dit le colonel en le présentant à sa fille, à qui en même temps il lança un coup d'œil de reproche, quoique lui-même eût grand'peine à ne pas se joindre à l'évidente envie de rire de la demoiselle; — ce gentleman, Julia, doit mettre mes livres en ordre à leur arrivée, et j'espère tirer un grand avantage de ses connaissances étendues.

— Nous serons fort obligés à monsieur, je n'en doute pas, mon père, et je puis dire que la physionomie de monsieur prévient tout à fait en sa faveur [1]. — Mais, miss Bertram, ajouta-t-elle promptement en voyant le front de son père se rembrunir, nous avons fait une longue route; — me permettez-vous de me retirer jusqu'au dîner?

Ce fut pour tous ceux qui se trouvaient là le signal de se disperser, à l'exception du Dominie, qui, n'ayant pas l'idée qu'on prît la peine de s'habiller et de se déshabiller, sauf en se levant et en se mettant au lit, resta enfoncé dans ses méditations et ruminant une démonstration géométrique, jusqu'au moment où la compagnie se

---

[1] Je n'ai pu que rendre, par une phrase équivalente, l'intention moqueuse de la malicieuse miss; j'ai dû abandonner la phrase originale, où la plaisanterie roule sur un jeu de mots intraduisible : *To borrow a ministerial mode of giving thanks*, dit-elle. *I shall never forget the extraordinary countenance he has been pleased to show us*; c'est-à-dire littéralement : « Pour donner à mes remercîments une forme ministérielle, je n'oublierai jamais la *countenance* extraordinaire qu'il a bien voulu nous montrer. » L'équivoque roule sur la double acception du mot *countenance*, qui signifie à la fois *appui* et *physionomie*. (L. V.)

CHAPITRE XX.

réunit de nouveau dans le salon pour passer à la salle à manger.

A la fin du jour, Mannering saisit une occasion d'avoir avec sa fille un instant d'entretien particulier.

— Comment trouvez-vous vos hôtes, Julia? lui demanda-t-il.

— Oh! miss Bertram me plaît infiniment; — mais celui-ci est un ministre fort original. — Il n'y a pas d'être humain, mon cher papa, qui fût capable de le regarder sans rire.

— Tant qu'il sera sous mon toit, Julia, il faudra pourtant que chacun apprenne à le regarder sérieusement.

— Mon Dieu, papa, les domestiques eux-mêmes ne pourraient pas garder leur gravité!

— Alors, qu'ils dépouillent ma livrée et qu'ils aillent ailleurs rire à leur aise. M. Sampson est un homme que j'estime pour sa simplicité et la bienveillance de son caractère.

— Oh! je ne suis pas moins convaincue de sa générosité, reprit l'espiègle jeune fille; il ne peut porter une cuillerée de soupe à sa bouche sans en donner une part à tout ce qui l'entoure.

— Julia, vous êtes incorrigible; mais souvenez-vous de mettre à votre gaîté sur ce sujet des bornes telles qu'elle ne puisse blesser ce digne homme, non plus que miss Bertram, qui pourrait être plus sensible à une plaisanterie sur M. Sampson qu'il ne le serait lui-même. Allons, bonsoir, ma chère enfant; et songez que, quoique M. Sampson n'ait certainement pas sacrifié aux Grâces, il y a dans le monde bien des choses plus dignes de ridicule que la gaucherie des manières et la simplicité de caractère.

Le lendemain ou le surlendemain, M. et mistress Mac Morlan quittèrent Woodbourne, après avoir pris un congé affectueux de miss Bertram. Les habitants du château étaient alors bien installés. Les jeunes dames suivaient ensemble le cours de leurs études et de leurs amusements. Le colonel Mannering fut agréablement surpris de trouver miss Bertram habile en français et en italien, grâces aux soins assidus de Dominie Sampson, que ses études silencieuses avaient familiarisé avec les idiomes modernes aussi bien qu'avec les langues anciennes. Quant à la musique, elle en possédait à peine les premiers éléments; mais sa nouvelle amie voulut se charger de lui donner des leçons, et en échange elle devait apprendre de Lucy à faire de longues courses à pied et à cheval, et acquérir par son exemple le courage de braver la saison. Mannering avait soin de leur choisir pour leurs amusements du soir des livres qui réunissent à l'agréable une instruction solide, et comme lui-même lisait fort bien et avec beaucoup de goût, les longues soirées d'hiver s'écoulaient rapidement.

Une société se forma promptement, là où tant d'agréments se trouvaient réunis. La plupart des familles des environs rendirent visite au colonel Mannering, et bientôt il put choisir parmi elles ceux de ses voisins dont la fréquentation convenait le mieux à ses goûts et à ses habitudes. Charles Hazlewood conquit dans sa faveur une place distinguée, et devint, du consentement et avec l'approbation de ses parents, un visiteur assidu de Woodbourne; car on ne savait pas, pensaient-ils, ce qui pouvait résulter d'attentions soutenues, et la belle et noble miss Mannering, avec sa fortune indienne, était un prix digne qu'on y aspirât. Éblouis par une telle perspective, ils ne s'arrêtèrent pas à la pensée d'un danger qui avait été pour eux autrefois l'objet de quelques appréhensions, à savoir, que leur fils pût être assez étourdi et inconsidéré pour s'attacher à la pauvre Lucy Bertram, qui n'avait rien sur terre pour la recommander qu'une jolie figure, une bonne naissance et un caractère aimable. Mannering fut plus prévoyant. Il se regarda comme le tuteur de miss Bertram; et, quoiqu'il ne crût pas devoir empêcher absolument ses relations avec un jeune homme pour lequel, sauf la fortune, elle était un parti convenable à tous égards, il sut y mettre, sans le laisser paraître, des limites telles qu'aucun engagement, aucune explication même, ne pussent avoir lieu entre eux, jusqu'à ce que le jeune Charles eût eu plus d'expérience de la vie et du monde, et qu'il fût arrivé à cet âge où il pourrait être regardé comme en état de juger par lui-même d'une chose où son bonheur était surtout intéressé.

Tandis que l'attention des autres membres de la famille de Woodbourne était ainsi engagée, Dominie Sampson s'était donné corps et âme à l'arrangement de la bibliothèque du défunt évêque, laquelle avait été envoyée de Liverpool par mer, et était arrivée sur trente ou quarante chariots, du port où on l'avait débarquée. La joie de Sampson en contemplant le lourd contenu de ces caisses rangé sur le parquet de la vaste bibliothèque, d'où il fallait le disposer sur les rayons, passe toute idée. Ses traits se contorsionnèrent comme ceux d'un ogre, il étendait les bras comme les ailes d'un moulin à vent, et dans son ravissement il faisait retentir les plafonds de ses bruyants « Pro-di-gi-eux ! »
— Jamais, dit-il, il n'avait vu tant de livres ensemble, excepté dans la bibliothèque du collége; et maintenant le sentiment de sa dignité, et le bonheur qu'il éprouvait en se voyant surintendant de la collection, l'élevaient, dans son opinion, presque au niveau du bibliothécaire académique, qu'il avait toujours regardé comme le plus grand homme et l'homme le plus heureux du monde. Un examen rapide du contenu de ces volumes ne diminua rien de ses transports. A la vérité il jeta de côté d'un air d'humeur quelques ouvrages de littérature, tels que poëmes, œuvres dramatiques ou mémoires, avec les interjections dédaigneuses de « psha ! » ou « frivole ! » mais la plus grande partie de la collection, et aussi la plus épaisse, était d'un tout autre caractère. Le défunt prélat, théologien de la vieille souche et d'une profonde érudition, avait chargé ses rayons de volumes qui of-

fraient les antiques et vénérables attributs si bien décrits par un poëte moderne :

> « Ces lourdes reliures de bois que recouvre un vêtement de cuir, ces larges et massives agrafes de métal, ces feuillets pressés qui depuis des siècles n'ont pas été ouverts, la nuance terne et rougeâtre de ces marges étroites, sur le large dos le titre qui se lit encore entre d'épais bourrelets en lettres d'or à demi effacées... »

Livres de théologie et de controverse, commentaires et polyglottes, collections des pères, sermons dont chacun eût formé la matière d'une dizaine de discours de nos prédicateurs modernes ; livres de sciences, anciens et modernes ; auteurs classiques dans leurs éditions les plus estimées et les plus rares : tels étaient les éléments principaux de la vénérable bibliothèque du défunt évêque, et c'était sur ceux-là que les yeux de Dominie Sampson se promenaient avec ravissement. Il en dressait le catalogue avec un soin extrême, formant chaque lettre avec l'attention d'un amant écrivant à la maîtresse qu'il a choisie à la Saint-Valentin[1] ; puis il les plaçait un à un sur la tablette qui leur était destinée, avec autant de respect qu'une dame en ait jamais montré pour une tasse de vieille porcelaine chinoise. Malgré tout son zèle, le travail avançait lentement. Il lui arrivait souvent, à demi grimpé sur l'échelle de la bibliothèque, d'ouvrir un volume qu'il allait mettre en place, et, tombant sur quelque intéressant passage, de rester ainsi plongé dans cette lecture fascinante, sans changer de posture, jusqu'à ce qu'un domestique vînt le tirer par les basques pour l'avertir que le dîner l'attendait. Il courait alors à la salle à manger, bourrait sa large bouche de morceaux de trois pouces, répondait au hasard par un *oui* ou un *non* aux questions qu'on lui adressait, puis se hâtait de retourner à la bibliothèque dès que sa serviette était enlevée, ou même quelquefois en l'emportant à son cou :

> « Oh ! combien de Thalaba
> La vie s'écoulait heureuse ! »

Ayant ainsi laissé les personnages principaux de notre récit dans une situation douce et tranquille pour eux, mais qui, par cela même, serait fort peu intéressante pour le lecteur, nous revenons à l'histoire d'un homme que nous n'avons encore fait que nommer, et à qui s'attache tout l'intérêt que peut donner le malheur et l'incertitude.

[1] Allusion à un usage encore existant dans quelques parties de l'Angleterre et de l'Écosse. (L. V.)

CHAPITRE XXI.

> — Hé bien, Sage, que dis-tu ? — Que l'amour tout-puissant peut surmonter tous les obstacles de la fortune. Est-il donc étrange que le mérite s'allie au mérite, l'orgueil du génie avec l'orgueil de la naissance
> CRABBE.

BROWN — je ne répèterai pas tout au long son trois fois malheureux nom — avait été depuis son enfance le jouet de la fortune ; mais la nature avait doué son esprit de cette souplesse énergique qui ne tombe que pour rebondir plus haut. Sa taille était élevée, ses formes mâles et agiles, et ses traits répondaient à sa personne ; car bien qu'ils fussent loin d'être réguliers, ils exprimaient l'intelligence et la bonne humeur, et quand il parlait ou s'animait, on pouvait les trouver véritablement remarquables. Ses manières révélaient la profession militaire, qu'il avait embrassée par choix, et où il était maintenant parvenu au rang de capitaine, le commandant qui avait succédé au colonel Mannering ayant travaillé à réparer l'injustice que Brown avait éprouvée par suite des préventions de ce dernier. Mais cet avancement, ainsi que sa libération après une captivité assez longue, avaient eu lieu après le départ de Mannering pour l'Europe. Brown quitta l'Inde peu après, son régiment en ayant été rappelé. Son premier soin fut de s'informer de la famille de Mannering, et instruit sans peine de son séjour dans le nord, il s'y rendit aussi dans l'intention de revoir Julia. Il se regardait comme n'ayant pas de mesures à garder avec son père ; car ignorant les insinuations odieuses qui avaient été glissées dans l'esprit du colonel, il ne voyait en lui qu'un tyran orgueilleux, qui avait fait servir son autorité comme officier à le priver de l'avancement dû à sa conduite, et qui lui avait fait une querelle personnelle sans autre raison que de le punir de ses attentions près d'une jeune et jolie personne, qui ne les repoussait pas et qu'autorisait sa mère. Il résolut donc de n'accepter de congé que de la bouche même de Julia, regardant la blessure dangereuse qu'il avait reçue de la main de son père, et les souffrances de sa captivité, comme des injures directes qui pouvaient le dispenser d'user envers lui de beaucoup de cérémonie. Jusqu'à quel point son plan avait-il réussi quand ses visites nocturnes furent découvertes par M. Mervyn, c'est ce dont mes lecteurs sont déjà informés.

Par suite de ce fâcheux incident, le capitaine Brown quitta l'auberge où il avait résidé sous le nom de Dawson, de sorte que les tentatives du colonel Mannering pour le découvrir et suivre ses traces furent sans résultat. Il était néanmoins décidé à ne pas abandonner son entreprise, tant que Julia lui laisserait un rayon d'espoir. L'intérêt qu'elle éprouvait pour lui au fond du cœur était tel qu'elle n'avait pu le lui cacher, et avec tout le courage d'un amour romanesque il se détermina à la persévérance. Mais nous croyons que le lecteur aimera tout autant apprendre de Brown lui-même quelles étaient ses pensées et ses intentions, et nous pouvons le satisfaire en mettant sous ses yeux le fragment d'une lettre qu'il écrivit à son ami et confident spécial, le capitaine Delaserre, Suisse d'origine, et qui avait une compagnie dans le même régiment.

EXTRAIT.

« Donnez-moi bientôt de vos nouvelles, mon cher Delaserre ; — souvenez-vous que je ne puis rien apprendre des affaires du régiment que par vos communications amicales. Il me tarde de savoir quelle a été l'issue de la cour martiale d'Ayr, et si Elliot a obtenu la majorité ; je voudrais savoir aussi comment vont les recrues, et si les jeunes officiers prennent goût à l'état. Je ne vous demande rien de notre bon ami le lieutenant-colonel ; je l'ai vu en passant à Nottingham, heureux au sein de sa famille. Quel bonheur c'est, Philippe, pour nous autres pauvres diables, de trouver une petite place de repos entre le camp et la tombe, si nous pouvons échapper aux maladies, à l'acier, au plomb et aux suites d'une vie si rude ! Un vieux soldat retiré est toujours vu avec plaisir et respect. Il gronde un peu de temps à autre ; mais alors on lui passe ses murmures. — Si c'était un homme de loi, ou un médecin, ou un ecclésiastique qui soufflassent une plainte de mauvaise chance ou de manque d'avancement, cent voix s'élèveraient pour en rejeter la cause sur leur propre incapacité ; mais le plus stupide vétéran qui ait jamais rabâché le récit vingt fois raconté d'un siége ou d'une bataille, ou une histoire de coq et de bouteille, est écouté avec intérêt et déférence, quand il secoue sa maigre crinière et parle avec indignation des blancs-becs qui lui ont passé sur le corps. Et vous et moi, Delaserre, — tous deux étrangers, — car à quoi cela me profiterait-il d'être natif d'Écosse, puisque, alors même que je prouverais mon origine, les Anglais m'avoueraient à peine pour compatriote ? — vous et moi nous pouvons nous vanter d'avoir emporté notre avancement, et d'avoir conquis à la pointe de l'épée ce que notre fortune ne nous eût pas permis d'acquérir autrement. Les Anglais sont un peuple sage. Tout en se louant eux-mêmes, et en affectant de dépriser les autres nations, ils vous laissent heureusement ouvertes des trappes et des portes de derrière par lesquelles nous autres étrangers, moins favorisés par la nature, pouvons arriver à partager leurs avantages. Et en ceci ils ressemblent, jusqu'à un certain point, à un hôte vanteur qui exalte le prix et la saveur de son vieux mouton, dont il est charmé de dispenser une part à chacun de ses convives. En un mot, vous dont la famille orgueilleuse, et moi qu'un destin contraire ont faits des soldats de fortune, nous pouvons penser avec plaisir qu'au service britannique, n'importe où nous nous arrêtions dans notre carrière, ce sera seulement faute d'argent pour payer à la barrière, et non parce que la route nous serait interdite. Si donc vous pouvez persuader au petit Michel Weischel d'être des nôtres, pour Dieu, qu'il achète une commission d'enseigne, qu'il soit prudent, qu'il pense à ses devoirs, et qu'il s'en rapporte aux destins pour son avancement.

« Et maintenant, j'espère que vous mourez de curiosité d'apprendre la fin de mon roman. Je vous ai dit que j'avais jugé convenable de faire à pied un tour de quelques jours dans les montagnes du Westmoreland, en compagnie de Dudley, ce jeune artiste anglais dont j'ai fait la connaissance. Vous devez savoir, Delaserre, que c'est un aimable compagnon ; — peignant passablement, dessinant en perfection, causant bien et jouant à ravir de la flûte ; et qui, bien qu'ayant ainsi le droit d'être vain de ses talents, n'en est pas moins un jeune homme modeste et sans prétention. A notre retour de notre petit voyage, j'appris que l'ennemi était venu en reconnaissance. La barque de M. Mervyn avait traversé le lac, à ce que m'apprit mon hôte, montée par le squire lui-même et par un visiteur.

« — Quelle sorte d'homme? lui demandai-je.

« — Hé ! un homme assez sombre, qui a l'air d'un officier et qu'on nomme colonel. — Le squoire [1] Mervyn m'a questionné aussi serré que si j'avais été aux assises. — J'avais mes soupçons, M. Dawson (je vous ai dit que c'était mon nom supposé), mais je ne lui ai rien dit de vos allées et venues sur le lac pendant la nuit. — Ce ne serait pas moi qui causerais ; — si je ne puis plus aller en chasse, je n'empêcherai pas les autres d'y aller. — Avec ça que squoire Mervyn est tendre comme une vieille croûte, encore ; — il est toujours à se plaindre si un de ceux qui logent ici met seulement pied à terre devant son château, quoiqu'on en ait bien le droit, après tout. — Non, non, ce n'est pas par la faute de Joe Hodges qu'il arrivera de la peine aux gens...

« Vous conviendrez qu'après ceci il ne me restait plus qu'à solder la note de l'honnête Joe Hodges et à décamper, à moins que je ne voulusse en faire mon confident, ce à quoi je ne me sentais pas d'inclination. J'appris d'ailleurs que notre ci-devant colonel était en pleine retraite sur l'Écosse, emmenant avec lui la pauvre Julia. J'ai su de ceux qui conduisaient les nombreux bagages, qu'il prend ses quartiers d'hiver dans un endroit appelé Woodbourne, comté de ***, en Écosse.

---

[1] Prononciation provinciale de *squire*, ou écuyer, titre que nous avons déjà dit venir, dans la hiérarchie sociale anglaise après celui de baronnet. (L. V.)

En ce moment il sera en éveil ; ainsi il faut que je le laisse s'enfermer dans ses retranchements, sans lui donner de nouvelle alarme. Mais alors, mon bon colonel, vous à qui je dois tant de sincères remercîments, garde à vous, je vous en préviens !

« Je vous proteste, Delaserre, que je pense souvent qu'un peu de contradiction entre dans l'ardeur de ma poursuite. Je crois que j'aimerais mieux amener cet homme hautain et méprisant à la nécessité d'appeler sa fille mistress Brown, que d'épouser sa fille de son plein consentement, avec la permission du roi de changer mon nom pour le titre et les armoiries des Mannering, toute sa fortune y serait-elle attachée. Il n'y a qu'une circonstance qui me refroidit un peu ; — Julia est jeune et romanesque. Je ne voudrais pas l'entraîner dans une démarche que ses années plus mûres pourraient désapprouver. — Non ; — et je ne pourrais non plus supporter l'idée qu'elle me reprochât, ne serait-ce que par un regard, d'avoir perdu son existence ; — encore moins voudrais-je lui donner lieu de dire, ce que plus d'une ne s'est pas fait faute de dire à son seigneur et maître, que si je lui avais laissé le temps de la réflexion, elle eût été plus sage et eût mieux agi. Non, Delaserre, — il ne faut pas que cela soit. Cette image me préoccupe vivement, parce que je sens qu'une fille dans la situation de Julia n'a pas une idée nette et juste de l'étendue du sacrifice qu'elle fait. Elle ne connaît les difficultés de la vie que de nom ; et si elle pense à l'amour dans une ferme, c'est dans une *ferme ornée*, telle qu'on n'en trouve que dans les descriptions des poëtes ou dans le parc d'un gentilhomme de douze mille livres sterling de revenu. Elle serait mal préparée aux privations de cette véritable cabane suisse dont nous avons si souvent causé, et aux embarras dont nous serions nécessairement entourés même avant d'avoir atteint le port. Ceci est un point qu'il faut nettement éclaircir. Quoique la beauté de Julia et la sincérité de sa tendresse aient fait sur mon cœur une impression qui ne s'en effacera jamais, je dois m'assurer qu'elle comprend parfaitement quels avantages elle abandonne avant qu'elle me les sacrifie.

« Ai-je trop de présomption, de penser que cette épreuve même puisse se terminer au gré de mes vœux ? — Suis-je trop vain, quand je suppose que le peu de qualités personnelles que je possède, une fortune modique, mais suffisante à nos besoins, et la volonté de consacrer ma vie à son bonheur, puissent compenser tout ce qu'il me faudra lui faire abandonner ? Ou bien, une différence d'habits, d'entourage, de ce qu'on nomme les *manières*, et la faculté de varier à volonté les scènes où elle cherche l'amusement, — tout cela balancerait-il, dans son esprit, la perspective du bonheur domestique et d'une affection inaltérable ? Je ne dis rien de son père ; — ses bonnes et ses mauvaises qualités sont si étrangement confondues, que les premières sont neutralisées par les secondes ; et ce que, comme fille, elle doit regretter, se mêle tellement à ce dont elle voudrait être délivrée, que je regarde la séparation du père et de l'enfant comme une circonstance de peu de poids dans la situation remarquable où Julia se trouve. Je conserve donc courage autant que je le puis. J'ai éprouvé trop de traverses et de difficultés pour avoir dans le succès une confiance présomptueuse; mais aussi je m'en suis trop souvent et trop merveilleusement tiré pour me laisser abattre.

« Je voudrais que vous vissiez ce pays. Je crois que son aspect vous séduirait. Du moins il rappelle souvent à mon souvenir vos brûlantes descriptions de votre pays natal. Il a pour moi, en grande partie, le charme de la nouveauté. Des montagnes de l'Écosse, quoique né au milieu d'elles, comme j'en ai toujours été convaincu, il ne me reste qu'une vague impression. A la vérité, j'ai conservé un souvenir plus arrêté du vide qu'éprouva mon jeune esprit à la vue des plaines unies de l'île de Zélande, que d'aucune des impressions qui précédèrent celle-là; mais cette sensation même, aussi bien que les vagues réminiscences de celles qui l'avaient précédée, me laisse peu de doutes que les rochers et les montagnes ne m'aient été familiers dès ma plus tendre enfance, et que bien que je ne m'en souvienne que par le contraste, et par le vide que je ressentis quand je les cherchai vainement autour de moi, ils doivent avoir fait une impression ineffaçable sur ma jeune imagination. Je me souviens que lorsque nous gravîmes cette passe célèbre du Maïssour, tandis que la hauteur des montagnes et la grandeur du paysage ne faisaient éprouver à la plupart des autres qu'une sorte de crainte et d'étonnement, moi je partageais plutôt vos impressions et celles de Cameron, dont l'admiration pour ces rochers sauvages était mêlée de cette sensation d'amour que réveille la vue des objets familiers à notre première enfance. En dépit de mon éducation hollandaise, une montagne bleuâtre est pour moi une amie, et le rugissement d'un torrent comme le son d'une chanson domestique dont on aurait caressé mon berceau. Je n'ai jamais senti cette impulsion aussi fortement que dans ce pays de lacs et de montagnes, et ce qui me chagrine le plus, c'est que vos devoirs vous empêchent de m'accompagner dans mes nombreuses excursions au milieu de leurs retraites. J'ai essayé d'en prendre quelques vues, mais je réussis détestablement ; — Dudley, au contraire, dessine à ravir, avec cette touche rapide qui semble tenir de la magie, tandis que moi je travaille péniblement, je fais, je défais, je rends ceci trop lourd et ceci trop léger, et ne produis à la fin qu'une mauvaise caricature. Il faut m'en tenir au flageolet, car de tous les beaux-arts, la musique seule daigne me sourire.

« Saviez-vous que le colonel Mannering dessinait? — je ne le crois pas, car il dédaignait de produire ses talents devant un subalterne. Il dessine fort bien, cependant. Depuis que lui et Julia ont quitté Mervyn-Hall, Dudley y a été mandé. Le squire, à ce qu'il paraît, désirait faire

CHAPITRE XXI.

terminer une suite de dessins dont Mannering avait achevé les quatre premiers, et qu'il aurait complétée sans son départ précipité. Quoique ce ne soient que des esquisses, Dudley dit qu'il en a rarement vu qui portassent au même degré une touche de maître ; et en outre chacun d'eux est accompagné d'une courte description en vers. Saül, me direz-vous, est-il au nombre des prophètes ? — Le colonel Mannering écrire des vers ! — A coup sûr cet homme doit avoir pris, pour cacher ses talents, tous les soins que d'autres mettent à exhiber les leurs. Combien il paraissait réservé et peu communicatif avec nous ! — combien il se montrait peu disposé à prendre part à toute conversation qui aurait pu devenir d'un intérêt général ! — Et puis, son attachement pour cet indigne Archer, si fort au-dessous de lui à tous égards ; et cela parce qu'Archer était frère du vicomte Archerfield, un pauvre pair d'Écosse ! Je crois que si Archer avait survécu plus longtemps aux blessures qu'il reçut dans l'affaire de Cuddyboram, il aurait dit quelque chose qui aurait pu jeter du jour sur les inconséquences du caractère de ce singulier homme. J'ai à dire des choses, me répéta-t-il plus d'une fois, qui changeront l'opinion défavorable que vous avez de notre ci-devant colonel. Mais la mort le serrait de trop près, et s'il me devait une expiation, ce que semblaient annoncer quelques-unes de ses paroles, il cessa de vivre avant d'avoir pu me la faire.

« Je me propose d'entreprendre encore une excursion dans ce pays, tandis que ce beau temps de gelée me favorise, et Dudley, qui est presque aussi bon marcheur que moi, m'accompagne une partie du chemin. Nous nous séparerons sur la frontière du Cumberland, quand il lui faudra retourner à son troisième étage dans Mary-le-bone[1], et travailler à ce qu'il nomme la partie commerciale de sa profession. Il n'est pas d'existence, me disait-il, qui puisse offrir de disparates aussi tranchées que celles des deux périodes entre lesquelles se partage la vie de l'artiste, s'il a de l'enthousiasme ; l'une pendant laquelle il rassemble les sujets de ses dessins, et l'autre qu'il doit nécessairement consacrer à feuilleter son portefeuille, pour les exposer à l'indifférence insultante, et à la critique plus insultante encore des amateurs à la mode. — Pendant l'été, me dit Dudley, je suis aussi indépendant que l'Indien sauvage, et je jouis en liberté des scènes les plus sublimes de la nature ; tandis que durant mes hivers et mes printemps je suis non-seulement renfermé, emprisonné et confiné dans un misérable grenier, mais encore condamné à une aussi intolérable déférence à l'humeur des autres et à des fréquentations aussi insipides que si j'étais littéralement un esclave attaché aux galères. Je lui ai promis votre connaissance, Delaserre ; vous serez enchanté de ses spécimens d'art, autant que lui de votre fanatisme suisse pour les montagnes et les torrents.

[1] Rue de Londres. (L. V.)

« J'apprends que lorsque j'aurai perdu la compagnie de Dudley, je pourrai aisément entrer en Écosse en traversant en ligne directe une contrée sauvage située dans la partie supérieure du Cumberland ; je suivrai cette route, pour donner au colonel le temps de poser son camp avant que j'aille reconnaître sa position. — Adieu, Delaserre. — Je trouverai difficilement une autre occasion de vous écrire avant d'être arrivé en Écosse. »

CHAPITRE XXII.

> Avançons, avançons, arpentons le chemin, et franchissons gaîment la barrière ; un cœur joyeux marche tout le jour, un cœur triste est las au bout d'un mille.
>
> *Conte d'Hiver.*

Que le lecteur se figure une belle et froide matinée de novembre, et pour scène une bruyère découverte terminée au dernier plan par cet énorme chaîne de montagnes que dominent le Skiddaw et le Saddleback[1] ; que son regard s'attache à cette route obscure[2] dont la trace est si faiblement marquée par les pas des voyageurs, qu'elle se détache seulement par une ligne plus légèrement nuancée sur la sombre bruyère qu'elle traverse, et qui, visible à l'œil quand on porte son regard à quelque distance, cesse de pouvoir être distinguée quand le pied la foule : — c'est sur ce sentier à peine marqué que s'avance l'objet actuel de notre récit. Sa démarche ferme, son port élancé et bien découplé, ont un air militaire en parfaite harmonie avec ses membres bien proportionnés et sa stature de six pieds[3]. Son costume est si simple qu'il ne peut indiquer son rang : — ce peut être celui d'un *gentleman* qui voyage ainsi pour son plaisir, ou celui d'un homme de classe inférieure, dont ce serait le vêtement habituel. Rien de plus léger que son équipement de voyage. Un volume de Shakspeare dans chaque poche, attaché au travers de ses épaules un petit paquet contenant du linge de rechange, et à sa main un bâton de chêne, complètent l'équipage dans lequel nous présentons au lecteur notre voyageur pédestre.

Brown s'était séparé le matin de son ami Dudley, et commençait sa marche solitaire vers l'Écosse.

Les deux ou trois premiers milles furent assez tristes ; il sentait le manque de société à laquelle il s'était habitué dans ces derniers temps ; mais cette disposition d'esprit inhabituelle en lui céda bientôt à l'influence de sa bonne humeur naturelle, excitée par l'exercice et l'effet fortifiant d'un air vif. Il sifflait en marchant, non « par vide de pensée, » mais pour donner issue à ces sensations animées qu'il ne pouvait ma-

---

[1] Montagnes élevées du sud de l'Écosse, dans la partie septentrionale du comté de Dumfries. (L. V.)

[2] *Blind road.*

[3] Cinq pieds six pouces de France. (L. V.)

nifester autrement. Pour chaque paysan qu'il rencontrait, il avait un bonjour cordial ou une joyeuse plaisanterie; les robustes Cumberlandais riaient en passant près de lui, et disaient : C'est un bon vivant; Dieu le bénisse! et la jeune fille qui se rendait au marché se retournait plus d'une fois pour regarder ses formes athlétiques, si bien en rapport avec l'abord franc et enjoué de l'étranger. Un vigoureux chien terrier, son compagnon inséparable, rival de son maître en gaîté, décrivait en bondissant mille circuits sur la bruyère, et revenait sauter et japper autour de lui, comme pour l'assurer qu'il partageait le plaisir du voyage. Le docteur Johnson pensait qu'il est peu de choses dans la vie qui l'emportent sur l'excitation produite par le mouvement rapide d'une chaise de poste qui nous entraîne; mais celui qui, dans sa jeunesse, a connu la sensation de confiance en soi et d'indépendance qu'éprouve, par un beau temps et dans une contrée intéressante, un vigoureux voyageur pédestre, fera comparativement bon marché du goût du grand moraliste.

Un des motifs de Brown, en choisissant cette direction inusitée qui conduit en Écosse à travers les solitudes de la partie orientale du Cumberland, avait été le désir de voir les restes du célèbre *rempart romain*, plus visibles de ce côté que sur aucun autre point de son étendue. Son éducation avait été imparfaite et mal suivie; mais ni les scènes actives dans lesquelles il s'était trouvé engagé, ni les plaisirs de la jeunesse, ni sa situation précaire, n'auraient pu le détourner de cultiver son esprit.

— Voilà donc le rempart romain [1], s'écria-t-il en escaladant une hauteur qui commandait le développement de ce célèbre vestige d'antiquité. Quel peuple que celui dont les ouvrages, même à cette extrémité de son empire, couvrent une telle étendue, et ont été exécutés sur une échelle aussi grandiose! Dans les âges futurs, quand l'art de la guerre aura changé de face, combien peu de traces subsisteront des travaux des Vauban et des Coehorn, tandis que les vestiges de ce peuple prodigieux continueront, même alors, d'intéresser et d'étonner la postérité! Leurs fortifications, leurs aqueducs, leurs théâtres, leurs fontaines, tous leurs ouvrages publics ont le caractère grave, solide et majestueux de leur langage, tandis que nos travaux modernes, comme nos modernes idiomes, ne semblent formés que des débris des leurs. Après avoir ainsi moralisé, il se souvint qu'il avait appétit, et il continua de s'avancer vers une petite auberge où il se proposait de prendre quelque nourriture.

Le cabaret, car ce n'était rien de plus, était situé au fond d'un étroit vallon, que parcourait en murmurant un ruisseau peu profond. La

---

[1] Il s'agit ici du rempart (*vallum romanum*) exécuté par Adrien et fortifié par Sévère. Ces ruines portent dans le pays le nom vulgaire de muraille des Pictes, *Pict's Wall*. Le *rempart d'Adrien*, destiné à mettre la Bretagne romaine à l'abri des incursions des Pictes calédoniens, s'étendait du golfe de Solway à la côte orientale de l'île, dans une longueur d'environ vingt de nos lieues. (L. V.)

maison recevait l'ombre d'un grand frêne, auquel était adossé et sur lequel semblait s'appuyer en partie l'appentis en terre servant d'écurie. Sous cet abri était un cheval sellé occupé à manger son avoine. Les chaumières de cette partie du Cumberland participent à la rudesse qui caractérise celles d'Écosse. Les dehors de la maison promettaient peu pour l'intérieur, nonobstant la parade d'une enseigne où un pot d'ale versait de lui-même sa liqueur dans un vaste gobelet, accompagné au-dessous d'un griffonnage hiéroglyphique qui avait la prétention d'annoncer « bonne réception pour les voyageurs à pied et à cheval. » Brown n'était pas un voyageur dédaigneux; il s'arrêta et entra dans le cabaret [1].

Le premier objet qui frappa sa vue dans la cuisine fut un homme de haute taille, à l'aspect vigoureux, aux dehors rustiques, et vêtu d'un large surtout de maquignon : c'était le maître du cheval que Brown avait aperçu sous le hangar. Cet homme était activement occupé après de larges tranches de bœuf froid; un large pot d'ale flanquait son plat de viande, et il y faisait de fréquentes attaques, tout en portant de temps à autre les yeux vers la fenêtre, pour s'assurer que son cheval dépêchait sa provende. La maîtresse de la maison était occupée à pétrir son pain. Le feu, comme il est d'usage dans ces cantons, était placé sur un âtre de pierre, au milieu d'une immense cheminée sous le manteau de laquelle s'étendaient deux bancs. Sur l'un d'eux était assise une femme d'une stature remarquable, enveloppée d'un manteau rouge, la tête couverte d'un large chapeau rabattu, et ayant l'apparence d'une *tinker* [2] ou d'une mendiante. Elle était tout occupée d'une courte pipe noire qu'elle fumait.

Sur la demande de Brown s'il ne pourrait pas avoir quelque chose à manger, l'hôtesse essuya avec son tablier farineux un coin de la table de sapin, plaça devant le nouvel arrivant une assiette de bois, un couteau et une fourchette, lui montra du doigt la tranche de bœuf en lui recommandant de suivre l'exemple de M. Dinmont, et finalement lui remplit une cruche brunâtre de son ale de ménage. Brown ne fut pas long à faire honneur à tous les deux. Pendant quelque temps, son voisin et lui furent trop occupés pour faire grande attention l'un à l'autre, sauf par un signe de tête amical, lorsque chacun d'eux à son tour portait le tankard [3] à sa bouche. Enfin, quand notre touriste pédestre commença à songer aux besoins du petit Wasp [4], le fermier écossais, car telle était la qualité de M. Dinmont, se trouva disposé à entamer la conversation.

---

[1] *Voyez* la note A, à la fin du volume.

[2] Chaudronnière ambulante, les *cairds* d'Écosse. (L. V.)

[3] Pot, ordinairement en étain, et surmonté d'un couvercle à charnière. (L. V.)

[4] Guêpe.

— Vous avez là un joli terrier, monsieur, — et terrible à la vermine[1], je le garantis; — c'est-à-dire s'il a été bien dressé, car tout est là.

— Véritablement, monsieur, son éducation a été quelque peu négligée, et sa qualité principale est d'être un agréable compagnon.

— Oui-da, monsieur? Hé bien, c'est dommage; je vous en demande pardon; — c'est grand dommage : — bêtes ou gens, il faudrait toujours penser à l'éducation. J'ai six terriers à la maison, outre deux couples de chiens d'arrêt, cinq lévriers, et quantité d'autres chiens; il y a le vieux Pepper et la vieille Mustard[2], le jeune Pepper et la jeune Mustard, le petit Pepper et la petite Mustard; — je les ai tous régulièrement dressés, d'abord contre des rats, — puis contre des fouines et des belettes, — puis après contre le renard et le blaireau; et maintenant ils ne craignent rien de ce qui porte poil.

— Je ne doute pas, monsieur, qu'ils ne soient parfaitement élevés; — mais, pour quelqu'un qui a tant de chiens, il me semble que vous avez pour eux une bien petite variété de noms.

— Ha! c'est une idée à moi pour distinguer la race, monsieur; — le duc lui-même a envoyé jusqu'à Charlies-Hope pour avoir une couple des terriers Pepper et Mustard de Dandy Dinmont. Oui, par Dieu, l'ami, il a envoyé Tam Hudson le garde; et quelle journée nous avons fait passer aux putois et aux renards; et quelle joyeuse bombance au retour, le soir! Sur ma foi, c'était là une nuit!

— Je suppose que le gibier abonde dans vos quartiers?

— Abonde, l'ami! — je crois qu'il y a dans ma ferme plus de lièvres que de moutons; et quant aux grouses et aux perdrix grises, il y en a autant que de pigeons dans un colombier. Avez-vous jamais tiré un coq de bruyère[3], l'ami?

— Je n'ai jamais eu le plaisir d'en voir un, excepté dans le musée de Keswick.

— C'est cela; — j'aurais pu le deviner à votre accent du Sud. — Il est vraiment étonnant, de tous les Anglais qui viennent par ici, combien peu ont vu un coq de bruyère! — Je vous les ferai connaître. — Vous paraissez un honnête garçon, et si vous voulez vous informer de moi, — Dandy Dinmont, à Charlies-Hope, — vous verrez un coq de bruyère, et vous en tirerez, et vous en mangerez aussi, l'ami.

— A coup sûr, monsieur, je serai certain d'en avoir vu quand j'en aurai mangé; et je serai heureux si je puis trouver le temps d'accepter votre invitation.

— Le temps, l'ami? et qui vous empêche de venir avec moi maintenant? Comment voyagez-vous?

---

[1] En terme de vénerie, on nomme *vermine* les animaux nuisibles de petite espèce, tels que fouines, belettes, etc., par opposition au gibier. (L. V.)

[2] Poivre et Moutarde.

[3] *Black cock*, coq noir.

CHAPITRE XXII.

— A pied, monsieur; et si ce beau poney est à vous, il me serait impossible de vous suivre.

— C'est vrai, à moins que vous ne soyez en état de faire quatorze milles à l'heure. Mais vous pouvez ce soir gagner Ricarton, où il y a une auberge; ou si vous aimez mieux vous arrêter au Heuch chez Jockey Grieve, il serait charmé de vous avoir, si je m'arrêtais à sa porte en passant, à boire un coup avec lui, pour lui dire que vous allez arriver.

— Ou bien — bonne femme [1], ne pouvez-vous pas prêter à monsieur le galloway du bonhomme? je vous le renverrais demain matin par le Waste [2], par le garçon.

Le galloway était au pâturage sur le *fell* [3], et ne serait pas facile à prendre.

— C'est bon, c'est bon, il n'y a rien à y faire; — mais de toute manière, venez demain matin. Et maintenant, bonne femme, il faut que je remonte à cheval pour gagner le Liddle [4] avant la brune, car vous savez que votre Waste a une mauvaise réputation.

— Fi, M. Dinmont, ça n'est pas à vous à mal parler du pays; — je sais bien qu'il n'y a eu personne d'arrêté dans le Waste depuis Sawney Culloch, le marchand colporteur, à cause de quoi Rowley Overdees et Joch Penny ont été justiciés à Carlisle il y a deux ans. Ame qui vive dans le Bewcastle ne voudrait recommencer maintenant : — nous sommes d'honnêtes gens à présent.

— Oui, Tib, cela sera vrai quand le diable sera aveugle, — et il n'a pas encore mal aux yeux. Écoutez, bonne femme, j'ai couru une bonne partie du Galloway et du Dumfries-shire, j'ai fait un tour à Carlisle, j'étais aujourd'hui à la foire de Staneshiebank, et je n'aimerais pas à être dévalisé si près de la maison; ainsi je vais me mettre en route.

— Vous avez été dans le Dumfries et le Galloway! dit vivement la vieille femme qui était assise à fumer au coin du feu, et qui n'avait pas encore prononcé une parole.

— Oui, en vérité, bonne femme, et j'y ai fait une tournée assez longue.

— Alors, vous connaîtrez peut-être un endroit qu'on appelle Ellangowan?

— Ellangowan, où demeurait M. Bertram? — je connais assez bien l'endroit. Le laird est mort il y a une quinzaine, à ce que j'ai entendu dire.

— Mort! répéta la vieille en quittant sa pipe, se levant et s'avançant dans la salle; — mort? — Êtes-vous sûr de cela?

— Oui, en vérité, car ça a fait assez de bruit dans le pays. Il mourut

---

[1] *Gudewife*; dans nos campagnes du nord, on dit *la maîtresse*. — *Gudeman*, le bonhomme, est le chef de la famille. (L. V.)

[2] Lande.

[3] Terrain sur la pente ou au sommet d'une hauteur. (L. V.)

[4] Rivière qui se jette dans l'Esk, et qui, dans la partie inférieure de son cours, forme la limite commune de l'Angleterre et de l'Écosse. (L. V.)

justement pendant qu'on vendait le bétail et les meubles, ce qui arrêta la vente et désappointa bien des gens. On dit de plus que c'était le dernier d'une ancienne famille, et il y en a beaucoup qui le regrettaient; — car le bon sang devient plus rare en Écosse qu'il ne l'a été.

— Mort! exclama de nouveau la vieille, dans laquelle nos lecteurs ont déjà reconnu leur connaissance Meg Merrilies; — mort! cela règle tous les comptes. — Et ne disiez-vous pas qu'il est mort sans héritier?

— Oui, bonne femme; à preuve, que le domaine a été vendu. Car on dit qu'on n'aurait pas pu le vendre, s'il y avait eu un héritier mâle.

— Vendu! répéta la gipsie d'une voix perçante; et qui a osé acheter Ellangowan sans être du sang des Bertram? — et qui pourrait dire que l'enfant ne viendra pas réclamer ce qui est à lui? — Qui a osé acheter le domaine et le château d'Ellangowan?

— Pardi, bonne femme, un de ces procureurs qui achètent tout; — un nommé Glossin, je crois.

— Glossin! — Gibbie Glossin! — lui que j'ai porté cent fois, car sa mère n'était pas beaucoup plus que moi; — lui, oser acheter la baronnie d'Ellangowan! — Le bon Dieu soit avec nous! — c'est un terrible monde! — Je lui avais souhaité malheur, — mais pas une pareille chute, après tout. — O mon Dieu, mon Dieu! je ne peux penser à cela!

Elle resta un moment silencieuse, mais le bras étendu pour arrêter le départ du fermier, qui, entre chaque question, faisait un mouvement pour partir, et qui restait complaisamment en voyant le vif intérêt qu'elle paraissait prendre à ses réponses.

— On verra, on en entendra parler! dit-elle enfin; — la terre et la mer ne se tairont pas plus longtemps! — Pouvez-vous me dire si le shériff du comté est toujours le même qu'il y a quelques années?

— Non; on dit qu'il a quelque autre place à Édimbourg. — Mais bonjour, bonne femme, il faut que je parte.

Elle suivit le fermier jusqu'à son cheval, et tandis qu'il serrait les sangles de sa selle, qu'il plaçait la valise et ajustait la bride, elle continua de lui adresser, au sujet de la mort de M. Bertram et du sort de sa fille, une foule de questions, auxquelles l'honnête fermier ne pouvait répondre que fort imparfaitement.

— Avez-vous jamais vu un endroit qu'on appelle Derncleugh, à environ un mille de la Place d'Ellangowan?

— Oui, je l'ai vu, bonne femme; — un vallon sauvage, avec je ne sais combien de vieilles murailles de shealings. — Je l'ai vu en parcourant le pays avec quelqu'un qui voulait prendre la ferme.

— C'était autrefois un joyeux coin de terre! dit Meg en se parlant à elle-même. — Avez-vous fait attention, reprit-elle, s'il y a toujours là un vieux saule à moitié abattu par le vent, mais dont les racines sont

CHAPITRE XXII.

encore enfoncées en terre, et qui ombrage le ruisseau? — Combien de fois j'ai tricoté mes bas sous ce saule, assise sur mon sunkie[1]!

— Allons, allons, la femme a le diable au corps, avec ses saules, ses sunkies et ses Ellangowans! — Pour l'amour de Dieu, bonne femme, laissez-moi partir! — voilà six pence[2] pour vous, pour boire un demi-mutchkin[3], au lieu de rester là à bavarder de ces histoires du vieux temps.

— Merci; — et maintenant que vous avez répondu a mes questions, sans me demander pourquoi je vous les faisais, je vais vous donner un bout de bon avis, et il ne faudra pas non plus me demander le pourquoi. Tib Mumps va venir tout à l'heure avec le coup de l'étrier; — elle va vous demander si vous vous en irez par Willie's-Brae[4], ou à travers les marais de Conscowthart : — dites-lui ce que vous voudrez, mais ayez soin (baissant la voix et appuyant sur ses paroles) de prendre la route que vous ne lui aurez *pas* dite. Le fermier le lui promit en riant, et la gipsie s'éloigna.

— Suivrez-vous son conseil? dit Brown, qui avait écouté attentivement la conversation.

— Pour ça non, — l'enragée commère! — Non, non; j'aimerais mieux que Tib Mumps sût le chemin que je vais prendre, qu'elle; — quoiqu'il n'y ait pas trop à se fier non plus à Tib. Et, en tous cas, je ne vous conseillerais pas de passer la nuit dans la maison.

Un moment après, Tib, l'hôtesse, parut avec le coup de l'étrier dont il avait été question. Comme Meg l'avait annoncé, elle s'enquit alors s'il prendrait par la colline ou par le marais. Il répondit qu'il suivrait la dernière; et après avoir dit adieu à Brown, et lui avoir répété qu'il comptait le voir à Charlies-Hope le lendemain matin au plus tard, il s'éloigna d'un bon pas.

[1] Tabouret bas. (L. V.)
[2] Un demi-shilling, à peu près douze sous. (L. V.)
[3] Le *mutchkin* répond à la pinte anglaise. (L. V.)
[4] La côte de Willie.

CHAPITRE XXIII.

> La potence et les coups sont trop communs sur le grand chemin.
> *Conte d'hiver.*

Brown n'oublia pas la recommandation hospitalière du fermier. Tout en payant son écot, il ne put s'empêcher de porter à plusieurs reprises les yeux sur Meg Merrilies. C'était, à tous égards, la même figure de sorcière que lorsque pour la première fois nous l'introduisîmes à Ellangowan-Place. Le temps avait blanchi les mèches de ses cheveux noirs, et plissé de nouvelles rides ses traits sauvages; mais sa taille était encore droite, et son activité toujours la même. On avait remarqué dans cette femme, ainsi que dans d'autres de même sorte, qu'une vie d'action, sinon de travail, lui avait donné un tel empire sur sa physionomie et ses mouvements, que ses attitudes les plus naturelles étaient libres, aisées et pittoresques. En ce moment, elle était debout près de la fenêtre de la cabane, posée de manière à montrer dans tout son avantage sa mâle stature, et sa tête légèrement rejetée en arrière, afin que le large chapeau dont sa figure était abritée ne gênât pas le regard fixe qu'elle arrêtait sur Brown. A chacun des gestes, à chacune des paroles de l'étranger, elle semblait éprouver un tressaillement presque imperceptible. De son côté, Brown était étonné de ne pouvoir regarder cette singulière femme sans une certaine émotion. — Ai-je rêvé d'une telle figure? se dit-il à lui-même, ou cette face si frappante et si bizarre rappelle-t-elle à mon souvenir quelqu'une des étranges images que j'ai vues dans nos pagodes de l'Inde?

Tandis qu'il restait partagé entre ces pensées, et que l'hôtesse était occupée à fouiller son argent pour lui changer une demi-guinée, la gipsie fit tout à coup deux pas vers lui et lui saisit la main. Il s'attendait, naturellement, à un échantillon des talents de la bohémienne en chiromancie; mais elle semblait agitée par d'autres sentiments.

— Dites-moi, lui demanda-t-elle, dites-moi, au nom du Ciel, jeune homme, quel est votre nom et d'où venez-vous?

— Mon nom est Brown, bonne mère, et j'arrive des Indes Orientales.

— Des Indes Orientales! répéta-t-elle en lâchant sa main avec un soupir; ce ne peut être cela, alors. — Je ne suis qu'une vieille folle, pour que chaque chose que je vois me semble celle que je désire le plus voir. Mais les Indes Orientales! cela ne peut être. — N'importe, soyez ce que vous voudrez, vous avez une figure et une voix qui me rappellent

CHAPITRE XXIII.

d'anciens temps. Bonjour ; — ne vous amusez pas sur votre route, et si vous voyez quelqu'un de nos gens, ne faites rien, ne vous mêlez de rien, et ils ne vous feront pas de mal.

Brown, sur ces entrefaites, avait reçu sa monnaie ; il lui mit un shilling dans la main, dit adieu à son hôtesse, et prenant la route que le fermier avait suivie, il s'éloigna d'un bon pas, guidé par les marques récentes des pieds de son cheval. Meg Merrilies le suivit quelque temps des yeux, puis elle murmura entre ses dents : Il faut que je revoie ce garçon, — et il faut aussi que je retourne à Ellangowan. — Le laird est mort ; — hé bien ! la mort règle tous les comptes. — Il fut un temps où il était bon et humain. — Le shériff est parti, et je puis aisément me cacher ; — ainsi il n'y a pas grand danger de nettoyer l'anneau aux crampes[1]. — Je voudrais revoir mon bel Ellangowan avant de mourir.

Brown, cependant, poursuivait lestement sa route vers le nord, en suivant la plaine marécageuse appelée le Waste de Cumberland. Il dépassa une maison isolée vers laquelle le fermier paraissait avoir fait un détour, car les pas de son cheval étaient clairement marqués dans cette direction. Un peu plus loin, il semblait être rentré dans le sentier ; M. Dinmont s'était probablement arrêté là, soit pour affaire, soit pour une simple visite. — Je voudrais, pensa Brown, que le bon fermier fût demeuré là jusqu'à mon arrivée ; je n'aurais pas été fâché de lui faire quelques questions au sujet de la route, qui me paraît devenir de plus en plus sauvage.

La nature, en effet, comme si elle eût destiné cette étendue de pays à servir de barrière entre deux nations ennemies, l'a empreinte d'un caractère de désolation et d'horreur. Les montagnes ne sont ni élevées ni rocheuses, mais le pays n'est que bruyères et marécages ; les huttes, disséminées à de grandes distances les unes des autres, ont un aspect misérable. Au voisinage immédiat de chacune d'elles, on voit généralement quelque faible essai de culture ; mais un ou deux poulains errant çà et là, les jambes de derrière garnies d'entraves pour épargner l'embarras des clôtures, indiquent que la principale ressource du fermier est l'élève des chevaux. Les habitants sont aussi plus inhospitaliers et d'une nature plus grossière que ceux des autres parties du Cumberland ; ce qui provient en partie de leurs propres habitudes, et en partie de leurs rapports journaliers avec les vagabonds et les brigands qui font de ce pays sauvage un refuge contre la justice. Tels étaient les soupçons et l'aversion que, dès les anciens temps, les hommes de ces districts inspiraient à leurs voisins plus policés, qu'il existait, et que peut-être il existe encore un règlement dans la corporation de Newcastle, interdisant à tout citoyen de cette ville de prendre pour apprenti

---

[1] Nettoyer l'anneau aux crampes, *to scour the cramp-ring*, est une expression métaphorique pour dire : Être mis aux fers ou, en général, aller en prison. (W. S.)

un natif de certaines de ces vallées. On a dit avec vérité : « Appelle ton chien enragé et pends-le ; » et on peut ajouter que si l'on donne à un homme ou à une race d'hommes un mauvais renom, il est très-probable qu'ils se rendront dignes de la potence, Brown avait entendu parler du danger de ces cantons sauvages, et les discours de l'hôtesse, de Dinmont et de l'Égyptienne n'étaient pas propres à le rassurer ; mais il était naturellement étranger à la crainte, il n'avait d'ailleurs sur lui rien qui pût tenter un voleur, et il se flattait d'avoir traversé le Waste avant la nuit. Sur ce dernier point, cependant, il paraissait avoir mal calculé. Le chemin se trouva plus long qu'il ne l'avait prévu, et l'horizon commençait à s'assombrir comme il arrivait à l'entrée d'un vaste terrain marécageux.

S'armant de résolution et choisissant avec soin le terrain le plus solide, le jeune officier suivit un sentier qui parfois s'enfonçait entre deux berges inégales de terre molle et noirâtre, et parfois traversait d'étroites mais profondes ravines remplies d'une eau bourbeuse, ou longeait des amas de cailloux et de graviers entraînés et déposés par les torrents ou les chutes d'eau qui, à certaines époques, se précipitaient des hauteurs avoisinantes et inondaient la plaine basse et marécageuse. Il commençait à se demander comment un cavalier pouvait se frayer un chemin à travers un si mauvais sol. Les traces des pas du cheval étaient cependant toujours visibles ; il crut même en entendre le bruit à quelque distance, et convaincu que dans ce marécage M. Dinmont devait avancer encore plus lentement que lui, il résolut de pousser en avant, dans l'espoir de le rejoindre et de profiter de la connaissance qu'il avait du pays. En ce moment son petit terrier se mit à courir, en aboyant avec fureur.

Brown hâta le pas, et arrivé au sommet d'une petite élévation, il vit ce qui avait causé l'alarme du chien. Dans un creux, à une portée de fusil environ, un homme, dans lequel il reconnut aisément Dinmont, était engagé avec deux autres dans une lutte désespérée. Il était démonté, et se défendait de son mieux avec le manche de son fouet. Notre voyageur courut à son aide ; mais avant qu'il pût arriver, un coup violent avait étendu le fermier sur la terre, et un des voleurs, profitant de son avantage, continuait, sans pitié, de le frapper à la tête. L'autre bandit accourut au-devant de Brown en appelant son camarade et en lui criant que « l'autre était *content*, » voulant probablement dire que leur victime ne pouvait plus ni résister ni se plaindre. L'un des deux coquins était armé d'un coutelas, et l'autre d'un gourdin ; mais comme le sentier était très-étroit, — « qu'ils n'aient pas d'armes à feu, pensa Brown, et je leur ferai leur affaire. » Les deux rufians arrivèrent à lui avec d'effroyables menaces ; mais ils s'aperçurent bientôt que leur nouvel adversaire était aussi vigoureux que résolu, et après qu'ils eurent échangé quelques coups, l'un d'eux lui dit : Au nom du diable, file ton chemin dans la bruyère; ce n'est pas à toi que nous avons affaire.

Mais Brown ne voulait pas laisser à leur merci le malheureux qu'ils voulaient dépouiller, sinon assassiner; et le combat recommençait, quand Dinmont recouvra inopinément ses sens, ses jambes et son arme, et accourut à son tour sur le théâtre de l'action. Comme ce n'avait pas été un antagoniste commode, même quand il était seul et surpris, les bandits ne se soucièrent pas d'avoir sur les bras à la fois lui et un homme qu'ils venaient de trouver capable de leur tenir tête à lui seul, et ils décampèrent à travers les fondrières, aussi vite que leurs jambes purent les porter, poursuivis par Wasp, qui s'était glorieusement montré pendant l'escarmouche, en s'attaquant aux talons de l'ennemi et en opérant de fréquentes diversions en faveur de son maître.

— Diable, mais votre chien court bien la vermine maintenant, monsieur! tels furent les premiers mots prononcés par le fermier, en arrivant la tête ruisselante de sang, et en reconnaissant son libérateur et son petit compagnon.

— J'espère, monsieur, que vous n'êtes pas dangereusement blessé?

— Oh! du diable s'il y a le moindre danger, — ma tête est à l'épreuve de quelques bosses; — ce n'est pas à eux que j'en ai obligation, pourtant, mais bien à vous. Mais à présent, mon cher ami, il faut que vous m'aidiez à rattraper la bête et que vous montiez en croupe, car il faut nous tirer d'ici comme des furets avant que toute la clique nous tombe sur les épaules; — le reste de la bande ne sera pas loin d'ici. Heureusement que le galloway fut repris sans trop de peine; mais Brown s'excusait de surcharger l'animal.

— Du diable si vous avez à craindre, l'ami, répliqua le propriétaire; Dumple pourrait porter six hommes, si son dos était assez long. — Mais, au nom du Ciel, dépêchez-vous et décampons, car je vois venir là-bas par le chemin creux quelques compagnons que nous ferons peut-être tout aussi bien de ne pas attendre.

Brown pensa que l'apparition de cinq ou six hommes, parmi lesquels il crut reconnaître leurs deux coquins, et qui se dirigeaient de leur côté à travers le marais, devait abréger les cérémonies; il sauta donc en croupe sur Dumple, et le bidet plein de feu partit au galop, chargé de deux hommes grands et vigoureux, aussi lestement que s'il eût porté deux enfants de six ans. Dinmont, à qui les détours de ces solitudes semblaient parfaitement connus, l'excitait encore, tout en choisissant avec une extrême sagacité les parties de terrain les plus sûres, aidé en ceci par l'instinct du galloway, qui ne manquait jamais, aux passes difficiles, de choisir précisément les places où elles pouvaient être traversées avec le plus de sécurité. Néanmoins, même avec ces avantages, la route était si mauvaise et ils étaient obligés à de si fréquents détours, qu'ils ne prenaient pas beaucoup d'avance sur ceux qui les poursuivaient. — Ne vous inquiétez pas, dit l'intrépide Écossais à son compagnon ; si nous étions une fois au latch[1] de Withershin, la route ne serait plus tout à fait si *molle*[2], et nous leur montrerions beau jeu.

Ils ne tardèrent pas à atteindre l'endroit que Dinmont avait désigné ; c'était un étroit canal où s'infiltrait, plutôt qu'elle n'y coulait, une eau dormante, dont la surface était couverte d'une couche brillante de mousse verdâtre. Dinmont dirigea son coursier vers une place où l'eau paraissait couler plus librement sur un fond plus ferme ; mais Dumple se recula du gué qu'on lui indiquait, baissa la tête comme pour flairer le bourbier, et resta aussi ferme sur ses jambes que s'il eût été taillé dans la pierre.

— Ne ferions-nous pas mieux de descendre, dit Brown, et de l'abandonner à son sort ? — ou ne pouvez-vous le forcer de passer le bourbier ?

— Non, non, répondit le pilote, il ne faut pas contrarier Dumple ; — il a plus de bon sens que bien des chrétiens. A ces mots, il lâcha les rênes, et abandonna la bride sur le cou du cheval. — Allons, mon garçon, tire-toi d'ici comme tu l'entendras ; — fais-nous voir où nous pourrons traverser.

Dumple, abandonné à lui-même, trotta lestement vers un autre point du *latch*, d'un passage moins facile en apparence, à ce que croyait Brown, mais que la sagacité de l'animal ou son expérience lui indiquait comme le plus sûr des deux. Il y entra de lui-même, et atteignit l'autre bord sans difficulté.

— Je suis bien content de nous voir sortis de ce marécage, reprit Dinmont, où il y a plus d'écuries pour les chevaux que d'auberges pour les hommes ; — au moins nous avons maintenant le *Maiden-way*[3] pour nous porter. Ils gagnèrent promptement, en effet, une sorte de chaussée raboteuse qu'on désigne sous ce nom, reste d'une ancienne voie romaine qui traverse ces districts dans la direction du nord. Arrivés là, ils avancèrent sur le pied de neuf ou dix milles à l'heure, Dumple ne demandant d'autre répit que de changer de temps à autre son galop contre le trot. — Je pourrais lui faire montrer plus d'action, dit son maître ; mais nous sommes deux couples de longues jambes, après tout, et ce serait une pitié de trop fatiguer Dumple ; — il n'y avait pas son pareil aujourd'hui à la foire de Staneshiebank.

Brown reconnut sans peine la justice de ménager leur monture, et il

---

[1] Mot écossais signifiant *bourbier*, lieu rempli de fondrières. (L. V.)

[2] Walter Scott a expliqué, dans une de ses notes sur le *Nain Noir*, cette expression écossaise de *molle* (*saft*, en écossais, pour *soft*) appliquée à un terrain ou à une route, pour désigner sa nature rompue et marécageuse. (L. V.)

[3] La Route des Filles ou de la Vierge.

ajouta que comme ils étaient alors loin de l'atteinte des bandits, il pensait que M. Dinmont ferait bien de lier un mouchoir autour de sa tête, de peur que la fraîcheur de l'air n'aggravât la blessure.

— Pourquoi donc? répondit le fermier endurci ; la meilleure manière est de laisser le sang se figer sur la coupure ; — ça épargne les emplâtres, mon cher ami[1].

Brown, qui dans sa profession militaire avait vu recevoir et donner bien des blessures sérieuses, ne put s'empêcher de remarquer « qu'il n'avait jamais vu de pareils coups reçus avec un tel air d'indifférence. »

— Bah! bah! — est-ce que je voudrais m'amuser à geindre pour une égratignure au crâne? — Mais dans cinq minutes nous allons être en Écosse, et il faut que vous montiez à Charlies-Hope avec moi : c'est une chose arrêtée.

Brown accepta de bon cœur l'hospitalité offerte. La nuit commençait à s'épaissir quand ils arrivèrent en vue d'une jolie rivière qui serpentait à travers une contrée pastorale. Les collines étaient plus vertes et plus escarpées que celles que Brown venait de quitter, et leurs pentes herbeuses encaissaient la rivière. Elles n'aspiraient ni à la magnificence des montagnes sourcilleuses, ni aux formes pittoresques de leurs contours abrupts, et leurs flancs doucement arrondis n'offraient à l'œil ni rochers ni bois ; mais le paysage plaisait par son caractère calme et pittoresque. Pas d'enclos, pas de routes, à peine trace de culture : — on eût dit une terre choisie par un patriarche pour y faire paître ses troupeaux. Çà et là les restes d'une tour ruinée et démantelée montraient que cette terre avait été occupée autrefois par des hommes d'une toute autre nature que ses habitants actuels, c'est-à-dire par ces maraudeurs dont les exploits tiennent une place si notable dans les guerres entre l'Angleterre et l'Écosse.

Descendant un sentier qui conduisait à un gué bien connu, Dumple y traversa la petite rivière, puis, accélérant son pas, il trotta pendant environ un mille le long de la rive, et arriva enfin près d'un groupe de deux ou trois bâtiments bas couverts en chaume, dont les angles, placés en regard les uns des autres, annonçaient un grand mépris pour la régularité : c'était la ferme de Charlies-Hope, ou, dans le langage du pays, la *Town*[2]. Un concert d'aboiements furieux s'éleva à leur approche, dans lequel s'étaient réunies les trois générations des Mustard et des Pepper, avec nombre d'alliés aux noms inconnus. Le fer-

---

[1] Ici, comme en certains autres endroits, nous ne pouvons rendre que le fond de l'idée, sans pouvoir reproduire la grâce naïve de l'original. Ce que nous rendons par « mon cher ami » est exprimé en écossais par le seul mot *hinny* (quelquefois prononcé *hinney*), dont la racine est *hiney* (en anglais *honey*), miel, et, par extension, ce qui est doux, ce qui flatte, ce qu'on aime. (L. V.)

[2] *Town*, en anglais, signifie *ville* ; ici cette expression, plus rapprochée de son sens primitif, est restreinte à l'acception spéciale d'*habitation*. (L. V.)

mier fit entendre avec force sa voix bien connue, et l'ordre se rétablit. La porte s'ouvrit, et une servante de basse-cour à demi vêtue, qui leur avait rendu ce bon office, la leur referma au nez pour courir dans l'intérieur de la maison crier : — Mistress, mistress, voilà le maître, et un autre homme avec lui. Dumple, abandonné à lui-même, gagna la porte de son écurie, et là se mit à frapper du pied et à hennir pour annoncer sa présence, que saluèrent dans le même langage ses camarades de l'intérieur. Au milieu de ce tumulte, ce ne fut pas sans peine que Brown protégea Wasp contre les autres chiens, qui, avec une ardeur plus en rapport avec leurs noms qu'avec les dispositions hospitalières de leur maître, se montraient grandement disposés à recevoir rudement le nouvel intrus.

Au bout d'une minute un vigoureux garçon de ferme introduisait Dumple dans l'écurie en le caressant de la main, tandis que mistress Dinmont, femme de bonne mine et à l'air enjoué, témoignait à son mari une satisfaction sincère de le revoir. — Eh, sirs[1]! c'est vous, Dandie? vous avez été bien longtemps dehors[2]!

[1] Nous avons eu déjà occasion de faire remarquer que cette exclamation proférée en signe d'étonnement, de crainte, de joie, en un mot de tout mouvement de l'âme subit et violent, est une locution tout écossaise, et par conséquent intraduisible, même en anglais. Littéralement cette exclamation revient à *hé, messieurs!* mais on comprend aisément qu'il ne reste rien du sens littéral dans celui que l'usage lui a donné. (L. V.)

[2] *Voyez* la note B, à la fin du volume.

CHAPITRE XXIV.

> Le Liddel, nom que n'ont pas encore prononcé les chan..s des poëtes (sauf les lais rustiques modulés au murmure de ses ondes par ses pâtres amoureux); — et pourtant jamais rivière plus pure n'a versé ses eaux dans la mer de l'Ouest.
>
> *L'Art de conserver la santé.*

Les fermiers actuels du sud de l'Écosse connaissent mieux que leurs pères les raffinements de la civilisation, et les mœurs que j'ai maintenant à décrire, si elles n'ont pas entièrement disparu, sont du moins grandement modifiées. Sans avoir perdu la simplicité rustique des manières, ils cultivent aujourd'hui des arts inconnus à la génération antérieure, non-seulement pour l'amélioration progressive de leurs cultures, mais dans tous les *comforts* de la vie. Leurs maisons sont plus commodes, leurs habitudes de vie plus rapprochées de celles du monde civilisé, et le meilleur des luxes, le luxe des connaissances, a gagné beaucoup de terrain au milieu de leurs montagnes dans le dernier tiers de siècle [1]. Boire beaucoup, autrefois leur plus grand défaut, est une habitude qui s'efface rapidement; et quoique leur franche hospitalité soit toujours la même, elle est, généralement parlant, plus recherchée dans son caractère et plus réservée dans ses excès.

— Le diable est dans la femme! s'écria Dandie Dinmont en repoussant les embrassements de la sienne, mais doucement et d'un air affectueux; — vous avez le diable au corps, Ailie; — ne voyez-vous pas le gentleman étranger?

Ailie se tourna vers Brown pour s'excuser : — En vérité, j'étais si aise de voir le bonhomme, que... Mais, bonté divine! qu'avez-vous donc tous deux?

Ils se trouvaient en ce moment dans le petit parloir, et la chandelle éclairait les traces de sang que la tête blessée de Dinmont avait copieusement distribuées sur les vêtements de son compagnon aussi bien que sur les siens.

— Vous vous serez encore battu, Dandie, avec quelqu'un des maquignons du Bewcastle! Ah! Dandie! un homme marié, avec une jolie famille comme la vôtre, devrait mieux savoir ce que la vie d'un père vaut dans le monde! — Et tandis qu'elle parlait, de grosses larmes roulaient dans ses yeux.

---

[1] Sir Walter Scott écrivait ceci en 1815. (L. V.)

— Bon! bon! répliqua le mari en appliquant à sa femme un baiser où il y avait plus d'affection que de cérémonie ; ne vous mettez pas en peine. — Voilà monsieur qui vous dira que comme je sortais de chez Lourie Lowther, où je m'étais arrêté juste le temps de boire deux coups d'amitié, et que je venais de rentrer dans la lande, deux coureurs de pays[1] se sont élancés sur moi d'un trou de tourbière au moment où j'y pensais le moins, et m'ont assez mal mené avant que j'aie pu leur caresser les oreilles du manche de mon fouet ; — et en vérité, Ailie, si cet honnête gentleman n'était pas arrivé, j'aurais attrapé plus de coups que je n'aurais voulu, et perdu plus d'argent que je n'en ai à perdre : ainsi, après Dieu, c'est lui que vous en devez remercier. En même temps il tira de sa poche de côté un grand portefeuille de cuir crasseux, et le donna à sa femme pour qu'elle le serrât dans son coffre.

— Dieu bénisse le gentleman, c'est ce que je lui demande de tout mon cœur ! — Mais que pouvons-nous faire pour lui ? la table et le gîte, nous ne les refuserions pas au plus pauvre voyageur ; — à moins (ses yeux s'arrêtèrent sur le portefeuille, mais avec un sentiment de convenance naturelle qui donnait à l'insinuation toute la délicatesse possible,) à moins qu'il n'y eût quelque autre moyen...

Brown vit et apprécia le mélange de simplicité et de générosité reconnaissante qui recourait, quoique avec délicatesse, à la voie la plus directe pour s'épancher ; il sentait que ses habits plus que modestes, déchirés comme ils l'étaient en ce moment et maculés de sang, faisaient de lui pour le moins un objet de pitié, et peut-être de charité. Il se hâta de dire que son nom était Brown, qu'il était capitaine dans le *** régiment de cavalerie, voyageant pour son plaisir, et à pied, autant par des motifs d'indépendance que d'économie ; et il pria sa bonne hôtesse d'examiner les blessures de son mari, que celui-ci n'avait pas voulu lui laisser voir. Mistress Dinmont était plus habituée à voir des trous à la tête de son mari qu'à se trouver en présence d'un capitaine de dragons. Elle prit une serviette à peu près propre, et après avoir donné une ou deux minutes au souper qui se préparait, elle revint vers le fermier et lui frappa sur l'épaule. — Allons, dit-elle, asseyez-vous, vaurien à tête dure, qui vous fourrez toujours vous et les autres dans quelque méchante affaire.

Lorsque Dandie Dinmont, après avoir fait deux ou trois cabrioles et figuré une gigue montagnarde, comme pour tourner en ridicule l'inquiétude de sa femme, eut enfin daigné s'asseoir, et soumis à son inspection sa tête ronde, noire et velue, Brown pensa qu'il avait vu le chirurgien du régiment devenir sérieux dans des cas moins graves. La ménagère, cependant, montra quelques connaissances chirurgicales ; — elle enleva avec ses ciseaux les mèches de cheveux imprégnées de sang

---

[1] *Landloupers.*

figé, dont les flocons raides et coagulés gênaient ses opérations, et appliqua sur la blessure un peu de charpie imbibée d'un baume vulnéraire réputé souverain dans toute la vallée (et dont il se faisait un grand emploi tous les soirs de jours de foire); — puis elle fixa son emplâtre par un bandage, et, en dépit de la résistance du patient, mit par-dessus le tout un bonnet de nuit destiné à tenir chaque chose en place. Quelques contusions sur le front et les épaules furent fomentées avec de l'eau-de-vie, ce que le blessé ne permit que lorsque la médecine eut payé un copieux tribut à ses lèvres. Mistress Dinmont offrit alors ses soins à Brown, avec autant de simplicité que d'obligeance.

Il l'assura qu'il n'avait besoin que d'un peu d'eau et d'un essuie-mains.

— Et c'est à quoi j'aurais pensé plus tôt, dit-elle, et j'y avais même bien pensé; mais je n'osais pas ouvrir la porte, car tous les enfants sont là, pauvres petits, qui meurent d'envie de voir leur père.

Ceci expliqua le bruit et le bourdonnement qui se faisaient entendre à la porte du petit parloir, et dont Brown avait été quelque peu surpris, quoique sa bonne hôtesse n'eût paru les remarquer qu'en poussant le verrou dès qu'elle avait entendu le commencement du tapage. Mais à peine eut-elle ouvert la porte pour aller chercher le bassin et la serviette (car la pensée ne lui serait jamais venue de conduire l'hôte dans une chambre séparée), qu'un flot de marmots à tête blanche [1] s'y précipita, les uns de l'écurie, où ils avaient été voir Dumple et lui payer sa bienvenue avec une part de leurs gâteaux d'avoine [2], les autres de la cuisine, où ils étaient à écouter les contes et les ballades de la vieille Elspeth, les plus jeunes à demi nus et sortant de leurs lits, tous criant pour voir *papa* [3], et pour s'enquérir de ce qu'il leur avait rapporté des diverses foires qu'il avait visitées dans ses courses. Notre chevalier de la Tête-Cassée les enleva d'abord dans ses bras, et les embrassa tour à tour, puis il leur distribua des sifflets, des trompettes de bois et du pain d'épice, et finalement, quand le tumulte de leur joie et de leurs cris devint assourdissant, il s'écria, en se tournant vers son hôte: Tout ceci est la faute de la ménagère, capitaine; — elle fait toutes les fantaisies des enfants.

— Moi! dit Ailie qui entrait en ce moment avec le bassin et le pot à l'eau; le Seigneur me soit en aide, comment pourrais-je m'en empêcher? — Je n'ai rien autre chose à leur donner, pauvres créatures!

Dinmont se mit alors à agir, et partie en les flattant, partie en les menaçant, et partie en les poussant, il débarrassa la salle de tous les intrus, à l'exception d'un garçon et d'une fille, les deux aînés de la famille, qui étaient, fit-il observer, en âge de se conduire convena-

---

[1] *White-headed*, épithète fréquemment appliquée aux enfants écossais, par allusion à la couleur blanc de lin qui est habituelle à leur chevelure. (L. V.)

[2] *Four-hours scones*, littéralement cakes de quatre heures. (L. V.)

[3] Le mot écossais est *daddy*. (L. V.)

blement. Par la même raison, mais avec moins de cérémonie, tous les chiens furent renvoyés à coups de pieds, sauf les vénérables patriarches, le vieux Pepper et la vieille Mustard, auxquels de fréquentes corrections et l'accumulation des années avaient donné une telle dose d'hospitalité passive, qu'après quelques explications et quelques remontrances mutuelles, sous forme de grognements, ils admirent Wasp, qui jusque-là avait jugé prudent de se tenir sous la chaise de son maître, au partage d'une peau séchée et non tannée qui, étendue devant le foyer, tenait lieu d'un tapis de Bristol.

L'activité empressée de la *maîtresse*[1] (c'est ainsi qu'elle était appelée dans la cuisine, tandis qu'au parloir son titre était *bonne femme*[2]), avait déjà arrêté le sort d'un couple de poulets qui, le temps manquant pour les préparer autrement, parurent bientôt tout fumants sur le gril, — le *brander,* comme l'appelait mistress Dinmont. Une énorme pièce de bœuf froid, des œufs, du beurre, des *cakes*[3] et force *bannocks* de farine d'orge[4] composèrent le festin, qu'arrosa d'excellente ale brassée à la maison, et une bouteille d'eau-de-vie. Peu de soldats auraient fait faute à un tel régal, après une journée de fatigue, et une escarmouche par-dessus le marché : aussi Brown y fit-il largement honneur. Tandis que la bonne femme aidait en partie une grande et robuste servante, jeune fille dont les joues étaient aussi rouges que le ruban de ses cheveux, à enlever les débris du souper, et que tout en donnant ses ordres, elle plaçait elle-même sur la table le sucre et l'eau chaude (ce que la servante aurait couru grand risque d'oublier, tant elle était occupée à regarder un capitaine), Brown eut l'occasion de demander à son hôte s'il ne se repentait pas d'avoir négligé l'avis de l'Égyptienne.

— Qui sait? répondit-il; ce sont de rusés diables; — je n'aurais peut-être échappé à un malheur que pour tomber dans un autre. Et pourtant je ne dirai pas cela, non plus; car si la vieille sorcière venait à Charlies-Hope, elle aurait une pinte d'eau-de-vie et une livre de tabac pour passer son hiver. Ce sont de rusés diables, comme disait mon vieux père; — plus on les malmène, pis ils sont. Après tout, il y a du bon et du mauvais chez les gipsies.

Cette conversation et quelques autres propos servirent d'introduction à un autre pot d'ale et à un second *boute-en-train* d'eau-de-vie et d'eau (comme disait Dinmont dans son idiome de province[5]). Mais Brown refusa ensuite absolument de prolonger la séance, alléguant sa fatigue

---

[1] *Mistress.*

[2] *Gudewife.*

[3] Galettes plates de farine d'avoine. C'est le pain de la grande majorité des Écossais. (L. V.)

[4] Autre sorte de *cake*. (L. V.)

[5] *Cheerer,* qui égaie, mot pour lequel nous n'avons pas trouvé de meilleur équivalent que celui que nous avons employé. (**L. V.**)

et les effets du combat : — sachant bien qu'il eût été inutile de remontrer à son hôte le danger qu'un excès eût pu avoir pour la blessure encore vive de son crâne entr'ouvert. Une très-petite chambre à coucher, mais un lit très-propre, reçurent le voyageur, et les draps justifièrent la petite gloriole courtoise de l'hôtesse, « qu'il n'en pourrait trouver nulle part de plus agréables, car ils étaient lavés avec l'eau de la source des Fées [1], la toile avait blanchi sur de jolies marguerites [2], ét elle avait été filée par Nelly et par elle-même ; et qu'est-ce qu'une femme, fût-ce une reine, pouvait faire de plus pour eux ? »

Il est vrai qu'ils rivalisaient de blancheur avec la neige, et qu'ils avaient gardé un agréable parfum de la manière dont la toile en avait été blanchie. Le petit Wasp se coucha, après avoir léché la main de son maître pour lui en demander la permission, à ses pieds sur la couverture ; et les sens du voyageur furent bientôt absorbés dans un oubli bienfaisant.

[1] *Fairy-Well.*
[2] On sait que la coutume, pour blanchir les toiles neuves, est de les étendre sur les prés. (L. V.)

CHAPITRE XXV.

> Livrez-vous donc, Bretons, à votre passion pour la chasse ; soyez impitoyables pour l'ennemi nocturne de vos bergeries. Que tous les tonnerres de votre poursuite l'arrachent aux tanières tortueuses où il s'enfonce au milieu des rochers.
> THOMSON, *Saisons*.

Brown se leva de bonne heure, le matin, et sortit pour examiner l'établissement de son nouvel ami. Tout, dans le voisinage de la maison, était brut et négligé : — un jardin mal tenu, nul soin de conserver les abords de la maison secs et commodes, absence totale de toutes ces petites attentions d'ordre et de propreté sur lesquelles l'œil se repose avec tant de plaisir à l'aspect d'une ferme anglaise. Il était néanmoins évident que cette négligence provenait uniquement d'ignorance ou de manque de goût, mais non de pauvreté et de l'insouciance qui en est la suite. Une étable remplie de belles vaches laitières, dans une autre dix bouvillons de la race la plus estimée, dans l'écurie deux vigoureux attelages de chevaux, des domestiques actifs, industrieux, paraissant contents de leur sort ; en un mot, un air d'abondance et de bien-être, à défaut de propreté, annonçaient, au contraire, le riche fermier. La situation de la maison, sur une éminence doucement inclinée vers la rivière, garantissait les habitants d'une partie des inconvénients de cette négligence. La bande entière des enfants était non loin de là, occupée à jouer et à bâtir des maisons de tourbe autour du tronc garni de lierre d'un vieux chêne, qu'on nommait le Buisson de Charlie, d'après une certaine tradition touchant un ancien maraudeur qui avait autrefois demeuré en cet endroit. Entre la ferme et les pâtures de la montagne s'étendait un marécage situé dans un de ces enfoncements de terrain que dans le pays on désigne sous le nom de *slack* : — cette espèce de fossé naturel avait servi jadis de défense à un fort dont il ne restait plus de vestiges, mais qu'on disait avoir été habité par l'illustre héros que nous avons déjà mentionné. Brown essaya de lier connaissance avec les enfants ; mais « les drôles lui échappèrent comme du vif-argent, » quoique les deux plus âgés demeurassent à le regarder, quand ils eurent gagné un peu de terrain. Le voyageur dirigea alors sa course vers la colline, et il traversa le marécage dont nous avons parlé, sur une espèce de chaussée en pierres, qui n'était ni la plus large ni la plus solide sous le pied qu'on pût imaginer. Il avait à peine commencé à gravir la colline, qu'il rencontra un homme qui en descendait.

Il reconnut bientôt son digne hôte, quoiqu'un plaid gris de berger, appelé *maud*, eût remplacé son costume de voyage, et qu'un bonnet garni de peau de chat sauvage couvrît sa tête enveloppée de bandages, plus commodément que ne l'eût fait un chapeau. En l'apercevant à travers le brouillard du matin, Brown, accoutumé à juger des hommes par leur vigueur musculaire, ne put s'empêcher d'admirer la haute taille du fermier, ses larges épaules, et l'assurance de sa démarche. Dinmont portait intérieurement le même jugement de Brown, dont il pouvait alors détailler les formes athlétiques plus à loisir qu'il ne l'avait fait la veille. Après les salutations ordinaires du matin, Brown s'enquit si son hôte se sentait des suites de la bagarre de la veille?

— Je l'avais tout à fait oubliée, répondit l'intrépide Borderer [1] ; mais il me semble ce matin, maintenant que je suis frais et à jeun, que si vous et moi nous étions au Latch de Withershin, chacun un bon gourdin de chêne à la main, nous ne tournerions pas les talons, serait-ce devant une demi-douzaine de ces mauvais coquins.

— Mais êtes-vous prudent, mon cher M. Dinmont, de ne pas prendre une ou deux heures de repos, après avoir reçu d'aussi graves contusions?

— Des confusions! répliqua le fermier avec un rire de dédain ; bon Dieu, capitaine, rien ne confusionne ma tête [2]. — Une fois, je me suis relevé et j'ai lancé les chiens sur le renard, après être tombé du haut du Christenbury Craig [3] ; il y avait pourtant bien de quoi mettre de la confusion dans mes idées. Non, rien ne me confusionne, à moins de temps à autre qu'un petit coup de trop. Et puis j'avais besoin de faire ma ronde du côté des troupeaux, ce matin, et de voir comment va le bétail ; — dès qu'on n'est plus là, les pâtres sont toujours disposés à négliger les bêtes pour leurs jeux de balles, et leurs foires, et leurs assemblées. Et j'ai rencontré par là, de l'autre côté de l'eau, Tam de Todshaw et d'autres camarades, qui sont tous réunis ce matin pour une chasse au renard ; — voulez-vous y venir? Je vous donnerai Dumple, et je prendrai la jument.

— Mais je crains d'être obligé de vous quitter ce matin, M. Dinmont.

— Du diable si c'est vrai! s'écria le Borderer ; — pour rien au monde je ne vous laisserai partir d'ici à une quinzaine. — Non, non ; nous ne rencontrerions pas tous les soirs des amis comme vous dans la lande de Bewcastle.

Brown n'avait pas décidé que son voyage serait expéditif ; il accéda donc sans peine à une partie de cette invitation cordiale, en promettant de passer une semaine à Charlies-Hope.

A leur arrivée à la ferme, où un copieux déjeuner avait été préparé

---

[1] Habitant de la frontière (*border*) anglo-écossaise. (L. V.)

[2] Le verbe anglais *to confuse* signifie proprement déconcerter, troubler. (L. V.)

[3] *Craig*, expression écossaise signifiant rocher. (L. V.)

par les soins de la ménagère, elle apprit la nouvelle de la chasse projetée, non avec approbation, à la vérité, mais sans alarme ni surprise. Dand, dit-elle, vous êtes toujours le vieux homme! — rien ne vous rendra précautionneux, jusqu'à ce que quelque jour on vous rapporte à la maison les pieds devant.

— Bah, bah, ma fille! vous savez bien qu'avec toutes mes courses je n'en vaux jamais un zeste de moins.

En même temps il exhorta Brown à se hâter d'expédier son déjeuner, attendu que la gelée s'étant relâchée, la piste serait très-aisée à suivre.

En conséquence, ils se mirent en route, le fermier servant de guide, pour Otterscope-Scaurs[1]. Ils ne tardèrent pas à sortir de la petite vallée, et à s'enfoncer dans des montagnes aussi escarpées qu'elles pouvaient l'être sans se changer en précipices. Leurs flancs présentaient souvent des ravines dans lesquelles pendant l'hiver, ou après de fortes pluies, l'eau se précipitait en torrents furieux. Quelques restes de brouillards, derniers vestiges des nuages du matin, flottaient encore en masses arrondies au sommet des montagnes, car une pluie assez violente avait fait fondre la gelée. A travers le voile transparent de ces nuages cotonneux, on voyait des centaines de petits ruisseaux temporaires descendant le long des flancs des collines comme autant de filets argentés. En suivant des sentiers de chèvres le long de ces escarpements, où Dinmont s'avançait au trot avec l'assurance la plus insouciante, ils arrivèrent enfin près du théâtre de la chasse, et commencèrent à voir d'autres hommes, les uns à cheval, les autres à pied, qui se dirigeaient comme eux vers la place du rendez-vous. Brown ne concevait pas comment une chasse au renard pourrait avoir lieu dans des montagnes où pouvait à peine trotter un poney accoutumé au terrain, et où, en s'écartant de deux pas du sentier battu, le cavalier devait s'enfoncer dans les fondrières ou être précipité au fond des gorges. Cet étonnement ne diminua pas quand il fut arrivé sur la scène de l'action.

Ils étaient graduellement parvenus à une grande élévation, et en ce moment ils se trouvaient sur une sorte de plateau dominant une vallée[2] très-profonde et fort étroite. C'est là que s'étaient rassemblés les chasseurs, dans un appareil qui eût été choquant pour les yeux d'un véritable amateur[3] : car le but étant la poursuite d'un animal nuisible et destructeur, non moins que le plaisir même d'une chasse, on avait laissé au pauvre renard bien moins de chances favorables que lorsqu'il est couru dans les formes voulues à travers un pays découvert. La

[1] *Scaur*, expression écossaise, désignant un escarpement au-dessus d'une rivière, ou une rive très-élevée. (L. V.)

[2] *Glen*.

[3] Pour un membre de *Pychely-Hunt*, dit le texte. Pychely-Hunt est sans doute un club de chasseurs. (L. V.)

force de sa retraite, cependant, et la nature du terrain dont elle était entourée de tous côtés, suppléaient à ce que laissait désirer le manque de courtoisie de ses ennemis. De chaque côté, le *glen* était bordé de bancs de terre et de rochers de pierre friable, dont le pied était baigné par le petit ruisseau qui serpentait au fond de la vallée, et que couronnait çà et là une touffe de broussailles rabougries ou un bouquet de genêts épineux. Les chasseurs, cavaliers ou piétons, se rangèrent le long des bords de ce ravin, fort étroit, comme nous l'avons dit, mais très-profond; et il était peu de fermiers qui n'eussent avec eux au moins un couple de grands et vigoureux lévriers, de cette race de chiens à courre le daim[1] autrefois très-répandue dans le pays, mais dont la taille est aujourd'hui fort diminuée, par suite de leurs croisements avec les races communes. Le *huntsman* ou veneur, sorte de fonctionnaire appartenant au district, et qui reçoit une certaine contribution en farine, indépendamment d'une prime pour chaque renard qu'il détruit, était déjà au fond de la vallée, dont les échos retentissaient des aboiements de deux ou trois couples de limiers dressés à cette espèce de chasse[2]. Nombre de terriers, parmi lesquels se trouvait toute la génération des Pepper et des Mustard, étaient aussi en attente, ayant été envoyés à l'avance sous la conduite d'un berger. D'autres chiens d'espèces moins nobles, de toute classe et de tout âge, tenaient aussi leur partie dans ce concert de cris et d'aboiements. Ceux des chasseurs postés sur le bord du ravin ou *glen* tenaient leurs limiers en laisse, prêts à les lâcher sur le renard dès que les mouvements de ceux qui occupaient le fond de la vallée le forceraient d'abandonner son couvert.

La scène, quoique étrange aux yeux d'un chasseur de profession, avait dans son caractère sauvage quelque chose de captivant. Les figures mobiles placées au faîte de la montagne, se détachant sur le ciel, semblaient de loin se mouvoir dans l'air. Les chiens, impatients de leur captivité, et excités par les aboiements partant de la vallée, bondissaient et s'élançaient, en mordant les liens qui les empêchaient d'aller se réunir à leurs compagnons. Si on portait les yeux plus bas, le spectacle n'était pas moins frappant. Le brouillard n'était pas totalement dissipé dans la vallée, de sorte que ce n'était souvent qu'à travers un milieu vaporeux qu'il était possible d'apercevoir les chasseurs qui s'y trouvaient. Parfois un souffle de vent rendait la scène visible, et laissait apercevoir le ruisseau azuré, dont les eaux étincelantes suivaient en serpentant les contours de la vallée solitaire. On pouvait voir alors les pâtres sautant de rocher en rocher avec une agilité intrépide, et excitant les chiens sur la piste, le tout tellement amoindri par la profondeur

---

[1] *Deer-dogs.*
[2] *Fox-hounds.*

et l'éloignement, qu'on eût cru contempler une scène de pygmées. Puis les brouillards se refermaient sur eux, et les seuls indices de leurs mouvements ininterrompus étaient les *halloos* des hommes et les clameurs des chiens, s'élevant dans la montagne comme s'ils sortaient des entrailles de la terre. Quand le renard, ainsi chassé d'une retraite à une autre, fut enfin obligé d'abandonner sa vallée pour aller chercher plus loin un autre refuge, ceux qui, du sommet, épiaient ses mouvements lâchèrent leurs limiers, qui, surpassant le renard en vitesse et l'égalant en ardeur et en férocité, eurent bientôt mis le pillard aux abois.

C'est ainsi que sans aucune attention aux règles ordinaires et au décorum de la chasse, mais, selon toute apparence, avec autant de satisfaction pour les bipèdes et les quadrupèdes que si les observances eussent été suivies, quatre renards furent mis à mort dans cette active matinée; et Brown lui-même, quoiqu'il eût vu les chasses royales de l'Inde, et couru le tigre, monté sur un éléphant, avec le nabab d'Arcât, avoua que celle-ci lui avait procuré un grand plaisir. Quand la chasse fut terminée pour ce jour-là, beaucoup de ceux qui y avaient pris part, conformément à l'hospitalité ordinaire du pays, vinrent dîner à Charlies-Hope.

En chemin, Brown se trouva un moment près du *huntsman;* il lui fit des questions sur la manière dont il exerçait sa profession. L'homme semblait éviter de rencontrer son regard, et montra à se débarrasser de sa compagnie et de sa conversation un empressement dont Brown ne pouvait aisément se rendre compte. C'était un homme maigre, brun, actif, et bien taillé pour les fatigues de sa profession; mais ses traits n'avaient pas la franchise d'un joyeux chasseur : les regards baissés, l'air embarrassé, il évitait les yeux de ceux qui le regardaient en face. Après quelques observations sans importance sur l'issue de la chasse, Brown lui donna une légère gratification et vint se replacer près de son hôte. Ils trouvèrent la ménagère préparée à les recevoir : — la bergerie et la basse-cour fournirent les éléments du festin, et l'empressement d'une réception cordiale suppléa à tout ce qui pouvait manquer en élégance et en *bonnes manières.*

CHAPITRE XXVI.

> Les Elliots et les Armstrongs s'assemblèrent ; c'était une brave compagnie !
>
> *Ballade de Johnnie Armstrong.*

Sans nous arrêter à détailler les occupations des deux jours suivants, lesquelles, ne consistant que dans les amusements ordinaires de la campagne, la chasse et la promenade, n'offriraient rien qui pût intéresser le lecteur, nous dirons cependant quelque chose d'un exercice en quelque sorte particulier à l'Écosse, et qu'on peut nommer une espèce de *chasse au saumon*. Cette chasse, dans laquelle le poisson est poursuivi et frappé avec des piques barbelées, sorte de tridents à longues flèches appelés *wasters*[1], est très-fréquente à l'embouchure de l'Esk[2] et dans les autres rivières d'Écosse fréquentées par le saumon. On peut prendre cet amusement de jour, mais c'est plus communément pendant la nuit qu'on s'y livre. Le poisson est alors découvert au moyen de torches, ou d'espèces de réchauds fermés remplis de fragments embrasés de sapin enduits de goudron, qui concentrent une vive clarté sur un point voulu de la rivière. Dans l'occasion actuelle, le principal groupe de chasseurs montait une vieille barque et se trouvait sur une partie de la rivière où l'eau était accumulée et rendue plus profonde par une écluse de moulin, tandis que d'autres, comme les anciennes Bacchantes dans leurs orgies, couraient le long des rives en brandissant leurs torches et leurs piques, poursuivant ainsi le saumon, qui s'efforçait d'échapper en remontant le cours de l'eau, ou qui cherchait, en s'abritant sous des racines d'arbres, des fragments de pierres ou des quartiers de roches, à se soustraire aux recherches des pêcheurs. Mais le moindre indice révélait leur présence à ceux qui montaient le bateau ; le reflet d'une nageoire, une bulle s'élevant à la surface de l'eau, suffisaient pour montrer à ces adroits chasseurs les points où devaient porter leurs coups.

Cet exercice paraissait offrir un inexprimable plaisir à ceux qui y étaient accoutumés ; mais Brown, manquant d'habitude pour le maniement de la pique, fut bientôt fatigué d'efforts qui n'avaient d'autre

---

[1] Ou *leister*. On se sert de la longue pique pour frapper ; mais il y en a une plus courte qu'on lance sur le poisson, et dont un chasseur expérimenté touche le saumon avec une étonnante adresse. (W. S.)

[2] Rivière qui se jette dans le fond du golfe de Solway. (L. V.)

résultat que d'émousser ses armes contre les rocs du fond de la rivière, sur lesquels portaient le plus souvent les coups qu'il avait adressés au saumon. Il ne pouvait non plus voir de si près sans répugnance, quoiqu'il cachât une impression qui n'aurait pas été comprise, l'agonie du poisson expirant, frappant de sa queue le fond du bateau qu'il remplissait de son sang. Il se fit déposer à terre, et du haut d'un *heugh* ou berge escarpée, il contempla la scène avec un bien plus grand plaisir. Plus d'une fois il pensa à son ami Dudley, en observant les effets produits par la lumière intense et rougeâtre sur les rives pittoresques au-dessous desquelles le bateau glissait. Tantôt la clarté affaiblie semblait celle d'une étoile lointaine scintillant sur les eaux, comme ces lueurs que, selon les légendes du pays, les *Kelpies* aquatiques [1] envoient pour indiquer la place où quelqu'une de leurs victimes est ensevelie au fond de l'onde; tantôt elle s'approchait davantage, plus forte et plus vive à mesure qu'elle avançait, la large flamme ondoyante éclairant et rendant visibles à l'œil les rives, les rochers et les arbres qu'elle colorait d'une demi-teinte rougeâtre, puis, à mesure qu'elle s'éloignait de nouveau, rendant graduellement à une obscurité complète, ou à la nuance blafarde du clair de lune, les objets qu'elle avait partiellement éclairés. La lumière permettait en outre de distinguer les figures placées dans le bateau, quelquefois le bras levé et leurs armes suspendues, d'autres fois se courbant pour frapper, ou bien debout et immobiles, les traits éclairés, par la même lueur rougeâtre, d'une teinte cuivrée qui semblait appartenir aux régions du Pandémonium.

Après s'être amusé quelque temps à considérer ces effets de lumière et d'ombre, Brown reprit lentement le chemin de la ferme, s'arrêtant fréquemment encore à contempler les groupes occupés à la chasse, groupes qui se composent habituellement de deux ou trois personnes, l'une tenant la torche, et les autres, armées de leurs piques, se tenant prêtes à frapper leur proie dès qu'elle se montre. Remarquant un homme aux prises avec un énorme saumon qu'il avait harponné, et qu'il ne pouvait venir à bout de tirer de l'eau, Brown se rapprocha de la rive pour voir l'issue de la lutte. Celui qui portait la torche était ce même *huntsman* dont Brown avait déjà avec surprise remarqué la taciturnité. — Approchez, monsieur! approchez! venez donc le voir! il tourne le flanc comme une truie! — telles furent les interpellations des assistants, lorsque quelques-uns d'entre eux virent avancer Brown.

— Appuyez bien le waster! appuyez bien le waster! — tenez-le plus bas! — Vous n'avez pas la moelle d'un chat! — criaient d'un ton d'avis, d'encouragement et de reproche, ceux qui se trouvaient sur la rive,

---

[1] Lutins malfaisants dont les superstitions populaires de l'Écosse peuplent les gués et les passages des rivières, qu'ils fréquentent surtout pendant la nuit et les orages. (L. V.)

au pêcheur engagé avec le saumon, et qui, dans l'eau jusqu'à mi-corps, et luttant à la fois, au milieu des craquements de la glace qui longeait le bord, contre la force du poisson et contre celle du courant, semblait fort embarrassé de quelle manière il s'assurerait de sa proie. Lorsque Brown fut arrivé sur la berge, il s'adressa au *huntsman*, dont il avait reconnu les traits basanés à la vive clarté que la torche projetait sur eux : Levez votre torche, l'ami! lui cria-t-il. Mais à peine cet homme eut-il entendu la voix du survenant, à peine eut-il vu, ou plutôt conclu de cette voix que Brown approchait, qu'au lieu d'avancer sa lumière, il la laissa tomber dans l'eau, comme par accident.

— Gabriel a le diable au corps! dit le piqueur, tandis que les fragments de la torche de sapin flottaient, à demi flamboyants encore, entraînés par le courant, où ils s'éteignirent bientôt; — il a le diable au corps! — Je n'en viendrai jamais à bout sans lumière. — Si pourtant je pouvais l'amener à terre, jamais plus beau kipper [1] n'aurait été fumé à une paire de crocs [2]. — Quelques-uns des assistants sautèrent dans l'eau pour prêter leur assistance, et le poisson, qui fut ensuite trouvé peser près de trente livres, fut enfin amené sûrement sur le rivage.

La conduite du *huntsman* frappa Brown, quoiqu'il ne se souvînt pas d'avoir jamais vu ses traits, et qu'il ne pût concevoir par quelle raison il cherchait, comme il le faisait évidemment, à se soustraire à ses regards. Serait-ce un des bandits qui les avaient attaqués quelques jours auparavant? — la supposition n'était pas tout à fait improbable, quoiqu'il n'eût pu faire sur la figure et la personne de cet homme aucune remarque qui l'appuyât. Les brigands portaient leurs chapeaux très-rabattus sur leurs yeux, ils étaient couverts de grandes redingotes, et leur taille n'avait rien d'assez particulièrement remarquable pour qu'il pût en tirer aucun rapprochement. Il résolut d'en parler à son hôte Dinmont; mais des raisons qu'il est aisé de pressentir lui firent remettre sa communication à un instant plus calme de la matinée suivante.

Les chasseurs revinrent chargés de poissons, plus de cent saumons ayant été tués dans le cours de leur chasse. Les plus beaux furent réservés pour les principaux fermiers, et le reste partagé entre les bergers, cottagers et dépendants, et autres assistants de classes inférieures. Ces poissons, séchés à la fumée du feu de tourbe de leurs cabanes ou *shealings*, formaient une savoureuse addition au mélange de pommes de terre et d'oignons qui composaient en grande partie leur nourriture d'hiver. Une large distribution de whisky et d'ale leur fut faite en même temps, indépendamment de ce qu'on nommait la *chaudronnée de poisson*, — c'est-à-dire deux ou trois saumons bouillis dans un chaudron, pour leur souper. Brown suivit son joyeux hôte et le

---

[1] Saumon fumé et séché. (L. V.)
[2] *Voyez* la note C, à la fin du volume.

reste de ses amis dans la vaste cuisine enfumée où ce mets savoureux fumait sur une table de chêne, assez massive pour avoir porté le dîner de Johnnie Armstrong et de ses compagnons de joie. Ce ne furent que *huzzas* et joyeux propos, que plaisanteries et rires bruyants, mêlés de vanteries et de railleries. Notre voyageur chercha attentivement, des yeux, la sombre face du chasseur de renards ; mais il ne l'aperçut pas au nombre des convives.

Enfin, il hasarda une question sur cet homme. — Il est arrivé bien à contre-temps un accident à l'un de vous, dit-il, qui a laissé tomber sa torche à l'eau, pendant que son camarade se débattait avec cet énorme poisson.

— A contre-temps ! répliqua un berger en levant la tête (le même vigoureux garçon qui avait harponné le saumon) ; il mériterait sa volée pour ça. — Éteindre sa torche quand le poisson est aux crocs [1] d'un autre ! — Je suis bien sûr que Gabriel a laissé tomber les roughies dans l'eau tout exprès [2] ; — il n'aime pas voir un autre faire mieux que lui.

— Oui, dit un autre, il faut qu'il soit honteux de lui-même ; autrement il serait venu ici ce soir avec nous : — Gabriel aime les bonnes choses autant qu'aucun de nous.

— Est-il de ce pays ? demanda Brown.

— Non, non ; il n'y a que peu de temps qu'il y occupe les fonctions de *huntsman*, mais c'est un bon chasseur. — Il vient du pays là-bas quelque part comme du côté de Dumfries.

— Et quel est son nom, je vous prie ?

— Gabriel.

— Mais Gabriel quoi ?

— Ha ! Dieu le sait ; nous ne nous embarrassons guère des seconds noms des gens, ici ; ils sont tout aussi bien connus dans les familles.

— Voyez-vous, monsieur, dit en se levant un vieux berger, qui s'adressa à Brown à demi-voix, les gens des environs sont tous des Armstrongs, ou des Elliots, ou d'autres noms semblables [3] : — deux ou trois tout au plus. — Et ainsi, pour se distinguer, les lairds et les fermiers prennent les noms des endroits où ils demeurent : comme, par exemple, Tam de Todshaw, Will du Flat, Hobbie de Sorbietrees ; et notre bon maître ici, de Charlies-Hope. — Et alors, monsieur, les gens de classe inférieure sont quelquefois connus, vous remarquerez, par des espèces de surnoms, comme Glaiket Christie [4], et Deuke's Davie [5] ;

---

[1] *Witters*, les barbes du fer de la pique. (W. S.)

[2] Quand des éclisses ou des branchages sont employés en guise de torches pour *brûler l'eau*, comme on dit, on les nomme *roughies*. Quand on se sert de chiffons trempés dans le goudron, on les nomme *hards*, probablement d'après le français (hardes ?) (W. S.)

[3] *Voyez* la note D, à la fin du volume.

[4] Christie le fou.

[5] Davie du Diable.

ou bien peut-être, par leur état, comme, par exemple, ce Gabriel, que nous appelons Tod Gabbie[1] ou Gabbie le Chasseur. Il n'y a pas longtemps qu'il est dans nos cantons, monsieur, et je ne pense pas que personne le connaisse par un autre nom. Mais ça n'est pas bien de parler de lui en arrière, car c'est un bon chasseur de renards, quoique peut-être bien il ne soit pas aussi adroit que quelques-uns de ceux qui sont ici à manier le waster.

Après quelques autres propos sans suite, les chasseurs de rang supérieur se retirèrent pour terminer la soirée à leur manière, laissant les autres la passer à leur guise sans être gênés par la présence de leurs maîtres. Cette soirée, comme toutes celles que Brown avait passées à Charlies-Hope, fut consacrée à une innocente gaîté, excitée par de fréquentes libations. Celles-ci eussent pu cette fois dépasser les bornes de la stricte sobriété, sans l'intervention des ménagères ; car plusieurs des *maîtresses* du voisinage (expression d'une signification bien différente ici de celle qu'on y attache dans un monde plus à la mode) s'étaient réunies à Charlies-Hope pour voir l'issue de cette mémorable soirée. S'apercevant que le bol à punch se remplissait assez souvent pour qu'il y eût quelque danger que leur gracieuse présence fût oubliée, elles firent valeureusement une irruption au milieu des joyeux buveurs, conduites par notre bonne mistress Ailie, de sorte que Vénus mit promptement Bacchus en déroute. Le joueur de violon et le *piper*[2] firent ensuite leur apparition, et la meilleure partie de la nuit fut galamment employée à danser à leur musique.

Une chasse à la loutre, le lendemain, et le surlendemain une chasse au blaireau contribuèrent à faire joyeusement passer le temps. — J'espère que notre voyageur ne perdra rien dans l'estime du lecteur, quelque déterminé chasseur qu'il puisse être, quand je l'aurai informé que, dans la dernière de ces deux chasses, le jeune Pepper ayant perdu une patte de devant, et Mustard II ayant été presque étranglé, il conjura M. Dinmont, comme une faveur particulière et personnelle, de laisser le pauvre blaireau qui avait fait une si belle défense se retirer dans son terrier sans être inquiété davantage.

Le fermier, qui probablement eût traité cette requête avec un souverain mépris si elle fût venue de tout autre que de Brown, se borna à exprimer son très-grand étonnement. — C'est assez drôle ! dit-il ; — mais puisque vous prenez son parti, du diable si un chien le molestera tant que je vivrai ! — Nous le remarquerons même, et nous l'appellerons le blaireau du capitaine. — Bien sûr, je suis charmé de pouvoir faire quelque chose qui vous oblige ; — mais, Dieu nous garde, s'inquiéter d'un blaireau !

---

[1] Littéralement Gabbie le Renard. Gabbie est la forme familière de Gabriel. (L. V.)

[2] Joueur de cornemuse. (L. V.)

Après une semaine consacrée à ces divertissements rustiques, et marquée par les attentions de la plus franche cordialité de la part de l'honnête fermier, Brown dit adieu aux rives de la Liddell et à l'hospitalité de Charlies-Hope. Les enfants, dont il était alors devenu l'intime et le favori, poussèrent les hauts cris à l'annonce de son départ, et il fut obligé de leur promettre vingt fois qu'il reviendrait bientôt et qu'il leur jouerait sur le flageolet tous leurs airs favoris, jusqu'à ce qu'ils les eussent appris par cœur. — Revenez, capitaine, dit un petit gaillard déjà fort, et Jenny sera votre femme. Jenny approchait de sa onzième année ; — elle courut se cacher derrière sa mère.

— Capitaine, revenez, dit une petite espiègle aux joues rebondies, en avançant les lèvres pour qu'on l'embrassât, et c'est moi qui serai votre femme.

— Il faudrait qu'il fût pétri d'un limon plus dur que le mien, pensa Brown, celui qui pourrait se séparer avec indifférence de tant d'excellents cœurs. — La ménagère aussi, avec la modestie d'une matrone écossaise, et une simplicité affectueuse qui rappelait les anciens temps, offrit ses joues à l'hôte qui les quittait. — Des gens comme nous ne peuvent pas faire grand'chose, lui dit-elle ; — mais pourtant... s'il y avait quelque chose...

— Hé bien ! ma chère mistress Dinmont, vous m'enhardissez à vous faire une demande. — Voudriez-vous seulement avoir la bonté de me faire un plaid gris tout pareil à celui que porte le *bonhomme*? Brown s'était familiarisé, durant sa courte résidence, avec le langage et les mœurs du pays, et il savait quel plaisir causerait sa demande.

— Il faudrait qu'il n'y eût pas un peloton de laine chez nous, dit la ménagère rayonnante, pour que nous ne vous le fassions pas, et d'une aussi bonne étoffe qui soit jamais sortie d'une bobine. Je parlerai demain à Johnnie Goodsire, le tisserand de Castletown [1]. Adieu, monsieur, — et puissiez-vous être aussi heureux que vous voudriez voir les autres l'être ! — Ça serait un mauvais souhait pour bien des gens.

Je ne dois pas omettre de mentionner que notre voyageur laissa temporairement à Charlies-Hope son fidèle Wasp. Il prévoyait qu'il pourrait l'embarrasser dans les cas qui se présenteraient peut-être où il aurait besoin de silence et de mystère. Il fut, en conséquence, confié aux soins du plus âgé des enfants, qui promit, en employant les expressions d'une vieille ballade, qu'il aurait

Une part au souper et un coin dans son lit,

et qu'il ne serait engagé dans aucun de ces dangereux passe-temps où

---

[1] Castletown est une petite ville, sur la Liddell, comté de Roxburgh, près de la frontière anglaise. (L. V.)

la race des Mustard et des Pepper avait souffert de fréquentes mutilations. Ayant ainsi pris pour un temps congé de son petit compagnon de route, Brown se disposa à partir.

Il existe dans ces montagnes un goût étonnant pour le cheval. Il n'est pas de fermier qui n'y monte fort bien, et qui ne soit toute la journée en selle. Il est probable que la vaste étendue de leurs fermes essentiellement composées de pâturages, et la nécessité de se transporter rapidement d'un point à un autre pour en surveiller les diverses parties, auront été les causes premières de cet usage; ou peut-être un antiquaire très-zélé le ferait-il remonter aux temps du *Lai du dernier Ménestrel*, alors que vingt mille cavaliers se rassemblaient à la lueur de leurs fanaux [1]. Mais le fait est incontestable; ils aiment à être à cheval, et il est difficile de leur persuader que quelqu'un voyage à pied par d'autres motifs que par économie ou nécessité. En conséquence, Dinmont voulut absolument prêter une monture à son hôte, et il insista en outre pour l'accompagner à cheval jusqu'à la ville la plus proche du comté de Dumfries, où Brown avait envoyé d'avance son bagage, et d'où il se proposait de poursuivre son voyage projeté vers Woodbourne, résidence de Julia Mannering.

En route, il fit diverses questions à son compagnon sur ce qu'on pouvait savoir du *huntsman;* mais il n'en obtint que peu de renseignements, Gabriel ayant été appelé à cet office tandis que Dinmont faisait sa ronde dans les foires du haut-pays. — Ça paraissait être une espèce de porte-haillons, dit-il, et il oserait assurer qu'il avait du sang égyptien dans les veines; — mais en tout cas ce n'était pas un des coquins qui s'étaient trouvés sur le chemin dans le marais : — il les reconnaîtrait bien s'il les revoyait jamais. — Il y a parmi les gipsies d'assez bons diables, ajouta Dandie, au moins comparés aux autres; si jamais je revois cette vieille perche de femme, je lui donnerai de quoi acheter du tabac : — j'ai bien idée que son avis était bon, après tout.

Lorsque finalement ils furent sur le point de se séparer, le bon fermier tint longtemps serrée la main de Brown, et enfin il lui dit : Capitaine, les laines ont été à un si bon prix cette année, qu'elles ont payé toutes les rentes, et que nous n'aurons rien à faire du reste de l'argent quand Ailie aura eu sa robe neuve et les enfants leurs petits habillements; — alors j'avais pensé à quelqu'un de sûr pour lui mettre ça entre les mains, car

---

[1] Sir Walter Scott se citait ici lui-même, à une époque où son nom, comme auteur de *Guy Mannering*, était déguisé sous celui de l'*Auteur de Waverley;* aussi ajoute-t-il en note, dans la dernière édition qu'il ait donnée de ses œuvres, sous son propre nom : « Ce serait une affectation de changer ce passage; mais le lecteur comprendra qu'il avait pour objet de servir l'incognito de l'auteur, attendu qu'on ne devrait pas le soupçonner de citer ses propres ouvrages. Cette explication est également applicable à quelques autres passages analogues, introduits pour la même raison, soit dans ce roman, soit ailleurs. » (L. V.)

ça vaudra beaucoup mieux que de l'employer en eau-de-vie et en sucre. — Or, j'ai entendu dire que vous autres messieurs de l'armée pouviez quelquefois acheter de l'avancement ; et si une ou deux centaines de livres¹ pouvaient vous aider en une telle occasion, un bout de paraphe de votre plume serait aussi bon pour moi que l'argent, et vous pourriez prendre votre temps pour le remboursement : — ça serait me rendre un grand service. Brown sentit toute la délicatesse qui voulait déguiser un service en ayant l'air de demander une faveur. Il remercia cordialement son reconnaissant ami, et l'assura qu'il aurait sans scrupule recours à sa bourse, si les circonstances le mettaient jamais dans la nécessité de le faire. Et ils se séparèrent ainsi, avec mainte expression d'estime mutuelle.

¹ 100 livres sterling valent à peu près 2 500 fr. de notre monnaie. (L. V.)

CHAPITRE XXVII.

> S'il est en toi quelque sentiment de pitié, tourne-moi la face contre terre, que je puisse mourir.
>
> JOANNA BAILLIE.

Notre voyageur loua une chaise de poste dans la ville où il se sépara de Dinmont ; son projet était de se rendre directement à Kippletringan, où il prendrait des informations sur les habitants de Woodbourne, avant de s'aventurer à faire connaître à miss Mannering sa présence dans le pays. Le relais n'était pas de moins de dix-huit à vingt milles, et la route traversait un pays où l'on ne rencontrait ni ville ni village. Pour ajouter aux inconvénients du voyage, la neige commença à tomber en abondance. Le postillon, cependant, avança pendant une bonne partie de la traite, sans montrer ni doute ni hésitation. Ce fut seulement lorsque la nuit fut tout à fait close, qu'il exprima ses appréhensions d'avoir perdu son chemin. La neige, qui tombait de plus en plus épaisse, ne laissait pas de rendre cet avis alarmant ; car, comme elle arrivait droit au visage du postillon, et qu'autour de lui elle couvrait tout d'un uniforme manteau blanc, elle contribuait ainsi doublement à lui faire perdre la connaissance qu'il avait du pays, et à diminuer la chance de se remettre dans la bonne voie. Brown descendit de voiture et promena ses regards sur la contrée environnante, sans autre espoir, on peut bien l'imaginer, que de découvrir quelque habitation où il pourrait s'informer de la route. Mais il n'aperçut rien ; — tout ce qu'il put faire fut donc de dire à son conducteur d'avancer résolument. Le chemin où ils se trouvaient courait entre des plantations d'une grande étendue, et le voyageur conjectura en conséquence qu'il devait y avoir dans les environs quelque château ou quelque manoir. Enfin, après avoir avancé péniblement pendant à peu près un mille, le postillon s'arrêta, et protesta que ses chevaux ne voulaient plus faire un pas. Mais il voyait, ajouta-t-il, une lumière entre les arbres, qui devait venir d'une maison ; tout ce qu'ils avaient à faire était d'aller s'y enquérir de la route. Il mit donc pied à terre, lourdement empêtré d'une longue redingote, et d'une paire de bottes qui auraient pu le disputer en épaisseur au bouclier sept fois doublé d'Ajax. Comme dans cet équipage il ne pouvait avancer que laborieusement dans son voyage de découvertes, l'impatience de Brown n'y put tenir, et, sautant hors de la voiture, il dit au postillon de demeurer là près des chevaux, tandis que lui-même allait aller jusqu'à la maison, — ordre auquel l'homme de la poste se conforma de grand cœur.

Notre voyageur longea en tâtonnant la clôture de l'intérieur de laquelle venait la lumière, afin de trouver quelque voie pour y arriver dans cette direction ; et après avoir ainsi parcouru un certain espace, il rencontra enfin une ouverture dans la haie, ouverture qui semblait donner passage à un sentier conduisant dans l'intérieur de la plantation, laquelle, en cet endroit, était d'une grande étendue. Ceci paraissait devoir le mener à la lumière qui était le but de sa recherche, et conséquemment Brown avança dans cette direction ; mais bientôt le fanal disparut parmi les arbres. Le sentier, qui d'abord avait paru large et bien marqué par l'écartement des arbres entre lesquels il serpentait, devenait moins facile à reconnaître, quoique la blancheur de la neige produisît par réflexion une certaine clarté qui l'aidait à se conduire. Se dirigeant alors autant que possible à travers les parties les plus ouvertes du bois, il fit ainsi près d'un mille sans revoir la lumière ni rien apercevoir qui ressemblât à une habitation. Il pensait néanmoins que le mieux était de persévérer dans cette direction. — Ce doit sûrement avoir été une lumière partie de la cabane d'un forestier, se dit-il, car elle a brillé trop longtemps à la même place pour que ce soit la lueur d'un *ignis fatuus*[1]. Bientôt le terrain devint inégal et rapidement incliné ; et quoique Brown pensât suivre ce qui, autrefois du moins, avait dû être un sentier, le sol était alors très-mauvais, et la neige recouvrant les trous et les inégalités du terrain, le voyageur y fit une ou deux chutes. Il pensa alors à revenir sur ses pas, d'autant plus que la neige, à laquelle son impatience l'avait jusque-là empêché de faire attention, tombait avec plus d'abondance et de force que jamais.

Voulant cependant faire un dernier effort, il continuait encore d'avancer quelques pas, lorsqu'à sa grande satisfaction il revit la lumière vis-à-vis de lui à une distance peu considérable, et en apparence de niveau avec la place où il se trouvait. Mais il ne tarda pas à s'apercevoir que cette dernière apparence était une illusion, car le terrain continuait de descendre si rapidement, qu'il devint évident qu'une vallée profonde ou quelque ravin le séparait de l'objet de sa recherche. Prenant les plus grandes précautions pour assurer son pied, il continua de descendre, et arriva au fond d'un *glen* ou vallon très-enfoncé et très-étroit, où serpentait un petit ruisseau dont le cours était alors presque barré par la neige. Bientôt il se trouva presque perdu parmi des ruines de cabanes, dont les murs noircis, plus faciles à distinguer par le contraste avec la surface blanchie d'où ils s'élevaient, étaient encore en partie debout.

[1] Feu follet.

Mais d'autres, ruinés par le temps, n'offraient plus que des monceaux de décombres informes, que recouvrait la neige et qui présentaient à chaque pas de nouveaux obstacles à la marche de notre voyageur. Il ne laissa pas de persévérer, traversa le ruisseau, non sans quelque embarras, et enfin, par des efforts qui devenaient à la fois pénibles et périlleux, il gravit l'escarpement de la rive opposée, et se trouva de niveau avec le bâtiment d'où provenait la lumière.

Il était difficile, surtout à une clarté si faible, de distinguer la nature de cet édifice; ce paraissait être un bâtiment peu élevé et de forme carrée, dont la partie supérieure était totalement en ruines. Peut-être avait-ce été jadis la demeure de quelque petit propriétaire, ou un lieu de retraite et de défense, en cas de nécessité, pour un personnage plus important; mais il n'en restait que la voûte inférieure, dont l'arceau formait toit, dans l'état actuel du bâtiment. Brown s'approcha d'abord de la place d'où s'échappait la lumière : c'était une étroite et longue barbacane, telle qu'on en trouve ordinairement dans les anciens châteaux. Poussé par la curiosité à reconnaître l'intérieur de ce lieu étrange avant d'y pénétrer, Brown regarda par cette ouverture. Une plus triste scène de désolation ne pourrait être imaginée. Sur le plancher était un feu, dont la fumée, après avoir circulé autour de la chambre, s'échappait par une ouverture que le temps avait pratiquée dans la voûte. Aperçus à cette clarté fumeuse, les murs avaient l'apparence fruste et délabrée d'une ruine d'au moins trois siècles. Deux ou trois barils, des caisses brisées et quelques paquets étaient jetés sans ordre sur le plancher. Mais l'attention du voyageur fut surtout attirée par les habitants de ce séjour. Sur quelques bottes de paille, et enveloppé d'une couverture, gisait un homme tellement immobile que Brown eût pu le prendre pour un cadavre, sauf qu'il n'était pas enveloppé du vêtement ordinaire de la tombe. En regardant plus attentivement, il vit que cet homme était seulement à sa dernière agonie, car il entendit un ou deux de ces râlements étouffés qui précèdent la dissolution, quand la vie lutte encore avant d'abandonner son enveloppe mortelle. Une femme, vêtue d'un long manteau, était assise sur une pierre près de ce misérable grabat, les coudes appuyés sur ses genoux, et le visage penché vers le moribond, de manière à ne pas être frappée par la lumière d'une lampe de fer posée près d'elle. Elle humectait de temps en temps les lèvres du mourant avec un liquide, et à chaque intervalle elle chantait, sur un ton bas et monotone, une de ces prières, ou plutôt un de ces charmes qui, dans certaines parties de l'Écosse et du nord de l'Angleterre, sont usités par le vulgaire ignorant pour hâter le passage d'une âme prête à se séparer du corps, comme le tintement d'une cloche dans les rites catholiques. Elle accompagnait ce chant lugubre d'un balancement de corps, comme si elle eût voulu en marquer la mesure. Voici le sens des paroles qu'elle prononçait :

Usé, épuisé, qui t'arrête? Pourquoi lutter ainsi avec la terre et l'argile? Abandonne ce corps périssable; — écoute! on chante la messe.

Dépouille ton vêtement mortel; que Marie, la sainte mère de Dieu, hâte ta délivrance, et que les saints t'assistent à cet instant suprême. — Écoute! on sonne les cloches.

Ne crains pas la neige qui tombe en épais tourbillons; ne crains pas les frimas, ni la grêle, ni l'orage; bientôt, enveloppé dans le linceul, tu seras livré au sommeil qui ne connaît pas le réveil.

Hâte-toi, pars, hâte-toi; la terre se meut rapidement et le temps s'écoule. — Pousse ton dernier gémissement, fais entendre ton dernier soupir : hâte-toi, le jour va paraître.

La chanteuse s'arrêta; le moribond fit entendre un ou deux sourds gémissements, qui semblaient annoncer la fin de la lutte mortelle. — Cela ne sera pas, murmura-t-elle; — il ne peut partir avec cela sur l'esprit; — cela l'arrête ici :

Le Ciel ne peut le recevoir,
Et la terre aussi le refuse [1].

Il faut que j'ouvre la porte; — et se levant, elle s'avança vers l'entrée de la chambre, en observant avec grand soin de ne pas retourner la tête. Elle tira un ou deux verrous (car, nonobstant l'apparence misérable du lieu, la porte en était soigneusement assurée), et elle leva le loquet, en disant :

Porte, ouvre-toi; — lutte, sois terminée;
Mort, entre ici; vie, quitte ce séjour.

Brown, qui venait d'abandonner son poste d'observation, parut devant elle au moment où elle ouvrit la porte. Elle recula d'un pas, et il entra dans la chambre; dans les traits de cette femme, qu'il put alors distinguer, il reconnut, avec une sensation qui n'avait rien d'agréable, ceux de l'Égyptienne qu'il avait rencontrée dans le Bewcastle. Elle le reconnut aussi au même instant; et à son attitude, à sa figure, et à l'anxiété de sa physionomie, on l'eût prise pour l'ogresse généreuse d'un conte de fées, avertissant un étranger de ne pas entrer dans le dangereux château de son époux. — Ne vous avais-je pas dit : Ne faites rien, ne vous mêlez de rien? tels furent les premiers mots qu'elle prononça, en étendant ses mains vers Brown avec un geste de reproche; —

[1] *Voyez* la note E, à la fin du volume.

prenez garde de séparer les combattants[1] ! vous n'êtes pas venu dans une maison où la mort soit naturelle. A ces mots, elle leva la lampe et en dirigea la lumière sur le moribond, dont les traits durs et repoussants étaient alors défigurés par les convulsions de l'agonie. Une bande de linge qui entourait sa tête était teinte de sang, et le sang avait inondé aussi la paille et la couverture. Le malheureux, en effet, ne mourait pas d'une mort naturelle. Brown tressaillit à cette horrible vue, et se tournant vers l'Égyptienne il s'écria : Misérable femme, qui a commis ce crime?

— Ceux à qui le destin l'avait permis, répondit Meg Merrilies, tandis que son regard perçant demeurait fixé sur les traits de l'agonisant. — Il a eu une longue lutte, — mais elle est finie. — Je savais qu'il passerait quand vous entreriez ici. — C'était le râle de la mort ; — il est mort.

En ce moment on entendit à quelque distance des sons qui semblaient un bruit de voix. — Les voilà qui viennent, dit-elle à Brown ; vous êtes un homme mort, eussiez-vous autant de vies que vous avez de cheveux. Brown parcourut la chambre d'un regard rapide pour voir s'il ne s'y trouvait pas quelque arme défensive. Il n'y en avait aucune. Il se précipita alors vers la porte, dans l'intention de s'enfoncer parmi les arbres, et d'échapper par la fuite à ce qu'il regardait alors comme un repaire d'assassins ; mais Merrilies le retint d'un bras vigoureux. — Demeurez, dit-elle, demeurez ; — soyez calme, et vous êtes sauvé. — Quelque chose que vous voyiez ou que vous entendiez, ne bougez pas, et rien ne vous arrivera.

Dans ce danger extrême, Brown se souvint des injonctions de cette femme lors de leur première rencontre, et pensa qu'il n'avait d'autre chance de salut que d'obéir. Elle le fit coucher au milieu d'un monceau de paille, dans un coin de la chambre, vis-à-vis de la couche où gisait le cadavre, le recouvrit avec soin, et jeta sur lui deux ou trois vieux sacs qui se trouvaient là. Désirant ne rien perdre de ce qui allait se passer, Brown se ménagea, aussi doucement que possible, les moyens de voir entre la paille et les sacs qui le cachaient, et attendit, le cœur palpitant, l'issue de cette étrange et désagréable aventure. Pendant ce temps, la vieille Égyptienne s'occupait à arranger le cadavre, à redresser ses membres, et à étendre ses bras de chaque côté du corps. — Il vaut mieux faire ceci, murmurait-elle, avant qu'il ne soit raide. Elle plaça sur la poitrine du mort une assiette remplie de sel, mit une chandelle

---

[1] Prenez garde au *redding-straik*, dit le texte. « Le *redding-straik*, ajoute l'auteur en note, est un coup reçu par l'officieux qui s'interpose entre deux combattants pour les séparer ; on dit proverbialement que c'est le coup le plus dangereux qu'un homme puisse recevoir. »

To red, en écossais, signifie *séparer* ; *straik* est le mot anglais *stroke*, un coup.
(L. V.)

à la tête et une autre aux pieds, et les alluma l'une et l'autre. Alors elle recommença son chant, et attendit l'arrivée de ceux dont les voix s'étaient fait entendre du dehors.

Brown était soldat, il était brave, mais il était homme aussi; et en ce moment, ses craintes subjuguèrent tellement son courage, qu'une sueur froide inonda tout son corps. L'idée d'être tiré violemment de son misérable réduit par des scélérats dont le métier était celui d'assassins nocturnes, et de se trouver vis-à-vis d'eux sans armes, sans le moindre moyen de défense, sauf des supplications dont ils ne feraient que rire, et des cris de détresse qui ne frapperaient d'autres oreilles que les leurs; — la pensée que sa sûreté reposait sur la compassion précaire d'un être associé à ces bandits, et dont les habitudes de rapine et d'imposture devaient avoir fermé le cœur à tout sentiment d'humanité, — ces pensées et l'amertume de ses émotions le suffoquaient presque. Il s'efforça de lire dans ses traits noirs et flétris, qu'éclairaient les reflets de la lampe, quelque chose qui annonçât ces sentiments de compassion que les femmes, même dans le dernier état de dégradation, étouffent rarement tout à fait : rien de tel ne se révélait dans celle-ci. L'intérêt, quelle qu'en fût la nature, qu'il lui avait inspiré, ne prenait pas sa source dans la pitié, mais dans quelque sentiment, probablement capricieux, dans quelque souvenir dont il n'avait pas la clef. Peut-être reposait-il sur une ressemblance imaginaire, comme lady Macbeth croit retrouver celle de son père dans le monarque endormi. Telles étaient les réflexions qui traversaient rapidement l'esprit de Brown, tandis que de sa cachette il examinait ce personnage extraordinaire. Cependant la bande n'approchait pas encore; il était presque tenté de revenir à son premier dessein de tâcher d'échapper de ce repaire, et il maudissait intérieurement son irrésolution, qui l'avait fait consentir à se tapir ainsi dans un lieu où il n'y avait ni possibilité de défense ni moyen de fuite.

Meg Merrilies paraissait également aux aguets. Elle prêtait l'oreille au moindre son que le vent produisait autour des ruines. Puis elle revenait au cadavre, et trouvait toujours quelque chose à arranger ou à changer dans sa position. — C'est un beau corps, murmura-t-elle, et qui mérite bien qu'on lui dresse les membres. — Et dans cette horrible occupation, elle semblait trouver cette sorte de plaisir que pourrait éprouver un connaisseur à la vue d'un beau sujet destiné à ses études anatomiques. Un long manteau de pêcheur, de couleur sombre, qu'elle alla prendre dans un coin, servit à envelopper le mort comme d'un linceul. Elle laissa le visage découvert, après lui avoir fermé la bouche et les paupières, et arrangea le haut du manteau de manière à cacher les bandages ensanglantés, et à donner au corps, disait-elle à demi-voix, un air plus décent.

Tout à coup trois ou quatre hommes, dont l'air et les habits annonçaient la profession, entrèrent dans la chambre. — Meg, membre de

CHAPITRE XXVII.

satan, comment osez-vous laisser la porte ouverte? Telle fut la première interpellation dont ils la saluèrent.

— Et qui a jamais entendu parler d'une porte fermée quand un homme est dans les convulsions de la mort? — Comment croyez-vous que l'âme pourrait partir à travers des barres et des verrous comme ceux-ci?

— Il est donc mort? dit un des arrivants en s'approchant de la couche pour regarder le corps.

— Oui, oui, il est bien mort, dit un autre; — mais voilà qui nous tiendra en haleine pour le veiller. A ces mots, il tira d'un coin un petit baril d'eau-de-vie, tandis que Meg se hâtait de leur atteindre des pipes et du tabac. L'activité qu'elle y mettait parut à Brown de bon augure pour sa sûreté. Il était clair qu'elle voulait exciter les bandits à se plonger dans la débauche, afin de prévenir la découverte qui pourrait avoir lieu, si, par accident, quelqu'un d'eux venait à trop s'approcher de l'endroit où il était caché.

CHAPITRE XXVIII.

> Pour nous, ni table ni grenier, ni toit, ni porte fermée; pour nous pas de femme empressée qui prépare nos provisions. Le jour, nous dormons au fond d'une sombre caverne, et la nuit devient notre jour. — Debout donc, joyeux camarades, et employons la nuit de notre mieux!
>
> JOANNA BAILLIE.

BROWN pouvait alors compter ses ennemis : — ils étaient cinq. Deux d'entre eux, hommes très-robustes, paraissaient être des marins, ou du moins en avaient pris le costume; les trois autres, un vieillard et deux jeunes gens, étaient taillés sur un moins large patron, et à leurs cheveux noirs, aussi bien qu'à leurs teints basanés, on pouvait juger qu'ils appartenaient à la tribu de Meg. Ils se passaient de l'un à l'autre la tasse dans laquelle ils buvaient leur liqueur. — A son heureux voyage! dit un des marins en prenant la coupe; mais il est tout de même parti par une rude nuit de rafales, pour pousser en dérive du côté du ciel.

Nous omettons les divers blasphèmes dont ces honnêtes gentlemen enjolivaient leurs discours, et nous ne conserverons que les épithètes les moins offensives.

— Il ne s'inquiète plus du vent ni du temps; — il a rencontré plus d'une bouffée de nord-est [1] dans sa vie.

— Il a trouvé sa dernière, hier, ajouta un troisième d'un ton bourru, et à présent la vieille Meg peut prier pour son dernier bon vent, comme elle a souvent fait autrefois.

— Je ne prierai pas pour lui, repartit Meg, ni pour vous non plus, chien hargneux que vous êtes. Les temps sont tristement changés depuis que j'étais une kinchemnort [2]. Dans ce temps-là, les hommes étaient des hommes; ils se battaient en rase campagne, et il n'y avait pas de milling dans le darkmans [3]; et les lairds avaient bon cœur, et ils n'auraient pas refusé le lap et le pannel [4] à une pauvre gipsie : aussi il n'y en avait pas un, depuis Johnnie Faa, l'homme juste [5], jusqu'au petit Christie,

---

[1] Vent le plus redouté des marins sur cette côte. (L. V.)

[2] Une jeune fille. Nous conservons dans le texte les termes d'argot de l'Égyptienne; les explications que nous en donnons en note appartiennent à Walter Scott. (L. V.)

[3] Pas de meurtres de nuit.

[4] A boire et à manger.

[5] Le chef (et le plus grand coquin) de la bande. (W. S.)

qui était encore porté dans les paniers, qui leur eût cloyé un dud [1]. Mais vous avez tous oublié les bonnes vieilles règles, et il n'est pas étonnant que vous nettoyiez l'anneau aux crampes [2], et qu'on vous voie triner le cheat [3] si souvent. Oui, vous êtes tous changés; — vous mangerez le pain du fermier, vous boirez son ale, vous dormirez sur le strummel [4] dans sa grange, et vous lui couperez la gorge pour sa peine! Il y a du sang sur vos mains, chiens que vous êtes, — oui, plus que vous ne vous y en êtes jamais mis en vous battant franchement. Hé bien! voyez comme vous finirez. — Il a été longtemps à mourir; — il luttait, il luttait rudement, et il ne pouvait ni mourir ni vivre; — mais vous, — la moitié du pays ira voir comment vous figurerez au bout du woodie [5].

La compagnie poussa un rire rauque et bruyant à la prophétie de Meg.

— Et qui vous a fait revenir ici, vieille sorcière? dit un des gipsies; est-ce que vous ne pouviez pas rester où vous étiez, à dire la bonne aventure aux pourceaux du Cumberland? Bing dehors et tour [6], vieille diablesse, et voyez si personne n'est sur nos pistes; vous n'êtes plus bonne qu'à ça.

— Je ne suis plus bonne qu'à ça, s'écria la matrone indignée. J'étais bonne à autre chose dans la grande affaire entre nos gens et ceux de Patrico Salmone; si je ne vous avais pas secouru de ces deux fambles (elle étendit les bras), Jean Baillie vous aurait frummagé [7], couard de bon à rien!

Ce furent d'autres éclats de rire, aux dépens du héros qui avait été secouru par l'amazone.

— Tenez, mère, dit un des marins en lui passant un gobelet, avalez ceci, et ne pensez plus à cette bourrasque-là.

Meg but l'eau-de-vie, et cessant de prendre part à la conversation, elle vint s'asseoir devant la place où Brown s'était caché, dans une position telle qu'on n'eût guère pu en approcher sans qu'elle se levât. Mais les hommes ne paraissaient pas avoir envie de la déranger.

Ils se serrèrent autour du feu, et parurent se consulter ensemble sur une affaire importante; mais comme ils baissèrent la voix et qu'ils se servirent d'une espèce d'argot, Brown ne put comprendre la meilleure part de ce qu'ils disaient. Tout ce qu'il put saisir en général, c'est qu'ils montraient une grande irritation contre quelqu'un. — Il aura son

---

[1] Volé un chiffon
[2] On a vu plus haut l'explication de cet adage. (L. V.)
[3] Être pendus.
[4] Paille.
[5] Corde; la potence. (L. V.)
[6] Sortez et faites le guet.
[7] Étranglé.

compte¹, dit l'un d'eux, et il ajouta quelque chose à l'oreille de son voisin.

— Je n'aurai rien à faire là-dedans, repartit l'autre.

— Est-ce que vous êtes tourné en cœur de poule, Jack?

— Non, par Dieu! pas plus que toi; — mais ça ne me va pas. — C'est quelque chose de pareil qui coupa court au métier il y a quinze ou vingt ans. — Tu as entendu parler du Saut?

— Je *lui* ai entendu parler de cette affaire-là (il indiquait le cadavre par un mouvement de tête). Dieu me damne! comme il riait de bon cœur, quand il nous montrait comment il l'avait fait sauter du haut du perchoir!

— Bon; mais ça n'en interrompit pas moins le métier pendant assez longtemps.

— Comment cela? demanda le brigand rechigné.

— Quoi, le peuple prit la chose à cœur, répondit Jack, et on ne voulait plus faire d'affaires avec nous; et on avait fait rendre tant de brooms², que...

— Hé bien! malgré tout, reprit l'autre, j'ai idée que nous tomberons sur le camarade un de ces darkmans³; et qu'il prenne garde à lui!

— Voilà la vieille Meg qui dort, dit un autre des bandits; elle devient radoteuse et elle a peur de son ombre. Elle chantera dehors⁴ un de ces quatre matins, si vous n'y veillez pas de près.

— Ne craignez rien, répliqua le vieil Égyptien; Meg est de bonne race. C'est la dernière de la troupe qui trahirait; — mais elle a ses manières à elle, et elle parle quelquefois d'une drôle de façon.

Ils continuèrent de s'entretenir dans leur jargon, en termes qui eussent été obscurs, même entre eux, s'ils n'avaient aidé au sens par des signes et des mouvements de tête, et qui jamais n'exprimaient nettement et positivement l'objet sur lequel roulait l'entretien. Enfin l'un d'eux, remarquant que Meg était plus profondément endormie (du moins elle le paraissait), dit à un de leurs plus jeunes compagnons « d'apporter Pierre-Noir⁵ pour l'ouvrir. » Le jeune garçon sortit un instant et rapporta un porte-manteau que Brown reconnut sur-le-champ pour le sien. Il pensa aussitôt au malheureux postillon qu'il avait laissé avec la voiture. Les scélérats l'auraient-ils assassiné? tel fut l'horrible doute qui lui traversa l'esprit. Il redoubla d'attention, et tandis que les brigands tiraient de la valise et admiraient les différents articles de ses habits et de son linge, il tâcha de saisir quelques mots qui pussent lui indiquer le

---

¹ Il aura son *gruau*, dit le texte. (L. V.)

² Mandats.

³ Une de ces nuits.

⁴ *Chanter dehors* (*to sing out*), ou bien encore *siffler dans la cage*, se dit quand un voleur, étant pris, vend ses camarades. (W. S.)

⁵ La valise. (L. V.)

sort du postillon. Mais les voleurs étaient trop charmés de leur prise et trop occupés à en examiner le contenu, pour entrer dans aucun détail touchant la manière dont ils l'avaient faite. Le porte-manteau renfermait divers objets d'habillement, une paire de pistolets, un portefeuille en cuir avec quelques papiers, un peu d'argent, etc., etc. En tout autre moment, Brown aurait été très-irrité de voir de quelle manière peu cérémonieuse ils se partageaient ce qui lui avait appartenu, en faisant des gorges chaudes sur le propriétaire ; mais le moment était trop critique pour comporter d'autres pensées que celles qui se rapportaient immédiatement à la conservation de sa vie.

Après un examen suffisant et un partage équitable du contenu de la valise, les rufians se remirent à boire avec plus d'activité que jamais, et ils passèrent à cette agréable occupation la plus grande partie de la nuit. Brown espéra d'abord qu'ils boiraient assez pour s'enivrer tout à fait, et qu'alors il lui serait facile de s'évader ; mais leur dangereux métier exigeait des précautions incompatibles avec une ivresse complète, et ils s'arrêtèrent juste sur la limite. A la fin, quatre d'entre eux s'étendirent pour dormir, tandis que le cinquième veillerait. Au bout de deux heures, il fut relevé par un des autres. Après cette seconde veille, la sentinelle éveilla tout le monde, et la troupe entière, à l'inexprimable soulagement de Brown, se mit à faire quelques préparatifs comme pour le départ, et chacun d'eux fit un petit paquet des divers articles qui lui étaient échus en partage. Mais il leur restait encore quelque chose à faire. Deux d'entre eux, après avoir fouillé quelque temps de côté et d'autre, à la grande anxiété de Brown, prirent une bêche et une pelle, et un autre tira une pioche de derrière la paille sur laquelle le corps du défunt était étendu. Munis de ces outils, deux des bandits quittèrent la chambre, et les trois autres, dont faisaient partie les deux vigoureux marins, restèrent encore en garnison.

Au bout d'une heure environ, un de ceux qui étaient sortis revint, et parla bas aux autres. Ils enveloppèrent le cadavre dans le manteau de marin qui lui avait servi de linceul, et ils partirent tous, l'emportant avec eux. La vieille sibylle sortit alors de son sommeil réel ou feint. Elle alla d'abord à la porte, comme pour s'assurer que les hommes étaient éloignés ; alors elle se rapprocha de la place où était Brown, et elle lui commanda, à voix basse, de la suivre à l'instant même. Il obéit : seulement, en quittant ce repaire, il se fût volontiers remis en possession de son argent, ou tout au moins de ses papiers ; mais elle s'y opposa de la manière la plus péremptoire. Il réfléchit que le soupçon d'avoir détourné ce qu'il pourrait reprendre retomberait sur cette femme, à qui, selon toute apparence, il avait dû la vie. Il renonça donc aussitôt à son dessein, se contentant de s'emparer d'un coutelas qu'un des bandits avait jeté sur la paille. Sur ses pieds et maître de cette arme, il se crut déjà à demi délivré des dangers qui l'entouraient. Il se sentait encore, cependant, raide et engourdi, tant par le froid que par la position gênante qu'il avait été contraint de garder toute la nuit. Mais lorsqu'il eut franchi le seuil, l'air frais du matin et l'exercice rétablirent peu à peu la circulation dans ses membres endoloris, et leur rendirent leur souplesse.

La pâle clarté d'une matinée d'hiver était un peu augmentée par le reflet de la neige dont la terre était couverte, et que la gelée avait durcie. Brown jeta un regard rapide sur le paysage environnant, afin de pouvoir reconnaître le lieu. La petite tour, dont il ne restait plus qu'une seule voûte formant l'horrible repaire où il avait passé cette nuit mémorable, était suspendue sur la pointe même d'un rocher en saillie dominant le ruisseau. Elle n'était accessible que du côté du *glen* ou ravin qui s'étendait au-dessous; des trois autres côtés, les abords en étaient très-escarpés, de sorte que Brown vit que dans la soirée précédente il avait échappé à des dangers de plus d'une espèce. S'il avait tenté de faire le tour du bâtiment, comme ç'avait d'abord été son intention, il eût été brisé dans un précipice. La vallée était si étroite qu'en quelques endroits les arbres des deux côtés opposés se touchaient. Chargés en ce moment de neige au lieu de feuilles, ils formaient ainsi une sorte de dais de glace au-dessus du ruisseau, remarquable par sa couleur sombre, qui coulait au fond, se frayant obscurément un passage à travers des monceaux de neige. Dans un endroit où le vallon s'élargissait un peu, laissant une petite étendue de terrain plat entre le ruisseau et l'escarpement, étaient situées les ruines du village au milieu desquelles Brown s'était trouvé le soir précédent. Les toits en ruine, dont la fumée de tourbe avait vernissé les côtés, paraissaient encore plus noirs par leur contraste avec la neige que le vent avait poussée contre eux ou avait accumulée à leur pied.

Brown ne put jeter qu'un coup d'œil à la hâte sur cette triste scène hivernale, car son guide, après s'être arrêtée un instant, comme pour lui permettre de satisfaire sa curiosité, s'avança à grands pas devant lui en descendant le sentier qui conduisait dans la vallée. Il remarqua, non sans quelque soupçon, que la direction qu'elle suivait était déjà marquée par les pas de plusieurs personnes, qui ne pouvaient être autres que les brigands qui avaient passé la nuit dans la tour. Un instant de réflexion suffit néanmoins à dissiper ce mouvement d'inquiétude. On ne pouvait penser que la femme qui aurait pu le livrer à la bande, quand il se trouvait absolument sans défense, eût différé sa trahison supposée jusqu'à ce qu'il fût armé, en plein air, et entouré de tant de chances plus favorables de défense ou d'évasion. Il suivit donc son guide avec confiance et en silence. Ils traversèrent le petit ruisseau à la même place où l'avaient déjà passé ceux qui les avaient précédés. Les empreintes de pieds se dirigèrent alors à travers les ruines du village, et de là suivirent la pente de la vallée, qui, au delà du petit espace ouvert où ces ruines étaient situées, se rétrécissait de nouveau en ravin.

CHAPITRE XXVIII.

Mais l'Égyptienne quitta ces traces ; elle prit de côté, et gravit, par un autre sentier excessivement inégal et raboteux, l'escarpement qui dominait le village. Quoiqu'en beaucoup de places la neige cachât le chemin et rendît la marche incertaine et glissante, Meg avançait d'un pas ferme et assuré qui annonçait une connaissance intime du terrain qu'elle parcourait. Ils atteignirent enfin le sommet de la berge ; le passage qu'ils avaient suivi était si raide et si difficile, que Brown, bien que convaincu que c'était celui-là même par lequel il avait descendu le soir précédent, concevait à peine comment il en était venu à bout sans s'être rompu le cou. Du point où ils étaient, le pays s'étendait, d'un côté, large et découvert, dans un espace d'un ou deux milles ; le côté opposé était couvert de plantations serrées, d'une étendue considérable.

Cependant, Meg suivit le bord du ravin qu'ils venaient de quitter, jusqu'à un endroit au-dessous duquel elle entendit le murmure de plusieurs voix. Elle désigna alors du doigt un taillis profond situé à quelque distance. — La route de Kippletringan, dit-elle, est de l'autre côté de ces enclos. — Faites autant de diligence que vous pourrez ; votre vie est plus précieuse que celle de bien d'autres. — Mais vous avez tout perdu ; — attendez. Elle fouilla dans une large poche d'où elle tira une bourse graisseuse. — Votre maison, continua-t-elle, a fait bien des aumônes à Meg et aux siens ; — elle a assez vécu pour vous en rendre une petite partie. Et elle lui mit la bourse entre les mains.

— Cette femme est folle, pensa Brown ; mais ce n'était pas le moment de réfléchir, car les voix qu'il avait entendues partir du ravin au-dessous étaient probablement celles des bandits. — Comment vous remettrai-je cet argent, dit-il, et comment reconnaîtrai-je le service que vous m'avez rendu ?

— J'ai deux grâces à vous demander, répondit la sibylle rapidement et à voix basse : l'une, que vous ne parliez jamais de ce que vous avez vu cette nuit ; l'autre, que vous ne quittiez pas ce pays avant de m'avoir revue, et que vous laissiez aux *Armes de Gordon* un mot qui m'apprenne où l'on pourra avoir de vos nouvelles ; et que lorsque je vous appellerai, que ce soit dans l'église ou au marché, à un mariage ou à un enterrement, un dimanche ou un samedi, à l'heure du repas ou un jour de jeûne, vous laissiez tout pour m'accompagner.

— Cela ne vous sera guère utile, mère.

— Mais cela vous le sera beaucoup, et c'est à quoi je pense. — Je ne suis pas folle, quoique j'aie bien eu de quoi le devenir ; — je ne suis pas folle, ni radoteuse, ni ivre. — Je sais ce que je demande, et je sais que ç'a été la volonté de Dieu de vous sauver d'étranges dangers, et que je sois l'instrument qui vous rétablisse dans la demeure de vos pères. — Donnez-moi donc votre promesse, et souvenez-vous que cette nuit vous m'avez dû la vie.

— Il y a certainement quelque chose de bizarre dans ses manières, pensa Brown ; — et cependant cette bizarrerie est celle de l'exaltation plutôt que de la folie.

— Hé bien ! mère, reprit-il, puisque vous ne voulez de moi qu'une faveur aussi inutile et aussi insignifiante, vous avez ma promesse. Cela du moins me fournira l'occasion de vous rendre votre argent, avec les intérêts. Vous êtes une espèce de créancière peu commune, sans doute ; mais...

— Partez, partez donc ! interrompit-elle en agitant la main. Ne pensez pas à l'argent, — c'est votre propre bien ; mais souvenez-vous de votre promesse, et gardez-vous de me suivre, même des yeux. A ces mots elle s'enfonça dans la vallée et la descendit avec une extrême agilité, faisant pleuvoir des arbres derrière elle, à mesure qu'elle s'éloignait, des aiguilles de glace et des flocons de neige.

Malgré sa défense, Brown tâcha de gagner quelque point de la berge d'où il pût, sans être vu, plonger son regard dans la vallée ; avec quelque difficulté (car on conçoit que la plus grande prudence était nécessaire), il réussit. L'endroit qu'il atteignit dans cette intention était la pointe avancée d'un rocher en saillie, qui s'élevait à pic du milieu des arbres. En se traînant sur la neige, et en avançant la tête avec précaution, il put observer ce qui se passait au fond de la vallée. Comme il s'y attendait, il vit ses compagnons de la nuit dernière, qu'avaient rejoints deux ou trois nouveaux survenants. Ils avaient écarté la neige qui couvrait le sol au pied du rocher, et creusé un trou profond destiné à servir de tombe. Ils étaient en ce moment debout autour de cette fosse, et y descendaient, enveloppé d'un manteau de mer, quelque chose que Brown conclut à l'instant être le corps de l'homme qu'il avait vu mourir. Puis ils restèrent silencieux pendant une demi-minute, comme sous l'empire d'un sentiment de regret intérieur pour la perte de leur camarade. Mais s'ils avaient éprouvé un tel sentiment, ils ne restèrent pas longtemps sous son influence, car tous les bras travaillèrent sur-le-champ à combler la fosse ; et Brown, s'apercevant que la tâche serait bientôt terminée, pensa que ce qu'il avait de mieux à faire était de suivre l'avis de l'Égyptienne, et de gagner aussi vite que possible l'abri de la plantation.

Arrivé sous le couvert des arbres, sa première pensée fut pour la bourse de l'Égyptienne. Il l'avait acceptée sans hésiter, quoiqu'avec quelque humiliation, causée par le caractère de celle dont il devenait ainsi l'obligé ; mais elle le tirait d'un embarras sérieux, quoique temporaire. Tout son argent, sauf quelques shillings, était dans sa valise, et la valise en possession des amis de Meg. Il fallait un certain temps pour écrire à son agent, ou même pour recourir à son bon hôte de Charlies-Hope, qui s'empresserait de venir à son secours. En attendant, il résolut de profiter du subside de Meg, sachant qu'il serait bientôt à même de le rembourser en y ajoutant une gratification convenable. —

CHAPITRE XXVIII. 201

Ce ne peut être qu'une somme peu importante, se dit-il à lui-même, et je pense bien que la bonne dame aura pour se dédommager une part de mes *bank-notes*.

Tout en faisant ces réflexions il ouvrit la bourse de cuir, s'attendant à y trouver au plus trois ou quatre guinées. Mais quelle fut sa surprise en découvrant qu'elle contenait, outre un nombre considérable de pièces d'or d'empreintes diverses et de différents pays, qui ne se montaient pas ensemble à moins de 100 livres sterling, plusieurs bagues de prix et des bijoux montés, qu'à la rapide inspection que le temps lui permit d'en faire, il jugea d'une très-grande valeur.

Brown était également étonné et embarrassé de la circonstance où il se trouvait, en possession, comme il paraissait l'être, d'objets d'une beaucoup plus grande valeur que ce qu'il avait perdu, mais qui, selon toute apparence, avaient été obtenus par les mêmes moyens criminels qui avaient fait passer sa propre valise aux mains des bandits. Sa première pensée fut de s'enquérir du juge de paix le plus proche, et de remettre entre ses mains le trésor dont il se trouvait ainsi inopinément devenu dépositaire, en lui racontant en même temps sa singulière histoire. Mais un instant de réflexion suscita plusieurs objections à cette manière de procéder. D'abord, agir ainsi serait violer sa promesse de garder le silence, et probablement compromettre la sûreté, la vie peut-être, de cette femme qui avait tout risqué pour sauver la sienne, et qui lui avait volontairement fait don de ce trésor, — générosité qui pourrait ainsi devenir pour elle une cause de ruine. Il n'y avait pas à y penser. En outre, il était étranger, et, pour un temps du moins, privé des moyens d'établir sa qualité et son caractère, au gré d'un stupide et entêté magistrat de campagne. — J'y penserai plus à loisir, se dit-il; peut-être y a-t-il un régiment cantonné dans le chef-lieu du comté, et en ce cas ma connaissance du service, et mes liaisons personnelles avec un grand nombre des officiers de l'armée, ne peuvent manquer d'établir ma situation et mon caractère par un témoignage qu'un juge civil ne pourrait suffisamment apprécier. Et alors j'aurai l'assistance de l'officier commandant, pour conduire les choses de manière à mettre à l'abri cette malheureuse insensée dont l'erreur ou les présomptions m'ont été d'un si grand secours. Un magistrat civil se pourrait croire obligé de délivrer tout d'abord un mandat contre elle, et les conséquences de son arrestation sont assez aisées à prévoir. — Non ; elle a bien agi avec moi, et serait-elle le diable, j'agirai également bien avec elle. — Elle aura le même privilége que devant une cour martiale, où le point d'honneur peut modifier la rigidité de la loi. — D'ailleurs, je puis la voir dans cette ville de Kipple... Couple... comment l'appelle-t-on ? — et alors je serai à même de lui faire restitution, et de laisser à la loi le soin de réclamer ce qui lui appartient quand elle pourra la happer. En attendant, néanmoins, je fais une assez sotte figure, pour un homme qui a l'honneur de porter l'uniforme de Sa Majesté, car en ce moment je ne suis guère qu'un recéleur d'argent volé.

Au milieu de ces réflexions, Brown tira du trésor de l'Égyptienne trois ou quatre guinées pour fournir à ses dépenses immédiates, et referma la bourse qui contenait le reste, bien décidé à ne plus l'ouvrir jusqu'à ce qu'il pût ou la rendre à celle de qui il l'avait reçue, ou la déposer entre les mains de quelque fonctionnaire public. Il pensa ensuite au coutelas, et son premier mouvement fut de le laisser dans le bois; mais en réfléchissant au danger de se rencontrer avec ces brigands, il ne put se résoudre à se séparer de son arme. Ses habits de voyage, quoique simples, indiquaient assez le militaire pour que le port d'une telle arme ne fût pas déplacé. En outre, bien que l'usage de porter une épée sans porter en même temps l'uniforme eût vieilli, cet usage, cependant, n'était pas si complètement oublié, que ceux qui voulaient encore le suivre pussent être remarqués. Conservant donc son arme défensive, et plaçant la bourse de l'Égyptienne dans une poche intérieure, notre voyageur partit d'un bon pas à travers le bois, pour aller à la recherche de la grande route annoncée.

CHAPITRE XXIX.

> C'est en pension, dans l'innocence de nos jeunes années Hermia, que nous avons contracté notre amitié. Sur le même patron nos aiguilles créaient la même fleur ; assises sur le même coussin, fredonnant la même chanson, occupant la même chambre, nos mains, nos voix et nos esprits semblaient ne faire qu'un.
>
> *Le Songe d'une Nuit d'Été.*

JULIA MANNERING A MATHILDE MARCHMONT.

Comment pouvez-vous me reprocher, ma chère Mathilde, un refroidissement d'amitié ou une inconstance d'affection ? Puis-je oublier que vous êtes celle que mon cœur a choisie, celle dont le sein discret a reçu l'aveu de sentiments que la pauvre Julia n'ose s'avouer à elle-même ? Vous n'êtes pas moins injuste en m'accusant d'avoir échangé votre amitié pour celle de Lucy Bertram. Je vous assure qu'elle n'a rien de ce que je dois rechercher dans une confidente de cœur. C'est une charmante fille, à la vérité, et que j'aime beaucoup ; et je confesse même que nos occupations d'avant et d'après midi m'ont laissé moins de temps pour prendre la plume que ne le demande la régularité de correspondance que nous nous étions promise. Mais elle manque absolument de talents agréables, sauf la connaissance du français et de l'italien, qu'elle doit au monstre le plus grotesque que vous ayez jamais vu ; mon père en a fait une espèce de bibliothécaire, et il se constitue son patron, pour montrer, je crois, son mépris de l'opinion du monde. On dirait que le colonel Mannering a décidé qu'une chose ne pourrait être regardée comme ridicule tant qu'elle lui appartiendrait ou qu'elle aurait quelque rapport avec lui. Je me souviens que dans l'Inde il avait ramassé, je ne sais où, un petit chien métis à jambes torses, à longue échine et à larges oreilles pendantes. De cette étrange créature il avait imaginé de faire un favori, au mépris de tout goût et de toute opinion ; et je me souviens qu'un des exemples qu'il donnait de ce qu'il appelait l'insolence de Brown était que celui-ci avait vivement critiqué les jambes de travers et les oreilles tombantes de Bingo. Sur ma parole, Mathilde, je crois que sa haute opinion du plus ridicule de tous les pédants part du même principe. Il donne à cet homme une place à table, où il prononce un *benedicite* qui ressemble aux cris du marchand de poissons sur le square, jette les morceaux dans son gosier à pleines pelletées, comme un boueur charge son tombereau, et sans paraître avoir la plus légère idée de ce qu'il avale ; — puis il nous bêle, en guise de grâces, une autre suite de notes aussi étranges, décampe de la salle et va se replonger au milieu d'un monceau d'énormes in-folios rongés des vers, dont les dehors sont aussi gracieux que les siens. Je pourrais encore endurer la créature, si j'avais quelqu'un avec qui j'en pusse rire ; mais Lucy Bertram, si seulement je frise le bord d'une plaisanterie sur ce M. Sampson (tel est l'horrible nom de cet homme horrible), prend un air si piteux que je n'ai pas le courage de continuer ; et puis mon père fronce le sourcil, fait feu de ses yeux, se mord les lèvres et me dit quelque chose de dur, qui achève de me déconcerter.

« Ce n'était pas de cette créature, cependant, que je voulais vous parler ; — je dirai seulement qu'étant très-versé dans les idiomes modernes ainsi que dans les langues anciennes, il a su rendre Lucy Bertram habile dans les premiers, et je crois qu'elle ne doit qu'à son bon sens et à son manque de bonne volonté de n'avoir pas ajouté à ses acquisitions le grec, le latin, et même l'hébreu, si je ne me trompe. Et ainsi elle a réellement un grand fonds d'instruction, et je vous assure que tous les jours je suis surprise de la faculté qu'elle semble avoir de se récréer elle-même en se rappelant et en classant dans son esprit les sujets de ses précédentes lectures. Chaque matin nous lisons ensemble, et je commence à prendre goût à l'italien, beaucoup plus que quand nous recevions les leçons de cet animal têtu de Cicipici : — c'est ainsi qu'on doit orthographier son nom, et non Chichipichi. — Vous voyez que je commence à m'y connaître.

« Mais peut-être j'aime miss Bertram pour les talents qui lui manquent plutôt que pour les connaissances qu'elle possède. Elle ne sait absolument rien en musique ; et, en fait de danse, son habileté ne dépasse pas celle des moindres paysannes, lesquelles, par parenthèse, dansent ici avec autant d'ardeur que de plaisir. Je deviens donc institutrice à mon tour. Elle se montre très-reconnaissante de mes leçons de clavecin, et je lui ai même montré quelques-uns des pas de La Pique, qui me regardait, vous savez, comme une écolière de grande espérance.

« Le soir, mon père nous fait souvent la lecture, et je vous assure que jamais vous n'avez entendu lire aussi bien des vers. Il ne ressemble pas à cet acteur qui confond la lecture et le jeu de la scène, roule les yeux, se plisse le front, se tord la face et gesticule comme s'il était sur le théâtre et en grand costume dramatique. La manière de mon père est toute différente : — c'est celle d'un homme du monde, qui émeut son auditoire par l'expression, par le goût, par les inflexions de sa voix, sans gestes ni momeries. Lucy Bertram monte remarquablement bien à cheval, et je suis maintenant en état de l'accompagner, son exemple m'ayant enhardie. En dépit du froid, nous faisons ainsi de longues promenades ; — de sorte qu'au total je n'ai pas, pour écrire, tout à fait autant de loisir que j'avais coutume d'en avoir.

« En outre, ma chère amie, il faut réellement que j'aie recours à l'excuse de tout stupide correspondant : — que je n'ai rien à dire. Mes espérances, mes craintes, mes inquiétudes au sujet de Brown, sont maintenant bien moins vives, depuis que je sais qu'il est libre et bien portant. Je dois avouer aussi qu'il me semble que pendant tout ce temps monsieur aurait bien pu me donner quelque signe de vie. Nos relations peuvent être imprudentes, mais il n'est pas très-flatteur pour moi que M. Vanbeest Brown ait été le premier à s'en apercevoir, et à les interrompre en conséquence. Je puis l'assurer que si telle est son opinion, nous pourrions bien n'en pas différer beaucoup, car j'ai plus d'une fois pensé qu'en tout ceci je m'étais conduite avec une extrême légèreté. Et pourtant, j'ai si bonne opinion du pauvre Brown, que je ne puis m'empêcher de croire qu'il y a quelque chose d'extraordinaire dans son silence.

« Mais, pour revenir a Lucy Bertram, — non, ma chère Mathilde, elle ne peut jamais vous effacer dans mon amitié. Votre affectueuse jalousie à cet égard est donc sans fondement. C'est, à coup sûr, une très-aimable, très-sensible et très-affectionnée fille, et je crois qu'il est peu de personnes à l'amitié consolatrice desquelles je pourrais plus librement avoir recours dans ce qu'on nomme les *maux réels* de la vie ; mais ces maux-là sont rares, et on a besoin d'une amie qui sympathise aux peines de sentiment aussi bien qu'aux malheurs positifs. Le Ciel sait, et vous savez aussi, ma chère Mathilde, que ces peines de cœur réclament le baume de la sympathie et de l'affection, aussi bien que les chagrins d'une nature plus apparente et plus arrêtée. Or, Lucy Bertram n'a rien de cette douce sympathie, absolument rien, ma bonne et chère Mathilde. Si j'avais la fièvre, elle passerait nuit sur nuit à me soigner avec la patience la plus infatigable; mais pour la fièvre du cœur, que ma chère Mathilde a si souvent calmée, elle n'a pas plus de sympathie que son vieux précepteur. Et cependant, ce qui m'irrite, c'est que mademoiselle, avec toute sa réserve[1], a aussi un amant, et que leur affection mutuelle (car elle l'est, j'en suis sûre) ne laisse pas d'avoir un caractère d'intérêt assez romanesque. Vous saurez qu'elle devait être une riche héritière, mais qu'elle a été ruinée par la prodigalité de son père et la vilenie d'un homme abominable à qui il se fiait. Un des plus beaux jeunes gens du pays lui est attaché ; mais comme il doit hériter d'un grand domaine, elle cherche à le décourager, à cause de la disproportion de leurs fortunes.

---

[1] Le texte emploie ici des expressions dont la crudité aurait choqué des oreilles françaises : *The demure monkey*, littéralement *la prude guenon*. (L. V.)

« Mais avec toute cette modération, cette abnégation, cette modestie, *et cœtera*, Lucy est une petite rusée ; — je suis sûre qu'elle aime le jeune Hazlewood, et je suis sûre aussi qu'il en a quelque soupçon, et que probablement il l'amènerait à lui en faire l'aveu, qui plus est, si mon père et elle voulaient lui en fournir l'occasion. Mais il faut que vous sachiez que le colonel est lui-même toujours empressé de rendre à miss Bertram ces petits soins qui fournissent les meilleures occasions à un jeune homme dans la situation d'Hazlewood. Je voudrais que mon cher papa prît garde de ne pas porter la peine ordinaire des gens qui s'interposent dans les affaires des autres. Je vous assure qu'à la place d'Hazlewood, je regarderais avec quelque soupçon ces compliments, ces salutations, ces attentions constantes d'offrir le châle, de placer le manteau, et de présenter la main ; et, en vérité, je crois qu'Hazlewood ne laisse pas quelquefois de penser ainsi. Et puis, imaginez la sotte figure de votre pauvre Julia en de telles occasions ! Ici, mon père faisant l'agréable près de mon amie ; là, le jeune Hazlewood épiant chaque parole qui sort des lèvres, chaque mouvement des yeux de sa Lucy ; et moi je n'ai pas la pauvre satisfaction d'intéresser un être humain, — pas même le monstre exotique de ministre, toujours assis, la bouche béante, ses gros yeux ronds et louches fixes comme ceux d'une statue. et admirant miss Bertram !

« Tout ceci me rend quelquefois un peu nerveuse, parfois même un peu méchante. J'étais l'autre jour tellement irritée contre mon père et les deux amants, qui semblent ne pas plus songer à moi que si je n'étais pas de leur société, que je dirigeai sur Hazlewood une attaque à laquelle la civilité la plus commune ne lui permettait pas d'échapper. Insensiblement il s'échauffa dans sa défense ; — je vous assure, Mathilde, que c'est un jeune homme très-spirituel, aussi bien qu'un très-beau jeune homme, et je ne me rappelais pas l'avoir encore vu sous un jour aussi favorable, — lorsque, voyez, au milieu de notre conversation animée, un soupir bien bas de miss Lucy arriva jusqu'à mon oreille, qui était fort agréablement occupée. J'étais beaucoup trop généreuse pour pousser plus loin ma victoire, alors même que je n'aurais rien craint de mon père. Heureusement pour moi, il était en ce moment engagé dans une longue description des mœurs particulières et des usages d'une certaine tribu d'Indiens qui habite fort avant dans le pays, et il y joignait des esquisses qu'il traçait sur les patrons à broderies de miss Bertram, dont trois ont été tout à fait gâtés en mêlant aux dessins du patron ses échantillons de costumes orientaux. Mais je crois qu'en ce moment elle pensait aussi peu à sa robe qu'aux turbans et aux mentonnières de l'Inde. Néanmoins, il fut tout aussi heureux pour moi qu'il n'eût pas vu tout le mérite de ma petite manœuvre, car il a la vue perçante d'un épervier, et il est ennemi juré de l'ombre d'une coquetterie.

« Hé bien ! Mathilde, Hazlewood entendit aussi ce soupir presque indistinct, et repentant de ce moment d'attention donné à un objet aussi indigne que votre Julia, il se rapprocha sur-le-champ, avec une expression de componction des plus comiques, de la table à ouvrage de Lucy. Il fit quelque observation insignifiante, et il fallait l'oreille subtile d'un amant, ou d'un curieux observateur tel que moi, pour saisir dans la réponse qu'elle lui fit quelque chose de plus froid et de plus sec que de coutume. C'était un reproche qui ajoutait à ceux que se faisait lui-même notre héros : aussi resta-t-il tout consterné. Vous conviendrez que la générosité me faisait un devoir de remplir le rôle de médiatrice. Je me mêlai à la conversation, du ton calme d'un tiers désintéressé et qui n'a rien observé; je les ramenai à leur ton habituel de causerie familière, et après avoir servi quelque temps de canal de communication par lequel ils s'adressaient l'un à l'autre, je les installai à une partie d'échecs, et en bonne fille je vins taquiner un peu papa, qui était toujours occupé de ses dessins. Vous remarquerez que les joueurs d'échecs étaient placés près de la cheminée, à côté d'une petite table à ouvrage sur laquelle étaient l'échiquier et les pions; le colonel à quelque distance, à une table chargée de livres avec deux flambeaux, — car c'est une grande pièce à l'antique, avec plusieurs enfoncements, et tendue d'une tapisserie grimaçante, dont l'artiste lui-même aurait été embarrassé d'expliquer les sujets.

« — Les échecs sont-ils un jeu très-intéressant, papa?

« — On le dit, me répondit-il sans m'honorer autrement de son attention.

« — Je le croirais, d'après l'attention qu'y apportent M. Hazlewood et Lucy.

« Il leva vivement la tête, et tint un instant son pinceau suspendu. Il ne vit rien, apparemment, qui excitât ses soupçons, car il s'était remis tranquillement aux plis d'un turban mahratte, quand je l'interrompis de nouveau par un : — Quel âge miss Bertram a-t-elle, monsieur?

« — Comment le saurais-je, miss? Environ le vôtre, je suppose.

« — Je l'aurais crue plus âgée que moi, monsieur. Vous êtes toujours à me dire qu'elle fait bien mieux que moi les honneurs de la table à thé; — mon Dieu, papa, que ne lui donnez-vous le droit d'y présider, une fois pour toutes?

« — Ma chère Julia, vous êtes ou tout à fait folle, ou plus disposée à la méchanceté que je ne l'aurais cru de vous.

« — Oh! mon cher papa, prenez la meilleure interprétation : — pour rien au monde, je ne voudrais être regardée comme une folle.

« — Pourquoi donc parlez-vous comme si vous l'étiez?

« — Mon Dieu, monsieur, je suis sûre qu'il n'y a rien de si fou dans ce que je disais. — Tout le monde sait que vous êtes un fort bel homme (un sourire effleura ses lèvres), c'est-à-dire pour votre âge (sa physionomie se rembrunit), qui est loin d'être avancé, et à coup sûr je ne vois pas pourquoi vous ne suivriez pas une pensée qui serait favorable à votre bonheur. Je sens que je ne suis qu'une jeune fille étourdie, et si une compagne plus grave pouvait vous rendre plus heureux...

« Il y eut, dans la manière dont mon père me prit la main, un mélange de déplaisir et de gravité qui fut pour moi un reproche sévère d'avoir plaisanté avec ses sentiments. — Julia, me dit-il, je passe bien des choses à votre légèreté, parce que je me regarde comme ayant mérité une partie des reproches qu'elle vous pourrait attirer, par ma négligence à surveiller d'assez près votre éducation. Cependant je ne voudrais pas vous abandonner les rênes sur un sujet si délicat. Si vous ne respectez pas les sentiments de votre père envers la mémoire de celle que vous avez perdue, songez du moins aux droits sacrés du malheur ; et faites attention qu'un seul mot d'une telle plaisanterie parvenu aux oreilles de miss Bertram l'obligerait aussitôt de renoncer à son asile actuel, et de s'exposer, sans protecteur, dans un monde dont elle a déjà éprouvé la dureté.

« Que pouvais-je dire a ceci, Mathilde? — Je ne pus que pleurer, demander pardon, et promettre d'être une bonne fille à l'avenir. Ainsi me voilà encore une fois neutralisée : car je ne puis, en honneur ni en conscience, tourmenter la pauvre Lucy en m'attaquant à Hazlewood, malgré le peu de confiance qu'elle a en moi ; et je ne puis non plus, après cette grave mercuriale, m'aventurer de nouveau avec papa sur un terrain si délicat. De façon que j'en suis réduite à brûler de petits rouleaux de papier pour en noircir le bout, et à m'en servir pour dessiner des têtes de Turcs sur des cartes de visite : — je vous assure qu'hier soir j'ai réussi à faire un superbe Haïder-Aly, — et je fais résonner les cordes de mon infortuné clavecin, — ou bien je commence un livre sérieux par la dernière page, et je le lis en remontant. — Tout bien considéré, je commence à être très tourmentée du silence de Brown. S'il eût été forcé de quitter le pays, je suis assurée qu'il m'aurait du moins écrit. — Se pourrait-il que mon père eût intercepté ses lettres? Mais non ; — cela est contraire à tous ses principes : — je ne crois pas qu'il ouvrît une lettre qui me serait adressée ce soir, pour m'empêcher de sauter demain par la fenêtre. — Quelle expression j'ai laissé échapper de ma plume! J'en devrais être honteuse, même près de vous, Mathilde, et quoique dite en plaisantant. Mais je n'ai pas besoin de tant me targuer d'agir comme je dois le faire ; — ce M. Vanbeest Brown n'est en aucune façon un amant assez ardent pour pousser l'objet de son attachement à une démarche si inconsidérée. Il donne tout le temps de la réflexion, il faut en convenir. Cependant, je ne le blâmerai pas sans l'avoir entendu, non plus que je ne me permettrai de mettre en doute la mâle fermeté d'un caractère que je vous ai si souvent vanté. S'il était capable de doute, de crainte, ou d'une ombre de changement, j'aurais peu de regrets à avoir.

« Et pourquoi, me direz-vous, quand j'attends d'un amant une con-

CHAPITRE XXIX.

stance si ferme et si inaltérable, pourquoi m'inquièterais-je de ce que fait Hazlewood? Que m'importe à qui il adresse ses soins? — C'est une question que je me fais à moi-même cent fois par jour, et je ne reçois que la très-sotte réponse qu'on n'aime pas à se voir négligée, quoiqu'on ne voulût pas encourager une infidélité sérieuse.

« Je vous écris tous ces riens parce que vous dites qu'ils vous amusent; et cependant je m'en étonne. Je me souviens que dans les voyages que nous faisions à la dérobée au monde des fictions, vous admiriez toujours le grand et le romanesque, — les contes de chevaliers, de nains, de géants, de damoiselles persécutées, de devins, de visions, d'apparitions, de mains sanglantes; — tandis que moi je préférais les intrigues compliquées de la vie privée, ou tout au plus le surnaturel résultant de l'intervention d'un génie oriental ou d'une fée bienfaisante. *Vous*, vous auriez aimé à vous lancer sur l'immense Océan, avec ses calmes de mort et ses tempêtes mugissantes, ses gouffres tourbillonnants et ses montagnes de vagues; — *moi*, je voudrais diriger ma nacelle, par une brise modérée, sur quelque lac intérieur ou sur une baie tranquille, avec des difficultés de navigation seulement suffisantes pour éveiller l'intérêt et exiger quelque adresse, mais sans aucun danger sérieux. De sorte qu'au total, Mathilde, je pense que vous auriez dû avoir pour père le colonel Mannering, avec son orgueil de gloire et d'ancêtres, son point d'honneur chevaleresque, ses talents élevés, ses études abstruses et mystiques; — pour amie, vous auriez dû aussi avoir Lucy Bertram, dont les ancêtres, avec des noms qui défient également la mémoire et l'orthographe, ont dominé sur ce pays romantique, et qui est née, d'après ce que j'ai assez vaguement appris, dans des circonstances d'un intérêt profond et tout particulier. — Il vous aurait aussi fallu notre résidence écossaise entourée de montagnes, et nos promenades solitaires vers des ruines hantées par les esprits. — Et moi j'aurais eu en échange les pelouses, et les bosquets, et les cabinets de verdure, et les fabriques de Pine-Park, avec votre bonne, indulgente et paisible tante, sa chapelle le matin, sa sieste après dîner, sa partie de whist le soir, sans oublier ses chevaux si dodus et son cocher encore plus gras. Faites attention, pourtant, que Brown n'est pas compris dans cet échange de mon imagination : — sa bonne humeur, sa conversation animée, sa galanterie, conviennent à mon plan de vie, tout aussi bien que ses formes athlétiques, ses beaux et nobles traits et sa bravoure intrépide s'accorderaient avec un caractère chevaleresque. Ainsi, comme nous ne pouvons pas faire un échange complet, je crois qu'il nous faut rester comme nous sommes. »

CHAPITRE XXX.

> Je n'accepte pas votre défi ; si vous parlez si rudement, je barricaderai ma porte sur vous. — Voyez-vous cette fenêtre en ogive, Storm ? — Il m'importe peu, servant le bon duc de Norfolk. *Le joyeux diable d'Edmonton.*

JULIA MANNERING A MATHILDE MARCHMONT.

Je me lève de mon lit de souffrances, ma chère Mathilde, pour vous faire part des étranges et effroyables scènes qui viennent de se passer ici. Hélas ! combien nous devons nous garder de jouer avec l'avenir ! Je terminais gaîment ma dernière lettre par quelques plaisanteries sur votre goût pour le romanesque et l'extraordinaire dans les récits d'imagination. Combien peu je m'attendais à avoir, quelques jours plus tard, à vous raconter des événements de cette nature ! Être témoin de scènes de terreur, ou les contempler dans une description, est aussi différent, ma chère Mathilde, que d'être suspendu sur le bord d'un précipice, n'ayant pour se retenir qu'un arbuste à demi déraciné, ou d'admirer le même précipice dans un paysage de Salvator. Mais je ne veux pas anticiper sur ma narration.

« La première partie de mon histoire est assez effrayante, quoiqu'elle n'ait rien qui me touche personnellement. Il faut que vous sachiez que ce pays est particulièrement favorable au commerce d'une bande d'hommes déterminés de l'île de Man, qui est presque à l'opposite de la côte. Ces contrebandiers sont nombreux, résolus et redoutables, et plus d'une fois, quand quelqu'un a voulu arrêter leur métier illicite, ils sont devenus la terreur du voisinage. Les magistrats locaux, par timidité ou par des motifs encore plus blâmables, répugnent à sévir contre eux, et l'impunité n'a fait qu'accroître leur audace. Il semblait qu'étranger au pays, et n'étant revêtu d'aucune autorité officielle, mon père n'avait rien à faire en tout ceci ; mais il faut avouer qu'il est né, comme il le dit lui-même, quand Mars était au plus haut de son influence, et que les combats et les scènes de sang le viennent chercher au milieu des circonstances et des situations les plus retirées et les plus pacifiques.

« Mardi dernier, vers les onze heures du matin, tandis qu'Hazlewood et mon père se disposaient à se rendre à un petit lac situé à environ trois milles du château, dans l'intention de chasser des canards sauvages, et pendant que j'étais occupée avec Lucy à arranger notre plan de travaux et d'études pour la journée, nous fûmes alarmés par un bruit de chevaux qui montaient rapidement l'avenue. La terre était durcie par une forte gelée, qui rendait ce bruit plus retentissant et plus distinct. Un moment après, nous aperçûmes deux ou trois hommes armés et à cheval, chacun d'eux conduisant en main un autre cheval chargé de ballots; au lieu même de suivre la route, qui fait un léger coude, ils coupèrent droit au plus court vers la porte du château. Ils paraissaient extrêmement alarmés et en désordre, et ils regardaient fréquemment en arrière, comme des hommes qui craignent d'être poursuivis de près par des ennemis acharnés. Mon père et Hazlewood se hâtèrent de sortir, pour leur demander qui ils étaient et ce qu'ils voulaient. Ils répondirent qu'ils étaient officiers de la douane, et qu'ils avaient saisi, à environ trois milles de là, les chevaux qu'ils conduisaient, chargés de marchandises de contrebande. Mais les contrebandiers avaient reçu du renfort et s'étaient mis à leur poursuite en jurant qu'ils recouvreraient leurs marchandises et qu'ils tueraient les officiers qui avaient osé faire leur devoir. Les hommes ajoutèrent que leurs chevaux chargés laissant gagner du terrain à ceux qui les poursuivaient, ils étaient accourus à Woodbourne, pensant que mon père, qui avait servi le roi, ne refuserait pas sa protection aux agents du Gouvernement, menacés d'être massacrés dans l'exercice de leurs fonctions.

« Mon père, qui, dans son enthousiasme de loyauté militaire, recevrait avec empressement un chien même qui viendrait au nom du roi, s'empressa de donner des ordres pour faire déposer les marchandises dans la maison, et de faire armer les domestiques, pour défendre le château si cela devenait nécessaire. Hazlewood le seconda avec ardeur, et il n'y a pas jusqu'à l'étrange animal qu'on nomme Sampson qui sortit de son antre et s'empara d'un fusil de chasse que mon père avait laissé pour prendre un de ces fusils qui servent dans l'Orient à chasser le tigre. L'arme partit dans les mains maladroites du pauvre ministre, et faillit tuer un des douaniers. A cette explosion involontaire et inattendue, le Dominie (tel est son surnom) s'écria : — Prodigieux! ce qui est son exclamation habituelle d'étonnement. Rien ne put déterminer l'homme à se séparer de l'arme déchargée, de sorte qu'il fallut la lui laisser; mais on eut la précaution de ne lui confier ni poudre ni balles. Vous pouvez aisément croire que je ne vis ni n'entendis rien de tout ceci (sauf l'alarme occasionnée par le coup de l'arme à feu); mais plus tard, en nous racontant la scène, Hazlewood nous amusa beaucoup en nous décrivant le courage ignorant du zélé Dominie.

« Quand mon père eut tout préparé pour la défense, et que les domestiques armés de leurs fusils furent postés aux fenêtres, il voulut nous envoyer loin du danger, — dans le cellier, je crois ; — mais on ne put nous décider à nous éloigner. Quoique je fusse mortellement effrayée, j'ai assez de l'esprit de mon père pour aimer mieux voir en face le péril qui nous menace, que de l'entendre gronder autour de moi sans en connaître la nature et sans en suivre les progrès. Pâle comme une statue de marbre, et les yeux fixés sur Hazlewood, Lucy ne semblait pas même entendre les prières qu'il lui faisait de quitter la façade de la maison. Mais, en vérité, à moins que la grande porte ne fût forcée, nous courions peu de danger : car les fenêtres étaient presque entièrement bouchées avec des matelas et des oreillers, et, ce dont le Dominie se lamentait le plus, avec d'énormes in-folios apportés à la hâte de la bibliothèque, et qui ne laissaient d'espace ouvert que juste ce qu'il en fallait pour que les assiégés pussent faire feu sur les assaillants.

« Mon père avait achevé ses dispositions, et nous étions assises, livrées à une anxieuse attente, dans l'appartement où la lumière pénétrait à peine, nos hommes, tous silencieux et à leurs postes, réfléchissant sans doute à l'approche du danger. Mon père, qu'une telle scène semblait replacer tout à fait dans son élément, allait de l'un à l'autre, et réitérait à chacun l'ordre que personne ne tirât avant qu'il ne l'eût commandé. Hazlewood, qui semblait puiser un nouveau courage dans son regard, remplissait les fonctions de son aide-de-camp, et déployait la plus grande activité à porter les instructions du colonel d'une place à une autre, et à en surveiller la fidèle exécution. Nos forces, les étrangers compris, pouvaient se monter à une douzaine d'hommes.

« Enfin, le silence de ces pénibles moments d'attente fut interrompu par un bruit qui, éloigné encore, semblait celui d'une chute d'eau, mais dans lequel on reconnut bientôt les pas pressés d'une troupe de chevaux avançant rapidement. Je m'étais ménagé une vue sur les dehors, d'où je pouvais suivre les mouvements de l'ennemi. Le bruit s'accroissait et se rapprochait; et enfin, trente hommes à cheval et plus parurent tout à coup dans l'avenue. Vous n'avez jamais vu de misérables à faces si repoussantes ! Malgré la rigueur du temps, ils étaient pour la plupart en chemise et en pantalon, des mouchoirs de soie noués autour de la tête, et tous bien armés de carabines, de pistolets et de coutelas. Moi, qui suis la fille d'un soldat, et accoutumée à la guerre depuis mon enfance, je n'ai de ma vie été aussi épouvantée que je le fus à l'apparence sauvage de ces brigands, leurs chevaux en sueur et tout fumants, et eux poussant des exclamations furieuses de rage et de désappointement, en se voyant frustrés de leur proie. Ils firent halte, néanmoins, quand ils virent les préparatifs faits pour les recevoir, et parurent se consulter un moment entre eux. Enfin, un de la bande, dont la face était noircie de poudre délayée en manière de déguisement, vint en avant, un mouchoir blanc au bout de sa carabine, et demanda à parler au colonel Mannering. Mon père, à mon extrême terreur, ouvrit une fenêtre près de laquelle il était posté, et lui demanda ce qu'il voulait. — Nous voulons les marchandises qui nous ont été volées par ces requins, répondit l'homme; et notre lieutenant m'a chargé de dire que si elles nous sont remises, nous nous en retournerons pour cette fois sans régler nos comptes avec les gueux qui les ont enlevées; sinon, que nous brûlerons la maison, et que nous massacrerons tous ceux qui s'y trouvent : — menace qu'il répéta plus d'une fois, ornée d'une inépuisable variété de juremens, et des plus horribles imprécations que la cruauté puisse suggérer.

« — Et qui est votre lieutenant? dit mon père.

« — Ce gentleman monté sur le cheval gris, avec le mouchoir rouge autour du front, répondit le bandit.

« — Alors, veuillez dire à ce gentleman que si lui et les drôles qui l'accompagnent ne décampent pas à l'instant même, je ferai feu sur eux sans cérémonie. A ces mots, mon père ferma la fenêtre et rompit la conférence.

« L'homme n'eut pas plutôt rejoint sa troupe, que, poussant un grand cri, ou plutôt un hurlement sauvage, ils firent une décharge générale contre notre garnison. Les carreaux de toutes les fenêtres furent brisés; mais, grâce aux précautions que je vous ai détaillées, il n'y eut pas d'autre mal. Trois décharges semblables se succédèrent, sans qu'on leur envoyât un seul coup de fusil. Mon père, les voyant alors prendre des haches et des leviers, probablement pour assaillir la porte d'entrée, s'écria : — Que personne ne fasse feu qu'Hazlewood et moi! — Hazlewood, visez à l'ambassadeur! Lui-même ajusta l'homme du cheval gris, qui tomba en recevant le coup. Hazlewood ne fut pas moins heureux; il atteignit l'orateur, qui avait mis pied à terre et s'approchait une hache à la main. Leur chute découragea les autres, qui commencèrent à tourner bride; et quelques autres balles qu'on leur envoya achevèrent de les mettre en fuite, emportant avec eux leurs compagnons tués ou blessés. Nous ne pûmes voir s'ils éprouvèrent d'autres pertes. Peu de moments après leur retraite, un détachement de soldats nous arriva, à mon grand soulagement. Ces hommes, cantonnés dans un village distant de quelques milles, avaient marché à la première rumeur de l'escarmouche. Une partie d'entre eux escortèrent les douaniers terrifiés et leur capture jusqu'au port de mer le plus voisin, comme à un lieu de sûreté, et, à mon instante requête, quelques autres restèrent avec nous pour ce jour-là et le jour suivant, afin de protéger la maison contre la vengeance de ces bandits.

« Telle fut, ma chère Mathilde, ma première alarme. Je ne dois pas oublier d'ajouter que les coquins laissèrent dans une cabane, près de la route, l'homme dont le visage était noirci de poudre, et qui sans doute n'avait pu être transporté plus loin; il mourut au bout d'une demi-heure. En examinant le corps, il se trouva que c'était un paysan des environs, mauvais sujet notoirement connu pour braconnier et contrebandier. Nous reçûmes des familles du voisinage une foule de messages de félicitation, et il fut généralement reconnu que quelques exemples pareils d'énergique résistance rabattraient grandement de l'audace de ces hommes dangereux. Mon père distribua des récompenses parmi ses domestiques, et porta aux nues la bravoure et le sang-froid d'Hazlewood. Lucy et moi eûmes aussi notre part de ses éloges, pour être restées fermes au feu et ne l'avoir pas troublé par des cris et des supplications. Quant au Dominie, mon père saisit une occasion de lui demander à changer de tabatière avec lui. L'honnête homme fut très-flatté de la proposition, et se répandit en éloges sur la beauté de sa nouvelle boîte, « qui paraît aussi bien, dit-il, que si elle était de véritable or d'Ophir. » — Il est vrai qu'il serait étonnant qu'il en fût autrement, la boîte étant en effet de ce métal; mais je crois, pour être juste envers cette honnête créature, que la connaissance de la valeur réelle de la tabatière n'ajouterait rien à la gratitude qu'il éprouve pour la bonté de mon père, quoiqu'il ne croie avoir reçu que du similor. Il a eu fort à faire à replacer les in-folios qui avaient servi de barricades, à en effacer les plis et les cornes, et à réparer les autres injures qu'ils ont reçues durant leur service de fortification. Il nous a apporté quelques morceaux de plomb et des balles que ces épais volumes avaient interceptés durant l'action, et qu'il en avait extraits avec grand soin; et si j'étais plus gaie, je pourrais vous faire une comique description de son ébahissement en voyant l'apathie avec laquelle nous écoutions le récit des blessures reçues par saint Thomas d'Aquin et le vénérable Chrysostôme et de leurs mutilations. Mais je ne suis pas disposée à rire, et j'ai à vous faire part d'un autre incident encore plus intéressant; je me sens si fatiguée en ce moment, que je ne puis reprendre la plume jusqu'à demain. Néanmoins, je ne ferai pas partir cette lettre aujourd'hui, afin que vous n'éprouviez pas d'inquiétude sur le compte de votre affectionnée,

JULIA MANNERING. »

CHAPITRE XXXI.

> Un excellent monde, en vérité!... Savez-vous quelque
> chose de cette belle besogne ?   *Le roi Jean.*

JULIA MANNERING A MATHILDE MARCHMONT.

Je dois reprendre le fil de mon histoire, ma chère Mathilde, où je l'ai interrompu hier.

« Pendant deux ou trois jours nous ne parlâmes d'autre chose que du siège que nous avions soutenu et de ses conséquences probables, et nous voulions engager mon père à aller passer quelque temps à Édimbourg, ou du moins à Dumfries, où il y a fort bonne société, jusqu'à ce que le ressentiment de ces brigands fût calmé. Il répondit avec un grand sang-froid qu'il n'avait pas envie que la maison de son propriétaire fût détruite, ainsi que ce qui lui appartenait à Woodbourne ; que, sous notre bon plaisir, il avait toujours été regardé comme en état de veiller à la sûreté et à la protection de sa famille ; qu'en demeurant tranquilles à la maison, il ne croyait pas que l'accueil que les coquins y avaient reçu fût de nature à les encourager à une seconde visite, mais que montrer le moindre signe d'alarme serait le plus sûr moyen d'attirer sur nous le danger que nous redoutions. Encouragées par ses raisonnements, et par l'extrême indifférence avec laquelle il parlait du danger supposé, nous nous enhardîmes peu à peu et nous recommençâmes nos excursions habituelles. Seulement, ces messieurs étaient quelquefois priés de prendre leurs fusils quand ils nous accompagnaient, et je remarquai que pendant plusieurs nuits mon père apporta une attention particulière à la garde de la maison, et qu'il recommanda à ses domestiques de tenir toujours leurs armes prêtes en cas de nécessité.

« Mais, il y a trois jours, il arriva un incident qui m'alarma bien autrement que l'attaque des contrebandiers.

« Je vous ai dit qu'il y avait un petit lac à quelque distance de Woodbourne, où se rendaient quelquefois ces messieurs pour y tirer des oiseaux de passage. A déjeuner, il m'arriva d'exprimer le désir de voir ce lac tandis qu'il est pris par la gelée, et couvert de patineurs. Il y a beaucoup de neige sur la terre, mais elle est tellement endurcie par la gelée que je pensai que Lucy et moi pourrions nous hasarder jusque-là, d'autant plus que le fréquent passage de ceux qui vont au lac par plaisir a tracé un sentier battu. Hazlewood demanda avec instance à nous accompagner, et nous stipulâmes qu'il prendrait son fusil de chasse. Il rit beaucoup à l'idée d'aller dans la neige en équipage de chasseur; mais, pour nous rassurer, il ordonna à un domestique, qui remplit au besoin l'office de garde-chasse, de nous suivre avec son fusil. Quant au colonel Mannering, il n'aime pas les foules ni les assemblées d'aucun genre où des figures viennent se donner en spectacle, à moins toutefois que ce ne soit une revue : — il refusa donc la partie.

« Nous nous mîmes en route bien avant l'heure de nos sorties habituelles, par une matinée superbe, et nous sentions nos esprits aussi bien que nos corps fortifiés par l'élasticité d'un air pur. Notre promenade jusqu'au lac fut délicieuse, ou du moins les difficultés ne servaient qu'à en augmenter l'agrément, par exemple, une descente glissante ou le passage d'un fossé gelé, qui rendaient l'aide d'Hazlewood absolument nécessaire. Je ne pense pas que Lucy en aimât moins sa promenade à cause de ces petits embarras.

« L'aspect du lac était superbe. Un de ses côtés est bordé de rochers à pic, d'où pendaient des milliers d'énormes aiguilles de glace toutes étincelantes au soleil; l'autre côté est occupé par un petit bois, qui alors offrait l'apparence fantastique que présente une plantation de pins dont les branches sont chargées de neige. Sur la surface gelée du lac était une multitude de figures mouvantes, les unes glissant en ligne droite avec la vélocité de l'hirondelle, les autres décrivant les cercles les plus gracieux, d'autres enfin, vivement attachés par un divertissement moins actif, se pressant autour du lieu où les habitants de deux paroisses rivales se disputaient le prix à un exercice particulier [1], — honneur auquel on n'attachait pas peu d'importance, à en juger par l'intérêt qu'y mettaient les acteurs et les spectateurs de la lutte. Nous fîmes le tour du petit lac, appuyées l'une et l'autre sur le bras d'Hazlewood. Il parlait avec une grande bonté, le pauvre garçon, aux vieux et aux jeunes, et paraissait fort aimé de tous. Enfin, nous pensâmes à nous retirer.

« Pourquoi mentionné-je ces circonstances frivoles? — Ce n'est pas, Dieu le sait, par l'intérêt que j'y attache maintenant; — mais pareille à l'homme qui se noie et qui se rattache à une branche fragile, j'emploie tous les moyens de reculer la partie horrible de mon récit. Il faut pourtant y arriver; — il me faut au moins la sympathie d'une amie, dans cette calamité déchirante.

« Nous revenions au château par un sentier qui traverse une plantation de sapins. Lucy avait quitté le bras d'Hazlewood : — ce n'est qu'une absolue nécessité qui la décide à accepter son assistance. J'étais toujours appuyée sur l'autre bras; Lucy nous suivait de près, et le do-

---

[1] *At curling*, dit le texte, littéralement à friser ou à onduler. Sans doute une espèce particulière d'exercice de glissade ou de patin. (L. V.)

mestique était à quelques pas en arrière. Telle était notre position, quand tout à coup, et comme s'il fût sorti de terre, Brown parut devant nous à un détour du chemin. Il était très-simplement, je pourrais dire très-grossièrement vêtu, et toute sa personne avait quelque chose d'étrangement agité. La terreur et la surprise m'arrachèrent un cri : — Hazlewood se méprit sur la nature de mon alarme, et quand Brown s'avança vers moi comme pour m'adresser la parole, il lui ordonna avec hauteur de se reculer, et de ne pas alarmer la dame qu'il accompagnait. Brown répondit d'un ton non moins âpre qu'il n'avait pas de leçon à recevoir de lui sur la manière dont il se devait conduire envers cette dame ou toute autre. Je penche à croire qu'Hazlewood, frappé de l'idée qu'il appartenait à la bande des contrebandiers, et qu'il avait quelque mauvaise intention, ne l'entendit et ne le comprit qu'imparfaitement. Il prit vivement le fusil des mains du domestique qui était accouru à nous, et, en dirigeant le canon sur Brown, lui commanda de se retirer en le menaçant de faire feu. Mes cris, car la terreur m'empêchait d'articuler une parole, ne firent que hâter la catastrophe. Ainsi menacé, Brown se précipita sur Hazlewood, lutta avec lui, et avait presque réussi à lui arracher le fusil des mains, quand l'arme partit dans le débat, et la charge entière se logea dans l'épaule d'Hazlewood, qui tomba à l'instant. Je n'en vis pas davantage, car toute la scène vacilla devant mes yeux, et je tombai sans connaissance ; mais, au rapport de Lucy, le malheureux auteur de ce désastre le contempla un instant, jusqu'à ce que plusieurs de ceux qui se trouvaient vers le lac, alarmés par les cris perçants qu'elle poussait, accoururent vers le théâtre de l'action. Il franchit alors une haie qui sépare le sentier de la plantation, et, depuis ce moment, on n'en a plus entendu parler. Le domestique n'essaya ni de lui couper le chemin, ni de s'assurer de lui, et le récit qu'il fit à ceux qui arrivèrent les porta à exercer leur humanité en me rappelant à la vie, plutôt qu'à montrer leur courage en poursuivant un forcené représenté par le valet comme un homme d'une force effrayante et complètement armé.

« Hazlewood fut transporté sans accident à la maison, c'est-à-dire à Woodbourne. — J'espère que sa blessure n'aura pas de suites graves, quoiqu'il souffre beaucoup. Mais pour Brown les conséquences doivent être bien autrement désastreuses. Déjà l'objet du ressentiment de mon père, le voilà maintenant exposé à l'action des lois du pays, ainsi qu'à la vengeance du père d'Hazlewood, qui crie beaucoup et menace de remuer ciel et terre contre l'auteur de la blessure de son fils. Comment pourra-t-il se dérober à l'activité vindicative de ses poursuites ? Comment, s'il est arrêté, se défendra-t-il contre la sévérité des lois, qui, dit-on, peuvent même menacer sa vie ? Comment trouverai-je le moyen de l'avertir du danger qu'il court ? Et puis la douleur mal dissimulée de Lucy, occasionnée par la blessure de son amant, est pour moi une autre source de tourment; et tout autour de moi me paraît porter témoignage contre l'imprudence qui a causé tous ces malheurs.

« Pendant deux jours, j'ai été fort mal. La nouvelle qu'Hazlewood allait beaucoup mieux, et qu'on ne pouvait découvrir celui qui l'avait blessé, mais qu'à coup sûr c'était un des chefs des contrebandiers, m'a apporté quelque soulagement. Le soupçon et les poursuites étant dirigés de ce côté, Brown n'en doit naturellement avoir que plus de facilités pour échapper; et j'espère qu'en ce moment il est en sûreté. Mais des patrouilles de soldats, à cheval et à pied parcourent le pays dans tous les sens, et je suis torturée par mille rumeurs confuses et inauthentiques, d'arrestations et de découvertes.

« Cependant ma plus grande source de consolation est la généreuse franchise d'Hazlewood, qui persiste à déclarer que quelles que fussent les intentions que pût avoir, en s'approchant de nous, celui qui l'a blessé, il est convaincu que le fusil est parti, dans la lutte, par pur accident et sans intention. Le domestique, d'un autre côté, soutient que l'arme a été arrachée des mains d'Hazlewood et dirigée contre lui, et Lucy penche pour la même opinion. — Je ne les accuse pas d'exagération préméditée, mais c'est un exemple de l'incertitude des témoignages humains; car il est à peu près hors de doute que ce malheureux coup est parti involontairement. Le mieux serait peut-être de tout confier à Hazlewood; — mais il est bien jeune, et j'éprouve une extrême répugnance à l'instruire de ma folie. J'ai une fois pensé à découvrir le mystère à Lucy, et j'avais débuté par lui demander si elle se rappelait la personne et les traits de l'homme que nous avons si malheureusement rencontré; — mais elle me fit un si horrible portrait de voleur de grand chemin, que je ne me sentis plus le courage d'avouer mes sentiments pour un homme qu'elle me représentait sous de tels dehors. Je dois dire que miss Bertram est étrangement abusée par ses préventions, car il y a peu d'hommes plus beaux que le pauvre Brown. Je ne l'avais pas vu depuis longtemps, et même malgré tous les désavantages de son étrange et soudaine apparition, il me semble, par réflexion, que sa tournure a encore gagné en grâce, et ses traits en noblesse expressive. — Nous reverrons-nous jamais? qui peut répondre à cette question? — Écrivez-moi avec bonté, ma chère Mathilde. — Mais quand avez-vous écrit autrement? — N'importe, écrivez-moi promptement et avec bonté. Je ne suis pas dans une situation d'esprit qui me permette de mettre à profit ni des avis, ni des reproches, et je n'ai pas non plus ma gaîté habituelle pour y riposter par la raillerie. J'éprouve les terreurs d'un enfant qui, en jouant inconsidérément, a mis en mouvement une puissante mécanique, et qui, au mouvement des roues, au bruit des chaînes, aux révolutions des cylindres autour de lui, est à la fois étonné des puissances formidables que sa faible main a fait agir, et épouvanté des conséquences qu'il est forcé d'attendre sans pouvoir les détourner.

« Je ne dois pas omettre de dire que mon père se montre bon et affectueux. La frayeur que j'ai eue excuse suffisamment mon affection nerveuse. Mon espoir est que Brown a regagné l'Angleterre, ou que peut-être il s'est réfugié en Irlande ou dans l'île de Man. Dans l'un et l'autre cas, il peut attendre avec patience et sécurité les résultats de la blessure d'Hazlewood, car la communication de ces pays avec l'Écosse pour les affaires de justice n'est pas, grâce au Ciel, très-intime. Les conséquences de son arrestation en ce moment seraient terribles. Je tâche de me fortifier l'esprit en me faisant à moi-même force raisonnements contre la possibilité d'un tel malheur. Hélas! combien de douleurs et de craintes aussi réelles qu'accablantes ont-elles promptement remplacé le calme de cette existence uniforme dont, il y a si peu de temps, j'étais disposée à me plaindre! Mais je ne veux pas vous accabler plus longtemps de mes lamentations. Adieu, ma chère Mathilde!

« Julia Mannering »

CHAPITRE XXXII.

> Ce n'est pas avec les yeux qu'un homme peut voir comment va ce monde. — Regarde avec tes oreilles; vois comment la justice enlace ce simple voleur. Écoute de toutes tes oreilles. — Renverse les rôles; et, en un tour de main, quel est le juge, quel est le voleur?
>
> *Le roi Lear.*

Au nombre de ceux qui apportaient le plus vif intérêt à s'efforcer de découvrir celui qui, dans un guet-apens, avait blessé le jeune Charles Hazlewood, était Gilbert Glossin, esquire, ci-devant procureur à ***, maintenant laird d'Ellangowan, et membre de l'honorable commission des juges de paix du comté de ***. Les motifs qui, en cette occasion, excitaient son activité étaient de plus d'une sorte; mais nous présumons que nos lecteurs, d'après ce qu'ils connaissent déjà de l'homme, ne l'accuseront pas d'être mû par un zèle et un amour excessifs pour la justice, abstraction faite de tout motif personnel.

La vérité est que ce respectable personnage se sentait moins à l'aise qu'il ne l'avait imaginé, après que ses machinations l'eurent mis en possession du domaine de son bienfaiteur. Ses réflexions intimes, quand ses pensées se dirigeaient vers le passé, ne le portaient pas toujours à s'applaudir d'un stratagème heureux. Et quand il regardait autour de lui, il ne pouvait se dissimuler qu'il était exclu de la société de la *gentry*[1] du comté, au niveau de laquelle il avait cru s'être élevé. Il n'était pas admis à leurs clubs, et dans les réunions d'un caractère public, dont il ne pouvait être tout à fait exclu, il se voyait laissé à l'écart et traité avec un froid mépris. Les principes et les préjugés avaient également contribué à lui susciter cette aversion : les *gentlemen* du comté le méprisaient à raison de la bassesse de sa naissance, en même temps qu'ils le détestaient à cause des moyens par lesquels il avait édifié sa fortune. Sa réputation près du peuple était encore plus mauvaise. Là on ne voulait lui accorder ni l'appellation territoriale d'Ellangowan, ni la forme respectueuse de *Monsieur* Glossin : — pour ceux de cette classe il était toujours Glossin tout court, et sa vanité attachait un prix si incroyable à cette frivole circonstance, qu'on le vit donner une demi-couronne à un mendiant, parce qu'il l'avait appelé trois fois Ellangowan

---

[1] Petite noblesse. (L. V.)

en sollicitant de lui l'aumône d'un penny. Il sentait donc péniblement ce manque général de respect, surtout quand il mettait en parallèle sa réputation et son accueil dans le monde avec ceux de M. Mac Morlan, beaucoup moins riche que lui, et cependant aimé et respecté du riche et du pauvre, et jetant lentement, mais avec solidité, les fondements d'une fortune modérée, entouré de la bienveillance générale et de l'estime de tous ceux qui le connaissaient.

Glossin, tout en se plaignant intérieurement de ce qu'il aurait volontiers appelé les préjugés et les préventions du pays, était trop prudent pour se plaindre ouvertement. Il sentait que son élévation était trop récente pour être immédiatement oubliée, et les moyens par lesquels il y était arrivé trop odieux pour être promptement pardonnés. Mais le temps, pensait-il, accoutume à tout et efface les mauvaises impressions. Aussi, avec la dextérité d'un homme qui a basé sa fortune sur l'étude des parties faibles de la nature humaine, il résolut d'épier les occasions de se rendre utile même à ceux dont il était haï; espérant que son habileté, la propension des gentilshommes de campagne à se susciter des démêlés où les conseils d'un légiste deviennent précieux, et mille autres cas fortuits, dont, avec de la patience et de l'adresse, il ne doutait pas qu'il ne sût profiter, le placeraient bientôt près de ses voisins sous un jour plus important et plus respectable, et l'élèveraient peut-être à cette situation éminente où arrive parfois un homme d'affaires fin, remuant et connaissant le monde, lorsqu'établi au milieu d'une génération de gentilshommes campagnards, il devient, selon les expressions de Burns,

The tongue of the trump to them a' '.

L'attaque de la maison du colonel Mannering, et la blessure d'Hazlewood qui l'avait suivie, parurent à Glossin une opportunité convenable de montrer à tout le pays les services que pourrait rendre un magistrat actif (car depuis quelque temps il était revêtu de la charge de juge de paix), versé dans la pratique des lois, et connaissant non moins bien les retraites et les habitudes des contrebandiers. Il devait cette dernière sorte d'expérience à d'étroites liaisons contractées autrefois avec quelques-uns des hommes les plus déterminés de ceux qui se livraient à ce commerce illicite. Quelquefois il s'était associé à leurs opérations; d'autres fois il les avait servis de ses conseils comme légiste. Mais depuis longues années ces rapports étaient interrompus; et eu égard à la courte durée de la carrière des grands hommes de cette espèce, et aux fréquentes circonstances qui les obligent de changer la scène de leurs

---

' « La langue de la trompe pour eux tous. » La *langue* de la trompe est la corde métallique de la harpe juive, celle qui donne le ton à tout l'instrument. (W. S.)

exploits, il avait tout lieu de croire que ses investigations actuelles ne pourraient compromettre aucun ancien ami qui aurait entré les mains des moyens de représailles. La part indirecte qu'il avait prise à leur trafic ne pouvait nullement, dans son opinion, l'empêcher d'user de son expérience pour le bien public, ou plutôt pour l'avancement de ses projets particuliers. Obtenir la bonne opinion et l'appui du colonel Mannering n'était pas pour lui de peu d'importance; et gagner les bonnes grâces du vieux Hazlewood, homme influent dans le comté, était plus important encore. Finalement, s'il réussissait à découvrir, à saisir et à convaincre les coupables, il aurait la satisfaction de mortifier et, jusqu'à un certain point, de décréditer Mac-Morlan, à qui, comme substitut-shériff du comté, appartenait naturellement le soin de cette investigation, et qui certainement perdrait dans l'opinion publique, si les démarches officieuses de Glossin obtenaient des résultats que n'auraient pas eus celles du magistrat légal.

Incité et stimulé par de tels motifs, et connaissant fort bien les agents subalternes de la justice, Glossin fit jouer tous les ressorts pour découvrir et arrêter, s'il était possible, quelques-uns de ceux qui avaient attaqué Woodbourne, et plus spécialement l'homme qui avait blessé Charles Hazlewood. Il promit de fortes récompenses, suggéra divers plans, et usa de son crédit personnel près de ses anciennes connaissances qui favorisaient la contrebande, en leur représentant qu'il vaudrait mieux pour eux sacrifier un ou deux instruments subalternes que d'encourir l'odieux d'avoir favorisé de telles atrocités. Mais pendant quelque temps toutes ces démarches furent sans résultat. Le bas peuple du pays ou favorisait ou craignait trop les contrebandiers pour porter contre eux aucun témoignage. Enfin ce zélé magistrat reçut avis qu'un homme ayant le costume et l'extérieur de celui qui avait blessé Hazlewood avait couché, le soir d'avant la rencontre, aux *Armes de Gordon*, à Kippletringan. M. Glossin s'y rendit immédiatement, dans l'intention d'interroger son ancienne connaissance mistress Mac-Candlish.

Le lecteur peut se souvenir que M. Glossin, pour employer la phrase de cette bonne femme, n'était pas trop bien dans ses papiers. Elle se rendit donc lentement et à contre-cœur dans le parloir où il l'avait fait appeler, et en entrant le salua de la manière la plus froide possible. Puis le dialogue suivant s'établit entre eux

— Une belle matinée de gelée, mistress Mac Candlish.

— Oui, monsieur; la matinée est assez belle, répondit sèchement l'hôtesse.

— Mistress Mac Candlish, je voudrais savoir si les juges de paix dîneront ici mardi, comme de coutume, après les affaires de la cour?

— Je crois... j'imagine que oui, monsieur, — comme de coutume; (et elle fit un mouvement pour quitter la chambre).

— Restez un moment, mistress Mac Candlish, — vous êtes prodigieusement pressée, ma bonne amie? — Je pensais qu'un club qui dînerait ici une fois par mois serait une chose fort agréable.

— Certainement, monsieur ; un club de gentlemen *respectables*.

— Sans doute, sans doute ; je veux parler de propriétaires et de gentlemen influents dans le comté, et je serais tout disposé à mettre la chose en avant.

La petite toux sèche avec laquelle mistress Mac Candlish reçut cette proposition ne faisait pressentir aucun éloignement pour l'ouverture considérée en elle-même, mais elle indiquait un grand doute qu'elle pût réussir sous les auspices de celui de qui elle venait. Ce n'était pas une toux négative, mais une toux d'incrédulité, et Glossin le sentit bien ; mais il n'entrait pas dans ses vues de s'en offenser.

— Y a-t-il eu beaucoup de mouvement sur la route, mistress Mac Candlish? Vous avez nombreuse compagnie, je suppose?

— Assez nombreuse, monsieur ; — mais je crois qu'on a besoin de moi au comptoir.

— Non, non ; — ne pouvez-vous rester un moment, pour obliger une vieille pratique? — Dites-moi, je vous prie, vous souvenez-vous d'un jeune homme d'une taille remarquable, qui a couché chez vous une nuit de la semaine dernière?

— En vérité, monsieur, je ne saurais trop vous dire ; — je n'ai jamais pris garde si ceux qui viennent chez moi sont longs ou courts, pourvu qu'ils fassent un long mémoire.

— Et s'ils ne le font pas, vous pouvez le faire pour eux, eh! mistress Mac Candlish? — Ha! ha! ha! — Mais ce jeune homme dont je m'informe avait près de six pieds [1]. Il avait un habit de couleur foncée, avec des boutons de métal, des cheveux châtains sans poudre, les yeux bleus, un nez droit, et il voyageait à pied, sans domestique ni bagage. — Vous devez sûrement vous rappeler si vous avez vu un tel voyageur?

— Réellement, monsieur, répondit mistress Mac Candlish qui voulait couper court à son enquête, je ne puis me charger la mémoire de ces choses-là. — Il y a autre chose à faire dans une maison comme celle-ci, ce me semble, que d'examiner les cheveux ou les yeux des voyageurs, non plus que leurs nez.

— Alors, mistress Mac Candlish, je dois vous dire en termes clairs que cette personne est soupçonnée de s'être rendue coupable d'un crime. — C'est par suite de ces soupçons que moi, comme magistrat, je requiers de vous ces renseignements ; — et si vous refusez de répondre à mes questions, je serai obligé de vous faire prêter serment.

— En vérité, monsieur, je ne suis pas libre de jurer [2] ; — nous avons

---

[1] Le lecteur a été plusieurs fois prévenu que le pied anglais est d'environ un pouce plus court que le nôtre. (L. V.)

[2] Quelques-uns des plus stricts dissidents se refusent à prêter serment devant un magistrat civil. (W. S.)

toujours été à l'assemblée *antiburgher*. — Il est bien vrai que du temps du bailli Mac Candlish, le digne homme, nous tenions pour l'Église, ce qui convenait mieux à son rang ; — mais, depuis qu'il est parti pour un lieu meilleur que Kippletringan, je suis retournée au digne maître Mac Grainer. Ainsi, vous voyez, monsieur, que je ne suis pas libre de jurer avant d'avoir parlé au ministre, — surtout contre une innocente pauvre jeune créature qui traverse le pays, étranger et sans amis.

— J'apaiserai peut-être vos scrupules, sans déranger M. Mac Grainer, quand je vous aurai dit que ce jeune compagnon dont je m'enquiers est l'homme qui a tiré sur votre jeune ami Charles Hazlewood.

— Dieu de bonté ! qui est-ce qui aurait pu penser une chose comme cela de lui ? — Non, si ç'avait été pour quelque dette, ou même pour une querelle avec le jaugeur, du diable si la langue de Nelly Mac Candlish lui eût jamais nui ! Mais s'il a réellement tiré sur le jeune Hazlewood... Mais je ne peux croire cela, M. Glossin ; ce sera encore quelqu'un de vos tours. — Je ne puis croire cela d'un garçon si doux ; — non, non, ça n'est pas autre chose que quelqu'un de vos vieux tours.

— Vous voulez avoir une sommation ou une prise de corps contre lui [1].

— Je vois que vous n'avez pas confiance en moi, mistress Mac Candlish ; mais jetez les yeux sur ces dépositions, signées par les témoins du crime, et jugez vous-même si le signalement du coquin ne répond pas à celui de votre hôte.

Il lui remit les papiers, qu'elle lut très-attentivement, ôtant souvent ses lunettes pour lever les yeux au ciel, ou peut-être pour essuyer une larme ; car le jeune Hazlewood était le favori particulier de la bonne dame. — Bien, bien, dit-elle, quand elle eut fini son examen, puisqu'il en est ainsi, je l'abandonne, le scélérat ! — Mais, mon Dieu, comme on est trompé ! je n'ai jamais vu une figure qui me revînt davantage, ni un garçon plus doux et plus honnête. — Je pensais que c'était quelque gentleman dans l'embarras. — Mais je l'abandonne, le scélérat ! — Tirer sur Charles Hazlewood ! — et devant les jeunes dames, — pauvres innocentes créatures ! — Je l'abandonne.

— Ainsi, vous convenez qu'une personne répondant à ce signalement a couché ici la nuit d'avant cette horrible action ?

— En vérité oui, monsieur, et tout le monde ici était enchanté de lui, tant c'était un franc et aimable jeune homme. Ce n'était pas pour sa dépense, bien sûr, car il n'a demandé qu'une tranche de mouton et un pot d'ale, et peut-être un ou deux verres de vin ; — et je l'invitai à prendre le thé avec moi, mais je ne mis pas cela sur le mémoire. Il ne voulut pas souper, disant qu'il était harassé d'avoir voyagé toute la nuit d'avant.

---

[1] Formalités légales contre un débiteur. Le lecteur trouvera dans un des chapitres de *l'Antiquaire* l'explication particulière du mot *horning* employé ici, et que nous avons rendu par sommation. (L. V.)

CHAPITRE XXXII.

— Je garantirais maintenant que c'était encore pour quelque autre infernal projet.

— N'avez-vous pas par hasard appris son nom?

— Si vraiment, répondit l'hôtesse, maintenant aussi empressée de communiquer son témoignage qu'auparavant de le refuser. Il me dit qu'il s'appelait Brown, et que sans doute une vieille femme, qui avait l'air d'une gipsie, viendrait demander après lui. — Oui, oui! dites-moi qui vous hantez, et je vous dirai qui vous êtes! Oh le scélérat! — Ainsi donc, monsieur, quand il partit, le matin, il paya très-honnêtement son mémoire et donna sans doute quelque chose à la fille; car Grizy ne reçoit rien de moi que deux paires de souliers neufs tous les ans, et peut-être bien une petite honnêteté au jour de l'an...

Ici Glossin crut devoir l'interrompre, et ramener la bonne dame à la question.

— Alors donc, il me dit : — S'il vient une telle personne demander après M. Brown, vous lui direz que je suis allé voir les patineurs sur le lac Creeran, comme vous l'appelez, et que je reviendrai dîner ici. — Mais il n'est pas revenu ; — et pourtant je comptais si bien sur lui que j'avais eu l'œil moi-même à préparer un poulet au moine [1], et du poudding de têtes de merluches [2] avec cela, et ce n'est pas ce que je donne tous les jours, M. Glossin ; — mais je ne pensais guère à la besogne qu'il était allé faire. — Tirer sur M. Charles, l'innocent agneau !

M. Glossin, ayant laissé, en adroit interrogateur, le témoin exhaler toute sa surprise et son indignation, s'informa alors si la personne suspecte n'avait laissé à l'auberge ni papiers ni autre chose qui lui appartînt.

— Vraiment si ; il m'a confié un paquet, — un tout petit paquet ; et il m'a donné quelque argent pour lui acheter une demi-douzaine de chemises à manchettes : — Peg Pasley les tient en main en ce moment ; — elles pourront lui servir à monter à Lawn-Market, le coquin [3] !

---

[1] *Friar's-chicken.*

[2] *Crappit-heads.*

[3] Le cortège des criminels, de la prison à la potence, suivait autrefois cette direction, marchant, comme dit l'ancienne chanson des écoliers :

> Up the Lawn-Market,
> Down the West-Bow,
> Up the lang ladder,
> And down the little tow ;

c'est-à-dire : « Il monte Lawn-Market, et descend West-Bow ; il monte la longue échelle, et descend la courte corde. » (W. S.)

Lawn-Market est la longue place qui termine à l'ouest la grande rue du Vieil-Édimbourg, vis-à-vis de l'ancienne Tolbooth maintenant détruite, dont le nom (*Cœur de Mid-Lothian*) est devenu le titre d'un des meilleurs romans de notre auteur. *West-Bow* est une rue étroite et tortueuse qui, de Lawn-Market, descend à Grass-Market, lieu des exécutions publiques. (L. V.)

M. Glossin demanda à voir le paquet, mais ici l'hôtesse se montra moins complaisante.

— Elle ne savait pas... elle n'avait rien à dire à ce que la justice eût son cours ; — mais quand une chose était confiée à une personne comme elle, sans doute on en devenait responsable. — Mais elle allait faire demander le diacre Bearcliff, et si M. Glossin voulait lever un inventaire du contenu, et lui en donner un reçu devant le diacre... ou, ce qu'elle aimerait beaucoup mieux, si on pouvait le mettre sous scellés et le laisser dans les mains du diacre Bearcliff, ça lui tranquilliserait l'esprit. — Elle ne voulait rien que la justice pour tous.

Rien ne pouvant vaincre la sagacité naturelle de mistress Mac Candlish, et la défiance que lui inspirait Glossin, celui-ci fit demander le diacre Bearcliff, pour lui parler « au sujet du scélérat qui avait tiré sur M. Charles Hazlewood ». Le diacre arriva quelques moments après, sa perruque posée de travers, ce qui venait de la précipitation avec laquelle, en recevant l'invitation du juge de paix, il l'avait placée sur son chef en échange du bonnet de Kilmarnock qu'il gardait habituellement pour servir ses pratiques. Mistress Mac Candlish produisit alors le paquet que lui avait laissé Brown, et dans lequel on trouva la bourse de l'Égyptienne. En reconnaissant la valeur des objets mêlés que renfermait cette bourse, mistress Mac Candlish se félicita intérieurement des précautions qu'elle avait prises avant de les remettre à Glossin, tandis que celui-ci, avec tous les dehors d'une candeur désintéressée, fut le premier à proposer d'en dresser un inventaire exact, et de les déposer entre les mains du diacre Bearcliff, jusqu'à ce qu'on les envoyât au tribunal. — Il ne se souciait pas, ajouta-t-il, d'être personnellement responsable d'objets qui paraissaient être d'une valeur considérable, et qui sans doute avaient été acquis par les voies les plus coupables.

Il examina le papier dans lequel la bourse avait été enveloppée : c'était le dos d'une lettre adressée à *V. Brown, esquire ;* mais le reste de l'adresse était déchiré. L'hôtesse, — maintenant aussi empressée de jeter du jour sur les démarches du criminel, qu'auparavant elle avait paru disposée à n'en rien révéler, le contenu mélangé de la bourse lui semblant une forte présomption que tout cela n'était pas clair, — l'hôtesse informa alors Glossin que son postillon et son valet d'écurie avaient l'un et l'autre vu l'étranger sur le lac, le jour où le jeune Hazlewood avait été blessé.

L'ancienne connaissance de nos lecteurs, Jock Jabos, fut appelé le premier, et convint franchement qu'il avait vu un étranger sur le lac dans la matinée, et qu'il lui avait parlé, et qu'il avait appris que la nuit d'avant cet étranger avait couché aux *Armes de Gordon.*

— Sur quoi a roulé votre conversation ? demanda Glossin.

— Roulé? — mais nous n'avons pas roulé du tout, et nous avons été tout droit devant nous sur la glace.

— Bien ; mais de quoi avez-vous parlé ?

— Hé mais, y m' fit seulement des questions comme ferait tout étranger, répondit le postillon, qui semblait possédé de l'esprit de réserve qui avait abandonné sa maîtresse.

— Mais sur quoi ? continua Glossin.

— Hé mais, seulement sur les gens qui jouaient au *curling*, et sur le vieux Jock Stevenson qui marquait les coups, et sur les dames, et ainsi de suite.

— Quelles dames ? Que vous demanda-t-il d'elles, Jock ?

— Quelles dames ? hé mais, c'étaient miss Jowlia Mannering et miss Lucy Bertram, qu' vous connaissez bien, M. Glossin ; — elles étaient à se promener sur la glace avec le jeune laird d'Hazlewood.

— Et que lui dîtes-vous d'elles ?

— Oho ! j' lui dîmes seulement qu' c'était miss Lucy Bertram d'Ellangowan, qui avait eu autrefois un grand domaine dans le pays ; — et que c'était miss Jowlia Mannering, qui devait épouser le jeune Hazlewood. — Justement, elle était pendue à son bras. — Nous n' parlions que de tout ce qui fait assez de bruit dans le pays. — C'était un homme très-franc.

— Bien ; et que vous répondit-il ?

— Hé mais, il ouvrit de grands yeux en regardant les jeunes dames, et il me demanda si c'était pour certain que le mariage dût avoir lieu entre miss Mannering et le jeune Hazlewood ; — et je lui répondis que c'était une affaire positive et absolument certaine, comme j'avais bien droit de le faire, — car ma troisième cousine, Jeanne Clavers (c'est aussi une de vos parentes, M. Glossin ; vous devez connaître Jeanne depuis longtemps ?), est alliée de la femme de charge de Woodbourne, et elle m'avait dit plus d'une fois qu'il n'y avait rien de plus probable.

— Et que dit l'étranger quand vous lui rapportâtes tout cela ?

— Ce qu'il dit ? il ne dit rien du tout. — Il les regardait d'un air tout ébahi, pendant qu'elles faisaient le tour du lac sur la glace, comme s'il avait voulu les avaler, et il n'en détournait pas les yeux ; et il ne me dit plus un mot, et il ne fit plus la moindre attention au Bonspiel, quoiqu'il y eût là entre les patineurs la plus belle partie qu'on ait jamais vue. — Puis il fit le tour, et s'en alla du lac du côté de l'escalier de l'église, à travers les plantations de sapins de Woodbourne, et nous ne l'avons plus revu.

— Imaginez donc, dit mistress Mac Candlish, quel cœur dur il fallait qu'il eût, pour penser à frapper le pauvre jeune homme en présence même de la dame qui devait l'épouser !

— Oh ! mistress Mac Candlish, répliqua Glossin, les registres des tribunaux sont remplis de cas pareils; — sans doute il trouvait du plaisir à se venger ainsi d'une manière plus cruelle.

— Dieu ait pitié de nous! dit le diacre Bearcliff; nous sommes de pauvres fragiles créatures quand nous sommes livrés à nous-mêmes! — Il avait oublié qu'il est écrit : La vengeance m'appartient, et je l'accomplirai.

— Bon, bon, messieurs, reprit Jabos, dont l'épaisse cervelle et la sagacité inculte semblaient parfois faire partir le gibier quand les autres battaient le buisson; — bon, bon, vous pouvez tout d' même vous tromper. — Je ne croirai jamais qu'un homme imagine d'aller tirer sur un autre avec son propre fusil. Le Seigneur me protége, j'ai été l'aide du garde, là-bas à l'île, et je vous réponds que l'homme le plus gros d'Écosse ne m'aurait pas arraché un fusil des mains avant que je lui eusse logé ma balle dans le corps, quoique je ne sois qu'un petit corps tout chétif, qui n'est bon qu'à enfourcher une selle et à conduire une chaise; — non, non, âme qui vive ne s'y serait aventurée. Je gagerais mes meilleures bottes[1], et je les ai tout nouvellement achetées à la foire de Kirkcudbright, qu' tout ça n'a été qu'une affaire de hasard, après tout. Mais si vous n'avez rien autre à me dire, je pense que j'ai à aller donner un coup d'œil au déjeuner de mes bêtes. — Et en conséquence il sortit.

Le garçon d'écurie, qui l'avait accompagné, déposa dans le même sens. On lui demanda, ainsi qu'à mistress Mac Candlish, si Brown, dans cette malheureuse matinée, n'avait pas d'armes sur lui. — Non, répondirent-ils, rien qu'un couteau de chasse ordinaire, une espèce de *hanger,* qu'il portait à son côté.

— Après tout, dit le diacre en prenant Glossin par un bouton (car, en réfléchissant sur cette obscure affaire, il avait perdu de vue la nouvelle élévation de Glossin), ceci me paraît équivoque, maître Gilbert; — car il est malaisé de se figurer qu'il eût voulu attaquer l'autre avec de si petits moyens.

Glossin se dégagea, mais tout doucement, des mains du diacre et de la controverse; car c'était son intérêt actuel de se mettre bien avec tout le monde. Il s'informa du prix du thé et du sucre, et parla de faire sa provision pour l'année; il chargea mistress Mac Candlish de préparer un bon repas pour une réunion de cinq amis qu'il avait l'intention d'inviter à dîner avec lui aux *Armes de Gordon,* le samedi de la semaine suivante; et finalement, il mit une demi-couronne dans la main de Jock Jabos, que l'hôtelière avait chargé de lui tenir l'étrier.

— Hé bien! dit le diacre à mistress Mac Candlish, en acceptant son offre d'un verre de liqueur au comptoir, le diable n'est pas si mauvais

---

[1] *Buckskins,* littéralement Peaux de Daim. (L. V.)

qu'on le dit. Il est agréable de voir un gentleman s'occuper des affaires du comté comme le fait M. Glossin.

— Oui, c'est vrai, diacre; et pourtant, je m'étonne que notre *gentry* laisse sa besogne à faire à des gens comme lui. — Mais, aussi longtemps que l'argent aura cours, diacre, il ne faudra pas regarder de trop près à quel coin il est frappé.

— Je crains bien que Glossin ne se trouve qu'une fausse pièce¹, après tout, mistress, dit Jabos, qui en ce moment traversait le vestibule, près du comptoir; mais, en tout cas, voilà une bonne demi-couronne.

¹ *Shand*, dit le texte; et Walter Scott ajoute en note : « *Shand* est une expression d'argot populaire pour dire une mauvaise pièce. » ʻL. V.)

CHAPITRE XXXIII.

> Un homme qui regardé la mort comme aussi peu redoutable qu'un sommeil d'ivrogne; sans soin, sans souci et sans peur du passé, du présent ou de l'avenir; insensible à la mort, et qui croit que tout meurt avec nous.
>
> *Mesure pour mesure.*

GLOSSIN avait dressé le procès-verbal circonstancié des indications fournies par ces interrogatoires. Elles jetaient peu de jour sur les événements, d'après ce qu'il en connaissait; mais le lecteur mieux informé a appris, par cette investigation, ce qui était arrivé à Brown depuis le moment où nous l'avons laissé, sur le chemin de Kippletringan, jusqu'à celui où, dévoré de jalousie, il s'était si brusquement et si malheureusement présenté devant Julia Mannering, et avait terminé d'une manière qui avait failli être si fatale la querelle occasionnée par son apparition.

Glossin reprit lentement le chemin d'Ellangowan, en pesant dans son esprit ce qu'il venait d'apprendre, et de plus en plus convaincu que la poursuite de cette affaire mystérieuse, s'il pouvait réussir dans ses démarches, offrait une occasion qui n'était nullement à négliger, de se rendre agréable à Hazlewood et à Mannering. Peut-être aussi sentait-il son adresse et sa pénétration d'homme de loi intéressées à amener l'entreprise à bonne fin. Ce fut donc avec un grand plaisir qu'à son retour chez lui, en arrivant de Kippletringan, il entendit ses domestiques lui annoncer avec empressement que « Mac Guffog l'agent de police et deux ou trois de ses camarades attendaient Son Honneur dans la cuisine, avec un homme qu'ils avaient arrêté. »

Il sauta de cheval, et se hâta d'entrer dans la maison. — Envoyez-moi à l'instant même mon clerc[1] ; vous le trouverez copiant les états du domaine, dans le petit salon vert. Mettez tout en ordre dans mon cabinet, et approchez le grand fauteuil de cuir de mon bureau. — Placez un tabouret pour M. Scrow. — Scrow (il s'adressait au clerc qui, en ce moment même, entrait dans la salle), descendez le Traité des crimes de sir John Mackenzie, ouvrez-le à la section *Vis publica et privata*, et faites un pli au paragraphe « Quant au port d'armes défendues. » Maintenant, aidez-moi à ôter ma grande redingote, accrochez-la dans le vestibule, et dites-leur d'amener le prisonnier. — J'espère que ce

---

[1] *Clerk*, greffier. (L. V.)

sera lui. — Mais, un moment ; faites-moi d'abord monter Mac Guffog.

— Hé bien ! Mac Guffog, où avez-vous trouvé ce compagnon ?

Mac Guffog, robuste drôle aux jambes cagneuses, au cou de taureau et à la face ardente, agréments auxquels il joignait celui de loucher horriblement de l'œil gauche, commença, après diverses contorsions en guise de saluts au juge, à lui raconter son histoire, en l'accompagnant de signes de tête et de clignements d'yeux dont l'air de finesse et d'intelligence semblait annoncer un intime rapport d'idées entre le narrateur et l'auditeur principal. — Votre Honneur saura que j'ai été à cet endroit dont Votre Honneur m'avait parlé, qui est tenu par celle que Votre Honneur sait bien, là-bas, près de la côte. — Ainsi donc, qu'elle me dit, qu'est-ce que vous venez faire ici ? Vous serez venu d'Ellangowan avec un broom[1] dans votre poche ? — Non, non, que je dis, du diable si un broom vient de là-haut ; car vous savez, que je dis, Son Honneur Ellangowan lui-même, autrefois...

— Bien, bien, interrompit Glossin ; nous n'avons pas besoin de détails. Dites-nous l'essentiel.

— Hé bien ! je m'assis là avec elle, et je me mis à marchander quelque eau-de-vie dont je lui dis que j'avais besoin ; enfin il arriva.

— Qui ?

— Lui ! répondit Guffog en désignant du pouce, par-dessus son épaule, le côté de la cuisine, où le prisonnier était déposé. — Ainsi donc, il avait son griego[2] serré autour de lui, et je jugeai qu'il n'avait pas la main sèche[3]. — Ainsi donc, je pensai que le mieux était de filer doux, et ainsi il me prit pour un homme de Man, et j'avais toujours soin de me tenir entre lui et elle, de peur qu'elle ne le sifflât[4]. Et alors, nous nous mîmes à boire, et j'offris de parier qu'il ne boirait pas un quartern[5] de genièvre d'une seule haleine ; — et alors il essaya ; — et juste au moment, voilà Slounging Jock et Dick Spurthem qui arrivent, et alors nous lui appliquons les darbies[6], et nous le rendons aussi doux qu'un agneau. — Et à présent qu'il a fait son petit somme, il est aussi frais qu'une marguerite de mai, et prêt à répondre à ce que Votre Honneur voudra lui demander.

Cette narration, débitée avec une étonnante quantité de gestes et de contorsions, fut accueillie avec les remerciements et les éloges qu'en attendait le narrateur.

— N'avait-il pas d'armes ? demanda le magistrat.

— Si, si ; ils ne vont jamais sans aboyeurs et sans coupeurs[7].

---

[1] Warrant ou mandat d'amener. (L. V.)
[2] Manteau. (L. V.)
[3] Expression d'argot. Il n'était pas sans armes. (W. S.)
[4] Qu'elle ne l'avertît. (W. S.)
[5] Quart de pinte. (L. V.)
[6] Les menottes. (W. S.)
[7] Sans pistolets et sans sabres. (L. V.)

— Aucun papier?

— Ce paquet; et il remit à Glossin un sale portefeuille.

— Descendez, Mac Guffog, et amenez-le-moi. L'agent quitta la chambre.

L'instant d'après, un bruit de chaînes se fit entendre dans l'escalier, puis un homme soigneusement garrotté fut introduit. Il était ramassé, nerveux, fortement musclé; et quoique la teinte grisonnante de son épaisse chevelure annonçât un âge déjà avancé, et que sa stature fût au-dessous de la moyenne, peu d'hommes eussent cependant voulu lui tenir tête dans une lutte corps à corps. Sa physionomie dure et sauvage était encore enflammée, et ses yeux encore un peu égarés par suite de la copieuse libation qui avait été la cause immédiate de sa capture. Mais le court moment de sommeil que lui avait permis Mac Guffog, et plus encore le sentiment du péril de sa situation, lui avaient rendu le plein usage de ses facultés. L'honnête juge et le non moins estimable captif se regardèrent fixement pendant assez longtemps sans ouvrir la bouche. Glossin, apparemment, reconnut son prisonnier, mais il parut en peine de poursuivre son investigation. Enfin il rompit le silence. — Ainsi, capitaine, c'est vous? — Voilà bien longtemps que vous étiez resté étranger à cette côte.

— Étranger? répliqua l'autre; moi je trouve cela assez étrange, — car le diable m'emporte si j'y étais jamais venu.

— Cela ne passera pas, monsieur le capitaine.

— Il *faudra* que cela passe, monsieur le juge. — Sapperment!

— Et comment, alors, vous plaît-il d'être appelé pour le présent, jusqu'à ce que j'aie fait venir quelques autres gens qui vous rafraîchiront la mémoire sur ce que vous êtes, ou du moins sur ce que vous avez été?

— Ce que j'ai été? — Tonnerre et malédiction! — je suis Jans Janson de Cuxhaven. — Et qui donc serais-je?

Glossin tira d'une armoire qui se trouvait dans l'appartement une paire de petits pistolets de poche, qu'il chargea avec une sorte d'affectation. — Vous pouvez vous retirer, dit-il à son clerc, et emmener les autres avec vous, Scrow; — seulement, attendez dans le vestibule jusqu'à ce que je vous appelle.

Le clerc aurait voulu faire à son patron quelques remontrances sur le danger de rester seul avec un homme si déterminé, quoiqu'il fût garrotté à ne pouvoir faire un mouvement; mais Glossin fit avec impatience un geste de la main pour lui réitérer l'ordre de sortir. Quand Scrow eut quitté la chambre, le juge la parcourut deux fois d'un pas précipité, puis il amena son fauteuil vis-à-vis du prisonnier, comme pour le regarder bien en face, plaça devant lui les pistolets armés, et dit d'une voix ferme: Vous êtes Dirk Hatteraick de Flessingue; le nierez-vous?

CHAPITRE XXXIII.

Le prisonnier, par un mouvement instinctif, tourna les yeux vers la porte, comme s'il eût craint que quelqu'un n'écoutât. Glossin se leva, ouvrit la porte, de manière à ce que de la chaise où il était placé son prisonnier pût s'assurer qu'il n'y avait pas là d'écouteur; puis il la referma, reprit sa place, et répéta sa question : Vous êtes Dirk Hatteraick, autrefois maître du *Yungfrauw Haagenslaapen;* le nierez-vous?

— Mille diables! — et si vous savez cela, pourquoi me le demandez-vous? dit le prisonnier.

— Parce que je suis surpris de vous voir dans le dernier lieu où vous auriez dû être, si vous attachez quelque prix à votre sûreté, répliqua froidement Glossin.

— Der Diable! — Il n'en met guère à la sienne, l'homme qui me parle ainsi!

— Quoi, désarmé et enchaîné! — bien dit, capitaine! répliqua Glossin d'un ton ironique. Mais les menaces ne sont pas de saison, capitaine. — Vous aurez quelque peine à sortir de ce pays avant d'avoir rendu compte d'un petit accident arrivé à la pointe de Warroch il y a quelques années.

La figure de Hatteraick devint sombre comme la nuit.

— Pour ma part, continua Glossin, je ne souhaite pas de mal à une vieille connaissance; — mais je dois faire mon devoir. — Je vais vous envoyer aujourd'hui même à Édimbourg dans une bonne chaise de poste.

— Mille tonnerres! vous ne voudriez pas faire cela? dit Hatteraick en baissant le ton. Vous qui avez reçu la valeur d'une demi-cargaison en billets sur Vanbeest et Vanbruggen!

— Il y a si longtemps de cela, capitaine Hatteraick, répliqua Glossin d'un ton hautain, que réellement j'ai oublié comment je fus récompensé de mes peines.

— De vos peines? — de votre silence, vous voulez dire.

— Ce fut une opération dans un cours d'affaires; mais les affaires, je m'en suis retiré depuis quelque temps.

— Oui, mais j'ai idée que je pourrais vous y faire rentrer, et essayer encore de l'ancienne route. Oui, l'ami, que le diable m'emporte si je ne voulais pas vous venir voir pour vous parler de quelque chose qui vous intéresse.

— De l'enfant? dit vivement Glossin.

— Ya, mein herr, répondit froidement le capitaine.

— Vivrait-il encore?

— Comme vous et moi.

— Bon Dieu! mais il est aux Indes?

— Non, mille diables! il est ici; il est sur cette exécrable côte.

— Mais, Hatteraick, ceci, — c'est-à-dire si c'est vrai, ce que je ne crois pas, — ceci nous ruinera tous les deux, car il n'aura pas oublié votre belle escapade ; — et pour moi... cela aurait les plus fâcheuses conséquences ! Cela nous ruinera tous les deux, je vous dis.

— Et moi je vous dis que ça ne ruinera personne que vous : — car mon affaire est déjà faite, à moi ; et s'il faut que je saute le pas pour ça, tout le monde le sautera.

— Mais qui diable vous a ramené sur cette côte, comme un fou ? continua le juge d'un ton d'impatience.

— Hé parbleu, les sonnantes¹ étaient parties, la maison n'était plus solide, et je pensais que l'affaire était enterrée et oubliée depuis longtemps, répondit le digne patron.

— Voyons, — que peut-on faire ? dit Glossin avec anxiété. Je n'ose pas vous relâcher ; — mais ne pouvez-vous pas vous évader en chemin ?

— Si, si, à coup sûr. — Un mot au lieutenant Brown, — et j'enverrais mon monde avec vous par la route d'en bas, le long de la côte.

— Non, non ! cela ne se peut pas. — Brown est mort, — tué d'un coup de fusil, — logé dans le boulin, camarade ; — le diable est chargé de sa carcasse.

— Mort ? — tué ? — A Woodbourne, peut-être ?

— Ya, mein herr.

Glossin réfléchit ; — dans l'angoisse à laquelle il était en proie, la sueur découlait de son front, tandis que le mécréant assis vis-à-vis de lui mâchait froidement son tabac, et lançait des jets de salive sur la grille à feu. — Ce serait ma ruine, se dit intérieurement Glossin, ma ruine absolue, si l'héritier se remontrait ; — et puis quelle serait la conséquence de ma connivence avec ces hommes ? — Et pourtant il y a si peu de temps pour prendre des mesures. — Écoutez, Hatteraick. Je ne puis vous rendre la liberté, — mais je puis vous mettre où vous la prendrez vous-même. J'ai toujours aimé à assister un ancien ami. Je vous confinerai pour la nuit dans le vieux château, et je donnerai à ces gens double ration de grog. Mac Guffog tombera dans le traquenard où il vous a pris. Les barreaux de la fenêtre de la chambre forte, comme ils l'appellent, ne tiennent à rien ; de là au sol, il n'y a pas plus de douze pieds, et la neige est épaisse.

— Mais les darbies ? dit Hatteraick en portant les yeux sur ses fers.

— Écoutez, répliqua Glossin en allant prendre dans un coffret une petite lime, voilà une amie, et vous connaissez le chemin de la mer par l'escalier.

Hatteraick secoua ses chaînes dans un transport de joie, comme s'il se fût vu déjà libre, et fit un mouvement pour tendre à son protecteur sa main chargée de fers. Glossin porta un doigt à ses lèvres en jetant vers la porte un regard expressif, puis il poursuivit ses instructions.

---

¹ L'argent

CHAPITRE XXXIII.

— Quand vous serez libre, vous ferez bien d'aller au Kaim de Derncleugh.

— Tonnerre! cette mine-là est éventée.

— Diable! — hé bien! alors, vous pouvez prendre ma barque qui est là dans la baie, et partir. Mais il faudra rester serré à la pointe de Warroch jusqu'à ce que j'aille vous y trouver.

— La pointe de Warroch? repartit Hatteraick, dont la physionomie perdit de son assurance; mais où cela? dans la caverne, je suppose? — J'aimerais mieux que ce fût partout ailleurs; — l'endroit me déplaît! — On donne pour certain qu'*il* y revient. — Mais, tonnerre et malédiction! je n'ai jamais reculé devant *lui* quand il vivait, je ne reculerai pas devant lui mort. — Que l'enfer m'engloutisse! il ne sera jamais dit que Dirk Hatteraick a craint chien ou diable! — Ainsi, je vous attendrai là jusqu'à ce que je vous aie vu?

— Oui, oui; et maintenant il faut que je rappelle les hommes. Et il appela son monde.

— Je ne puis rien faire du capitaine Janson, comme il se nomme lui-même, Mac Guffog, et il est maintenant trop tard pour l'envoyer à la prison du comté. N'y a-t-il pas une chambre forte là-haut dans le vieux château?

— Oui, monsieur; mon oncle le constable y a tenu un homme pendant trois jours, du temps du vieux Ellangowan. Mais il s'est passé du temps, depuis; — ça fut jugé en dernier appel avant 1715.

— Je connais l'affaire. Mais cet homme ne restera pas là bien longtemps; — c'est seulement un expédient pour une nuit, une prison provisoire jusqu'à plus ample examen. Il y a une petite chambre sur laquelle l'autre ouvre; vous pourrez y allumer du feu pour vous, et je vous enverrai abondamment de quoi passer le temps. Mais fermez bien la porte sur le prisonnier; et, écoutez: faites-lui aussi du feu dans sa prison, la saison l'exige. Peut-être que demain matin il se justifiera.

Munie de ces instructions et d'une copieuse distribution de comestibles et de liquides, la troupe se rendit au vieux château pour y monter la garde pendant la nuit; et le juge se flattait qu'ils ne l'y passeraient ni en faction ni en prières.

On doit bien penser que Glossin lui-même ne dut pas dormir d'un sommeil très-calme. Sa situation était fort dangereuse, car toutes les machinations d'une vie de scélératesse semblaient tout à coup sur le point de retomber sur sa tête et de s'écrouler autour de lui. Il se mit cependant au lit, mais il s'agita longtemps et inutilement sur son oreiller. Enfin le sommeil s'empara de lui, mais ce ne fut que pour rêver de son patron, — tantôt tel qu'il l'avait vu la dernière fois, les traits empreints de la pâleur de la mort, puis ensuite revenu à toute la vigueur et à toute la fraîcheur de la jeunesse, et s'approchant pour l'expulser de la maison de ses ancêtres. Il rêva ensuite qu'après avoir longtemps erré dans une bruyère sauvage, il arriva enfin à une auberge d'où sortaient des cris d'orgie, et qu'y étant entré, la première personne qu'il rencontra fut Frank Kennedy, tout mutilé et couvert d'un sang épais, comme lorsqu'on l'avait trouvé étendu sur la plage à la pointe de Warroch, mais tenant à la main un bol de punch enflammé. Ensuite la scène changea, et il vit un cachot, où il entendait Dirk Hatteraick, qu'on avait condamné à mort, confessant ses crimes à un prêtre. — « Après que l'œuvre de sang fut accomplie, disait le pénitent, nous nous retirâmes dans une caverne située près de là, et dont le secret n'était connu que d'un seul homme dans le pays. Nous étions occupés à débattre ce que nous ferions de l'enfant, et nous pensions à le donner aux gipsies, quand nous entendîmes les cris de ceux qui nous poursuivaient, se hélant l'un l'autre. Un seul homme vint droit à notre caverne : c'était celui qui en connaissait le secret ; — mais nous le mîmes dans nos intérêts en lui abandonnant la moitié de la valeur des objets sauvés. Par son conseil, nous emmenâmes l'enfant en Hollande, dans notre grande chaloupe qui vint la nuit suivante nous prendre à la côte. Cet homme était..... »

— Non, c'est faux! — ce n'était pas moi, s'écria Glossin en accents à demi articulés; et dans ses efforts violents pour exprimer plus distinctement son démenti, il s'éveilla.

C'était sa conscience, néanmoins, qui avait évoqué cette fantasmagorie mentale. La vérité est que, connaissant mieux que personne les retraites des contrebandiers, il avait été droit à leur caverne, tandis que ceux qui cherchaient avec lui étaient dispersés dans différentes directions, et avant même d'avoir appris le meurtre de Kennedy, qu'il s'attendait à trouver entre leurs mains. Il venait vers eux avec quelque pensée de médiation, mais il les trouva en proie aux terreurs qui suivent le crime. La rage qui les avait poussés au meurtre commençait à se changer chez tous, sauf dans le cœur d'Hatteraick, en remords et en craintes. Glossin, alors, était pauvre et fort endetté ; mais il avait déjà la confiance de M. Bertram, et connaissant la facilité de son caractère, il prévoyait qu'il lui serait aisé de s'enrichir de ses dépouilles, pourvu que l'héritier fût éloigné, auquel cas le domaine tombait à la disposition absolue du père faible et prodigue. Stimulé par le profit actuel et l'éventualité d'avantages à venir, il accepta ce que dans leur terreur les contrebandiers lui offraient, et entra dans leur intention d'emmener l'enfant de son bienfaiteur, où plutôt les y encouragea, le petit Henry étant déjà assez âgé pour rendre compte de la scène de meurtre dont il avait été témoin. La seule excuse que Glossin pût offrir à sa conscience était la force de la tentation, qui était venue l'assaillir tout à coup en lui montrant dans l'avenir la réalisation des vœux qu'il formait depuis si longtemps, et promettant de le tirer des embarras sous lesquels autrement il n'eût pas tardé à succomber. Et puis, il s'efforçait de penser que sa propre sûreté ne lui avait pas laissé d'autre alternative. Il se trouvait, jusqu'à un certain point, au pouvoir des brigands, et il se disait que s'il eût repoussé leurs offres, le secours, quoique peu éloigné, qu'il aurait pu appeler, ne serait peut-être pas venu à temps pour le sauver de la fureur de gens qui, sur une moindre provocation, venaient de commettre un meurtre.

Agité des pénibles pressentiments d'une conscience coupable, Glossin sortit de son lit et ouvrit sa fenêtre. La scène que nous avons déjà décrite dans nos premiers chapitres était alors couverte de neige, et la blancheur éclatante, mais triste, de la terre prêtait à la mer, par le contraste, une teinte sombre et livide. Un paysage couvert de neige, quoiqu'on y puisse trouver un genre de beauté qui lui soit propre, reçoit cependant, du concours du froid, de la nudité et de la solitude relative, un aspect de désolation étrange et sauvage. Les objets qui nous sont le mieux connus dans leur état ordinaire ont disparu, ou sont alors si bizarrement changés ou déguisés qu'il nous semble contempler un monde inconnu. Mais ce n'étaient pas de semblables réflexions qui en ce moment occupaient l'esprit de cet homme pervers. Son regard était fixé sur les sombres et gigantesques contours du vieux château. A travers deux ouvertures pratiquées dans l'épaisse muraille d'une tour très-élevée située à un des angles, brillait une double clarté, l'une s'échappant du donjon où Hatteraick était enfermé, l'autre de la chambre adjacente occupée par ses gardiens. — S'est-il évadé, ou pourra-t-il le faire ? — Ces hommes auraient-ils été vigilants, eux qui jamais ne l'ont été, afin d'achever ma ruine ? — Si le matin le trouve ici, il faudra l'envoyer en prison ; Mac Morlan ou quelque autre instruira l'affaire ; — il sera reconnu, — condamné, — et pour se venger il dira tout !

Tandis que ces pensées torturantes se succédaient rapidement dans l'esprit de Glossin, une des deux lumières disparut tout à coup, comme cachée par un corps interposé entre elle et la fenêtre d'où elle s'échappait. Quel moment d'anxiété ! — Il s'est débarrassé de ses fers ! — il travaille à détacher les barreaux de la fenêtre : — ils sont sûrement tout à fait usés, ils doivent céder aisément. — O mon Dieu ! ils sont tombés en dehors, j'entends le bruit qu'ils font en heurtant les pierres ! — Le bruit ne peut manquer de les éveiller. — Que l'enfer engloutisse ce maladroit Hollandais ! — Je revois briller sa lumière ; — ils l'auront arraché de la fenêtre, et ils le lient dans la chambre ! — Non ! il s'était seulement retiré un instant, sur l'alarme de la chute des barreaux. — Le voilà de nouveau à la fenêtre, et la lumière est encore une fois tout à fait interceptée. — Le voilà qui sort !

Un bruit sourd et pesant, comme celui d'un corps tombé de haut sur la neige, annonça qu'Hatteraick avait réussi dans son évasion ; et quelques instants après, Glossin aperçut une figure sombre se glisser comme une ombre le long de la grève blanchie, et arriver à la place où la barque était attachée. Nouveau sujet de crainte! — Pourra-t-il seul la mettre à flot? — Il va falloir que j'aille à l'aide du coquin. Mais, non! il l'a détachée, et, Dieu soit loué! voilà la voile qui se déploie à la clarté de la lune. — Oui, il est maintenant poussé par la brise; — plût au Ciel qu'elle se changeât en tempête, et qu'elle l'engloutît au fond de la mer!

Après avoir laissé échapper ce souhait cordial, il continua de suivre des yeux les progrès du bateau, qui se dirigeait vers la pointe de Warroch, jusqu'à ce que la voile obscure se confondît avec les sombres vagues au-dessus desquelles elle glissait rapidement. Certain alors que le danger le plus pressant était éloigné, il se remit au lit, l'esprit un peu plus calme.

CHAPITRE XXXIV.

> Pourquoi ne pas m'assister? pourquoi ne pas m'aider à
> sortir de cet antre impur et souillé de sang.
>
> *Titus Andronicus.*

Le lendemain matin, grandes furent l'alarme et la confusion des agents de Glossin, lorsqu'ils s'aperçurent de l'évasion du prisonnier. Mac-Guffog parut devant son patron, la tête troublée par la crainte et les fumées de l'eau-de-vie, et reçut une verte réprimande pour la négligence qu'il avait mise à remplir son devoir. La colère du juge ne parut s'apaiser que pour donner les ordres nécessaires à la reprise du fugitif, et les agents, charmés d'échapper à la redoutable présence de leur chef irrité, furent envoyés dans toutes les directions (excepté dans la bonne) pour tâcher de ressaisir leur prisonnier. Glossin leur recommanda particulièrement l'exploration attentive du Kaim de Derncleugh, qui parfois servait pendant la nuit de lieu de réunion à des vagabonds de toute sorte. Après avoir dispersé ses myrmidons sur différents points, il se rendit lui-même à grands pas, par des sentiers détournés qui traversaient le bois de Warroch, au lieu où il avait assigné un rendez-vous à Hatteraick, de qui il espérait apprendre, plus à loisir qu'il ne l'avait pu dans leur conférence du soir précédent, les circonstances du retour de l'héritier d'Ellangowan dans son pays natal.

Par des manœuvres pareilles à celles qu'emploie un renard pour dépister les chiens, Glossin s'étudia à arriver à la place désignée, de manière à ne pas laisser de traces de son passage. — Plût au Ciel qu'il vînt à neiger, se disait-il en regardant en arrière, afin de cacher l'empreinte de mes pas. Si un des agents tombait sur elle, il en suivrait la piste comme un limier, et il nous surprendrait. Il faut que je descende sur la grève, et que je tâche de me glisser au-dessous des rochers.

En conséquence, il descendit de la falaise, non sans peine, et continua péniblement sa marche entre le pied des rochers et la marée montante : tantôt levant les yeux pour s'assurer que personne ne suivait ses mouvements du haut de la côte au-dessus de lui, tantôt les reportant avec inquiétude vers la mer, d'où quelque barque eût pu l'apercevoir.

Mais Glossin oublia un instant ces sentiments d'appréhension personnelle, en passant près de la place où le corps de Kennedy avait été trouvé. Il était marqué par le fragment de roc qui avait accompagné la chute du corps du haut de la falaise, ou qui l'avait suivie. Le temps en avait incrusté la masse de petits coquillages, et il était en partie couvert d'herbes marines; mais sa forme et sa substance continuaient toujours de le distinguer des autres fragments dispersés autour de celui-ci. Les promenades de Glossin, on le croira aisément, n'avaient jamais été dirigées de ce côté; de sorte que s'y trouvant alors ramené pour la première fois depuis la terrible catastrophe, la scène se représenta tout à coup à son esprit avec toutes ses circonstances et avec toute son horreur. Il se souvenait comment, semblable à un criminel, il s'était glissé hors de la caverne et s'était mêlé, avec empressement, mais précaution, au groupe épouvanté qui entourait le cadavre, tremblant que quelqu'un ne lui demandât d'où il venait. Il se souvenait aussi avec quel effroi intérieur il avait détourné les yeux de cet horrible spectacle. Les cris de désespoir de son patron: — Mon enfant! mon enfant! — retentissaient encore à son oreille. — Juste Ciel! s'écria-t-il, tout ce que j'ai gagné vaut-il les angoisses de ce moment, et les sensations incessantes de crainte et d'horreur qui depuis ont empoisonné ma vie? — Oh! que ne suis-je à la place où est étendu ce malheureux, et que n'est-il ici à la mienne, plein de vie et de santé! — Mais tous ces regrets viennent trop tard!

Faisant donc taire les sentiments qui l'agitaient, il commença à gravir vers la caverne, qui était tellement rapprochée du lieu où le corps avait été trouvé, que les contrebandiers avaient pu entendre de leur cachette les diverses conjectures des assistants sur le sort de la victime. Mais rien ne pouvait être plus complètement caché que l'entrée de leur asile. L'ouverture, aussi étroite que celle d'un terrier de renard, se trouvait dans la face de la falaise, précisément derrière un large roc noir, ou plutôt une énorme pierre dressée, qui servait à la fois à cacher la fissure aux regards étrangers, et à en indiquer la situation à ceux qui s'en servaient comme lieu de refuge. L'espace entre la falaise et le rocher était fort étroit, et comme il était en partie rempli de sable et de gravier, la recherche la plus minutieuse n'aurait pu découvrir la bouche de la caverne, si l'on n'avait déblayé d'abord ces débris qu'y chariaient les marées. Pour mieux dissimuler encore leur retraite, les contrebandiers qui la connaissaient avaient l'habitude, quand ils y étaient entrés, d'en boucher l'orifice avec des herbes marines sèches, qui semblaient y avoir été poussées par le flot. Dirk Hatteraick n'avait pas oublié cette précaution.

Malgré sa hardiesse intrépide, Glossin sentit son cœur battre avec force et ses genoux trembler sous lui, quand il fut sur le point de pénétrer dans ce repaire secret d'iniquité, pour y venir trouver un scélérat qu'il regardait à juste titre comme le plus déterminé et le plus dépravé des hommes. — Mais il n'a pas intérêt à me maltraiter, telle fut la réflexion qui calma ses craintes. Néanmoins, avant de déblayer l'entrée

CHAPITRE XXXIV.

de la caverne, il examina ses pistolets de poche ; puis il pénétra dans l'ouverture en marchant sur ses mains et ses genoux. Le passage, d'abord bas et étroit, ne pouvait admettre qu'un homme à la fois dans cette posture rampante ; mais peu après la grotte s'élargissait considérablement, et la voûte se développait à une grande hauteur. Le sol, qui s'élevait graduellement, était couvert du sable le plus pur. Glossin ne s'était pas encore remis sur ses pieds, que la voix rauque d'Hatteraïck retentit, quoique à demi comprimée, jusque dans les profondeurs de la caverne.

— Grêle et tonnerre ! est-ce toi ?

— Êtes-vous dans l'obscurité ?

— Dans l'obscurité, mille diables ? oui, sûrement. Où aurais-je pris de la lumière ?

— J'ai apporté ce qu'il faut pour nous en procurer.

Et en même temps Glossin tira de sa poche une boîte à briquet, et alluma une petite lanterne.

— Mais il faut que vous allumiez aussi un peu de feu, dit Hatteraïck ; que le diable m'emporte si je ne suis pas tout à fait gelé.

— Il est sûr qu'il fait froid ici, répondit Glossin en réunissant quelques douves de barils éparses çà et là, et quelques pièces de bois qui peut-être se trouvaient dans la caverne depuis la dernière fois qu'Hatteraïck y était venu.

— Froid ? Neige et grêle ! c'est une perdition ; — je ne me suis tenu en vie qu'en arpentant de long en large cette damnée caverne, et en pensant aux joyeuses orgies que nous y avons faites.

La flamme commença à briller, et Hatteraïck en approcha son visage bronzé et ses mains dures et musclées avec l'avidité d'un misérable affamé à qui l'on présente de la nourriture. La lumière éclairait ses traits sauvages et farouches, et la fumée que, dans le froid excessif qui avait pénétré ses membres, il endurait jusqu'à en être à demi suffoqué, s'élevait, après avoir tournoyé au-dessus de sa tête, vers la voûte obscure et rugueuse de la caverne, à travers laquelle elle s'échappait par quelques fissures cachées du rocher, les mêmes sans doute qui en renouvelaient l'air au moment de la haute marée, temps où l'entrée était bouchée par l'eau qui y pénétrait.

— Je vous ai aussi apporté de quoi déjeuner, continua Glossin en posant devant lui de la viande froide et un flacon d'eau-de-vie. Hatteraïck se saisit avidement du flacon et le porta à ses lèvres ; et après une copieuse rasade, il s'écria avec transport : — Das schmeckt ! — voilà qui est bon, — voilà qui vous réchauffe ! — puis il se mit à chanter un couplet d'une chanson hollandaise :

> Saufen Bier and Branntewein,
> Schmeissen alle die Fenstern ein ;

Ich bin liederlich,
Du bist liederlich,
Sind wir nicht liederlich Leute a!

— Bien dit, joyeux capitaine! cria Glossin en s'efforçant de prendre le ton d'un franc buveur :

Du gin à pleins seaux,
Et du vin à flots,
Et brisons toutes les fenêtres!
Car nous étions trois bons vivants,
Oui, nous étions trois bons vivants,
Braves compagnons de bombance;
A toi la terre, à moi la mer,
A Jacques la potence!

C'est cela, camarade! Allons, vous voilà remis, à présent. Maintenant, parlons de nos affaires.

— De *vos* affaires, s'il vous plaît, fit Hatteraick. Grêle et tonnerre! les miennes sont faites, depuis que je suis sorti de vos griffes!

— Un peu de patience, mon bon ami; — je vais vous convaincre que nos intérêts sont les mêmes.

Hatteraick fut pris d'une petite toux sèche, et après une pause Glossin continua :

— Comment avez-vous laissé échapper l'enfant?

— Enfer et malédiction! ce n'est pas à moi qu'on l'avait confié. Le lieutenant Brown le donna à son cousin de la maison Vanbeest et Vanbruggen de Middleburgh, et lui fit je ne sais quel conte de la Mère l'Oie d'une affaire avec les requins de terre[1], où il avait été pris; — il le lui donna pour en faire un groom. Moi le laisser échapper! — le bâtard aurait longtemps battu le pont, avant que je m'en fusse mis en peine!

— Bien; et fut-il élevé comme domestique, alors?

— Nein, nein; le marmot fut pris en amitié par le vieux, qui lui donna son nom et l'éleva comme s'il avait été à lui, puis l'envoya aux Indes. — Je crois qu'il l'aurait expédié par ici, si son neveu ne lui avait pas dit que ce serait faire tort pendant longtemps à notre commerce, si le jeune homme revenait en Écosse.

— Pensez-vous qu'il ait maintenant beaucoup de souvenirs de son origine?

— Par le diable! comment voulez-vous que je vous dise ce qu'il sait ou ce qu'il ne sait pas maintenant? Au surplus, il se souvint longtemps de quelque chose. Il n'avait que dix ans, quand il persuada à un autre bâtard d'Anglais, un membre de Satan comme lui, de voler le canot de mon lougre pour retourner dans son pays, comme il disait; — le

---

[1] Les douaniers. (L. V.)

tonnerre l'écrase! Avant que nous eussions pu les rattraper, ils avaient déjà remonté la passe jusqu'à Deurloo; — la chaloupe aurait pu être perdue.

— Plût au Ciel qu'elle l'eût été, — et lui avec! s'écria Glossin.

— Oui, j'étais moi-même si en colère, que, sapperment! je lui donnai un coup de poing qui le fit passer par-dessus le bord. — Mais voyez un peu, — le drôle de petit démon nageait comme un canard, de façon que je le fis nager pendant un mille à l'arrière pour lui apprendre l'honnêteté, et je ne le retirai qu'au moment où il coulait. — Par Nicolas le tapeur[1], il vous donnera du tintouin, à présent qu'il est revenu sur l'eau! Il n'était pas plus haut que ça, qu'il était déjà pétulant comme l'éclair et le tonnerre.

— Comment est-il revenu de l'Inde?

— Hé! comment est-ce que je le saurais? — La maison là-bas a sombré, et ça nous donna une secousse à Middleburgh, je crois; — de façon qu'on m'avait renvoyé voir ce qu'on pourrait faire ici parmi les anciennes connaissances, — car nous pensions que les vieilles histoires étaient coulées et oubliées. J'avais remis un assez bon commerce sur pied dans mes deux premiers voyages; mais ce chien stupide de Brown l'aura encore une fois remis à cul, en allant se faire tuer par le colonel.

— Pourquoi n'étiez-vous pas avec eux?

— Pourquoi, sapperment? Je ne crains rien; — mais c'était trop loin dans les terres, et on aurait pu tomber sur ma piste.

— C'est vrai. Mais pour revenir à ce jeune homme.....

— Oui, oui, tonnerre et malédiction! c'est là votre affaire, à vous.

— Comment savez-vous avec certitude qu'il est dans ce pays?

— Hé! Gabriel l'a vu dans les montagnes.

— Gabriel? qu'est-ce que Gabriel?

— Un égyptien, qui fut *pressé* il y a environ dix-huit ans, et envoyé à bord du sloop de guerre de ce damné Pritchard. C'est lui qui me donna avis que le *Shark* arrivait sur nous, le jour où l'affaire de Kennedy fut faite; et il nous dit comme quoi Kennedy avait donné l'information. Les gipsies et Kennedy avaient quelque querelle ensemble, avec ça. Ce Gab fut aux Indes sur le même bâtiment que votre jeune homme, et, sapperment! il l'a bien reconnu, quoique l'autre ne se soit pas souvenu de lui. Gab s'est tenu à l'écart, quoique ça, vu qu'il a servi les États contre l'Angleterre, et qu'il avait déserté, par-dessus le marché; et il nous a fait prévenir directement, afin que nous sachions qu'il était ici; — quoique ça ne nous inquiète pas plus qu'un bout de vieux câble.

[1] *Knocking Nicholas*, un des surnoms du diable. (L. V.)

— Ainsi donc, réellement, là, entre amis, et bien sincèrement, Hatteraick, il est dans ce pays?

— Tempête et tonnerre, oui! Pour qui me prenez-vous?

— Pour un mécréant sans peur et altéré de sang, pensa Glossin; mais changeant de conversation : Lequel de vos gens a blessé le jeune Hazlewood? demanda-t-il.

— Mille tempêtes! nous prenez-vous pour des fous? — Ce n'est personne de *nous*, l'ami. — Par Dieu! le pays était trop chaud pour le commerce, avec cette damnée escapade de Brown, qui va s'aviser d'attaquer ce que vous appelez Woodbourne-House.

— Mais on m'a dit que c'était Brown qui avait tiré sur Hazlewood?

— Ce n'est pas notre lieutenant, je vous le garantis; car il était à six pieds sous terre à Derncleugh la veille du jour où la chose est arrivée. Mille diables, l'ami! croyez-vous qu'il aurait pu se lever de sa fosse pour aller tirer sur un autre homme?

Un trait de lumière traversa les idées confuses de Glossin. — Ne disiez-vous pas que le jeune homme porte le nom de Brown?

— De Brown? Yaw; — Vanbeest Brown. Le vieux Vanbeest Brown de notre maison Vanbeest et Vanbruggen lui a donné son propre nom; — oui, en vérité.

— Alors, dit Glossin, en se frottant les mains, c'est lui, par le Ciel, qui a commis le crime!

— Et qu'avons-nous à voir à cela?

Glossin réfléchit un instant, et son esprit, fécond en expédients, eut bientôt conçu un projet. Il se rapprocha du contrebandier d'un air mystérieux. — Vous savez, mon cher Hatteraick, que notre principale affaire est de nous débarrasser de ce jeune homme.

— Humph! fit Dirk Hatteraick.

— Non que je voulusse lui voir arriver le moindre mal, si... si... si nous pouvons arriver sans cela. Or, le voilà dans le cas d'être mis sous la main de la justice, d'abord comme portant le même nom que votre lieutenant, qui a pris part à cette affaire de Woodbourne; puis, pour avoir tiré sur le jeune Hazlewood, avec intention de le tuer ou de le blesser.

— Oui, oui; mais quel bien cela vous fera-t-il? Il sera relâché dès qu'il aura montré qu'il porte d'autres couleurs.

— C'est vrai, mon cher Dirk; la remarque est juste, mon cher Hatteraick. Mais les préventions suffiront pour un emprisonnement temporaire, jusqu'à ce qu'il ait fait venir ses preuves d'Angleterre ou d'ailleurs, mon bon ami. Je connais la loi, capitaine Hatteraick; et je prendrai sur moi, Gilbert Glossin d'Ellangowan, juge de paix du comté de ***, de refuser sa caution, serait-elle offerte par le premier du pays, jusqu'à ce qu'il ait subi un second interrogatoire. — Maintenant, où pensez-vous que je le renferme?

— Grêle et tempête ! qu'est-ce que ça me fait ?

— Minute, mon bon ami, — cela vous fait beaucoup. Savez-vous que vos marchandises, qui ont été saisies et portées à Woodbourne, sont maintenant enfermées dans la maison de douanes de Portanferry ! (Un petit bourg de pêcheurs, sur la côte.) — Or, je déposerai ce jeune homme.....

— Quand vous l'aurez pris.

— Oui, oui, quand je l'aurai pris : ça ne tardera pas ; — je le déposerai dans la maison de travail, ou Bridewell, qui est, vous savez, attenante à la maison de douanes.

— Oui, la maison de râfle ; je la connais bien.

— J'aurai soin que les habits rouges soient dispersés dans le pays. Vous abordez pendant la nuit avec l'équipage de votre lougre, vous reprenez vos marchandises, et vous emmenez le jeune Brown avec vous à Flessingue. Cela ne vous va-t-il pas ?

— Oui, je l'emmènerai à Flessingue ; ou..... en Amérique

— Oui, oui, mon ami.

— Ou..... à Jéricho ?

— Hé ! partout où vous voudrez.

— Oui ; ou... je le jetterai par-dessus le bord ?

— Oh ! je ne conseille pas la violence.

— Nein, nein, vous me laissez cela à moi. Mille tonnerres ! je vous connais de vieille date. Mais écoutez ; qu'est-ce que moi, Dirk Hatteraick, je retirerai de tout cela ?

— Hé mais, n'est-ce pas votre intérêt aussi bien que le mien ? D'ailleurs, je vous ai remis en liberté ce matin.

— *Vous* m'avez mis en liberté ! Tonnerre et démons ! je m'y suis bien mis moi-même. D'ailleurs vous avez fait votre métier, et cela est déjà bien vieux, ha ! ha ! ha !

— Allons, allons, ne plaisantons pas. Je ne refuserais pas de faire un beau cadeau ; — mais c'est votre affaire aussi bien que la mienne.

— Que parlez-vous de *mon* affaire ? N'est-ce pas vous qui retenez l'héritage du jeune homme ? Dirk Hatteraick n'a jamais touché un stiver de ses revenus.

— Paix, — paix ! — Je vous dis que ce sera une affaire commune.

— Hé, me donnerez-vous la moitié du bien ?

— Quoi ! la moitié du domaine ? — entendez-vous que nous ferions maison commune à Ellangowan, et que nous partagerions la baronnie, sillon à sillon ?

— Mille tempêtes ! non ; mais vous pourriez me donner la moitié de la valeur, — la moitié des sonnantes. Vivre avec vous ? — nein, nein. — J'aurais un *lust-hause* [1] à moi aux environs de Middle-

---

[1] Maison de campagne. (L. V.)

burgh, et un jardin à tulipes, ni plus ni moins qu'un bourgmestre.

— Oui, et un lion de bois à la porte, et une sentinelle peinte dans le jardin, avec une pipe à la bouche! — Écoutez, Hatteraick; que vous feront toutes les tulipes du monde, et les jardins à fleurs, et les maisons de plaisance dans les Pays-Bas, si vous êtes pendu ici en Écosse?

Hatteraick pâlit. — Mille diables! pendu?

— Oui, pendu, mein herr capitaine. Le diable ne pourrait guère sauver Dirk Hatteraick de la potence comme meurtrier et comme voleur d'enfant, si le jeune homme d'Ellangowan restait dans ce pays, et que le brave capitaine fût pris ici à rétablir son honnête commerce! pour ne rien dire du danger qu'il peut y avoir, maintenant qu'on parle beaucoup de la paix, que Leurs Hautes Puissances accordent son extradition pour obliger leurs nouveaux alliés, alors même qu'il resterait en Hollande.

— Mille tonnerres et malédictions! je..... je crains que vous ne disiez vrai.

— Ce n'est pas, continua Glossin, s'apercevant qu'il avait produit l'impression désirée, ce n'est pas que je me refuse à une honnêteté; — et il glissa dans la main passive d'Hatteraick une *bank-note* de quelque valeur.

— Est-ce là tout? dit le contrebandier; vous avez eu la moitié d'une cargaison pour fermer les yeux sur notre affaire, et encore vous nous faisiez faire la vôtre.

— Mais, mon bon ami, vous oubliez..... Dans le cas actuel, vous retrouvez la totalité de vos marchandises.

— Oui, au risque de notre cou; — nous n'avons pas besoin de vous pour cela.

— C'est ce dont je doute, capitaine Hatteraick, répliqua sèchement Glossin, attendu que vous trouveriez probablement, à la maison de douane, une douzaine d'habits rouges que je me charge d'éloigner, si nous nous accordons sur la chose. Allons, allons, je serai aussi généreux que je le pourrai; mais vous devriez avoir un peu de conscience.

— Le diable m'extermine! — voilà qui me révolte plus que tout le reste. — Vous volez et vous tuez, puisque vous me faites voler et tuer, et faire le voleur d'enfants, comme vous dites; et puis, grêle et tempête! vous venez me parler de conscience! — Ne pouvez-vous trouver un meilleur moyen de vous débarrasser de ce maudit garçon?

— Non, mein herr; mais comme je le remets à votre charge.....

— A *ma* charge! — à la charge de l'acier et de la poudre à canon. — Hé bien, s'il faut que ça soit, ça sera; — mais vous pouvez bien deviner à peu près ce qui en arrivera.

— Oh! mon cher ami, j'espère que la rigueur ne sera pas nécessaire.

— La rigueur! répéta l'autre avec une sorte de gémissement; je voudrais que vous eussiez eu mes rêves le premier jour où je suis revenu dans cette niche à chiens, et que j'ai essayé de dormir sur un tas d'algues sèches. — D'abord, c'était ce damné jaugeur, les reins rompus, se raidissant comme il le fit quand je fis rouler le quartier de roc sur lui du haut du rocher; — ha, ha, vous auriez juré qu'il était gisant sur le sable là où vous êtes, se tortillant comme une grenouille écrasée. — Et puis.....

— Eh! mon ami, interrompit Glossin, que signifient toutes ces balivernes? — Si vous êtes tourné en cœur de poule, hé bien, la partie est perdue, voilà tout; — la partie est perdue pour nous deux.

— En cœur de poule? — Non, non. Je n'ai pas vécu si longtemps, au bout du compte, pour finir par reculer devant homme ou diable

— Hé bien, alors, prenez un autre schnaps[1]; — c'est que vous n'avez pas encore le cœur réchauffé. — Et maintenant, avez-vous avec vous quelqu'un de votre ancien équipage?

— Nein; — tous morts, tués, pendus, noyés et damnés. Brown était le dernier. — Tous morts, à l'exception du gipsie Gab, et il sortirait du pays pour un peu d'argent. — D'ailleurs il se tiendrait tranquille pour sa propre sûreté, — ou la vieille Meg, sa tante, le ferait tenir tranquille pour sa sûreté à elle.

— Quelle Meg?

— Meg Merrilies, la vieille membre du diable de sorcière gipsie.

— Elle vit encore?

— Yaw.

— Et dans ce pays?

— Et dans ce pays. Elle était au Kaim de Derncleugh l'autre nuit, à la dernière veille, comme ils disent, de Vanbeest Brown, avec deux de mes hommes et quelques-uns de ses gipsies à face de charbon.

— Voilà un autre casse-tête, capitaine! Pensez-vous qu'elle ne jasera pas?

— Elle? — non, il n'y a rien à craindre d'elle. Elle avait juré par le saumon[2] que si nous ne faisions pas de mal au marmot elle ne dirait jamais rien de l'affaire du jaugeur. Hé bien, l'ami, quoique je lui eusse lancé un lardon dans la chaleur de l'action et que je lui eusse fait une entaille au bras, et quoiqu'elle ait été si longtemps gardée là-haut dans votre ville du comté, au sujet de l'affaire, du diable si elle a soufflé mot.
— La vieille Meg est fidèle comme l'acier.

— C'est vrai, puisque vous le dites. Et pourtant si on pouvait l'em-

---

[1] Coup de spiritueux. (L. V.)

[2] Le grand et inviolable serment des tribus errantes. (W. S.)
Nous avons traduit littéralement le texte *by the Salmon*; mais ne serait-ce pas une corruption, et ne doit-on pas entendre *par Salomon*? Ce n'est pas le seul emprunt que les superstitions des gipsies auraient fait à celles des Juifs. (L. V.)

mener en Zélande, ou à Hambourg, ou… ou… quelque part ailleurs, vous savez, ça vaudrait tout autant.

Hatteraick se leva, et regardant Glossin de la tête aux pieds : Je ne vois pas les pieds de bouc, dit-il, et pourtant il faut que vous soyez le diable en personne! Mais Meg Merrilies tient encore à Satan de plus près que vous; — oui, et je n'ai jamais eu un aussi mauvais temps qu'après que j'eus versé son sang. Nein, nein, je ne me mêlerai pas d'elle davantage; — c'est une sorcière du démon, — une véritable parente du diable : — mais ça la regarde. Tonnerre et tempête! je ne m'en mêlerai pas, — c'est son affaire. — Mais quant au reste, — hé bien, si je pensais que le commerce n'en souffre pas, je vous aurais bientôt débarrassé du jeune homme, pourvu que vous fassiez prévenir quand vous l'aurez mis sous l'embargo.

Bref, les deux dignes associés concertèrent leur entreprise, et convinrent de celle des retraites de Hatteraick où on pourrait correspondre avec lui. La station de son lougre sur la côte n'éprouvait pas de difficulté, aucun bâtiment de la marine royale ne s'y trouvant alors.

CHAPITRE XXXV.

> Vous êtes un de ces gens qui ne serviraient pas Dieu, quand le diable le leur ordonnerait. — Parce que nous sommes venus vous rendre service, vous nous prenez pour des coquins.
> *Othello.*

De retour chez lui, Glossin y trouva, parmi d'autres lettres arrivées pendant son absence, un papier fort important. Il était signé Protocole, procureur à Édimbourg ; M. Protocole, s'adressant à lui comme à l'agent et représentant de feu Godfrey Bertram, esq., d'Ellangowan, lui apprenait la mort subite de mistress Marguerite Bertram de Singleside, et le chargeait d'en informer ses clients, au cas où ils jugeraient convenable d'avoir quelqu'un présent pour leurs intérêts à l'ouverture du testament de la défunte. M. Glossin vit tout d'abord que l'auteur de la lettre ignorait la rupture qui avait eu lieu entre lui et son défunt patron. Les biens de lady Marguerite revenaient de droit, il ne l'ignorait pas, à Lucy Bertram ; mais il y avait mille contre un, que le caprice de la vieille dame en aurait changé la destination. Après avoir passé en revue dans son esprit fertile les éventualités et les probabilités, pour bien déterminer quelle sorte d'avantage personnel pourrait résulter pour lui de cet incident, il ne put découvrir aucune manière d'en profiter pour lui-même, sauf en ce qu'il pourrait aider à ses projets de recouvrer, ou plutôt de se créer une réputation dont il avait déjà senti le manque, et qui probablement allait lui devenir plus utile que jamais. — Il faut, pensa-t-il, que je me place sur un terrain solide, afin que si quelque chose tourne mal dans les projets de Dirk Hatteraick, j'aie au moins pour moi quelques présomptions favorables. D'ailleurs, pour rendre justice à Glossin, tout pervers qu'il était, il pouvait éprouver quelque désir de dédommager jusqu'à un certain point miss Bertram, dans une occurrence surtout où ses propres intérêts ne se trouvaient pas en conflit avec ceux de l'orpheline, du mal infini qu'il avait fait à sa famille. Il résolut donc de monter à cheval de bonne heure le lendemain matin, et de se rendre à Woodbourne.

Ce ne fut pas sans hésitation qu'il se décida à cette démarche ; car il avait pour se trouver en face du colonel Mannering la répugnance naturelle que la duplicité et l'infamie éprouvent à se trouver vis-à-vis de l'honneur et de la probité. Mais il avait grande confiance en son savoir-faire. Son esprit était naturellement ingénieux, et ses talents n'étaient pas circonscrits dans le cercle de sa profession. Il avait, à diverses reprises, fait une assez longue résidence en Angleterre, et ses manières étaient affranchies à la fois de la rusticité campagnarde et du pédantisme de son état ; de sorte qu'il possédait une grande puissance d'abord et de persuasion, jointe à une imperturbable effronterie, qu'il s'attachait à déguiser sous une apparence de rondeur et de simplicité. Ainsi donc, confiant en lui-même, il arriva à Woodbourne vers les dix heures du matin, et fut reçu comme un gentleman venu pour voir miss Bertram.

Il ne se fit annoncer que lorsqu'il fut arrivé à la porte de la salle à manger ; alors le domestique, selon son désir, dit à haute voix : M. Glossin, pour visiter miss Bertram. Lucy, au souvenir de qui la dernière scène de l'existence de son père se présenta tout à coup, devint pâle comme la mort, et faillit tomber à la renverse. Julia Mannering accourut à son secours, et elles sortirent ensemble. Il ne resta là que le colonel Mannering, Charles Hazlewood, avec son bras en écharpe, et le Dominie, dont les traits creusés et les yeux ternes s'animèrent d'une expression singulièrement hostile lorsqu'il reconnut Glossin.

Cet honnête homme, bien qu'un peu décontenancé par le premier effet de son introduction, s'avança avec confiance, en disant qu'il espérait que sa présence n'avait pas dérangé les dames. Le colonel Mannering répondit, avec hauteur et dignité, qu'il ignorait à quoi il devait attribuer l'honneur d'une visite de M. Glossin.

— Hem ! hem ! J'ai pris la liberté de venir visiter miss Bertram, colonel Mannering, pour une affaire qui la concerne.

— Si elle peut être communiquée à son agent M. Mac Morlan, monsieur, je crois que ce sera plus agréable à miss Bertram.

— Je vous demande pardon, colonel Mannering, répliqua Glossin, en faisant une tentative malheureuse pour prendre des manières aisées ; vous êtes homme du monde, — et vous n'ignorez pas qu'il est des cas où il est plus sage pour les parties intéressées de traiter directement entre elles.

— Alors, repartit Mannering d'un air répulsif, si M. Glossin veut prendre la peine d'exposer dans une lettre ce dont il a à entretenir miss Bertram, je garantis qu'elle y donnera l'attention convenable.

— Certainement, balbutia Glossin ; mais il est des cas où une conférence *vivâ voce*... Hem ! Je m'aperçois... je sais... que le colonel Mannering partage quelques préventions qui peuvent lui faire paraître ma visite indiscrète ; mais je m'en rapporte à son propre jugement. Doit-il me refuser d'être entendu, avant de connaître l'objet de ma démarche, et de savoir quelles en peuvent être les conséquences pour la jeune dame qu'il honore de sa protection ?

— Certainement, monsieur, je n'ai nullement cette intention. Je vais m'informer du bon plaisir de miss Bertram à cet égard, et je le ferai connaître à M. Glossin, s'il veut attendre sa réponse. A ces mots il quitta la salle.

Jusqu'alors Glossin était resté debout au milieu de la chambre. Le colonel Mannering ne lui avait pas fait le plus léger signe pour l'inviter à s'asseoir, et lui-même, à la vérité, était resté debout durant leur court entretien. Quand il fut sorti, néanmoins, Glossin prit une chaise, et s'y assit d'un air qui tenait à la fois de l'embarras et de l'impudence. Il se sentait gêné et mal à l'aise du silence de ses deux compagnons; il voulut le rompre.

— Une belle journée, M. Sampson.

Le Dominie répondit par un son inarticulé, qu'on pouvait prendre pour un grognement d'adhésion ou pour une expression de colère.

— Vous ne descendez jamais à Ellangowan pour y revoir vos anciennes connaissances, M. Sampson. — Vous y retrouveriez la plupart des vieux tenanciers. J'ai trop de respect pour le dernier propriétaire pour troubler les anciens occupants, même dans des vues d'amélioration. D'ailleurs, ce n'est pas ma manière; — je n'aime pas cela. — Je crois, M. Sampson, que l'Écriture réprouve spécialement ceux qui oppriment le pauvre et reculent les bornes de leurs champs.

— Ou qui dévorent la substance des orphelins, ajouta le Dominie. *Anathêma! Maranatha!* En même temps il se leva, mit sous son bras l'in-folio qu'il était occupé à lire, fit un demi-tour à droite, et sortit de la chambre d'un pas de grenadier.

M. Glossin, sans se déconcerter, ou du moins sentant qu'il lui importait de ne le pas paraître, se tourna vers le jeune Hazlewood, qui semblait occupé à lire le journal. — Y a-t-il quelques nouvelles, monsieur? Hazlewood leva les yeux, le regarda, et lui présenta le journal, comme il l'eût fait à un étranger dans un café; puis il se leva et se dirigea vers la porte. — Je vous demande pardon, M. Hazlewood; mais je ne puis m'empêcher de vous féliciter d'être si aisément remis de cet infernal accident. — Ce compliment fut reçu avec une sorte d'inclination de tête aussi légère et aussi raide qu'on puisse imaginer. Notre homme de loi ne s'en crut pas moins encouragé à poursuivre. — Je puis vous assurer, M. Hazlewood, que peu de personnes ont pris autant que moi cette affaire à cœur, tant dans l'intérêt du pays qu'à cause de mon respect tout particulier pour votre famille, qui y occupe une place si éminente. Oui, assez éminente pour que vous puissiez songer au parlement; car M. Featherhead commence à se faire vieux, et il est fortement question, depuis sa dernière chute, de lui voir prendre sa retraite. Je vous parle en ami, M. Hazlewood, et en homme qui connaît le terrain; et si, dans ces circonstances...

— Je vous demande pardon, monsieur, mais je n'ai aucunes vues dans lesquelles votre assistance me puisse être utile.

— Oh! très-bien; — peut-être avez-vous raison. — Nous avons

encore du temps, et j'aime à voir cette réserve dans un jeune homme. Mais je parlais de votre blessure : — je crois tenir le fil de cette affaire; — je crois le tenir. — Et si je ne fais pas punir le drôle comme il l'a mérité !...

— Je vous demande encore une fois pardon, monsieur, mais votre zèle outre-passe mes désirs. J'ai tout lieu de croire que la blessure a été accidentelle ; — certainement elle n'a pas été préméditée. Contre l'ingratitude et une trahison tramée de sang-froid, si vous connaissiez quelqu'un qui fût coupable de ces crimes, mon indignation serait aussi vive que la vôtre. Telle fut la réponse d'Hazlewood.

Encore une rebuffade, pensa Glossin; il faut attaquer un autre point. — Vous avez raison, monsieur ; c'est noblement parler! Je n'aurais pas plus de merci pour un ingrat que pour une bécasse. — Et à propos de gibier (sorte de transition que Glossin avait apprise de son ci-devant patron), je vous vois souvent muni d'un fusil, et j'espère que vous serez bientôt en état de reprendre la campagne. Je remarque que vous ne dépassez jamais votre côté de Hazleshaws-burn [1]. J'espère, mon cher monsieur, que vous ne vous ferez pas scrupule de suivre votre chasse sur la rive d'Ellangowan ; je crois que c'est le meilleur côté pour les bécasses, quoique par ici il y en ait aussi beaucoup.

Cette offre ne lui ayant valu qu'une nouvelle inclination de tête froide et contrainte, Glossin fut obligé de garder le silence; heureusement l'arrivée du colonel Mannering le tira de cette situation fausse.

— Je crains de vous avoir retenu un peu de temps, monsieur, dit-il en s'adressant à Glossin ; j'aurais voulu décider miss Bertram à vous voir, ses objections, à mon avis, devant céder à la nécessité d'apprendre de vous directement ce que, dites-vous, il importe qu'elle sache ; mais il paraît que des circonstances récentes, et qu'il ne lui est pas aisé d'oublier, lui ont inspiré une répugnance si invincible pour une entrevue personnelle avec M. Glossin, que ce serait une cruauté d'insister sur ce point. Elle m'a chargé de recevoir vos ordres ou vos propositions, ou, en un mot, les communications quelconques que vous auriez désiré lui faire.

— Hem! hem! je suis fâché, monsieur... je suis très-fâché, colonel Mannering, que miss Bertram puisse supposer... qu'une prévention, en un mot, — ou l'idée que quelque chose de ma part...

— Monsieur, interrompit l'inflexible colonel, où il n'y a pas d'accusation, il n'est besoin ni d'excuses, ni d'explications. Trouvez-vous quelque difficulté à ce que vous me communiquiez, comme tuteur temporaire de miss Bertram, les circonstances que vous pensez devoir l'intéresser?

— Aucune, colonel Mannering ; elle ne pouvait choisir un ami plus respectable, ni un homme avec lequel, en mon particulier, je pusse être plus jaloux d'entretenir de franches communications.

---

[1] *Burn*, ruisseau, en écossais. (L. V.)

CHAPITRE XXXV.

— Veuillez parler de l'objet qui vous amène, monsieur, s'il vous plaît.

— C'est qu'il n'est pas aisé, monsieur, d'y arriver de prime abord.

— Mais M. Hazlewood n'a pas besoin de quitter la salle ; — je veux tant de bien à miss Bertram, que je souhaiterais que le monde entier entendît ce que j'ai à dire.

— Mon ami M. Charles Hazlewood ne sera probablement pas curieux, M. Glossin, d'entendre ce qui ne peut le concerner. — Et maintenant, continua le colonel quand Charles fut sorti, permettez-moi de vous prier d'être bref et explicite dans ce que vous avez à dire. Je suis un soldat, monsieur, et je n'aime guère ni les formes, ni les préliminaires. A ces mots, s'appuyant sur le dossier de sa chaise, il attendit la communication de Glossin.

— Veuillez jeter les yeux sur cette lettre, dit celui-ci en présentant à Mannering l'épître de Protocole, comme la voie la plus courte de déduire son affaire.

Le colonel lut la lettre, et la lui rendit après avoir transcrit sur son calepin le nom du signataire. — Ceci, monsieur, ne semble pas demander beaucoup de discussion ; — je ferai veiller aux intérêts de miss Bertram.

— Mais, monsieur... mais, colonel, il est un autre objet que personne que moi ne peut expliquer. Cette dame, — cette mistress Marguerite Bertram, à ma connaissance certaine, a fait une disposition générale de ses biens en faveur de miss Lucy Bertram, tandis qu'elle habitait Ellangowan, chez mon ancien ami M. Bertram. Le Dominie, — c'était le nom par lequel mon défunt ami désignait toujours le respectable M. Sampson, — le Dominie et moi avons signé l'acte comme témoins. — Et elle avait à cette époque plein pouvoir de faire une telle disposition, car elle était, même alors, fieffataire du domaine de Singleside, quoique sa sœur aînée en eût la rente viagère. C'était une singulière disposition du vieux Singleside, monsieur ; il animait ses filles l'une contre l'autre comme deux chattes, ha ! ha ! ha !

— Bien, monsieur, mais au fait, dit Mannering sans joindre le plus léger sourire à l'accès d'hilarité de Glossin. Vous dites que cette dame avait la faculté de disposer de son domaine en faveur de miss Bertram, et qu'elle l'a fait ?

— Précisément, colonel ; je crois entendre quelque chose aux lois ; j'ai pratiqué cette carrière pendant bien des années, et quoique je l'aie abandonnée pour jouir d'une assez belle aisance, je n'ai pas abdiqué cette connaissance qui est mise au-dessus des châteaux et des terres, la connaissance des lois ; car, comme nous disons communément,

Une science excellente
Pour regagner le bien qu'on a perdu.

Non, non; j'aime le claquement du fouet, — j'ai encore un peu, un très-petit peu de jurisprudence au service de mes amis.

Glossin se laissait ainsi aller, imaginant avoir fait une impression favorable sur Mannering. Le colonel, à la vérité, pensait que cette circonstance pouvait être d'une grande importance pour les intérêts de miss Bertram, et que la forte tentation qu'il éprouvait de jeter Glossin par les fenêtres ou à la porte ne devait pas l'emporter sur cette considération. Il se contint, décidé à écouter du moins avec patience, sinon avec plaisir. Il laissa donc M. Glossin aller jusqu'au bout des éloges qu'il se donnait à lui-même; puis il lui demanda s'il savait où était déposé l'acte.

— Je sais... c'est-à-dire, je pense... je crois que je puis le retrouver.
— En de tels cas, les dépositaires ont quelquefois réclamé...
— Nous n'aurons pas de difficultés à cet égard, interrompit le colonel en atteignant son portefeuille.
— Mais, mon cher monsieur, vous ne me laissez pas achever. — Je dis que *quelques personnes pourraient* faire une réclamation. — J'entends pour le paiement des frais de l'acte, pour les soins de l'affaire, etc. Mais, quant à moi, mon seul désir est que miss Bertram et ses amis soient convaincus que j'agis honorablement envers elle : voilà le papier, monsieur ! C'eût été une satisfaction pour moi de l'avoir remis directement entre les mains de miss Bertram, et d'avoir pu la féliciter de l'heureux avenir qu'il ouvre devant elle. Mais puisque ses préventions à cet égard sont invincibles, il ne me reste qu'à vous prier, colonel Mannering, de lui transmettre mes vœux pour son bonheur, et à ajouter que je serai toujours prêt à donner mon témoignage à l'appui de l'acte, quand je serai appelé à le faire. J'ai l'honneur de vous souhaiter le bonjour, monsieur.

Ce discours d'adieu était si adroitement calculé, et avait si bien le ton de l'intégrité consciencieuse injustement soupçonnée, que même la mauvaise opinion qu'avait de lui le colonel Mannering en fut ébranlée. Il fit quelques pas pour le reconduire, et prit congé de lui avec plus de politesse (quoique toujours froide et cérémonieuse) qu'il ne lui en avait montré durant sa visite. Glossin quitta la maison à demi satisfait de l'impression qu'il avait produite, à demi mortifié de la réserve plus que froide et de la fierté méprisante avec lesquelles il avait été reçu. — Le colonel Mannering aurait pu se montrer plus poli, se disait-il en lui-même; — tout le monde n'apporte pas une bonne chance de quatre cents livres sterling de revenu à une fille qui n'a pas un penny. Singleside doit bien rapporter maintenant quatre cents livres; — il y a Reilageganbeg, Gillifidget, Loverless, Liealone et Spinter-Knowe;... c'est un bien de quatre cents livres. Il y en a plus d'un qui à ma place en aurait profité pour lui-même; — quoique pourtant, à vrai dire et tout bien considéré, je ne vois pas comment cela serait possible.

Glossin ne fut pas plutôt remonté à cheval et parti, que le colonel envoya chercher M. Mac Morlan; et lui mettant le testament entre les mains, il lui demanda s'il lui paraissait valable pour son amie Lucy Bertram. Les yeux de Mac Morlan brillaient de plaisir en le parcourant; il fit à diverses reprises craquer ses doigts; puis enfin il s'écria : Valable! — cela va comme un gant; — personne ne pourrait faire de meilleure besogne que Glossin, quand il n'y laisse pas à dessein quelque point faible. — Mais (et sa physionomie s'assombrit) la vieille chienne, si je puis parler ainsi, pourrait bien avoir changé ses dispositions!

— Ah! et comment le pourrons-nous savoir?

— Il faut que quelqu'un assiste, comme représentant de miss Bertram, à l'ouverture des dernières volontés de la défunte.

— Y pouvez-vous aller?

— Je crains que non; il faut que je me trouve à un procès criminel devant notre cour.

— En ce cas, j'irai moi-même; je partirai demain matin. Sampson m'accompagnera; — il a été un des témoins de ce testament. Mais n'aurai-je pas besoin d'un conseiller?

— Le ci-devant shériff de ce comté jouit d'une haute réputation comme avocat; je vous donnerai une lettre d'introduction pour lui.

— Ce que j'aime en vous, M. Mac Morlan, c'est que vous allez toujours droit au but. Remettez-la-moi sur-le-champ. — Informerons-nous miss Lucy de la chance qu'elle a de devenir héritière?

— Sans doute, car elle doit vous signer quelques pouvoirs que je vais rédiger à l'instant. D'ailleurs je réponds de sa prudence, et je suis sûr qu'elle ne verra en ceci qu'une chance incertaine.

Mac Morlan l'avait bien jugée. On n'aurait pu dire, d'après les manières de miss Bertram, qu'elle fondait des espérances exagérées sur la perspective qui s'ouvrait si inopinément devant elle. Il est vrai que dans le cours de la soirée elle demanda à M. Mac Morlan, comme par hasard, à combien pouvait se monter le domaine d'Hazlewood; mais devons-nous en conclure comme chose certaine qu'elle voulait savoir si une héritière de quatre cents livres de revenu était un parti convenable pour le jeune laird?

CHAPITRE XXXVI.

> Verse-moi un verre de canarie, pour me rendre les yeux ardents ; — car il faut que je parle avec colère ; il faut que je ressemble au roi Cambyse. *Henry IV*, Ire Partie.

MANNERING, en compagnie de Sampson, ne perdit pas de temps dans son voyage d'Édimbourg. Ils firent route dans la chaise de poste du colonel, qui, connaissant la distraction habituelle de son compagnon, ne voulut pas le perdre un seul instant de vue, et bien moins encore le laisser monter à cheval, où très-probablement un garçon d'écurie espiègle aurait pu, sans grande adresse, le faire placer le visage tourné du côté de la queue. Il réussit donc, avec l'aide de son valet de chambre qui les accompagnait à cheval, à déposer M. Sampson sain et sauf dans une auberge d'Édimbourg, — car à cette époque il n'existait pas encore d'hôtels, — sans que les distractions du Dominie leur eussent fait éprouver en route plus de deux accidents. En une occasion, il fut retrouvé par Barns, qui connaissait son humeur, engagé dans un colloque animé avec le maître d'école de Moffat, au sujet d'une quantité controversée dans la septième ode du second livre d'Horace ; dispute qui les avait amenés à une autre discussion sur l'exacte signification du mot *Malobathro* dans cette effusion lyrique. Sa seconde escapade eut lieu à l'occasion du champ de Rullion-Green, cher à ses prédilections presbytériennes, et qu'il avait désiré visiter. Descendu de la voiture pour un instant, et ayant aperçu à la distance d'environ un mille le monument funéraire des martyrs, il fut arrêté par Barns dans son excursion vers les monts Pentland, ayant, dans cette occasion comme dans la première, aussi complétement oublié son ami et compagnon de route que s'il eût été dans les Indes Orientales. Quand on le fit souvenir que le colonel Mannering l'attendait, il proféra son exclamation habituelle : Prodigieux ! — je l'avais oublié, — et revint à son poste. Barns fut surpris, cette fois, ainsi que l'autre, de la patience de son maître, sachant par expérience qu'il ne pouvait souffrir ni négligence ni lenteur ; mais le Dominie était à tous égards un être privilégié. L'esprit de son patron et le sien n'étaient jamais un seul instant sur la même voie, et il semblait qu'ils eussent été formés pour vivre ensemble. Mannering avait-il besoin d'un livre particulier, le Dominie pouvait le lui apporter sur-le-champ ; avait-il des comptes à additionner ou à vérifier, il était également prêt ; cherchait-il à se souvenir de quelque passage des classiques, il pouvait recourir au Dominie comme à un dictionnaire : et jamais cette statue ambulante ne montrait ni présomption quand elle était remarquée, ni humeur quand on l'oubliait. Pour un homme fier, froid et réservé, et tel à beaucoup d'égards était Mannering, cette espèce de catalogue vivant et d'automate animé avait tous les avantages d'un domestique littéraire muet.

A leur arrivée à Édimbourg, et dès qu'ils furent installés à l'auberge du *Roi Georges* près de *Bristo-Port*, alors tenue par le vieux Cockburn [1] (j'aime à être exact), le colonel demanda quelqu'un pour le conduire chez M. Pleydell, l'avocat pour lequel il avait une lettre d'introduction de M. Mac Morlan. Puis recommandant à Barnes d'avoir l'œil sur le Dominie, il partit sous la conduite d'un porteur de chaise, qui devait lui indiquer la demeure de l'homme de loi.

On touchait alors à la fin de la guerre d'Amérique. Le goût des appartements spacieux, bien aérés, convenablement distribués, n'avait pas encore fait de grands progrès dans la capitale de l'Écosse. Quelques tentatives avaient été commencées dans la partie sud de la ville pour bâtir *des maisons dans elles-mêmes*, comme on le disait emphatiquement ; et la Nouvelle Ville au nord, qui depuis a pris une si large extension, commençait seulement à s'élever. Mais le plus grand nombre des personnes appartenant aux meilleures classes, et notamment à celle des hommes de robe, habitaient toujours les rez-de-chaussée et les donjons de la Vieille Ville. Les habitudes de quelques-uns des vétérans du palais n'avaient pas non plus souffert d'innovation. Un ou deux avocats éminents recevaient encore leurs clients à la taverne, comme ç'avait été l'usage général cinquante ans plus tôt ; et quoique déjà leurs manières fussent regardées comme surannées par les avocats de la nouvelle génération, la coutume de mêler le vin et l'enjouement de la table aux affaires sérieuses n'en était pas moins maintenue par ces doyens du barreau, qui aimaient la vieille route, soit par cela même qu'elle était vieille, soit parce qu'ils y étaient trop habitués pour en prendre une autre. Parmi ces louangeurs du vieux temps qui mettaient une ostentation de ténacité à conserver intactes les habitudes d'une génération passée, était ce même Paul Pleydell, esq., au demeurant homme instruit, très-bon jurisconsulte et excellent homme.

Guidé par son fidèle conducteur, le colonel Mannering, après avoir passé une ou deux ruelles obscures, arriva à la Grande Rue [2], qui en ce moment retentissait des cris des marchandes d'huîtres et du bruit des sonnettes des marchandes de gâteaux ; car, à ce que lui dit son guide, « huit heures venaient de sonner au Tron [3]. »

[1] Coq brûlé.
[2] *High-Street.* Le lecteur peut consulter le plan du Vieil Édimbourg joint à notre traduction du *Cœur de Mid-Lothian.* (L. V.)
[3] *Tron Church,* une des églises de High-Street. (L. V.)

Il y avait longtemps que Mannering ne s'était trouvé dans les rues d'une cité populeuse. Ce bruit et ces clameurs, les cris des marchands, le tumulte des tavernes et la licence des rues ; cette variété de lumières et le panorama toujours changeant de centaines de groupes, offrent, de nuit surtout, un spectacle dont les divers éléments, pris à part, sont de la nature la plus vulgaire, mais qui produit sur l'imagination, quand ces éléments se trouvent combinés ensemble, une impression vive et frappante. La prodigieuse élévation des maisons était indiquée par les lumières qui brillaient çà et là aux différents étages de leurs façades, et dont quelques-unes se montraient à une telle hauteur dans les attiques, qu'elles semblaient se confondre avec les étoiles du firmament. Ce coup d'œil, qu'aujourd'hui encore on retrouve en partie, était alors plus imposant, produit comme il l'était par une suite non interrompue de maisons bordant la rue de chaque côté, et dont la double enceinte, coupée seulement par le *North-bridge* [1] au point où cette dernière rue se joint à la rue principale, formait une place belle et régulière, s'étendant depuis le front des Luckenbooths jusqu'à l'entrée de la Canongate [2], et répondant, par sa largeur et sa longueur, à la hauteur peu commune des maisons de droite et de gauche.

Mannering eut peu de temps pour contempler et admirer. Son conducteur l'entraînait rapidement à travers cette scène mouvante, et tout à coup il le fit entrer dans une ruelle pavée très-rapide. Tournant à droite, ils pénétrèrent dans ce qu'on nomme un escalier en échelle [3], dont la propreté, autant que Mannering en put juger par un de ses sens, ne révolta pas médiocrement sa délicatesse. Gravissant avec précaution, ils avaient déjà atteint une hauteur considérable, lorsqu'ils entendirent, deux étages encore au-dessus, frapper pesamment à une porte. Cette porte s'ouvrit, et il s'ensuivit aussitôt un concert d'aboiements aigus et assourdissants, de cris glapissants et de miaulements furieux, exécuté par un chien, une femme et un chat effrayé, concert auquel se mêlait la voix rauque d'un homme criant d'un ton impératif : Ici, Mustard ! ici ! A bas, monsieur ! à bas !

— Le Seigneur nous préserve ! dit la voix femelle ; s'il avait tué notre chat, M. Pleydell ne me l'aurait jamais pardonné !

— Hé bien, ma colombe, le chat n'a pas eu une égratignure. — Ainsi, il n'y est pas, vous dites ?

— Non, M. Pleydell n'est jamais à la maison le samedi soir.

— Ni le dimanche matin non plus. Je ne sais comment faire.

Sur ces entrefaites, Mannering était arrivé sur le lieu de la scène, où il trouva un homme de la campagne grand et vigoureux, vêtu d'une

---

[1] Pont du Nord. Rue qui coupe à angle droit la Grande Rue ou *High-Street*, précisément vis-à-vis de l'église Saint-Tron. (L. V.)

[2] Rue qui forme la prolongation orientale de *High-Street*. (L. V.)

[3] *Scale stair-case*, escalier étroit et rapide. (L. V.)

redingote couleur mi-sel et mi-poivre garnie de larges boutons de métal, avec un chapeau verni, des bottes, et sous son bras un énorme fouet. Ce personnage était en colloque avec une fille en pantoufles, qui d'une main tenait la porte entr'ouverte, et de l'autre un seau plein de blanc d'Espagne délayé, ou *camstane*, — circonstance qui, à Édimbourg, est l'indice d'un samedi soir.

— Ainsi, M. Pleydell n'est pas chez lui, ma bonne fille? dit Mannering.

— Si, monsieur, il est bien chez lui, mais pas à la maison. Il est toujours dehors le samedi soir.

— Je suis étranger, ma bonne fille, et amené par une affaire pressante. — Voulez-vous me dire où je pourrai le trouver?

— Son Honneur, dit l'homme qui avait conduit Mannering, sera chez Clerihugh, à l'heure qu'il est. — Elle aurait bien pu vous dire ça, mais elle croyait que vous vouliez voir sa maison.

— Hé bien, alors, conduisez-moi à cette taverne. — Je suppose qu'il me recevra, venant pour des affaires assez importantes?

— Je ne sais pas trop, monsieur, dit la fille; il n'aime pas à être dérangé pour les affaires le samedi. — Mais il est toujours civil avec des étrangers.

— Je vais aller aussi à la taverne, dit notre ami Dinmont, car je suis aussi un étranger, et je viens pour affaires tout comme monsieur.

— Après tout, repartit la servante, s'il voit le gentleman, il verra aussi le simple[1]; — mais, pour l'amour de Dieu, ne dites pas que c'est moi qui vous y ai envoyés!

— Bien, bien; je suis un simple, c'est vrai, ma chère, mais je ne suis pas venu lui prendre ses avis pour rien, dit le fermier dans son honnête orgueil; et il descendit fièrement l'escalier, suivi de Mannering et du jeune garçon. Mannering ne put s'empêcher d'admirer l'air déterminé avec lequel l'étranger qui les précédait fendait la presse, écartant à droite et à gauche, par le poids de son corps et l'impétuosité de sa démarche, les passants, ivres ou non, qui se trouvaient sur son chemin. — Ça sera un natif du haut Teviotdale, celui-là, dit le porteur de chaise, pour pousser la foule de cette façon-là au milieu de la rue; — il n'ira pas loin avant de trouver quelqu'un qui lui apprenne la politesse.

Ce malicieux présage ne se vérifia cependant point. Ceux que refoulait la masse colossale de Dinmont le jugeaient apparemment, en voyant sa taille et sa force, d'un métal trop dur pour s'y heurter inconsidérément, et le laissèrent poursuivre sa course sans l'inquiéter. Marchant donc dans le sillage de ce bâtiment de haut bord, Mannering

---

[1] *Simple*, expression vulgairement usitée en Écosse par opposition au titre de *gentleman*, et comme synonyme de roturier, de paysan. (L. V.)

avança sur les pas du fermier jusqu'à ce que celui-ci, s'arrêtant et retournant la tête, dit au porteur de chaise : — Je pense que ce sera là le close[1], l'ami?

— Oui, oui, répondit Donald, c'est bien le close.

Dinmont s'y engagea avec intrépidité, et entra bientôt dans une allée obscure. — Il monta un escalier non moins sombre, — puis il franchit une porte qu'il trouva ouverte. Tandis qu'il appelait le garçon par un sifflement aigu, comme s'il se fût agi d'un de ses chiens, Mannering promenait son regard autour de lui, et ne pouvait concevoir comment un gentleman de profession libérale et de bonne société pouvait choisir un pareil lieu pour théâtre de ses récréations. Outre l'aspect repoussant des abords, la maison elle-même semblait misérable et à demi ruinée. L'espèce de corridor dans lequel ils se trouvaient avait une fenêtre sur le *close*, laquelle admettait pendant le jour une lumière douteuse, et en tout temps, mais surtout vers le soir, un abominable composé de parfums de toute sorte. En regard de cette fenêtre, de l'autre côté du corridor, était un jour de souffrance donnant sur la cuisine, sans communication directe avec l'air extérieur, mais recevant de seconde main la demi-clarté que la fenêtre d'en face empruntait à la ruelle. En ce moment, l'intérieur de la cuisine était éclairé par la vive lumière que projetaient plusieurs feux : — espèce de *Pandæmonium* où hommes et femmes, à demi vêtus, étaient activement occupés à cuire des cakes, à griller et à rôtir des huîtres, et à préparer des *diables* sur le gril. Ses souliers en pantoufles, et ses cheveux s'échappant, comme ceux de Mégère, de son bonnet à rondes oreilles, se démenant, grondant, recevant des ordres, les répétant et y obéissant en même temps, la maîtresse du lieu semblait la magicienne souveraine de cette sombre et ardente région.

Des éclats de rire bruyants et répétés, partant de toutes les parties de la maison, prouvaient que les travaux de la dame étaient appréciés et récompensés par un public généreux. Ce ne fut pas sans peine qu'un garçon se décida à montrer au colonel Mannering et à Dinmont la chambre où le savant jurisconsulte célébrait sa débauche hebdomadaire. L'aspect de cette chambre, et particulièrement l'attitude du conseiller lui-même, qui en était la figure principale, frappèrent d'étonnement ses deux clients.

M. Pleydell était un homme à la physionomie vive et empreinte de finesse ; son regard avait la pénétration habituelle de son état, et, généralement parlant, ses manières conservaient un peu de la raideur de la robe. Mais ces caractères professionnels, il pouvait s'en dépouiller, aussi bien que de son habit noir et de sa perruque à trois marteaux, quand, le samedi soir, il était entouré d'une réunion de com-

[1] Impasse. (L. V.)

pagnons joyeux, et disposé à prendre ce qu'il appelait ses *altitudes*.. Dans l'occasion actuelle, la bombance durait depuis quatre heures, et sous la direction d'un vénérable compagnon de bouteille, qui avait pris part aux jeux et aux réunions bachiques de trois générations, la joyeuse compagnie avait commencé l'ancien jeu maintenant oublié des *high jinks*[1]. Ce jeu était joué de différentes façons. La plus ordinaire était de jeter le dé, et ceux que le sort désignait étaient obligés de prendre et de conserver pendant un temps déterminé un certain caractère de convention, ou de répéter un certain nombre de vers fescennins[2] dans un ordre particulier. S'ils péchaient contre le rôle qu'on leur avait assigné, ou si leur mémoire les trahissait, ils étaient condamnés à une libation additionnelle, ou encouraient une amende destinée à acquitter l'écot. La joyeuse réunion était tout entière à ce jeu, quand Mannering entra dans la chambre.

M. le conseiller Pleydell, tel que nous l'avons dépeint, trônait comme un monarque dans un fauteuil placé sur la table, sa perruque de côté, la tête ceinte d'une couronne de bouchons, les yeux brillants de gaîté et d'ivresse, tandis que ses courtisans, rangés autour de lui, répétaient bruyamment des bouts rimés tels que ceux-ci :

Où donc est Gerunto? qu'a-t-il pu devenir
— Géronte est mort, hélas! il n'en peut revenir.

Tels étaient anciennement, ô Thémis, les jeux de tes enfants d'Écosse! Dinmont était entré le premier dans la chambre. Il resta ébahi un instant, — puis il s'écria : Mais c'est lui, bien sûr! du diable si j'ai jamais vu chose pareille!

Aux mots de « M. Dinmont et le colonel Mannering demandent à vous parler, monsieur, » Pleydell tourna la tête et parut quelque peu honteux en apercevant la figure distinguée du colonel. Toutefois, il fut de l'opinion de Falstaff, « Allons, coquins, achevez la pièce! » jugeant avec raison que le plus sage était de ne pas paraître décontenancé. — Où sont nos gardes? s'écria ce second Justinien; ne voyez-vous pas un chevalier étranger qui arrive des contrées lointaines à notre cour d'Holyrood? — avec notre *yeoman*[3] Andrew Dinmont, qui a succédé à la garde de nos troupeaux royaux dans la forêt de Jedwood, où, grâces à notre royale sollicitude pour l'administration de la justice, ils paissent avec autant de sécurité que s'ils étaient dans les limites du Fife? Où

---

[1] Grands tours.

[2] Vers libres, satiriques, pleins de railleries obscènes sur les nouveaux mariés, etc., chantés autrefois à Rome dans certaines occasions publiques ou privées. Ces vers tiraient leur nom de la ville de *Fescennia* en Étrurie, où ils avaient, disait-on, été inventés.
(L. V.)

[3] Paysan, fermier, et, dans un autre sens, homme d'armes. (L. V.

sont nos hérauts, nos poursuivants d'armes, notre Lyon, notre Marchmont, notre Carrick, notre Snowdon? Que les étrangers soient placés à notre table, et régalés comme il convient à leur qualité et à la sainteté du jour; — demain nous entendrons leurs nouvelles.

— Sous votre bon plaisir, mon lige, demain est dimanche, dit un des convives.

— Est-ce dimanche? En ce cas, nous ne scandaliserons pas la congrégation; — à lundi pour leur audience.

Mannering, qui était resté debout, incertain d'abord s'il devait avancer ou se retirer, résolut d'entrer pour le moment dans la plaisanterie, quoiqu'en lui-même il en voulût à Mac Morlan de l'avoir adressé à un homme si bizarre. Il s'approcha donc en faisant trois profondes salutations, et demanda la permission de déposer ses lettres de créance aux pieds du monarque écossais, afin qu'il pût y jeter les yeux à son loisir. La gravité avec laquelle il se prêta à l'esprit de la scène, et l'humble et profonde inclination avec laquelle il refusa d'abord et ensuite accepta un siége présenté par le maître des cérémonies, lui valut une triple salve d'applaudissements.

— Le diable m'enlève s'ils ne sont pas tous fous! pensa Dinmont, qui moins cérémonieusement s'était assis au bout de la table; ou bien ils font la Noël avant que Noël vienne, et ils sont là guisardant[1].

Un grand verre de claret[2] fut offert à Mannering qui le vida à la santé du prince régnant. — Vous êtes, à ce que je puis voir, dit le monarque, ce célèbre sir Miles Mannering, qui s'est acquis un tel renom dans les guerres de France? vous pouvez donc nous dire si les vins de Gascogne perdent de leur saveur dans notre royaume plus septentrional.

Mannering, agréablement flatté de cette allusion à la renommée de son illustre ancêtre, répondit qu'il n'était que parent éloigné du preux chevalier, et ajouta qu'à son avis le vin était d'une qualité supérieure.

— Il est trop froid pour mon estomac, ajouta Dinmont en déposant le verre (vide, à la vérité).

— Nous corrigerons ce défaut, répliqua le roi Paul, premier du nom; nous n'avons pas oublié que l'air moite et humide de notre vallée du Liddel porte à des libations plus énergiques. — Sénéchal, que notre fidèle yeoman ait un verre d'eau-de-vie; cela lui conviendra mieux.

— Et maintenant, reprit Mannering, puisque nous avons si maladroitement troublé Votre Majesté dans un moment de joyeuse retraite,

---

[1] *And are gaun aguisarding.* Ce dernier terme est tout local, et nous avons cru devoir le conserver. *Guisard* ou *gysard* est, en Écosse, le nom générique d'une personne masquée : c'est notre mot *déguisé*; mais on désigne plus spécialement par ce terme, dans les usages écossais, des masques qui parcourent les villes et les campagnes à l'époque de Noël et du nouvel an, en chantant et en faisant de la musique, pour obtenir quelque gratification. (L. V.)

[2] Vin de Bordeaux. (L. V.)

veuillez dire quand vous voudrez bien accorder une audience à un étranger, pour des affaires d'importance qui l'ont amené dans votre capitale du Nord.

Le monarque ouvrit la lettre de Mac Morlan, et après l'avoir parcourue rapidement, il s'écria, oubliant son rôle et ses manières d'emprunt : Lucy Bertram d'Ellangowan ! pauvre chère fille !

— A l'amende ! à l'amende ! crièrent à la fois une douzaine de voix ; Sa Majesté a oublié son caractère royal.

— Pas le moins du monde ! répliqua le roi ; pas le moins du monde ! J'en prends pour juge ce courtois chevalier. Un monarque ne peut-il pas aimer une fille de bas degré ? Le roi Cophetua et la mendiante[1] ne sont-ils pas ici un précédent ?

— Phrase de barreau ! phrase de barreau ! — une autre amende ! cria de nouveau la tumultueuse noblesse du monarque.

— Nos royaux prédécesseurs, continua celui-ci élevant sa voix souveraine pour dominer ces clameurs de révolte, — nos royaux prédécesseurs n'ont-ils pas eu leur Jeanne Logie, leur Bessie Carmichael, leurs Oliphant, leurs Sandiland et leurs Weir[2] ? et nous déniera-t-on même le droit de nommer une vierge qu'il nous plaira d'honorer ? Hé bien, alors, périssent les grandeurs et la souveraineté ! Comme un second Charles-Quint, nous allons abdiquer, et chercher dans l'ombre d'une vie obscure ces plaisirs qu'on refuse au trône.

A ces mots, il jeta sa couronne, sauta de son siége élevé avec plus d'agilité qu'on n'en eût attendu de son âge, ordonna de porter dans une autre chambre des flambeaux, un bassin d'eau et une serviette, et d'y préparer du thé, et fit signe à Mannering de le suivre. En moins de deux minutes, il se fut lavé le visage et les mains, eut réparé, devant la glace, le désordre de sa perruque, et, à la grande surprise de Mannering, il parut alors un homme complétement différent de celui qu'il venait de voir, un instant auparavant, jouant un rôle dans une puérile comédie. M. Pleydell prit la parole :

— Il est des personnes, M. Mannering, devant lesquelles il faudrait prendre garde de faire le fou, parce qu'elles ont ou trop de malice ou trop peu d'esprit, comme dit le poëte. Le meilleur compliment que je puisse faire au colonel Mannering est de lui faire voir que je ne suis pas honteux de me montrer à lui tel que je suis ; — et, en vérité, je crois que c'est un compliment que je n'ai pas épargné, ce soir, à votre indulgence.

— Mais, que me veut ce grand gaillard ?

— Dinmont, qui s'était introduit dans la chambre à la suite de Mannering, commença par tirer la jambe en arrière en même temps qu'il se grattait l'oreille. — C'est moi qui suis Dandie Dinmont, monsieur, de

---

[1] Allusion à l'histoire populaire d'un roi qui épouse une mendiante. (L. V.)
[2] Maîtresses de divers rois d'Écosse. (L. V.)

Charlies-Hope, le gars du Liddesdale : — vous vous souviendrez bien de moi ; — c'est pour moi que vous avez gagné ce grand procès.

— Quel procès, butor? Croyez-vous que je puis me souvenir de tous les fous qui viennent me tourmenter?

— Mon Dieu, monsieur, c'était le grand procès au sujet du pâturage du Langtae-Head, dit le fermier.

— Hé bien, qu'il aille au diable, et n en parlons plus. Donnez-moi l'exposé de l'affaire¹, et revenez me voir lundi à dix heures, dit le savant conseil.

— Mais, monsieur, c'est que je n'ai pas d'exposé de l'affaire.

— Pas d'exposé, l'ami?

— Non, monsieur, pas d'exposé ; Votre Honneur m'avait dit, vous vous en souviendrez, monsieur Pleydell, que vous aimez mieux nous entendre vous dire la chose de notre propre bouche, à nous autres gens des montagnes.

— Maudite soit ma langue qui a dit cela ! ce sont mes oreilles qui paieront l'amende. — Hé bien, dites en deux mots ce que vous avez à dire ; — vous voyez que monsieur attend.

— Ho, monsieur, si le gentleman l'aime mieux, il peut vous débiter sa chanson le premier ; c'est tout un pour Dandie.

— Mais, gros lourdaud, ne comprenez-vous pas qu'il peut être fort indifférent au colonel Mannering d'entendre votre affaire, mais qu'il peut bien ne se pas soucier de régaler vos longues oreilles du récit de la sienne?

— Bon, bon, monsieur, ça sera comme vous et lui vous voudrez, répliqua Dandie, que la rudesse de cette réception ne déconcertait pas le moins du monde : — voilà donc mon affaire. C'est toujours la vieille querelle à propos des limites, entre Jock de Dawston-Cleugh et moi. Vous savez que nous nous confinons sur le sommet du Touthop-Rigg, après avoir passé les Pomaragrains ; car les Pomaragrains, et Slackenspool, et Bloodylaws aboutissent là, et ils dépendent du Peel². Mais, après que vous avez passé les Pomaragrains, et que vous êtes arrivé à une très-grosse pierre qui ressemble à une tête sans oreilles, et qu'on appelle Charlies-Chuckie, c'est là que commence la limite de Dawston-Cleugh et de Charlies-Hope. Or, moi je dis que la limite court sur le sommet de la hauteur, là où se partagent le vent et l'eau ; mais Jock de Dawston-Cleugh prétend encore une fois que non, et veut qu'elle suive l'ancien chemin qui passe par le Knot-o'-the-Gate³ jusqu'à Keeldarward, — ce qui fait une grande différence.

---

¹ *Mémorial;* c'est le *brief* des jurisconsultes anglais. (W. S.)

² On nomme *peel*, dans les cantons frontières, une tour carrée qui autrefois, au temps des guerres des borders servait de lieu de défense. (L. V.)

³ La tête du chemin.

— Et quelle différence cela fait-il, mon ami ? Combien de moutons ça peut-il nourrir ?

— Ho, guère, répondit Dandie en se grattant la tête, — c'est haut et mal exposé ; ça peut nourrir un pourceau, peut-être bien deux dans une bonne année.

— Et c'est pour une pâture qui peut bien valoir cinq shillings[1] par an que vous voulez gaspiller une centaine de livres, ou peut-être deux ?

— Non, monsieur, ça n'est pas pour la valeur de la pâture, c'est pour la justice.

— Mon bon ami, la justice, comme la charité, doit commencer par nous ; soyez juste pour votre femme et vos enfants, et ne pensez plus à cette affaire-là.

Dinmont restait toujours à la même place, tournant et retournant son chapeau dans ses mains. — Ça n'est pas pour ça, monsieur ; — mais ça ne me plairait pas d'être nargué par lui. — Il dit qu'il amènera vingt témoins et plus, — et moi je suis sûr qu'il y en a autant qui jureront pour moi, comme il y en a qui jureront pour lui, des gens qui ont vécu toute leur vie sur les terres de Charlies-Hope, et qui ne voudraient pas voir la terre perdre de son droit.

— Diable ! si c'est un point d'honneur, pourquoi vos propriétaires ne prennent-ils pas l'affaire ?

— Je ne saurais trop dire, monsieur (se grattant l'oreille) ; il n'y a pas eu d'élection de longtemps, et les lairds sont étonnamment bons voisins ; et Jock et moi nous n'avons pas pu les atteler à l'affaire, quoi que nous ayons dit. — Mais si vous pensiez que nous pussions retenir la rente...

— Non, non ! c'est ce qu'il ne faut jamais faire. — Que le Ciel vous confonde ! pourquoi ne prenez-vous pas de bons gourdins pour arranger la chose ?

— Bah, monsieur ! nous en avons déjà essayé trois fois, — c'est-à-dire deux fois sur les lieux mêmes, et une fois à la foire de Lockerby. — Mais je ne saurais dire ; — nous nous sommes trouvés tous deux solides au bâton, et ça n'a pas pu être décidé.

— Hé bien, prenez de bons sabres, comme vos pères faisaient avant vous, et allez-vous-en au diable, dit le savant organe de la loi.

— Bon, bon, monsieur ; si vous pensez que ça ne serait pas contre la loi, c'est tout un pour Dandie.

— Allons, allons ! s'écria Pleydell, nous allons avoir un autre malentendu à la lord Soulis, maintenant. — Je vous en prie, l'ami, comprenez-moi bien ; je voulais vous faire sentir dans quel procès ridicule vous vous engageriez pour une telle misère.

— Oui-da, monsieur ? fit Dandie d'un ton de désappointement. Ainsi

---

[1] A peu près 6 francs. (L. V.)

je crains bien que vous ne vouliez pas vous charger de mon affaire?

— Moi! non certes. — Retournez chez vous, buvez une pinte ensemble et arrangez-vous de bon accord.

Dandie ne paraissait qu'à moitié satisfait, et ne bougeait pas. — Avez-vous quelque chose de plus à me dire, mon ami? reprit Pleydell.

— Seulement un mot, monsieur, au sujet de la succession de cette dame qui est morte, la vieille miss Marguerite Bertram de Singleside.

— Oui-da! et qu'avez-vous à en dire? demanda le conseiller, quelque peu surpris.

— Ho! nous ne sommes pas du tout parents des Bertrams ; — c'étaient de grandes gens par comparaison avec nous. — Mais Jeanne Liltup, qui était femme de charge du vieux Singleside, et la mère de ces deux jeunes dames qui sont mortes, — la dernière à un âge un peu mûr, je crois, — Jeanne Liltup était de notre vallée du Liddel, et elle nous était parente comme seconde cousine de la sœur utérine de ma mère. Elle avait des accointances avec Singleside, bien sûr, quand elle était sa femme de charge, et c'était un grand chagrin et une grande vexation pour tous ses parents et alliés ; mais il a reconnu un mariage et satisfait à l'église. — Et maintenant je voudrais savoir de vous si la loi ne nous donne pas quelque droit ?

— Pas l'ombre d'un droit.

— Hé bien, nous n'en serons pas plus pauvres ; — mais elle aurait pu penser à nous, si elle avait eu l'idée de faire un testament. — Ainsi, monsieur, je vous ai dit ce que j'avais à dire; je vous souhaiterai le bonsoir, et... (il mit la main à sa poche).

— Non, non, mon ami; je ne prends jamais d'honoraires un samedi soir, ni quand on ne me remet pas de *mémorial* écrit ; — bon voyage, Dandie.

Dandie tira sa révérence, et partit.

CHAPITRE XXXVII.

> Mais cette misérable farce n'avait ni art ni vérité, rien qui pût captiver l'imagination ou toucher le cœur. Sombre sans être imposante, mesquine quoique horrible, tout en remplissant la scène de bruit et de mouvement, elle ne présente pas un seul sentiment tendre ou profond, et répand autour d'elle le froid attristant de son insignifiance.
>
> *Le Registre de Paroisse.*

Votre Majesté, dit Mannering en riant, a solennisé son abdication par un acte de merci et de charité. — Cet homme ne sera plus guère tenté de recourir à la loi.

— Oh! vous êtes tout à fait dans l'erreur, répondit le légiste expérimenté. La seule différence est que j'aurai perdu mon client et mes honoraires. Il ne sera en repos que quand il aura trouvé quelqu'un qui l'encourage à la folie qu'il voulait faire. — Non, non! je vous ai seulement montré une autre faiblesse de mon caractère ; — je dis toujours la vérité le samedi soir.

— Et quelquefois aussi dans la semaine, je crois, continua Mannering du même ton.

— Hé mais, oui ; autant que ma profession veut le permettre. Je suis, comme dit Hamlet, passablement honnête, quand mes clients et leurs procureurs ne font pas de moi le *medium* par lequel leurs doubles mensonges sont portés à la connaissance de la cour. Mais *oportet vivere*[1] ; c'est une triste chose ! — Et maintenant, venons à notre affaire. Je suis charmé que mon vieil ami Mac Morlan vous ait adressé à moi ; c'est un homme actif, honnête, intelligent, qui a été longtemps mon substitut, quand j'étais shériff du comté de ***, et qui en remplit toujours les fonctions. Il sait que je prends intérêt à cette malheureuse famille d'Ellangowan, et à la pauvre Lucy. La dernière fois que je l'ai vue, elle avait douze ans, et c'était alors une douce et jolie petite fille, restée aux soins d'un père bien faible de tête. Mais l'intérêt que je prends à elle est de plus ancienne date. Je fus appelé, M. Mannering, étant alors shériff de ce comté, à constater les particularités d'un meurtre qui avait été commis près d'Ellangowan, le jour même de la naissance de cette pauvre enfant, et qui, par un étrange rapport de circonstances dont je ne pus malheureusement saisir l'enchaînement, causa la mort ou l'enlèvement de son frère unique, un enfant d'environ cinq ans. Non,

[1] Il faut vivre.

colonel, je ne pourrai jamais oublier le tableau de détresse que présentait Ellangowan ce jour-là! — Le père à demi fou, — la mère morte dans le travail d'un accouchement avant terme, — et cette pauvre créature, à laquelle il y avait à peine quelqu'un qui prît garde, entrant dans ce misérable monde, au milieu des vagissements et des pleurs, en un pareil moment d'inexprimables douleurs. Nous autres hommes de loi nous ne sommes ni de fer ni de bronze, monsieur, pas plus que vous autres soldats vous n'êtes d'acier. Nous sommes en rapport avec les crimes et les misères de la société civile, comme vous l'êtes avec ceux qui accompagnent la guerre, et peut-être dans les deux cas un peu d'insensibilité nous est-elle nécessaire pour faire notre devoir. — Mais au diable le soldat dont le cœur peut être aussi dur que l'épée, et que le diable enlève aussi l'homme de loi qui cuirasse son cœur au lieu de sa tête! — Mais allons, je perds mon samedi soir; — voulez-vous bien me confier les papiers relatifs aux affaires de miss Bertram? — Attendez donc. — Demain vous accepterez un dîner de garçon avec un vieux légiste; — j'insiste là-dessus, et à trois heures précises: — mais venez une heure plus tôt. — La vieille dame doit être enterrée lundi; c'est la cause de l'orpheline, et nous emprunterons une heure au dimanche pour en causer; — quoique je craigne qu'il n'y ait rien à faire, si elle a changé ses dispositions. — A moins pourtant que ce n'ait été dans les soixante jours; et alors si miss Bertram peut établir qu'elle est légalement héritière... Mais écoutez! mes sujets s'impatientent de mon interrègne. — Je ne vous invite pas à vous joindre à nous, colonel; ce serait abuser de votre complaisance. Il faudrait que vous eussiez commencé la journée avec nous, et que vous fussiez insensiblement passé de la gravité à la joie, et de la joie à... à... à l'extravagance. — Bonsoir. — Harry, reconduisez M. Mannering jusque chez lui. — Colonel, je vous attends demain un peu après deux heures.

Le colonel revint à son auberge, également surpris des folies puériles au milieu desquelles il avait trouvé son savant conseiller, de la justesse d'esprit et du bon sens qu'il avait montrés presque au même instant dans les matières de sa profession, et du ton de sensibilité avec lequel il avait parlé de la malheureuse orpheline.

Le lendemain matin, au moment où le colonel et le plus paisible et le plus silencieux des suivants, Dominie Sampson, achevaient le déjeuner que Barnes avait préparé et versé, et où le Dominie venait de s'échauder la bouche en essayant d'avaler du thé qu'il avait oublié de souffler, M. Pleydell fut tout à coup introduit. Une perruque ronde soigneusement dressée, dont chaque cheveu avait reçu d'un perruquier attentif et zélé la quantité de poudre voulue; un habillement noir bien brossé, avec des souliers d'une propreté irréprochable garnis de boucles d'or; des manières un peu cérémonieuses, empreintes de réserve plutôt que d'assurance, mais dont la réserve et le cérémonial indiquaient l'homme bien élevé, et non le manque d'habitude du monde; une physionomie dont l'expression quelque peu singulière était complétement au repos : — tout montrait un être bien différent du convive animé de la veille. Un regard plein de feu, de finesse et de pénétration était le seul trait marquant qui rappelât l'homme du samedi soir.

— Je viens, dit-il du ton le plus poli, pour user envers vous de mon autorité royale au spirituel aussi bien qu'au temporel. — Puis-je vous accompagner à l'église presbytérienne ou à la chapelle épiscopale? — *Tros Tyriusve*[1]... Un homme de loi, vous savez, est des deux religions, ou plutôt je devrais dire des deux formes de culte; — ou bien puis-je vous aider à passer autrement la matinée? Vous excuserez mon importunité à l'ancienne mode; — je suis né dans un temps où un Écossais aurait cru manquer aux devoirs de l'hospitalité, s'il eût laissé un hôte seul un moment, sauf aux heures du repos. — Mais j'espère que vous me direz tout uniment si je suis indiscret.

— Nullement, mon cher monsieur, répondit le colonel Mannering; — je suis charmé de vous avoir pour pilote. Je souhaiterais beaucoup entendre quelqu'un de vos prédicateurs écossais, dont les talents ont fait tant d'honneur à votre pays, — votre Blair, votre Robertson ou votre Henry, et j'accepte de tout mon cœur cette offre obligeante. — Seulement, ajouta le colonel en le tirant un peu à part, et en jetant un coup d'œil vers Sampson, mon digne ami que vous voyez là enfoncé dans sa rêverie est un peu distrait, et n'est guère en état de se conduire seul, et mon domestique Barnes, qui est son pilote habituel, ne peut beaucoup l'aider ici, d'autant plus que M. Sampson a manifesté la résolution de se rendre à l'une de vos églises les plus sombres et les plus éloignées.

L'œil du légiste se porta vers le Dominie. — C'est une curiosité digne qu'on y veille, dit-il; je vais vous trouver un gardien convenable. — Écoutez, monsieur (il s'adressait au garçon de l'auberge), allez chez la mère Finlayson, dans le Cowgate, demander Miles Mac Fin le cadie[2]. Il y sera à cette heure; vous lui direz que j'ai à lui parler.

La personne demandée arriva bientôt. — Je confierai votre ami aux soins de cet homme, dit Pleydell; il le suivra ou le conduira indifféremment partout où il lui plaira d'aller, que ce soit à l'église ou au marché, à une assemblée ou à une cour de justice, ou... à quelque autre endroit que ce puisse être, — et il vous le ramènera sain et sauf à l'heure que vous lui aurez désignée. Ainsi, M. Barnes sera libre, de son côté, de faire ce qu'il voudra.

Ces arrangements furent aisément terminés, et le colonel remit le

---

[1] Troyen ou Tyrien.

[2] Jeune garçon commissionnaire. (L. V.)

Dominie à la charge du *cadie* pour tout le temps qu'ils séjourneraient à Édimbourg.

— Maintenant, colonel, si vous le voulez bien, nous irons à l'église des Frères-Gris entendre notre historien d'Écosse, du continent et de l'Amérique [1].

— Ils furent désappointés ; — il ne prêchait pas ce jour-là. — Ne vous inquiétez pas, dit le conseiller ; ayez un moment de patience, et nous serons dédommagés.

Le collègue du docteur Robertson monta en chaire [2]. Ses dehors ne prévenaient pas en sa faveur. Un teint remarquablement pâle offrant un étrange contraste avec une perruque noire sans un grain de poudre ; une poitrine étroite et une taille voûtée ; des mains posées sur le bord de la chaire, comme deux étais, et qui semblaient plutôt destinées à soutenir la personne du prédicateur qu'à aider à son débit ; — point de robe, pas même celle de Genève ; un rabat froissé, un geste qui semblait presque machinal : telles étaient les premières circonstances qui frappaient un étranger. — Le prédicateur paraît une personne bien gauche, dit Mannering à l'oreille de son nouvel ami.

— N'ayez pas d'inquiétude ; c'est le fils d'un excellent légiste écossais [3], — et il montrera de quel sang il sort, je vous le garantis.

Le savant conseiller prédisait juste. L'instruction que prononça le ministre fut nourrie de vues aussi neuves que frappantes et attachantes sur l'histoire de l'Écriture sainte ; — c'était un sermon dans lequel le calvinisme de l'Église d'Écosse était habilement soutenu, et qui néanmoins y devenait la base d'un système rationnel de morale pratique, qui n'abritait pas le pécheur sous le manteau de la foi spéculative ou de telle ou telle croyance particulière, non plus qu'elle ne le laissait s'égarer dans les détours de l'incrédulité ou du schisme. Il y avait dans le tour des arguments et des métaphores quelque chose d'antique qui servait seulement à donner à l'élocution plus d'onction et d'originalité. Le sermon ne fut pas lu ; — un petit carré de papier où étaient notés les principaux chefs du discours était consulté de temps à autre, et le débit, qui d'abord avait paru embarrassé et imparfait, devint, à mesure que le prédicateur s'échauffa en avançant, animé et distinct. Quoique ce discours n'eût pu être regardé comme un spécimen irréprochable d'éloquence sacrée, Mannering avait pourtant rarement vu autant de savoir, de subtilité métaphysique et de force de raisonnement, déployés à l'appui de la doctrine chrétienne.

— Tels doivent avoir été, dit-il en quittant l'église, les prédicateurs

---

[1] Robertson. (L. V.)

[2] Le célèbre docteur Erskine, ecclésiastique distingué, et, de plus, excellent homme. (W. S.)

[3] Le père du D*r* Erskine était un légiste éminent, et ses *Institutes* de la loi d'Écosse sont aujourd'hui le manuel des étudiants en droit. (W. S.)

dont l'âme intrépide et l'éloquence entraînante, quoique parfois rude et grossière, nous ont valu la réforme.

— Et cependant, repartit Pleydell, ce révérend ministre, que j'aime à cause de son père et pour lui-même, n'a rien de l'âcreté et de l'orgueil pharisaïque qui ont été reprochés à quelques-uns des premiers pères de l'église calviniste d'Écosse. Son collègue et lui diffèrent sur quelques points particuliers de la discipline ecclésiastique, et sont les chefs de deux partis opposés dans l'église; mais jamais ils n'ont oublié un moment les égards personnels et le respect qu'ils se doivent l'un à l'autre, ni souffert que la malignité se glissât dans une opposition ferme, constante, et qui de part et d'autre paraît avoir sa source dans la conscience.

— Et vous, M. Pleydell, que pensez-vous des points sur lesquels ils sont en dissidence?

— Ma foi, colonel, j'espère qu'un honnête homme peut aller au ciel sans avoir d'opinion là-dessus. — Et puis, *inter nos*, je suis membre de l'église souffrante d'Écosse, l'église épiscopale, — maintenant l'ombre d'une ombre, et c'est un bonheur; — mais j'aime à prier où mes pères ont prié avant moi, sans penser plus mal des formes presbytériennes, parce qu'elles n'éveillent pas en moi les mêmes impressions. — Sur cette remarque, ils se quittèrent jusqu'à l'heure du dîner.

D'après l'accès peu avenant de la maison du légiste, Mannering était porté à concevoir une idée très-médiocre du traitement qu'il y devrait recevoir. L'approche en paraissait encore plus effroyable en plein jour qu'elle ne l'avait semblé le soir précédent. Les maisons de chaque côté de la ruelle étaient tellement rapprochées, que de leurs fenêtres les voisins eussent pu se donner la main; et en quelques endroits, des galeries de bois établies d'un côté à l'autre interceptaient totalement la vue du ciel. Ni l'escalier ni l'allée n'étaient des plus propres, et en entrant chez l'avocat, Mannering fut frappé de l'aspect désagréable d'un corridor boisé, étroit et bas. Mais la bibliothèque, dans laquelle il fut conduit par un domestique âgé d'apparence respectable, formait un contraste complet avec ces prémisses de mauvais augure. C'était une salle de belles proportions, où étaient suspendus les portraits de quelques Écossais illustres, peints par Jamieson, le Van Dyck calédonien, et qui était entourée de livres où se voyaient les meilleures éditions des meilleurs auteurs, et en particulier une admirable collection de classiques.

— Ces livres, dit Pleydell, sont les outils de mon métier. Un avocat sans histoire ni littérature n'est qu'un ouvrier, un simple manœuvre; s'il en a quelque teinture, il peut se hasarder à prendre le titre d'architecte.

Mais Mannering fut surtout ravi de la vue dont on jouissait des fenêtres qui dominaient cette incomparable perspective qu'offre l'espace compris entre Édimbourg et la mer, avec le frith[1] du Forth et ses îles, la large baie que termine le Law ou promontoire de North-Berwich, et au nord les côtes accidentées du comté de Fife, où une ligne de collines bleuâtres se dessine sur le fond pur et azuré de l'horizon.

Quand M. Pleydell eut suffisamment joui de la surprise de son hôte, il ramena son attention sur les affaires de miss Bertram. — J'avais, lui dit-il, l'espoir, quoique faible, de découvrir quelque moyen d'établir en sa faveur un droit imprescriptible de propriété sur Singleside ; mais mes recherches ont été vaines. La vieille dame en avait certainement la disposition absolue, et pouvait le donner ou le transmettre à sa pleine et entière volonté. Tout ce que nous avons à espérer est que le diable ne l'aura pas tentée de changer cette donation, qui est excellente. Il faudra que vous assistiez demain aux funérailles de la vieille fille, pour lesquelles vous recevrez une invitation ; car j'ai prévenu son agent de votre présence ici comme représentant de miss Bertram. Je vous rejoindrai plus tard à la maison de la défunte, et je serai présent pour garantir que l'ouverture des dernières volontés se fera comme elle doit se faire. La vieille chatte avait près d'elle une jeune fille, l'orpheline de quelque parente, dont elle avait fait son esclave autant que sa compagne. J'espère qu'elle aura eu la conscience de lui assurer un sort indépendant, en considération de *la peine forte et dure*[2] à laquelle elle l'avait condamnée de son vivant.

Trois convives arrivèrent en ce moment, et furent présentés à l'étranger. C'étaient des hommes de bon sens, gais et assez instruits, de sorte que la journée se passa fort agréablement ; le colonel Mannering resta jusqu'à huit heures aux prises avec la bouteille de l'hôte, laquelle, naturellement, était un *magnum*[3]. A son retour à l'auberge, il trouva une carte d'invitation pour les funérailles de miss Marguerite Bertram de Singleside, qui devaient partir à une heure après midi de la maison de la défunte pour le cimetière des Frères-Gris, où elle devait être enterrée.

A l'heure désignée, Mannering se rendit à une petite maison située dans un des faubourgs méridionaux de la ville ; il la reconnut aisément aux deux lugubres figures vêtues de longs manteaux noirs, avec des crêpes blancs au bras et au chapeau, qui, selon l'usage d'Écosse, tenaient chacune à la main des bâtons garnis de tristes symboles du même genre. Deux autres muets, qu'à leurs visages on eût dit accablés sous le poids de quelque étrange calamité, l'introduisirent dans la salle à manger de la défunte, où la compagnie était réunie pour les funérailles.

L'usage, maintenant oublié en Angleterre, d'inviter à l'enterrement

---

[1] Détroit ou estuaire. (L. V.)

[2] Ces mots sont en français dans le texte.

[3] Double pinte. (L. V.)

tous les parents du défunt, est universellement suivi en Écosse. En beaucoup d'occasions, cet usage est d'un effet solennel et frappant; mais il dégénère en simples démonstrations et en grimaces de pure forme, si la personne défunte a été assez malheureuse pour n'inspirer ni attachement pendant sa vie ni regrets à sa mort. Le service des morts du culte anglican, une des parties les plus belles et les plus imposantes du rituel de l'Église, aurait, en de tels cas, l'avantage de fixer l'attention et de concentrer les pensées et les sentiments des assistants, dans un exercice de dévotion si bien adapté à une telle occasion. Mais dans l'usage écossais, si le cœur se tait, rien ne vient suppléer à l'absence de démonstrations véritables, ni exalter ou réveiller l'attention; de sorte qu'une impression d'ennuyeuse formalité et presque de contrainte hypocrite n'est que trop sujette à se répandre parmi l'assemblée que réunit une solennité funéraire. Mistress Marguerite Bertram était malheureusement une de ces personnes à qui nulle bonne qualité n'a concilié l'amitié générale. Elle n'avait pas de proches parents qui eussent pu la pleurer par affection naturelle; aussi, ses funérailles n'offraient-elles que le masque de la douleur.

Mannering se tint donc au milieu de cette lugubre réunion de cousins aux troisième, quatrième, cinquième et sixième degrés, cherchant à donner à ses traits le degré convenable de solennité qu'offrait la physionomie de tous ceux qui l'entouraient, et paraissant aussi touché de la perte de mistress Marguerite Bertram, que si la défunte lady de Singleside eût été sa propre sœur ou sa mère. Après un assez long intervalle de morne silence, les assistants commencèrent à échanger quelques mots, — mais à voix basse, comme dans la chambre d'un mourant.

— Notre pauvre amie, dit un grave gentleman, ouvrant à peine la bouche de peur de déranger la solennité nécessaire de ses traits, et laissant échapper ses paroles presque inarticulées de ses lèvres à peine entr'ouvertes, — notre pauvre amie a bien vécu.

— Sans doute, répondit, les yeux à demi clos, celui à qui l'autre s'adressait, la pauvre mistress Marguerite a toujours été soigneuse de son bien.

— Y a-t-il quelques nouvelles aujourd'hui, colonel Mannering? lui dit un de ceux qui la veille avaient dîné avec lui, mais d'un ton aussi profondément pénétré que si cette personne eût eu à lui annoncer la mort de toute sa génération.

— Rien de particulier que je sache, monsieur, répondit Mannering en mettant sa voix en harmonie avec le ton qui régnait dans la maison mortuaire.

— J'ai appris, continua celui qui avait parlé le premier, en appuyant sur ses paroles en homme bien informé, — j'ai appris qu'il y a un testament.

— Et qu'y a la petite Jenny Gibson?

— Cent livres et la vieille répétition.

— Ça n'est pas grand'chose, pauvre fille; elle a eu de tristes moments avec la vieille dame. Mais il ne faut jamais compter sur les souliers des morts.

— Je crains, dit le politique qui était près de Mannering, que nous n'en ayons pas encore fini avec notre vieil ami Tippo-Saëb; — je crois qu'il donnera encore bien du tintouin à la Compagnie des Indes Orientales, et on m'a dit, mais vous le saurez mieux que personne, que ses ...ions ne sont pas en hausse.

— J'espère qu'elles y seront bientôt, monsieur.

— Mistress Marguerite, ajouta une autre personne qui vint se mêler à la conversation, avait quelques actions des Indes. Je le sais, car j'ai touché les intérêts pour elle. — Il serait à désirer pour les curateurs et les légataires que le colonel voulût bien leur donner son avis sur le meilleur temps et le meilleur moyen de les réaliser. Pour ma part, je crois... Mais voici M. Mortcloke¹ qui vient nous prévenir qu'on va lever le corps.

M. Mortcloke, l'entrepreneur, venait en effet, le visage allongé et empreint d'une douloureuse solennité, comme il convenait à sa profession, distribuer à ceux qui devaient tenir les coins du poêle de petites cartes indiquant leurs positions respectives autour du cercueil. Comme cette prééminence est supposée déterminée par la proche consanguinité avec le défunt, l'entrepreneur, quoique habile maître de cérémonie dans ces occasions lugubres, ne put éviter de faire plus d'un mécontent. Être parent de mistress Bertram, c'était l'être des terres de Singleside, et c'était une consanguinité dont chacun des assistants était en ce moment particulièrement jaloux. Il y eut quelques murmures, et notre ami Dinmont causa un scandale plus ouvert, incapable qu'il était ou de réprimer son mécontentement, ou de l'exprimer sur un ton convenablement approprié à la solennité funèbre. — Il me semble que vous auriez pu au moins me donner une de ses jambes à porter, s'écria-t-il d'un ton beaucoup plus élevé que l'occasion ne le comportait; par Dieu! si ce n'avait été pour les sillons de terre, je l'aurais eue à porter tout seul, tout nombreux que sont les gentles² réunis ici.

Vingt regards de travers et vingt sourcils froncés se tournèrent vers le fermier qu'ils ne déconcertèrent point; et après avoir ainsi donné cours à son humeur, Dinmont descendit brusquement les escaliers avec le reste de la compagnie, sans s'occuper le moins du monde des censures de ceux que sa remarque avait scandalisés.

Le cortége funèbre se mit alors en route; les *saulies*³ s'avançaient

---

¹ Couvre-mort; comme nous dirions M. Croquemort. (L. V.)

² Les *messieurs* rendrait plus exactement cette expression que les gentilshommes ou les nobles. (L. V.)

³ Pleureurs à gages. (L. V.)

CHAPITRE XXXVII.

avec leurs bâtons ornés de flammes de crêpe jadis blanc, en l'honneur de l'intacte renommée virginale de mistress Marguerite Bertram. Six chevaux étiques, véritables emblèmes de la mort, bien caparaçonnés et bien emplumés, tirant le char et ses emblèmes funéraires, se traînaient lentement vers le cimetière, précédés de Jamie Duff, idiot qui, paré de pleureuses de papier blanc et d'une cravate pareille, assistait à tous les enterrements, et suivi de six voitures de deuil occupées par les invités. Beaucoup de ceux-ci donnaient alors plus libre carrière à leur langue, et évaluaient avec un intérêt qui avait cessé de se contraindre le montant de la succession et sa destination probable. Les principaux prétendants gardaient néanmoins un silence prudent, craignant, à la vérité, de laisser percer des espérances qui pourraient se trouver déçues; et l'agent ou homme d'affaires, le seul qui connût l'état des choses, conservait un air d'importance mystérieuse, comme s'il eût voulu prolonger jusqu'à la fin l'intérêt de l'attente et de l'incertitude.

On arriva enfin aux portes du cimetière, et de là, au milieu de l'encombrement de deux ou trois douzaines de femmes désœuvrées portant des enfants dans leurs bras, et accompagnées d'une vingtaine de marmots criards qui couraient sur les côtés de la noire procession, ils atteignirent finalement le lieu de sépulture de la famille des Singleside. C'était un espace clos de forme carrée dans le cimetière des Frères-Gris, gardé d'un côté par un ange invalide, sans nez et privé d'une aile, mais qui avait le mérite d'être resté à son poste depuis un siècle, tandis qu'un second chérubin son camarade, qui faisait sentinelle sur le piédestal correspondant, n'était plus qu'un tronc informe gisant à terre parmi les ciguës, les orties et les chardons, dont la végétation luxuriante entourait les côtés du monument. Une inscription mutilée et en partie couverte de mousse informait le lecteur que dans l'année 1650 le capitaine André Bertram, fondateur de la famille des Singleside et issu de la très-ancienne et très-honorable maison d'Ellangowan, avait fait ériger ce monument pour lui et ses descendants. Un nombre raisonnable de faux et de sabliers, de têtes de morts et d'os en croix, entourait le morceau suivant de poésie sépulcrale, dédié à la mémoire du fondateur du mausolée :

> Le bras de Bezaleel, le cœur de Nathaniel,
> Si jamais personne les eut,
> Hardiment je dis que ce fut
> Celui qui goûte ici le repos éternel [1].

---

[1] Pour qu'on ne nous accuse pas d'avoir calomnié dans notre transcription le talent poétique du Pindare écossais, nous rapporterons ici l'inscription originale :

> Nathaniel's heart, Bezaleel's hand,
> If ever any had,
> These boldly do I say had he
> Who lieth in this ed. (L. V.)

276 GUY MANNERING,

Ce fut donc là, au sein de la terre grasse et noire produit de la décomposition de ses ancêtres, que fut déposé le corps de mistress Marguerite Bertram; et, semblables à des soldats revenant d'une corvée funéraire, les plus proches parents, ceux qui pouvaient avoir trouvé place dans les dispositions de la dame, firent prendre aux haridelles des fiacres funèbres le trot le plus rapide dont elles fussent capables, impatients de mettre fin à toute incertitude sur un objet si intéressant.

CHAPITRE XXXVIII.

> Dote en mourant un collége ou ton chat.
> POPE.

LUCIEN raconte que, tandis qu'une troupe de singes bien dressés par un maître intelligent était occupée à exécuter une tragédie, aux grands applaudissements des spectateurs, le décorum de la scène fut subitement troublé et les passions naturelles des acteurs remises en jeu, avec une activité tout à fait inconvenante, par une poignée de noix qu'un mauvais plaisant jeta sur le théâtre. C'est ainsi que la crise qui s'approchait excita parmi les prétendants des sentiments d'une nature bien différente de ceux dont, quelques instants auparavant, sous la direction de M. Mortcloke, ils s'étaient efforcés de feindre l'expression. Ces yeux, qui tout à l'heure étaient dévotement levés au ciel, ou tristement baissés vers la terre avec un air de grande humilité, fouillaient maintenant de leurs regards avides les coffres, les cassettes, les tiroirs, les armoires, et jusqu'aux moindres recoins des singulières cachettes d'une vieille fille. Leurs recherches ne laissèrent pas de les intéresser, quoiqu'ils ne trouvassent pas le testament dont ils étaient en quête.

Ici était une reconnaissance de vingt livres[1] souscrite par le ministre de la chapelle des non-conformistes, et dont les intérêts étaient notés comme payés à la Saint-Martin précédente, soigneusement enveloppée dans une chanson nouvelle sur le vieil air :

> De l'autre côté de la mer
> Je vais trouver Charlie[2] ;

— là était une curieuse correspondance d'amour entre la défunte et un certain lieutenant O'Kean d'un régiment d'infanterie. Lié avec les lettres se trouva un document qui expliqua tout d'abord aux parents comment une liaison qui ne leur préageait rien de bon avait été soudainement rompue : c'était un billet du lieutenant pour une somme de deux cents livres, dont il ne paraissait pas qu'aucun intérêt eût été payé. Ils découvrirent aussi d'autres reconnaissances et d'autres billets d'une valeur plus considérable et revêtus de signatures meilleures (commercialement parlant) que celles du digne ministre et du galant

---

[1] Près de 500 fr. (L. V.)
[2] Ancienne chanson jacobite. (L. V.)

militaire, outre un monceau de monnaies de toutes grandeurs et de toutes dénominations, et des fragments d'or et d'argent, vieux pendants d'oreilles, charnières de tabatières brisées, montures de lunettes, etc., etc., etc. Mais on ne voyait toujours pas apparaître de testament, et le colonel Mannering commençait à avoir bon espoir que l'acte que Glossin lui avait remis contenait la disposition définitive des affaires de la vieille dame. Mais son ami Pleydell, qui arrivait en ce moment, l'avertit de ne pas s'abandonner trop aisément à cet espoir.

— Je connais bien celui qui procède aux recherches, dit-il, et je vois à son air qu'il en sait à cet égard plus qu'aucun de nous.

Cependant, tandis que les investigations se poursuivent, jetons un coup d'œil rapide sur quelques-uns des assistants qui semblent y apporter le plus d'intérêt.

Nous n'avons rien à dire de Dinmont, qui, son gros fouet de chasseur sous le bras, se tient debout et avance sa large face ronde au-dessus de l'épaule de l'homme d'affaires. Cette personne âgée, aux formes étiques, vêtue d'habits de deuil très-propres et très-décents, est Mac Casquil, ci-devant de Drumquag, qui a été ruiné par un legs qu'on lui avait fait de deux actions de la banque d'Ayr. Ses espérances en cette occasion sont fondées sur une parenté fort éloignée, sur la régularité avec laquelle il avait occupé chaque dimanche à l'église le même banc que la défunte, et sur sa ponctualité à faire tous les samedis soirs sa partie de cribbage[1],— se gardant bien de jamais être le gagnant. — Cet autre à la mine commune, dont les cheveux graisseux sont liés dans une bourse encore plus graisseuse, est un débitant de tabac, parent de la mère de mistress Bertram, et qui, à l'époque où éclata la guerre coloniale, ayant son magasin bien approvisionné, tripla pour tout le monde les prix de sa marchandise, sauf pour la seule mistress Bertram, dont, chaque semaine, la boîte d'écaille de tortue était remplie du meilleur *râpé* à l'ancien taux, parce que la servante de mistress Bertram venait le trouver à sa boutique avec les compliments de sa maîtresse pour son cousin M. Quid. — Ce jeune homme, qui n'a pas eu la décence de quitter ses bottes et sa culotte de peau de daim, aurait pu se mettre aussi avant que la plupart des autres dans les bonnes grâces de la vieille dame, qui aimait à regarder un jeune homme bien fait ; mais on croit qu'il perdit l'occasion de sa fortune en négligeant quelquefois de venir prendre le thé avec mistress Bertram, après avoir été solennellement invité, ou bien d'autres fois en s'y rendant après avoir dîné en trop joyeuse compagnie ; en marchant deux fois sur la queue de son chat, et enfin une fois en irritant son perroquet.

Aux yeux de Mannering, la figure la plus intéressante du groupe était celle de la pauvre fille qui avait été pour la défunte une sorte

---

[1] Jeu de cartes. (L. V.)

d'humble compagne sur qui elle pouvait en tout temps épancher sa bile. Elle avait été, pour la forme, amenée presque de force dans la chambre par la domestique favorite de la défunte, et aussitôt qu'elle l'avait pu, elle s'était retirée dans un coin, d'où elle avait vu avec autant d'étonnement que d'effroi les investigations indiscrètes de ces étrangers dans des resserres que depuis son enfance elle était habituée à regarder avec une vénération craintive. Cette jeune fille était vue de mauvais œil par tous les compétiteurs, l'honnête Dinmont seul excepté; les autres pensant trouver en elle une formidable rivale, dont les droits pourraient tout au moins grever et diminuer leurs chances de succession. Elle était pourtant la seule de tous les assistants à qui la défunte parût inspirer un regret véritable. Mistress Bertram avait été sa protectrice, quoique par des motifs d'égoïsme; en ce moment sa tyrannie capricieuse était oubliée, et des larmes abondantes inondaient le visage de l'orpheline isolée et craintive.

— Il y a bien de l'eau salée par ici, Drumquag, dit le débitant à l'ex-propriétaire; ça doit être d'un bon augure pour les autres. On ne pleure guère de cette façon-là sans avoir ses raisons. M. Mac Casquil ne répondit que par un petit signe de tête, jugeant convenable de tenir son rang en présence de M. Pleydell et du colonel Mannering.

— Ça serait très-drôle qu'on ne trouvât pas de testament, tout de même, l'ami, dit à l'homme d'affaires Dinmont qui commençait à s'impatienter.

— Un moment de patience, s'il vous plaît; — c'était une femme sage et prudente, que mistress Marguerite Bertram, — une femme sage, prudente et prévoyante, et qui savait choisir ses amis et ses dépositaires. — Elle peut avoir déposé ses dernières volontés et son testament, ou, pour mieux dire, ses dispositions *mortis causâ*, en ce qui se rapporte à l'héritage, entre les mains de quelque ami sûr.

— Je gagerais dix contre un qu'il l'a dans sa poche, dit tout bas Pleydell à l'oreille du colonel. — Puis se tournant vers l'homme d'affaires : Allons, monsieur, lui dit-il, nous irons au plus court, s'il vous plaît. — Voici une donation du domaine de Singleside faite, il y a plusieurs années, à miss Lucy Bertram d'Ellangowan... (Un air de consternation se peignit sur la figure de tous les prétendants.) — Je présume, maître Protocole, que vous pouvez nous informer s'il y a eu une disposition postérieure?

— Voulez-vous me permettre, M. Pleydell? — et en même temps Protocole prit l'acte des mains du savant conseiller, et le parcourut des yeux.

— Il est trop froid, dit Pleydell, — trop froid de moitié. Il a un autre testament dans sa poche.

— Alors que ne le montre-t-il, le damné procureur? repartit le noble soldat, dont la patience s'épuisait de plus en plus.

— Que sais-je? dit l'avocat; — pourquoi un chat ne tue-t-il point une souris dès qu'il l'a prise? — sans doute le plaisir de sentir son pouvoir et de tourmenter. — Hé bien, M. Protocole, que dites-vous de cet acte?

— Hé mais, M. Pleydell, l'acte est un acte bien dressé, muni de toutes les garanties d'authenticité, et revêtu des attestations exigées par le statut.

— Mais révoqué ou abrogé par un autre de date postérieure, qui est en votre possession, n'est-ce pas?

— Quelque chose comme cela, j'en conviens, M. Pleydell, répliqua l'homme d'affaires en tirant de sa poche un paquet entouré d'un fil, et scellé de cire noire à chaque pli et sur la ligature. — Cet acte que vous produisez et sur lequel vous vous fondez, M. Pleydell, est daté du premier juin 17..; mais celui-ci — (il rompit les cachets et déploya lentement le document) — est daté du 20 — non, je vois qu'il est du 21 avril de la présente année, et par conséquent postérieur de dix ans.

— Que le Ciel la confonde, la fouine! fit le conseiller, empruntant une imprécation à sir Toby Belch; c'est précisément le mois où les malheurs d'Ellangowan furent généralement connus. — Mais écoutons ce que dit cet acte.

M. Protocole, ayant en conséquence réclamé le silence, commença la lecture du testament d'une voix lente, bien posée, bien articulée. Ceux qui l'entouraient, dans les yeux desquels l'espérance brillait ou s'évanouissait tour à tour, et dont toutes les facultés étaient tendues à saisir les intentions de la testatrice à travers le brouillard de termes techniques qui les enveloppait, formaient un groupe qui eût été digne de l'étude d'Hogarth.

L'acte était d'une nature inattendue. Il transmettait la pleine et entière propriété du domaine et des terres de Singleside et autres, avec toutes les dépendances, Loverless, Liealone, Spinter's Knowe, et Dieu sait combien d'autres encore, à (ici la voix du lecteur descendit à un modeste *piano*) Peter Protocole, procureur, ayant, disait la testatrice, la confiance la plus entière dans sa capacité et son intégrité (ce sont les propres expressions dont ma digne amie exigea que je me servisse), — mais à titre de FIDÉICOMMIS (ici la voix du lecteur remonta à son diapason, et le visage de quelques-uns des auditeurs, qui avait atteint une longueur qu'aurait pu envier M. Mortcloke, se raccourcit visiblement), à titre de FIDÉICOMMIS, et pour les fins, usages et emplois ci-après mentionnés.

Dans ces « fins, usages et emplois » était la fleur de l'affaire. Venait d'abord un préambule, établissant que la testatrice descendait en droite ligne de l'ancienne maison d'Ellangowan, son respectable aïeul, André Bertram, d'heureuse mémoire, chef de la branche des Singleside, étant le second fils d'Allan Bertram, quinzième baron d'Ellangowan. Puis il était dit qu'Henry Bertram, fils et héritier de Godfrey Bertram, laird actuel d'Ellangowan, avait été volé à ses parents dans son enfance, *mais qu'elle était bien assurée*, elle, testatrice, *qu'il vivait encore dans un pays étranger, et que la Providence divine lui rendrait la possession des domaines de ses ancêtres :* — auquel cas ledit Peter Protocole était tenu et obligé, comme il s'y engageait et s'y obligeait lui-même, par l'acceptation de la donation actuelle, de renoncer auxdites terres de Singleside et autres, et à toute autre propriété que lui attribuait cette donation (sauf une gratification convenable à titre d'indemnité pour ses peines), en faveur dudit Henry Bertram, à son retour dans son pays natal. Et tant qu'il résiderait à l'étranger, comme aussi dans le cas où il ne reviendrait jamais en Écosse, M. Peter Protocole, le fidéicommissaire, serait obligé de répartir, par égales portions, les revenus du domaine et les intérêts des autres fonds (en déduisant toujours une allocation convenable pour ses soins et ses peines), entre quatre établissements de charité désignés dans le testament. La faculté d'administrer, de faire des baux, de prêter ou d'emprunter, en un mot, le plein pouvoir d'agir comme propriétaire, était délégué au fidéicommissaire, et, au cas où il viendrait à mourir, ces pleins pouvoirs passeraient à certaines personnes revêtues d'un caractère public, et désignées dans l'acte. Il n'y avait que deux legs : l'un de cent livres à une domestique favorite, l'autre de pareille somme à Janette Gibson (que le testament disait avoir été élevée par la charité de la testatrice), afin de l'aider à apprendre quelque honnête métier.

Une disposition de main-morte est appelée en Écosse une *mortification*, et dans une des grandes villes du royaume (Aberdeen, si ma mémoire ne me trompe pas) il existe un officier légal chargé de l'administration de ces fondations publiques, et qu'on nomme *Maître des mortifications*. On serait tenté de croire que ce nom vient de l'effet que des donations de cette nature produisent ordinairement sur les parents des donateurs. Grande, au moins, fut la mortification de ceux que la lecture de ces dispositions inattendues des terres de Singleside avait réunis dans le salon de feu mistress Marguerite Bertram. Cette lecture fut suivie d'un profond silence.

M. Pleydell fut le premier à le rompre. Il demanda à voir l'acte, et après s'être assuré qu'il était parfaitement en règle, il le rendit sans faire la moindre observation; seulement, il dit à part à Mannering : Je ne crois pas Protocole plus malhonnête homme qu'un autre; mais cette vieille fille a résolu que s'il ne devient pas un fripon, ce ne sera pas manque de tentation.

— Je pense réellement que ceci est un cas extraordinaire ! dit M. Mac Casquil de Drumquag, qui, ayant dévoré la moitié de son dépit, voulut du moins donner carrière au reste. Je voudrais savoir de M. Protocole qui, étant établi fidéicommissaire unique et sans restriction, doit avoir été consulté sur ce point, je voudrais savoir, dis-je, comment mistress Bertram pouvait croire à l'existence d'un enfant que tout le monde sait avoir été assassiné il y a bien des années.

— Réellement, monsieur, répondit M. Protocole, je ne crois pas pouvoir expliquer ses motifs plus qu'elle ne l'a fait elle-même. Notre excellente amie était une femme prudente, monsieur, — une femme pieuse, — et elle pouvait avoir, pour croire à l'existence de l'enfant, des motifs que nous ne pouvons pénétrer, monsieur.

— Bah! dit le débitant, je sais très-bien, moi, quels étaient les fondements de sa croyance. Mistress Rebecca (la servante), que voilà assise ici, m'a dit cent fois, dans ma propre boutique, qu'on ne pouvait savoir comment sa maîtresse arrangerait ses affaires, parce qu'une vieille sorcière de gipsie, qui demeurait à Gilsland, lui avait persuadé que le jeune homme, — n'est-ce pas Harry Bertram qu'elle l'appelait? — reviendrait vivant un jour ou l'autre. — Vous ne nierez pas cela, mistress Rebecca? quoique j'ose dire que vous avez oublié de faire souvenir votre maîtresse de ce dont vous promettiez de lui parler, chaque fois que je vous donnais une demi-couronne. — Mais vous ne nierez pas ce que je dis maintenant, ma fille?

— Je ne sais rien du tout de ça, répondit Rebecca d'un ton d'humeur, et en le regardant en face, de l'air d'une femme qui n'était pas disposée à être forcée à avoir plus de mémoire qu'il ne lui convenait d'en conserver.

— Bien dit, Rebecca! répliqua le débitant ; vous êtes contente de votre lot, à ce que je vois.

Le *buck*[1] de seconde classe[2], car il était loin d'être de la première, n'avait jusque-là guère fait autre chose que de frapper ses bottes de sa houssine, de l'air boudeur d'un enfant qu'on a privé de son souper. Ses murmures, néanmoins, étaient renfermés en lui-même, ou tout au plus s'épanchaient en soliloques tels que ceux-ci : — Je suis bien fâché, goddam[3], de m'être tant tourmenté pour elle! — Je suis venu ici un soir prendre le thé, goddam, et j'ai quitté King, et Will Hack le coureur du duc, qui étaient à porter la santé des chevaux de course; goddam, j'aurais pu me permettre de revêtir la jaquette aussi bien que d'autres, si j'avais porté les toasts avec eux ; — et elle ne m'a pas seulement laissé un de ces malheureux legs de cent livres!

— Nous nous conformerons exactement aux volontés de la testatrice,

---

[1] Littéralement un daim; terme consacré pour désigner un petit-maître, un fat, un débauché, à peu près ce que, dans l'argot de notre dandysme moderne, nous appelons un *lion*. (L. V.)

[2] De *seconde tête*, dit le texte, employant une expression de vénerie pour continuer la métaphore du nom de daim. (L. V.)

[3] Juron familier des Anglais; Dieu me damne. (L. V.)

dit M. Protocole, qui ne voulait pas accroître en ce moment l'odieux attaché à son office. — Et maintenant, messieurs, je crois que nous n'avons plus rien à faire ici, et je déposerai demain au greffe le testament de mon excellente et digne amie, afin que chacun puisse en examiner le contenu, et ait la liberté d'en prendre un extrait. Puis, tout en refermant les meubles et les tiroirs plus prestement qu'il ne les avait ouverts, il ajouta : Mistress Rebecca, vous serez assez bonne pour tenir tout en ordre ici jusqu'à ce que nous puissions quitter la maison. — J'ai déjà reçu ce matin une offre pour sa location, dans le cas où on en viendra là, et où ce sera moi qui en serai chargé.

Notre ami Dinmont, qui avait eu ses espérances aussi bien qu'un autre, s'était jusque-là tenu enfoncé d'un air assez maussade dans le fauteuil à bras de la défunte, où elle n'eût pas été médiocrement scandalisée de voir s'étendre ainsi tout de son long ce colossal échantillon du genre masculin. Toute son occupation avait été d'enrouler, en forme de serpent replié, la longue corde de son fouet, puis, par une brusque saccade, de l'envoyer se dérouler au milieu du plancher. Ses premières paroles, quand il eut digéré le désappointement, renfermaient une déclaration magnanime, que probablement il articula à haute voix sans s'en apercevoir : Hé bien, le sang est plus épais que l'eau ; — je ne regrette pas pour ça mes fromages et mes jambons. Mais quand l'exécuteur testamentaire parla de se retirer et de vider immédiatement la maison, l'honnête Dinmont se remit sur ses jambes, et étonna la compagnie par cette brusque question : — Et que va devenir cette pauvre fille, Jenny Gibson? Entre nous tous, qui nous regardions comme membres de la famille quand il s'agissait de partager le bien, nous pouvons sûrement faire quelque chose pour elle?

Cette proposition parut disposer la plupart des assistants à quitter immédiatement la place, quoique la motion de M. Protocole les eût laissés indécis, comme s'ils eussent eu peine à s'éloigner du tombeau de leurs espérances déçues. Drumquag dit ou plutôt murmura quelque chose de ce qu'il devait à sa propre famille, et usa de la préséance de sa noblesse pour partir le premier aussi promptement que possible. Le marchand de tabac s'avança brusquement pour répondre à la proposition. — Une petite fille comme celle-là, dit-il, était déjà suffisamment pourvue ; et en tout cas, c'était à M. Protocole à veiller sur elle, puisque c'était lui qui était chargé du legs ; et après avoir ainsi donné son opinion d'un ton bref et décisif, il quitta aussi la chambre. Le *buck* fit une stupide et grossière tentative de plaisanterie sur l'honnête métier que mistress Bertram recommandait de faire apprendre à la pauvre fille ; mais un regard écrasant du colonel Mannering (vers lequel, dans son ignorance du ton de la bonne société, il s'était retourné pour quêter un applaudissement) le glaça jusqu'au fond du cœur. Aussi se hâta-t-il de prendre à son tour le chemin de l'escalier.

Protocole, qui était réellement une bonne espèce d'homme, exprima alors son intention de se charger temporairement de la jeune fille, mais en ajoutant qu'en agissant ainsi c'était seulement de sa part un acte de pure charité. Alors Dinmont se leva de nouveau, et après avoir secoué sa large redingote de voyage, comme un chien de Terre-Neuve secoue sa crinière en sortant de l'eau, il s'écria : — Hé bien alors, le diable m'enlève si vous avez le moindre tracas pour elle, M. Protocole, si elle veut venir à la maison avec moi, s'entend. Ailie et moi, voyez-vous, nous sommes à notre aise, et nous aimerions assez que nos filles en sussent un peu plus que nous, et fussent élevées un peu en demoiselles; : — oui, nous l'aimerions assez. — Hé bien, Jenny ne peut manquer de connaître les bonnes manières, et de savoir lire dans les livres, et manier l'aiguille, elle qui a demeuré si longtemps avec une grande dame comme lady Singleside; et si elle ne sait rien de tout cela, je crains que les enfants ne l'en aiment encore que mieux. Je me chargerai des robes et des chiffons, et du peu d'argent dont elle pourra avoir besoin, de manière à ce que les cent livres profitent dans vos mains, M. Protocole, et j'y ajouterai moi-même quelque chose de temps en temps, jusqu'à ce qu'elle trouve dans le Liddesdale un jeune gars qui ait besoin de quelque chose pour l'aider à acheter l'*hirsel*[1]. — Qu'est-ce que vous dites de cela, petite? Je prendrai une place pour vous dans la *fly*[2] jusqu'à Jethart[3]; — mais, par exemple, il faudra que vous preniez un poney après cela jusqu'au Limestane-Rig, — car du diable si une voiture est jamais entrée dans le Liddesdale[4]. — Et je serais enchanté que mistress Rebecca vienne avec vous, ma chère petite, et demeure chez nous une couple de mois, jusqu'à ce que vous soyez tout à fait habituée à la maison.

Tandis que mistress Rebecca lui tirait une grande révérence, et s'efforçait d'en faire faire autant à la pauvre orpheline, qui ne cessait de pleurer, et tandis que Dandie les encourageait l'une et l'autre, à sa manière un peu rude, le vieux Pleydell avait recours à sa tabatière. — Ça vaut pour moi le boire et le manger, colonel, dit-il quand il se fut remis, de voir un paysan comme celui-ci. — Il faut que je le satisfasse selon son goût; — il faut que je l'aide à se ruiner : — il n'y aurait pas

---

[1] Le troupeau de moutons. (W. S.)

[2] Mouche; nom générique des *diligences*. Voyez le premier chapitre de *l'Antiquaire*.
(L. V.)

[3] Jedburgh, ville du comté de Roxburgh, dans le Teviotdale. (L. V.)

[4] On ne pouvait pas dire, au temps de Dandie Dinmont, qu'il y eût des routes dans le Liddesdale, et le district n'était accessible qu'à travers une succession d'effroyables marécages. L'auteur lui-même, il y a environ trente ans, fut le premier qui eût jamais conduit dans ces solitudes une petite voiture ouverte, la construction des routes excellentes qui les traversent aujourd'hui étant alors commencée. Les habitants ne semblaient pas peu étonnés à la vue d'une chose qui pour beaucoup d'entre eux était absolument nouvelle. (W. S.)

CHAPITRE XXXVIII.

moyen de l'empêcher. — Dites donc, Liddesdale, — Dandie, — Charlies-Hope... comment vous nomme-t-on?

Le fermier se retourna, infiniment flatté même du degré de connaissance qu'indiquait cette apostrophe ; car l'homme que dans son cœur il honorait le plus au monde après son propriétaire, c'était un légiste habile.

— Ainsi, vous ne voulez pas écouter mon conseil de renoncer à ce procès au sujet de vos limites?

— Non, — non, monsieur ; — personne n'aime a perdre son droit, et à ce qu'on se moque de lui dans toute la vallée, par-dessus le marché. Mais puisque l'affaire ne convient pas à Votre Honneur, qui est peut-être dans les intérêts de l'autre côté, il faudra bien que nous essayions de quelque autre avocat.

— La! — je vous le disais bien, colonel Mannering! — Hé bien, monsieur, s'il faut absolument que vous fassiez une sottise, l'affaire est de vous donner la jouissance d'un procès au moins de frais possible, et de vous en faire sortir vainqueur, si cela se peut. Que M. Protocole m'envoie vos pièces, et je lui indiquerai la manière de conduire votre cause. Je ne vois pas, après tout, pourquoi vous n'auriez pas aussi vos procès et vos débats devant la cour des sessions, comme vos pères avaient leurs querelles armées et leurs levées au signal du feu [1].

— C'est très-naturel, pour sûr, monsieur. Nous prendrions tout aussi bien la vieille manière, si ce n'était à cause de la loi. Et comme la loi nous lie, la loi devrait nous absoudre. Au surplus, un homme n'en est que mieux regardé dans nos pays, quand il a paru devant les quinze.

— Parfaitement raisonné, mon ami ! Adieu ; envoyez-moi vos papiers.

— Allons, colonel, nous n'avons plus rien à faire ici.

— Ha ! nous allons mener Jock de Dawston-Cleugh, à présent ! s'écria Dinmont en se frappant la cuisse dans un transport de joie.

[1] *Fire-raisings*. Nous renverrons le lecteur qui voudra avoir quelques détails sur cette coutume à un note du chapitre VII du *Nain Noir*. (L. V.)

CHAPITRE XXXIX.

> Je m'en vais au palais : vous voyez ce dossier. Si vous y avez quelque affaire pendante, expliquez-la-moi ; mais soyez bref, et payez-moi d'abord mes honoraires.
>
> *Le petit Avocat français.*

GAGNEREZ-VOUS la cause de cet honnête garçon ? demanda Mannering au conseiller Pleydell.

— Ma foi, je n'en sais rien ; la victoire n'est pas toujours à la force, mais il l'emportera sur Jock de Dawston si cela dépend de moi. Je lui dois quelque chose. C'est le fléau de notre profession, que nous voyions rarement le meilleur côté de la nature humaine. On vient à nous, tous les sentiments égoïstes fraîchement aiguisés et acérés ; les animosités et les préventions tournent alors leurs pointes en dehors, comme les forgerons tournent les fers de nos chevaux dans un temps de gelée. Là-bas dans mon grenier, plus d'un plaideur m'est venu trouver que j'étais d'abord fortement tenté de jeter par les fenêtres ; et je finissais par reconnaître qu'il ne faisait que ce que j'aurais bien pu faire si j'avais été à sa place, c'est-à-dire très en colère, et, partant, très-déraisonnable. Je suis maintenant convaincu que si notre profession voit plus de folies humaines et plus de friponneries que d'autres, c'est que nous voyons cette folie et cette friponnerie se mouvoir dans le canal où elles peuvent le plus librement s'épancher. Dans une société civilisée, la loi est une cheminée destinée à servir d'issue à la fumée qui se répandait dans toute la maison et aveuglait tout le monde : — il n'est donc pas étonnant qu'un peu de suie s'attache parfois au soupirail. Mais nous aurons soin que la cause de notre homme du Liddesdale soit bien conduite et bien soutenue, de manière à ce que toute dépense qui ne serait pas absolument nécessaire lui soit sauvée. — Il aura sa provende au meilleur marché possible.

— Voulez-vous me faire le plaisir de venir dîner aujourd'hui chez moi ? lui dit Mannering au moment où ils allaient se séparer. Mon hôte dit qu'il a un morceau de venaison de choix et quelques bouteilles d'excellent vin.

— De la venaison ? — eh ! repartit vivement le conseiller ; mais se reprenant aussitôt : Non, non, ajouta-t-il, c'est impossible ! — et je ne puis non plus vous inviter à venir chez moi. Le lundi est un jour sacré, — le mardi aussi, — et mercredi nous devons être entendus dans la grande affaire des dîmes maintenant en instance. Mais un moment. — Si le froid continue, et que vous ne deviez pas quitter Édimbourg, et que la venaison voulût attendre jusqu'à jeudi...

— Vous dîneriez avec moi ce jour-là?

— Très-certainement.

— Hé bien, en ce cas, je suivrai la pensée que j'avais eue de passer une semaine ici, et si la venaison ne se garde pas, hé bien, nous verrons quelle autre chose notre hôte pourra nous donner.

— Oh! la venaison *se gardera*; et maintenant, au revoir. — Voyez ces deux ou trois lettres, et servez-vous-en si les adresses vous y engagent. Je les ai écrites pour vous ce matin. — Adieu; mon clerc m'attend depuis une heure pour commencer une damnée information. — Et M. Pleydell, s'éloignant d'un pas alerte, se perdit bientôt dans un dédale d'impasses et d'escaliers couverts servant de passages, afin d'atteindre plus promptement High-Street, par une route qui était, comparée au chemin ordinaire, ce que le détroit de Magellan[1] est au passage plus ouvert, mais plus long, qui tourne le cap Horn.

En examinant les lettres d'introduction que Pleydell lui avait laissées, Mannering vit avec grand plaisir qu'elles étaient adressées à quelques-uns des littérateurs les plus renommés de l'Écosse : David Hume, esq., John Home, esq., le docteur Ferguson, le docteur Black, lord Kaimes, M. Hutton, John Clerk, esq. d'Eldin, Adam Smith, esq., le docteur Robertson[2].

Sur ma parole, pensa-t-il, mon ami le légiste a un bon choix de connaissances ; — tous ces noms ont fait assez de bruit dans le monde. — Un homme qui arrive des Indes Orientales doit dérouiller un peu ses facultés et remettre ses idées en ordre, avant de se présenter à une telle société.

Mannering fut pourtant heureux de profiter de ces introductions ; et nous regrettons vivement qu'il ne soit pas en notre pouvoir de rendre compte au lecteur du plaisir et de l'instruction qu'il trouva dans un cercle toujours accessible aux étrangers à qui leur esprit et leurs connaissances donnaient le droit d'y être admis, et qui peut-être n'a été égalé à aucune autre époque, quant à l'éminence et à la variété de talents qui s'y trouvaient compris et concentrés.

Au jour convenu, M. Pleydell arriva à l'auberge où logeait le colonel Mannering. La venaison se trouva à bon point, le claret était excellent, et le savant conseiller, amateur expert en affaires de table, fit noblement honneur à tous les deux. Je ne sais, cependant, si même la bonne chère lui causa plus de plaisir que la présence de Dominie Sampson, de qui, dans sa tournure d'esprit juridique, il sut tirer un

---

[1] Redouté des marins par la difficulté de sa navigation. (L. V.)

[2] La renommée littéraire et scientifique de plusieurs de ces noms n'est pas restée étrangère à la France. (L. V.)

grand amusement, tant pour lui que pour un ou deux amis que le colonel avait invités. La grave et laconique simplicité des réponses de Sampson aux questions insidieuses de l'avocat, plaça la bonhomie de son caractère sous un point de vue plus apparent que le colonel ne l'avait vu jusque-là. En cette occasion, le Dominie fit preuve d'une étrange quantité de connaissances variées et abstruses, quoique, généralement parlant, sans application utile. Le conseiller compara plus tard l'esprit de Sampson au magasin d'un prêteur sur gages, encombré d'objets de toute nature, mais tellement entassés et dans un tel désordre, que le propriétaire ne peut jamais mettre la main sur l'article dont il a besoin.

Quant à l'avocat, il fournit pour le moins autant d'exercice aux facultés réfléchissantes de Sampson que Sampson put lui donner d'amusement. A mesure que l'homme de loi entrait dans ses *altitudes*, et que son esprit, naturellement fin et réservé, s'animait et devenait plus mordant, le Dominie le regardait avec cette sorte d'étonnement que nous pouvons imaginer être ressenti par un ours apprivoisé, quand il se trouve pour la première fois en présence du singe son futur associé. M. Pleydell prenait plaisir à jeter dans une discussion grave et sérieuse quelque proposition qu'il savait que le Dominie serait disposé à contester. Il jouissait alors avec un bonheur infini du travail intérieur avec lequel l'honnête homme arrangeait ses idées pour la réplique, et mettait en œuvre ses facultés inertes et pesantes pour amener en ligne la lourde artillerie de son savoir, dont il voulait battre l'opinion hérétique et schismatique qui avait été mise en avant; — puis, voyez! avant que les batteries eussent pu lancer leurs feux, l'ennemi avait quitté le poste, et se montrait dans une nouvelle position sur le flanc ou l'arrière du Dominie. — Prodigieux! s'écria-t-il plus d'une fois, quand s'avançant sur l'ennemi, plein de confiance dans la victoire, il trouvait le champ de bataille abandonné; et on peut bien croire que tenter de reformer de nouvelles lignes n'était pas pour lui un petit travail. — Il était comme une armée d'Indiens, dit le colonel, formidable par la force numérique et la taille de ses canons, mais qu'il est facile de mettre en pleine déroute par un mouvement dirigé sur ses flancs. — Au total, cependant, le Dominie, bien que passablement fatigué de ces évolutions mentales, opérées avec une rapidité inhabituelle sous la nécessité du moment, regarda cette journée comme un des *jours blancs* de sa vie, et ne parla jamais de M. Pleydell que comme d'une personne très-érudite et très-fa-cé-ti-eu-se.

Successivement les convives se retirèrent, et laissèrent ensemble nos trois personnages. Leur conversation tourna alors sur les dispositions testamentaires de miss Bertram. — Qui diable a pu fourrer dans la cervelle de cette vieille haridelle, dit le conseiller, de déshériter la pauvre Lucy Bertram, sous prétexte de transmettre ses biens à un enfant qui depuis si longtemps est mort et trépassé? — Je vous demande

CHAPITRE XXXIX.

pardon, M. Sampson; j'oubliais combien ce sujet vous affecte. — Je me souviens d'avoir reçu votre déclaration sur l'événement, — et jamais je n'ai eu tant de peine à faire prononcer à personne trois paroles de suite. — Vous pouvez parler de vos bramines, colonel, silencieux comme des pythagoriciens : — allez, je vous assure que ce savant gentleman leur en remontrerait à tous en fait de taciturnité. — Mais les paroles du sage sont précieuses, et ne doivent pas être jetées légèrement au vent.

— Pour sûr, dit le Dominie en portant à ses yeux son mouchoir à carreaux bleus, ce fut pour moi un jour bien amer; oui, et un jour de chagrin difficile à supporter. — Mais il donna la force, celui qui avait envoyé le fardeau.

Le colonel Mannering saisit cette occasion pour prier M. Pleydell de lui raconter les particularités de la perte de l'enfant; et le conseiller, qui aimait passionnément à conter sur des sujets de jurisprudence criminelle, surtout quand lui-même y avait joué un rôle, fit un détail circonstancié de l'événement.

— Et au total, quelle est votre opinion?

— Oh! que Kennedy a été assassiné : c'est un cas qui a été assez fréquent sur cette côte, — celui de Contrebandier contre Douanier.

— Et quelle est donc votre conjecture sur le sort de l'enfant?

— Oh! assassiné aussi, très-probablement. Il était assez âgé pour rapporter ce qu'il avait vu, et ces coquins sans pitié ne se seront pas fait scrupule d'exécuter un second massacre de Bethléem, s'ils ont pensé que leur intérêt l'exigeait.

Le Dominie poussa un profond gémissement, et laissa échapper l'exclamation É-nor-me!

— Cependant, conseiller, il a été aussi question de gipsies dans l'affaire, reprit Mannering; et d'après ce que cet homme à mine commune a dit après les funérailles...

— Que l'idée de Marguerite Bertram, que l'enfant est encore en vie, était fondée sur le rapport d'une gipsie, interrompit Pleydell, saisissant l'insinuation à demi exprimée du colonel. — Je vous envie cet enchaînement, colonel; — il est honteux à moi de ne pas être arrivé aux mêmes conclusions. Nous allons nous occuper de cette affaire à l'instant même. — Approchez, mon garçon, et écoutez, continua-t-il en s'adressant à celui qui les servait; vous irez sur-le-champ chez la mère Wood dans la Cowgate; vous y trouverez mon clerc Driver : il sera à l'heure qu'il est occupé aux High-Jinks [1] (car nous et nos clercs, colonel, nous sommes d'une régularité parfaite dans nos irrégularités); dites-lui de se rendre ici à l'instant même, et que je paierai ses amendes.

---

[1] Le lecteur a vu, dans un des chapitres précédents, quel était, parmi les bons vivants contemporains du conseiller, le sens de cette expression. (L. V.)

— Il ne nous arrivera pas dans le caractère de son rôle, n'est-ce pas? dit Mannering.

— Ha! « plus un mot de cela, Hal, si tu m'aimes. » Mais il faut que nous ayons des nouvelles de la terre d'Égypte, s'il est possible. Oh! si je parvenais seulement à trouver le fil le plus délié de cet écheveau embrouillé, vous verriez comment je le démêlerais! — Je tirerais la vérité de votre Bohémienne, comme les Français les appellent, mieux qu'un *monitoire* ou une *plainte de la Tournelle*[1] ; je sais comment gouverner un témoin récalcitrant.

Tandis que M. Pleydell faisait ainsi l'éloge de son habileté juridique, le garçon revint accompagné de M. Driver, les lèvres encore grasses de pâté de mouton, et la mousse de son dernier verre de *twopenny* encore marquée sur sa lèvre supérieure, tant il avait mis d'empressement à se rendre aux ordres de son patron.

— Driver, il faut que vous vous mettiez à l'instant même à la recherche de la servante de la vieille mistress Marguerite Bertram. Informez-vous d'elle partout; mais s'il est nécessaire que vous ayez recours à Protocole, à Quid le débitant, ou à quelque autre de cette clique, vous aurez soin de ne pas paraître vous-même, mais d'y envoyer quelque femme de votre connaissance; — je suis bien sûr qu'il y en a plus d'une qui ne demandera pas mieux que de vous obliger. Quand vous l'aurez trouvée, vous l'engagerez à me venir voir demain matin à huit heures précises.

— Que lui dirai-je pour l'y décider? demanda l'aide-de-camp.

— Tout ce que vous voudrez. Pensez-vous que ce soit à moi de trouver vos mensonges? Mais qu'elle soit *in presentiâ* à huit heures, comme je vous l'ai dit.

Le clerc grimaça un sourire, fit sa révérence, et sortit.

— C'est un utile compagnon, dit le conseiller; je ne crois pas que son pareil ait jamais suivi un procès. Il écrira sous ma dictée trois nuits par semaine sans dormir, ou, ce qui revient au même, il écrit aussi bien et aussi correctement dormant qu'éveillé. Et puis c'est un garçon constant dans ses habitudes. — Il y en a qui changent continuellement de tavernes, de sorte qu'ils ont toujours vingt commissionnaires en quête après eux, comme les capitaines à tête nue parcourant les tavernes d'East-Cheap à la recherche de sir John Falstaff. Mais celui-ci est la stabilité même : — il a, chez la mère Wood, son siége d'hiver au coin du feu et son siége d'été près de la fenêtre, et toutes ses migrations sont renfermées entre ces deux places; on est sûr de l'y trouver en tout temps quand il n'est pas à sa besogne. Je ne pense pas qu'il se déshabille jamais ni que jamais il se mette au lit; — l'ale pure lui tient lieu

---

[1] Les expressions en italique sont en français dans le texte. Le conseiller emploie des termes de l'ancienne jurisprudence criminelle du châtelet de Paris. (L. V.)

de tout. C'est son boire et son manger, son habit, son lit, sa table et son bain.

— Et il est toujours prêt à se mettre à la besogne au premier appel? Je ne l'aurais guère cru, d'après ses quartiers.

— Oh! la boisson ne le dérange jamais, colonel; il ne pourra plus parler qu'il écrira encore pendant des heures entières. Je me souviens d'une fois où j'avais été appelé à l'improviste pour dresser un acte d'appel. J'avais dîné, c'était un samedi soir, et j'étais assez mal disposé à m'y mettre; — cependant ils me menèrent chez Clerihugh, et nous nous mîmes à boire jusqu'à ce que, pour mon compte, j'eusse une *poule huppée* dans ma ceinture[1], et alors ils me persuadèrent de dresser l'acte. Mais il nous manquait Driver, et ce fut tout ce que deux hommes purent faire que de nous l'apporter; car lorsqu'on le trouva, il en était, selon sa coutume, à ne pouvoir plus ni bouger ni parler. Mais dès qu'on lui eut mis sa plume entre les doigts, qu'on eut placé son papier devant lui et qu'il eut entendu ma voix, il se mit à écrire comme un notaire; — et sauf que nous fûmes obligés d'avoir quelqu'un qui lui trempât sa plume dans l'encre, car il ne voyait pas l'écritoire, je n'ai jamais vu de rôle mieux écrit.

— Mais comment, le lendemain matin, trouvâtes-vous votre double besogne?

— Parfaite! — il n'y avait pas trois mots à y changer[2]; elle partit par le courrier du jour. Mais vous viendrez déjeuner demain avec moi, et vous assisterez à l'interrogatoire de cette femme?

— Votre heure est un peu matinale.

— Elle ne pourrait être fixée plus tard. Si je n'étais pas à la chambre de l'*outer-house*[3] à neuf heures sonnant, on me croirait frappé d'apoplexie, et je m'en ressentirais pendant tout le reste de la session.

— Hé bien, je ferai un effort pour m'y trouver. Ils se séparèrent alors pour la nuit.

Le lendemain matin le colonel Mannering arriva chez le conseiller, tout en pestant contre le froid humide d'une matinée de décembre en Écosse. M. Pleydell avait déjà installé mistress Rebecca à un des coins de son feu, lui avait fait servir une tasse de chocolat, et ils étaient engagés dans une conversation animée. — Oh non, je vous proteste, mistress Rebecca, qu'il n'y a nulle intention d'attaquer le testament de votre maîtresse, et je vous donne ma parole d'honneur que votre legs ne court aucun risque. Vous l'avez mérité par votre conduite près de votre maîtresse, et je voudrais qu'il eût été du double.

— Mais bien sûr, monsieur, ce n'est pas bien à quelqu'un de rap-

---

[1] *Voyez* la note F, à la fin du volume.

[2] *Voyez* la note G, à la fin du volume.

[3] Premier degré de la juridiction écossaise, sorte de tribunal de première instance.

(L. V.)

porter ce qu'on a dit devant lui ;— vous avez entendu comment ce crasseux de Quid m'a jeté au nez les méchants présents qu'il m'a faits, et redit les propos en l'air que j'avais pu tenir avec lui. Si on se laissait aller à parler librement devant Votre Honneur, qui sait ce qui en pourrait arriver?

— Je vous assure, ma bonne Rebecca, que mon caractère, aussi bien que votre âge et votre extérieur, seraient votre sauvegarde, parleriez-vous aussi librement qu'un poëte érotique.

— Hé bien, si Votre Honneur pense que je ne cours aucun risque, — voici l'histoire : — Vous saurez qu'il y a environ un an, ou peut-être un peu moins, on conseilla à myleddy d'aller à Gilsland passer un bout de temps, attendu qu'elle était tourmentée par ses vapeurs. On commençait à parler publiquement des embarras d'Ellangowan, et ça la contrariait beaucoup,— car elle était fière de sa famille. Ellangowan et elle avaient été tantôt bien, tantôt mal ; — mais à la fin, ils ne s'entendaient plus du tout depuis deux ou trois ans. — Il avait toujours à emprunter de l'argent, et c'était ce qu'elle ne pouvait souffrir ; elle le tourmentait toujours pour rendre, et c'était ce que le laird n'aimait pas davantage ; si bien qu'à la fin ils étaient tout à fait brouillés. Alors quelqu'un de la compagnie, à Gilsland, vint à dire que le domaine allait être vendu; et vous auriez cru qu'elle avait pris miss Lucy Bertram en grippe depuis ce moment-là, pour tant qu'elle me criait O Becky, Becky! si cette geigneuse de petite-fille inutile, là-bas à Ellangowan, qui ne peut tenir dans les bornes son bon à rien de père, — si seulement elle avait été un garçon, on ne pourrait pas vendre l'héritage pour les dettes de ce vieux fou ; — et c'était toujours à recommencer sur la même gamme, tant et tant que j'étais fatiguée et malade de l'entendre maudire la pauvre fille de ce que ce n'était pas un garçon pour garder les terres, comme si elle avait pu changer son sexe. Et un jour, à la fontaine des Sorciers, sous le rocher, à Gilsland, elle regardait une troupe de jolis enfants, — c'étaient ceux d'un nommé Mac Crosky, — et elle se mit à dire tout haut : — N'est-ce pas une étrange chose que le moindre rustre du pays ait un fils pour hériter de son nom, et que la maison d'Ellangowan soit sans héritier mâle? Il y avait là derrière elle une gipsie qui l'entendit,— une femme de mauvaise mine comme jamais je n'en ai vu. — Qu'est-ce qui ose dire, qu'elle s'écria, que la maison d'Ellangowan périra sans héritier mâle? Ma maîtresse se tourna de son côté ; — c'était une femme qui n'était pas timide, et qui avait toujours la riposte prête pour tout le monde. — C'est moi qui dis cela, dit-elle, et je peux bien le dire, car j'en ai le cœur assez triste. Là-dessus, la gipsie lui prit la main : — Je vous connais bien, qu'elle lui dit, quoique vous ne me connaissiez pas ;— mais aussi sûr que ce soleil est au ciel, et aussi sûr que cette eau va se jeter dans la mer, et aussi sûr qu'il y a un œil qui nous voit, et une oreille qui nous entend toutes les deux, — Harry Bertram, qu'on croit avoir péri à la pointe de Warroch, n'y a pas été tué. — Il avait de grands dangers à courir jusqu'à sa vingt et unième année, c'est ce que j'ai toujours dit; — mais si vous vivez et que je vive, vous entendrez parler de lui davantage cet hiver, avant que la neige ait été pendant deux jours sur les toits de Singleside. — Je n'ai pas besoin de votre argent, qu'elle dit après ça, pour vous faire croire que je vous ai fait un conte; — adieu jusqu'après la Saint-Martin. — Et là-dessus elle nous laissa.

— Était-ce une très-grande femme? demanda Mannering.

— N'avait-elle pas des cheveux et des yeux noirs, et une cicatrice au dessus du sourcil? ajouta l'homme de loi.

— C'était la plus grande femme que j'aie jamais vue, et ses cheveux étaient noirs comme le cœur de la nuit, là où ils n'étaient pas gris, et elle avait sur le front une cicatrice que vous auriez pu y mettre le doigt. Quand on l'a vue, on ne peut pas l'oublier; et je suis moralement sûre que c'est d'après ce que cette gipsie avait dit que ma maîtresse a fait son testament, ayant pris la jeune leddy d'Ellangowan en aversion. Et elle l'aimait encore bien moins après qu'elle eut été obligée de lui envoyer vingt livres [1]; — car elle disait que miss Bertram, non contente de laisser les terres d'Ellangowan passer dans des mains étrangères, à cause qu'elle était une fille et non pas un garçon, allait encore devenir, par sa pauvreté, un fardeau et une honte pour Singleside. — Mais j'espère que, malgré tout, le testament de ma maîtresse est bon, car il serait dur pour moi de perdre mon petit legs. — Je l'ai servie pour de bien petits gages, je puis dire.

Le conseiller la rassura sur ce point; puis il s'informa de Jenny Gibson, et il apprit qu'elle avait accepté l'offre de M. Dinmont. — Et c'est ce que j'ai fait aussi moi-même, ajouta mistress Rebecca, puisqu'il a été assez honnête pour me demander d'aller avec elle. Ce sont des gens très-décents que les Dinmont, quoique mylady n'aimât pas beaucoup à entendre parler des parents de ce côté de la famille. Mais elle aimait les jambons de Charlies-Hope, et les fromages, et les bécasses qu'ils étaient toujours à lui envoyer, et les bas et les mitaines de laine d'agneau; — elle aimait assez tout cela.

M. Pleydell congédia alors mistress Rebecca. — Je crois connaître la gipsie, dit le légiste quand elle fut partie

— C'est précisément ce que j'allais aussi vous dire, repartit Mannering.

— Et son nom...

— Est Meg Merrilies.

— Êtes-vous instruit de cela? reprit le conseiller en regardant son ami avec une expression comique de surprise.

---

[1] A peu près 500 fr. (L. V.)

Mannering repartit qu'il avait connu une femme répondant à ce signalement, lorsque vingt ans auparavant il était venu pour la première fois à Ellangowan ; et alors il raconta à son savant ami les particularités remarquables de cette première visite.

M. Pleydell l'écouta avec une grande attention. — Je me félicitais, dit-il, d'avoir fait, dans votre chapelain, la connaissance d'un profond théologien ; mais réellement je ne m'attendais pas à trouver dans son patron un élève d'Albumazar et de Messahala. J'ai idée, au surplus, que cette gipsie pourrait nous en dire plus sur l'affaire que ne lui en fourniraient son astrologie ou sa seconde vue. — Je l'ai eue autrefois entre les mains, et je n'en pus pas alors tirer grand'chose ; mais je vais écrire à Mac Morlan de remuer ciel et terre pour la retrouver. Je retournerais même très-volontiers dans le comté de *** pour assister à son interrogatoire ; — j'y fais toujours partie de la commission des juges de paix, quoique j'aie cessé d'être shériff. — Je n'ai jamais de ma vie rien eu plus à cœur que d'éclaircir le meurtre et de découvrir le sort de l'enfant. Il faut que j'écrive aussi au shériff du comté de Roxburgh, et à un juge de paix actif du Cumberland.

— J'espère que lorsque vous viendrez dans le pays, vous prendrez Woodbourne pour quartier-général ?

— Certainement ; je craignais que vous ne m'en fissiez la défense. — Mais il faut penser à déjeuner, ou je serai en retard.

Le lendemain les nouveaux amis se séparèrent, et le colonel revint dans sa famille sans rencontrer en route aucune aventure digne d'être rapportée dans cette histoire.

CHAPITRE XL.

> Le repos ne me viendra-t-il jamais? ne trouverai-je nulle part un asile? Mes malheurs, comme des limiers acharnés, me poursuivront-ils toujours? — Infortuné jeune homme, quel chemin vas-tu suivre? quel chemin vas-tu suivre pour échapper à la mort? Le pays s'étend autour de toi.
>
> *Les femmes contentes.*

NOTRE narration nous rappelle pour un moment à l'époque où le jeune Hazlewood reçut sa blessure. Cet accident ne fut pas plus tôt arrivé, que les conséquences qui pouvaient en résulter pour miss Mannering et pour lui-même s'offrirent en foule à l'esprit de Brown. D'après la manière dont l'arme était dirigée quand elle avait parti, il avait peu de craintes sur l'issue de la blessure; mais être arrêté dans un pays étranger, sans moyens d'établir son rang et son caractère, c'était ce qu'il fallait au moins éviter. Il résolut donc de se réfugier provisoirement sur le point le plus rapproché de la côte d'Angleterre, et d'y rester caché, s'il était possible, jusqu'à ce qu'il eût reçu des lettres de ses amis du régiment, et des fonds de son agent, puis alors de se montrer sous son nom, et d'offrir au jeune Hazlewood et à ses amis toute explication ou toute satisfaction qu'ils pourraient désirer. Dans ce dessein, il s'éloigna rapidement du lieu où l'accident était arrivé, et arriva sans aventure au village que nous avons nommé Portanferry (mais que le lecteur chercherait vainement sous ce nom sur la carte du pays). Une grande barque découverte était précisément sur le point de quitter le quai, pour se rendre au petit port de mer d'Allonby, dans le Cumberland. Brown s'y embarqua, et se décida à faire de cette place sa résidence temporaire, jusqu'à ce qu'il eût reçu d'Angleterre des lettres et de l'argent.

Pendant leur courte traversée il lia conversation avec le timonier, qui était en même temps le propriétaire de la barque, vieillard de bonne humeur qui, dans le temps, avait pris part au commerce de contrebande, comme beaucoup de pêcheurs de cette côte. Après avoir causé de choses et d'autres, Brown tâcha d'amener l'entretien sur la famille Mannering. Le marin avait entendu parler de l'attaque tentée contre Woodbourne-House, et il désapprouvait la conduite des contrebandiers.

— Jeu de mains, vilain jeu [1]. Que diable! ils se mettront tout le pays sur les bras. — Non, non! quand j'étais dans la partie, je jouais à *giff-*

---

[1] *Hands off is fair play.*

gaff avec les officiers; — ici une cargaison prise : — très-bien, c'était leur bonne chance; — là une autre amenée à bon port : la chance était pour moi. — Non, non ! il ne faut pas que des faucons crèvent les yeux aux faucons.

— Et ce colonel Mannering? dit Brown.

— En vérité, ce n'est pas un homme prudent, non plus, de s'en être mêlé; — non pas que je le blâme d'avoir sauvé la vie des jaugeurs, — il a très-bien fait, mais il ne convenait pas à un gentilhomme de se battre pour les balles de thé et les caques d'eau-de-vie des pauvres diables. — Mais c'est un grand seigneur et un officier, et ils font tout ce qui leur plaît avec des gens comme nous.

— Et sa fille, continua Brown dont le cœur battait vivement, ne va-t-elle pas s'allier à une autre grande famille, à ce que j'ai entendu dire?

— Quoi, avec les Hazlewoods? Non, non! ce sont des caquets en l'air. — Tous les dimanches, aussi régulièrement que les semaines se renouvelaient, le jeune homme revenait avec la fille du feu laird d'Ellangowan; — et ma fille Peggy, qui est en service à Woodbourne, dit qu'elle est sûre que le jeune Hazlewood ne pense pas plus à miss Mannering, que vous n'y pensez.

Se reprochant amèrement la précipitation avec laquelle il avait cru le contraire, Brown apprit cependant avec bonheur que les soupçons qu'il avait conçus sur la fidélité de Julie, et qui l'avaient poussé à un emportement si condamnable, paraissaient être sans fondement; mais aussi, combien il devait avoir perdu dans son opinion! et que pouvait-elle penser d'une conduite qui avait dû lui paraître également indifférente à sa tranquillité et aux intérêts de leur affection? Les rapports du vieillard avec la famille de Woodbourne semblaient offrir un sûr moyen de communication, et il résolut d'en profiter.

— Votre fille est servante à Woodbourne? dit-il. — J'ai connu miss Mannering dans l'Inde, et quoique je me trouve maintenant dans une situation fort inférieure à la sienne, j'ai tout lieu d'espérer qu'elle s'intéresserait en ma faveur. J'ai eu une malheureuse querelle avec son père, qui était mon commandant, et je suis sûr que la jeune dame s'emploierait pour nous réconcilier. Peut-être votre fille pourrait-elle lui remettre une lettre sur ce sujet, sans occasionner de désagréments entre son père et elle?

Le vieillard, ami de toute espèce de contrebande, répondit sans peine que la lettre serait fidèlement remise et en secret; et en conséquence, dès qu'ils furent arrivés à Allonby, Brown écrivit à miss Mannering, pour lui exprimer le vif regret que lui faisait éprouver sa précipitation, et la conjurer de lui fournir l'occasion de plaider sa cause devant elle, et d'obtenir le pardon de son imprudence. Il ne crut devoir entrer dans aucun détail relatif aux circonstances qui avaient occasionné sa méprise, et il s'attacha surtout à s'exprimer en termes assez ambigus pour qu'il fût difficile de comprendre le sens réel de sa lettre, au cas où elle tomberait en mains ennemies, ni de remonter à celui qui l'aurait écrite. Le vieillard se chargea de remettre exactement cette missive à sa fille, à Woodbourne ; et comme son commerce devait bientôt le ramener, lui ou sa barque, à Allonby, il promit en outre de se charger de la réponse de la jeune dame, si elle en faisait une.

Notre voyageur persécuté chercha alors, à Allonby, un logement qui convînt à la fois à sa pénurie momentanée et à son désir d'être aussi peu remarqué que possible. Dans cette vue, il prit le nom et s'attribua la profession de son ami Dudley, sachant assez bien manier le pinceau pour justifier, aux yeux de son hôte d'Allonby, sa qualité supposée. Il annonça que son bagage lui serait envoyé de Wigton ; et se tenant aussi renfermé que possible, il attendit la réponse aux lettres qu'il avait écrites à son agent, à Delaserre et à son lieutenant-colonel. Au premier il demandait des fonds ; il conjurait Delaserre de le rejoindre en Écosse, s'il lui était possible ; enfin il priait le lieutenant-colonel de lui faire parvenir des attestations de son grade et de sa conduite au régiment, telles qu'elles pussent le mettre à même de justifier pleinement de son caractère comme gentleman et comme officier. L'inconvénient de se trouver à court dans ses finances le frappa si fortement, qu'il en écrivit à Dinmont pour lui demander un petit prêt temporaire, ne doutant pas que se trouvant à soixante ou soixante-dix milles au plus de Charlies-Hope, il ne reçût promptement une réponse favorable à sa requête de service pécuniaire, que la fâcheuse rencontre qu'il avait faite des brigands après leur séparation le mettait seule, lui dit-il, dans le cas de lui adresser. Il attendit donc assez impatiemment, mais sans appréhension sérieuse, les réponses de ses divers correspondants.

Il faut observer, pour excuser ceux-ci, que le service de la poste était loin alors d'avoir atteint le degré de rapidité auquel l'ont porté les ingénieuses inventions de M. Palmer ; et relativement à l'honnête Dinmont en particulier, que recevant rarement plus d'une lettre tous les trois mois (si ce n'est quand il était engagé dans quelque procès, auquel cas il envoyait régulièrement à la ville de poste), sa correspondance demeurait habituellement un mois ou deux sur le comptoir du buraliste, parmi les pamphlets, les carrés de pain d'épice, les petits pains ou les ballades, selon le métier dudit maître de poste. En outre, c'était alors la coutume, qui n'est pas encore complétement abolie, de faire parcourir à une lettre, envoyée d'une ville à une autre éloignée peut-être de trente milles, un circuit de deux cents milles avant d'être remise à destination ; ce qui réunissait les divers avantages de parfaitement aérer l'épître, d'ajouter quelques pence aux revenus de l'administration, et d'exercer la patience des correspondants. Grâces à ces circonstances combinées, Brown passa plusieurs jours à Allonby sans recevoir de réponse d'aucune part ; et sa bourse, quoique ménagée avec la plus stricte économie, commençait à s'aplatir sensiblement, quand un jeune pêcheur lui remit la lettre suivante :

« Vous avez agi avec la plus cruelle indiscrétion ; vous m'avez fait voir combien peu je dois faire fonds sur vos protestations, que mon repos et mon bonheur vous étaient chers ; et votre précipitation imprudente a presque causé la mort à un jeune homme plein de mérite et d'honneur. Dois-je dire plus? — dois-je ajouter que j'ai été moi-même très-malade par suite de votre violence et de ses résultats? et ai-je besoin de dire, hélas! que les conséquences qui peuvent en résulter pour vous m'ont douloureusement préoccupée, quoique vous m'ayez donné si peu de motifs de m'en tourmenter? Le C. est absent pour plusieurs jours ; M. H. est presque entièrement rétabli ; et j'ai quelques raisons de croire que l'accusation ne se porte pas du côté où elle est méritée. Ne pensez pas, néanmoins, à vous aventurer ici. Notre destin a été traversé par des accidents d'une nature trop violente et trop terrible, pour me permettre de songer à renouer une correspondance qui nous a si souvent menacés de la plus terrible catastrophe. Adieu donc, et croyez que personne ne peut désirer votre bonheur plus sincèrement que

J. M. »

Cette lettre contenait un de ces avis souvent donnés précisément en vue de faire faire juste l'opposé de ce qu'ils prescrivent. Ce fut du moins ce que pensa Brown, qui demanda immédiatement au jeune pêcheur s'il venait de Portanferry?

— Oui, répondit le jeune garçon ; je suis le fils du vieux Willie Johnstone, et je tiens cette lettre de ma sœur Peggy, qui est lavandière à Woodbourne.

— Mon bon ami, quand repartez-vous?

— Ce soir avec la marée.

— Je retournerai avec vous ; mais comme je ne désire pas aller à Portanferry, je voudrais que vous pussiez me débarquer sur quelque autre point de la côte.

— Nous pouvons aisément faire ça, repartit le garçon.

Quoique le prix des divers objets nécessaires à la vie fût alors très-modique, quand Brown eut payé son logement, acquitté ses frais de nourriture et acheté de nouveaux habits, ce que le soin de sa sûreté, ainsi que l'état de délabrement des anciens rendaient nécessaire, sa bourse se trouva presque à sec. Il laissa des instructions au bureau de poste pour que ses lettres lui fussent envoyées à Kippletringan, où il avait l'intention de se rendre directement, pour réclamer le trésor qu'il avait déposé entre les mains de mistress Mac Candlish. Il sentait d'ailleurs qu'il devait reprendre son nom et son caractère dès qu'il aurait reçu les papiers qui le mettraient à même d'en justifier, et, comme officier au service du roi, que son devoir était de donner au jeune Hazlewood et de recevoir de lui les explications qui pourraient être nécessaires. — A moins qu'il ne soit tout à fait déraisonnable, pensa-t-il, il devra convenir que ce que j'ai fait a été la conséquence nécessaire de son attitude menaçante.

Le voilà donc encore une fois embarqué sur le frith de Solway. Le vent était contraire, accompagné d'un peu de pluie, et ils luttaient contre lui sans être beaucoup aidés par la marée. Le bateau était lourdement chargé de marchandises (dont une partie, sans doute, était de contrebande), et tirait beaucoup d'eau. Brown, élevé sur la mer et familiarisé avec tous les exercices du corps, prêta une assistance puissante et efficace en prenant les rames, et quelquefois le gouvernail ; et il donna d'utiles avis pour la manœuvre, qui devenait d'autant plus difficile, que le vent s'élevait de plus en plus, et que, soufflant à l'opposite des courants très-rapides de cette côte, il rendait le voyage réellement périlleux. Après avoir passé la nuit entière sur le frith, ils se trouvèrent le matin en vue d'une jolie baie sur la côte écossaise. Le temps s'était adouci ; la neige, qui depuis quelques jours tombait avec moins d'abondance, était tout à fait fondue sous la pluie de la nuit précédente. Les hauteurs plus éloignées conservaient encore, à la vérité, leur manteau neigeux ; mais tout le pays découvert en était dépouillé, sauf à quelques places où elle était amoncelée à une épaisseur plus qu'ordinaire. Même au milieu de cette apparence hivernale, le pays offrait un aspect éminemment intéressant. La côte, avec ses inflexions variées, ses sinuosités et ses enfoncements, se prolongeait à droite et à gauche jusqu'aux dernières limites de l'horizon, présentant ces lignes mollement contournées dont l'œil aime tant à suivre les capricieux accidents. Les formes diverses et la hauteur inégale de la côte ne contribuaient pas moins que ses contours à en diversifier agréablement l'aspect, la baie étant, en quelques endroits, encaissée par des falaises escarpées, et, dans d'autres, s'élevant doucement, depuis la grève, en une pente légèrement inclinée. Les maisons éparses çà et là recevaient et réfléchissaient les pâles rayons d'un soleil de décembre, et les bois, quoique dépouillés de leurs feuilles, ajoutaient à la variété et au pittoresque du paysage. Brown sentit s'éveiller en lui ce vif intérêt que le goût et une âme ouverte aux impressions prennent toujours aux beautés de la nature, quand elles viennent tout à coup frapper les yeux après l'ennui et l'obscurité d'un voyage nocturne. Peut-être, — car qui pourrait analyser cet inexplicable sentiment qui enchaîne à ses montagnes natales l'homme né dans une contrée montagneuse ; — peut-être quelques vagues impressions d'enfance, subsistant encore en lui longtemps après que la cause en avait été oubliée, se mêlaient-elles aux sentiments de plaisir avec lesquels il contemplait la scène qui se développait devant lui.

— Quel est, demanda Brown au batelier, le nom de ce beau cap qui s'avance dans la mer avec ses côtés en pente et ses hauteurs boisées, et qui forme le côté droit de la baie?

— C'est la pointe de Warroch, répondit le jeune gars.

— Et ce vieux château, mon ami, avec cette maison moderne située juste au-dessous? D'ici, ce paraît être un très-grand édifice.

— C'est Auld Place[1], monsieur; et au-dessous, c'est New-Place[2]. Nous vous y débarquerons, si vous voulez.

— Oh! bien volontiers. Il faut que je visite ces ruines, avant de poursuivre mon voyage.

— Oui, c'est une drôle de vieille bicoque; et cette tour, la plus élevée, est un bon point de mire pour les marins, jusqu'à Ramsay dans l'île de Man, et à la pointe d'Ayr. — On s'y est bien battu il y a longtemps.

Brown aurait voulu obtenir de plus grands détails; mais un pêcheur est rarement un antiquaire. Les connaissances locales de son batelier étaient tout entières dans les informations qu'il avait déjà données, que « c'était un grand point de mire, et qu'on s'était bien battu aux environs de la bicoque il y avait longtemps. »

J'en saurai davantage, se dit Brown en lui-même, quand je serai à terre.

Le bateau continua de serrer la terre, en longeant la pointe où était situé le vieux château, qui, du haut du rocher où il était assis, dominait la baie encore agitée qui en baignait le pied. — Je crois, dit le timonier, que vous débarquerez ici aussi à sec que n'importe où. Il y a là une place où ils avaient coutume d'amarrer leurs *berlins* et leurs galères, comme ils appelaient leurs bateaux, il y a longtemps de ça; mais on n'y va plus à présent, parce qu'il n'est plus sûr de porter des marchandises au haut du petit escalier, ou par-dessus les rochers. Plus d'une fois j'y ai mis des barriques à terre au clair de la lune, quoique ça.

Tandis qu'il parlait ainsi, ils tournèrent une pointe de rocher et trouvèrent un très-petit hâvre formé en partie par la nature, en partie par l'infatigable travail des anciens habitants du château, qui avaient, comme le fit observer le pêcheur, regardé cela comme essentiel à la sécurité de leurs bateaux et de leurs petites barques, quoique le hâvre ne pût pas recevoir de bâtiments de quelque tonnage. Les deux pointes de rocher qui formaient le goulot se rapprochaient tellement l'une de l'autre, qu'il n'y pouvait passer qu'une barque à la fois. De chaque côté on voyait encore de larges anneaux de fer profondément scellés dans le roc vif. Dans ces anneaux, selon la tradition, on passait chaque nuit une lourde chaîne, assurée par un énorme cadenas, pour la protection du petit hâvre et de la flottille qu'il contenait. Un rebord de

---

[1] La Vieille-Place; nous avons expliqué cette expression dans un des premiers chapitres de ce volume. (L. V.)

[2] La Nouvelle-Place.

rocher avait été façonné, à l'aide du ciseau et du pic, en une sorte de quai. Le roc était d'une nature excessivement dure, et la tâche si difficile, disait le pêcheur, qu'un ouvrier, après y avoir travaillé tout le jour, aurait pu rapporter chez lui le soir dans son bonnet tous les éclats qu'il aurait détachés de la masse. Ce petit quai communiquait à un escalier grossièrement taillé, souvent mentionné déjà dans notre récit, et qui descendait du vieux château. On pouvait aussi arriver de la baie au quai en escaladant les rochers.

— Vous ferez bien de prendre terre ici, dit le jeune pêcheur, car le ressac est fort à Shellicoat-Stane, et nous n'aurons pas un fil de sec sur nous quand nous aurons débarqué la cargaison. — Non, non (en réponse à une offre d'argent); vous avez travaillé pour votre passage, et travaillé bien mieux que pas un de nous. Bon jour; je vous souhaite bien du bonheur.

A ces mots, il poussa au large pour aller débarquer son chargement de l'autre côté de la baie; et Brown, tenant à la main un petit paquet où étaient renfermés les objets d'habillement les plus nécessaires dont il avait été obligé de faire emplète à Allonby, fut laissé sur les rochers au-dessous des ruines.

C'est ainsi qu'inconnu à lui-même et aussi étranger aux lieux où il se trouvait que celui dont le pied ne les aurait jamais foulés; dans une situation au moins fort embarrassante, n'ayant pas l'appui d'un ami à plusieurs centaines de milles à la ronde; accusé d'un crime capital, et, ce qui était aussi triste que tout le reste, presque sans argent, notre voyageur errant et fatigué approcha, pour la première fois depuis tant d'années, des restes du château où ses ancêtres avaient exercé une domination presque royale.

CHAPITRE XLI.

> Murs verdis par la mousse, tours aujourd'hui démantelées et ruinées par le temps, je vous revois! Où sont maintenant tous vos trophées? où est la foule qui se pressait dans vos cours, et ses cris de joie, et ce tumulte, qui proclamaient la grandeur de ma maison, et l'hommage des barons du voisinage?
> *La mère mystérieuse.*

Pénétrant dans le château d'Ellangowan par une poterne qui paraissait avoir été autrefois solidement fermée, Brown (à qui nous rendrons désormais son nom patronymique de Bertram, puisqu'il a remis le pied sur les terres de ses ancêtres) erra de chambre en chambre au milieu des ruines, étonné de la force massive de quelques parties du château, de la rude et imposante magnificence des autres, et de l'étendue considérable de l'ensemble. Deux ou trois chambres contiguës montraient des marques d'occupation récente. Dans l'une d'elles étaient des bouteilles vides, des os à demi-rongés, des croûtes de pain desséchées. Dans la pièce voûtée adjacente, défendue par une porte solide, il vit une grande quantité de paille, et dans toutes deux des débris de feux récemment allumés. Combien peu Bertram pouvait se douter que des circonstances si insignifiantes étaient liées intimement à des incidents qui touchaient à son bonheur, à son honneur, peut-être à sa vie!

Après avoir satisfait sa curiosité par un examen rapide de l'intérieur du château, Bertram franchit la grande porte ouvrant sur la campagne, et s'arrêta pour contempler le riche paysage que cette station dominait. Ayant inutilement cherché à se rendre compte de la position de Woodbourne, et s'étant à peu près assuré de celle de Kippletringan, il se retourna encore pour jeter un dernier regard sur les ruines majestueuses qu'il venait de parcourir. Il admira l'effet pittoresque des tours élevées et massives qui flanquaient la porte principale, et qui rendaient encore plus imposante l'arche élevée et sombre sous laquelle s'ouvrait cette porte. L'écusson en pierre sculptée de l'ancienne famille, portant pour armoiries trois têtes de loup, était placé obliquement sous le heaume et le cimier, celui-ci formé par un loup couchant percé d'une flèche. De chaque côté était sculpté debout, comme support, un sauvage de grandeur naturelle, ou même plus grand que nature, l'air menaçant, et tenant en main un chêne déraciné.

Bertram s'abandonnait à cette suite habituelle de pensées vagues que de telles scènes font aisément naître en nous : — Les descendants des puissants barons à qui appartenaient ces armes, se disait-il, possèdent-ils encore les terres qu'ils avaient travaillé à défendre par de si puissantes constructions? ou sont-ils errants, ignorants peut-être même de la renommée et de la puissance de leurs ancêtres, tandis que leurs possessions héréditaires sont occupées par une race étrangère? Pourquoi, pensa-t-il, continuant de suivre le cours d'idées que suscitait la scène, — pourquoi certains lieux éveillent-ils des pensées qui semblent se rattacher obscurément aux premières impressions de notre existence, telles que mon vieux bramine Mounschi les aurait attribuées à la réminiscence d'une existence antérieure? Seraient-ce les visions de notre sommeil qui flottent confusément dans notre mémoire, et que ranime la vue d'objets réels répondant à quelques égards aux fantômes qu'elles avaient offerts à notre imagination? Ne nous arrive-t-il pas souvent, en nous trouvant dans une société qui nous était tout à fait inconnue, d'éprouver cependant un sentiment vague et mystérieux que ni la scène, ni les acteurs, ni le sujet ne sont entièrement nouveaux pour nous, de pressentir même en quelque sorte une conversation qui n'est pas entamée? Cette impression, c'est celle que j'éprouve à la vue de ces ruines; je ne puis éloigner de moi cette idée que ces tours massives et ce sombre portail, dont la voûte profonde et côtelée ne reçoit qu'un demi-jour de la cour où elle aboutit, ne me sont pas entièrement étrangers! Seraient-ce ici les lieux où s'écoula ma première enfance? Serait-ce dans leur voisinage que j'aurais à chercher ces amis dont mes jeunes années conservèrent toujours, quoique faiblement, un tendre souvenir, et que j'échangeai de bonne heure contre des maîtres si durs? Cependant Brown, qui, je crois, n'aurait pas voulu me tromper, m'a toujours dit que j'avais été enlevé sur la côte orientale, à la suite d'une escarmouche dans laquelle mon père fut tué; et j'ai conservé d'une horrible scène de violence une impression assez forte pour confirmer son récit.

Il se trouva que la place où s'était arrêté le jeune Bertram, pour mieux voir l'ensemble du château, était presque la même que celle où son père était mort. Cette place était remarquable par un gros et vieux chêne, le seul qui existât sur l'esplanade, et que les habitants appelaient l'Arbre de Justice, parce que les barons d'Ellangowan y avaient fait faire leurs exécutions. Il arriva aussi, et la coïncidence est remarquable, que ce matin-là Glossin était en train de se consulter avec un homme dont il avait coutume de prendre avis en de telles matières, au sujet de quelques réparations projetées et d'une addition considérable qu'il voulait faire à la maison d'Ellangowan : trouvant peu de plaisir dans la vue de ruines si intimement liées à la grandeur de la famille qui l'y avait précédé, il avait résolu d'employer à ses nouvelles constructions les débris du vieux château. C'était pour cet objet qu'il avait gravi la rampe, suivi de l'arpenteur que nous avons eu précédemment occasion de mentionner, et qui remplissait aussi à peu près, au besoin, les fonctions d'architecte. Pour dresser les plans, et pour les autres dispositions capitales, Glossin avait l'habitude de ne prendre conseil que de lui-même. Bertram leur tournait le dos tandis qu'ils montaient l'esplanade, et il se trouvait presque entièrement caché par les épais rameaux du chêne, de sorte que Glossin ne s'aperçut de la présence de l'étranger que lorsqu'il ne fut plus qu'à quelques pas de lui.

— Oui, monsieur, comme je vous l'ai souvent dit, la Vieille-Place est une excellente carrière de pierres de taille, et si ces ruines étaient entièrement déblayées cela n'en vaudrait que mieux pour le domaine, car ce n'est plus qu'un repaire de contrebandiers. En ce moment Bertram se retourna vivement du côté de Glossin, qui n'était plus qu'à deux toises de lui, et lui dit : Voudriez-vous détruire ces belles ruines, monsieur?

Les traits, la personne et la voix de Bertram rappelaient si exactement ceux de la jeunesse de son père, que Glossin, entendant cette apostrophe, et voyant cette image de son ancien patron lui apparaître subitement presque à l'endroit même où il avait rendu le dernier soupir, crut presque que le tombeau avait lâché sa proie. — Il recula de deux ou trois pas, comme frappé d'un coup mortel et imprévu. Il recouvra cependant sa présence d'esprit à l'instant même, aiguillonné par cette réflexion poignante que ce n'était pas un être de l'autre monde qui était là devant ses yeux, mais un homme dépouillé par lui, que la moindre inattention de sa part pouvait conduire à la connaissance de ses droits et aux moyens de les faire valoir contre lui. Néanmoins ses idées avaient été tellement troublées par le choc qu'il avait reçu, que sa première question se ressentit de son alarme.

— Au nom du Ciel, comment vous trouvez-vous ici? s'écria-t-il.

— Comment je me trouve ici? répéta Bertram surpris du ton solennel de l'exclamation ; j'ai débarqué il y a un quart d'heure dans le petit hâvre ici au-dessous du château, et je donnais quelques instants à examiner ces belles ruines. J'espère qu'il n'y a pas d'indiscrétion?

— D'indiscrétion, monsieur? — non, monsieur, répondit Glossin qui s'était à peu près remis ; puis il dit quelques mots à l'oreille de son compagnon, qui le quitta à l'instant et descendit vers la maison. — D'indiscrétion, monsieur? — non, monsieur ; — vous et tout autre gentleman seront toujours bien venus à satisfaire leur curiosité.

— Je vous remercie, monsieur. On appelle ceci la Vieille-Place, m'a-t-on dit?

— Oui, monsieur, pour le distinguer de la Nouvelle-Place, ma maison ici dessous.

Il faut remarquer que Glossin, durant le dialogue suivant, avait, d'une part, un grand désir de savoir quels souvenirs locaux le jeune Bertram avait conservés des lieux où s'était passée son enfance, tandis que d'un autre côté il se sentait forcé de s'observer minutieusement dans ses réponses de peur de réveiller ou d'aider, par un nom, une phrase, une anecdote, des impressions assoupies. Il souffrit, à la vérité, pendant toute la scène, les angoisses qu'il avait si bien méritées; mais son orgueil et son intérêt, tels que l'exaltation de courage d'un Indien de l'Amérique du nord, lui donnèrent la force de supporter les tortures que lui faisaient éprouver à la fois les dards acérés d'une conscience bourrelée, et ceux de la haine, de la peur et du soupçon.

— Je voudrais vous demander le nom de la famille à qui appartiennent ces majestueuses ruines, monsieur? continua Bertram.

— C'est ma propriété, monsieur; mon nom est Glossin.

— Glossin — Glossin? répéta Bertram, comme s'il se fût attendu à une autre réponse. Je vous demande pardon, M. Glossin, je suis sujet à des distractions. — Puis-je vous demander si le château est depuis longtemps dans votre famille?

— Il a été bâti, il y a longtemps, je crois, par une famille appelée Mac Dingawaie, répondit Glossin, qui évita, par des raisons aisées à concevoir, de prononcer le nom de Bertram, dont le son plus familier eût pu éveiller des souvenirs qu'il craignait d'exciter, et éluda par une réponse évasive la question relative à la durée de sa propre possession.

— Et comment lisez-vous cette devise à demi effacée, monsieur, qui est sur cette bandelette qui entoure les armoiries, au-dessus de l'entablement?

— Je... je... je ne saurais vous dire précisément.

— Je croirais qu'il y a *Notre Droit fait notre Force.*

— Je crois en effet que c'est quelque chose comme cela.

— Puis-je vous demander, monsieur, si c'est la devise de votre famille?

— N...on — n...on — non pas de la nôtre. C'est, je crois, la devise des précédents propriétaires. La mienne — la mienne... dans le fait, j'ai eu au sujet de la mienne quelque correspondance avec M. Cumming, le généalogiste d'Édimbourg. Il m'a écrit que les Glossins portaient anciennement pour devise : « Celui qui prend, a. »

— S'il y avait quelque doute, monsieur, et que le cas fût le mien, je choisirais l'ancienne devise, qui me semble la meilleure des deux.

Glossin, dont la langue commençait à s'attacher au palais, ne répondit que par un signe de tête.

— C'est une chose assez singulière, reprit Bertram, les yeux fixés sur l'écusson armorié et sur le portail, et partie en s'adressant à Glossin, partie comme s'il eût pensé tout haut, — c'est une chose singulière que les bizarreries de la mémoire. Le fragment d'une ancienne prophétie, d'une chanson, d'un quatrain, ou de quelque chose de semblable, me revient à l'esprit en lisant cette devise. — Attendez... je crois que je le tiens :

20.

Au jour la nuit fera place,
Le bon droit sera triomphant,
Quand des Bertram le bon droit et la force
Se seront rencontrés au haut...

je ne puis me souvenir du dernier vers... Au haut.... au haut.... C'est un mot qui rime en *an*, j'en suis sûr ; mais je ne puis le retrouver.

— Le Ciel confonde ta mémoire! pensa Glossin ; tu n'en retrouves déjà que trop.

— Il y a encore d'autres vers liés à ces souvenirs d'enfance, continua le jeune homme. Dites-moi, monsieur, ne connaît-on pas dans cette partie du monde quelque ballade touchant une fille du roi de l'île de Man, enlevée par un chevalier écossais?

— Je suis la dernière personne au monde à consulter sur d'anciennes légendes, monsieur.

— Quand j'étais enfant, je pouvais chanter d'un bout à l'autre cette ballade. Il faut que vous sachiez que j'ai quitté très-jeune l'Écosse, qui est le pays où je suis né, et ceux qui m'avaient enlevé cherchaient à me faire oublier tout ce qui pouvait rappeler ma terre natale à mon esprit, à cause, je crois, d'un désir d'enfant que j'avais d'échapper à leur garde.

— C'était très-naturel, dit Glossin, dont les paroles étaient articulées comme si tous ses efforts n'eussent pu entr'ouvrir ses lèvres d'une largeur de plus de deux ou trois lignes, et qui n'émettait ainsi que des sons semblables à une sorte de murmure étouffé bien différent du ton de voix plein, fort et assuré qui lui était habituel. Il est vrai que pendant toute cette conversation son attitude et ses manières semblaient même diminuer sa force et sa stature, de sorte qu'il ne paraissait plus que l'ombre de lui-même, tantôt avançant un pied, tantôt l'autre, se courbant et rentrant ses épaules, jouant avec les boutons de son gilet, ou bien entrelaçant ses doigts ensemble ; — en un mot, il offrait l'image d'un lâche et bas coquin, tremblant que sa friponnerie ne soit découverte. Bertram ne faisait nulle attention à ces indices, entraîné comme il l'était par le cours de ses souvenirs. Absorbé par les sensations confuses qui se réveillaient en lui, il s'adressait à Glossin sans presque avoir le sentiment net de sa présence. — Oui, continua-t-il, j'ai conservé l'habitude de ma langue naturelle parmi les marins qui, pour la plupart, parlaient anglais, et quand je pouvais me retirer seul dans un coin, j'avais coutume de chanter toute cette chanson du commencement à la fin. — Je l'ai entièrement oubliée aujourd'hui ; — mais je me souviens fort bien de l'air, quoique je ne puisse me rendre compte de ce qui, en ce moment, le retrace si nettement à ma mémoire.

Il tira son flageolet de sa poche, et joua un air simple et mélodieux. Ces sons, apparemment, éveillèrent des souvenirs analogues chez une jeune fille occupée à laver du linge non loin d'eux à une jolie source située à mi-chemin de la descente, et qui autrefois avait fourni de l'eau au château. Elle se mit immédiatement à chanter les paroles dont l'air venait de frapper ses oreilles.

> Du Forth, lui dit-elle, sont-ce là les rivages,
> Ou la Dee au cours serpentant?
> Seraient-ce de Warroch les si jolis ombrages,
> Qu'à voir mon cœur aspire tant?

— Par le Ciel! s'écria Bertram, c'est la ballade elle-même! Il faut que cette jeune fille m'apprenne les paroles.

— Malédiction! pensa Glossin; si je ne puis couper court à tout ceci, tout est perdu. Au diable les ballades, et ceux qui les font, et ceux qui les chantent! — et cette damnée coquine aussi, elle et son gosier! — Vous aurez le temps de les apprendre une autre fois, dit-il en élevant la voix; quant à présent — (il venait d'apercevoir son émissaire revenant vers eux avec deux ou trois hommes) — quant à présent, il faut que nous ayons ensemble un moment de conversation plus sérieuse.

— Que voulez-vous dire, monsieur? répliqua Bertram en se tournant vivement vers lui, offensé du ton qu'il avait pris

— Hé mais, monsieur, quant à cela... Je crois que votre nom est Brown?

— Et qu'en résulte-t-il, monsieur?

Glossin jeta un coup d'œil de côté pour voir à quelle distance ses hommes étaient encore : ils s'approchaient rapidement. — Vanbeest Brown, si je ne me trompe?

— Encore une fois, monsieur, qu'en résulte-t-il? répéta Bertram, dont l'étonnement s'accroissait en même temps que le mécontentement.

— C'est qu'en ce cas, repartit Glossin, voyant ses amis arrivés au haut de l'esplanade, — en ce cas vous êtes mon prisonnier, au nom du roi! — Et en même temps il saisit Bertram au collet, tandis que deux des nouveaux arrivants le prenaient par les bras. Mais se dégageant par un violent effort, dans lequel il étendit à terre le plus acharné de ses assaillants, il tira son coutelas et se mit sur la défensive, tandis que ceux qui venaient d'éprouver sa force se reculaient de quelques pas et le regardaient à distance respectueuse. — Faites attention, leur dit-il, que je n'ai pas dessein de résister à une autorité légale; justifiez-moi que vous êtes munis du mandat d'un magistrat qui vous autorise à cette arrestation, et je vous obéirai aussitôt. Mais que quiconque fait cas de sa vie n'approche de moi, avant que je ne sache pour quel crime et de quelle autorité je suis arrêté.

Glossin ordonna alors à un de ses suppôts de produire un mandat d'arrêt rendu contre Vanbeest Brown, accusé, entre autres crimes et méfaits, d'avoir volontairement et méchamment tiré sur le jeune Charles Hazlewood d'Hazlewood, dans l'intention de le tuer, et qui prescrivait, si l'on parvenait à s'emparer de lui, de le conduire devant le plus proche magistrat pour y être interrogé. Le mandat étant en bonne forme, et le fait ne pouvant être nié, Bertram jeta son arme et se rendit aux officiers de la loi, qui, se précipitant sur lui avec un emportement égal à la pusillanimité qu'ils avaient montrée tout à l'heure, se disposaient à le charger de fers, alléguant, pour justifier cette rigueur, la force et l'agilité dont il avait fait preuve. Mais Glossin, honteux de cette insulte inutile, ou n'osant pas la permettre, ordonna de traiter le prisonnier avec la décence et même les égards compatibles avec la prudence. Craignant néanmoins de le faire entrer dans sa propre maison, où de nouveaux souvenirs eussent pu se réveiller, et impatient en même temps de donner à sa conduite la sanction d'une autre autorité, il ordonna de mettre les chevaux à sa voiture (car depuis quelque temps il avait une voiture); et, en attendant, il fit apporter des rafraîchissements au prisonnier et aux officiers, qu'il avait consignés dans une des chambres du vieux château jusqu'à ce que tout fût prêt pour conduire l'accusé devant le magistrat qui devait l'interroger.

CHAPITRE XLII.

> Faites paraître les témoins. — Toi qui revêts la robe de juge, prends place; et toi, son intègre compagnon, assieds-toi aussi à son côté. — Vous êtes de la commission : placez-vous aussi.
> *Le roi Lear.*

TANDIS qu'on préparait la voiture, Glossin avait à composer une lettre qui ne lui demanda pas peu de temps. Elle était pour son voisin, comme il aimait à l'appeler, sir Robert Hazlewood d'Hazlewood, chef d'une ancienne et puissante famille du comté, et qui, pendant la décadence des Ellangowan, avait graduellement succédé à la plus forte part de leur autorité et de leur influence. Le représentant actuel des Hazlewood était un homme âgé, passionné pour sa propre famille, laquelle se bornait à un seul fils et à une fille, et d'une indifférence stoïque pour le sort du reste de l'humanité; au demeurant, honorable dans sa conduite et ses relations, autant par crainte de la censure du monde que par tout autre motif plus pur. Infatué outre mesure de la noblesse et de l'importance de sa race, ce sentiment s'était encore fortifié en lui depuis peu par sa récente succession au titre de baronnet de la Nouvelle Écosse; et il avait pris en haine la mémoire des Ellangowan, quoique maintenant cette famille n'existât plus qu'en souvenir, parce que la tradition rapportait d'un certain baron de cette maison qu'il avait obligé le fondateur de la famille d'Hazlewood de lui tenir l'étrier quand il se mettait en selle. Toutes ses manières avaient un caractère pompeusement important, et dans ses discours il affectait une sorte d'élocution fleurie qui souvent devenait ridicule par la manière dont il arrangeait la triple ou quadruple accumulation d'épithètes ou de substantifs qui surchageait ses périodes.

C'était à ce personnage que Glossin écrivait, tâchant de donner à son style la couleur et les formes les plus propres à flatter la vanité et l'orgueil de famille du vieux baronnet. Voici le contenu de son billet :

« Monsieur Gilbert Glossin (il avait grande envie d'ajouter *d'Ellangowan*; mais la prudence l'emporta, et il supprima la qualification territoriale), — M. Gilbert Glossin a l'honneur de présenter ses compliments très-respectueux à sir Robert Hazlewood, et de l'informer que ce matin il a été assez heureux pour arrêter la personne qui a blessé M. C. Hazlewood. Comme sir Robert Hazlewood sera probablement bien aise de procéder lui-même à l'interrogatoire de ce criminel,

M. G. Glossin fera conduire l'homme à l'auberge de Kippletringan, ou à Hazlewood-House, selon que sir Robert Hazlewood voudra bien l'indiquer ; et avec la permission de sir Robert Hazlewood, M. G. Glossin l'accompagnera à l'un ou l'autre de ces deux endroits, muni des preuves et des déclarations qu'il a été assez heureux pour recueillir touchant cette atroce affaire.

« Ellangowan, ce mardi. »

Le billet était adressé *A sir Robert Hazlewood d'Hazlewood, baronnet, Hazlewood-House,* etc.

Il l'envoya par un domestique à cheval, à qui il recommanda de faire grande diligence ; puis, quelques moments après, il ordonna aux deux officiers de justice de monter en voiture avec Bertram, et lui-même les suivit à cheval, et au petit pas, jusqu'au point où les chemins de Kippletringan et d'Hazlewood se séparent. Il attendit là le retour de son messager, afin de déterminer, d'après la réponse du baronnet, laquelle de ces deux directions il devait prendre. Au bout d'une demi-heure environ son domestique revint avec la réponse suivante, soigneusement pliée et scellée des armes réunies d'Hazlewood et de la Nouvelle Écosse.

« Sir Robert Hazlewood envoie ses compliments à M. G. Glossin, et le remercie des peines qu'il a prises dans une affaire qui touche à la sécurité de la famille de sir Robert. Sir R. H. prie M. G. G. de vouloir bien faire conduire le prisonnier à Hazlewood-House pour qu'il y soit interrogé, avec les autres preuves et déclarations dont il parle. Et après que cette affaire sera terminée, dans le cas où M. G. G. n'aurait pas d'autre engagement, sir R. et lady Hazlewood le prieront de leur accorder sa compagnie à dîner.

« Hazlewood-House, ce mardi.

« *A M. Gilbert Glossin,* etc. »

Enfin ! pensa Glossin, j'ai donc passé un doigt ! Je trouverai bientôt moyen de faire entrer la main tout entière. Mais il faut d'abord me débarrasser de ce misérable jeune drôle. — Je crois pouvoir gouverner sir Robert. Il est épais d'esprit autant qu'orgueilleux, et il sera également disposé à écouter mes suggestions au sujet de cette affaire, et à se donner la gloriole d'avoir agi comme de son propre mouvement. J'aurai ainsi l'avantage d'être le magistrat réel, sans encourir l'odieux de la responsabilité...

Tandis qu'il s'abandonnait à ces pensées et à ces espérances, la voiture approchait d'Hazlewood-House, par une majestueuse avenue de chênes séculaires qui abritait les formes sévères et à demi monastiques de l'ancien édifice de ce nom. C'était un vaste bâtiment, construit à différentes époques, et dont une partie avait été un prieuré ; lors de la suppression de la communauté à laquelle il appartenait, au temps de la reine Marie, le premier des Hazlewood avait obtenu de la couronne une concession de la maison et des terres attenantes. Elle était agréablement située dans un vaste parc à daims, sur le bord de la rivière que nous avons déjà mentionnée. Le paysage environnant était d'un caractère sombre, grave, quelque peu triste même, bien en rapport avec le style d'architecture du château. Tout paraissait tenu dans le meilleur ordre, et annonçait le rang du propriétaire et son opulence.

Comme la voiture de M. Glossin s'arrêtait à la porte d'entrée, sir Robert examina des croisées le nouvel équipage. Dans sa manière de voir aristocratique, c'était un haut degré de présomption dans cet *homme nouveau*, ce M. Gilbert Glossin, naguère procureur dans la ville de ***, d'oser se donner les airs d'un pareil luxe; mais son indignation fut mitigée quand il remarqua que l'écusson peint sur les panneaux ne portait qu'un simple chiffre de deux G. Il est vrai que cette apparente modestie n'était due qu'au retard apporté par M. Cumming, le généalogiste, qui, occupé alors à composer et à immatriculer les armoiries de deux commissaires de l'Amérique du nord, de trois pairs irlandais et de deux gros négociants de la Jamaïque, avait été plus lent que d'habitude à trouver un écusson pour le nouveau laird d'Ellangowan. Mais ce délai tourna à l'avantage de Glossin dans l'opinion du fier baronnet.

Tandis que les officiers de justice gardaient le prisonnier dans une sorte de chambre de service, M. Glossin fut introduit dans ce qu'on nommait le grand salon de chêne, longue pièce toute lambrissée de panneaux vernis, et ornée des portraits grimaçants des ancêtres de sir Robert Hazlewood. Le visiteur, qui avait conscience que le mérite en lui ne rachetait pas ce que sa naissance avait de commun, sentit son infériorité, et par la profondeur de ses saluts et l'obséquiosité de ses manières, montra que le laird d'Ellangowan était retombé pour cette fois dans les humbles habitudes du ci-devant homme de loi. Il aurait voulu se persuader à lui-même, à la vérité, qu'il n'agissait ainsi que pour flatter l'humeur orgueilleuse du vieux baronnet; mais ses sentiments étaient d'une double nature, et en réalité il ressentait l'influence de ces préjugés qu'il prétendait caresser.

Le baronnet reçut son visiteur avec une ostentation de condescendance qui avait pour but à la fois de faire ressortir son immense supériorité, et de montrer la générosité courtoise qui pouvait la lui faire oublier et le faire descendre au niveau d'une conversation ordinaire avec un inférieur. Il remercia Glossin de ses soins dans une affaire qui touchait de si près au « jeune Hazlewood; » et lui désignant du doigt ses portraits de famille, il ajouta avec un gracieux sourire : Réellement, M. Glossin, ils vous sont aussi obligés en ceci que je le suis moi-même, pour le travail, les peines, les soins et l'embarras que vous vous êtes donnés pour ce qui les concerne; et je ne doute pas que s'ils pouvaient prendre la parole, ils ne se joignissent à moi, monsieur, pour vous remercier de votre obligeance envers la maison d'Hazlewood, et de vos soins, et de vos embarras, et de l'intérêt que vous avez montré, monsieur, pour un jeune homme qui doit continuer leur nom et leur famille.

Glossin fit un triple salut, pendant ce discours, en s'inclinant plus profondément à chaque fois : d'abord en l'honneur du chevalier en présence de qui il se trouvait, puis par respect pour les paisibles personnages patiemment suspendus aux lambris, puis enfin en signe de déférence pour le jeune homme qui devait perpétuer le nom et la famille. Sir Robert fut flatté de cet hommage, quelque roturier[1] que fût celui de qui il venait, et il continua d'un ton de gracieuse familiarité : Et maintenant, M. Glossin, mon bon et excellent ami, il faudra que vous me permettiez de mettre à profit vos connaissances légales pour la suite de cette affaire. Je n'ai guère l'habitude de remplir les fonctions de juge de paix ; ces fonctions conviennent mieux à d'autres gentlemen, dont les affaires domestiques et les affaires de famille requièrent moins que les miennes une surveillance, une attention et une direction continuelles.

Naturellement, la faible assistance que pouvait offrir M. Glossin fut tout entière au service de sir Robert Hazlewood ; mais comme le nom de sir Robert Hazlewood jouissait à cet égard d'un haute réputation, lui, M. Glossin, n'osait et ne pouvait espérer que cette assistance fût nécessaire ou utile.

— Vous comprenez, mon cher monsieur, que j'entends seulement parler de mon insuffisance pour les détails courants des affaires de justice. J'ai été élevé, à la vérité, pour le barreau, et il fut un temps où peut-être j'aurais pu me vanter de quelques progrès dans les doctrines spéculatives, abstraites et abstruses de notre législation municipale ; mais il y a maintenant, pour un jeune homme de famille et riche, si peu de chance de s'élever dans le barreau à cette éminence où atteindra l'aventurier aussi bien prêt à plaider pour un manant que pour le premier noble du pays, que réellement je me dégoûtai bien vite de la pratique. La première cause, en effet, qui fut déposée sur mon bureau me dégoûta tout à fait : il s'agissait, monsieur, d'une affaire de suif entre un boucher et un fabricant de chandelles, et je vis qu'on s'attendait à ce que je me salirais les lèvres non-seulement de leurs noms vulgaires, mais encore de tous les termes techniques, et des phrases, et du langage spécial de leurs ignobles industries. Sur mon honneur, mon cher monsieur, je n'ai jamais pu depuis supporter l'odeur d'une chandelle.

S'indignant, comme on semblait s'y attendre, de la dégradation à laquelle, en cette triste occasion, avaient été soumis les talents du

---

[1] Ce mot est en français dans le texte.

baronnet, M. Glossin offrit de remplir près de lui les fonctions de clerc ou assesseur, ou de le servir de toute autre manière qui pourrait lui être le plus utile. — Et afin de vous mettre au fait de toute l'affaire, je crois qu'il ne sera pas difficile d'établir en premier lieu le corps du délit, c'est-à-dire que notre prisonnier est bien celui qui a tiré la malheureuse arme à feu. Et s'il le niait, le fait pourrait être attesté par M. Hazlewood, je présume?

— Le jeune Hazlewood n'est pas aujourd'hui au château, M. Glossin.

— Mais nous pouvons faire prêter serment au domestique qui l'accompagnait, répliqua M. Glossin, que rien ne prenait au dépourvu ; à la vérité j'ai peine à croire que le fait soit contesté. Je crains davantage, d'après la manière trop favorable et trop indulgente dont j'ai appris que M. Hazlewood a bien voulu présenter l'affaire, que l'attaque ne soit regardée comme accidentelle et l'injure comme non préméditée, de façon que le drôle serait immédiatement remis en liberté, pour aller commettre d'autres méfaits.

— Je n'ai pas l'honneur, répondit gravement sir Robert, de connaître le gentleman qui remplit en ce moment l'office d'avocat du roi ; mais je présume, monsieur, — il y a plus, j'ai la confiance qu'il considérera le simple fait d'avoir blessé le jeune Hazlewood d'Hazlewood, serait-ce même par inadvertance, pour mettre la chose sous son jour le plus doux et le plus modéré, en même temps que le plus favorable et le plus improbable, comme un crime que l'emprisonnement ne suffirait pas à expier, et qui mérite plutôt la déportation.

— Véritablement, sir Robert, je suis entièrement de votre opinion ; mais je ne sais d'où cela vient : j'ai remarqué que les magistrats d'Édimbourg, même les membres du parquet, se piquent d'administrer indifféremment la justice, sans égard au rang et à la famille, et je craindrais...

— Comment, monsieur, sans égard au rang et à la famille? Me direz-vous que *cette* doctrine peut être professée par des hommes de sang noble et imbus des principes d'une éducation légale? Non, monsieur ; une bagatelle dérobée dans la rue constitue un simple vol, mais ce vol devient un sacrilège si le crime a été commis dans une église. Ainsi, selon les justes gradations de la société, la culpabilité d'un crime s'augmente en raison du rang de la personne contre qui ce crime a été tenté, commis ou exécuté, monsieur.

Glossin s'inclina profondément devant cette déclaration *ex cathedrâ*[1] ; mais il fit observer que dans le cas même où il fallût prendre la chose au pis, et où de telles doctrines contre nature seraient en effet affichées comme il l'avait dit, la loi avait encore une autre prise sur M. Vanbeest Brown.

---

[1] Devant cette déclaration magistrale.

— Vanbeest Brown! c'est là le nom du drôle? Juste Ciel! se peut-il que le jeune Hazlewood d'Hazlewood ait été mis en danger de mort, que la clavicule de son épaule droite ait été disloquée et considérablement endommagée, et plusieurs gros grains de plomb ou fragments de balles logés dans l'apophyse acromion, ainsi que le constate expressément le procès-verbal du chirurgien de la famille, et tout cela, par le fait d'un obscur misérable nommé Vanbeest Brown!

— C'est en effet, sir Robert, une chose à laquelle il est difficile de penser de sang-froid; mais, en vous demandant mille pardons de reprendre le fil de ce que je disais, j'ajouterai qu'une personne du même nom, comme il paraît d'après ces papiers (il tira de sa poche le portefeuille d'Hatteraick), est contre-maître du bâtiment contrebandier dont l'équipage a commis une telle violence à Woodbourne, et je ne doute pas que ces deux Brown ne soient qu'un seul et même individu, ce qu'au surplus votre pénétration vous fera aisément établir.

— Oui, mon cher monsieur, ce doit assurément être le même; — ce serait faire injure même à la dernière classe du peuple de supposer qu'il pût s'y trouver *deux* personnes condamnées à porter un nom aussi choquant pour les oreilles que ce nom de Vanbeest Brown!

— C'est vrai, dit Robert; sans le moindre doute. Il ne peut y avoir l'ombre d'un doute en ceci. Mais vous voyez, de plus, que cette circonstance explique la conduite désespérée de l'homme. Vous, sir Robert, vous découvrirez les raisons de son crime; — vous les découvrirez sans difficulté, en appliquant votre esprit à l'interrogatoire. Quant à moi, je ne puis m'empêcher de soupçonner que le motif déterminant a été de se venger de la bravoure que M. Hazlewood, rempli du courage de ses illustres ancêtres, a montrée dans la défense de Woodbourne-House contre ce scélérat et ses compagnons sans foi ni loi.

— J'approfondirai cela, mon cher monsieur, dit le savant baronnet. Cependant, j'ose dès à présent conjecturer que j'adopterai la solution ou explication de cette énigme, intrigue ou mystère, que vous avez jusqu'à un certain point suggérée. Oui! ce doit être la vengeance; — et, juste Ciel! par qui conçue et contre qui dirigée? — Conçue, nourrie, entretenue, contre le jeune Hazlewood d'Hazlewood, et en partie effectuée, exécutée et accomplie par la main de Vanbeest Brown! Ce sont de terribles temps, en vérité, mon digne voisin (cette épithète indiquait un rapide progrès dans les bonnes grâces du baronnet), ceux où les boulevards de la société sont ébranlés sur leurs puissantes bases, et où la noblesse, qui en est en quelque sorte le premier ornement, est mêlée et confondue avec les parties les plus viles de l'architecture! O mon bon M. Gilbert Glossin! de mon temps, monsieur, l'usage des épées et des pistolets, et des autres armes honorables de même nature,

CHAPITRE XLII.

était réservé par la noblesse et la *gentry*[1] pour elles-mêmes, et les disputes des gens du commun étaient décidées ou par les armes que leur a données la nature, ou bien par des bâtons coupés, rompus ou taillés dans le bois le plus proche. Mais aujourd'hui, monsieur, le soulier ferré du paysan écorche la jambe de l'homme de cour. Les rangs les plus bas ont leurs querelles, monsieur, et leurs points d'honneur, et leurs vengeances, et c'est par les armes, en vérité, qu'il faut qu'ils les terminent ! Mais bien, bien ! je perds mon temps. — Faites entrer ce drôle, ce Vanbeest Brown, et finissons-en avec lui au moins pour le moment.

[1] Nous avons eu plusieurs fois déjà occasion de signaler au lecteur français la différence qui, dans la hiérarchie sociale de la Grande-Bretagne, existe entre la noblesse (*nobility*), composée des seigneurs ou nobles proprement dits, et la *gentry*, qui ne comprend que ceux qui ont simplement droit au titre de *gentleman ou d'homme comme il faut*. (L. V.)

CHAPITRE XLIII.

> Ce fut lui qui échauffa la querelle, laquelle, comme un pétard mal allumé, revint frapper le sein de celui qui y avait mis le feu. Mais sa blessure, je l'espère, n'est pas tellement dangereuse qu'il n'en puisse revenir.
>
> *La jolie Fille d'Auberge.*

Le prisonnier fut alors amené devant les deux respectables magistrats. Glossin, en partie par un certain remords de conscience, en partie d'après sa prudente résolution de laisser à sir Robert Hazlewood la part la plus ostensible dans l'interrogatoire, avait les yeux fixés sur la table, et s'occupait à parcourir et à classer les papiers relatifs à l'affaire, soufflant seulement çà et là un mot de direction, quand il voyait le magistrat principal, et en apparence le plus actif, hésiter et avoir besoin d'aide. Quant à sir Robert Hazlewood, il apportait dans l'accomplissement de ses fonctions un heureux mélange de l'austérité du juge avec la dignité personnelle convenable à un baronnet d'ancienne famille.

— Là, constables ; faites-le placer là, au bout de la table. — Veuillez me regarder en face, monsieur, et répondre à haute voix aux questions que je vais vous poser.

— Puis-je vous prier d'abord, monsieur, de m'apprendre quelle est la personne qui prend la peine de m'interroger? dit le prisonnier ; les honnêtes gens qui m'ont conduit ici ont cru devoir ne me donner aucune information sur ce point.

— Et je vous prie, monsieur, qu'ont à faire mon nom et ma qualité avec les questions que j'ai à vous adresser?

— Rien, peut-être, monsieur ; mais ils peuvent avoir une grande influence sur ma disposition à y répondre.

— Hé bien alors, monsieur, vous saurez que vous êtes en présence de sir Robert Hazlewood d'Hazlewood et d'un autre juge de paix de ce comté ; — voilà tout.

Comme cette annonce ne produisit pas sur le prisonnier l'effet étourdissant qu'il en avait attendu, sir Robert poursuivit son investigation avec une aversion croissante pour celui qui en était l'objet.

— Votre nom n'est-il pas Vanbeest Brown, monsieur?

— Oui, monsieur.

— C'est bien ; — et quelle qualité y ajouterons-nous, monsieur?

— Capitaine dans le *** régiment de cavalerie de Sa Majesté.

Le baronnet resta étonné à cette réponse ; mais il reprit courage en voyant l'air d'incrédulité de Glossin, et en l'entendant pousser une sorte de petit sifflement exprimant une surprise méprisante.

— Je crois, mon ami, reprit sir Robert, qu'avant de nous séparer nous trouverons pour vous un plus humble titre.

— S'il en est ainsi, monsieur, je me soumettrai volontiers au châtiment qu'une telle imposture vous paraîtra mériter.

— Bien, monsieur ; c'est ce que nous allons voir. Connaissez-vous le jeune Hazlewood d'Hazlewood?

— Je n'ai jamais vu qu'une fois celui que je sais porter ce nom, et je regrette que ç'ait été dans des circonstances bien fâcheuses.

— Ainsi vous reconnaissez avoir fait au jeune Hazlewood d'Hazlewood cette blessure qui a mis sa vie en danger, considérablement endommagé la clavicule de son épaule droite, et laissé, comme le déclare le chirurgien de la famille, plusieurs gros grains de plomb ou fragments de balles dans l'apophyse acromion?

— J'ignore, monsieur, l'étendue du danger que le jeune homme a couru ; tout ce que je puis dire, c'est que j'en suis sincèrement affligé. Je le rencontrai dans un étroit sentier, en compagnie de deux dames et suivi d'un domestique ; et avant que j'eusse pu ou les dépasser ou leur adresser la parole, ce jeune Hazlewood prit son fusil des mains du domestique, le tourna contre moi, et du ton le plus hautain me commanda de me reculer. Je n'étais disposé ni à me soumettre à son autorité, ni à lui laisser les moyens d'user envers moi d'une violence à laquelle il paraissait disposé. Je me précipitai donc sur lui dans l'intention de le désarmer ; et au moment où j'en étais presque venu à bout, l'arme partit par accident, et à mon grand regret, alors comme depuis, infligea au jeune homme un châtiment plus sévère que je ne le voulais, quoique je sois charmé d'apprendre qu'il n'ait pas excédé ce que méritait sa folie, que rien n'avait provoquée.

— Ainsi, monsieur, dit le baronnet, dont tous les traits étaient gonflés de dignité offensée, — vous reconnaissez, monsieur, que c'était votre dessein, monsieur, et votre intention, monsieur, et le but réel et l'objet de votre attaque, monsieur, d'arracher au jeune Hazlewood d'Hazlewood son fusil, monsieur, sur le chemin du roi, monsieur? — Je pense que ceci suffira, mon digne voisin ! — Je pense qu'il devrait être emprisonné?

— Vous en êtes le meilleur juge, sir Robert, répondit Glossin de son ton le plus insinuant ; mais s'il m'était permis de hasarder un avis, il y avait quelque chose à demander au sujet de ces contrebandiers.

— C'est très-vrai, mon cher monsieur. — Et en outre, monsieur, vous Vanbeest Brown, qui vous intitulez capitaine au service de Sa Majesté, vous n'êtes qu'un misérable contre-maître de bâtiment contrebandier, ni plus ni moins !

— Réellement, monsieur, sans votre âge, et si vous ne me paraissiez pas placé sous l'empire de quelque étrange méprise, j'aurais lieu d'être sérieusement irrité contre vous.

— Mon âge, monsieur! dit vivement sir Robert, dont le teint s'anima d'indignation. Je proteste et déclare... Mais, monsieur, avez-vous quelques papiers ou quelques lettres qui puissent établir votre rang prétendu, et votre état, et votre grade?

— Non en ce moment, monsieur, mais par le retour du prochain courrier ou du suivant...

— Et comment se fait-il, monsieur, si vous êtes capitaine au service de Sa Majesté, comment se fait-il que vous voyagiez en Écosse sans lettres d'introduction ou de recommandation, sans bagage, sans rien de ce qui appartient à votre rang prétendu, à votre état et condition, comme je disais tout à l'heure?

— Monsieur, j'ai eu le malheur d'être dépouillé de mes effets et de mon bagage.

— Oh! alors vous êtes le gentleman qui avez pris une chaise de poste à *** pour Kippletringan, qui avez laissé là le conducteur au milieu de la route, et avez envoyé deux de vos complices pour battre ce garçon et enlever le bagage?

— J'étais, monsieur, dans une voiture telle que vous la désignez; je fus obligé de mettre pied à terre dans la neige, et je perdis mon chemin en m'efforçant de gagner Kippletringan. La maîtresse de l'auberge vous dira qu'en y arrivant le lendemain mon premier soin fut de m'informer du conducteur.

— Permettez-moi alors de vous demander où vous passâtes la nuit? — Ce ne fut pas dans la neige, je présume? Vous ne supposez pas que cela pourra passer, être cru et reçu?

— Je vous demande la permission, répondit Bertram, au souvenir de qui la gipsie et la promesse qu'il lui avait faite se présentèrent en ce moment, — je vous demande la permission de ne pas satisfaire à cette question.

— Je m'y attendais, reprit sir Robert. — N'étiez-vous pas, durant cette nuit, dans les ruines de Derncleugh? — dans les ruines de Derncleugh, monsieur?

— Je vous ai dit que mon intention n'était pas de répondre à cette question.

— Bien, monsieur; alors vous serez retenu, monsieur, et envoyé en prison, monsieur; voilà tout, monsieur. — Ayez la bonté de jeter les yeux sur ces papiers. — Êtes-vous le Vanbeest Brown qui y est mentionné?

Il faut remarquer que parmi ces papiers Glossin en avait glissé quelques-uns qui appartenaient réellement à Bertram, et qui avaient été trouvés par les officiers dans la vieille tour où le contenu de son porte-manteau avait été partagé.

— Quelques-uns de ces papiers m'appartiennent, répondit Bertram en les examinant; ils étaient dans mon portefeuille quand il me fut volé dans la chaise de poste. Ce sont des notes de peu d'importance, que je vois avoir été choisies avec soin comme n'apportant aucun témoignage sur mon rang et ma position, que beaucoup d'autres de mes papiers auraient pleinement établis. Je les vois mêlés avec des comptes de vaisseau et d'autres papiers qui apparemment ont appartenu à une autre personne du même nom.

— Et voudras-tu essayer de me persuader, l'ami, continua sir Robert, que dans ce pays et en même temps se trouvent *deux* personnes portant un nom aussi peu commun et aussi malsonnant?

— Je ne vois réellement pas, monsieur, puisqu'il y a bien un vieux Hazlewood et un jeune Hazlewood, pourquoi il n'y aurait pas un vieux et un jeune Vanbeest Brown. Et pour parler sérieusement, j'ai été élevé en Hollande, et je sais que ce nom, quelque étrange qu'il puisse paraître à des oreilles anglaises...

Glossin, sentant que le prisonnier allait entrer sur un terrain dangereux, intervint ici, quoique rien ne nécessitât l'interruption, dans le but de détourner l'attention de sir Robert Hazlewood, que la présomptueuse comparaison de Bertram avait laissé muet et immobile d'indignation. Dans le fait, les veines de son cou et de ses tempes étaient gonflées à se rompre, et sa physionomie irritée et déconcertée était celle d'un homme qui a reçu une insulte mortelle de quelqu'un à qui il regarde comme au-dessous des convenances et de sa dignité de répondre. Tandis que les sourcils froncés et l'œil étincelant, étendu sur son siége, il respirait péniblement d'un air de solennité majestueuse, Glossin vint à son secours. Avec votre permission, sir Robert, je croirais maintenant que cette affaire peut être close ici. Un des constables, outre les preuves que vous avez si habilement détruites, offre d'affirmer sous serment que le couteau de chasse enlevé ce matin au prisonnier (et dont, par parenthèse, il se servait pour résister à un mandat légal) lui a été pris par les contrebandiers dans une rencontre entre eux et les employés de la douane, qui a eu lieu peu de jours avant leur attaque sur Woodbourne.

— Et cependant, ajouta-t-il, je ne voudrais pas vous faire donner à cette circonstance une interprétation précipitée; peut-être le jeune homme pourra-t-il expliquer comment il est devenu possesseur de cette arme?

— Cette question, monsieur, je vous demanderai aussi la permission de n'y pas répondre.

— Il est encore une autre circonstance à éclaircir, toujours avec la permission de sir Robert, insinua Glossin. Ce prisonnier a déposé dans les mains de mistress Mac Candlish de Kippletringan un paquet contenant une grande variété de monnaies d'or, et différents objets de prix. Peut-être croirez-vous convenable, sir Robert, de lui demander d'où lui était venue une propriété d'une nature assez peu commune?

— Vous entendez, monsieur, M. Vanbeest Brown, vous entendez la question, monsieur, que monsieur vous adresse?

— J'ai des raisons particulières de refuser de répondre à cette question.

— Alors, je crains, monsieur, reprit Glossin, qui avait amené les choses au point où il désirait arriver, que notre devoir ne nous mette dans la nécessité de signer un mandat de détention.

— Comme il vous plaira, monsieur, dit Brown; prenez garde, cependant, à ce que vous allez faire. Faites attention que je vous informe de ma qualité de capitaine dans le *** régiment de Sa Majesté, que j'arrive de l'Inde il y a fort peu de temps, et qu'en conséquence il n'est pas possible que je puisse avoir des liaisons avec aucun de ces contrebandiers dont vous parlez; que mon lieutenant-colonel est maintenant à Nottingham, et le major, avec les officiers de mon corps, à Kingston-sur-Tamise. J'offre devant vous deux de me soumettre à tous les degrés d'ignominie, si, dans le délai nécessaire pour le retour des courriers de Kingston et de Nottingham, je ne suis pas à même de prouver ce que j'avance. Vous pouvez aussi, si vous le voulez, écrire à l'agent du régiment, et...

— Tout ceci est très-bien, monsieur, interrompit Glossin, qui commençait à craindre que l'attitude ferme de Bertram ne fît quelque impression sur sir Robert, lequel serait presque mort de honte à l'idée de commettre le solécisme d'envoyer en prison un capitaine de cavalerie; — tout ceci est très-bien, monsieur; mais n'y a-t-il pas quelque personne plus rapprochée de qui vous puissiez vous réclamer?

— Il n'y a dans ce pays que deux personnes dont je sois connu, répondit le prisonnier. L'une est simple fermier du Liddelsdale appelé Dinmont de Charlies-Hope; mais il ne sait de moi rien de plus que ce que je lui en ai dit, et que je vous dis maintenant.

— C'en est bien assez, sir Robert! dit Glossin. Je suppose qu'il voudrait faire venir ici ce paysan à crâne épais pour nous attester par serment sa crédulité, sir Robert; ha! ha! ha!

— Et quel est votre autre témoin, l'ami? demanda le baronnet.

— Un gentilhomme que j'ai quelque répugnance à mentionner, à cause de certaines raisons particulières, mais sous les ordres de qui j'ai servi quelque temps dans l'Inde, et qui est trop homme d'honneur pour refuser son témoignage à mon caractère de soldat et de gentleman.

— Et quel est cet illustre témoin, je vous prie, monsieur? continua sir Robert; — quelque quartier-maître ou quelque brigadier à demi-solde, je suppose?

— C'est le colonel Guy Mannering, ci-devant du *** régiment, dans lequel, comme je vous l'ai dit, j'ai une compagnie.

— Le colonel Guy Mannering ! pensa Glossin. — Qui diable aurait pu deviner celle-là?

— Le colonel Guy Mannering ! répéta le baronnet, considérablement ébranlé dans son opinion. — Mon cher monsieur, ajouta-t-il en s'adressant à part à Glossin, le jeune homme, avec un nom terriblement plébéien et une bonne dose d'assurance modeste, a néanmoins quelque chose du ton, des manières et des sentiments d'un gentleman, de quelqu'un au moins qui a vécu dans la bonne société. — Dans l'Inde, on donne des grades très-légèrement, très-insouciamment, très-inconsidérément. — Je pense que nous ferons bien de suspendre jusqu'à ce que le colonel Mannering soit de retour ; il est maintenant, je crois, à Édimbourg.

— Vous êtes, sous tous les rapports, le meilleur juge de ce qui convient, sir Robert ; — sous tous les rapports possibles. Je voudrais seulement vous faire observer en toute soumission que nous sommes certainement fort peu autorisés à relâcher cet homme sur une assertion qui ne peut être appuyée sur aucune preuve, et que nous encourrons une pesante responsabilité en le retenant en détention privée, sans l'envoyer à une prison publique ; sans nul doute, cependant vous êtes le meilleur juge, sir Robert. — J'ajouterai seulement, pour ma part, que tout récemment j'ai encouru un blâme sévère pour avoir fait déposer une personne dans un lieu que je regardais comme parfaitement sûr, et sous la garde d'officiers de justice. L'homme s'évada, et je ne doute pas que ma réputation de magistrat vigilant et circonspect n'en ait souffert jusqu'à un certain point : — c'est une simple observation ; — je concourrai avec vous, sir Robert, à ce qui vous paraîtra le plus convenable. Mais M. Glossin savait bien qu'une telle observation était tout ce qu'il fallait pour déterminer la décision de son collègue, en qui une haute dose de suffisance n'excluait pas dans le cas actuel une grande défiance de lui-même. Sir Robert Hazlewood résuma en effet la cause de la manière suivante, procédant en partie de la supposition que le prisonnier était réellement un gentleman, et en partie de la croyance contraire que c'était un scélérat et un assassin.

— Monsieur, monsieur Vanbeest Brown, — je dirais le capitaine Brown, s'il y avait la moindre raison, la moindre cause, le moindre fondement de supposer que vous soyez capitaine, et que vous ayez une compagnie dans le très-respectable corps que vous mentionnez, ou même dans tout autre corps au service de Sa Majesté, circonstance sur laquelle je demande qu'il soit bien entendu que je n'assois aucun jugement, déclaration ou opinion fixes, positifs et inaltérables. Je dis donc monsieur, M. Brown, que nous avons arrêté, eu égard à la situation désagréable dans laquelle vous vous trouvez, ayant été volé, dites-vous, assertion à l'égard de laquelle je suspends mon opinion, et vous trouvant nanti d'un grand nombre d'objets de prix, et en outre d'un coutelas à poignée de cuivre, de la possession duquel vous ne croyez devoir donner aucune explication; — je dis, monsieur, que nous avons décidé et résolu, après mûre délibération, de vous envoyer en prison, ou plutôt de vous y assigner un appartement, afin que vous puissiez vous représenter lors du retour d'Édimbourg du colonel Mannering.

— En toute soumission, sir Robert, reprit Glossin, puis-je vous demander si votre dessein est d'envoyer ce jeune homme à la prison du comté? — car si ce n'était pas votre intention arrêtée, je prendrais la liberté de vous faire observer qu'il serait moins rigoureux de l'envoyer à la maison de détention de Portanferry, où il pourrait être conduit sans être exposé aux regards du public, circonstance qui serait fort à éviter, dans le cas où son histoire se trouverait véritable.

— Sans doute; et il y a une garde de soldats à Portanferry pour la protection des magasins de la maison de douane. Tout bien pesé et examiné, et considérant que le lieu est aussi confortable qu'un pareil lieu peut l'être, je dis que tout bien considéré, nous ferons déposer cette personne, ou plutôt je dirai : nous l'autorisons à être détenue dans le Bridewell ou maison de travail de Portanferry.

Le mandat fut rédigé en conséquence, et Bertram fut informé qu'il serait conduit le lendemain matin au lieu où il devait être emprisonné, sir Robert ayant décidé qu'il n'y serait pas envoyé de nuit, de peur d'un coup de main; il devait en attendant passer la nuit au château d'Hazlewood.

Cette détention, pensa-t-il, ne peut être aussi rigoureuse que celle que j'ai subie chez les Looties dans l'Inde; elle ne peut pas non plus être aussi longue; mais que le diable emporte le vieux formaliste têtu, et son associé plus fin qui parle toujours à demi-voix! — Ils ne veulent pas comprendre une histoire toute simple.

Cependant Glossin prenait congé du baronnet avec mille courbettes respectueuses et autant d'excuses serviles de ce qu'il ne pouvait accepter son invitation pour dîner, et en se risquant à exprimer l'espoir qu'en quelque autre occasion il lui serait permis de venir rendre ses devoirs à sir Robert, à lady Hazlewood et au jeune M. Hazlewood.

— Certainement, monsieur, répondit très-gracieusement le baronnet, j'espère qu'en aucun temps notre famille n'a manqué de civilité pour ses voisins; et quand je me trouverai de votre côté, mon cher M. Glossin, je vous en donnerai la preuve en allant vous voir aussi familièrement qu'il est convenable, c'est-à-dire qu'on peut l'espérer ou l'attendre.

Et maintenant, se dit Glossin en lui-même, il s'agit d'aller trouver Dirk-Hatteraick et ses gens, — d'imaginer un moyen d'écarter les gardes de la maison de douane, — et alors de jeter le grand coup de dé. Tout doit dépendre de l'activité. Combien il est heureux que Mannering soit allé à Édimbourg! La connaissance personnelle qu'il a de

CHAPITRE XLIII.

ce jeune drôle est un péril très-grave ajouté à mes autres dangers. — Ici il permit à son cheval de ralentir son pas. — Et si j'essayais de composer avec l'héritier? — il est probable qu'on l'amènerait à payer une bonne somme pour la restitution, et je pourrais abandonner Hatteraick... Mais non, non, non! il y aurait trop d'yeux ouverts sur moi, Hatteraick lui-même, et le marin gipsie, et cette vieille sorcière. — Non, non! il faut m'en tenir à mon premier plan. Sur ce, il donna de l'éperon dans les flancs de son cheval, et partit au grand trot pour aller mettre ses machines en mouvement.

CHAPITRE XLIV.

> Une prison est un séjour de soucis, un lieu où personne ne peut s'amender, une excellente pierre de touche pour essayer un ami, un tombeau pour tout être vivant. Quelquefois un lieu de justice, quelquefois un lieu d'iniquité, quelquefois un lieu où les bandits et les voleurs sont mêlés à d'honnêtes gens.
>
> *Inscription de la Tolbooth d'Édimbourg*

DE bonne heure, le matin du jour suivant, la voiture qui avait amené Bertram à Hazlewood-House fut, avec les deux silencieux et sombres agents qui lui avaient servi de gardiens, disposée pour le conduire à la maison de détention de Portanferry. C'était un bâtiment attenant à la maison de douanes établie dans ce petit port de mer, et tous deux étaient situés si près du rivage, qu'il avait fallu en défendre les derrières par un boulevard ou forte digue d'énormes pierres, disposée sur un plan incliné de manière à recevoir l'effort du ressac, qui souvent l'atteignait et venait s'y briser. La partie antérieure était entourée d'un mur élevé, formant l'enceinte d'une petite cour ou préau, où les misérables hôtes de la maison avaient, à certaines heures, la permission de respirer et de prendre un peu d'exercice. La prison servait de maison de correction, et quelquefois de succursale à la prison du comté, laquelle était vieille et loin d'être commodément située par rapport au district de Kippletringan. Mac Guffog, l'agent qui le premier avait porté la main sur Bertram, et aux soins duquel celui-ci était alors confié, était gardien de ce palais de contrainte. Il fit arriver la voiture jusques auprès de l'entrée extérieure, et en descendit lui-même pour appeler les surveillants. Le coup qu'il frappa donna l'alarme à une trentaine d'enfants en guenilles, qui abandonnèrent à eux-mêmes les simulacres de sloops et de frégates qu'ils faisaient naviguer sur les flaques d'eau salée laissées par la marée descendante, et accoururent en foule autour de l'équipage pour voir quel malheureux était amené à la prison, dans la « belle voiture neuve de Glossin. » On entendit d'abord retentir lourdement au dedans nombre de chaînes et de barres; puis la porte du préau fut ouverte par mistress Mac Guffog, femme à l'aspect redoutable, assez forte et assez résolue pour maintenir l'ordre parmi ses bruyants hôtes, et administrer ce qu'on appelait la discipline de la maison, soit quand son mari était absent, soit quand il avait pris une trop forte dose de la *créature*[1]. La

---

[1] Eau-de-vie. (L. V.)

voix rugissante de l'amazone, qui rivalisait de douceur avec la musique déchirante de ses barres et de ses verrous, eut bientôt dispersé dans toutes les directions la foule de petits garnements qui s'était rassemblée autour de la porte d'entrée ; puis elle s'adressa à son aimable époux :

— Allons, allons, ne peux-tu pas te remuer un peu, pour faire descendre le swell[1] ?

— Tiens ta langue et va-t-en au diable ! répondit son tendre mari, en assaisonnant son apostrophe de deux épithètes fort énergiques, mais qu'on nous excusera de ne pas répéter. Puis, se tournant vers Bertram : — Allons, lui dit-il, voulez-vous descendre, mon gentil garçon, ou faut-il que nous vous donnions un coup de main ?

Bertram sortit de la voiture, et saisi au collet par le constable au moment où il mettait pied à terre, il fut entraîné, quoique ne faisant pas la moindre résistance, au milieu des cris répétés des petits sans-culottes[2] qui s'étaient arrêtés pour regarder, mais hors de l'atteinte de mistress Mac Guffog. Dès qu'il eut franchi le redoutable seuil, le concierge femelle laissa retomber ses chaînes, tira ses verrous, et tournant des deux mains une clef gigantesque, l'ôta ensuite de la serrure et la mit dans une large poche de drap rouge suspendue à son côté.

Bertram se trouvait dans le petit préau que nous avons mentionné. Quelques prisonniers s'y promenaient de long en large, et semblaient avoir puisé une sorte de soulagement dans le coup d'œil momentané que la porte ouverte leur avait permis de jeter jusqu'à l'autre côté d'une rue malpropre. Cette impression n'étonnera pas, quand on songera que, sauf en des occasions semblables, leur perspective était bornée à la façade grillée de leur prison, aux murailles hautes et noires du préau, au ciel qui s'étendait au-dessus, et au pavé que foulaient leurs pieds : triste monotonie qui, pour employer l'expression du poète,

« Pèse comme un fardeau sur les yeux fatigués, »

qui produit chez quelques prisonniers une sombre et stupide misanthropie, et qui développe chez d'autres cet abattement de cœur qui porte celui que renferme déjà un tombeau vivant, à souhaiter ardemment un sépulcre plus paisible encore et plus solitaire.

A leur entrée dans le préau, Mac Guffog permit à Bertram de s'arrêter un instant, et de jeter un coup d'œil sur ses compagnons d'affliction. Lorsqu'il eut promené son regard autour de lui, sur des figures que le crime, et le désespoir, et d'ignobles excès, avaient marquées de leur stigmate ; sur le dissipateur et le chevalier d'industrie, et le voleur, et le banqueroutier ; sur « l'idiot au regard hébété, et sur le fou au rire

---

[1] Terme d'argot, pour dire un prisonnier. (L. V.)
[2] Cette épithète est en français dans l'original.

stupide, » qu'un sordide esprit d'économie avait fait renfermer dans cet horrible séjour ; quand il eut aperçu tout cela, il sentit son cœur défaillir sous une impression d'inexprimable dégoût, à l'idée d'endurer, même pour un instant, la souillure de leur contact.

— J'espère, monsieur, dit-il au geôlier, que vous avez intention de m'assigner une chambre à part?

— Et qu'est-ce qu'il m'en reviendrait?

— Mais, monsieur, je ne puis être détenu ici plus d'un jour ou deux, et il me serait fort désagréable de me trouver mêlé dans l'espèce de compagnie que ce lieu présente.

— Hé qu'est-ce que cela me fait, à moi?

— Et bien alors, monsieur, pour vous parler un langage que vous comprendrez, je paierai volontiers votre complaisance d'une bonne gratification.

— Oui, mais quand, capitaine? quand et comment? Voilà la question, ou plutôt les deux questions.

— Quand je serai en liberté, et que j'aurai touché mes remises d'Angleterre.

Mac Guffog secoua la tête d'un air d'incrédulité.

— Ah ça, l'ami, vous ne croyez pas que je sois réellement un malfaiteur?

— Ma foi! je n'en sais rien ; mais si vous êtes sur la liste, vous n'êtes pas un malin, c'est clair comme le jour.

— Et pourquoi dites-vous que je ne suis pas malin?

— Hé mais, quel autre qu'un cerveau fêlé leur aurait laissé garder l'argent que vous aviez laissé aux *Armes de Gordon?* Le diable m'emporte si je ne le leur aurais pas fait sortir du ventre! Vous n'aviez pas le droit d'être dépouillé de votre argent et envoyé en prison sans un *mark*[1] pour payer votre dépense ; ils auraient pu garder le reste des objets comme témoignage. Mais pourquoi, tête de cruche aveugle, pourquoi n'avez-vous pas demandé les guinées? Je vous clignais de l'œil et je vous faisais des signes de tête pendant tout le tems, mais le diable d'imbécile n'a pas seulement regardé une fois de mon côté.

— Hé bien, monsieur, reprit Bertram, si je suis en droit de me faire remettre cet argent, je le réclamerai ; et il y en a plus qu'il n'en faut pour satisfaire à toutes vos réclamations.

— Je n'en sais rien du tout ; vous pouvez rester ici assez longtemps. Et alors le crédit doit entrer en ligne de compte. Mais pourtant, comme vous me semblez une pratique au-dessus du commun, quoique ma femme dise que je perde par trop de bonté, si vous me donnez un ordre pour me faire payer de mes avances sur cet argent, — j'ose dire que Glossin ira de l'avant. — Je sais quelque chose au sujet de l'évasion du

---

Livre d'Écosse, à peu près un franc. (L. V.)

CHAPITRE XLIV.

vieux Ellangowan... oui, oui, il sera encore bien content de payer et de vivre avec moi en bon voisin.

Hé bien, monsieur, si d'ici à un jour ou deux je n'ai pas reçu mes fonds, je vous donnerai l'ordre que vous demandez

— Bien, bien ; en ce cas, vous serez traité comme un prince. Mais écoutez-moi bien, l'ami, pour que nous n'ayons pas après ça à nous chamailler ensemble, voilà mes prix ordinaires pour un *swell* qui veut avoir son *lib-ken*[1] à part : — Trente shillings par semaine pour le logement[2], et une guinée pour les meubles ; plus une demi-guinée pour le lit, — et je n'en aurai pas tout le profit, attendu qu'il faudra là-dessus que je donne une demi-couronne[3] à Donald Laider, qui est ici pour vol de bestiaux, et qui aurait été, dans la règle, votre camarade de lit ; et puis il me demandera de la paille fraîche, et peut-être bien encore un peu de whisky. Ainsi il ne me reste pas grand'chose là-dessus.

— Bien, monsieur, continuez.

— Alors, pour la nourriture et la boisson, vous pouvez avoir ce qu'il y a de mieux, et je n'ajoute jamais plus de vingt pour cent aux prix de la taverne, pour être agréable à un gentleman ; — et c'est assez peu pour les allées et les venues, et l'usé des souliers du garçon. Et puis, si vous vous ennuyez, je pourrai monter moi-même un peu avec vous le soir, et vous aider à vider votre bouteille ; — j'ai bu plus d'un verre avec Glossin, camarade, celui qui vous a pincé, quoiqu'il soit juge de paix maintenant. Et puis je vous garantis qu'il vous faudra du feu par les soirées froides que nous avons, et encore, si vous avez besoin de chandelle, c'est un article coûteux, parce que c'est contre la règle. Maintenant je vous ai dit les principaux articles de la dépense, et je ne pense pas qu'il y en ait beaucoup d'autres, quoiqu'il y ait toujours par-ci par-là quelques articles imprévus.

— Hé bien, monsieur, il faut que je m'en rapporte à votre conscience, si par hasard vous savez ce que c'est qu'une telle chose ; — je ne puis faire autrement que...

— Non, non, monsieur, interrompit le prudent geôlier, je n'entends pas que vous disiez cela. — Je ne vous force en rien ; — si les prix ne vous conviennent pas, vous n'avez qu'à ne pas prendre les objets ; — je ne force personne ; je vous ai seulement expliqué la chose : maintenant, si vous aimez mieux vous en tenir à la règle ordinaire de la maison, c'est tout un pour moi. — Ça m'épargnera l'embarras, voilà tout.

— Je n'ai pas envie, mon ami, comme vous pouvez aisément le deviner, de marchander avec vous sous une telle perspective. Allons, montrez-moi où je dois être placé, car je désirerais être seul pour un moment.

[1] Chambre.
[2] Environ trente-sept francs. Vingt shillings font une guinée. (L. V.)
[3] A peu près trente sous. (L. V.)

— Oui, oui, capitaine, venez avec moi, dit le drôle avec une contorsion de visage à laquelle il voulait donner l'expression d'un sourire. Et je vais vous dire maintenant : — pour vous montrer que *j'ai* une conscience, comme vous dites, que je sois damné si je vous demande plus de six pence[1] par jour pour la liberté de la cour, et vous pourrez vous y promener bien près de trois heures par jour, et jouer à *pitch-and-toss*, et à la balle, et faire tout ce que vous voudrez.

Avec cette gracieuse promesse, il introduisit Bertram dans la maison, et le précéda dans un étroit et rapide escalier de pierre, au haut duquel était une porte solide garnie de fer et de grosses têtes de clous. Cette porte donnait entrée sur une espèce de corridor ou de galerie étroite, ayant de chaque côté trois cellules, misérables réduits garnis de lits en fer et d'une simple paillasse. Mais à l'extrémité de ce corridor était une petite chambre, d'apparence un peu plus décente, c'est-à-dire ayant moins un air de prison, et qui, sauf l'énorme serrure et les chaînes de la porte, et les épais barreaux croisés de la fenêtre, aurait assez ressemblé à la plus mauvaise chambre de la plus mauvaise auberge. C'était une sorte d'infirmerie pour ceux des prisonniers dont la santé exigeait quelques ménagements ; et, dans le fait, Donald Laider, le camarade de chambrée que devait avoir Bertram, avait été tout récemment arraché de l'un des deux lits qui s'y trouvaient, pour voir si de la paille fraîche et du whisky ne réussiraient pas mieux à guérir sa fièvre intermittente. Cette sentence d'expulsion avait été mise à exécution par mistress Mac Guffog, tandis que son mari parlementait avec Bertram dans le préau, la bonne dame ayant un pressentiment certain de la manière dont le traité se terminerait nécessairement. Il y avait apparence que l'expulsion n'avait pu avoir lieu sans recourir à la force, car un des piliers d'une sorte de baldaquin était rompu, de sorte que le ciel de lit et les rideaux traînaient au milieu de l'étroite chambre, pareils à la bannière d'un chef de clan à demi renversée dans la confusion d'un combat.

— Ne vous mettez pas en peine de ce que c'est un peu en désordre, capitaine, dit mistress Mac Guffog qui était entrée après eux dans la chambre ; puis, tournant le dos au prisonnier, avec toute la délicatesse que comportait l'action, elle détacha de son genou sa jarretière de filoselle, et s'en servit pour serrer et rattacher ensemble les deux fragments de la colonne brisée ; — puis elle emprunta à son ajustement plus d'épingles qu'en bonne décence il n'eût dû en fournir, pour relever en draperie les rideaux du lit ; — puis elle secoua les couvertures, de manière à leur donner une certaine apparence ; puis elle étendit par-dessus le tout une vieille courtepointe rapiécée, et proclama enfin que les choses étaient en ordre. — Voilà votre lit, capitaine, ajouta-t-elle

---

[1] Un demi shilling, ou environ douze sous. (L. V.)

CHAPITRE XLIV.

en lui montrant du doigt une espèce de huche massive à quatre colonnes, laquelle, par suite de l'inégalité du plancher qui s'était considérablement affaissé (la maison était neuve, mais elle avait été bâtie à l'entreprise), portait seulement sur trois pieds, et tenait le quatrième en l'air, dans l'attitude d'un de ces éléphants *passant* peints sur les panneaux d'une voiture ; — voilà votre lit et les couvertures. Mais si vous voulez des draps, ou un traversin, ou un oreiller, ou des serviettes pour la table ou pour les mains, c'est à moi qu'il faudra les demander ; car c'est hors des attributions de mon homme (Mac Guffog était sorti de la chambre, pour éviter probablement tout appel qui aurait pu lui être fait au sujet de cette nouvelle exaction), et il ne comprend jamais ces sortes de choses dans ses marchés.

— Au nom du Ciel, dit Bertram, fournissez-moi ce qui convient, et demandez-moi ce que vous voudrez.

— Bien, bien, ça sera bientôt arrangé ; nous ne vous écorcherons pas, après tout[1]. Il faut que je voie à vous faire avoir un peu de feu, et quelque chose pour dîner ; mais vous ferez un assez pauvre dîner aujourd'hui, car je n'attendais pas une compagnie délicate et difficile.
— A ces mots, et en toute hâte, mistress Mac Guffog courut chercher un panier de charbon, dont elle remplit la grille rouillée qui, depuis bien des mois, n'avait pas vu de feu ; puis, sans se laver les mains, elle se mit à arranger les draps du lit (bien différents, hélas! de ceux d'Ailie Dinmont), et grommelant à demi-voix, d'un ton de mauvaise humeur, tout en s'acquittant de cette tâche, elle semblait, dans la disposition bourrue de son esprit, regretter même ces attentions dont elle savait être bien payée. Enfin cependant elle partit, tout en marmottant entre ses dents « qu'elle aimerait mieux garder toute une prison, que d'avoir à servir ces beaux messieurs, qui donnaient tant d'embarras avec leurs caprices. »

Quand elle fut sortie Bertram se trouva réduit à l'alternative de se promener de long en large dans sa chambre, ou de regarder ce qu'il pouvait apercevoir de la mer à travers les étroits carreaux de sa fenêtre, obscurcis par la saleté et par des barreaux serrés, ou bien enfin de lire les inscriptions grossières ou atroces que le désespoir avait griffonées sur les murs à demi blanchis. Ce qu'il entendait n'était pas plus agréable que ce qu'il pouvait voir : c'était le sourd clapotement de la marée descendante; ou, de temps à autre, une porte qui s'ouvrait ou se fermait, mêlant l'aigre accompagnement de ses verrous et de ses gonds criards à la triste monotonie des vagues. Quelquefois aussi il pouvait

---

[1] Il y a dans le texte un jeu de mots intraduisible : *We'll no excise you neither, though we live sae near the Custom-house*, « nous ne vous exciserons pas, non plus, quoique nous demeurions si près de la maison de douane ». La pointe roule sur le verbe *to excise*, écorcher, ruiner, rapproché de l'*excise* ou impôt d'accise que perçoit la douane. (L. V.)

entendre le grondement rauque du gardien, ou les accents plus aigus de sa compagne, presque toujours montés au diapason de la mauvaise humeur, de la colère ou de l'insolence. D'autres fois, l'énorme dogue enchaîné dans le préau répondait par des aboiements furieux aux taquineries des prisonniers désœuvrés qui se faisaient un jeu de l'irriter.

Enfin l'ennui de cette fatigante attente fut interrompu par l'arrivée d'une grosse fille à mine repoussante, qui vint faire quelques préparatifs pour le dîner, en étendant une serviette à demi propre sur une table de sapin tout à fait sale. Un couteau et une fourchette, que n'avaient pas usés les frottements du nettoyage, flanquèrent une assiette de faïence fêlée; un pot de moutarde à peu près vide, placé d'un côté de la table, servit de pendant à une salière en poterie comme le moutardier, et contenant un mélange grisâtre, ou plutôt noirâtre, les deux objets portant des traces trop évidentes d'un service récent. Bientôt après la même Hébé apporta un plat de tranches de bœuf cuites dans la poêle à frire, et qu'accompagnait une abondance de graisse nageant sur un océan d'eau tiède; puis, ayant ajouté un pain grossier à ce mets savoureux, elle demanda « ce que monsieur voulait boire. » L'apparence de ces provisions n'avait rien de bien appétissant; mais Bertram tâcha d'améliorer son ordinaire en demandant du vin, qui heureusement ne se trouva pas trop mauvais, et composa principalement son dîner d'un peu de fromage passable, dont il accompagna son pain noir. Quand son repas fut terminé, la fille lui apporta les compliments de son maître, et le prévint de sa part que si c'était agréable à monsieur, il viendrait l'aider à passer la soirée. Bertram le fit remercier, et au lieu de sa gracieuse société, pria qu'on lui apportât du papier, une plume, de l'encre et des chandelles. La lumière apparut sous la forme d'une longue chandelle à la baguette rompue par le milieu, et s'inclinant sur un chandelier de fer-blanc enduit de suif; quant à ce qu'il fallait pour écrire, on informa le prisonnier qu'il l'aurait le lendemain, s'il voulait l'envoyer acheter au dehors. Bertram, en appuyant sa requête d'un shilling, demanda alors à sa ménagère si elle ne pourrait pas lui procurer un livre; après une longue absence, elle lui rapporta, en conséquence, deux volumes dépareillés du *Newgate Calendar*[1], qu'elle avait empruntés à Sam Silverquill[2], apprenti paresseux et mauvais sujet, en prison sous une accusation de faux. Elle déposa les livres sur la table et se retira, laissant Bertram enfoncé dans une lecture qui ne s'accordait pas mal avec sa triste situation actuelle.

---

[1] *Calendrier* ou *Histoire de la Prison de Newgate*. (L. V.)
[2] Plume-d'Argent. *Sam* est l'abréviation familière de Samuel. (L. V.)

CHAPITRE XLV.

> Mais si tu devais être honteusement traîné à cet arbre d'ignominie, tu aurais un ami fidèle qui partagerait avec toi l'arrêt cruel du sort.
> SHENSTONE.

PLONGÉ dans les sombres réflexions que devaient naturellement exciter en lui son effrayante lecture et sa triste situation, Bertram, pour la première fois de sa vie, se sentit prêt à céder au découragement. — Je me suis trouvé dans des situations encore pires que celle-ci, se dit-il enfin ; plus dangereuses aussi, car il n'y a ici aucun danger ; — plus effrayantes d'avenir, car ma détention ici doit nécessairement être de peu de durée ; — plus insupportables enfin, car ici du moins j'ai du feu, de la nourriture et un abri. Cependant en parcourant ces sanglantes annales du crime et de la misère, dans un lieu si bien en rapport avec les pensées qu'elles font naître, et en écoutant ces tristes sons, je sens une disposition à la mélancolie, plus forte que de ma vie je n'en avais éprouvé ; mais je ne m'y abandonnerai pas. — Loin de moi, recueil de crimes et d'infamies ! ajouta-t-il, en lançant le livre sur un des deux lits ; une prison écossaise n'abattra pas, dès le premier jour, un courage qui a résisté au climat, aux privations, à la pénurie, à la maladie et à la captivité, sur une terre étrangère. J'ai soutenu plus d'un rude assaut contre dame fortune, et elle ne me vaincra pas aujourd'hui, si je peux l'empêcher.

Faisant alors un vigoureux effort sur lui-même, il s'efforça d'envisager sa position sous le jour le plus favorable. Delaserre devait bientôt arriver en Écosse ; les certificats de son officier-commandant ne pouvaient pas tarder non plus ; et même, s'il recourait en premier lieu à Mannering, qui pouvait dire qu'une réconciliation ne s'ensuivrait pas entre eux ? Il avait souvent remarqué, et il se souvenait maintenant que lorsque son ci-devant colonel s'intéressait à quelqu'un, ce n'était jamais à demi, et qu'il semblait s'attacher aux personnes en proportion des services qu'il leur avait rendus. Dans le cas actuel, une faveur qu'on pouvait demander sans rougir et qui serait aisément accordée, deviendrait peut-être pour eux un moyen de rapprochement et de réconciliation. De là ses pensées se tournèrent naturellement vers Julia ; et sans mesurer trop attentivement la distance qui le séparait, lui, soldat de fortune, d'une riche héritière au père de laquelle il lui allait peut-être falloir recourir pour être délivré de prison, il se laissait aller à bâtir sur les nuages les plus riants châteaux, et à les parer de toutes les teintes d'un ciel de soirée d'été, quand ses méditations furent interrompues par le bruit d'un coup pesamment frappé à la porte extérieure, auquel répondirent les aboiements du dogue affamé, stationné dans le préau comme supplément de garnison. Après toutes les précautions d'usage, la porte fut ouverte et quelqu'un admis dans l'intérieur ; puis la porte de la maison fut ensuite débarrée et déverouillée, la clef tourna dans la serrure, un chien monta précipitamment l'escalier, et presque aussitôt Bertram entendit l'animal gratter et japper à la porte de sa chambre. Bientôt après un pas lourd retentit sur les marches, et la voix de Mac-Guffog se fit entendre. — Par là, par là ! prenez garde au pas ; — voilà la chambre. — La porte de Bertram s'ouvrit alors, et avec autant de joie que de surprise il vit s'élancer vers lui son terrier Wasp, qui le dévora presque de caresses, et sur les talons duquel parut la forme massive de son ami de Charlies-Hope.

— Hé mon Dieu ! hé mon Dieu ! exclama l'honnête fermier en promenant son regard sur le chétif appartement et l'ameublement misérable de son ami ; — qu'y a-t-il donc, qu'y a-t-il donc ?

— Un tour de la fortune, mon bon ami, répondit Bertram en se levant et lui secouant[1] cordialement la main ; un tour de la fortune, voilà tout.

— Mais que faire pour cela ? — qu'y *peut-on* faire ? — Est-ce pour dettes ? pour quoi êtes-vous ici ?

— Non, non, ce n'est pas pour dettes ; si vous avez le temps de vous asseoir, je vais vous raconter de l'affaire tout ce que j'en sais moi-même.

— Si j'ai le temps ! répéta Dandie en appuyant sur le mot avec un accent de dérision ; — eh ! pourquoi diable serais-je venu ici, l'ami, sinon pour tirer un peu tout ça à clair ? Mais vous n'en serez pas plus mal de manger quelque chose, j'imagine. — Il se fait tard ; — j'ai dit aux gens de l'auberge où j'ai laissé Dumple de m'envoyer mon souper ici, et le camarade Mac Guffog est convenu de le laisser entrer : — j'ai arrangé tout ça. — Et maintenant, contez-moi votre histoire. — Silence, Wasp ! silence, mon garçon ! C'est qu'elle est bien aise de vous voir, la pauvre bête !

Le récit de Bertram, limité à l'accident dont Hazlewood avait failli être victime, et à la confusion faite entre lui, Bertram, et un des contrebandiers qui avait joué un rôle dans l'attaque de Woodbourne, et qui se trouvait porter le même nom que lui, ce récit ne fut pas long. Dinmont l'écouta très-attentivement. — Hé bien, dit-il, tout cela ne serait pas une affaire si désespérée, bien sûr ; — le garçon qui a été blessé va bien, et puis, deux ou trois grains de plomb dans son épaule,

---

[1] Dans nos usages, nous dirions : *et en lui serrant la main* ; mais l'expression employée exprime l'habitude anglaise. (L. V.)

qu'est-ce que c'est que ça? si vous lui aviez fait sauter un œil, c'eût été autre chose. Oh! que je voudrais que le vieux Sherra Pleydell fût ici! — c'était-là l'homme qu'il fallait pour leur tenir tête, et un rude parleur, allez! Vous n'avez jamais entendu son pareil.

— Mais maintenant dites-moi, mon excellent ami, comment avez vous su que j'étais ici?

— Ma foi, mon garçon, assez drôlement; mais je vous conterai ça quand nous aurons fini de souper, car il ne serait peut-être pas aussi bien d'en parler pendant que cette bâtarde de fille à longues oreilles va et vient dans la chambre.

La curiosité de Bertram fut jusqu'à un certain point suspendue par l'apparition du souper que son ami avait commandé, et qui, sans être somptueux, à beaucoup près, avait du moins cette propreté appétissante dont la cuisine de mistress Mac Guffog manquait si éminemment. Dinmont aussi, en faisant observer qu'il avait été à cheval tout le jour depuis le déjeûner, sans rien goûter « qui méritât qu'on en parle, » phrase restrictive qui se rapportait à environ trois livres de mouton froid qu'il avait expédiées à son relais de midi, — Dinmont, dis-je, tomba vigoureusement sur la bonne chère, et comme un des héros d'Homère, ouvrit à peine la bouche pour laisser échapper une parole bonne ou mauvaise, avant que la rage de la faim et de la soif fût apaisée. Enfin, après un dernier coup d'ale de ménage, il reprit, en regardant les lamentables restes de ce qui avait été une forte volaille : — Allons, allons, cette poule-là n'était pas trop mauvaise, pour avoir été élevée dans un faubourg, quoique ça ne soit pas nos volailles de Charlies-Hope; — et je suis bien aise de voir que cette sotte affaire ne vous a pas fait perdre l'appétit, capitaine.

— C'est qu'en vérité, M. Dinmont, mon dîner n'était pas assez excellent pour faire tort à mon souper.

— Je vous crois, je vous crois! — Mais maintenant, ma chère, que vous nous avez apporté l'eau-de-vie et la tasse, avec l'eau chaude, et le sucre, et tout ce qu'il nous faut, vous pouvez fermer la porte, voyez-vous, car nous aurions à jaser. En conséquence, la demoiselle se retira et ferma sur elle la porte de la chambre, précaution à laquelle elle ajouta celle de tirer au dehors un lourd verrou.

Dès qu'elle fut partie Dinmont fit une reconnaissance des localités, prêta l'oreille au trou de la serrure comme s'il eût écouté le souffle d'une loutre, et après s'être bien assuré qu'il n'y avait pas autour d'eux d'oreilles indiscrètes, il revint s'asseoir à la table; puis se versant une rasade pour se mettre en haleine, comme il disait, il remua les charbons du feu, et commença son histoire à demi-voix, d'un ton de gravité et d'importance qui ne lui était guère habituel.

— Vous saurez, capitaine, que je suis allé passer deux ou trois jours à Édimbro', pour voir l'enterrement d'une parente que nous avons perdue, et peut-être bien que j'aurais dû avoir quelque chose pour ma course; mais il y a des désappointements dans la vie, et qui peut empêcher ceux-là? et puis j'avais avec ça un bout d'affaire de loi, mais ce n'est pas de tout ça qu'il s'agit. Bref, j'avais réglé mes affaires et j'étais revenu à la maison; et le lendemain matin j'étais allé aux *muirs* voir ce que les troupeaux faisaient par là, et je pensai qu'il ne m'en coûterait pas plus de pousser jusqu'à Tout-Hope-Head, où Jock de Dawston et moi avions des difficultés au sujet de la limite. — Hé bien, juste comme j'y arrivais, je vis devant moi un homme que je ne reconnus pas pour un de nos bergers, et ça n'est pas commun de rencontrer par là d'autres créatures, de façon que quand j'arrivai à lui, je vis que c'était Tod Gabriel le chasseur de renards. De façon que je lui dis d'un air un peu surpris : Que diable, l'ami, faites-vous ici au milieu des rochers, sans vos limiers? est-ce que vous cherchez le renard sans les chiens? De façon qu'il me dit : Non, Dinmont, mais j'avais besoin de vous voir.

— Ha! que je lui dis; est-ce que vous avez besoin de charbon, ou de quelque autre chose pour passer l'hiver?

— Non, non, qu'il me dit, ce n'est pas ça dont j'ai besoin; mais vous prenez un grand intérêt à ce capitaine Brown qui a passé une semaine avec vous, pas vrai?

— En vérité oui, Gabriel; et qu'avez-vous à me dire de lui, mon garçon?

— Ah! c'est qu'il y en a encore d'autres que vous qui prennent intérêt à lui, et quelqu'un à qui il faut que j'obéisse; et ce n'est pas tout à fait de ma propre volonté que je suis ici pour vous dire à son sujet quelque chose qui ne vous fera pas plaisir.

— Ma foi, que je lui dis, rien de ce qui ne lui fera pas plaisir ne m'en fera non plus, à moi.

— Hé bien, qu'il me dit, vous serez marri d'apprendre qu'il est exposé à être mis en prison à Portanferry, s'il ne prend pas bien garde à lui, car il y a des warrants pour l'arrêter dès qu'il débarquera à son retour d'Allonby. Et maintenant, Dandie, si jamais vous lui avez voulu du bien, il faut que vous montiez à cheval, et que vous alliez à Portanferry sans donner le temps à l'herbe de pousser entre les jambes de votre bête; et si vous le trouvez en prison, il faut que vous demeuriez avec lui jour et nuit pendant un jour ou deux, attendu qu'il aura besoin d'amis qui aient bon cœur et bon bras; et si vous négligez ce que je vous dis, vous ne vous en repentirez qu'une fois, mais ça sera pour toute votre vie.

— Mais, Dieu nous protège, camarade, que je repris, comment savez-vous tout cela? il y a un bon bout de chemin d'ici à Portanferry.

— Ne vous mettez pas en peine de cela, qu'il me répondit; ceux qui nous ont apporté les nouvelles ont couru jour et nuit, et il faut que vous partiez à l'instant même, si vous voulez le servir ; — et je n'ai rien de plus à vous dire. — Là-dessus il s'accroupit sur l'herbe, et se laissa glisser jusqu'au fond du glen[1], où il ne m'aurait pas été commode de le suivre à cheval ; et je revins à Charlies-Hope tout conter à la ménagère, car je ne savais trop que faire. — Ça paraîtrait une assez drôle de chose, que je me disais, si je me laissais envoyer à la chasse au coucou[2] par un coureur de pays[3] comme celui-là. Mais, bon Dieu ! la bonne femme prit la chose à cœur, et me représenta quelle honte ce serait pour moi s'il vous arrivait quelque malheur que j'eusse pu empêcher ; et puis, votre lettre nous arriva juste pour confirmer cela ; de façon que je fus au coffre, et que j'en tirai le peu qu'il y avait de *bank-notes*, en cas que nous en eussions besoin, et tous les enfants coururent seller Dumple. Par grande chance, j'avais pris l'autre bête pour aller à Édimbro', de façon que Dumple était fraîche comme la rose. De façon que je partis, et Wasp avec moi, car vous auriez réellement cru qu'elle savait où j'allais, la pauvre bête, et me voilà, après une traite de soixante milles[4] ou à peu près. Mais Wasp en a fait une trentaine devant moi sur la selle, et la pauvre bête se balançait comme l'aurait fait un des marmots, quand je prenais le trot ou le galop.

Dans cette étrange histoire Bertram reconnut évidemment, en supposant que l'avertissement fût fondé, l'indice de quelque danger plus grand et plus imminent que ne pouvait l'être, selon toute apparence, un court emprisonnement. En même temps, il n'était pas moins évident que quelque ami inconnu travaillait pour lui. — Ne m'avez-vous pas dit, demanda-t-il à Dinmont, que ce Gabriel était de race égyptienne ?

— C'est ce qu'on a pensé, et il me semble, d'après ce qui arrive, que c'est assez probable ; car ils savent toujours entre eux où trouver leurs bandes, et, s'ils le veulent, ils peuvent avoir les nouvelles d'un bout du pays à l'autre avec la rapidité de la balle. Et j'oubliais de vous dire qu'on est en quête de la vieille femme que nous avons rencontrée dans le Bewcastle ; le shériff a mis des gens à ses trousses de l'autre côté du Lime-Stane-Edge, et le long de la Liddell jusqu'à l'Ermitage, et de tous côtés, et on lui offre cinquante livres sterling de récompense, pas moins, si elle veut paraître. Le juge de paix Forster a lancé des warrants, comme je vous le disais, dans le Cumberland, et on rôde de tous côtés pour la trouver ; mais, malgré tout cela, elle ne sera prise que si elle le veut bien.

— Et d'où vient qu'on la cherche ainsi ?

---

[1] Manière de descendre les côtes rapides et herbeuses, très-commune dans les pays de montagnes. (L. V.)

[2] *Hunt-the-gowk*, locution proverbiale ; se laisser attraper. (L. V.)

[3] *Land-louper*.

[4] A peu près vingt de nos lieues communes. (L. V.)

—Ah! je n'en sais rien; j'ose dire que c'est une sottise, mais on dit qu'elle a ramassé de la graine de fougère, et qu'elle peut aller partout où elle veut, comme Jock le Pourfendeur de Géants dans la ballade, avec son manteau qui rend invisible, et ses souliers qui font aller comme le vent. En tout cas, c'est une espèce de reine parmi les gipsies; elle a plus de cent ans, à ce qu'on dit, et elle se souvient de l'arrivée des cavaliers des landes[1] aux tristes temps où les Stuarts furent renvoyés. Ainsi, si elle ne peut se rendre elle-même invisible, elle connaît bien ceux qui peuvent la rendre telle, il n'y a pas à en douter. Ma foi, si j'avais su que c'était Meg Merrilies, l'autre soir, chez Tib Mumps, j'aurais pris garde de ne pas la contrarier.

Bertram écouta avec grande attention ce récit, qui s'accordait si bien, à beaucoup d'égards, avec ce que lui-même avait vu de cette sibylle égyptienne. Après un instant de réflexion il pensa que ce ne serait pas manquer à sa parole que de mentionner ce qu'il avait vu à Derncleugh, à une personne qui professait pour Meg autant de vénération que Dinmont en avait évidemment. Il lui raconta donc son histoire, qui fut souvent interrompue par des exclamations telles que : Hé bien, a-t-on jamais rien vu de pareil? — ou encore : Non, du diable s'il n'y a pas quelque chose là-dessous!

Quand notre ami du Liddelsdale eut tout entendu d'un bout à l'autre, il secoua sa grosse tête noire : — Hé bien, dit-il, je soutiendrai toujours qu'il y a du bon et du mauvais chez les gipsies; et s'ils ont commerce avec l'ennemi, c'est leur affaire et non la nôtre. Quant à sa manière de dresser les membres du corps, je connais assez bien ça. Ces diables de contrebandiers, quand quelqu'un d'entre eux est tué dans une affaire, envoient chercher quelque femme comme Meg pour ensevelir le corps; et ma foi, c'est toute la cérémonie d'enterrement à laquelle ils aient jamais pensé; puis le mort est jeté en terre sans la moindre décence, absolument comme un chien. Et ils s'en tiennent à ça, à être bien dressés et à ce qu'il y ait là une vieille femme quand ils rendent le dernier souffle, pour leur chanter des prières, et des ballades, et des charmes, comme ils disent, plutôt que de faire venir un ministre pour prier avec eux. — C'est une de leurs vieilles superstitions, et je croirais que l'homme que vous avez vu mourir était un de ceux qui furent tués quand ils brûlèrent Woodbourne.

— Mais, mon bon ami, Woodbourne n'est pas brûlé.

— Hé bien, tant mieux pour ceux qui y demeurent. Ma foi, on nous avait dit à nous autres là-haut qu'il n'y restait pas pierre sur pierre. Mais on s'y est battu, en tout cas; j'ose dire que ça aurait bien pu arriver! Et comme je disais, vous pouvez bien être sûr que c'était un de ceux qui ont été tués, et que ça été les gipsies qui ont pris votre valise

---

[1] *Moss-troopers.*

CHAPITRE XLV.

quand ils trouvèrent la chaise arrêtée dans la neige. — Ils n'auraient pas manqué un pareil coup ; — ça leur allait à la main comme l'anse d'une pinte.

— Mais si cette femme exerce de l'autorité sur eux, pourquoi n'a-t-elle pu me protéger ouvertement, ni me faire rendre ce qui m'appartenait ?

— Eh ! qui peut le savoir ? Elle a la parole haute avec eux, mais des fois ils n'en feront pas moins à leur tête, quand la tentation les prend. Et puis il y a les contrebandiers avec lesquels ils sont toujours en bande, et peut-être qu'elle ne pouvait pas les gouverner aussi bien. — Ils sont toujours associés ensemble ; — j'ai entendu dire que les gipsies savaient quand les contrebandiers arrivent et où ils débarquent, mieux que pas un marchand qui fait des affaires avec eux. Et puis, par-dessus tout, elle a quelquefois le cerveau fêlé et une mouche en tête ; que ses prédictions et ses bonnes aventures soient vraies ou non, on dit qu'à coup sûr elle y croit, et qu'elle se conduit toujours d'après quelque prophétie à sa façon. Aussi elle ne suit pas toujours le droit chemin du puits[1]. — Mais du diable si j'ai jamais lu dans nos livres de contes une histoire comme la vôtre, avec des tours de magie, et des morts, et des évasions de toute espèce ! — Mais, chut ! j'entends le geôlier qui vient.

Mac Guffog vint en effet les interrompre par la rude harmonie des barres et des verrous, et montra son visage bouffi à la porte entr'ouverte. — Allons, M. Dinmont, dit-il, nous avons retardé la fermeture d'une heure pour vous obliger ; il faut retourner à vos quartiers.

— Mes quartiers, l'ami ? j'ai intention de passer la nuit ici. Voilà justement un second lit dans la chambre du capitaine.

— C'est impossible ! répliqua le geôlier.

— Je vous dis que *c'est possible,* et que je ne bougerai pas d'ici ; — tenez, voilà un verre d'eau-de-vie.

Mac Guffog vida le verre, et revint à son objection. — Mais c'est contre la règle, monsieur ; vous n'avez rien fait pour ça.

— Je vous casserai la tête, dit le robuste fermier du Liddesdale, si vous en dites encore quelque chose, et ça suffira bien pour me mettre en droit de loger une nuit chez vous, en tout cas.

— Mais je vous dis, M. Dinmont, que c'est contre la règle, et que je risquerais de perdre mon poste.

— Hé bien, Mac Guffog, je n'ai que deux choses à vous dire : c'est que vous me connaissez bien, et que je ne ferais pas évader un prisonnier.

— Et comment puis-je savoir cela ?

— Hé bien, si vous ne savez pas cela, repartit l'intrépide fermier,

---

[1] Phrase proverbiale. (L. V.)

vous savez du moins ceci : — vous savez que vous êtes de temps en temps obligé de venir pour vos affaires dans notre vallée. Hé bien ! si vous me laissez passer tranquillement la nuit ici avec le capitaine, je vous paierai double loyer pour la chambre ; et si vous dites non, vous aurez la plus belle pleine chemise d'os malades que vous ayez jamais eue de votre vie, la première fois que vous mettrez le pied dans le Liddesdale !

— Allons, allons, Dandie, il faut qu'un entêté fasse à sa guise ; mais si je suis repris de ça par les juges, je sais bien qu'est-ce qui en portera le blâme — Et ayant appuyé cette observation d'un couple d'effroyables jurements, il fut se mettre au lit, après avoir soigneusement fermé toutes les portes de la Bridewell. La cloche de l'église du bourg sonna neuf heures, au moment même où la cérémonie se terminait.

— Quoiqu'il ne soit pas tard, dit le fermier, qui avait remarqué que son ami semblait un peu pâle et fatigué, je crois que nous ferons bien de nous coucher, capitaine, si vous ne vous sentez pas disposé à un autre coup de gaîté. Mais en vérité, vous n'êtes pas fort sur la bouteille, ni moi non plus, à moins que ce ne soit dans quelque réunion entre voisins, ou quand je suis en course.

Bertram accéda très-volontiers à la motion de son fidèle ami ; mais en regardant son lit, il sentit une forte répugnance à se mettre déshabillé dans les draps de mistress Mac Guffog.

— Je suis grandement de votre opinion, capitaine, dit Dandie. Ma foi, on dirait que tous les charbonniers du Sanquhar ont couché dans ce lit-là. Mais je ne m'en apercevrai pas à travers ma grande capote. A ces mots il se jeta sur le lit, avec une force qui en fit craquer la charpente vermoulue, et au bout de quelques minutes il témoigna par des signes non équivoques qu'il dormait profondément. Bertram ôta sa redingote et ses bottes, et s'étendit sur l'autre couche. La singularité de sa destinée et le mystère qui semblait s'épaissir autour de lui, à la fois persécuté et protégé, comme il semblait l'être, par des ennemis et des amis également secrets, appartenant à une classe avec laquelle il n'avait jusque là jamais eu de relations, tout cela occupa quelque temps sa pensée. La fatigue cependant s'étendit peu à peu sur son esprit, et bientôt il dormit aussi profondément que son compagnon. Nous devons les laisser dans cet état d'oubli réparateur, jusqu'à ce que nous ayons informé le lecteur de quelques autres incidents qui avaient lieu dans le même temps.

CHAPITRE XLVI.

> Dites-moi de qui vous tenez cette étrange information ? Pourquoi nous arrêter sur cette sombre bruyère pour nous saluer de votre jargon prophétique ? — Parlez, je vous l'ordonne.
> *Macbeth.*

Vers la fin du jour où l'interrogatoire de Bertram avait eu lieu, le colonel Mannering arriva d'Édimbourg à Woodbourne. Il trouva sa famille dans son état de calme habituel, ce qui probablement n'aurait pas été, au moins quant à Julie, si celle-ci eût appris l'arrestation de Bertram. Mais comme, durant l'absence du colonel, les deux jeunes dames avaient mené une vie très-retirée, la nouvelle de cet événement n'était heureusement pas arrivée jusqu'à Woodbourne. Une lettre avait déjà informé miss Bertram de la chute des espérances qui avaient été fondées sur la donation de sa parente. Quelque espoir secret que cette nouvelle eût pu faire évanouir, le désappointement n'empêcha pas Lucy de se joindre à son amie pour faire une réception joyeuse au colonel, à qui elle s'efforça de témoigner ainsi combien elle appréciait sa bonté toute paternelle. Elle lui exprima ses regrets que dans une pareille saison il eût fait à cause d'elle un voyage inutile.

— Qu'il ait été inutile pour vous, ma chère miss Bertram, c'est ce que je déplore amèrement ; mais quant à moi personnellement, j'ai fait quelques connaissances précieuses, et j'ai passé le temps de mon séjour à Édimbourg avec un plaisir tout particulier, de sorte qu'à cet égard il n'y a rien à regretter. Notre ami le Dominie lui-même a triplé de valeur dans son voyage, car il a aiguisé son esprit dans ses controverses avec les génies de la métropole du nord.

— Pour sûr, dit le Dominie d'un air de satisfaction évidente, j'ai lutté et n'ai pas été renversé, quoique mon adversaire fût adroit dans son art.

— Je présume, dit miss Mannering, que le combat a été quelque peu fatigant, M. Sampson ?

— Beaucoup, miss Mannering ; — néanmoins j'avais ceint mes reins, et j'ai lutté contre lui.

— Je puis porter témoignage, dit le colonel ; je n'ai jamais vu affaire mieux disputée. L'ennemi était comme la cavalerie mahratte ; il attaquait de tous côtés, et donnait à peine prise à l'artillerie. Mais M. Sampson n'en demeurait pas moins ferme à ses pièces, faisant feu devant lui, tantôt sur l'ennemi, tantôt sur la poussière qu'il avait soulevée. Mais ce n'est pas le moment ce soir de renouveler nos batailles ; — demain nous les reprendrons en déjeunant.

Mais le lendemain à déjeuner le Dominie ne parut pas. Un domestique rapporta qu'il était sorti le matin de bonne heure. C'était pour lui chose si commune d'oublier ses repas, que son absence ne dérangeait jamais la famille. La femme de charge, honnête matrone presbytérienne, et qui, comme telle, avait la plus haute vénération pour les connaissances théologiques de Sampson, était chargée en ces occasions de veiller à ce qu'il ne souffrît pas de ses absences d'esprit, et en conséquence elle épiait habituellement son retour pour lui rappeler ses besoins sublunaires, et y pourvoir. Il était rare, néanmoins, qu'il manquât deux repas de suite, et c'est pourtant ce qui arriva dans l'occasion actuelle. Nous devons expliquer la cause de cet événement inhabituel.

La conversation que M. Pleydell avait eue avec Mannering au sujet de la disparition d'Henry Bertram avait réveillé dans l'esprit de Sampson toutes les sensations douloureuses que cette catastrophe lui avait fait éprouver. Le cœur dévoué du pauvre Dominie lui avait toujours reproché d'avoir été, par sa négligence en laissant l'enfant aux soins de Frank Kennedy, la cause première du meurtre de l'un, de la perte de l'autre, de la mort de mistress Bertram et de la ruine de la famille de son patron. Jamais ce n'avait été pour lui un sujet de conversation, — si tant est que la manière de parler du Dominie pût être en aucun temps qualifiée de conversation ; — mais la pensée en revenait fréquemment à son esprit. L'espoir si positivement et si affirmativement exprimé dans le testament de mistress Bertram avait excité dans le cœur du Dominie un sentiment analogue, et ce sentiment fut exalté en une sorte d'anxiété maladive par le peu de créance qu'y avait accordée M. Pleydell. — Assurément, pensa Sampson, c'est un homme d'érudition, et très-versé dans l'importante connaissance des lois. Mais c'est aussi un homme singulièrement léger, capricieux et inconsistant dans ses discours. Et pourquoi prononcerait-il *ex cathedrâ*, en quelque sorte, sur l'espoir exprimé par la digne dame Marguerite Bertram de Singleside?...

Tout ceci, dis-je, le Dominie le *pensa* ; car s'il eût articulé la moitié de la période, ses mâchoires eussent souffert pendant un mois de la fatigue inaccoutumée d'un exercice aussi prolongé. Le résultat de ces réflexions fut la résolution d'aller visiter le théâtre du fatal événement arrivé à la Pointe de Warroch, où il n'avait pas été depuis bien des années, — depuis le jour même où il avait eu lieu. La distance était longue, car la Pointe de Warroch était située à l'autre extrémité du domaine d'Ellangowan, qui s'étendait entre Woodbourne et la mer. En outre, le Dominie fut obligé de faire

CHAPITRE XLVI.

plus d'un détour; il rencontra sur son chemin bien des ruisseaux changés en torrents par la fonte des neiges, là où il ne s'était attendu, l'honnête homme, qu'à trouver, comme en été, de simples filets d'eau.

Enfin cependant il atteignit le bois dont il avait fait l'objet de son excursion, et le parcourut avec soin, en fatiguant sa cervelle troublée par de vagues efforts pour se rappeler toutes les circonstances de la catastrophe. On supposera aisément que la vue des localités et ces efforts de mémoire furent insuffisants pour amener des conclusions autres que celles auxquelles on avait été conduit au moment même de l'événement. En conséquence, avec maint profond soupir et maint gémissement, le pauvre Dominie quitta le lieu de son pèlerinage sans espoir, et reprit d'un pas fatigué le chemin de Woodbourne, débattant parfois dans son esprit navré une question à laquelle il était poussé par les tiraillements d'un appétit des plus vifs, à savoir, si le matin il avait ou non déjeuné? — Ce fut dans cette disposition incertaine, tantôt pensant à la perte de l'enfant, puis ramené involontairement à méditer sur le sujet quelque peu incongru des tranches de bœuf, des petits pains et du beurre, que la route qu'il avait prise, et qui n'était pas celle par laquelle il était venu, le conduisit près de la petite tour en ruines, ou plutôt des vestiges de tour que les paysans désignaient sous le nom de Kaim de Derncleugh [1].

Le lecteur peut se souvenir de la description que, dans le vingt-septième chapitre, nous avons donnée de cette ruine, dans laquelle, sous les auspices de Meg Merrilies, le jeune Bertram fut témoin de la mort du lieutenant d'Hatteraick. La tradition du pays ajoutait d'effrayantes terreurs à la crainte naturelle inspirée par la situation du lieu, terreurs que les gipsies, qui avaient si longtemps habité le voisinage, avaient probablement fait naître, ou que du moins ils avaient propagées dans leur intérêt. On disait qu'au temps de l'indépendance galwégienne un certain Hanlon Mac Dingawaie, frère du chef régnant Knarth Mac Dingawaie, avait massacré son frère et souverain, dans le but d'usurper la principauté au préjudice de son neveu encore enfant, et que, poursuivi par la vengeance des fidèles alliés et des vassaux de la maison, qui avaient embrassé la cause de l'héritier légitime, il avait été contraint de se réfugier, avec un petit nombre d'hommes qu'il avait enveloppés dans son crime, dans cette tour inexpugnable qu'on nommait le Kaim de Derncleugh, où il s'était défendu jusqu'au moment où, prêt à être réduit par la famine, il avait mis le feu à la tour, aimant mieux, lui et sa petite garnison, périr ainsi de leurs propres mains, que de tomber dans celles de leurs ennemis exaspérés. Cette tragédie,

---

[1] *Kaim* est une expression communément appliquée en Écosse aux lieux fortifiés dont on fait remonter l'origine aux Danois. (L. V.)

qui, eu égard aux temps de barbarie où elle était placée, pouvait avoir quelque fondement, était brodée de mainte légende de superstition et de diablerie; de sorte que la plupart des paysans du voisinage, s'ils étaient surpris par la nuit, aimaient mieux faire un circuit considérable que de passer près de ces murailles hantées. Les lumières que souvent on apercevait aux environs de la tour, quand elle servait de point de rendez-vous aux bandits qui s'y réunissaient de temps à autre, étaient expliquées, sous l'autorité de ces récits de sorcellerie, d'une manière qui répondait à la fois et aux projets des parties intéressées, et aux exigences de la crédulité publique.

Or, nous devons avouer que notre ami Sampson, quoique érudit profond et savant mathématicien, n'avait pas pénétré assez avant dans le domaine de la philosophie pour mettre en doute la réalité de la sorcellerie et des apparitions. Né, à la vérité, à une époque où douter de l'existence des sorciers eût été regardé à peu de chose près comme l'équivalent d'une approbation de leurs pratiques infernales, la croyance en ces sortes de légendes avait été imprimée dans l'esprit du Dominie comme un point inséparable de sa foi religieuse, et peut-être n'eût-il pas été plus aisé d'ébranler l'une que de saper l'autre. Dans une telle disposition d'esprit, et par un jour obscur qui déjà tirait vers sa fin, Dominie Sampson ne put se voir si près du Kaim de Derncleugh sans éprouver un frémissement de secrète horreur.

Quel fut donc son étonnement, lorsque en passant devant la porte, — cette porte qu'on supposait avoir été placée là par un des derniers lairds d'Ellangowan pour empêcher de présomptueux étrangers de s'exposer aux dangers de la tour maudite, — cette porte, qu'on supposait toujours fermée, et dont la clef, selon la tradition, était déposée au presbytère, — lorsque cette porte, cette porte même, s'ouvrit subitement, et que la figure de Meg Merrilies, qu'il reconnut à l'instant, quoiqu'il ne l'eût pas vue depuis tant d'années, se dressa tout à coup devant les yeux effrayés du Dominie. Elle se plaça immédiatement devant lui dans le chemin, si directement qu'il n'eût pu l'éviter sans retourner sur ses pas, ce à quoi sa dignité d'homme ne lui permettait pas de songer.

— Je savais que vous viendriez ici, lui dit-elle de sa voix rauque et creuse; je sais ce que vous cherchez : mais il faut que vous écoutiez mon avis.

— Retire-toi de moi! s'écria le tremblant Dominie; — retire-toi! — *Conjuro te, scelestissima, — nequissima, — spurcissima, — iniquissima, — atque miserrima; — conjuro te*[1]!...

Meg ne recula pas devant cette terrible volée de superlatifs, que

---

[1] Je te conjure, scélératissime, méchantissime, impurissime, très-inique et très-misérable, je te conjure!

Sampson aspira du creux de sa poitrine, et qu'il hurla d'une voix tonnante. — Est-il fou, dit-elle, avec ses cris?

— *Conjuro*, continua le Dominie, *adjuro, contestor, atque viriliter impero tibi*[1]...

Que craignez-vous, au nom de Satan, avec votre baragouin français qui rendrait un chien malade? Écoutez ce que je vous dis, prédicateur manqué, ou vous vous repentirez aussi longtemps qu'un de vos membres sera accroché à l'autre! Dites au colonel Mannering que je sais qu'il me cherche. Il sait et je sais que les marques sanglantes seront effacées, et que ce qui est perdu sera retrouvé,

> Quand des Bertram le bon droit et la force
> Se seront rencontrés au haut d'Ellangowan.

Tenez, voici une lettre pour lui; j'étais partie pour la lui envoyer d'une autre manière. — Je ne peux pas écrire moi-même; mais je dispose de ceux qui écriront et qui liront, qui monteront à cheval et qui courront pour moi. Dites-lui que le temps approche, que le destin est accompli, et que la roue tourne. Dites-lui de consulter les astres comme il les consulta autrefois. — Vous souviendrez-vous de tout cela?

— Assurément je crains que non, répondit le Dominie; — car tes paroles me troublent, femme, et ma chair tremble en t'écoutant.

— Mes paroles ne vous feront pourtant aucun mal, et peut-être elles vous feront beaucoup de bien.

— Éloignez-vous! je ne désire pas le bien qui arrive par des moyens illicites.

— Insensé que tu es! s'écria Meg en s'avançant sur lui avec une expression d'indignation qui donnait à ses yeux noirs un éclat flamboyant, sous ses sourcils convulsivement rapprochés; — insensé! si je vous voulais du mal, ne pourrais-je pas vous précipiter par-dessus ce rocher? et qui connaîtrait la cause de votre mort, plus qu'on n'a connu celle de Frank Kennedy? Entendez-vous cela, vieil épouvantail?

— Au nom de tout ce qui est saint, dit le Dominie en se reculant et en dirigeant vers la prétendue sorcière sa longue canne à pomme d'étain, comme il eût pu le faire d'une javeline, — au nom de tout ce qui est saint, ne me touche pas! je ne veux pas être touché. — Femme, recule-toi; si tu m'approches, ce sera à tes risques et périls! Recule-toi, te dis-je; — je suis fort, — vois, je vais résister. — Son adjuration fut interrompue ici; car Meg, douée d'une force surnaturelle (s'il en faut croire le Dominie), se précipita sur lui, détourna un coup qu'il lui portait avec sa canne, et l'emporta dans l'intérieur de la tour « aussi aisément, dit-il ensuite, que je pourrais porter un Atlas de Kitchen. »

— Asseyez-vous là, dit-elle en jetant avec quelque violence sur une

---

[1] Je te conjure, je t'adjure, je t'appelle et te commande impérieusement...

chaise boiteuse le prédicateur à demi suffoqué, — asseyez-vous là, et reprenez votre souffle et vos sens, noir limon d'église que vous êtes. — Êtes-vous ivre ou à jeun?

— A jeun, — à jeun de tout, sauf du péché, répondit le Dominie qui, retrouvant la voix, et ayant éprouvé que ses exorcismes n'avaient servi qu'à exaspérer l'intraitable sorcière, pensa que le mieux était de feindre la complaisance et la soumission, tout en répétant intérieurement cependant la litanie de conjurations qu'il n'osait plus proférer tout haut. Mais comme la tête du Dominie n'était nullement en état de mener de front deux suites d'idées à la fois, il lui arrivait de temps à autre de laisser échapper quelques mots de son exercice mental, lesquels se mêlaient à ce qu'il disait à haute voix, d'une manière assez comique, surtout lorsqu'après chacune de ces sortes d'échappées tout le corps du pauvre homme tremblait de peur à l'idée de l'effet qu'elles pouvaient produire sur l'esprit irascible de la sorcière.

Cependant Meg s'était approchée d'un grand chaudron noir suspendu au-dessus d'un feu disposé sur les dalles de la chambre; elle en leva le couvercle, et l'odeur qui se répandit sous la voûte, si l'on eût pu se fier aux vapeurs d'un chaudron de sorcière, semblait promettre quelque chose de meilleur que le bouillon d'enfer que de tels vases sont supposés contenir d'habitude. C'était en effet le fumet d'une excellente étuvée, composée de poules, de lièvres, de perdrix, de coqs de bruyère, bouillis avec des pommes de terre, des oignons et des poireaux, et qui, à en juger par la capacité du chaudron qu'elle remplissait, semblait être préparée pour six personnes au moins. — Ainsi donc vous n'avez rien mangé de la journée? dit Meg, en entassant une portion copieuse de ce ragoût sur une assiette brune, et en la saupoudrant de sel et de poivre [1].

— Rien, répondit le Dominie, — *scelestissima* [2]! — c'est-à-dire... bonne femme.

---

[1] Il faut encore mettre à contribution le *Blackwood's Magazine*, avril 1817 :

« Pour les amateurs de bonne chère, la cuisine égyptienne semble n'avoir rien de bien recommandable. Je puis vous assurer, néanmoins, que le cuisinier d'un seigneur de haute distinction, homme qui jamais ne lit un roman sans avoir en vue l'avancement de l'art culinaire, a ajouté à l'*Almanach des Gourmands* un certain *potage à la Meg Merrilies de Derncleugh* [*] consistant en gibier et volaille de toutes sortes, cuits à l'étuvée avec des légumes, et dont on obtient un potage dont la saveur et la générosité rivalisent avec les plats les plus succulents des noces de Gamache, et que le baron de Bradwardine aurait certainement compté parmi les *epulæ lautiores*. »

L'artiste désigné dans ce passage est M. Florence, cuisinier des deux derniers ducs de Buccleugh, Henry et Charles, et qui occupe une place éminente dans sa profession.

(W. S.)

[2] Scélératissime.

[*] Il est à remarquer que les deux phrases imprimées en italique sont en français dans le texte. (L. V.)

CHAPITRE XLVI.

— Prenez cela alors, continua-t-elle, en plaçant l'assiette devant lui ; voilà qui vous réchauffera le cœur.

— Je n'ai pas faim, — *malefica*[1], — c'est-à-dire, — mistress Merrilies. Car il se dit en lui-même : l'odeur en est bonne, mais ça été préparé par une Canidie ou une Erichtoe.

— Si vous ne mangez pas à l'instant même, pour vous redonner un peu d'âme, par le pain et le sel ! je vais vous le faire entrer dans le gosier avec cette cuillère à pot, brûlant comme ça est et que vous le vouliez ou non. Ouvre la bouche, pécheur, et avale !

Effrayé à l'idée d'yeux de lézards, de pattes de grenouilles, de chaudronnée de chats sauvages, et autres ingrédients analogues, il avait résolu de ne se pas risquer ; mais le fumet de l'étuvée, qui lui faisait venir l'eau à la bouche, adoucit promptement sa répugnance, et les menaces de la sorcière achevèrent de le décider. La faim et la peur sont d'excellents casuistes.

Saül, disait la Faim, a mangé avec la sorcière d'Endor. — Et le sel qu'elle a répandu sur ce plat, ajoutait la Peur, montre clairement que ce n'est pas ici un banquet de magiciens, où le sel n'est jamais employé. — Et en outre, reprenait la Faim, quand le Dominie eut avalé la première bouchée, c'est un plat savoureux et réconfortant.

— Ainsi vous trouvez cela bon ? dit l'hôtesse.

— Oui, répondit le Dominie, et je te remercie, — *sceleratissima*, — ce qui veut dire — mistress Marguerite.

— Hé bien, mangez votre suffisance ; mais si vous saviez comment c'est arrivé ici, vous ne l'aimeriez peut-être pas autant.

La fourchette de Sampson lui échappa des mains, tandis qu'il en portait la charge à sa bouche.

— Il y a eu plus d'une chasse au clair de la lune pour prendre tout ce gibier-là, continua Meg ; — les gens qui doivent le manger aujourd'hui ne s'inquiètent guère de vos lois sur la chasse.

Est-ce là tout ? pensa Sampson en reprenant sa fourchette et en avalant de plus belle ; ce n'est pas cela qui m'empêchera de manger.

— A présent, vous boirez un coup ?

— Volontiers, répondit Sampson. — *Conjuro te*, — c'est-à-dire je vous remercie de tout mon cœur ; car, pensa-t-il, qui prend un penny peut prendre une livre : et il but bravement à la santé de la sorcière une pleine tasse d'eau-de-vie. Quand il eut couronné de cette clef de voûte la bonne chère de Meg, il se sentit, comme il le dit, « puissamment relevé, et sans crainte de tout ce qui pourrait arriver de mal. »

— Vous rappellerez-vous ma commission, maintenant ? Je vois à vos yeux que vous êtes un tout autre homme que quand vous êtes arrivé ici.

---

[1] Méchante femme.

— Je m'en souviendrai, répondit résolument Sampson ; je lui remettrai l'épître cachetée, et j'ajouterai ce qu'il vous plaira de lui faire dire de vive voix.

— En ce cas je ne vous en dirai pas long. Dites-lui qu'il ne manque pas de consulter les astres cette nuit, ni de faire ce que je lui demande dans cette lettre, s'il souhaite

> Que des Bertram le bon droit et la force
> Se puissent rencontrer au haut d'Ellangowan.

Je l'ai vu deux fois quand il ne me voyait pas ; je sais quand il vint pour la première fois dans ce pays, et je sais ce qui l'y a ramené. Sur pied, et prenez la porte ! vous êtes depuis longtemps ici. — Suivez-moi.

Sampson suivit en effet les pas de la sibylle, qui le guida pendant un quart de mille environ à travers les bois, par un chemin plus court que celui qu'il connaissait. Ils débouchèrent de là sur le commun, Meg continuant de marcher devant lui à grands pas, jusqu'à ce qu'elle eût atteint le haut d'une petite éminence qui dominait la route.

— Arrêtez-vous ici un instant, dit-elle. Voyez comme le soleil couchant perce ce nuage qui toute la journée a obscurci le ciel. Voyez où tombe le premier rayon de lumière. — C'est sur la tour ronde de Donagild, — la plus vieille tour du château d'Ellangowan : — ce n'est pas pour rien ! — Voyez comme il fait sombre du côté de la mer, au delà de cette barque qui est dans la baie : — ce n'est pas pour rien non plus.

— C'est à cet endroit même, continua-t-elle en se redressant de manière à ne pas perdre une épaisseur de cheveu de sa taille peu commune, et en étendant son long bras nerveux et sa main fermée, c'est ici que j'étais arrêtée quand je prédis au dernier laird d'Ellangowan ce qui devait arriver à sa maison ; — cette prédiction est-elle tombée à terre? — Non, — elle ne s'est que trop bien accomplie ! — Ici, où je rompis sur lui la baguette de paix, — ici je m'arrête de nouveau, — pour demander à Dieu de bénir et de protéger le légitime héritier d'Ellangowan, qui sera bientôt ramené dans la maison de ses pères, et qui sera le meilleur laird qu'Ellangowan ait eu depuis trois cents ans. — Je ne vivrai pas pour voir cela, peut-être ; mais il ne manquera pas d'autres yeux assez heureux pour le voir, quand les miens seront fermés. — Et maintenant, Abel Sampson, par tout l'amour que vous avez jamais eu pour la maison d'Ellangowan, portez mon message au colonel anglais, comme si la vie et la mort dépendaient de votre diligence !

A ces mots elle se détourna subitement du stupéfait Dominie, et regagna rapidement et à grands pas la partie la plus rapprochée du bois qu'elle venait de quitter. Sampson, frappé d'étonnement, la suivit un instant des yeux ; puis obéissant à son injonction, il reprit le chemin de Woodbourne d'un pas qui lui était peu habituel, en s'écriant à trois reprises : Prodigieux ! pro-digieux ! pro-di-gieux !

CHAPITRE XLVII.

> Mes paroles ne sont pas celles d'un fou ; mettez-moi à l'épreuve, et je vous répéterai ce que j'ai dit, et c'est ce que ne ferait pas la folie.
> *Hamlet.*

Comme M. Sampson, l'air à demi hébété, traversait la salle de Woodbourne, la bonne mistress Allan, la femme de charge, qui, avec l'attention révérencieuse qu'il est ordinaire en Écosse d'avoir pour le clergé, était sur le qui-vive pour épier son retour, se hâta de venir à sa rencontre. — Qu'est-ce que c'est donc que cela, M. Sampson ? c'est pire que jamais ! — réellement vous vous rendrez malade, avec ces jeûnes prolongés : — rien n'est si mauvais à l'estomac, M. Sampson. — Si vous mettiez seulement dans votre poche quelques pastilles de menthe, ou que vous laissiez Barnes vous couper une *sandwich*...

— Arrière ! lui cria le Dominie, l'esprit encore plein de son entrevue avec Meg Merrilies, et en se dirigeant vers la salle à manger.

— Non, vous n'avez pas besoin d'y aller ; il y a une heure que la nappe est enlevée, et le colonel en est à son vin. Mais venez dans ma chambre, j'ai une belle grillade que le cuisinier aura préparée dans un moment.

— *Exorciso te!* dit le Dominie ; — c'est-à-dire j'ai dîné.

— Dîné ! c'est impossible ; — avec quoi auriez-vous dîné, vous qui n'allez jamais nulle part ?

— Avec Belzébuth, je crois, répondit le ministre.

— Pour sûr il est ensorcelé, dit la femme de charge en lâchant le pan de sa redingote qu'elle avait pris ; il est ensorcelé ou il est fou, et en tout cas il n'y a que le colonel qui puisse le remettre dans son bon sens. — O mon Dieu, mon Dieu ! c'est une triste chose de voir la science mettre les gens dans un pareil état ! Et avec cette exclamation d'un bon cœur, elle laissa le Dominie à lui-même.

L'objet de sa commisération avait franchi la porte de la salle à manger, où son apparition ne causa pas peu de surprise. Il était couvert de boue jusqu'aux épaules, et la pâleur naturelle de son teint était deux fois plus cadavéreuse que de coutume, par suite de ses terreurs, de sa fatigue et de sa perturbation d'esprit. — Au nom du Ciel, que signifie ceci, M. Sampson ? dit le colonel Mannering, qui lut dans le regard de miss Bertram l'inquiétude que lui inspirait l'état de son ami si simple, mais si dévoué.

— *Exorciso...* dit le Dominie.

— Comment, monsieur? interrompit le colonel de plus en plus étonné.

— Je vous demande pardon, respectable M. Mannering! mais mon esprit...

— Est un peu dérangé, je crois. — Je vous en prie, M. Sampson, remettez-vous, et dites-moi ce que tout ceci signifie.

Sampson allait répondre ; mais la formule de son exorcisme latin se présentant encore à ses lèvres, il renonça prudemment à la parole, et remit entre les mains de Mannering le chiffon de papier qu'il avait reçu de la gipsie. Le colonel rompit le cachet, et lut avec surprise ce que contenait la lettre. — Ceci, dit-il ensuite, ressemble à une plaisanterie, et à une plaisanterie très-mauvaise.

— Cela vient d'une personne qui ne plaisante guère, dit Sampson.

— De qui donc cela vient-il?

Le Dominie, qui souvent montrait une certaine délicatesse de souvenirs dans les cas où miss Bertram était intéressée, se rappela les pénibles circonstances liées au nom de Meg Merrilies, regarda les jeunes dames et demeura silencieux. — Nous vous rejoindrons à la table à thé dans un instant, Julia, dit le colonel ; je vois que M. Sampson désire me parler seul. — Et maintenant qu'elles sont parties, au nom du Ciel, M. Sampson, dites-moi ce que tout cela signifie?

— Ce peut être un message du Ciel, répondit le Dominie, mais il est venu par la messagère de Belzébuth. Il vient de cette sorcière, de Meg Merrilies, qui aurait dû être brûlée dans un baril de goudron il y a vingt ans, comme vagabonde, voleuse, sorcière et gipsie.

— Êtes-vous sûr que ce soit d'elle? demanda le colonel avec un vif intérêt.

— Sûr, respectable monsieur? — en vérité, ce n'est pas une femme à oublier ; — la pareille de Meg Merrilies ne se rencontrera nulle part.

Le colonel parcourut la chambre à grands pas, en se parlant à lui-même. — Envoyer quelqu'un pour l'arrêter? — mais il y a trop loin pour envoyer chercher Mac Morlan, et sir Robert Hazlewood est un sot ampoulé ; et puis il y a la chance de ne la plus trouver au même endroit, ou que l'humeur silencieuse qui l'a tenue autrefois la reprenne encore. — Non, la crainte d'être regardé comme un fou ne m'empêchera pas de faire ce qu'elle m'indique. Bien des gens de sa classe commencent par être imposteurs, et finissent pas devenir enthousiastes, ou suivent une route douteuse entre les deux lignes, ne sachant presque s'ils se trompent eux-mêmes, ou s'ils en imposent aux autres. — Hé bien, en tout cas, ma marche est simple ; et si mes efforts sont infructueux, je n'aurai pas à l'imputer à une délicatesse excessive.

Dans cette résolution, il sonna, et ayant dit à Barnes de le suivre dans son cabinet, il lui donna quelques ordres dont le résultat sera plus tard connu du lecteur. Nous avons maintenant à reprendre une autre aventure qui se lie aussi aux événements de ce jour mémorable.

Charles Hazlewood n'avait pas osé venir à Woodbourne durant l'absence du maître de la maison. A la vérité, toute la conduite de M. Mannering l'avait pénétré de l'idée qu'une pareille démarche lui serait désagréable; et tel était l'ascendant que le colonel, brillant militaire et gentilhomme accompli, avait pris sur le jeune homme, que, sous aucun rapport, il n'eût voulu risquer de l'offenser. Il avait vu ou cru voir dans la conduite du colonel Mannering une approbation de son attachement pour miss Bertram; mais il avait vu plus clairement encore l'inconvenance de toute tentative de relations privées, qu'il n'était pas à supposer que ses parents pussent approuver, et il respecta la barrière posée entre eux, tant en considération de Mannering que du zèle généreux qu'il avait montré comme protecteur de miss Bertram. — Non, se dit-il, je ne compromettrai pas la tranquillité de la retraite actuelle de ma Lucy, jusqu'à ce que je lui puisse offrir une maison qui soit la sienne.

Dans cette résolution courageuse qu'il n'enfreignit pas, quoique son cheval, par une longue habitude, prît toujours la direction de Woodbourne, et quoique lui-même passât deux fois chaque jour devant l'avenue, Charles Hazlewood résista à une forte tentation de descendre jusqu'au château, seulement pour s'informer de la santé des jeunes dames, et savoir s'il pouvait leur être de quelque utilité en l'absence du colonel Mannering. Mais la seconde fois que cette tentation se renouvela, elle fut si violente, qu'il ne voulut pas en subir une troisième; et se contentant d'envoyer à Woodbourne savoir des nouvelles des habitants, et de leur faire offrir ses compliments, il se décida à faire une visite depuis longtemps promise à une famille qui demeurait à quelque distance, et de revenir seulement assez à temps pour être un des premiers à voir M. Mannering à son retour, et à le féliciter de l'heureuse issue de sa lointaine et hasardeuse expédition d'Édimbourg. En conséquence il partit pour sa visite, et ayant pris ses mesures pour être informé en quelques heures de l'arrivée du colonel, il n'en eut pas plus tôt reçu avis, qu'il se disposa à prendre congé des amis chez lesquels il avait passé cet intervalle, dans l'intention d'aller dîner à Woodbourne, où il était presque regardé comme de la maison; et il se flatta (car il faisait sur tout ceci de bien plus profondes réflexions qu'il n'était nécessaire) que cette conduite paraîtrait aussi simple que naturelle et convenable.

Mais le destin, dont les amants se plaignent si souvent, fut en cette occasion peu favorable à Charles Hazlewood. La gelée qui avait pris dans la nuit exigeait que les fers de son cheval fussent changés. La dame de la maison où il était en visite ne descendit de sa chambre pour déjeûner qu'à une heure très-avancée. Son ami insista en outre pour lui faire voir des petits que sa chienne d'arrêt favorite avait mis bas le matin même. Leur couleur avait fait naître quelques doutes sur leur pureté paternelle, grave question de légitimité, pour la solution de laquelle l'opinion d'Hazlewood était invoquée comme arbitrage entre celles de son ami et de son piqueur, et qui devait avoir pour conséquence de décider lesquels de la portée seraient noyés, lesquels sauvés. En outre, le laird lui-même retarda d'un temps considérable le départ de notre jeune amant, en s'efforçant, par une rhétorique prolixe et fastidieuse, de faire adopter à sir Robert Hazlewood, par l'intermédiaire de son fils, ses idées particulières touchant le tracé d'une route projetée. A la honte de la pénétration de notre jeune ami Charles, nous sommes forcés d'avouer que des explications dix fois répétées ne purent lui faire saisir l'avantage d'un tracé qui passerait par le Lang-Hirst, par Windy-Knowe, le Goodhouse-Park et Hailziecroft, puis traverserait la rivière à Simon's-Pool pour aller rejoindre la route de Kippletringan, au lieu de suivre la direction indiquée par l'ingénieur anglais, qui couperait une partie des enclos d'Hazlewood, passerait à un mille ou environ du château même, et détruirait ainsi, comme son ami s'efforçait de le lui démontrer, tous les agréments de la propriété, en lui enlevant sa paisible solitude.

En un mot, le conseiller (qui avait intérêt à ce que le pont fût construit aussi près que possible d'une de ses fermes) échoua dans tous ses efforts pour captiver l'attention du jeune Hazlewood, jusqu'à ce qu'il lui arrivât de dire que le tracé proposé était appuyé par « ce Glossin, » qui prétendait prendre la haute main dans le comté. Ce nom rendit subitement le jeune Hazlewood attentif; et s'étant bien assuré laquelle des deux lignes était soutenue par Glossin, il assura son ami que ce ne serait pas sa faute si son père n'appuyait pas l'autre. Mais ces diverses interruptions avaient consumé la matinée. Hazlewood monta à cheval trois heures au moins plus tard qu'il n'en avait eu l'intention, et, maudissant belles dames, chiens d'arrêt, portées et tracés de routes, il vit que l'heure à laquelle il pouvait convenablement se présenter à Woodbourne était écoulée depuis longtemps.

Il venait donc de dépasser l'embranchement du chemin conduisant à cette habitation, assez rapprochée pour qu'il pût apercevoir les colonnes serpentantes de fumée bleuâtre qui s'en élevaient et se détachaient sur la teinte affaiblie d'un ciel de soirée d'hiver, quand il crut apercevoir le Dominie dans un sentier qui coupait droit vers le château à travers le bois. Il l'appela, mais inutilement; car l'honnête homme, qui en aucun temps n'avait été très-accessible à des impressions inhabituelles, venait précisément de quitter Meg Merrilies, et était trop profondément absorbé dans les pensées qu'avaient fait naître en lui les discours prophétiques de la sorcière, pour répondre à l'appel d'Hazlewood. Celui-ci fut donc obligé de le laisser s'éloigner, sans avoir pu s'informer de la santé des jeunes dames, ni lui adresser aucune de ces questions banales qui auraient peut-être amené pour lui l'heureuse

CHAPITRE XLVII.

chance d'entendre prononcer le nom de miss Bertram dans les réponses qui lui eussent été faites. Il n'avait plus alors aucun motif de se hâter; lâchant les rênes sur le cou de son cheval, il permit à l'animal de monter à son loisir un chemin sablonneux assez rapide et profondément encaissé, qui, atteignant une élévation considérable, finissait par commander une vue très-étendue du pays environnant.

Hazlewood était cependant si loin de songer à contempler la perspective qui se déployait devant lui, quoiqu'elle eût la recommandation de s'étendre en grande partie sur des terres qui appartenaient à son père et qui devaient nécessairement lui appartenir un jour, que ses regards se reportaient à chaque instant en arrière vers les cheminées de Woodbourne, quoique chaque pas de son cheval augmentât la difficulté d'apercevoir quelque chose dans cette direction. Il fut tiré subitement de la rêverie dans laquelle il était plongé par une voix trop rude pour être qualifiée de féminine, et cependant trop aiguë pour appartenir à un homme. — Qui vous retient si longtemps sur la route? — Faut-il que ce soient les autres qui fassent votre ouvrage?

— Il leva les yeux : celle qui lui parlait était une femme de très-grande taille, dont la tête était enveloppée des plis volumineux d'un mouchoir enroulé presque en forme de turban, d'où s'échappaient en désordre des mèches de cheveux grisonnants. Elle était couverte d'un long manteau rouge, et tenait à la main un bâton terminé par une sorte de tête de lance : — en un mot, c'était Meg Merrilies. Hazlewood n'avait jamais vu cette figure remarquable; frappé d'étonnement à son aspect, il retint les rênes de sa monture et s'arrêta court. — Il me semble, poursuivit-elle, qu'aucun de ceux qui ont pris intérêt à la maison d'Ellangowan ne doit dormir cette nuit; trois hommes sont allés à votre recherche, et vous allez chez vous dormir dans votre lit! — Pensez-vous que si le frère tombe, la sœur s'en trouvera bien? Non, non!

— Je ne vous comprends pas, bonne femme, dit Hazlewood; si vous parlez de miss... je veux dire de quelqu'un de l'ancienne famille d'Ellangowan, dites-moi ce que je puis faire pour eux.

— De l'ancienne famille d'Ellangowan? répéta-t-elle avec véhémence; — de l'*ancienne* famille d'Ellangowan! et quand y a-t-il eu, ou quand y aura-t-il jamais une famille d'Ellangowan qui ne porte pas le nom si brave des vaillants Bertrams?

— Mais que voulez-vous dire, bonne femme?

— Je ne suis pas une bonne femme; — tout le pays sait que je suis assez méchante, et tout le monde, aussi bien que moi, peut être assez fâché que je ne sois pas meilleure. Mais je puis faire ce que les bonnes femmes ne pourraient et n'oseraient faire. Je puis faire ce qui glacerait le sang de celles qui ne sont bonnes à rien dans les murs d'une maison, qu'à envelopper la tête des enfants et à couvrir leur berceau. Écoutez-moi.

— Les soldats ont été éloignés de la maison de douane de Portanferry, et appelés à Hazlewood-House par les ordres de votre père, qui croit que sa maison doit être attaquée cette nuit par les contrebandiers. — Personne ne pense à toucher à sa maison ; son sang est bon et noble.
— Je ne veux pas en dire plus sur lui, mais personne ne croit qu'il vaille la peine qu'on s'attaque à lui. Renvoyez tranquillement les cavaliers à leur poste, et ne craignez rien pour vous. — Voyez s'ils n'auront pas de besogne cette nuit ; — oui, ils en auront : — les fusils brilleront et les sabres aussi, à la clarté de la lune.

— Grand Dieu ! que voulez-vous dire ? vos paroles et vos manières me persuaderaient que vous êtes folle, et pourtant, il y a une étrange liaison dans ce que vous dites.

— Je ne suis pas folle ! s'écria la gipsie ; j'ai été emprisonnée comme folle, — battue de verges comme folle, — bannie comme folle, — mais je ne suis pas folle. Écoutez, Charles Hazlewood d'Hazlewood : conservez-vous de la rancune contre celui qui vous a blessé ?

— Non, Dieu m'en préserve ! mon bras est tout à fait bien, et j'ai toujours dit que le coup était parti par accident. Je serais charmé de le dire au jeune homme lui-même.

— Alors, faites ce que je vous dis, et vous lui ferez plus de bien qu'il ne vous a jamais fait de mal ; car s'il était abandonné à ses persécuteurs, avant demain matin ce serait un cadavre sanglant ou un homme banni. — Mais il est un être au-dessus de nous tous. — Faites comme je vous dis ; renvoyez les soldats à Portanferry. Il n'y a pas plus à craindre pour Hazlewood-House que pour Cruffel-Fell. Et elle disparut avec sa promptitude ordinaire.

Il semblerait que l'apparition de cette femme, et le mélange de bizarrerie et d'enthousiasme qui caractérisait ses manières, manquassent rarement de produire une impression des plus fortes sur ceux à qui elle s'adressait. Ses paroles, quoique étranges, étaient trop claires et trop intelligibles pour qu'on les pût attribuer à une folie réelle, et cependant elles étaient empreintes de trop de véhémence et de bizarrerie pour qu'elles pussent provenir d'un esprit parfaitement sain. Elle semblait agir sous l'influence d'une imagination plutôt exaltée que dérangée ; et il est étonnant combien, en de tels cas, la différence est nettement saisie par l'auditeur. Ces remarques peuvent servir à expliquer l'attention avec laquelle ses étranges et mystérieux avis étaient écoutés et suivis. Il est certain du moins que le jeune Hazlewood fut fortement impressionné par sa subite apparition et son ton impératif. Il fit prendre le galop à son cheval. La nuit était tout à fait close lorsqu'il arriva au château ; en y entrant il vit la confirmation de ce qu'avait annoncé la sybille.

Trente chevaux de dragons étaient attachés sous un hangar près des offices, leurs brides fixées ensemble. Trois ou quatre soldats semblaient monter la garde auprès d'eux, tandis que d'autres se promenaient de long en large devant la maison, avec leurs grands sabres et leurs grosses bottes. Hazlewood demanda à un sous-officier d'où ils venaient.

— De Portanferry.

— Y avez-vous laissé quelque garde?

— Non; nous en sommes partis sur l'ordre de sir Robert Hazlewood, pour venir défendre sa maison contre une attaque dont les contrebandiers l'ont menacée.

Charles Hazlewood s'informa aussitôt où était son père, et après lui avoir rendu ses respects, il lui demanda ce qui lui avait fait regarder comme nécessaire d'envoyer chercher un détachement de soldats. Sir Robert assura son fils que d'après les informations, avis et nouvelles qui lui avaient été communiqués et mis sous les yeux, il avait les plus fortes raisons de croire, de penser, d'être convaincu qu'une attaque devait, dans la nuit même, être dirigée et tentée contre Hazlewood-House par un ramassis de contrebandiers, de gipsies et d'autres bandits.

— Et quelle raison, mon père, dirigerait la fureur de ces gens-là contre nous, plutôt que contre toute autre maison du pays?

— Je serais porté à penser, à supposer, à être d'opinion, monsieur, en toute déférence pour votre sagesse et votre expérience, qu'en ces temps et dans ces occasions la vengeance de ces gens-là est pointée et dirigée contre les plus importants et les plus distingués par le rang, le talent, la naissance et la position, et contre ceux qui ont réprimé, châtié, fait avorter leurs actions ou leurs actes illégaux, illégitimes et criminels.

Le jeune Hazlewood, qui connaissait le faible de son père, répondit que sa surprise ne venait pas de la cause à laquelle l'attribuait son père, mais qu'il s'étonnait seulement qu'on pensât à attaquer une maison où il se trouvait un si grand nombre de domestiques, et où un seul signal pourrait appeler un tel renfort de tenanciers, demeurant dans les environs; et il ajouta qu'il craignait beaucoup que la réputation de la famille ne souffrît jusqu'à un certain point de ce qu'ils auraient fait quitter à des soldats leur poste à la maison de douane pour venir les protéger, comme s'ils n'étaient pas assez forts pour se défendre eux-mêmes en toute occasion ordinaire. Il donna même à entendre que si les ennemis de leur maison venaient à s'apercevoir que cette précaution avait été prise sans nécessité, il n'y aurait pas de fin à leurs sarcasmes.

Sir Robert Hazlewood fut affecté de cette remarque; car, de même que la plupart des esprits faibles, il craignait le ridicule autant qu'il l'avait en horreur. Il se recueillit, et chercha à dissimuler son embarras sous une apparence de dignité, comme s'il eût voulu paraître mépriser l'opinion publique qu'en réalité il redoutait.

— Réellement, dit-il, j'aurais pensé que l'outrage qui a déjà été dirigé contre ma maison, en votre personne, vous l'héritier et le représentant futur de la famille d'Hazlewood, moi parti, — j'aurais pensé dis-je, j'aurais cru que cet outrage m'aurait suffisamment justifié aux yeux des gens les plus respectables et du plus grand nombre, de prendre telles précautions qui peuvent être nécessaires pour en prévenir et en empêcher la répétition.

— Mais, monsieur, je dois vous rappeler ce que je vous ai souvent dit déjà, que je suis certain que l'arme est partie par un simple accident.

— Monsieur, ce n'a pas été un simple accident, répondit aigrement son père; mais vous voulez être plus sage que vos anciens.

— Mais, monsieur, en ce qui me concerne personnellement de si près....

— Monsieur, cela ne vous concerne qu'à un degré très-secondaire, — c'est-à-dire cela ne vous concerne pas du tout, en ne vous considérant que comme un jeune étourdi qui prend plaisir à contredire son père; mais cela concerne le pays, monsieur; et le comté, monsieur; et le public, monsieur; et le royaume d'Écosse, en tant que l'honneur de la famille d'Hazlewood repose sur vous, monsieur, qu'il est intéressé en ce qui vous touche, monsieur, et mis en péril à cause de vous, monsieur. — Le drôle est en lieu de sûreté, et M. Glossin pense...

— M. Glossin, mon père?

— Oui, monsieur, le gentleman qui a acheté Ellangowan; — vous savez qui je veux dire, je suppose?

— Oui, monsieur; mais je ne me serais guère attendu à vous entendre citer une semblable autorité. Cet homme... tout le monde le connaît pour un être sordide, vil, astucieux, et je le soupçonne d'être pis encore. Et vous-même, mon père, quand aviez-vous jamais jusqu'à présent donné le titre de gentleman à une personne de cette espèce?

— Sans doute, Charles, je n'attache pas ici au mot de gentleman la signification et le sens précis auxquels l'expression doit certainement être restreinte, en ne la prenant que dans son acception propre et légitime; mais je l'employais dans un sens relatif, comme caractérisant quelque chose de cette situation à laquelle il est parvenu et s'est élevé, — comme désignant, en un mot, une personne convenable, estimable et riche.

— Permettez-moi, monsieur, reprit Charles, de vous demander si c'est par les ordres de cet homme que les soldats ont été appelés de Portanferry?

— Monsieur, répliqua le baronnet, je ne pense pas que M. Glossin voulût se hasarder à donner des ordres, ou même à émettre une opinion qu'on ne lui aurait pas demandée, dans une affaire où le château d'Hazlewood et la maison d'Hazlewood ¹, — j'entends par la première expression l'habitation de ma famille, et par l'autre, emblématiquement, métaphoriquement et paraboliquement, la famille elle-même, — je dis donc où la maison d'Hazlewood et le château d'Hazlewood sont si immédiatement intéressés.

— Je présume cependant, monsieur, que ce Glossin a approuvé la proposition.

— Monsieur, j'ai cru qu'il était honnête, et juste, et convenable, de le consulter comme le magistrat le plus proche, aussitôt que la rumeur de l'outrage projeté est parvenue jusqu'à moi; et quoiqu'il se soit refusé, par déférence et par respect, comme il convenait à nos situations relatives, de participer à cet ordre, il a néanmoins pleinement approuvé mes dispositions.

En ce moment le bruit des pas d'un cheval montant l'avenue au galop se fit entendre. Au bout de quelques minutes la porte s'ouvrit, et M. Mac Morlan se présenta. — Je crains bien d'être importun, sir Robert, mais...

— Pardonnez-moi, M. Mac Morlan, interrompit sir Robert avec un geste de gracieuse bienvenue, ceci n'est pas une importunité, monsieur, car votre qualité de substitut-shériff vous prescrivant de veiller à la paix du comté (et vous sentant, sans doute, particulièrement appelé par votre position à protéger le château d'Hazlewood), vous avez un droit reconnu, admis et incontestable, monsieur, d'entrer sans invitation dans la maison du premier gentilhomme d'Écosse, — toujours dans la supposition que vous y êtes amené par les devoirs de votre charge.

— Ce sont en effet les devoirs de ma charge qui m'ont obligé à cette indiscrétion, répondit Mac Morlan, qui avait attendu avec impatience le moment où il pourrait parler.

— Il n'y a pas d'indiscrétion, réitéra le baronnet avec un mouvement de main bienveillant.

— Permettez-moi seulement de dire, sir Robert, que je ne suis pas venu dans l'intention de m'arrêter ici, mais seulement pour renvoyer ces soldats à Portanferry, et pour vous assurer que je réponds de la sécurité de votre maison.

— Retirer la garde d'Hazlewood-House! s'écria le propriétaire d'un ton de déplaisir mêlé de surprise; et *vous* me répondrez de sa sécurité!

---

¹ L'espèce d'antithèse du digne baronnet est beaucoup plus sensible en anglais qu'elle ne peut l'être en français : *Hazlewood-house* (la maison ou château d'Hazlewood), *and the house of Hazlewood* (et la maison ou famille d'Hazlewood). La double signification du mot maison, comme *habitation* et comme *famille*, existe bien aussi dans notre langue; mais pour que la phrase originale fût grammaticalement rendue, il aurait fallu que nous pussions dire *Hazlewood-Maison et la maison d'Hazlewood.* (L. V.)

Et, je vous prie, qui êtes-vous, monsieur, pour que je puisse accepter votre sûreté, caution et parole, officielles ou personnelles, pour la sécurité d'Hazlewood-House? — Je pense, monsieur, et je crois, monsieur, et je suis d'opinion, monsieur, que si quelqu'un de ces portraits de famille était enlevé, ou détruit, ou endommagé, il me serait difficile de réparer la perte, malgré la garantie que *vous* m'offrez si obligeamment.

— Dans ce cas j'en serais fort affligé, sir Robert, répondit l'intègre Mac Morlan; mais je ne crois pas que je sois exposé à la douleur de penser que j'ai été la cause d'une perte si irréparable, attendu que je vous puis assurer qu'aucune tentative ne sera dirigée contre Hazlewood-House, et que j'ai reçu un avis qui me porte à soupçonner que le bruit de cette attaque a été répandu simplement pour déterminer l'éloignement des soldats stationnés à Portanferry. Dans cette croyance et sous cette conviction, je dois faire usage de mon autorité, comme shériff et premier magistrat de la police, pour y renvoyer la totalité ou au moins la plus grande partie de la troupe. Je regrette beaucoup que mon absence momentanée ait déjà occasionné un délai assez long, qui ne nous permettra maintenant d'arriver à Portanferry qu'à une heure avancée.

Comme M. Mac Morlan était le magistrat supérieur, et qu'il manifestait l'intention péremptoire d'agir comme tel, le baronnet, quoique très-blessé, ne put que dire : Très-bien, monsieur; c'est très-bien. Prenez-les tous avec vous, monsieur; — je suis loin de désirer qu'il en reste un seul ici, monsieur. Nous, monsieur, nous pourrons nous protéger nous-mêmes, monsieur. Mais vous voudrez bien remarquer, monsieur, que vous agissez à vos propres risques et périls, monsieur, et sous votre responsabilité, monsieur, si quelque chose arrive à Hazlewood-House, monsieur, ou aux habitants, monsieur, ou aux meubles et aux portraits, monsieur.

- J'agis comme je crois devoir le faire d'après les avis que j'ai reçus, sir Robert, répondit Mac Morlan; je vous prie d'en être bien persuadé, et de me pardonner en conséquence. —Veuillez remarquer que ce n'est pas le moment de nous arrêter à des cérémonies; — il est déjà bien tard.

Mais sans daigner écouter ces excuses, sir Robert s'occupa immédiatement avec grand apparat de faire armer ses domestiques et de leur assigner à chacun leur poste. Charles Hazlewood aurait eu grande envie d'accompagner le détachement qui se disposait à repartir pour Portanferry, et qui déjà s'était rangé dans la cour et s'était remis en selle, d'après les ordres et sous la direction de M. Mac Morlan, agissant comme magistrat civil. Mais c'eût été affliger et offenser son père que de le quitter dans un moment où il se croyait en danger, ainsi que sa maison. Le jeune Hazlewood regarda donc les préparatifs, placé à une fenêtre,

CHAPITRE XLVII.

en étouffant ses regrets et sa contrariété, jusqu'à ce qu'il entendît le commandement de l'officier : De la droite au front, en colonne, m-ar-che! Tête de colonne, demi-tour à droite, — au trot! — La troupe entière s'ébranlant alors par un mouvement uniforme, et partant d'un pas accéléré, ne tarda pas à disparaître parmi les arbres, et le bruit même des pas des chevaux s'éteignit peu à peu en s'éloignant.

CHAPITRE XLVIII.

> A coups de pioches et de marteaux nous avons lestement fait sauter les serrures, et nous nous sommes trouvés dans la prison où était étendu Willie de Kinmont.
>
> *Ancienne Ballade des frontières.*

Nous allons retourner à Portanferry, où nous retrouverons Bertram et son honnête ami, que nous y avons laissés habitants innocents d'un lieu construit pour le crime. Le sommeil du fermier était des plus profonds.

Mais Bertram sortit de son premier somme, lourd et agité, longtemps avant minuit, et il lui fut impossible de refermer l'œil. A l'état de malaise et d'incertitude de son esprit se joignait une sorte d'oppression fiévreuse, principalement occasionnée par le manque d'air dans la pièce étroite où ils étaient deux à dormir. Après avoir enduré pendant quelque temps l'atmosphère chaude et épaisse qui pesait sur lui, il se leva pour essayer d'ouvrir la fenêtre de la chambre, et d'en changer ainsi l'air. Hélas! sa première tentative lui rappela qu'il était en prison, et que le bâtiment étant construit en vue de sécurité, et non d'aisance, les moyens de se procurer un air pur n'avaient pas été laissés à la disposition des malheureux condamnés à l'habiter.

Désappointé dans sa tentative, il resta quelque temps près de cette fenêtre fixée à demeure. Son petit chien Wasp, quoique accablé de la fatigue de son voyage du jour précédent, sauta aussi à bas du lit et se tint à son côté, frottant sa robe soyeuse contre les jambes de son maître, et lui exprimant par un petit murmure le plaisir qu'il éprouvait à se trouver près de lui. Ainsi accompagné, et attendant que l'agitation fiévreuse à laquelle son sang était encore en proie se calmât et fit place au besoin de la chaleur et du sommeil, Bertram demeura quelque temps à regarder la mer.

La marée était alors presque à son plus haut point, et les flots arrivaient en mugissant à très-peu de distance du pied du bâtiment. De temps à autre une vague plus forte atteignait même la digue ou boulevard qui en défendait les fondations, et venait s'y briser avec plus d'impétuosité et de bruit que celles qui expiraient seulement sur la grève. Plus loin, à la clarté imparfaite d'une lune chargée de vapeurs et souvent masquée par des nuages, l'Océan roulait ses flots innombrables, se croisant, se choquant, se confondant ensemble.

CHAPITRE XLVIII.

Spectacle imposant et terrible! pensa Bertram; tels ont été les flots contraires du destin, qui m'ont agité à travers le monde depuis mon enfance jusqu'à présent. Quand finira cet état d'incertitude? quand me sera-t-il permis d'arrêter mes regards sur une demeure paisible, où je puisse cultiver en paix, exempt de craintes et d'inquiétudes, ces arts pacifiques dont jusqu'à ce jour j'ai été détourné malgré moi? L'oreille de l'imagination peut, dit-on, discerner la voix des nymphes de la mer et des tritons au milieu du bruyant murmure de l'Océan ; plût au Ciel qu'il en fût ainsi pour moi, et que je visse s'élever du sein de ces vagues quelque Syrène ou quelque Protée qui vienne me dévoiler cet étrange mystère du sort dans lequel je suis si profondément plongé ! — Heureux ami! ajouta-t-il en se tournant vers le lit où Dinmont avait déposé sa lourde personne, tes soucis sont limités au cercle étroit d'une occupation saine et profitable! tu peux les déposer à volonté, et jouir du profond repos de corps et d'esprit auquel t'a disposé un travail salutaire!

En ce moment ses réflexions furent interrompues par Wasp, qui, essayant de sauter jusqu'à la fenêtre, se mit à hurler et à aboyer avec fureur. Le bruit arriva aux oreilles de Dinmont, mais sans dissiper l'illusion qui, de sa misérable chambre, l'avait transporté à l'air libre et pur de ses collines verdoyantes : — Haut, Yarrow, mon garçon ! — Faryaud, Faryaud! murmurait-il entre ses dents, s'adressant sûrement dans son rêve au chien de garde de son troupeau, et l'excitant par les interjections usitées par les bergers contre quelque maraudeur. A l'aboiement continu du terrier se joignit bientôt au dehors celui du dogue lâché dans le préau, qui depuis longtemps était complétement silencieux, sauf, de temps à autre, un grognement sourd et bref, quand la lune venait à se dégager soudainement des nuages. Maintenant ses clameurs étaient continues et furieuses, et semblaient excitées par autre chose que par les aboiements de Wasp, qui le premier lui avait donné l'alarme, et que son maître était parvenu, non sans peine, à réduire à un sourd grognement de colère.

Bertram, dont l'attention était vivement excitée, crut enfin apercevoir une barque sur la mer, et il distingua assez clairement le bruit des rames et celui de voix humaines se mêlant au choc des vagues. C'est quelque pêcheur attardé, se dit-il, ou peut-être quelques-uns de ces audacieux contrebandiers de l'île de Man. Ils sont bien hardis, cependant, d'approcher si près de la maison de douanes, où il doit y avoir des sentinelles. C'est une grande barque qui ressemble à une chaloupe, et elle est pleine de monde ; peut-être appartient-elle au service des douaniers. — Bertram fut confirmé dans cette dernière opinion en remarquant que la barque s'approchait d'une petite jetée qui s'avançait dans la mer, derrière la maison de douane, et que sautant à terre les uns après les autres, les hommes de l'équipage, au nombre d'une vingtaine, se glissèrent en silence dans une petite ruelle qui séparait la maison de douanes de la prison; là ils disparurent à sa vue, n'ayant laissé que deux d'entre eux pour garder le bateau.

Le bruit des rames d'abord, puis ensuite les sons à demi étouffés de la voix de ces hommes avaient excité la colère de la vigilante sentinelle du préau, qui maintenant poussait des aboiements si furieux et si continus, qu'ils éveillèrent son maître, brute non moins sauvage que le dogue lui-même. Les cris qu'il proféra d'une fenêtre : — hé bien, Tearum, qu'est-ce qu'il y a, monsieur? — Veux-tu te taire, damné chien, veux-tu te taire? — ces cris et cette injonction ne diminuèrent nullement les hurlements de Tearum, qui seulement empêchèrent en partie son maître d'entendre les sons d'alarme signalés par la féroce vigilance du mâtin. Mais la femelle du cerbère bipède était douée d'une ouïe plus fine que son mari. Elle était aussi venue à la fenêtre. — Lourdaud, dit-elle, descendez et lâchez le chien; on défonce la porte de la douane, et cette vieille soupe d'Hazlewood-House en a fait retirer la garde! Mais vous n'avez pas plus de cœur qu'un chat. Et l'amazone descendit pour remplir elle-même la tâche, tandis que son digne époux, plus jaloux de prévenir toute insurrection au dedans, qu'inquiet de l'orage du dehors, alla de cellule en cellule s'assurer que les hôtes de chacune d'elles y étaient bien renfermés.

Le bruit de ces derniers mouvements, provenant du devant de la maison, ne fut qu'imparfaitement entendu de Bertram, dont la chambre, comme nous l'avons dit, donnait du derrière du bâtiment sur la mer. Il discerna cependant dans la maison un mouvement et un tumulte qui ne semblaient pas s'accorder avec la reclusion rigoureuse d'une prison à l'heure de minuit, et les rapprochant de l'arrivée d'une chaloupe armée à cette heure de calme, il ne put s'empêcher de supposer qu'il se passait quelque chose d'extraordinaire. Dans cette pensée, il frappa sur l'épaule de Dinmont. — Eh! — oui! — ho! — Aylie, femme, il n'est pas encore temps de se lever, murmura l'homme des montagnes à demi éveillé. Mais, plus rudement averti, il se réveilla tout à fait, secoua les oreilles, et s'écria : Au nom de la Providence, qu'y a-t-il donc?

— C'est ce que je ne puis vous dire, répondit Bertram; mais ou le feu est à la maison, ou quelque chose d'extraordinaire va arriver. Ne sentez-vous pas une odeur de fumée? N'entendez-vous pas ce bruit de portes dans l'intérieur, et ce bruit de voix, ces murmures et ces cris lointains au dehors? Sur ma parole, je crois qu'il est arrivé quelque chose de très-extraordinaire. — Levez-vous, au nom du Ciel, et soyons sur nos gardes.

A l'idée du danger, Dinmont fut debout, aussi intrépide, aussi étranger à la crainte qu'aucun de ses ancêtres quand les feux des signaux étaient allumés [1]. — Ma foi, capitaine, ceci est un drôle d'endroit! on n'en peut

---

[1] Nous avons déjà vu que dans les anciennes guerres des borders les levées se faisaient à des signaux où le feu jouait le principal rôle. (L. V.)

pas sortir pendant le jour, et on n'y peut pas dormir la nuit. Diable! mais je n'y tiendrais pas quinze jours. Mais, mon Dieu, quel tapage on fait maintenant! — Je voudrais bien que nous eussions de la lumière. — Wasp, — Wasp, paix, petit! — paix, mon garçon! laisse-moi entendre ce qu'on fait. — Il a le diable au corps! — Veux-tu te taire?

Ils cherchèrent en vain dans les cendres le moyen de rallumer leur chandelle. Le bruit du dehors continuait toujours. Dinmont, à son tour, fut regarder à la fenêtre. — Oh mon Dieu! capitaine, venez voir. — En vérité, on a défoncé les portes de la douane!

Bertram courut à la fenêtre, et vit distinctement un ramassis mélangé de contrebandiers et de toutes sortes d'hommes de mauvaise mine, les uns tenant des torches allumées, d'autres portant par la petite rue des ballots et des barrils au bateau amarré à la jetée, et qu'entouraient maintenant deux ou trois autres bateaux pêcheurs. On chargeait successivement chacun de ceux-ci, et un ou deux avaient déjà gagné le large. — Ceci parle de soi-même, dit Bertram; mais je crains qu'il ne soit arrivé quelque chose de pis. Ne sentez-vous pas une forte odeur de fumée, ou est-ce mon imagination?

— Votre imagination? repartit Dinmont; il y a une fumée comme celle d'un four. Diable! mais s'ils brûlent la douane, le feu arrivera jusqu'ici, et nous serons enfumés tous ensemble comme un baril de goudron. — Eh! ça ne serait pas amusant d'être brûlés tout vifs pour rien, comme si on était une sorcière! — Mac Guffog, écoutez! criat-il d'une voix rugissante; si vous avez jamais eu un os entier dans votre peau, laissez-nous sortir, camarade! laissez-nous sortir!

La flamme commençait à s'élever, et d'épais nuages de fumée passaient en tourbillonnant devant la fenêtre où Bertram et Dinmont étaient stationnés. Parfois, au gré du vent, une vapeur noire et épaisse dérobait tout à leur vue; d'autres fois une lueur rougeâtre illuminait à la fois la terre et la mer, et tombait en plein sur d'atroces et farouches figures activement occupées à charger les barques. Enfin l'incendie, surmontant tous les obstacles, s'élança en longs jets de flammes par chaque fenêtre du bâtiment en feu, tandis que de larges flammèches poussées par le vent venaient s'abattre sur la prison attenante, et qu'un sombre dais de fumée s'étendait sur tout le voisinage. Les acclamations furieuses de la populace retentissaient au loin; car les contrebandiers, dans leur triomphe, étaient rejoints par toute la canaille de la petite ville et des environs, alors sur pied et dans une complète agitation, malgré l'heure avancée: quelques-uns par intérêt pour le *commerce libre*, la plupart amenés là par cette passion naturelle et générale du bas peuple pour tout ce qui est tumulte et méfait.

Bertram commença à concevoir une inquiétude sérieuse sur leur sort. Rien ne remuait plus dans la maison; il semblait que le geôlier eût déserté son poste, et laissé la prison et les malheureux qu'elle renfermait à la merci de l'incendie qui se propageait autour d'eux. En ce moment une nouvelle et vigoureuse attaque était dirigée contre la porte extérieure de la maison de correction, qui ne tarda pas à céder aux marteaux et aux leviers. Aussi lâche que fanfaron, le geôlier s'était enfui avec sa femme, plus féroce que lui; leurs valets rendirent les clefs sans la moindre résistance. Les prisonniers libérés, célébrant leur délivrance par les plus sauvages hurlements de joie, se mêlèrent à la foule qui venait de leur rendre la liberté.

Au milieu de la confusion qui s'ensuivit, trois ou quatre des principaux contrebandiers accoururent à la chambre de Bertram, munis de torches allumées, et armés de coutelas et de pistolets. — Der diable! dit le chef, voilà notre homme! et deux de ceux qui le suivaient saisirent Bertram. Mais l'un d'eux lui dit à voix basse : — Ne résistez pas avant d'être dans la rue. Le même individu trouva un instant pour dire à Dinmont : — Suivez votre ami, et soutenez-le quand vous verrez qu'il en sera temps.

Ce n'était pas le moment de répondre : Dinmont obéit, et suivit Bertram de près. Les deux contrebandiers, entraînant Bertram, lui firent franchir l'étroit corridor, descendre l'escalier, traverser le préau, qu'illuminait en ce moment la lueur de l'incendie, et le firent entrer dans la rue étroite sur laquelle ouvrait la première porte, et où, dans la confusion, les hommes de la bande étaient nécessairement séparés, jusqu'à un certain point, les uns des autres. Un bruit rapide, comme celui d'un corps de cavaliers s'avançant au galop, parut ajouter au désordre. — Grêle et tempête! qu'est-ce que c'est que cela? s'écria le chef; serrez vos rangs, enfants, et veillez sur le prisonnier. — Mais, en dépit de sa recommandation, les deux hommes qui tenaient Bertram restèrent à l'arrière de la troupe.

Les cris partis des premiers rangs et le bruit qui s'y faisait annoncèrent qu'un engagement y avait lieu. La foule devenait de plus en plus agitée; quelques-uns s'efforçaient de se défendre, d'autres tâchaient de s'enfuir. Des coups d'armes à feu furent tirés, et les sabres des dragons brillèrent au-dessus de la tête de la foule ameutée. — A présent, dit à demi-voix l'homme qui tenait le bras gauche de Bertram, le même qui déjà lui avait parlé, débarrassez-vous du camarade, et suivez-moi.

Bertram, employant subitement et avec succès la vigueur dont il était doué, se tira sans peine des mains de celui qui le tenait au collet du côté droit. L'homme fit un mouvement pour tirer un pistolet de sa ceinture; mais il fut renversé par un coup de poing de Dinmont, qu'un bœuf aurait difficilement reçu sans la même humiliation. — Suivez-moi vite, dit le protecteur secret; et il s'enfonça dans une ruelle étroite et sale pour s'éloigner de la rue principale.

Personne ne les poursuivit. L'attention des contrebandiers avait été autrement engagée, et d'une manière fort peu agréable, par l'appari-

CHAPITRE XLVIII.

tion subite de Mac Morlan et de sa troupe. La voix mâle et forte du magistrat provincial, s'élevant au-dessus du tumulte, proclama la loi contre les perturbateurs[1], et ordonna « à tous ceux qui s'étaient illégalement rassemblés de se disperser, à leurs risques et périls. » Ce secours fût même arrivé à temps pour prévenir la tentative, sans une fausse information que le magistrat avait reçue en route, et qui l'avait porté à croire que les contrebandiers devaient débarquer à la baie d'Ellangowan. Près de deux heures furent perdues par suite de ce faux avis, qui, sans manquer à la charité, peut être supposé avoir été jeté sur le chemin de Mac Morlan par Glossin, intéressé comme il l'était à l'issue de l'audacieuse tentative de cette nuit, et qui n'avait pas tardé à être instruit que les soldats avaient quitté Hazlewood-House.

Cependant, Bertram suivait son guide, suivi à son tour par Dinmont. Les cris de la foule, le galop des chevaux, les coups de pistolet n'arrivaient à leurs oreilles que de plus en plus affaiblis, lorsqu'enfin à l'issue de la ruelle obscure ils trouvèrent une chaise de poste attelée de quatre chevaux. — Êtes-vous là, au nom du Ciel? dit le guide au postillon qui tenait les guides.

— Oui, vraiment, j'y suis, répondit Jock Jabos, et j'aimerais autant être partout ailleurs.

— Ouvrez la portière, alors; — vous, messieurs, montez; — vous ne tarderez pas à être en lieu de sûreté. — Et souvenez-vous (s'adressant à Bertram) de votre promesse à la gipsie!

Bertram, décidé à s'abandonner aveuglément à la direction d'un homme qui venait de lui rendre un tel service, obéit à l'injonction et monta dans la chaise. Dinmont s'y plaça après lui; Wasp, qui ne les avait pas quittés un instant, y sauta en même temps, et la voiture partit de toute la vitesse des chevaux. — Dieu nous garde, dit enfin Dinmont, ceci est encore plus drôle que tout le reste! — Pour Dieu, j'espère qu'ils ne nous verseront pas! — et Dumple, qu'est-ce qu'il va devenir? — J'aimerais mieux être sur son dos que dans le carrosse du duc, Dieu le bénisse!

Bertram lui fit observer qu'au train dont ils allaient ils ne feraient nécessairement pas une bien longue traite sans changer de chevaux, et qu'ils pourraient insister pour attendre le jour à l'auberge où ils relaieraient, ou au moins pour qu'on leur fît connaître l'objet et le but de leur voyage, et que M. Dinmont pourrait donner là des ordres au sujet de sa fidèle monture, qui sans doute était bien tranquille dans l'écurie où il l'avait laissée. — Bon, bon, répondit le fermier, je voudrais que Dandie y soit aussi; — pour Dieu! si une fois nous étions hors de cette boîte roulante, j'ai idée qu'on aurait un peu de peine à nous faire aller autre part qu'où nous le voudrions bien.

---

[1] *Riot act*

Tandis qu'il parlait ainsi, la voiture, faisant un brusque détour, leur laissa voir à quelque distance, à travers la portière du côté gauche, le bourg que continuaient d'éclairer les lueurs du vaste incendie. Le feu, ayant gagné un magasin où étaient déposées des barriques d'eau-de-vie, projetait alors dans les airs une immense gerbe de flammes. Ils n'eurent pas longtemps à admirer ce spectacle, car un second détour de la route les fit entrer dans un étroit chemin tracé au milieu de plantations d'arbres, où la chaise continua de s'avancer dans une obscurité presque complète, mais avec la même rapidité qu'auparavant.

CHAPITRE XLIX.

> La nuit se passe en chansons et en joyeux propos, et à chaque nouveau verre l'ale devenait meilleure.
>
> *Tam de Shanter.*

Il nous faut maintenant revenir à Woodbourne, que nous avons quitté, on peut s'en souvenir, au moment où le colonel venait de donner quelques instructions à son domestique de confiance. Quand il entra au salon où les dames l'avaient précédé, elles furent frappées de son air préoccupé et d'une expression inhabituelle de souci et d'inquiétude répandue sur tous ses traits. Mais Mannering n'était pas un homme à être questionné, même par celles qu'il aimait le plus, sur la cause de l'agitation mentale que ces symptômes révélaient. L'heure du thé arriva, et la compagnie était occupée à le prendre en silence, quand une voiture s'arrêta à la porte; la cloche annonça en même temps l'arrivée d'une visite. — Sûrement, dit Mannering, ce doit être trop tôt de quelques heures.

Au bout d'un moment, Barnes, ouvrant la porte du salon, annonça M. Pleydell. Le conseiller s'avança : l'habit noir bien brossé, la perruque bien poudrée, les manchettes de dentelles, les bas de soie bruns, la chaussure vernissée et les boucles d'or, annonçaient les peines que le vieux gentleman avait prises à disposer sa personne à la société des dames. Mannering lui secoua cordialement la main. — Vous êtes, lui dit-il, l'homme que je désirais le plus de voir en ce moment.

— Oui, repartit le conseiller, je vous avais dit que je profiterais de la première occasion ; aussi me suis-je aventuré à quitter la cour pour une huitaine pendant la session. — Ce n'est pas un petit sacrifice ; mais j'ai idée qu'il pourrait bien n'être pas inutile, et en même temps j'avais une preuve à poursuivre ici. Mais ne voulez-vous pas me présenter à vos dames? — Ah! en voici une que j'aurais reconnue tout d'abord à son air de famille. Ma chère miss Lucy Bertram, je suis bien heureux de vous revoir. — Et il la serra dans ses bras, en lui donnant sur chaque joue un baiser cordial, auquel Lucy se soumit avec une pudique résignation.

— On ne s'arrête pas en si beau chemin, continua en français le gai vieillard ; et comme le colonel le présenta à Julia, il prit la même liberté avec les joues de la belle miss. Julia se dégagea en riant et en rougissant tout à la fois. — Je vous demande mille pardons, continua le légiste avec un salut qui ne se ressentait nullement de la raideur professionnelle ;

l'âge et les vieux usages donnent des priviléges, et j'aurais peine à dire si en ce moment je suis plus fâché d'être trop bien autorisé à les réclamer qu'heureux d'être à même d'en user si agréablement.

— En vérité, monsieur, répondit en riant miss Mannering, si vous faites des excuses aussi flatteuses, nous commencerons à douter que vous ayez droit de vous prévaloir de ces priviléges dont vous parlez.

— Je puis vous assurer, Julia, dit le colonel, que vous avez parfaitement raison; mon ami le conseiller est un homme dangereux. La dernière fois que j'ai eu le plaisir de le voir, il était enfermé avec une belle dame qui lui avait accordé un tête-à-tête à huit heures du matin.

— Oui, colonel; mais vous devriez ajouter que j'étais plus redevable à mon chocolat qu'à mes agréments d'une faveur si précieuse accordée par une personne aussi distinguée et aussi séduisante que mistress Rebecca.

— Et ceci, M. Pleydell, me fait songer à vous offrir du thé, reprit Julia; — c'est-à-dire en supposant que vous ayez dîné.

— Venant de vous, tout sera bien reçu, miss Mannering, répondit le galant jurisconsulte. Oui, j'ai dîné; — c'est-à-dire comme on dîne dans une auberge d'Écosse.

— Ce qui veut dire assez mal, dit le colonel en portant la main à un cordon de sonnette. Permettez-moi de vous faire servir quelque chose.

— Mais, à vrai dire, oui, assez mal, repartit Pleydell. Mais j'ai déjà fait une enquête dans cette affaire; car vous saurez que je m'étais arrêté un instant en bas pour enlever mes guêtres,

Monde dont aujourd'hui mes tuyaux effilés
Ne peuvent plus remplir les vastes cavités,

(il jetait en même temps un coup d'œil de complaisance sur des jambes qui semblaient encore fort bien pour son âge) et j'ai eu quelques mots d'entretien avec votre valet de chambre Barnes et une personne fort intelligente que je présume être votre femme de charge. Il a été convenu entre nous, — *totâ re perspectâ*¹, — je prie miss Mannering d'excuser mon latin, — que la vieille dame ajouterait à votre léger souper de famille quelque chose de plus substantiel, tel qu'un couple de canards sauvages. Je lui ai dit (toujours en toute soumission) mon humble avis au sujet de la sauce, et j'ai eu le bonheur de me rencontrer exactement avec sa propre opinion. Ainsi donc, si vous le voulez bien, j'attendrai qu'ils soient prêts pour prendre quelque chose de solide.

— Et nous avancerons l'heure ordinaire du souper, dit le colonel.

— De tout mon cœur, reprit Pleydell, pourvu que je n'en perde pas un instant plus tôt la compagnie de ces dames. Je suis de l'avis de mon

---

¹ Tout bien considéré

CHAPITRE XLIX.

vieil ami Burnet[1] : j'aime la *cœna*, le souper des anciens, cet agréable repas où la coupe joyeuse chasse de l'esprit d'un homme les nuages que les affaires ou les soucis y ont accumulés pendant le jour.

La vivacité du ton et des manières de M. Pleydell, et la facilité avec laquelle il se mettait à son aise au sujet de ses petites recherches épicuriennes, amusèrent beaucoup les dames, mais particulièrement miss Mannering, qui eut pour le conseiller les attentions les plus flatteuses ; et plus de jolies choses furent dites de part et d'autre pendant le thé, que nous n'avons le loisir d'en répéter ici.

Après le thé, Mannering, prenant le bras du conseiller, le fit entrer dans un petit cabinet ouvrant sur le salon, et où, suivant les habitudes de la famille, il y avait chaque soir des lumières et un bon feu.

— Je vois, dit M. Pleydell, que vous avez quelque communication à me faire au sujet des affaires d'Ellangowan. — Vos nouvelles sont-elles d'une nature terrestre ou céleste? Que dit mon Albumazar en épaulettes ? Avez-vous calculé l'avenir dans le cours des astres ? Avez-vous consulté vos éphémérides, votre Almochoden, votre Almuten ?

— Non vraiment, conseiller, répondit Mannering ; vous êtes le seul Ptolémée auquel j'ai intention de recourir dans l'occasion actuelle : second Prospero[2], j'ai brisé ma baguette, et j'ai jeté mon livre dans une eau dont la profondeur échappe à la sonde. Mais je n'en ai pas moins de grandes nouvelles. Meg Merrilies, notre sibylle égyptienne, a apparu aujourd'hui même au Dominie, et, je crois, n'a pas peu effrayé le digne homme.

— En vérité !

— Oui ; et elle m'a fait l'honneur d'entamer une correspondance avec moi, me supposant aussi profondément versé dans les mystères de l'astrologie que la première fois que nous nous rencontrâmes. Voici son billet, que le Dominie m'a remis.

Pleydell mit ses lunettes. — Quel horrible et sale griffonnage ! s'écria-t-il ; — ce sont des lettres *unciales* et *semi-unciales*[3], comme quelqu'un a nommé votre écriture en gros ; et à leur taille comme à leur perpendicularité on pourrait les prendre pour les côtes d'un cochon de lait rôti. — C'est tout au plus si je puis lire.

— Lisez haut.

— J'essaierai.

« Vous êtes un bon chercheur, mais un mauvais trouveur ; vous avez voulu étayer une maison croulante, mais vous saviez bien qu'elle se relèverait. Mettez la main à l'ouvrage qui est proche, comme vous

---

[1] *Voyez* la note II, à la fin du volume.
[2] Le magicien de la *Tempête* de Shakspeare. (L. V.)
[3] Hautes d'un pouce ou d'un demi-pouce. (L. V.

avez étendu vos regards vers le destin qui était éloigné. Faites trouver ce soir, à dix heures, une voiture au bout de Crooked-Dykes¹, à Portanferry, et qu'elle amène à Woodbourne ceux qui viendront demander : Êtes-vous là, *au nom du Ciel?*

Un moment, voici de la poésie :

> « Qu'au jour la nuit fasse place,
> Que le bon droit soit triomphant,
> Quand des Bertram le bon droit et la force
> Se seront rencontrés au haut d'Ellangowan. »

Très-mystérieuse épître, en vérité, et qui se termine par une veine poétique digne de la sibylle de Cumes. — Et qu'avez-vous fait ?

— Ma foi, répondit Mannering presque avec répugnance, je n'ai voulu négliger aucun moyen de jeter quelque jour sur cette affaire. La femme est peut-être timbrée, et tout ceci peut n'être que l'œuvre de son imagination ; mais vous étiez d'opinion que sur cette étrange histoire elle en savait plus qu'elle n'en a jamais dit.

— Ainsi vous avez envoyé une voiture au lieu indiqué?

— Vous vous moquerez de moi si je l'avoue.

— Qui, moi? Non vraiment ; je pense que c'est la chose la plus sage que vous ayez pu faire.

— Oui, reprit Mannering, charmé d'avoir échappé au ridicule qu'il avait redouté ; le pis sera d'avoir à payer le louage de la chaise. — J'ai ordonné de faire partir une chaise de poste à quatre chevaux, avec des instructions conformes à la lettre ; — les chevaux auront à faire cette nuit une longue et froide station aux postes avancés, si notre avis se trouve faux.

— Oui, mais je pense qu'il en sera autrement. Cette femme a si longtemps joué son rôle qu'elle a fini par y croire ; et n'y aurait-il pas en elle un atome d'illusion sur sa propre imposture, elle ne s'en croirait pas moins obligée de continuer son caractère. — Ce que je sais, c'est que je ne pourrai rien tirer d'elle par un interrogatoire ordinaire ; et ce que nous pouvons faire de mieux est de lui laisser la facilité de faire la découverte à sa manière. Maintenant, avez-vous autre chose à me dire, ou allons-nous rejoindre ces dames?

— Je suis dans une agitation extraordinaire, et... mais je n'ai rien de plus à vous dire. — Seulement, je compterai les minutes jusqu'à ce que la voiture revienne ; mais on ne peut s'attendre à trouver en vous la même anxiété.

— Ma foi non, — l'usage est tout en tout, répondit le légiste plus expérimenté. — Je prends certainement un grand intérêt à cette affaire,

---

¹ Rue des Fossés-Tournants.

CHAPITRE XLIX.

mais je crois que je pourrai supporter l'attente sans en mourir, si les dames veulent bien nous favoriser d'un peu de musique.

— Et ces canards sauvages aidant, tout à l'heure?

— C'est vrai, colonel; l'inquiétude d'un homme de loi sur le sort de la cause la plus intéressante a rarement troublé son sommeil ou sa digestion[1]. Et je serai fort impatient, néanmoins, d'entendre le bruit de ces roues à leur retour.

A ces mots il se leva et rentra au salon, où, à sa prière, miss Mannering se mit au clavecin. Lucy Bertram, qui chantait avec un charme infini ses mélodies natales, fut accompagnée sur l'instrument par son amie, et Julia exécuta ensuite, de la manière la plus brillante, quelques sonates de Scarlatti. Le vieux légiste, qui raclait un peu du violoncelle et était membre du concert d'amateurs d'Édimbourg, fut tellement ravi de cet emploi de sa soirée, que je ne sais s'il pensa une seule fois aux canards sauvages, jusqu'à ce que Barnes vint annoncer à la compagnie que le souper était servi.

— Recommandez à mistress Allan d'avoir quelque chose en réserve, dit le colonel. — J'attends... c'est-à-dire j'espère... peut-être aurons-nous ici quelqu'un ce soir. Que les domestiques restent sur pied, et qu'on ne ferme pas la première porte de l'avenue avant que je n'en aie donné l'ordre.

— Mon Dieu, monsieur, dit Julia, que pouvez-vous attendre ce soir?

— Mais, on m'a prévenu que des personnes qui me sont étrangères pourraient me venir voir dans la soirée pour affaires, répondit son père avec quelque embarras, car il n'aurait pas voulu se placer sous le coup d'un désappointement qui l'eût exposé à un certain ridicule; — c'est fort incertain.

— Hé bien, nous ne leur pardonnerons pas de venir troubler notre réunion, repartit Julia, à moins qu'elles ne nous apportent autant de bonne humeur et des cœurs aussi accessibles que mon ami et admirateur, puisque c'est ainsi que s'est lui-même qualifié M. Pleydell.

— Ah! miss Julie, dit Pleydell en lui offrant son bras d'un air galant pour la conduire à la salle à manger, il fut un temps, — à mon retour d'Utrecht en 1738...

— Ne parlez pas de ce temps-là, je vous prie, interrompit la jeune dame; — nous vous aimons beaucoup mieux comme vous êtes. — Utrecht, bon Dieu! — j'ose dire que depuis lors vous aurez employé tout votre temps à vous débarrasser aussi complétement que vous l'avez fait des traces de votre éducation hollandaise.

— Oh! pardonnez-moi, miss Mannering; les Hollandais, en fait de galanterie, sont un peuple beaucoup plus accompli que la légèreté de

---

[1] *Voyez* la note I. à la fin du volume.

leurs voisins n'est disposée à l'admettre. Ils sont, dans leurs attentions, aussi réguliers qu'une horloge.

— Je m'en fatiguerais.

— D'une égalité d'humeur imperturbable.

— De pis en pis.

— Et puis, quoique depuis six fois trois cent soixante-cinq jours votre adorateur aura placé le mantelet sur vos épaules, et la chaufferette sous vos pieds, et conduit votre petit traîneau sur la glace pendant l'hiver, et pendant l'été votre carriole à travers la poussière, vous pourrez le congédier tout à coup, sans raison ni excuses, le deux mille cent quatre-vingt-dixième jour qui, dans mon calcul approximatif, et sans compter les années bissextiles, complétera le cycle de l'adoration supposée, et cela sans que votre aimable sensibilité ait le plus léger motif d'être alarmée pour celle du *mein herr.*

— Ce dernier éloge est en vérité une recommandation tout hollandaise, M. Pleydell; — le cristal et les cœurs perdraient tout leur prix dans le monde, s'ils perdaient leur fragilité.

— Quant à cela, miss Mannering, il est aussi difficile de trouver un cœur que le désespoir brisera, qu'un verre qui ne se brisera pas; et pour cette raison j'insisterais sur la valeur du mien..., si je ne m'apercevais que depuis quelque temps les yeux à demi clos de M. Sampson et ses mains jointes n'attendent que la fin de notre conversation pour commencer le *benedicite:* — et à vrai dire les canards sauvages ont un air très-appétissant. A ces mots le digne conseiller se plaça à table, et mit temporairement sa galanterie de côté pour faire honneur aux bonnes choses placées devant lui. Rien autre n'est rapporté de lui de quelque temps, sauf l'observation que les canards étaient rôtis d'un seul tour de broche, et que la sauce au vin, au limon et aux épices, de mistress Allan, était au-dessus de tout éloge.

— Je vois, dit miss Mannering, que la faveur de M. Pleydell m'est disputée par une formidable rivale, même dans la première soirée où il s'est déclaré mon admirateur.

— Pardonnez-moi, belle dame, repartit le conseiller; vos rigueurs déclarées ont pu seules me pousser à commettre le solécisme de prendre en votre présence ma part d'un bon souper; comment les supporterais-je si je ne soutenais pas mes forces? C'est uniquement d'après le même principe que je vous demanderai la permission de boire ce verre de vin à votre santé.

— C'est aussi une mode d'Utrecht, je suppose, M. Pleydell?

— Pardonnez-moi, madame; les Français eux-mêmes, modèles de galanterie, appellent leurs maîtres de tavernes *restaurateurs,* par allusion sans doute au soulagement qu'ils procurent à l'amant désolé, courbé sous le poids des sévérités de sa maîtresse. Ma propre situation veut tant de soulagements, qu'il faut que je vous dérange, M. Sampson, pour vous demander cette autre aile, sans préjudice de la tarte que je réclamerai ensuite de miss Bertram. — Veuillez arracher l'aile, monsieur, au lieu de la couper ; — M. Barnes va vous aider, M. Sampson. — Merci, monsieur. — Et vous, M. Barnes, un verre d'ale, s'il vous plaît.

Tandis que le vieux gentleman, enchanté de l'amabilité et des attentions de miss Mannering, se laissait aller à sa verve pour le plaisir de sa jolie voisine et pour le sien propre, l'impatience du colonel Mannering commença à dépasser toutes les bornes. Il avait refusé de se mettre à table, alléguant qu'il ne soupait jamais ; et il parcourait à grands pas la salle où la compagnie était rassemblée, tantôt levant la fenêtre pour regarder dans la sombre avenue, tantôt prêtant l'oreille pour saisir le bruit le plus éloigné d'une voiture. Enfin, incapable de contenir plus longtemps son impatience, il quitta la salle, prit son chapeau et son manteau, et sortit pour remonter l'avenue, comme si par là il eût pu hâter l'arrivée de ceux qu'il attendait.

— Vraiment, dit miss Bertram, je voudrais que le colonel Mannering ne s'aventurât pas dehors après la chute du jour. Vous devez avoir appris, M. Pleydell, quelle frayeur cruelle nous avons éprouvée ?

— Ha ! à cause des contrebandiers ? — ce sont mes vieux amis. J'en ai livré autrefois plus d'un à l'action de la justice, quand j'étais shériff de ce comté.

— Et puis l'alarme que nous avons eue immédiatement après, continua miss Bertram, par suite de la vengeance de l'un de ces misérables.

— Quand le jeune Hazlewood a été blessé ? — j'ai entendu aussi parler de cela.

— Imaginez, mon cher M. Pleydell, poursuivit Lucy, combien miss Mannering et moi fûmes alarmées, lorsque nous vîmes s'élancer sur nous un coquin aussi effrayant par sa force extraordinaire que par l'expression farouche de ses traits !

— Il faut que vous sachiez, M. Pleydell, dit Julia, qui ne put réprimer son dépit à cette dépréciation involontaire de son adorateur, que le jeune Hazlewood est d'une beauté si achevée aux yeux de toutes les jeunes dames de ce pays, qu'auprès de lui tout homme leur paraît horrible.

— Oho ! fit en lui-même Pleydell, qui, par profession, était habitué à ne laisser échapper sans les remarquer ni une inflexion de voix ni un geste, il y a quelque chose ici entre mes jeunes amies. — Je n'ai pas vu le jeune Hazlewood depuis son enfance, miss Mannering, dit-il, ainsi les dames peuvent avoir parfaitement raison ; mais je puis vous assurer, malgré votre dédain, que si vous voulez voir de beaux hommes, il faut aller en Hollande. Le plus beau garçon que j'aie jamais vu était un Hollandais, malgré son nom de Vanbost, Vanbuster, ou quelque autre nom barbare du même genre. Il ne sera pas tout à fait si beau maintenant, bien sûr.

Ce fut maintenant au tour de Julia de perdre un peu contenance, au trait de son savant admirateur, que le hasard avait dirigé si juste; mais en cet instant le colonel rentra. — Je ne puis plus les attendre maintenant, dit-il; cependant nous ne nous séparerons pas encore. — Où est Dominie Sampson?

— Me voici, monsieur.

— Quel est ce livre que vous tenez à la main, M. Sampson?

— C'est le savant De Lyra, monsieur; — je serais bien aise d'avoir l'opinion de Son Honneur M. Pleydell, s'il n'avait rien de mieux à faire, sur un passage controversé.

— Je ne suis pas en veine, monsieur Sampson, répondit Pleydell; il y a ici un métal plus attractif. — Je ne désespère pas d'engager ces dames à nous exécuter quelque morceau, où moi-même je m'aventurerai à prendre la partie de basse. — Mettez De Lyra au clou, mon cher ami; gardez-le pour un meilleur moment.

Le désappointé Dominie ferma son épais volume, fort émerveillé en lui-même de voir qu'une personne de l'érudition de l'homme de loi pût appliquer son esprit à de telles frivolités. Mais le conseiller, indifférent au tort qu'il pouvait faire à sa haute réputation comme savant, vida un grand verre de vin de Bourgogne, et après avoir prélude un instant d'une voix dont le temps avait enlevé la première fraîcheur, il invita bravement les deux dames à chanter avec lui :

<blockquote>Et nous étions trois pauvres matelots, etc.</blockquote>

où il se tira de sa partie avec un grand éclat.

— Ne fanerez-vous pas vos roses en restant debout si tard, mesdemoiselles? dit le colonel.

— Nullement, monsieur, répondit Julia. Votre ami M. Pleydell menace de devenir demain l'élève de M. Sampson; ainsi nous devons jouir ce soir le plus possible de notre conquête.

Cette repartie amena un nouveau trio qui donna lieu à son tour à une conversation animée. Enfin le son de une heure avait retenti solitairement à l'oreille d'ébène de la Nuit, et l'heure suivante s'approchait, lorsque Mannering, dont l'impatience avait depuis longtemps fait place au découragement, regarda sa montre. — Nous ne devons plus maintenant les attendre, dit-il. A peine avait-il achevé ces mots..... Mais ce qui arriva alors exige un nouveau chapitre.

CHAPITRE L.

> *Le juge.* — Ceci, en vérité, confirme chacune des circonstances de la prédiction de la gipsie !... *Tu* n'es ni orphelin, ni sans amis ; — *je* suis ton père, *voici* ta mère *voilà* ton oncle. — *Celui-ci* est ton cousin germain, et *ceux-là* sont tous tes proches parents !
> *Le Critique.*

Comme Mannering replaçait sa montre dans son gousset, un bruit sourd et éloigné frappa son oreille. — C'est certainement une voiture ; — non, ce n'est que le bruit du vent parmi les feuilles desséchées. Venez à la fenêtre, M. Pleydell.

Le conseiller, qui, son grand mouchoir de soie à la main, était fort engagé avec Julia dans une discussion qui lui paraissait intéressante, obéit cependant à cet appel, mais après avoir eu, de crainte du froid, la précaution de s'envelopper le cou de son mouchoir. Le bruit des roues devint alors très-distinct, et Pleydell, comme s'il eût réservé toute sa curiosité pour ce moment, sortit de la salle en courant. Le colonel sonna Barnes pour lui ordonner de conduire à une chambre séparée les personnes qui arrivaient dans la voiture, ne sachant pas qui ce pourrait être. Mais il s'arrêta à la porte avant d'avoir eu le temps d'expliquer complétement ses intentions ; car au même moment on entendit M. Pleydell qui criait d'une pièce voisine : C'est notre ami du Liddesdale, avec un camarade de même calibre ! Sa voix arrêta Dinmont, qui le reconnut avec autant de plaisir que de surprise. — Oho ! dit-il, si c'est Votre Honneur, nous ne risquons rien, tout va au mieux [1].

Mais tandis que le fermier s'arrêtait à faire ses salutations, Bertram, ébloui par la clarté soudaine des lumières, et tout étourdi par la singularité de sa situation, franchit, presque machinalement, la porte restée ouverte du salon, et se trouva en face du colonel, qui au même moment se disposait à sortir. La vive clarté de l'appartement ne permit pas de le méconnaître un instant, et Bertram ne resta pas moins confondu à la vue de ceux à qui il se présentait aussi inopinément, qu'eux-mêmes ne le furent à l'apparition d'un objet si complétement inattendu.

---

[1] Le fermier emploie ici une phrase proverbiale dont nous avons rendu le sens : *We'll a' be as right and tight as thack and rape can make us*, « nous serons tous aussi bien et bon (littéralement aussi bien et aussi serrés) que nous pourrions l'être sous le chaume et la corde. » Cette phrase fait allusion à l'usage d'engerber les récoltes, lesquelles ne sont en sûreté que liées et sous le toit du grenier. (L. V.)

On doit se rappeler que chacun des individus présents avait ses raisons particulières de regarder avec terreur ce qui d'abord parut une évocation surnaturelle. Mannering avait devant lui l'homme qu'il croyait avoir tué dans l'Inde ; Julia voyait son amant dans une situation très-équivoque et très-hasardeuse ; Lucy Bertram, enfin, avait reconnu au premier coup d'œil celui qui avait blessé le jeune Hazlewood. Bertram, qui crut voir dans l'immobilité et l'étonnement du colonel un indice de déplaisir causé par son intrusion, se hâta de s'en excuser comme d'une indiscrétion involontaire, ayant été entraîné jusque là sans même savoir où on le transportait.

— M. Brown, je crois ! s'écria le colonel Mannering.

— Oui, monsieur, répondit le jeune homme d'un ton modeste, mais ferme, M. Brown que vous avez connu dans l'Inde, et qui ose espérer que l'opinion que vous avez alors eue de lui ne devra pas l'empêcher de recourir à votre témoignage pour établir son caractère de gentleman et d'homme d'honneur.

— M. Brown, — rarement — jamais — je n'ai été aussi surpris. — Certainement, monsieur, quelque chose qui se soit passée entre nous, vous avez droit de réclamer de moi une attestation favorable.

En ce moment critique, le conseiller entra avec Dinmont. Le premier, à son grand étonnement, vit le colonel se remettre à peine de sa première surprise, Lucy Bertram prête à s'évanouir de terreur, et miss Mannering dans des angoisses de doutes et d'appréhensions qu'elle s'efforçait vainement de réprimer ou de cacher. — Que signifie tout ceci ? dit-il ; ce jeune homme a-t-il apporté à sa main la tête de Méduse ? — Laissez-le moi donc voir. — Par le Ciel, murmura-t-il à demi-voix, c'est le portrait même d'Ellangowan ! — Oui, c'est la même vigueur de formes et la même beauté de traits, mais avec une physionomie bien autrement expressive et intelligente ! — Oui ! la sorcière a tenu parole.
— Puis s'adressant vivement à Lucy : Regardez ce jeune homme, ma chère miss Bertram ; n'avez-vous jamais rien vu qui lui ressemblât ?

Lucy n'avait osé jeter qu'un seul coup d'œil sur cet objet de terreur, et ce coup d'œil cependant avait suffi pour lui faire reconnaître à l'instant même, à sa taille et à son apparence remarquables, l'assassin supposé du jeune Hazlewood, conviction qui naturellement excluait l'association d'idées moins défavorables qu'un examen plus attentif eût pu susciter en elle. — Ne me parlez pas de lui, monsieur, répondit-elle en détournant les yeux ; renvoyez-le, au nom du Ciel ! nous allons tous être assassinés !

— Assassinés ! répéta l'avocat, quelque peu alarmé ; où est le *poker*[1] ? Mais c'est une folie ! nous sommes trois hommes, sans compter les domestiques, et voici l'honnête Liddesdale qui compte bien pour une

---

[1] Littéralement *fouilleur* ; instrument à remuer le charbon dans l'âtre. (L. V.)

demi-douzaine en plus; — nous avons le *major vis*¹ de notre côté. — Cependant approchez-vous, mon ami Dandie, — Davie, — comment vous nomme-t-on? — tenez-vous entre lui et nous pour protéger ces dames.

— Bon Dieu, M. Pleydell, dit le fermier étonné, c'est le capitaine Brown. Est-ce que vous ne connaissez pas le capitaine?

— Ah! si c'est un de vos amis, cela doit nous rassurer un peu; mais tenez-vous près de lui.

Tout ceci se passa avec une telle rapidité, que le Dominie avait à peine eu le temps de sortir d'un de ses accès de distraction, et de fermer le livre qu'il étudiait dans un coin; s'avançant alors pour voir les nouveaux arrivants, il s'écria aussitôt en apercevant Bertram : — Si le tombeau peut relâcher les morts, c'est mon cher et honoré maître que je revois!

— Par le Ciel! nous avons raison, après tout; — j'étais sûr que je ne me trompais pas, dit l'avocat. C'est tout le portrait de son père. — Allons, colonel, à quoi pensez-vous donc, que vous ne donnez pas la bienvenue à votre hôte? Je pense... je crois... j'espère que nous ne nous trompons pas; — je n'ai jamais vu pareille ressemblance! — Mais patience; — Dominie, ne dites pas un mot. — Asseyez-vous, jeune homme.

— Excusez-moi, monsieur; si, comme je crois le comprendre, je suis chez le colonel Mannering, je désirerais savoir d'abord si ma présence ici, quoique due au hasard, lui est désagréable, ou si je suis le bienvenu dans sa maison?

Mannering fit promptement un effort sur lui-même. — Le bienvenu? très-certainement, monsieur, surtout si vous m'indiquez comment je pourrai vous servir. Je puis avoir, je crois, quelques torts à réparer envers vous : — je l'ai souvent pensé; mais votre apparition soudaine et inattendue, qui a réveillé de douloureux souvenirs, m'a empêché de vous dire d'abord ce que je vous dis maintenant, que quelle que soit la cause qui m'a valu l'honneur de cette visite, c'est pour moi une visite agréable.

Bertram s'inclina d'un air réservé, mais civil, à la politesse grave du colonel.

— Ma chère Julia, vous ferez bien de vous retirer. M. Brown, vous excuserez ma fille; je m'aperçois qu'elle est agitée par de fâcheux souvenirs.

Miss Mannering se leva pour se retirer; mais en passant près de Bertram elle ne put retenir ces mots, prononcés cependant de manière à ce que lui seul pût les entendre : — Entêté! encore une fois! Miss Bertram accompagna son amie, très-étonnée de ce qui se passait,

---

¹ La force supérieure.

mais sans oser jeter un second regard sur l'objet de ses terreurs. Elle vit qu'il y avait quelque méprise, et ne voulut pas l'accroître en dénonçant l'étranger comme assassin. Elle voyait qu'il était connu du colonel et accueilli comme gentleman ; certainement, ou ce n'était pas celui qu'elle avait cru, ou Hazlewood avait eu raison de supposer que l'accident avait été un effet du hasard.

Les autres personnes de la compagnie formaient un groupe digne de l'étude d'un peintre habile. Chacun était trop occupé de ses propres sensations pour observer celles des autres. Bertram se trouvait très-inopinément chez un homme qu'il était alternativement disposé à regarder comme son ennemi personnel, et à respecter comme le père de Julia ; Mannering était partagé entre ses sentiments élevés d'hospitalité et de courtoisie, sa joie de se voir soulagé du crime d'avoir versé le sang de son semblable dans une querelle privée, et l'ancienne aversion qui dans son âme orgueilleuse s'était réveillée avec ses préventions, à la vue de celui qui les lui avait autrefois inspirées. Sampson, dont les jambes tremblaient, et qui se soutenait sur le dossier d'une chaise, tenait ses yeux fixés sur Bertram, avec une expression d'ébahissement et d'anxiété nerveuse qui contractait tous ses traits. Dinmont, enveloppé dans sa large redingote velue, semblait un ours énorme dressé sur ses pattes inférieures, et promenait de l'un à l'autre ses gros yeux ronds où se peignait l'étonnement.

Fin, prompt et actif, le conseiller était seul dans son élément ; il entrevoyait déjà la perspective d'un succès brillant dans un procès plein d'incidents étranges et mystérieux, et jamais jeune monarque rempli d'espérance et à la tête de son armée ne put éprouver plus de plaisir en commençant sa première campagne. Il se donnait un grand mouvement, et prit sur lui le soin d'une explication générale.

— Allons, allons, messieurs, asseyez-vous ; ceci est tout à fait de mon ressort. Il faut que vous me laissiez arranger cela pour vous. Asseyez-vous, mon cher colonel, et laissez-moi faire ; asseyez-vous, M. Brown, *aut quocumque alio nomine vocaris*[1]. — Dominie, prenez un siége ; — approchez votre chaise, honnête Liddesdale.

— Je ne sais pas trop, M. Pleydell, répondit Dinmont en portant les yeux de sa grosse redingote de voyage sur le bel ameublement du salon ; je ferais peut-être mieux de m'en aller dans quelque autre endroit, et de vous laisser causer ensemble. — Je ne suis pas très-bien habillé.

Le colonel, qui sur ces entrefaites avait reconnu Dandie, se leva aussitôt et lui souhaita cordialement la bien-venue, en ajoutant que, d'après ce qu'il avait vu de lui à Édimbourg, il pouvait assurer que sa grosse redingote et ses bottes à épaisses semelles honoreraient un salon royal.

---

[1] Ou quelque autre nom que vous portiez.

CHAPITRE L.

— Non, non, colonel, nous ne sommes que des gens tout unis du haut-pays; mais il n'y a pas de doute que je serais content d'entendre ce qui peut arriver d'heureux pour le capitaine, et à coup sûr tout ira bien si M. Pleydell veut prendre ses petites affaires en main.

— Vous avez raison, Dandie, repartit le conseiller, vous parlez comme un oracle hiélandais[1]; — maintenant, taisez-vous. — Bien; vous voilà enfin tous assis. Prenez un verre de vin, avant que je commence méthodiquement mon interrogatoire. — Et maintenant (se tournant vers Bertram), mon cher enfant, savez-vous qui vous êtes et ce que vous êtes?

Malgré sa perplexité, le catéchumène ne put s'empêcher de rire à ce début.—En vérité, monsieur, répondit-il, j'ai cru autrefois le savoir; mais j'avoue que des circonstances récentes m'en ont quelque peu fait douter.

— Alors dites-nous ce qu'autrefois vous croyiez être?

— J'avais l'habitude de me croire et de me nommer Vanbeest Brown, qui a servi comme cadet ou volontaire sous le colonel Mannering, lorsqu'il commandait le*** régiment, qualité sous laquelle je ne lui ai pas été inconnu.

— En ceci, dit le colonel, je puis assurer M. Brown de son identité; et j'ajouterai, ce que peut avoir oublié sa modestie, qu'il s'était fait remarquer comme un jeune homme de talent et de courage.

— Tant mieux, mon cher monsieur, reprit Pleydell; mais ceci est trop général. Il faut que M. Brown nous dise où il est né.

— En Écosse, je crois; mais je ne pourrais dire le lieu précis.

— Où a-t-il été élevé?

— En Hollande, certainement.

— Ne vous rappelez vous rien de votre première enfance, antérieurement à votre départ d'Écosse?

— J'ai des souvenirs très-imparfaits; cependant j'ai une forte idée, peut-être plus profondément gravée en moi par les mauvais traitements que j'éprouvai ensuite, que durant mes plus jeunes années j'avais été l'objet d'une grande sollicitude et d'une tendre affection. J'ai un souvenir indistinct d'un homme de bonne mine que j'avais coutume d'appeler papa, et d'une dame d'une faible santé qui, je pense, doit avoir été ma mère; mais ce ne sont que des impressions confuses et imparfaites. Je me souviens aussi d'un homme doux de caractère, grand, maigre et habillé de noir, qui m'apprenait mes lettres et se promenait avec moi; — et je crois même que la dernière fois...

---

[1] Il peut n'être pas inutile de rappeler ici, pour les lecteurs du sud, que la contrée montagneuse des frontières sud-ouest de l'Écosse est appelée Hiéland (pour Highland), quoique tout à fait différente des districts beaucoup plus montagneux et plus étendus du nord, qui portent spécialement ce nom. L'accentuation de la première syllabe, dans la prononciation du pays, établit, au reste, une légère différence entre les deux noms. (W. S.)

Le Dominie ne put se contenir plus longtemps. Tandis que chaque nouvelle parole apportait une preuve nouvelle que l'enfant de son bienfaiteur était devant lui, il était parvenu à grand'peine à contenir ses émotions; mais quand les souvenirs d'enfance de Bertram vinrent à se tourner vers son précepteur et ses leçons, il fut forcé de donner cours à ses sentiments. Il se leva vivement de sa chaise; et les mains jointes, les jambes tremblantes, les yeux remplis de larmes, il s'écria : Harry Bertram! — regardez-moi; — ne suis-je pas l'homme?

— Oui! répondit Bertram en s'élançant de sa chaise, comme si une lumière soudaine eût éclairé son esprit; — oui, — c'était mon nom! — et ce sont bien la voix et la figure de mon bon vieux maître!

Le Dominie se précipita dans ses bras, le pressa mille fois sur son cœur avec des transports et des sanglots convulsifs qui agitaient toute sa personne, puis enfin, pour employer le langage énergique de l'Écriture, il éleva la voix et pleura tout haut. Le colonel Mannering eut recours à son mouchoir; Pleydell, les traits contournés, essuya les verres de ses lunettes; et l'honnête Dinmont s'écria, après deux explosions de sanglots bruyants : Le diable est dans l'homme! il m'a fait faire ce que je n'avais pas fait depuis que ma vieille mère est morte.

— Allons, allons, reprit enfin le conseiller, silence au barreau! — Nous avons à lutter avec forte partie; il faut réunir au plus vite toutes nos informations. — Autant que je puis savoir, il se pourrait que nous eussions quelque chose à faire avant le lever du soleil.

— Si vous voulez, je vais donner l'ordre qu'on tienne un cheval prêt, dit le colonel.

— Non, non, nous avons le temps; — nous avons le temps. — Mais allons, Dominie, je vous ai laissé un intervalle suffisant pour épancher vos sentiments; je suis obligé d'y mettre un terme. — Il faut que vous me laissiez poursuivre mon examen.

Le Dominie avait l'habitude d'obéir aux ordres que quiconque voulait lui donner; il se laissa retomber sur son siége, étendit son mouchoir à carreaux sur son visage, en guise, je suppose, du voile du peintre grec, et à ses mains jointes on put juger que pendant quelques moments il rendait au Ciel de mentales actions de grâces. Puis il se découvrit les yeux, comme pour s'assurer que l'heureuse apparition ne s'était pas évanouie dans l'air; — puis les refermant de nouveau, il reprit son acte interne de dévotion, jusqu'à ce qu'il sentit son attention attirée vers le conseiller par l'intérêt qu'excitaient en lui ses questions.

— Et maintenant, continua M. Pleydell après quelques minutes d'enquête sur les souvenirs que Bertram avait pu conserver de ces événements de sa première enfance, — maintenant, M. Bertram, car je pense qu'à l'avenir nous devons vous rendre ce nom, veuillez nous faire connaître toutes les particularités dont vous pouvez avoir conservé la mémoire quant à la manière dont vous avez quitté l'Écosse?

— A vrai dire, monsieur, quoique cette journée ait laissé dans ma mémoire une impression profonde et terrible, cependant la terreur même qui m'a pénétré de ce souvenir ineffaçable en a en grande partie rendu les détails confus et incertains. Je me souviens cependant que j'étais à me promener je ne sais où, — dans un bois, je crois...

— Oh oui! c'était dans le bois de Warroch, mon cher Harry, interrompit le Dominie.

— Paix, M. Sampson! dit l'homme de loi.

— Oui, c'était dans un bois, continua Bertram, dont les souvenirs ravivés coordonnaient des idées presque effacées et encore confuses; et quelqu'un était avec moi, — ce digne et affectionné gentleman, je crois.

— Oh oui, oui, Harry! Le Seigneur te bénisse, — c'était moi-même.

— Taisez-vous, Dominie, et n'interrompez pas la déposition. — Et ensuite, monsieur?

— Et ensuite, monsieur, comme dans un de ces changements de nos rêves, il me semble que j'étais à cheval devant mon guide.

— Non, non, exclama Sampson, jamais je n'ai mis mes membres, pour ne rien dire des tiens, dans un tel péril.

— Sur ma parole, ceci est intolérable! — Voyez-vous, Dominie, si vous prononcez un mot de plus jusqu'à ce que je vous y autorise, je lirai trois phrases dans le grimoire[1], je décrirai avec ma canne trois cercles au-dessus de ma tête, je détruirai toute la magie de l'ouvrage de cette nuit, et ma conjuration fera redevenir Harry Bertram ce qu'il était, Vanbeest Brown.

— Très-digne et très-honoré monsieur, marmotta le Dominie, je vous demande humblement pardon; — ce n'était que *verbum volans*[2].

— Hé bien, *nolens volens*[3], il faut retenir votre langue.

— Gardez le silence, je vous prie, M. Sampson, ajouta le colonel; il importe beaucoup à l'ami que vous venez de retrouver que vous permettiez à M. Pleydell de poursuivre tranquillement son enquête.

— Je suis muet, dit le Dominie, à cette nouvelle semonce.

— Tout à coup, reprit Bertram, deux ou trois hommes se précipitèrent sur nous, et nous fûmes jetés à bas de cheval. Tout ce dont j'ai quelque souvenir, c'est que j'essayai de m'échapper au milieu d'une lutte acharnée, et que je tombai dans les bras d'une très-grande femme qui sortit subitement des broussailles et me protégea pendant quelque temps. — Le reste n'est que confusion et terreur : — un obscur souvenir d'une grève, puis d'une caverne, puis de quelque forte boisson qui me plongea pour longtemps dans un profond sommeil. Bref, il y a en-

---

[1] *Black Acts.*

[2] Une parole volante, un mot en l'air.

[3] Bon gré malgré.

suite un grand vide dans mes souvenirs, jusqu'à ce que je me retrouve d'abord mousse à bord d'un sloop, où j'étais très-maltraité et à demi mourant de faim, puis écolier en Hollande, sous la protection d'un vieux marchand qui avait pris quelque goût pour moi.

— Et que vous disait votre tuteur au sujet de votre famille?

— Fort peu de chose, et il m'avait enjoint de n'en pas demander davantage. On me donna à entendre que mon père était intéressé dans le commerce de contrebande qui se faisait sur la côte orientale d'Écosse, et qu'il avait été tué dans un engagement avec les employés du fisc; que ses correspondants en Hollande avaient alors sur la côte un bâtiment dont l'équipage avait été en partie engagé dans l'affaire, à la suite de laquelle ils m'avaient emmené par compassion, la mort de mon père me laissant sans appui. A mesure que je grandissais, beaucoup de circonstances de cette histoire me semblaient ne pas s'accorder avec mes propres souvenirs; mais qu'y pouvais-je faire? Je n'avais nul moyen de vérifier mes doutes, je n'avais pas un seul ami à qui je pusse les communiquer, avec lequel il me fût possible de les discuter. Le surplus de mon histoire est connu du colonel Mannering: je m'embarquai pour l'Inde, où je devais être commis dans une maison hollandaise; ses affaires tournèrent mal, — j'embrassai la profession militaire, et je me flatte de ne l'avoir pas encore déshonorée.

— Tu es un excellent jeune homme! s'écria Pleydell, je m'en porterai caution. — Et puisque vous avez si longtemps manqué de père, je voudrais de tout mon cœur pouvoir réclamer ce titre. Mais cette affaire du jeune Hazlewood...

— A été uniquement le résultat d'un accident, interrompit Bertram. Je voyageais en Écosse par un simple motif de curiosité, et après avoir passé huit jours chez mon ami M. Dinmont, avec lequel ma bonne fortune m'avait ménagé l'occasion d'une liaison accidentelle...

— La bonne fortune a été pour moi, interrompit à son tour notre ami Dinmont; j'aurais bien eu, ma foi, la tête cassée par deux mauvais drôles, s'il n'avait joué de ses quatre membres.

— Peu de temps après nous nous séparâmes à ***. Mon bagage me fut enlevé par des voleurs, et ce fut tandis que je résidais à Kippletringan que le hasard me fit rencontrer le jeune homme. Comme je m'approchais pour offrir mes respects à miss Mannering, que j'avais connue dans l'Inde, M. Hazlewood, ne regardant pas mon apparition comme des plus rassurantes, me commanda avec assez de hauteur de me reculer, et donna ainsi lieu à une lutte dans laquelle j'eus le malheur d'être la cause involontaire de la blessure qu'il a reçue.

— Et maintenant, monsieur, que j'ai répondu à toutes vos questions...

— Non, non, pas encore à toutes, dit Pleydell avec un clignement d'yeux significatif; il y en a encore quelques-unes que je remets à demain. Je crois qu'il est temps de clore le *sederunt* [1] pour cette nuit, ou plutôt pour ce matin.

— Hé bien alors, monsieur, reprit le jeune homme, pour changer la forme de ma phrase, puisque j'ai répondu à toutes les questions que vous avez jugé à propos de me faire ce soir, serez-vous assez bon pour me dire à votre tour qui vous êtes, vous qui prenez un tel intérêt à mes affaires, depuis que mon arrivée a occasionné une telle commotion?

— Quant à moi personnellement, monsieur, répondit le conseiller, je suis Paul Pleydell, avocat du barreau d'Écosse. Quant à vous, il n'est pas aussi facile de dire avec précision qui vous êtes en ce moment; mais j'espère être bientôt à même de vous saluer du titre d'Henry Bertram, esquire, représentant d'une des plus anciennes familles d'Écosse, et héritier par substitution et provision du domaine d'Ellangowan. — Oui, continua-t-il en fermant les yeux et en se parlant à lui-même, il nous faudra passer par-dessus son père, et faire remonter ses droits à son grand-père Lewis, le seul homme sage de la famille dont j'aie jamais entendu parler.

Tout le monde s'était levé et se disposait à se retirer dans son appartement pour le reste de la nuit, lorsque le colonel Mannering s'approcha de Bertram, qui était resté immobile d'étonnement aux paroles du conseiller. — Je vous félicite, lui dit-il, de la perspective que le sort ouvre devant vous. J'ai été autrefois l'ami de votre père, et le hasard m'avait amené dans la maison d'Ellangowan aussi inopinément que vous êtes aujourd'hui arrivé dans la mienne, la nuit même de votre naissance. Je ne me doutais guère de cette circonstance, quand... Mais j'espère que toute inimitié sera oubliée entre nous. Croyez-moi : votre apparition ici, comme M. Brown, vivant et en bonne santé, m'a soulagé de pensées bien pénibles, et le droit que vous avez au nom d'un ancien ami me rend votre présence, comme M. Bertram, doublement agréable.

— Et mes parents?

— Ils ne sont plus, — et les propriétés de la famille ont été vendues; mais j'espère qu'elles pourront être recouvrées. Je serai heureux de suppléer à tout ce qui vous pourrait manquer pour rentrer dans vos droits.

— Non, dit le conseiller, vous pouvez vous reposer de cela sur moi : « c'est mon métier, Hal, et j'en ferai argent. »

— Pour sûr, dit ici Dinmont, il ne convient pas à des gens comme moi de parler à vous autres messieurs; mais si l'argent pouvait aider au procès du capitaine, — et on dit que les procès ne marchent pas bien sans ça...

— Excepté le samedi soir, interrompit Pleydell.

— Oui; mais quand Votre Honneur ne veut pas prendre d'honoraires,

[1] La séance.

vous ne voulez pas non plus prendre l'affaire, de façon qu'il ne m'arrivera plus de vous déranger un samedi soir; — je disais donc qu'il y a quelque argent dans le spleuchan ¹, dont le capitaine peut user comme du sien propre; car ça toujours été notre intention, à Ailie et à moi.

— Non, non, Liddesdale; — on n'en a pas besoin, pas besoin du tout. — Garde ton trésor pour garnir ta ferme de bestiaux.

— Pour garnir ma ferme de bestiaux? M. Pleydell, Votre Honnéur connaît bien des choses; mais vous ne connaissez pas la ferme de Charlies-Hope. — Elle est déjà si bien garnie, que nous pouvons bien vendre tous les ans des bêtes pour une valeur de six cents livres². — Non, non.

— Ne pouvez-vous alors en prendre une autre?

— Je ne sais pas trop; — le duc n'aime guère les fermes à moitié, et il ne peut supporter de renvoyer de vieux fermiers; et puis moi-même je n'aimerais pas à aller souffler³ les fermes de mes voisins, et à faire augmenter leurs redevances.

— Quoi, pas même celle de ton voisin de Dawston, — Devilstone⁴, — comment appelles-tu l'endroit?

— Jock de Dawston? oh non! — C'est un mauvais coucheur, toujours en chicane pour les limites, et nous nous sommes repassé entre nous plus d'une taloche; mais du diable si je voudrais faire du tort à Jock de Dawston plus qu'aux autres.

— Tu es un honnête garçon, dit l'avocat; va te mettre au lit. Tu dormiras d'un sommeil plus calme, je te le garantis, que bien des gens qui quittent le soir un habit brodé et mettent un bonnet de nuit garni de dentelles. — Colonel, je vous vois occupé avec votre *enfant trouvé*⁵. Seulement, il faudra que Barnes vienne m'éveiller à sept heures, car mon domestique est un vrai lendore; et j'ose assurer que mon clerc Driver a eu le sort de Clarence, et est maintenant noyé dans une barrique de votre ale. Mistress Allan a promis de le bien traiter, et elle n'aura pas tardé à voir de quelle manière il interprétait cet engagement. Bonne nuit, colonel; — bonne nuit, Dominie Sampson; — bonne nuit, mon brave Dinmont; — bonne nuit à vous aussi, représentant enfin retrouvé des Bertrams, des Mac Dingawaies, des Knarths, des

---

¹ Un *spleuchan* est une poche ou sac à tabac, dont on se sert quelquefois en guise de bourse. (**W. S.**)

² Environ 15,000 fr. (**L. V.**)

³ *To gang about whistling. Whistling* (siffler), parmi les tenanciers d'un grand domaine, se dit de celui d'entre eux qui donne au propriétaire ou à ses délégués des informations de nature à faire augmenter la rente des fermes de ses voisins, pratique qui, pour des raisons qu'il est aisé de comprendre, est regardée d'un fort mauvais œil.
(**W. S.**)

⁴ *Dawston* (*quasi* Dawstone), Pierre de la Chouette; **Devil-Stone**, Pierre du Diable.

⁵ Ces deux mots sont en français dans l'original. (**L. V.**)

CHAPITRE L.

Arths, des Godfreys, des Dennises et des Rolands, et, ce qui n'est pas le moins précieux de tous ces titres, héritier par substitution et provision des terres et baronnie d'Ellangowan, par disposition de Lewis Bertram, esquire, dont vous êtes aussi le représentant.

A ces mots le vieux gentleman prit sa lumière et quitta le salon; et chacun en fit autant, après que le Dominie eut encore pressé sur son cœur et embrassé son « petit Harry Bertram, » comme il continuait d'appeler le jeune militaire de six pieds de haut [1].

[1] Cinq pieds six pouces de France. (L. V.)

CHAPITRE LI.

> Mon imagination, en tout ceci, ne s'arrête que sur Bertram; je suis perdu, la vie n'est plus rien pour moi, rien, si Bertram n'est plus. *Tout est bien qui finit bien.*

A l'heure qu'il avait indiquée en se retirant l'infatigable légiste était assis près d'un bon feu et d'une table où brûlaient deux bougies; la tête couverte d'un bonnet de velours, et sa personne enveloppée d'une robe de chambre de soie ouatée, il s'occupait activement à mettre en ordre ses *memoranda* de preuves et d'indices touchant le meurtre de Frank Kennedy. Un exprès avait en outre été dépêché vers M. Mac Morlan, pour le prier de se rendre à Woodbourne le plus tôt qu'il lui serait possible, pour une affaire importante.

Fatigué des événements de la soirée précédente, et trouvant le lit de Woodbourne meilleur que celui de Mac Guffog, Dinmont n'avait pas hâte de se lever. L'impatience de Bertram aurait pu le faire sortir de son appartement beaucoup plus tôt; mais le colonel lui avait annoncé son intention de l'y venir trouver de bonne heure dans la matinée, et il ne crut pas devoir le quitter. Mais avant cette entrevue il s'était habillé, Barnes ayant mis à sa disposition, par ordre de son maître, le linge et les vêtements qui pouvaient lui être nécessaires; et maintenant il attendait avec anxiété la visite annoncée de son hôte.

Bientôt un coup doucement frappé à la porte annonça le colonel, avec qui Bertram eut une conversation longue et satisfaisante. Chacun d'eux cependant se cacha de l'autre sur un point. Mannering ne put se décider à mentionner sa prédiction astrologique, et Bertram, par des motifs qu'il est aisé de concevoir, ne dit pas un mot de son amour pour Julia. A tout autre égard leur entretien fut aussi franc qu'agréable pour tous les deux, et peu à peu le ton du colonel s'approcha même de la cordialité. Bertram eut soin de mesurer sa propre conduite sur celle de son hôte, dont il parut plutôt recevoir les avances bienveillantes avec plaisir et gratitude, qu'il ne sembla les provoquer.

Miss Bertram était dans la salle à manger, quand Sampson y arriva tout courant et la figure rayonnante de bonheur : circonstance si peu commune, que la première pensée de Lucy fut que, pour s'amuser à ses dépens, on lui avait fait quelque conte qui l'avait mis dans cette jubilation. Après être resté assis pendant quelques moments, roulant les yeux et ouvrant la bouche comme ces grandes figures en bois qu'on

CHAPITRE LI.

fait voir aux foires, il prit enfin la parole : — Et que pensez-vous de lui, miss Lucy?

— De qui, M. Sampson?

— De Har... Non, — de celui que vous savez bien?

— De celui que je sais bien? répéta Lucy, cherchant vainement à deviner ce qu'il voulait dire.

— Oui, l'étranger, vous savez, qui est venu hier au soir dans la voiture de poste ; — celui qui a tiré sur le jeune Hazlewood. — Ha! ha! ho! Et le Dominie partit d'un éclat de rire qui ressemblait à un hennissement.

— En vérité, M. Sampson, vous avez choisi un singulier sujet de gaieté. — Je ne pense rien de cet homme; seulement j'espère que l'injure a été accidentelle, et que nous n'avons pas à craindre qu'elle se renouvelle.

— Accidentelle? ho! ho! ha! ébroua de nouveau Sampson.

— Réellement, M. Sampson, reprit Lucy avec quelque humeur, vous êtes ce matin d'une gaieté peu ordinaire.

— Oui, pour sûr, je le suis. Ha! ha! ha! fa-cé-tieux ! — Ho! ho! ho!

— Si extraordinairement facétieux, mon cher M. Sampson, que j'aimerais mieux être mise au fait du sujet de votre gaieté, que d'être seulement amusée de ses effets.

— Vous saurez cela, miss Lucy, répliqua le pauvre Abel. — Vous souvenez-vous de votre frère?

— Juste Ciel! comment pouvez-vous me demander cela? — Qui sait mieux que vous que je suis née le jour même où il fut perdu?

— C'est très-vrai, c'est très-vrai, repartit le Dominie, dont ce souvenir attrista tout à coup le front; je suis étrangement oublieux ! —

— Oui, oui, — ce n'est que trop vrai. — Mais vous vous souvenez de votre digne père?

— En pouvez-vous douter, M. Sampson? il n'y a pas encore bien des semaines que...

— C'est vrai, c'est vrai, — oui, ce n'est que trop vrai, dit le Dominie, dont les éclats à la Houyhnhnm[1] dégénérèrent en une sorte de rire convulsif; — je ne serai plus facétieux avec ces tristes souvenirs. — Mais regardez ce jeune homme!

En cet instant Bertram entrait dans la salle. — Oui, regardez-le bien, poursuivit Sampson ; — c'est la vivante image de votre père. Et puisque Dieu vous a privés de vos parents, — ô mes enfants, aimez-vous bien l'un l'autre!

— Ce sont en effet les traits et les formes de mon père, dit Lucy en pâlissant.

Bertram courut vers elle pour la soutenir. Le Dominie s'empressait de

---

[1] Allusion à Gulliver. (L. V.)

prendre de l'eau pour lui jeter au visage, — (eau que, dans sa précipitation, il versa d'une théière bouillante), — quand par bonheur ses couleurs qui revinrent rapidement la sauvèrent de la dangereuse application du remède. — Je vous en conjure, M. Sampson, dit-elle d'une voix entrecoupée, mais solennelle, parlez, est-ce là mon frère?

— C'est lui, — c'est lui! — Miss Lucy, c'est le petit Harry Bertram, sûr comme le soleil de Dieu est au ciel!

— Et voici ma sœur? s'écria Bertram, s'abandonnant aux doux sentiments de ces affections de famille qui étaient si longtemps restés ensevelis dans son sein, faute d'un objet sur lequel il pût les épancher.

— C'est elle, — c'est elle! — répondit Sampson avec transport; c'est miss Lucy Bertram que par mes pauvres soins vous retrouvez instruite en perfection dans le français, l'italien, et même l'espagnol; — dans la lecture et l'écriture de sa langue maternelle; dans l'arithmétique et la tenue des livres en parties double et simple: — et je ne dis rien de ses talents en broderie, en couture, et pour la conduite du ménage; ceux-là, pour rendre à chacun ce qui lui est dû, ce n'est pas de moi qu'elle les tient, mais de la femme de charge. — Et je ne me donne pas non plus le mérite de son habileté sur les instruments à cordes, à laquelle les instructions d'une honorable jeune dame sage et modeste, et avec cela très-facétieuse, — miss Julia Mannering, — n'ont pas peu contribué. — *Suum cuique tribuito*[1].

— Vous êtes donc tout ce qui me reste! dit Bertram à sa sœur. — La nuit dernière, et plus encore ce matin, le colonel Mannering m'a fait le détail de nos malheurs de famille, mais il ne m'avait pas dit que je trouverais ma sœur ici.

— Il laissait à M. Sampson le soin de vous l'annoncer. M. Sampson est le meilleur et le plus fidèle des amis; il a adouci les longues souffrances de mon père, il a vu ses derniers moments, et au milieu des plus affreux revers de la fortune, il n'a pas voulu abandonner son orpheline.

— Que Dieu l'en récompense, s'écria Bertram, en prenant la main du Dominie; il mérite la tendresse dont j'ai toujours entouré le souvenir obscur et imparfait que mon enfance avait gardé de lui.

— Et que Dieu vous bénisse tous les deux, mes chers enfants, dit Sampson; si ce n'avait été à cause de vous, j'aurais désiré (si telle eût été la volonté du Ciel) reposer ma tête dans la tombe à côté de mon patron.

— Mais j'espère, reprit Bertram, je suis autorisé à espérer que nous reverrons tous de meilleurs jours. Toutes les injustices dont nous avons été victimes seront réparées, puisque le Ciel m'a envoyé des amis, et m'a fourni les moyens de revendiquer mes droits.

---

[1] A chacun ce qui lui est dû.

— Oh oui, des amis! dit le Dominie, et envoyés, vous pouvez le dire avec assurance, par CELUI que de bonne heure je vous ai appris à regarder comme la Source de tout ce qui est bien. Il y a le grand colonel Mannering des Indes Orientales, homme de guerre depuis sa naissance jusqu'à présent, mais qui n'en est pas moins un homme de grande érudition, eu égard au peu d'opportunité qu'il a eu de s'instruire. Et il y a, de plus, le grand avocat M. Pleydell, qui est aussi un homme de grande érudition, mais qui s'abaisse à des frivolités malséantes à son caractère; et il y a aussi M. André Dinmont, que je ne sache pas posséder beaucoup d'érudition, mais qui, à l'exemple des anciens patriarches, est habile en ce qui touche aux troupeaux. — Finalement, me voici, moi pour lequel les facilités de recueillir des connaissances, si elles ont été plus grandes que pour les honorables personnes susdites, n'ont pas été non plus perdues, s'il m'est permis de parler ainsi, autant que mes pauvres facultés m'ont permis de les mettre à profit. Certainement, mon bon petit Harry, nous reprendrons promptement nos études. Je commencerai par la fondation. — Oui, je réformerai votre éducation de fond en comble, depuis la connaissance approfondie de la grammaire anglaise jusqu'à celle de l'hébreu et du chaldaïque.

Le lecteur peut remarquer qu'en cette occasion Sampson se montra infiniment plus prodigue de paroles qu'il ne l'avait jamais fait auparavant. La raison en est qu'en retrouvant son élève, son esprit se reporta sur-le-champ à leurs premiers rapports, et que, dans la confusion de ses idées, il éprouva le plus vif désir de reprendre avec le jeune Bertram ses leçons interrompues. Ceci était d'autant plus ridicule, qu'à l'égard de Lucy il avait renoncé à son autorité magistrale. Mais elle avait grandi sous ses yeux, et elle s'était graduellement affranchie de sa tutelle à mesure qu'elle avait acquis plus d'années et de connaissances, et que lui-même avait de plus en plus senti sa propre infériorité quant aux manières; au lieu que sa première pensée s'était reportée sur Henry presque au point où il avait été séparé de lui. Le même sentiment d'autorité renaissante l'avait conduit à ce qui pour lui était une profusion de langage; et comme rarement on parle plus que de coutume sans dévoiler ses pensées secrètes, il laissa clairement voir à ceux à qui il s'adressait que, bien qu'il déférât extérieurement aux opinions et aux ordres de la plupart de ceux avec qui il se trouvait en rapport, s'ils voulaient les lui imposer, ce n'en était pas moins avec la conviction intérieure que sur l'article de l'é-ru-di-ti-on, comme il prononçait habituellement le mot, il était infiniment supérieur à eux tous réunis. Cette fois, cependant, cette insinuation tomba dans des oreilles inattentives, car le frère et la sœur étaient trop occupés à s'interroger tour à tour sur leur vie antérieure, pour accorder une grande attention au digne Dominie.

En quittant Bertram, le colonel Mannering avait été trouver Julia dans son cabinet de toilette, et avait renvoyé sa femme de chambre.

— Mon cher papa, lui dit-elle en le voyant entrer, vous avez oublié notre veille de cette nuit; vous me laissez à peine le temps de passer le peigne dans mes cheveux, quoique vous deviez sentir combien ils ont dû se hérisser aux diverses surprises que nous avons éprouvées.

— C'est avec l'intérieur de votre tête que j'ai affaire en ce moment, Julia; dans quelques minutes, j'en rendrai l'extérieur aux soins de votre mistress Mancing[1].

— Mon Dieu, papa, songez donc dans quelle confusion sont toutes mes idées; et vous voulez les démêler en quelques minutes! Si Mancing faisait de même dans son département, elle arracherait la moitié de mes cheveux.

— Hé bien, alors, dites-moi où gît la confusion, et j'essaierai de la débrouiller avec la douceur convenable.

— Oh! partout; — le tout n'est qu'un songe étrange.

— Hé bien donc, je vais essayer de vous l'expliquer.

Le colonel raconta alors succinctement à sa fille la destinée et les espérances de Bertram, et Julia l'écoutait avec un intérêt qu'elle s'efforçait vainement de déguiser.

— Hé bien, lui dit son père en finissant, vos idées sur ce sujet sont-elles maintenant plus lumineuses?

— Plus confuses que jamais, mon père. — Voici ce jeune homme qui arrive de l'Inde, après qu'on l'avait cru mort, comme Aboulfouâris, le grand voyageur, venant retrouver sa sœur Canzad et son prévoyant frère Hoûr. Je me trompe dans l'histoire, je crois : — Canzad était sa femme; — mais Lucy peut représenter l'une, et le Dominie l'autre. Et puis cet écervelé d'avocat écossais, qui se montre comme une pantomime après la tragédie. — Mais aussi, quel plaisir ce sera si Lucy recouvre sa fortune!

— Maintenant, reprit le colonel, ce que je trouve de plus mystérieux dans l'affaire, c'est que miss Julia Mannering, qui doit avoir connu les inquiétudes de son père au sujet du sort de ce jeune Brown, ou plutôt de Bertram, comme nous devons l'appeler à présent, l'ait rencontré lors de l'accident d'Hazlewood sans en avoir jamais dit un mot à son père, et qu'elle ait souffert que les recherches se continuassent contre ce jeune homme, sans détourner de lui l'accusation d'assassinat.

Julia avait rassemblé à la hâte tout son courage pour cette entrevue avec son père; mais, en ce moment, sa présence d'esprit l'abandonna totalement. Elle baissa la tête en silence, ne se sentant pas la force de nier qu'elle eût reconnu Brown lors de leur rencontre.

— Pas de réponse! — Hé bien, Julia, continua son père d'un ton

---

[1] Mistress Main-Légère.

CHAPITRE LI.

grave, mais affectueux, permettez-moi de vous demander si c'est la seule fois que vous ayez revu Brown depuis son retour de l'Inde? — Vous ne répondez pas encore. Je dois alors naturellement supposer que *ce n'est pas* la première fois. Toujours pas de réponse! Julia Mannering, voulez-vous avoir la bonté de me répondre? Était-ce ce jeune homme qui vint sous votre fenêtre, et s'entretint avec vous durant votre résidence à Mervyn-Hall? Julia, — je vous ordonne, — je vous conjure d'être sincère.

Miss Mannering releva la tête. — J'ai été bien folle, dit-elle; — je crois que je le suis encore; — et le plus pénible pour moi est peut-être d'être obligée de revoir en votre présence ce jeune homme qui a été, non pas entièrement la cause, mais du moins le complice de ma folie. — Ici, elle s'arrêta court.

— Je dois croire alors que c'est lui qui a été l'auteur de la sérénade de Mervyn-Hall?

Il y avait dans le ton de ces paroles quelque chose qui releva un peu le courage de Julia. — C'était lui, monsieur, répondit-elle; et si mon tort est très-grand, comme je l'ai souvent pensé, je ne suis pas sans quelque excuse.

— Et quelle est cette excuse? repartit vivement le colonel, avec une certaine sévérité.

— Je n'oserai pas vous le dire, monsieur; — mais... Elle ouvrit une petite cassette, et y prit quelques lettres. — Je vous remets ces lettres, continua-t-elle, afin que vous puissiez voir comment commença cette intimité, et par qui elle fut encouragée.

Mannering prit les papiers, et s'approcha de la fenêtre : — son orgueil l'empêcha de s'éloigner davantage. — Sa vue se troubla en parcourant quelques passages des lettres, et il éprouva une vive agitation; — mais son stoïcisme vint à temps à son aide : cette philosophie qui, entée sur l'orgueil, porte néanmoins fréquemment les fruits de la vertu. Il se rapprocha de sa fille d'un air aussi ferme que ce qu'il éprouvait lui permit de l'affecter.

— Ceci, dit-il, est pour vous une grande excuse, Julia, autant qu'un coup d'œil jeté sur ces lettres me permet d'en juger; — vous avez du moins obéi à un des deux auteurs de vos jours. Revenons-en à un adage écossais que le Dominie citait l'autre jour : Le passé est passé; songeons à l'avenir. — Je ne vous reprocherai jamais votre manque de confiance passé; — vous jugerez de mes intentions futures par mes actions, dont jusqu'ici vous n'avez pas eu lieu de vous plaindre. Gardez ces lettres; — elles n'ont jamais été destinées à passer sous mes yeux, et je ne voudrais pas en lire plus que je n'en ai lu à votre désir et pour votre justification. Et maintenant, sommes-nous amis, ou plutôt, me comprenez-vous?

— O mon bon, mon généreux père! s'écria Julia en se jetant

dans ses bras, pourquoi faut-il que je vous aie jamais méconnu?

— N'en parlons plus, Julia; nous avons l'un et l'autre été blâmables. Celui qui est trop fier pour justifier par ses prévenances la confiance et l'affection qu'il croit lui être dues sans qu'il ait à les solliciter, celui-là doit rencontrer de nombreux désappointements, peut-être mérités. C'est assez qu'une compagne chérie et toujours regrettée soit descendue au tombeau sans m'avoir connu; que du moins je ne perde pas la confiance d'une enfant qui doit m'aimer si elle s'aime elle-même.

— Oh non! — ne le craignez pas. Que j'aie votre approbation et la mienne, et quelque sévère que soit la règle de conduite que vous pourrez me prescrire, je la suivrai.

— Bien, mon enfant, dit-il en la baisant au front; j'espère que nous n'exigerons de vous rien de trop héroïque. A l'égard des soins de ce jeune homme, j'attends, en premier lieu, que tous rapports clandestins — qu'une jeune femme ne peut autoriser un seul instant sans s'avilir à ses propres yeux et à ceux de son amant, — j'attends de vous, dis-je, que tout rapport clandestin cesse à l'instant, et que vous m'adressiez M. Bertram pour en savoir la raison. Vous désirez naturellement apprendre quelle doit être l'issue d'une telle déférence. D'abord, je désire observer le caractère de ce jeune homme, de plus près que les circonstances, et peut-être mes propres préventions, ne me l'ont permis autrefois; — je serais charmé en outre de voir sa naissance bien établie. Non que j'attache une grande importance à ce qu'il rentre en possession du domaine d'Ellangowan, quoiqu'un tel objet ne soit regardé comme absolument indifférent que dans les romans; mais certainement Henry Bertram, héritier d'Ellangowan, qu'il possède ou non la propriété de ses ancêtres, est une tout autre personne que Vanbeest Brown, qui ne pouvait nommer son père. Ses ancêtres, m'a dit M. Pleydell, sont distingués dans l'histoire comme ayant suivi la bannière de leurs princes, quand les nôtres combattaient à Crécy et à Poitiers. En un mot, je ne donne ni ne refuse mon approbation, mais j'attends de vous que vous rachèterez des erreurs passées; et comme malheureusement vous ne pouvez maintenant avoir recours qu'à *un seul* de vos parents, j'espère que vous remplirez les devoirs d'un enfant, en mettant en moi cette confiance dont mon désir de vous rendre heureuse vous fait, j'ose le dire, une dette filiale.

La première partie de ce discours avait tristement affecté Julia; puis le mérite relatif des ancêtres des Bertrams et des Mannerings avait amené sur ses lèvres un secret sourire : mais la conclusion devait arriver à un cœur particulièrement ouvert à tous les sentiments généreux.

— Oui, mon père, dit-elle en lui tendant la main, recevez ma parole qu'à partir de ce moment vous serez le premier consulté sur ce qui se passera à l'avenir entre Brown — je veux dire M. Bertram — et moi, et qu'aucun engagement ne sera pris par moi que vous ne l'ayez connu et approuve. Puis-je demander... si M. Bertram doit continuer d'habiter Woodbourne?

— Certainement, tant que ses affaires le rendront nécessaire.

— Alors, monsieur, vous devez sentir que d'après ce qui s'est passé, il sera fondé à désirer savoir pourquoi je lui retire... je crois que je pourrais dire les encouragements qu'il peut croire avoir reçus de moi.

— J'espère, Julia, qu'il respectera mon toit, et que peut-être il éprouvera quelque gratitude des services que je désire lui rendre, et qu'ainsi il n'insistera sur aucune démarche dont je pourrais avoir lieu de me plaindre; et j'attends de vous que vous lui ferez sentir ce qu'il doit à ces deux sentiments.

— Je vous comprends, mon père, et vous serez obéi.

— Merci, mon enfant; mes soucis (en l'embrassant) ne sont que pour vous. — Maintenant essuyez de vos yeux ces traces accusatrices, et descendons déjeuner.

CHAPITRE LII.

> Je vous engage ma parole, sheriff, que demain, à l'heure du dîner, je vous l'enverrai pour répondre, à vous ou à tout autre, sur quelque accusation qui puisse être portée contre lui.
> *Henry IV*, Ire Partie.

APRÈS ces différentes scènes partielles qui venaient d'avoir lieu entre les divers habitants de Woodbourne, et que nous avons rapportées dans le chapitre précédent, la compagnie se réunit pour le déjeuner, à l'exception de Dandie, qui avait consulté son goût pour les habitudes de la table, et peut-être aussi pour celles de la société, en restant à partager le thé de mistress Allan, seulement relevé de deux cuillerées de cognac et renforcé de quelques tranches d'une large pièce de bœuf. Il sentait vaguement qu'il pourrait manger deux fois autant et parler de même, en compagnie de cette bonne dame et de Barnes, qu'avec le grand monde du salon. Et en effet, le repas de cette réunion moins distinguée fut beaucoup plus gai que celui du cercle supérieur, où régnait évidemment un air de contrainte parmi la plupart des assistants. Julia osait à peine élever la voix pour demander à Bertram s'il désirait une autre tasse de thé. Bertram se sentait embarrassé en mangeant sa rôtie et son beurre sous les yeux de Mannering. Lucy, tout en s'abandonnant à la joie d'avoir retrouvé un frère, commençait à penser à la querelle élevée entre lui et Hazlewood. Le colonel éprouvait cette anxiété pénible, naturelle à un esprit fier quand il pense que la plus légère de ses actions est soumise, même pour un instant, à l'interprétation des autres. Le conseiller, tandis qu'avec un soin attentif il étendait le beurre sur ses tranches de pain, avait un air de gravité inaccoutumée, dû peut-être à son sérieux travail du matin. Quant au Dominie, sa situation d'esprit tenait de l'extase. Il regardait Bertram, — il regardait Lucy; — il soupirait, — il reniflait, — il grimaçait, — il commettait une foule de solécismes de conduite. — Il versa toute la crème (méprise dont lui seul n'eut pas lieu de se plaindre) sur l'assiette de porridge, son déjeuner habituel; il répandit dans le sucrier le fond de la tasse de thé qu'il appelait « le couronnement » de son déjeuner, au lieu de le jeter dans le bassin destiné à cet usage, et finit par verser le liquide bouillant sur le vieux Platon, l'épagneul favori du colonel, qui reçut la libation avec un hurlement peu propre à faire honneur à sa philosophie.

Le flegme du colonel fut quelque peu ébranlé par cette dernière gaucherie. — Sur ma parole, mon cher M. Sampson, dit-il, vous oubliez quelle différence il y a entre Platon et Xénocrate.

— Le premier était le chef de l'Académie et le second de l'école stoïque, dit le Dominie avec un certain dédain pour une telle supposition.

— Oui, mon cher ami; mais c'était Xénocrate, et non Platon, qui niait que la douleur fût un mal.

— J'aurais cru, dit Pleydell, que le très-respectable quadrupède qui vient de sortir de la salle en boitant et sur trois pattes, était plutôt de l'école cynique.

— Bien touché!... Mais voici une réponse de Mac Morlan.

Elle n'était pas favorable. Mistress Mac Morlan envoyait ses respectueux compliments, et mandait que son mari avait été et était encore retenu par quelques troubles inquiétants qui avaient eu lieu la nuit précédente à Portanferry, et par les investigations qu'ils avaient nécessairement occasionnées.

-- Qu'allons-nous faire maintenant, conseiller?

— Ma foi, colonel, j'aurais voulu que nous puissions voir Mac Morlan, qui est un compagnon sensé, et qui d'ailleurs eût agi d'après mes avis. Mais le mal n'est pas grand. Il faut que notre ami ici présent soit fait *sui juris*[1]; — il n'est quant à présent qu'un prisonnier évadé, placé sous l'action de la loi : il doit être mis *rectus in curiâ*[2], c'est là le premier point. A cet effet, colonel, je vous accompagnerai dans votre voiture là-bas à Hazlewood-House. La distance n'est pas grande. Nous offrirons notre caution, et j'ai la confiance que je pourrai aisément démontrer à M... je lui demande pardon, — à sir Robert Hazlewood, la nécessité où il sera de la recevoir.

— De tout mon cœur, dit le colonel; et il sonna pour donner les ordres nécessaires. — Et que ferons-nous ensuite?

— Il faudra nous appuyer de Mac Morlan, et tâcher de réunir de nouvelles preuves.

— Des preuves! mais la chose est claire comme le jour. — Voici M. Sampson, et miss Bertram, et vous-même, conseiller, qui à la première vue avez reconnu le jeune homme comme le portrait de son père; et lui-même se souvient de circonstances très-particulières antérieures à son enlèvement de ce pays. — Que faut-il de plus pour déterminer la conviction?

— Pour la conviction morale, rien de plus, peut-être, répondit le légiste expérimenté; mais la preuve légale exige beaucoup plus. Les souvenirs de M. Bertram ne sont que ses propres souvenirs, et ne peuvent, conséquemment, servir de témoignage en sa faveur. Miss Bertram, le savant M. Sampson et moi ne pouvons dire que ce dont tous

---

[1] Maître de soi.
[2] En droit devant la cour

ceux qui ont connu le feu laird d'Ellangowan conviendront sans peine, que ce jeune homme est tout son portrait : — mais cela ne suffit pas pour le constituer le fils d'Ellangowan, et le réintégrer dans le domaine.

— Que faudra-t-il donc pour cela? reprit le colonel.

— Il nous faut une preuve directe. — Il y a bien ces gipsies ; — mais, hélas! ils sont presque infâmes aux yeux de la loi, et leur témoignage est à peine reçu. — Meg Merrilies surtout serait absolument exclue, à cause des versions diverses qu'elle a précédemment données, et de son impudente affirmation qu'elle ne savait rien du fait, lorsque moi-même je l'interrogeai à cet égard.

— Que devons-nous donc faire?

— Essayer quelles preuves nous pourrions recueillir en Hollande, parmi les personnes par lesquelles notre jeune ami a été élevé. — Mais ici la crainte d'être mis en cause pour le meurtre du jaugeur peut leur fermer la bouche; ou s'ils parlent, ce ne sont que des étrangers et des contrebandiers en état d'hostilité avec la loi. En un mot, je vois bien des difficultés.

— Avec votre permission, très-savant et très-respectable monsieur, j'espère, dit le Dominie, que CELUI qui a rendu le petit Harry Bertram à ses amis ne laissera pas son ouvrage imparfait.

— Je l'espère aussi, M. Sampson, repartit Pleydell; mais il faut user de moyens humains, et je crains que nous n'ayons plus de difficulté à nous les procurer que je ne l'avais pensé d'abord. — Mais faible cœur n'a jamais conquis belle dame ; — et, par parenthèse (à part à miss Mannering, tandis que Bertram était engagé dans une conversation avec sa sœur), ceci est pour vous une réhabilitation de la Hollande. Quels hommes pensez-vous que peuvent fournir Leyde et Utrecht, quand un si gentil, un si parfait jeune homme, sort des misérables écoles de Middleburgh?

— C'est bien vrai, dit le Dominie, jaloux de la réputation du collège hollandais; — c'est bien vrai, M. Pleydell; mais je vous ai dit que j'avais moi-même jeté les fondements de son éducation.

— Vous avez raison, mon cher Dominie; cela, sans nul doute, explique les grâces dont il est pourvu. — Mais voici votre voiture, colonel. Adieu, jeunes gens. Miss Julia, gardez votre cœur jusqu'à mon retour; — prenez garde qu'il ne s'y passe rien au préjudice de mes droits, tandis que je suis *non volens agere* [1].

Leur réception à Hazlewood-House fut plus froide et plus cérémonieuse que de coutume; car en général le baronnet professait un grand respect pour le colonel Mannering, et M. Pleydell, outre que c'était un homme de bonne famille et de haute réputation, était un vieil ami de sir Robert. Mais en ce moment les manières de celui-ci parurent sèches

---

[1] A agir loin de vous malgré moi.

et contraintes. — Il aurait, dit-il, volontiers voulu recevoir caution, nonobstant que l'offense avait été directement effectuée, commise et accomplie sur le jeune Hazlewood d'Hazlewood; mais le jeune homme en avait imposé sur ce qu'il était réellement, et il appartenait tout à fait à cette classe de personnes qui ne pouvaient être libérées, acquittées ni relâchées dans la société, et en conséquence...

— J'espère, sir Robert Hazlewood, interrompit le colonel, que vous n'avez pas intention de douter de ma parole, quand je vous affirme qu'il a servi sous mes ordres dans l'Inde, en qualité de cadet?

— Nullement, à nul égard. Mais vous le qualifiez de cadet: or, il dit, soutient et prétend qu'il était capitaine et avait une compagnie dans votre régiment.

— Il a été promu à ce grade depuis que j'ai quitté le commandement.

— Mais vous deviez l'avoir appris?

— Non. Des circonstances privées me rappelèrent de l'Inde, et depuis lors je n'avais pas cherché à me mettre au courant des nouvelles du régiment; le nom de Brown est d'ailleurs si commun, que j'aurais pu voir sa promotion dans les papiers publics sans que mon attention s'y arrêtât. Mais dans une couple de jours au plus, nous recevrons les lettres de son commandant.

— Mais on m'a dit et informé, M. Pleydell, reprit sir Robert, qui hésitait encore, qu'il n'est pas dans la disposition de conserver ce nom de Brown, mais qu'il prétend, en prenant celui de Bertram, élever une réclamation sur le domaine d'Ellangowan.

— Oui-da! Et qui dit cela? fit le conseiller.

— N'importe qui le dise, ajouta le colonel, cela donne-t-il le droit de le tenir en prison?

— Paix, colonel! dit l'avocat; je suis assuré que vous ne voudriez pas, non plus que moi, lui prêter appui, s'il se trouvait être un imposteur. — Hé bien, sir Robert, entre amis, qui vous a dit cela?

— Mais.... M. Pleydell.... une personne particulièrement intéressée à examiner, approfondir et éclaircir le fond de cette affaire; — vous m'excuserez de ne pas la désigner plus particulièrement.

— Oh certainement! repartit Pleydell. — Hé bien, il dit donc?...

— Il dit que c'est un bruit qui court parmi les tinkers[1], les gipsies et autres gens de cette classe, qu'il existe un plan tel que je vous l'ai indiqué, et que ce jeune homme, qui est un bâtard ou fils naturel du feu laird d'Ellangowan, est mis en avant pour soutenir l'imposture, à la faveur de sa grande ressemblance de famille.

— Et a-t-il en effet existé un fils naturel, sir Robert? demanda le conseiller.

---

[1] Chaudronniers ambulants. Nous avons déjà eu occasion de faire remarquer combien cette classe d'industriels nomades était vue en Écosse d'un œil suspect. (L. V.)

— Oh certainement, à ma connaissance personnelle et positive. Ellangowan l'avait placé comme mousse ou singe à poudre¹ à bord d'un sloop de guerre ou d'un yacht appartenant au service de la douane, par le crédit de feu le commissaire Bertram, un de ses parents.

— Bien, sir Robert, dit le légiste, coupant la parole à l'impatient militaire; — vous m'apprenez des choses nouvelles. Je les vérifierai, et si je les trouve véritables, certainement ni le colonel Mannering ni moi ne soutiendrons ce jeune homme. Mais en attendant, comme nous voulons tous le représenter pour répondre aux accusations portées contre lui, je puis vous assurer que vous agirez très-illégalement et encourrez une grave responsabilité si vous refusez notre caution.

— Hé bien, M. Pleydell, reprit sir Robert, qui savait de quel poids était l'opinion du conseiller, comme vous devez, à cet égard, savoir mieux que personne ce qui en est, et que vous promettez d'abandonner ce jeune homme...

— S'il se trouve être un imposteur, interrompit le légiste en appuyant sur ses mots.

— Oui, certainement; — sous cette condition j'accepterai votre caution, quoique je doive dire qu'un voisin obligeant, civil et bien disposé, qui lui-même a été élevé dans la profession des lois, m'a donné ce matin l'avis ou le conseil de n'en rien faire. C'est de lui que j'ai su que ce jeune homme était en liberté et sorti de prison, ou plutôt évadé. — Mais où trouverons-nous quelqu'un pour dresser l'acte de caution?

— Faites monter mon clerc M. Driver, dit le conseiller, en tirant pour réponse le cordon d'une sonnette; — cela ne me fera pas de tort près de vous, si je lui dicte moi-même au besoin les formules de l'acte, n'est-ce pas, sir Robert? L'acte fut, en conséquence, rédigé et signé, et le magistrat ayant délivré un ordre régulier de mise en liberté pour Bertram, *aliàs* Brown, les deux visiteurs prirent congé de lui.

Chacun d'eux s'enfonça dans un angle de la chaise, et pendant quelque temps ils restèrent silencieux. Le colonel prit le premier la parole.

— Ainsi, dit-il, votre intention est d'abandonner ce pauvre jeune homme au premier choc?

— Qui, moi? je n'abandonnerai pas un cheveu de sa tête, quand je devrais parcourir pour lui toutes les juridictions; — mais à quoi bon discuter avec ce vieil âne et lui faire connaître nos intentions? Il vaut beaucoup mieux qu'il dise à son instigateur, à Glossin, qu'il nous a trouvés indifférents et tièdes dans l'affaire. D'ailleurs, je voulais apercevoir le jeu de l'ennemi par-dessus ses cartes.

— Vraiment! Alors, je vois que la loi a ses stratagèmes aussi bien

---

¹ *Powder-monkey*, un de ces nombreux sobriquets si communs dans la langue maritime de tous les peuples. (L. V.)

CHAPITRE LII.

que la guerre. Hé bien ! comment trouvez-vous leur plan de bataille ?

— Ingénieux ; mais je le crois désespéré. — Ils finassent trop, faute commune en de tels cas.

Pendant cet entretien, la voiture roulait rapidement vers Woodbourne sans aucun incident digne d'être rapporté au lecteur, sauf la rencontre que les deux amis firent du jeune Hazlewood, à qui le colonel raconta l'histoire extraordinaire de la réapparition de Bertram. Charles entendit ce récit avec un extrême plaisir, et il prit les devants pour aller féliciter miss Bertram d'un événement si heureux et si inattendu.

Revenons à la compagnie que nous avons laissée à Woodbourne. Après le départ de Mannering, la conversation roula principalement sur l'histoire de la famille d'Ellangowan, sur l'étendue de ses domaines, sur son ancienne puissance. — C'était donc sous les tours du château de mes aïeux, dit Bertram, que je débarquai il y a quelques jours, à très-peu de chose près comme un vagabond ? Ses tourelles en ruine et ses sombres arches réveillèrent en moi, même alors, de vives émotions et de vagues souvenirs dont je ne pouvais me rendre compte. Je veux maintenant les visiter de nouveau avec d'autres sentiments, et, je l'espère, avec la perspective d'un meilleur avenir.

— N'y allez pas maintenant, lui dit sa sœur. La maison de nos pères est occupée par un misérable aussi dangereux qu'insidieux, dont les artifices et la scélératesse ont accompli la ruine et brisé l'âme de notre malheureux père.

— Vous accroissez mon impatience de me trouver en face de ce mécréant, même dans l'antre qu'il s'est construit. — Je crois l'avoir déjà vu.

— Mais vous devez considérer, dit Julia, que vous avez été laissé sous la garde de Lucy et sous la mienne, et que vous êtes responsable envers nous de chacun de vos mouvements. — Remarquez bien que je n'ai pas été pour rien pendant douze heures la dame des pensées d'un homme de loi, et je vous assure qu'il y aurait folie à vouloir aller maintenant à Ellangowan. — Le plus que nous puissions faire pour vous est de vous accompagner jusqu'à l'extrémité de l'avenue de Woodbourne, et peut-être que de là nous pourrons encore vous favoriser de notre compagnie jusqu'à une éminence située dans le commun, d'où vos yeux pourront jouir de la vue éloignée de ces sombres tours qui ont si fortement frappé votre imagination sympathique.

La partie fut promptement arrangée ; et les dames, enveloppées de leurs manteaux, suivirent la route proposée, sous l'escorte du capitaine Bertram. C'était une belle matinée d'hiver, et le vent n'était pas assez froid pour incommoder les jolies promeneuses. Un nouveau lien d'amitié, secret et tacite, rapprochait les deux jeunes personnes ; et Bertram, tantôt écoutant d'intéressants détails sur sa propre famille, tantôt leur racontant ses aventures en Europe et dans l'Inde, leur faisait éprouver tout le plaisir qu'il recevait d'elles. Lucy se sentait fière de son frère, non moins pour le caractère mâle et hardi de ses sentiments, que pour les dangers qu'il avait rencontrés et le courage avec lequel il les avait surmontés. Et Julia, pesant dans son esprit les paroles de son père, ne pouvait se refuser à l'espérance que cette impétuosité indépendante, dans laquelle son père n'avait vu que de la présomption tant qu'elle provenait de l'humble plébéien Brown, serait maintenant honorée des qualifications de courage, de noblesse d'âme et de dignité naturelle, dans le descendant des antiques barons d'Ellangowan.

Ils atteignirent enfin la petite éminence appelée Gibbie's-Knowe, située dans la partie la plus élevée du commun, — endroit plusieurs fois mentionné dans le cours de cette histoire, comme se trouvant aux confins des terres d'Ellangowan. De ce monticule, la vue s'étendait sur une agréable variété de collines et de vallées, encadrées dans une ceinture de bois naturels, dont les rameaux dépouillés, à cette époque de l'année, se détachaient, par leur nuance d'un pourpre foncé, sur la teinte générale du paysage; tandis que sur d'autres points la perspective était interceptée par des lignes plus régulières de plantations, où se déployait la verdure sombre et variée des pins d'Écosse. A la distance de deux ou trois milles s'étendait la baie d'Ellangowan, dont une brise de l'ouest ridait légèrement la surface. Enfin, les tours en ruines du vieux château, dominant tous les environs, étaient brillamment colorées en ce moment par les rayons du soleil hivernal.

— C'est là, dit Lucy Bertram en se tournant vers les ruines qu'elle désignait du doigt, c'est là que fut la demeure de nos aïeux. Dieu sait, mon frère, que je ne convoite pas pour vous la puissance étendue que les seigneurs de ces donjons ont, dit-on, si longtemps possédée, et dont ils ont quelquefois fait un si mauvais usage; mais que je vous revoie en possession de débris de leur fortune suffisants pour vous assurer une honorable indépendance, et vous mettre à même de tendre une main secourable aux anciens dépendants de votre famille, que la mort de notre pauvre père...

— Oui, ma chère Lucy, interrompit le jeune héritier d'Ellangowan; et j'espère, avec l'aide du Ciel, qui déjà nous a tant protégés, et avec celui de ces excellents amis que leur cœur généreux a intéressés en ma faveur, j'espère qu'un tel dénouement de mes aventures n'est pas maintenant improbable. — Mais, comme soldat, je dois voir avec quelque intérêt ces débris vermoulus de pierres rongées par le temps, et si le drôle qui en est maintenant en possession ose en déplacer un caillou...

Il fut interrompu par Dinmont, qui accourait vers eux en toute hâte, et qu'ils n'aperçurent qu'au moment où il fut près d'eux : — Capitaine L

CHAPITRE LII.

capitaine! on vous demande; — celle que vous savez bien vous demande.

Et presque au même instant la figure de Meg Merrilies, gravissant le chemin creux comme si elle fût sortie de terre, se dressa devant eux.
— Je vous ai cherché à la maison, dit-elle à Bertram, et je n'ai trouvé que lui (en désignant Dinmont); mais vous avez raison, et j'avais tort. C'est *ici* que nous devions nous rencontrer, à cette place même où pour la dernière fois mes yeux ont vu votre père. Souvenez-vous de votre promesse, et suivez-moi.

CHAPITRE LIII.

> D'accoster convenablement le roi la dame était fort en peine ; mais le roi Arthur, tout préoccupé, ne lui faisait pas de réponse. — Quel être es-tu, lui dit la dame, toi qui ne veux pas me parler? Sire, je puis soulager ta peine, quoique je sois laide à voir.
>
> *Le Mariage de sir Gawain.*

La jolie fiancée de sir Gawain, tant que dura le charme jeté sur elle par sa méchante belle-mère, était probablement plus décrépite et plus laide, dans la commune acception du mot, que ne l'était Meg Merrilies ; mais je doute qu'elle eût cette élévation sauvage qu'une imagination exaltée communiquait à des traits déjà marqués par la nature d'un caractère singulièrement expressif, et aux mouvements d'un corps qui, eu égard au sexe de la gipsie, pouvait être appelé gigantesque. Aussi les chevaliers de la Table-Ronde ne reculèrent pas avec plus de terreur à l'horrible apparition de la vieille placée « entre un chêne et un houx vert, » que Lucy Bertram et Julia Mannering à la vue de la sibylle galwégienne au milieu du commun d'Ellangowan.

— Au nom du Ciel, s'écria Julia en tirant sa bourse, donnez quelque chose à cette épouvantable femme, et faites-la s'éloigner !

— Je ne puis, je ne dois pas l'offenser, dit Bertram.

— Qui vous retient ici? dit Meg, élevant le ton rude et rauque de sa voix creuse ; pourquoi ne me suivez-vous pas ? — Faut-il que votre heure sonne deux fois ? — Vous souvenez-vous de votre serment ? — *que ce soit à l'église ou au marché, à la noce ou à l'enterrement.* — Et par un signe menaçant elle élevait vers le ciel son index décharné.

Bertram se retourna vers ses compagnes effrayées. — Excusez-moi pour un moment, leur dit-il ; je suis engagé par une promesse à suivre cette femme.

— Juste Ciel ! engagé vis-à-vis d'une folle ? s'écria Julia.

— Vis-à-vis d'une gipsie, qui a sa bande dans le bois, prête à vous assassiner ? ajouta Lucy.

— Ce n'est pas là parler en fille d'Ellangowan, dit Meg en lançant à miss Bertram un regard irrité. Ce sont ceux qui font le mal qui craignent le mal.

— Il faut que je la suive, reprit Bertram ; il le faut absolument. Attendez-moi ici cinq minutes.

CHAPITRE LIII.

— Cinq minutes? dit la gipsie; cinq heures ne suffiront pas à vous ramener à cette place.

— Vous entendez? s'écria de nouveau Julia. Au nom du Ciel, n'y allez pas!

— Il le faut, il le faut; — M. Dinmont vous accompagnera jusqu'au château.

— Non, dit Meg, il doit venir avec vous; c'est pour cela qu'il est ici. Il doit vous aider du bras et du cœur; il le doit, car vous être mêlé de sa querelle aurait pu vous coûter cher.

— C'est vrai, la mère, c'est très-vrai, répondit l'intrépide fermier; et avant de tourner le dos au capitaine, je montrerai que je n'ai pas oublié ce qu'il a fait pour moi.

— Oh oui! s'écrièrent à la fois les deux dames, que M. Dinmont aille avec vous, s'il faut que vous obéissiez à cet étrange appel.

— Il le faut en effet, repartit Bertram; mais vous voyez que je suis bien gardé. — Adieu, et à bientôt; retournez au château aussi promptement que possible.

Il pressa la main de sa sœur, et ses yeux firent à Julia un adieu plus tendre encore. A demi terrifiées de surprise et de crainte, les deux jeunes dames suivirent d'un œil plein d'anxiété la course de Bertram, de son compagnon et de l'être extraordinaire qui les guidait. Sa grande figure traversait la sombre bruyère d'un pas si allongé, si rapide et si ferme, qu'elle semblait moins marcher que glisser. Bertram et Dinmont, très-grands l'un et l'autre, semblaient à peine égaler la taille de Meg, enveloppée comme était celle-ci de son long manteau, et la tête couverte d'une espèce de turban élevé. Elle s'avançait en droite ligne à travers la lande, sans se plier aux sinuosités du sentier, par lesquelles les passants évitaient ou tournaient les inégalités du sol et les ruisseaux qui le traversaient en différents sens. Les figures, graduellement amoindries par la distance, disparaissaient ainsi ou se remontraient à la vue, selon qu'elles s'enfonçaient dans les parties basses de ce terrain inégal, ou qu'elles en regagnaient les parties élevées. Il y avait quelque chose d'effrayant et de fantastique dans la course rapide et directe de Meg Merrilies, qu'aucun des obstacles qui habituellement détournent un voyageur du droit chemin ne faisait dévier de sa ligne ininterrompue. Sa course était aussi directe et presque aussi prompte que celle de l'oiseau qui fend les airs. Enfin ils atteignirent ces bouquets de bois naturels qui des extrémités de la lande s'étendaient vers les clairières et le ruisseau de Derncleugh, et ils disparurent tout à fait.

— Voilà qui est bien extraordinaire! dit Lucy après un assez long silence, en se tournant vers sa compagne; que peut-il avoir à faire avec cette vieille sorcière?

— C'est très-effrayant, répondit Julia, et cela me rappelle presque les contes de sorcières, de magiciennes et de mauvais génies, que j'ai entendus dans l'Inde. Là, on croit à une fascination du regard, par laquelle ceux qui en sont doués dirigent la volonté et commandent les mouvements de leurs victimes. Qu'a donc de commun votre frère avec cette terrible femme, pour nous quitter ainsi, évidemment malgré lui, et être contraint de lui obéir?

— Du moins nous pouvons penser qu'elle n'a pas contre lui de mauvais dessein, car elle n'aurait pas appelé ce fidèle Dinmont, dont Henry a tant vanté la force, le courage et l'intrépidité, à être d'une expédition où elle aurait projeté quelque chose de mal contre la personne de son ami. Retournons au château attendre le retour du colonel : — peut-être Bertram sera-t-il revenu avant lui ; et en tout cas, le colonel jugera de ce qu'il convient de faire.

S'appuyant alors sur le bras l'une de l'autre, et néanmoins chancelant encore fréquemment, tant la frayeur avait agité leurs nerfs, elles avaient enfin atteint la tête de l'avenue, quand elles entendirent derrière elles le galop d'un cheval. Elles tressaillirent, car le moindre son les alarmait; mais, se retournant, elles reconnurent avec un grand plaisir le jeune Hazlewood. — Le colonel sera ici dans un instant, leur dit-il ; j'ai pris les devants au galop, pour offrir mes respects à miss Bertram et la féliciter du fond du cœur de l'heureux événement qui a eu lieu dans sa famille. Il me tarde d'être présenté au capitaine Bertram, et de le remercier de la leçon bien méritée qu'il a donnée à ma précipitation imprudente.

— Il vient de nous quitter à l'instant, dit Lucy, et d'une manière qui nous a fort effrayées.

En ce moment la voiture du colonel arriva près d'eux. En apercevant les dames, M. Mannering fit arrêter, et mit pied à terre avec son savant conseil ; on leur apprit sur-le-champ le nouveau sujet d'alarmes.

— Encore Meg Merrilies ! s'écria le colonel ; c'est à coup sûr un personnage bien mystérieux et bien inexplicable. Mais je pense qu'elle doit avoir à communiquer à Bertram quelque chose dont elle n'aura pas voulu que nous soyons instruits.

— Le diable emporte la vieille folle! dit le conseiller ; ne veut-elle pas laisser aux choses leur cours naturel, *prout de lege*[1], et faudra-t-il toujours qu'elle tienne la rame à sa guise ? — Et puis, d'après la direction qu'ils ont prise, je crains qu'ils ne soient allés sur les terres d'Ellangowan ; — ce coquin de Glossin nous a montré de quels bandits il dispose. Je souhaite que l'honnête Liddesdale soit une garde suffisante.

— Si vous le permettiez, dit Hazlewood, je serais tout disposé à courir dans la direction qu'ils ont suivie. Je suis assez connu dans le pays

---

[1] Suivant la loi.

pour avoir peu à craindre qu'aucune violence soit commise en ma présence, et j'aurai soin de me tenir à une distance telle que je n'aurai pas l'air d'épier Meg, et que je n'interromprai pas les communications qu'elle peut avoir à faire.

— Sur ma parole, dit Pleydell à part, pour un rejeton que je me souviens d'avoir vu tout petit enfant, il n'y a pas encore bien des années, je crois que le jeune Hazlewood devient tout à fait homme. Je crains plus une nouvelle tentative d'oppression légale qu'une violence ouverte, et il suffirait d'ailleurs de la présence de ce jeune homme pour en détourner Glossin et ses suppôts. — Hé bien, mon enfant, allez donc, — allez à leur recherche; — vous les trouverez quelque part du côté de Derncleugh, ou très-probablement dans le bois de Warroch.

Hazlewood donna de l'éperon à son cheval. — Revenez dîner avec nous, Hazlewood, lui cria le colonel; il s'inclina en signe d'assentiment, piqua des deux et partit au galop.

Revenons à Bertram et à Dinmont, qui continuaient de suivre leur guide mystérieux à travers les bois et les vallons, entre la lande découverte et le hameau ruiné de Derncleugh. Elle marchait devant eux sans détourner la tête, sauf pour les gourmander de temps à autre de leur lenteur, quoique la sueur, malgré la saison, coulât de leurs fronts à grosses gouttes. Parfois elle se parlait à elle-même, et s'adressait des expressions sans suite, telles que celles-ci : C'est relever la vieille maison; — c'est poser la pierre angulaire. — Eh! ne le lui avais-je pas dit? — Je lui ai dit que j'étais née pour cela, eût-il fallu marcher sur la tête de mon père. C'était mon destin. — J'ai toujours gardé mon projet dans les prisons et dans les fers. — J'ai été bannie : je l'ai emporté avec moi dans les terres étrangères; — j'ai été battue de verges, — j'ai été marquée d'un fer chaud : — ma résolution restait plus avant en moi que ne pouvaient atteindre les verges et le fer rouge; — et maintenant l'heure est venue.

— Capitaine, murmura Dinmont à demi-voix, je souhaite qu'elle ne soit pas ensorcelée[1]! Ses paroles ne m'ont pas l'air de s'adresser au bon Dieu, ni de ressembler à celles de tout le monde. C'est qu'on dit dans nos pays qu'il y a des gens comme ça.

— Ne craignez rien, mon ami, répondit Bertram du même ton.

— Craindre! repartit l'intrépide fermier; du diable si j'ai peur. Qu'elle soit sorcière ou démon, c'est tout un pour Dandie Dinmont.

— Tenez-vous en paix, bonhomme, dit Meg en se détournant à demi, et en lui lançant un regard sévère; croyez-vous que ce soient ici le temps et la place convenables pour causer?

— Mais, ma chère amie, lui dit Bertram, comme je ne mets pas en doute votre bonne foi et vos bonnes dispositions, dont j'ai fait l'épreuve,

---

[1] *Uncanny.*

vous devriez, en retour, avoir quelque confiance en moi. — Je voudrais savoir où vous nous conduisez.

— Je n'ai qu'une réponse à cela, Henry Bertram, dit la sibylle : — j'ai juré que ma langue ne parlerait jamais, mais je n'ai jamais dit que mon doigt ne montrerait pas. Avancez pour retrouver votre fortune, ou reculez et perdez-la : — c'est tout ce que j'ai à vous dire.

— Avançons donc, dit Bertram ; je ne ferai plus de questions.

Ils descendirent dans le *glen*, à peu près au même endroit où précédemment Meg s'était séparée de Bertram. Elle s'arrêta un instant au pied du roc élevé où il avait été témoin de l'enterrement d'un mort, et frappa du pied la terre, qu'on voyait avoir été fraîchement remuée, malgré le soin qu'on avait pris d'en effacer les traces. — Il y en a un qui repose ici, dit-elle; il aura peut-être bientôt des voisins.

Elle remonta alors le ruisseau, jusqu'à ce qu'arrivée aux ruines du hameau, elle s'arrêta devant les murs encore debout d'une des cabanes. Son regard s'adoucit et prit un air d'intérêt tout particulier; et d'un ton moins brusque, quoique non moins solennel qu'auparavant, elle dit à ses compagnons : Voyez-vous ces restes noircis et dégradés de ce qui fut une chaumière¹ ? — C'est là que pendant quarante ans a bouilli ma chaudière ; — c'est là que j'enfantai douze robustes enfants, filles ou fils. — Où sont-ils à présent ? Où sont les feuilles qui, à la Saint-Martin, couvraient le vieux frêne ? — Le vent de l'ouest l'a dépouillé, — et je suis dépouillée aussi. — Voyez-vous ce saule ? — ce n'est plus maintenant qu'un vieux tronc noir et pourri. — Que de fois je me suis assise à son ombre par une belle soirée d'été, quand il suspendait ses gais rameaux au-dessus de l'eau bouillonnante. — Je m'y suis assise, continua-t-elle en élevant la voix, et je vous y ai tenu sur mes genoux, Henry Bertram, et je vous y ai chanté les chansons des vieux barons et de leurs guerres sanglantes. — Il ne reverdira jamais, et Meg Merrilies ne chantera plus de chansons, ni joyeuses, ni tristes. Mais vous ne l'oublierez pas, et vous ferez relever les vieilles murailles, par amour pour elle ! — Et alors, faites-les habiter par quelqu'un d'assez bon pour ne pas craindre les êtres de l'autre monde : — car, si jamais les morts sont revenus parmi les vivants, on me reverra dans cette vallée bien des nuits après que ces vieux os auront été mis en terre.

Le mélange d'égarement et d'exaltation pathétique avec lequel elle prononça ces derniers mots, son bras droit nu et étendu, son bras gauche à demi plié et recouvert de son ample manteau rouge relevé en draperie, eût pu être une étude digne de notre Siddons elle-même. — Et maintenant, continua-t-elle en reprenant tout à coup le ton bref, rude et précipité qui lui était le plus habituel, à l'œuvre, — à l'œuvre !

¹ *Shealing.*

CHAPITRE LIII.

Prenant alors les devants, elle gravit le rocher en saillie sur lequel le Kaim de Derncleugh était assis ; puis, tirant de sa poche une large clef, elle en ouvrit la porte. L'intérieur était en meilleur ordre que Bertram ne l'avait vu précédemment. — J'ai tout arrangé ici, dit-elle ; j'y serai peut-être étendue avant la nuit. — Il y aura peu, — bien peu de monde à la veillée[1] de Meg ; car beaucoup de nos gens blâmeront ce que j'ai fait et ce que je vais faire !

Elle désigna du doigt une table sur laquelle étaient quelques viandes froides, préparées avec plus d'attention à la propreté qu'on ne l'eût attendu des habitudes de Meg. — Mangez, leur dit-elle, mangez ; vous en aurez besoin jusqu'à ce soir.

Bertram mangea par complaisance une ou deux bouchées ; et Dinmont, dont rien ne pouvait altérer l'appétit, ni étonnement, ni appréhensions, non plus que le repas qu'il avait déjà fait le matin, remplit à table le rôle actif qu'il y remplissait toujours. Elle présenta ensuite à chacun d'eux un verre d'eau-de-vie, que Bertram coupa d'eau et que Dinmont avala pur.

— Et vous, ne prendrez-vous rien, la mère? lui demanda Dinmont.

— Je n'en aurai pas besoin, répondit leur hôtesse mystérieuse. — Et maintenant, continua-t-elle, il vous faut des armes ; — il ne vous faudra pas aller les mains vides. — Mais ne vous pressez pas de vous en servir ; — prenez-le captif, mais en vie. — C'est à la loi d'avoir la sienne ; — il faut qu'il parle avant de mourir.

— Qui donc est à prendre ? — et qui doit parler ? dit Bertram étonné, en recevant une paire de pistolets qu'elle lui présenta, et qu'il trouva chargés et armés.

— Les pierres sont bonnes et la poudre sèche, dit-elle ; — je me connais à cette besogne.

Puis, sans répondre à ses questions, elle arma aussi Dinmont d'un grand pistolet, et leur dit de se choisir des bâtons dans un faisceau d'apparence très-suspecte qu'elle alla tirer d'un coin. Bertram en prit un pesant, mais le gourdin que choisit Dandie aurait pu servir de massue à Hercule lui-même. Ils quittèrent alors la tour tous ensemble, et en ce moment Bertram saisit une occasion de dire bas à Dinmont :
— Il y a quelque chose d'inexplicable dans tout ceci ; — mais n'employons ces armes qu'à la dernière extrémité et pour notre propre défense. — Ayez soin de faire comme vous me verrez faire.

Dinmont répondit par un mouvement de tête ; et ils continuèrent de suivre par monts et par vaux, à travers marais et fondrières, les pas de leur conductrice. Elle les guida vers le bois de Warroch par le chemin même qu'avait parcouru le feu laird d'Ellangowan quand il était

---

[1] *Lykewake*, veillée d'un mort. (L. V.)

accouru à Derncleugh à la recherche de son enfant, le jour affreux du meurtre de Kennedy.

Quand Meg Merrilies eut atteint ces bouquets d'arbres, à travers lesquels la voix discordante du vent hivernal faisait alors entendre ses sifflements aigus, elle parut s'arrêter un moment comme pour reconnaître son chemin. — Il faut que nous suivions précisément le même sentier, dit-elle; et elle se remit en marche, mais en leur faisant parcourir une route sinueuse et embarrassée, au lieu de la ligne directe qu'elle avait auparavant suivie. Enfin elle les guida, à travers les détours du bois, jusqu'à une petite clairière ouverte d'environ un quart d'acre d'étendue, entourée d'arbres élevés et de buissons, qui lui formaient une enceinte irrégulière et pittoresque. Même en hiver, c'était une place bien abritée et presque inaccessible; mais lorsqu'elle s'était parée de sa verdure printanière, que la terre s'était ornée de son émail naturel, que tout autour les arbrisseaux déployaient leur profusion de fleurs, et que les bouleaux, qui dominaient le taillis, interceptaient, de leurs longs rameaux inclinés et chargés de feuilles, les rayons du soleil, c'eût été le lieu qu'un jeune poëte eût choisi pour y méditer son premier sonnet, ou un couple d'amants pour y échanger leurs premiers aveux. Mais en ce moment il parut éveiller des souvenirs d'une nature bien différente. Bertram, lorsqu'il eut promené son regard sur la clairière où ils avaient pénétré, sentit son front s'assombrir et son regard se troubler. Meg, après avoir murmuré entre ses dents : C'est ici même! jeta obliquement vers lui un regard sinistre, et lui dit : — Le reconnaissez-vous?

— Oui! répondit Bertram; il me semble reconnaître ce lieu.

— Oui! s'écria Meg à son tour, c'est ici même que l'homme tomba de cheval : — j'étais, dans ce moment, là derrière ce buisson d'aunes. Il lutta longtemps, avec désespoir; il demandait grâce d'une voix déchirante : — mais il était entre les mains d'hommes qui n'ont jamais connu un pareil mot! — A présent, je vais vous montrer le sentier où nous fûmes ensuite : — la dernière fois que vous y avez passé, vous étiez dans mes bras.

Elle leur fit alors parcourir un passage long et tortueux, presque intercepté par les broussailles; et suivant une pente presque imperceptible, ils débouchèrent tout à coup près des bords de la mer. Meg continua d'avancer d'un pas rapide entre le ressac et les rochers, jusqu'à ce qu'elle fût arrivée à un remarquable fragment de rocher détaché de la falaise. — C'est ici, dit-elle d'une voix presque inarticulée, c'est ici que le cadavre fut trouvé.

— Et la caverne en est tout près, répliqua Bertram du même ton; — est-ce là que vous nous conduisez?

— Oui, répondit la gipsie d'un ton décidé. Rassemblez l'un et l'autre tout votre courage; — suivez-moi quand je m'y serai glissée : — j'ai placé des broussailles de manière à vous masquer. Restez-y cachés un instant, jusqu'à ce que je dise : *L'heure et l'homme sont arrivés.* Alors élancez-vous sur lui, saisissez-lui les bras, et garrottez-le jusqu'à ce que le sang lui sorte des ongles.

— Je le ferai, sur mon âme! dit Henry; — si c'est l'homme que je suppose, — Jansen?...

— Oui, Jansen, Hatteraick, sans compter vingt autres noms.

— Dinmont, il faudra que vous vous teniez près de moi, car cet homme est un diable.

— N'ayez pas peur que je vous quitte, dit le robuste paysan ; — mais je voudrais pouvoir me souvenir d'un bout de prière avant de nous glisser sur les talons de la sorcière dans le trou que je la vois en train de déboucher. — Ça serait une triste chose de quitter le beau soleil et le grand air, et d'aller nous faire tuer, comme un renard acculé à son terrier, dans un cachot comme celui-là. Mais vraiment ce seront de rudes limiers, ceux qui mordront Dandie; ainsi donc, comme je disais, le diable m'emporte si je bouge d'auprès de vous !

Tout ceci fut dit du ton de voix le plus bas possible. L'entrée était alors mise à découvert. Meg y pénétra en se traînant sur les mains et les genoux, Bertram la suivit, et Dinmont ferma la marche, après avoir donné un regard d'adieu à la lumière du jour qu'il abandonnait.

CHAPITRE LIV.

> Meurs, prophète ! toi-même l'as prédit ; car ta mort a été, comme tout le reste, ordonnée par moi.
>
> *Henry VI*, 3e Partie.

L'ASCENSION de l'habitant des frontières, lequel, comme nous l'avons dit, était le dernier des trois, fut tout à coup arrêtée par l'effrayante étreinte d'une main qui lui saisit la jambe, au moment où, silencieux et assez peu rassuré, il tirait ses longs membres après lui, dans le passage bas et étroit qui servait d'entrée au souterrain. Le cœur d'acier de l'intrépide paysan fut sur le point de défaillir, et il eut peine à retenir un cri, qui, dans la posture et la situation où ils se trouvaient, aurait pu leur coûter à tous la vie. Il se contenta cependant de dégager son pied des mains de son suivant inattendu. — Ne craignez rien, dit une voix derrière lui ; je suis un ami, — Charles Hazlewood.

Quoique ces mots eussent été prononcés à voix basse, le son en parvint néanmoins jusqu'à Meg Merrilies, qui formait l'avant-garde, et qui, ayant gagné l'endroit où la caverne s'agrandissait, s'était déjà remise sur ses pieds. Elle tressaillit ; mais pour tromper les oreilles qui eussent pu l'avoir entendu comme elle, elle se mit à grogner, à marmotter, à chanter haut, en même temps qu'elle remuait un tas de broussailles amoncelé à l'entrée de la caverne.

— Hé ! — vieille sorcière, — parente du diable, hurla la voix rauque de Dirk Hatteraick de l'intérieur de son antre, que fais-tu là ?

— J'arrange les roughies[1] pour vous garantir du vent froid, enragé fait-rien-de-bon que vous êtes. — Vous vous en êtes bien tiré, cette fois, et on ne sait pas où vous êtes ; il en sera autrement bientôt.

— M'avez-vous apporté l'eau-de-vie, et des nouvelles de mon monde ?

— Voilà le flacon pour vous. Vos gens ? — dispersés, — enfuis, — partis, — ou taillés en pièces par les habits rouges[2].

— Der diable ! — cette côte m'est fatale.

— Vous pourrez avoir plus de raison de le dire.

Pendant ce dialogue, Bertram et Dinmont avaient atteint l'intérieur de la caverne, et repris leur posture naturelle. La seule lumière qui en éclairât les rudes et noires parois était celle d'un brasier

---

[1] Branchages morts. (W. S.)
[2] On sait que le rouge est la couleur de l'uniforme anglais. (L. V)

CHAPITRE LIV.

ardent allumé dans une grille de fer, pareille à celle dont on fait usage pour la chasse au saumon pendant la nuit. De temps à autre Hatteraick jetait sur ce brasier une poignée de menu bois ou d'éclisses ; mais la flamme qu'ils projetaient ne donnait qu'une clarté tout à fait disproportionnée à l'étendue de la caverne, et comme son principal habitant était près de la grille, placée fort loin de l'entrée, il lui était difficile d'apercevoir ce qui se trouvait dans cette direction. Ses visiteurs inattendus, dont le nombre s'était inopinément trouvé porté à trois, se tenaient donc derrière le monceau de branchages, avec peu de risques d'être découverts. Dinmont eut le bon sens de tenir d'une main Hazlewood en arrière, jusqu'à ce qu'il dît à l'oreille de Bertram : Un ami, — le jeune Hazlewood.

Ce n'était pas le moment de poursuivre les compliments, et ils restèrent tous les trois aussi immobiles que les rochers qui les environnaient, masqués par la pile de broussailles qui probablement avait été placée là pour intercepter le vent froid de la mer, sans empêcher entièrement l'air de se renouveler. Les branchages, entassés sans soin, laissaient entre eux assez d'intervalles pour que ceux qu'ils cachaient pussent suivre aisément de l'œil tout ce qui se passait au voisinage de la grille allumée, tandis que même une clarté beaucoup plus forte que celle qu'elle donnait n'eût pas permis aux personnes placées vers le fond de l'antre de les découvrir dans la position qu'ils occupaient.

Indépendamment de l'intérêt moral et du danger personnel qu'elle offrait, la scène avait, par l'effet de lumière et d'ombre des objets qui la composaient, une apparence singulièrement effrayante. La grille à feu ne donnait d'autre clarté que cette lueur rougeâtre que répand le charbon en ignition, variée seulement de temps à autre par l'éclat passager d'une flamme plus ou moins vive, selon que le combustible dont Hatteraick alimentait son feu était plus ou moins approprié à son dessein. Parfois un nuage obscur de fumée suffocante s'élevait vers la voûte de la caverne, puis s'éclairait comme à regret d'une flamme sombre et incertaine qui montait en vacillant le long de la colonne de fumée, et tout à coup était rendue plus vive et plus brillante par l'addition de quelques brindilles sèches, ou peut-être d'une éclisse de bois de sapin, qui convertissait subitement la vapeur en flamme. A cette clarté capricieuse et changeante, ils pouvaient voir, plus ou moins distinctement, les formes d'Hatteraick, dont les traits rudes et sauvages, rendus plus farouches encore en ce moment par l'incertitude de sa situation et la sombre préoccupation de son esprit, s'accordaient bien avec la voûte anfractueuse et accidentée qui se développait en une arche grossière au-dessus et autour de lui. Les formes de Meg Merrilies, qui marchait çà et là, tantôt dans la lumière, tantôt partiellement plongée dans la fumée ou l'obscurité, contrastaient étrangement avec la figure assise d'Hatteraick, penchée vers la flamme dans une posture stationnaire et constamment visible pour le spectateur, tandis que celle de la gipsie semblait errer autour de lui, paraissant ou disparaissant comme un spectre.

Bertram sentit son sang bouillir à la vue d'Hatteraick. Il se souvenait parfaitement de lui sous le nom de Jansen, que le contrebandier avait pris après la mort de Kennedy; et il se souvenait aussi que ce Jansen, et son digne acolyte Brown, le même qui avait été tué à Woodbourne, avaient été les implacables tyrans de son enfance. Bertram savait en outre, par le rapprochement de ses souvenirs imparfaits avec ce qu'il avait appris de Mannering et de Pleydell, que cet homme avait été l'agent principal dans l'acte de violence qui l'avait arraché à sa famille et à son pays, et l'avait livré à tant de traverses et de dangers. Mille réflexions irritantes s'élevaient en lui, et il eut peine à résister à la tentation de se précipiter sur Hatteraick et de lui faire sauter la cervelle.

Ce n'eût pas été, au reste, une entreprise sans danger. La flamme, dans ses alternatives de lueurs plus ou moins vives, en même temps qu'elle éclairait les formes vigoureusement musclées et la large poitrine du scélérat, se reflétait aussi sur deux paires de pistolets passés dans sa ceinture et sur le manche de son coutelas : il n'était pas douteux que son désespoir ne dût se mesurer à sa force personnelle et à ses moyens de défense. Ceux-ci, comme la première, ne pouvaient, à la vérité, lutter avec avantage contre deux hommes tels que Bertram lui-même et son ami Dinmont, sans compter leur assistant inattendu Hazlewood, qui n'était pas armé et ne les égalait pas en vigueur; mais un instant de réflexion fit sentir à Bertram qu'il n'y aurait ni bon sens ni courage à anticiper sur l'office du bourreau, et il sentit l'importance de prendre Hatteraick vivant. Il contint donc son indignation, et attendit ce qui allait se passer entre le bandit et la gipsie.

— Comment vous trouvez-vous maintenant? dit la voix rude et discordante de Meg. Ne vous avais-je pas prédit ce qui vous arriverait, — oui, et dans cette caverne même, où vous vous étiez retiré après le meurtre?

— Grêle et tonnerre! vociféra Hatteraick; gardez vos antiennes du diable jusqu'à ce qu'on vous les demande, vieille sorcière. Avez-vous vu Glossin?

— Non; vous avez manqué votre coup, verseur de sang! et vous n'avez rien à attendre du tentateur.

— Enfer! si je le tenais seulement à la gorge!... Et qu'est-ce que je vais faire, alors?

— Ce que vous allez faire? Mourir comme un homme, ou être pendu comme un chien!

— Pendu, sorcière de Satan! Le chanvre qui servira à me pendre n'est pas semé.

— Il est semé, il est poussé, il est peigné, il est cordé. — Ne vous avais-je pas dit, quand vous enlevâtes l'enfant, Harry Bertram, malgré mes prières, — ne vous avais-je pas dit qu'il reviendrait, quand il aurait accompli ses destins sur la terre étrangère jusqu'à sa vingt-unième année ? — N'avais-je pas dit que le vieux feu brûlerait jusqu'à la dernière étincelle, mais qu'il se rallumerait ?

— Oui, la mère, vous l'avez dit, répondit Hatteraick d'un ton empreint de désespoir ; et je crois, éclairs et tonnerre ! que vous avez dit vrai. — Ce jeune Ellangowan a été un casse-cou pour moi toute ma vie ! Et maintenant, avec la maudite imagination de Glossin, voilà mon équipage perdu, mes chaloupes détruites, et je puis dire le lougre pris. — Il ne restait pas assez d'hommes à bord pour le manœuvrer, encore bien moins pour le défendre ! — un bateau dragueur aurait pu mettre le grapin dessus. Et qu'est-ce que les propriétaires diront ? — Grêle et tonnerre ! je n'oserai jamais retourner à Flessingue.

— Vous n'en aurez jamais la peine.

— Que faites-vous donc là, et qu'est-ce qui vous fait dire cela ?

Durant ce dialogue, Meg avait réuni en un tas quelques poignées de filasse. Avant de répondre à cette dernière question, elle jeta un tison sur ce chanvre qui avait sûrement été trempé dans quelque liqueur spiritueuse, car, à l'instant même, une brillante pyramide de la clarté la plus vive s'en dégagea et monta jusqu'au sommet de la voûte. Tandis que cette flamme rapide s'élevait ainsi, Meg répondit à la question d'Hatteraick d'une voix ferme et forte : *Parce que l'heure est venue, et l'homme aussi !*

A ce signal convenu, Bertram et Dinmont sautèrent par-dessus les broussailles, et s'élancèrent vers Hatteraick. Hazlewood, ignorant leur plan d'attaque, était resté un peu en arrière. Le scélérat, se voyant trahi, tourna sa première vengeance contre Meg Merrilies, à qui il lâcha un coup de pistolet. Elle tomba en poussant un cri perçant et effroyable, qui tenait à la fois d'un hurlement de douleur et d'un rire forcené et presque suffocant. — Je le savais, dit-elle.

Bertram, dans sa précipitation, heurta une des inégalités du roc qui formait le sol de la caverne, et trébucha. Ce fut un bonheur pour lui ; car la seconde balle d'Hatteraick siffla au-dessus de lui, si bien et si sûrement dirigée que, s'il eût été debout, elle se serait logée dans sa cervelle. Avant que le contrebandier eût pu tirer un autre pistolet, Dinmont s'était jeté sur lui, et s'efforçait de lui tenir les bras ; mais telle était la vigueur du misérable, jointe aux efforts de son désespoir, que malgré la force herculéenne avec laquelle le borderer[1] l'étreignait, il entraîna Dinmont à travers le chanvre flambant, et réussit presque à saisir un troisième pistolet qui aurait pu être fatal à l'honnête fermier, si Bertram, ainsi qu'Hazlewood, ne fussent arrivés à son aide.

[1] Habitant des frontières.

Leurs efforts réunis parvinrent à renverser Hatteraick, à le désarmer et à le garrotter. Cette lutte se passa en moins de temps qu'il ne nous en a fallu pour la raconter. Quand il fut solidement assujetti, et après quelques efforts désespérés et presque convulsifs, le bandit resta étendu dans une immobilité complète et sans prononcer une parole. — Voilà notre gibier couché, dit alors Dinmont; hé bien, je l'aime autant comme ça.

Tout en faisant cette observation, l'honnête Dandie secouait les flammèches de chanvre embrasé qui s'étaient attachées à sa redingote plucheuse et à ses épais cheveux noirs, dont quelques-uns avaient été grillés dans la lutte. — Le voilà maintenant tranquille, dit Bertram; restez près de lui, et ne le laissez pas bouger, que je voie si la pauvre femme est morte ou en vie. Alors, aidé d'Hazlewood, il releva Meg Merrilies.

— Je le savais, murmura-t-elle; il en devait être ainsi.

La balle avait pénétré dans la poitrine, au-dessous de la gorge. La blessure avait peu saigné à l'extérieur; mais Bertram, accoutumé aux effets des armes à feu, ne l'en jugea que plus alarmante. — Grand Dieu! que ferons-nous pour cette pauvre femme? dit-il à Hazlewood, les circonstances ne leur permettant pas encore d'entrer ni l'un ni l'autre dans de plus amples explications.

— Mon cheval est attaché ici-dessus dans le bois, dit Hazlewood. Il y avait deux heures que je ne vous perdais pas de vue. — Je vais courir à la recherche de quelques gens sur lesquels on puisse compter pour venir à notre aide. En attendant mon retour, vous ferez bien de défendre l'entrée de la caverne contre quiconque se présenterait. A ces mots, il partit. Bertram, après avoir bandé la blessure de Meg Merrilies aussi bien qu'il le put, se posta près de l'entrée de la caverne, un pistolet armé à la main; Dinmont resta aux côtés d'Hatteraick, prêt, au moindre mouvement, à le contenir d'une main aussi ferme que celle d'Hercule. Il se fit dans l'antre un silence de mort, interrompu seulement par les faibles et sourds gémissements de la blessée, et par la respiration entrecoupée du prisonnier.

CHAPITRE LV.

> Séduit et égaré, tu as voyagé au loin et longtemps erré mais l'œil de ton Dieu t'a toujours suivi, et il a veillé sur tous les pas qui te conduisaient à ta perte.
>
> *Le Palais de justice.*

APRÈS trois quarts d'heure d'attente, espace que l'incertitude et le danger de leur situation fit paraître trois fois plus long à Dinmont et à Bertram, la voix du jeune Hazlewood se fit entendre du dehors. — Me voici, criait-il, me voici avec un renfort suffisant.

— Entrez donc, répondit Bertram, qui n'était pas médiocrement satisfait de voir sa faction terminée. Hazlewood pénétra alors dans la caverne, et y fut suivi de deux ou trois paysans, l'un desquels agissait comme officier de paix. Ils relevèrent Hatteraick et le transportèrent vers l'entrée aussi loin que le leur permit la hauteur de la voûte; alors ils le couchèrent sur le dos et le tirèrent de leur mieux, car rien n'aurait pu le déterminer à faire de lui-même un seul mouvement pour les seconder. Il restait étendu entre leurs mains, impassible et silencieux comme un cadavre, n'aidant ni ne résistant à leurs opérations. Quand il fut traîné à la lumière du jour et placé debout sur ses pieds au milieu de trois ou quatre assistants qui étaient restés en dehors, il parut comme pris de vertige à ce brusque passage de l'obscurité de sa caverne à la clarté du soleil. Tandis que quelques-uns procédaient au transport de Meg Merrilies, ceux qui se tenaient près d'Hatteraick voulurent le faire asseoir sur un fragment de rocher gisant sur la grève à la limite de la haute marée. Un frisson convulsif parcourut rapidement tout son être, et il résista à leur intention. — Pas là, — mille tonnerres! — vous ne me ferez pas asseoir *là!*

Ce furent les seules paroles qu'il prononça; mais leur intention évidente et le ton de profonde horreur avec lequel elles furent proférées, firent assez voir ce qui se passait en lui.

Lorsque Meg Merrilies eut été à son tour sortie de la caverne, avec autant de précautions qu'en admettaient les circonstances, on délibéra où elle serait transportée. Hazlewood avait envoyé chercher un chirurgien, et était d'avis qu'en attendant on la portât à la chaumière la plus voisine. Mais la moribonde se ranima pour s'écrier : Non, non, non! au Kaim de Derncleugh, — au Kaim de Derncleugh! — ce n'est que là que l'esprit voudra se séparer de la chair.

— Je crois qu'il faut la satisfaire, dit Bertram ; sans cela son imagination troublée aggravera la fièvre de la blessure.

En conséquence on la porta jusqu'à la tour. Sur le chemin son esprit semblait plus occupé de la scène qui venait de se passer, que de la mort qui s'approchait pour elle. — Ils étaient trois sur lui, disait-elle ; — je n'en ai amené que deux. — Qui donc était le troisième ? — serait-ce *lui-même*, revenu pour travailler à sa propre vengeance ?

Il était évident que l'apparition inopinée d'Hazlewood, dont la violence d'Hatteraick ne lui avait pas donné le temps de reconnaître la personne, avait fortement frappé son imagination. Elle y revenait fréquemment. Hazlewood expliqua à Bertram son arrivée inattendue, en lui disant que d'après le désir de M. Mannering il les avait suivis pendant assez longtemps sans les perdre de vue ; que les ayant vus pénétrer dans la caverne, il s'y introduisait après eux, dans l'intention de se montrer à eux et de leur annoncer la commission dont il était chargé, quand dans l'obscurité sa main, ayant rencontré la jambe de Dinmont, avait presque produit une catastrophe que, dans le fait, la présence d'esprit du hardi fermier et son intrépidité avaient seules prévenue.

Lorsqu'on fut arrivé à la tour, la gipsie en donna la clef ; et quand on fut entré, et qu'on se disposa à la déposer sur le lit, elle dit d'un ton inquiet : Non, non ! pas ainsi : les pieds à l'est ; et elle parut satisfaite dès qu'on l'eut placée selon son désir sur le lit de mort.

— N'y a-t-il pas de prêtre à proximité, pour accorder les derniers secours de la religion à cette malheureuse femme ? demanda Bertram.

Le ministre de la paroisse, ancien professeur de Charles Hazlewood, avait, ainsi que beaucoup d'autres, appris que l'assassin de Kennedy venait d'être arrêté sur le lieu même où le crime avait été commis tant d'années auparavant, et qu'une femme était mortellement blessée. La curiosité, ou plutôt le sentiment que son devoir l'appelait à de telles scènes de détresse, l'avait amené au Kaim de Derncleugh, et il arrivait en ce moment. Le chirurgien arriva en même temps, et se mit en devoir de sonder la blessure ; mais Meg refusa leur double assistance. — Ce n'est pas ce qu'un homme peut faire, dit-elle, qui guérira mon corps ou sauvera mon âme. Laissez-moi dire ce que j'ai à dire. Vous ferez ensuite ce que vous voudrez ; je ne m'y opposerai pas. — Mais où est Henry Bertram ?

Les assistants, auxquels depuis longtemps ce nom était étranger, se regardèrent entre eux.

— Oui ! reprit-elle avec plus de force et de rudesse ; je dis *Henry Bertram d'Ellangowan*. Otez-vous du jour, et laissez-le-moi voir.

Tous les regards se tournèrent vers Bertram, qui s'approchait de la misérable couche. La blessée lui prit la main. — Regardez-le, dit-elle, vous tous qui avez connu son père ou son grand-père, et dites si ce n'est pas leur vivante image ? Un murmure parcourut la foule des assistants; — la ressemblance était trop frappante pour être niée. — Et maintenant, écoutez-moi, — et que cet homme (désignant du doigt Hatteraick, assis à quelque distance sur un coffre entre ses gardiens), que cet homme nie ce que je vais dire, s'il le peut. Voici Henry Bertram, fils de Godfrey Bertram, dernier laird d'Ellangowan; ce jeune homme n'est autre que l'enfant que Dirk Hatteraick enleva dans le bois de Warroch, le jour qu'il assassina le jaugeur. J'étais là comme un esprit errant, — car j'avais voulu voir encore ces bois avant de quitter le pays. Je sauvai la vie de l'enfant, et je les priai, je les suppliai ardemment de me le laisser; — mais ils l'emportèrent, et il a été longtemps sur les mers, et maintenant il est revenu reprendre possession de ses biens : qui pourrait s'y opposer? — J'avais juré de garder le secret jusqu'à ce qu'il eût vingt et un ans : — je savais qu'il devait accomplir son destin jusqu'à ce que ce jour-là fût arrivé. — J'ai gardé ce serment que je leur avais fait; — mais j'avais fait en moi-même un autre vœu, que si je vivais assez pour voir le jour de son retour, je le rétablirais sur le siége d'honneur de ses pères, chaque degré dût-il en être formé d'un cadavre. Ce serment-là, je l'ai tenu aussi, et je serai moi-même un des degrés. — Celui-là (montrant Hatteraick) sera bientôt l'autre, et il y en aura encore un de plus.

L'ecclésiastique, intervenant alors, fit observer qu'il était fâcheux que cette déposition ne fût pas reçue et recueillie dans les formes légales, et le chirurgien insista sur la nécessité d'examiner la blessure avant de l'épuiser de questions. Lorsqu'elle vit qu'on emmenait Hatteraick, afin de débarrasser la chambre et de laisser le chirurgien vaquer librement à ses opérations, elle l'interpella à haute voix, en même temps qu'elle se soulevait sur sa couche : — Dirk Hatteraick, vous et moi nous ne nous reverrons plus avant le jour du dernier jugement; — reconnaîtrez-vous la vérité de ce que j'ai dit, ou oserez-vous le nier? Il tourna vers elle son front endurci, avec un regard muet d'inflexible bravade. — Dirk Hatteraick, continua-t-elle, osez-vous nier, vos mains teintes de mon sang, un seul mot de ce qu'a prononcé ma voix mourante? — Il la regarda encore avec la même expression de rage et de sombre opiniâtreté; ses lèvres s'agitèrent, mais aucun son n'en sortit. — Adieu donc! reprit-elle, et que Dieu vous pardonne! votre main a scellé mon témoignage. — Tant que j'ai vécu, j'ai été la gipsie, la folle, la vagabonde, qui était battue de verges, bannie, marquée d'un fer chaud; — qui mendiait de porte en porte, et que l'on chassait de paroisse en paroisse comme un chien sans maître : — qui eût fait attention à *son* récit? — Mais maintenant je suis une mourante, et mes paroles ne tomberont pas à terre, non plus que la terre ne recouvrira mon sang!

Elle se tut, et tout le monde sortit de la tour, à l'exception du chirurgien et de deux ou trois femmes. Après un très-court examen, le premier secoua la tête, et céda sa place près de la mourante au ministre de l'Église.

Une chaise, qui retournait vide à Kippletringan, avait été retenue sur la route par un constable, qui prévoyait qu'on en aurait besoin pour transporter Hatteraick jusqu'à la prison. Le conducteur, apprenant ce qui se passait à Derncleugh, laissa ses chevaux à la garde d'un petit garnement, se reposant davantage, il est à supposer, sur l'âge et les habitudes paisibles de son équipage, que sur ceux de son gardien ; puis il se mit à courir de toute sa vitesse, pour voir, comme il le disait, « quelle sorte de farce se passait. » Il arriva juste au moment où le groupe de tenanciers et de paysans, dont le nombre se grossissait de moment en moment, après s'être rassasié de la vue des traits farouches d'Hatteraick, tournait son attention vers Bertram. La plupart d'entre eux, notamment les vieillards, qui avaient vu Ellangowan dans sa jeunesse, reconnaissaient et confirmaient la ressemblance invoquée par Meg Merrilies. Mais les Écossais sont un peuple prudent ; ils se souvinrent qu'un autre était en possession du domaine, et ils se contentèrent de se faire part de leurs sentiments entre eux et à voix basse. Notre ami Jock Jabos, le postillon, se fit jour jusqu'au milieu du cercle ; mais à peine eut-il jeté les yeux sur Bertram, que, reculant d'étonnement, il s'écria d'un ton solennel : Aussi sûr qu'il y a un souffle dans l'homme, c'est le vieux Ellangowan sorti de sa tombe !

Cette déclaration publique d'un témoin non suspect fut l'étincelle qui détermina l'explosion des sentiments populaires : ces sentiments éclatèrent en trois acclamations successives : — Vive Bertram ! — Longue vie à l'héritier d'Ellangowan ! — Dieu lui rende ses possessions, et qu'il vive parmi nous comme ses ancêtres y ont vécu !

— J'ai demeuré soixante-dix ans sur ses terres, disait l'un.

— Moi et les miens nous y avons demeuré deux fois autant, disait un autre ; je puis bien connaître le regard d'un Bertram.

— Moi et les miens y avons demeuré trois cents ans, ajoutait un autre vieillard, et je vendrai jusqu'à ma dernière vache pour voir le jeune laird rétabli dans ses droits.

Toujours amies du merveilleux, et plus encore quand un beau jeune homme en est le héros, les femmes joignaient leur voix perçante à l'acclamation générale. — Le Ciel le bénisse ! — C'est tout le portrait de son père ! Les Bertrams étaient toujours les plus beaux du pays.

— Ah ! si sa pauvre mère, qui mourut du chagrin de l'avoir perdu, avait seulement vécu pour voir un pareil jour ! exclamaient plusieurs voix de femmes.

— Mais nous l'aiderons à reprendre son bien, commères [1], criaient

---

[1] Le mot écossais *kimmers* est presque identique avec le nôtre. *Kimmer* se dit aussi quelquefois d'une jeune fille, *girl*. (L. V.)

quelques autres; et plutôt que Glossin reste à la place d'Ellangowan, nous l'en arracherons avec nos ongles.

D'autres s'empressaient autour de Dinmont, qui ne demandait pas mieux que de conter ce qu'il savait de son ami, et de s'honorer de la part que lui-même avait eue à la reconnaissance. Comme il était connu de plusieurs des principaux fermiers présents, son témoignage apporta un nouvel aliment à l'enthousiasme général. C'était, en un mot, un de ces moments d'entraînement où la glace de la réserve écossaise se fond comme la neige devant un torrent, qui emporte avec lui digues et écluses.

Ces soudaines acclamations interrompirent les dévotions du ministre, et Meg, qui était plongée dans un de ces accès léthargiques qui précèdent la fin de l'existence, tressaillit tout à coup. — N'entendez-vous pas? dit-elle; — n'entendez-vous pas? — Il est reconnu! — il est reconnu! Je ne vivais que pour ce moment. — Je suis une pécheresse; mais si ma malédiction a amené sa chute, ma bénédiction l'en a tiré! — Et maintenant, je voudrais en avoir dit davantage; mais je ne puis plus. Attendez, continua-t-elle en soulevant sa tête pour diriger son regard vers le rayon de lumière que l'étroite ouverture qui tenait lieu de fenêtre laissait pénétrer dans la chambre, n'est-il pas là? — Otez-vous de la lumière, et laissez-moi le voir encore une fois. — Mais les ténèbres sont dans mes yeux, dit-elle en laissant retomber sa tête après avoir promené sur le vide un regard qui ne distinguait plus rien : — tout est maintenant fini!

> Le souffle s'en va,
> La mort est là!

Et retombant en arrière sur son grabat, elle expira sans pousser un gémissement.

Le ministre et le chirurgien consignèrent soigneusement dans une sorte de procès-verbal tout ce qu'elle avait dit, regrettant alors beaucoup de ne l'avoir pas interrogée plus minutieusement, mais tous deux moralement convaincus de la vérité de ses déclarations.

Hazlewood fut le premier à complimenter Bertram sur la perspective de sa prochaine réintégration au nom et au rang de ses pères. Ceux qui les entouraient, et qui alors apprirent de Jabos que Bertram était celui qui avait blessé le jeune Hazlewood, furent frappés de la générosité de celui-ci, et joignirent son nom au nom de Bertram dans leurs acclamations enthousiastes.

Quelques-uns, cependant, demandèrent au postillon comment il se faisait qu'il n'eût pas reconnu Bertram quand il l'avait vu, quelque temps auparavant, à Kippletringan? — Que diable! répondit-il assez naturellement, comment est-ce que j'aurais pu penser alors à Ellangowan? — C'est le cri que tout le monde poussait quand je suis arrivé tout à l'heure, que le jeune laird était retrouvé, qui m'a fait penser à la ressemblance; — et elle ne fait pas faute, une fois qu'on le regarde avec cette idée-là.

L'endurcissement d'Hatteraick, durant la dernière partie de cette scène, fut jusqu'à un certain point ébranlé. On remarqua qu'il avait fermé les yeux, — qu'il avait tenté de lever ses mains enchaînées pour enfoncer son chapeau sur son front, — qu'il portait sur la route des regards irrités et impatients, comme anxieux de voir arriver la voiture qui devait l'emmener de ce lieu. Enfin M. Hazlewood, craignant que la fermentation populaire ne vînt à se tourner contre le prisonnier, fit observer qu'il serait bien de le faire monter dans la chaise de poste pour le conduire à Kippletringan, où il serait mis à la disposition de M. Mac Morlan; et en même temps il envoya un exprès pour prévenir ce magistrat de ce qui était arrivé. — Et maintenant, dit-il à Bertram, je serais heureux que vous voulussiez bien m'accompagner à Hazlewood-House; mais comme cette excursion pourrait ne pas vous être aussi agréable en ce moment qu'elle vous le sera, j'espère, dans un jour ou deux, il faut que vous me permettiez de retourner avec vous à Woodbourne. Mais vous êtes à pied.

— Oh! si le jeune laird voulait prendre mon cheval! — ou le mien! — ou le mien! crièrent une demi-douzaine de voix à la fois.

— Ou le mien! dit aussi un vieillard; il peut faire dix milles à l'heure sans sentir le fouet ni l'éperon, et de ce moment il appartient au jeune laird, s'il veut le prendre pour herezeld [1], comme on disait il y a longtemps.

Bertram accepta volontiers le cheval à titre de prêt, et fit avec expansion ses remercîments à la foule qui l'environnait, pour ses bons souhaits, remercîments qui furent salués de nouvelles acclamations et de nouvelles assurances d'attachement.

Tandis que l'heureux propriétaire du cheval préféré envoyait un jeune garçon chercher la selle neuve, un autre bouchonner la bête, un troisième emprunter promptement les étriers argentés de Dan Dunkieson, et exprimait son regret « qu'il n'eût pas le temps de faire manger l'orge au bidet, pour que le jeune laird pût connaître son feu, » Bertram, prenant le bras de l'ecclésiastique, rentra avec lui dans la tour, et en ferma la porte sur eux. Pendant quelques instants il regarda en silence le corps de Meg Merrilies, étendu devant lui, et dont les traits, déjà affaissés par la mort, conservaient cependant encore le caractère impérieux et énergique qui, tant qu'elle avait

---

[1] Ce mot est placé dans la bouche d'un des vieux tenanciers. Dans les anciennes tenures féodales, le *herezeld* désignait le meilleur animal, cheval ou autre, des terres du vassal, appartenant de droit au seigneur. Le seul vestige de cette coutume est ce qu'on nomme le *sasine*, ou gratification d'une certaine valeur déterminée, payée au shérif du comté lorsqu'il donne l'investiture aux vassaux de la couronne. (W. S.)

vécu, lui avait assuré une sorte de supériorité sur la horde indisciplinée au sein de laquelle elle était née. Le jeune soldat essuya les larmes qui venaient involontairement mouiller ses paupières, en contemplant ces restes d'un être qu'on pouvait regarder comme mort victime de sa fidélité envers sa personne et sa famille. Puis, prenant la main du ministre, il lui demanda solennellement si elle lui avait paru capable de donner à ses prières cette attention qui convient à un mourant.

— Mon cher monsieur, répondit le bon ministre, je crois qu'il restait assez de connaissance à cette pauvre femme pour se joindre à mes prières et les comprendre. Mais espérons humblement que nous sommes jugés d'après les moyens que nous avons eus de participer à l'instruction morale et religieuse. Jusqu'à un certain point elle pouvait être regardée comme une véritable païenne, même au sein d'un pays chrétien ; et souvenons-nous que les erreurs et les vices d'une vie ignorante ont été balancés par des actes d'attachement désintéressés allant presque jusqu'à l'héroïsme. A CELUI qui seul peut balancer nos crimes et nos erreurs contre nos efforts vers la vertu, nous la confions avec crainte, mais non sans espérance.

— Puis-je vous prier, reprit Bertram, de veiller à ce que des funérailles décentes soient accordées à cette pauvre femme? J'ai entre les mains quelques valeurs qui lui appartiennent ; — à tout événement, je répondrai de la dépense. — Vous me trouverez à Woodbourne.

Dinmont, à qui un fermier de sa connaissance avait fourni un cheval, cria en ce moment du dehors que tout était prêt pour leur retour ; et après une instante exhortation à la foule, qui s'était alors accrue jusqu'au nombre de plusieurs centaines, de respecter le bon ordre dans leurs manifestations, attendu que le moindre excès provenant de leur zèle pourrait être tourné au préjudice du jeune laird, comme ils l'appelaient, Bertram et Hazlewood se remirent en route au milieu des acclamations de la multitude.

Au moment où ils passaient devant les chaumières ruinées de Derncleugh, Dinmont dit, en s'adressant à Bertram : Je suis sûr que quand vous serez rentré dans vos biens, capitaine, vous n'oublierez pas de bâtir ici une petite cabane? Le diable m'emporte, je le ferais moi-même, si ce n'était en meilleures mains. — Je n'aimerais pas à y demeurer, quoique ça, après ce qu'elle a dit. Ma foi, j'y mettrais la vieille Elspeth, la veuve du fossoyeur ; — les gens de son espèce sont accoutumés aux tombes et aux esprits, et aux choses du même genre.

Une course rapide les eut bientôt ramenés en vue de Woodbourne. La nouvelle de leur exploit s'était déjà répandue au loin, et tous les habitants du voisinage les attendaient à l'entrée de l'avenue, où ils furent reçus avec des acclamations de félicitation. — Si vous me revoyez en vie, dit Bertram à Lucy, qui la première était accourue vers lui, quoique les yeux de Julia l'eussent prévenue, vous devez en remercier ces excellents amis.

Rougissant à la fois de plaisir, de gratitude et de modestie, Lucy fit une révérence à Hazlewood; mais à Dinmont elle tendit franchement la main. L'honnête fermier, dans l'extravagance de sa joie, poussa la liberté plus loin que ne l'autorisait la faveur accordée, car il imprima ses lèvres sur les lèvres de la jeune dame; mais il se reprocha aussitôt la rudesse de ses manières. — Pour Dieu, madame, je vous demande pardon, dit-il, j'en ai agi comme si vous étiez une de mes propres filles.

— Le capitaine met les gens tellement à leur aise, qu'il fait qu'on s'oublie.

Le vieux Pleydell s'approcha. — Eh! fit-il; si l'on paie par ici des honoraires de cette nature-là...

— Un instant, un instant, M. Pleydell, dit Julia, vous avez reçu vos honoraires d'avance; — souvenez-vous d'hier au soir.

— Oui, je conviens des arrhes; mais si demain je ne mérite pas doubles honoraires de miss Bertram et de vous, quand j'aurai terminé l'interrogatoire de Dirk Hatteraick... Vertubleu! je vous l'assouplirai. — Vous verrez, colonel; et vous, mes petites méchantes, vous ne pourrez pas voir, mais vous entendrez.

— C'est-à-dire, s'il nous plaît d'écouter, conseiller, répliqua Julia.

— Et vous croyez qu'il y a deux à parier contre un que cela ne vous plaira pas? — Mais vous avez la curiosité, qui de temps à autre vous apprend l'usage de vos oreilles.

— Je vous déclare, conseiller, repartit la malicieuse jeune fille, que d'impertinents bacheliers comme vous nous apprendraient aussi de temps à autre l'usage de nos doigts.

— Réservez-les pour le clavecin, ma charmante; tout le monde s'en trouvera mieux.

Tandis que ces plaisanteries étaient échangées, le colonel Mannering présentait à Bertram un homme aux manières simples et à la physionomie prévenante, en habit et en surtout gris, en culottes de peau de daim et en bottes. — Mon cher monsieur, voici M. Mac Morlan.

— A qui ma sœur a dû un asile, dit Bertram en l'embrassant cordialement, quand elle se voyait abandonnée de tous ses amis naturels et de tous ses parents.

Le Dominie accourait en ce moment vers le groupe, grimaçant et riant aux éclats; il voulut siffler et ne produisit qu'un son diabolique, et finalement, incapable de contenir ses émotions, il se retira à l'écart pour épancher par les yeux le trop-plein de son cœur.

Nous n'essaierons pas de décrire les ravissements et la joie de cette heureuse soirée

CHAPITRE LVI.

> Tel qu'un odieux singe que l'on surprend grimaçant au milieu de ses larcins amoncelés, parait un homme astucieux, dont les fraudes secrètes sont mises au jour !
>
> *Le comte Basile.*

Le lendemain matin de bonne heure, il y eut un grand mouvement à Woodbourne, pour se rendre à Kippletringan, où devait avoir lieu l'interrogatoire. M. Pleydell, tant à raison des investigations qu'il avait précédemment dirigées dans l'obscure affaire de la mort de Kennedy, qu'à cause de la déférence générale commandée par son habileté comme légiste, fut prié par M. Mac Morlan, sir Robert Hazlewood et un autre juge de paix qu'ils s'étaient adjoints, d'occuper le fauteuil de président et de conduire l'interrogatoire. Le colonel Mannering fut invité à siéger avec eux. L'interrogatoire, n'étant qu'un acte de l'instruction qui précède la mise en jugement, eut au reste lieu à huis clos.

Le conseiller résuma les anciennes informations, et réinterrogea ceux des témoins qui vivaient encore. Il entendit ensuite l'ecclésiastique et le chirurgien touchant la déclaration de Meg Merrilies à son lit de mort. Ils rapportèrent qu'elle avait affirmé distinctement, positivement et à plusieurs reprises avoir été témoin oculaire du meurtre de Kennedy par les mains d'Hatteraick et de deux ou trois hommes de son équipage ; que sa présence sur le lieu du crime avait été le pur effet du hasard ; qu'elle pensait que leur ressentiment à la rencontre qu'ils firent de la victime au moment même où, par suite des informations qu'il avait transmises, ils venaient de perdre leur bâtiment, les avait poussés à cet assassinat ; qu'elle avait dit qu'une autre personne encore vivante, — son neveu Gabriel Faa, — avait aussi été témoin du meurtre, mais qu'il avait refusé d'y prendre part ; qu'enfin elle avait insinué qu'une autre personne s'était rendue complice du fait, non avant, mais après son accomplissement, mais qu'ici les forces lui avaient manqué, et qu'elle n'avait pu en dire davantage. Ils n'oublièrent pas de mentionner sa déclaration qu'elle avait sauvé l'enfant, et qu'il lui avait ensuite été arraché par les contrebandiers, dans le dessein de l'emmener en Hollande. — Toutes ces particularités furent soigneusement consignées au procès-verbal.

Dirk Hatteraick fut alors introduit, chargé de fers pesants ; car à raison de sa précédente évasion, il avait été rigoureusement enchaîné et surveillé. On lui demanda son nom : il ne fit pas de réponse ; — sa profession : il garda le silence. Plusieurs autres questions lui furent posées, et il ne répondit à aucune. Pleydell, essuyant les verres de ses lunettes, l'examina très-attentivement. — Voilà une mine horriblement féroce, dit-il tout bas à Mannering ; mais, comme dit Dogberry, je jouerai au fin avec lui. — Constable, faites entrer Soles[1], — Soles le cordonnier.

— Soles, vous souvenez-vous d'avoir, par mon ordre, pris mesure de quelques empreintes de pieds sur la terre, dans le bois de Warroch, le .. novembre 17... Soles se souvint parfaitement de cette circonstance. — Regardez ce papier ; — sont-ce les notes de vos mesures ? Soles vérifia le *memorandum*. — Maintenant, voilà sur cette table une paire de souliers ; mesurez-les, et voyez s'ils correspondent à quelqu'une des empreintes que vous y avez notées. Le cordonnier obéit, et déclara qu'ils répondaient exactement à la plus grande des empreintes.

— Nous prouverons, dit le conseiller à part à Mannering, que ces souliers, qui ont été trouvés dans les ruines à Derncleugh, appartenaient à Brown, le drôle que vous avez tué dans l'avenue de Woodbourne. — Maintenant, Soles, mesurez avec soin les pieds de ce prisonnier.

Mannering observa attentivement Hatteraick, et s'aperçut d'un tremblement visible. — Ces mesures, continua Pleydell, correspondent-elles avec quelqu'une des empreintes ?

L'homme compara à deux reprises les notes et sa mesure ; — elles ne diffèrent pas d'une épaisseur de cheveu, dit-il après cet examen, d'une empreinte plus large et plus courte que la première.

Ici le bon génie d'Hatteraick l'abandonna. — Der diable ! exclamat-il, comment pouvait-il y avoir des marques de pieds sur la terre, quand il gelait aussi dur que le cœur d'une souche de Memel ?

— Dans la soirée, d'accord, capitaine Hatteraick, dit Pleydell ; mais non pas le matin. — Voudriez-vous me dire où vous vous trouviez le jour dont vous vous souvenez si exactement ?

Hatteraick vit sa bévue, et de nouveau il contracta ses traits farouches dans un silence obstiné. — Écrivez son observation, cependant, dit Pleydell au greffier.

En ce moment, la porte s'ouvrit, et à la grande surprise de la plupart des assistants, M. Gilbert Glossin entra dans la salle. Cet honnête homme, à force d'informations et d'espionnages, avait acquis la certitude qu'il n'avait pas été désigné nominativement par Meg Merrilies mourante, circonstance qui certainement ne provenait d'aucune disposition favorable qu'elle aurait eue pour lui, mais du délai qu'on avait mis à recevoir régulièrement ses déclarations, et des rapides approches de la mort. Il se regarda donc comme à l'abri de toutes révélations, sauf

---

[1] Semelles.

CHAPITRE LVI.

de celles que pourrait faire Hatteraick lui-même; et ce fut pour les prévenir qu'il se détermina à affronter l'orage, en venant prendre place, pendant l'interrogatoire, au banc des magistrats ses confrères. — Je pourrai, pensa-t-il, faire sentir au coquin que sa sûreté est liée à la mienne; et ma présence, en outre, sera une preuve de confiance et d'innocence. S'il me faut perdre le domaine, que du moins... Mais j'espère mieux de l'avenir.

En entrant, il fit à sir Robert Hazlewood une profonde salutation. Sir Robert, qui commençait à avoir quelque soupçon que son voisin le roturier Glossin avait fait de lui une patte de chat [1], fit une très-légère inclination de tête, prit du tabac, et regarda d'un autre côté.

— Votre très-humble serviteur, M. Corsand, dit Glossin à l'autre juge de paix.

— Votre humble serviteur, M. Glossin, répondit sèchement M. Corsand, composant sa physionomie *regis ad exemplar*, c'est-à-dire sur celle du baronnet.

— Mac Morlan, mon digne ami, continua Glossin, comment vous portez-vous? — Toujours occupé de vos fonctions?

— Humph! fit l'honnête Mac Morlan, sans faire autrement attention ni au compliment ni au salut.

— Colonel Mannering (un profond salut très-légèrement rendu), et vous, M. Pleydell (autre salutation profonde), je n'aurais pas cru que nous pussions espérer votre assistance à de pauvres juges de campagne, à cette époque de la session.

Pleydell eut recours à sa tabatière, et lui jeta un regard aussi perçant que sardonique. — Je lui apprendrai, dit-il à l'oreille de Mannering, la valeur de l'ancienne admonition : *Ne accesseris in consilium antequàm voceris* [2].

— Peut-être ai-je été indiscret, messieurs, dit Glossin, qui n'avait pu s'empêcher de remarquer la froideur de sa réception. — La séance est-elle ouverte?

— Pour ma part, répondit M. Pleydell, loin de regarder votre présence ici comme une indiscrétion, M. Glossin, je n'ai de ma vie été si satisfait de vous voir; d'autant plus que je pense que dans tous les cas nous aurions eu dans le cours de la journée à réclamer la faveur de votre présence.

— Hé bien donc, messieurs, reprit Glossin en approchant sa chaise du bureau et commençant à remuer les papiers, où en êtes-vous? — Qu'avez-vous fait? — Où sont les déclarations?

— Greffier, donnez-moi tous ces papiers, dit M. Pleydell. — J'ai une manière à moi d'arranger mes documents, M. Glossin; qu'un autre y

---

[1] Tout le monde connaît l'apologue du singe et du chat. (L. V.)

[2] Ne venez pas au conseil avant d'y être appelé.

touche, je ne m'y reconnais plus. — Mais tout à l'heure j'aurai besoin de votre concours.

Ainsi réduit à l'inaction, Glossin jeta un coup d'œil à la dérobée sur Dirk Hatteraick : il ne put lire dans ses sombres regards que la méchanceté et sa haine pour tout ce qui l'entourait. — Mais, messieurs, dit Glossin, est-il bien légal de tenir ce pauvre homme si étroitement garrotté, quand il n'est ici simplement que pour un interrogatoire?

C'était arborer vis-à-vis du prisonnier une sorte de signal ami.

— Il s'est déjà échappé une fois, répondit Mac Morlan d'un ton sec; et Glossin fut réduit au silence.

Bertram fut alors introduit, et, à la confusion de Glossin, accueilli de la manière la plus amicale par tous ceux qui se trouvaient là, même par sir Robert Hazlewood. Il raconta ses souvenirs d'enfance avec une candeur et une réserve d'expression qui offraient les meilleures garanties de sa véracité. — Ceci semble être une question civile plutôt que criminelle, dit Glossin en se levant; et comme vous ne pouvez ignorer, messieurs, quels résultats la parenté prétendue de ce jeune homme peut avoir par rapport à mes intérêts patrimoniaux, je demanderai la permission de me retirer.

— Non, mon cher monsieur, dit Pleydell; nous ne pouvons en aucune façon nous passer de vous. Mais pourquoi avez-vous qualifié de *prétendues* les réclamations de ce jeune homme? Je n'ai l'intention de rien préjuger sur ce que vous aurez à leur opposer, si vous pouvez leur opposer quelque chose; mais...

— M. Pleydell, interrompit Glossin, je suis toujours disposé à jouer cartes sur table, et je crois pouvoir vous expliquer l'affaire en quelques mots. — Ce jeune homme, que je crois être un fils naturel du feu laird d'Ellangowan, a couru ce pays, depuis quelques semaines, sous différents noms, cabalant avec une misérable vieille folle qui, dit-on, vient d'être tuée dans une dispute, et avec d'autres tinkers, gipsies et gens de même sorte, et une grande brute de fermier du Liddesdale; excitant les tenanciers contre leurs seigneurs, lesquels, comme le sait sir Robert Hazlewood d'Hazlewood...

— Sans vous interrompre, M. Glossin, reprit Pleydell, je vous demande ce qu'est ce jeune homme, selon vous.

— Hé bien, je dis, répondit Glossin, et je crois que monsieur (regardant Hatteraick) sait aussi que le jeune homme est un fils naturel de feu Ellangowan, et d'une fille appelée Janette Lightoheel, mariée plus tard à Hewit le charpentier de marine, qui demeurait dans le voisinage d'Annan[1]. Son nom est Godfrey Bertram Hewit, nom sous lequel il fut enrôlé à bord du *Royal Caroline*, yacht de la douane.

— Oui-da? fit Pleydell; voilà une histoire très-vraisemblable! —

---

[1] Petite ville maritime du comté de Dumfries. (L. V.)

Mais, pour ne pas nous appesantir sur quelques différences d'âge, de couleur de cheveux, et autres détails semblables, — veuillez vous approcher, monsieur.

Un jeune marin s'avança.

— Voici, continua le conseiller, le véritable Godfrey Bertram Hewit, arrivé la nuit dernière des Antilles à Liverpool. Il est contre-maître d'un bâtiment de la compagnie des Indes Occidentales, et en belle voie de faire son chemin dans le monde, quoiqu'il y soit entré d'une manière quelque peu irrégulière.

Tandis que les autres juges de paix adressaient quelques questions à ce jeune homme, Pleydell, en examinant quelques-uns des papiers placés sur la table, vint à prendre le vieux portefeuille d'Hatteraick. Une expression singulière dans le regard du contrebandier fit naître dans l'esprit pénétrant du conseiller la pensée qu'il y avait là quelque chose d'un intérêt particulier. Il continua donc l'examen des papiers, en reposant le portefeuille sur la table, et il s'aperçut au même instant que le prisonnier cessait de prendre intérêt à sa recherche. — Quoi que ce puisse être, pensa Pleydell, ce doit être dans le portefeuille même; et se remettant à l'examiner avec plus d'attention, il découvrit enfin, entre le carton et la peau qui le recouvrait, un compartiment secret d'où il tira trois papiers pliés. Se tournant alors vers Glossin, Pleydell le pria de vouloir bien leur dire s'il avait assisté à la recherche du corps de Kennedy, et à celle de l'enfant de son patron M. Bertram, le jour où l'un et l'autre avaient disparu.

— Non... c'est-à-dire... oui, répondit Glossin troublé par le cri de sa conscience.

— Alors, n'est-il pas bien remarquable que lié comme vous l'étiez avec la famille d'Ellangowan, je ne me souvienne pas que vous ayez été interrogé, ni même que vous ayez comparu devant moi dans le cours de l'investigation?

— Le matin qui suivit ce triste événement, je fus appelé à Londres pour une affaire très-importante.

— Greffier, écrivez cette réponse. — Je présume, M. Glossin, que cette affaire était la négociation de ces trois billets tirés par vous sur MM. Vanbeest et Vanbruggen, et acceptés en leur nom par un certain Dirk Hatteraick, le jour même du meurtre. Je vous félicite de ce que ces traites ont été exactement acquittées, comme je vois qu'elles l'ont été. Je pense qu'il y avait des motifs d'en douter.

Glossin changea de figure.

— Ces pièces de conviction, continua M. Pleydell, confirment le rapport qu'a fait de votre conduite en cette occasion un homme appelé Gabriel Faa, que nous avons maintenant en notre pouvoir et qui fut témoin de toute la transaction entre vous et cet honnête prisonnier. — Avez-vous quelque explication à donner?

— M. Pleydell, repartit Glossin avec un grand calme, je présume que si vous étiez mon avocat vous ne me conseilleriez pas de répondre en ce moment à une accusation que le plus vil des hommes semble disposé à soutenir par le parjure?

— Mon avis serait dicté par l'opinion que j'aurais de votre innocence ou de votre culpabilité. Dans votre situation, je crois que vous prenez le parti le plus prudent; mais vous comprenez que vous devez aller en prison?

— En prison? pourquoi, monsieur? Sur l'accusation de meurtre?

— Non; seulement comme instigateur et complice de l'enlèvement de l'enfant.

— C'est un cas qui admet caution.

— Pardonnez-moi; ceci est *plagium*, et *plagium* est crime capital.

— Je vous demande excuse, M. Pleydell; il n'y a ici qu'un précédent, l'affaire Torrence et Waldie. C'étaient, vous vous en souviendrez, des femmes *résurrectionnaires*[1], qui avaient promis de livrer le corps d'un enfant à de jeunes chirurgiens. Voulant faire honneur à leur engagement, plutôt que de faire manquer la leçon du soir des étudiants, elles volèrent un enfant vivant, le tuèrent, et vendirent le corps pour trois shillings et demi[2]. Elles furent pendues, mais pour le meurtre, et non pour le *plagium*.[3] Votre jurisprudence civile vous a entraîné un peu trop loin.

— Bien, monsieur; mais, en attendant, M. Mac Morlan vous fera déposer à la prison du comté, si ce jeune homme répète la même histoire. Constables, emmenez M. Glossin et Hatteraick, et gardez-les dans des chambres séparées.

Gabriel le gipsie fut alors introduit. Il raconta fort en détail comment il avait déserté du vaisseau du capitaine Prichard et avait rejoint les contrebandiers pendant l'action; comment Dirk Hatteraick, voyant son lougre désemparé, y avait mis le feu, et à la faveur de la fumée s'était échappé avec son équipage et autant de marchandises qu'ils en avaient pu sauver, et s'était réfugié dans la caverne où ils se proposaient d'attendre la nuit. Hatteraick lui-même, son contre-maître Vanbeest Brown, et trois autres dont le déclarant faisait partie, étaient allés dans le bois adjacent pour communiquer avec quelques-uns de leurs amis du voisinage. Ils y firent la rencontre inopinée de Kennedy; et Hatteraick ainsi que Brown, sachant qu'il avait été cause de leur désastre, résolurent de l'assassiner. Il rapporta qu'il les avait vus porter

---

[1] On désigne ainsi, en Angleterre, des individus exerçant l'horrible industrie de livrer aux chirurgiens, pour leurs études anatomiques, des cadavres qu'ils ont volés dans les cimetières. Plus d'une fois le manque de *sujets* a poussé les résurrectionnaires au meurtre. (L. V.)

[2] Un peu plus de 4 fr. (L. V.)

[3] Le fait, avec les circonstances rapportées, a, en effet, été jugé et consigné. (W. S.)

CHAPITRE LVI.

une main violente sur l'officier et le traîner à travers le bois, mais qu'il n'avait pas pris part à l'attaque ni vu son issue ; qu'il était revenu à la caverne par un chemin différent, et qu'Hatteraick et ses complices y étaient rentrés après lui ; que le capitaine était en train de raconter comment lui et Brown avaient fait rouler en bas un large fragment de rocher, tandis que Kennedy, gisant sur la grève, y râlait encore, quand Glossin parut tout à coup au milieu d'eux, et que lui, Gabriel, avait été témoin de toute la transaction par laquelle Hatteraick avait acheté son silence. A l'égard du jeune Bertram, il pouvait rendre un compte suivi de ce qu'il était devenu, jusqu'à son départ pour l'Inde où il l'avait perdu de vue ; et il ne l'avait plus revu depuis cette époque jusqu'au moment où il en avait fait la rencontre inopinée dans le Liddesdale. Gabriel Faa ajouta qu'il en avait sur-le-champ informé sa tante, Meg Merrilies, ainsi qu'Hatteraick, qu'il savait être alors sur la côte ; mais qu'au sujet de ce dernier avis il avait reçu des reproches de sa tante. Il ajouta, en finissant, que sa tante avait immédiatement déclaré qu'elle ferait tout ce qui serait en son pouvoir pour aider le jeune Ellangowan à recouvrer ses droits, dût-elle même agir pour cela contre Dirk Hatteraick ; et qu'outre lui-même, beaucoup d'autres gipsies la secondaient et lui obéissaient, par la croyance qu'elle était douée d'inspirations surnaturelles. Il avait su que dans le même but sa tante avait donné à Bertram le trésor de la tribu, dont elle avait la garde. Trois ou quatre gipsies, par l'ordre exprès de Meg Merrilies, s'étaient mêlés à la foule pendant l'attaque de la maison de douanes, dans le dessein de délivrer Bertram, ce que lui-même avait effectué. Il dit qu'en obéissant aux ordres de Meg ils ne prétendaient en apprécier ni la convenance ni la raison, le respect que sa tribu professait pour elle excluant tout examen de cette nature. Répondant à de nouvelles questions, le témoin ajouta que sa tante avait toujours dit qu'Harry Bertram portait à son cou quelque chose qui certifierait sa naissance. C'était un talisman, disait-elle, qu'un élève d'Oxford avait dressé pour lui, et elle avait persuadé aux contrebandiers que le lui enlever serait occasionner la perte de leur bâtiment.

Bertram produisit alors un petit sachet de velours, qu'il dit avoir porté à son cou depuis sa plus tendre enfance, et qu'il avait conservé d'abord par un respect superstitieux, puis dans l'espoir qu'il pourrait l'aider un jour à découvrir sa naissance. Le sachet ouvert, on y trouva une enveloppe de soie bleue, d'où fut tiré un thème de nativité. En examinant ce papier, le colonel Mannering le reconnut sur-le-champ pour avoir été composé par lui ; et il rendit le témoignage le plus fort et le plus convaincant de l'identité du possesseur de ce talisman avec le jeune héritier d'Ellangowan, en avouant le rôle d'astrologue qu'il avait joué la première fois qu'il était venu en Écosse.

— Et maintenant, dit Pleydell, dressez les mandats de détention contre Hatteraick et Glossin, jusqu'à ce qu'ils aient satisfait au cours de la loi. Cependant, ajouta-t-il, j'en suis fâché pour Glossin.

— Il me semble, dit Mannering, que c'est celui des deux qui mérite incomparablement le moins de pitié. L'autre est du moins un homme résolu, quoique aussi dur qu'un caillou.

— Il est très-naturel, colonel, que vous vous intéressiez au bandit, et moi au fripon : — ce sont là des goûts qui tiennent de nos professions. — Mais je puis vous dire que Glossin aurait fait un joli avocat, s'il n'avait pas tourné ainsi vers le côté le moins honnête de la profession.

— La médisance dirait qu'il aurait pu n'en être pas plus mauvais homme de loi pour cela.

— La médisance dirait un mensonge, alors; ce qui lui est habituel. La loi est comme l'opium : il est beaucoup plus aisé d'en user comme les charlatans, que d'apprendre à s'en servir en médecin.

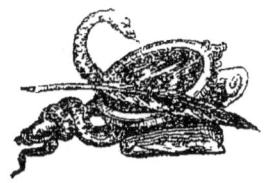

CHAPITRE LVII.

> Il ne sait ni vivre ni mourir. — O cœur de marbre.
> Saisissez-le, camarades, et traînez-le jusqu'au billot!
> *Mesure pour mesure.*

A prison du chef-lieu du comté de *** était un de ces donjons antiques qui jusqu'à ces dernières années [1] ont déshonoré l'Écosse. Quand les prisonniers et leurs gardes y arrivèrent, Hatteraick, dont la violence et la force étaient bien connues, fut renfermé dans ce qu'on appelait la chambre des condamnés. C'était une grande pièce située dans le haut de la prison. Une barre de fer ronde, de la grosseur à peu près du bras d'un homme au-dessus du coude, traversait horizontalement la chambre à six pouces environ du plancher, ses deux extrémités solidement scellées dans le mur [2]. Les chevilles d'Hatteraick furent passées dans des entraves, réunies, par une chaîne de quatre pieds environ, à un large anneau de fer mobile dans toute la longueur de la barre que nous avons décrite. Un prisonnier pouvait ainsi se promener, à droite ou à gauche de la barre, d'un bout de la chambre à l'autre, sans pouvoir s'en éloigner au delà de ce que permettait la longueur de la chaîne. Quand ses pieds furent ainsi fixés, le gardien lui enleva ses menottes, et, sauf ses entraves, le laissa libre de sa personne. Une paillasse fut placée près de la barre de fer, de manière à ce que le prisonnier enchaîné pût s'y étendre à volonté, toujours retenu à la barre de la manière décrite.

Hatteraick n'était pas depuis longtemps dans ce lieu de reclusion lorsque Glossin arriva à la même prison. Par égard pour son rang relatif et son éducation, on ne le mit pas aux fers, et il fut placé dans une chambre décente sous la garde de Mag Guffog, qui, depuis l'incendie de la Bridewell de Portanferry, avait obtenu ici la place de porte-clefs. Quand Glossin se trouva seul dans sa chambre, et qu'il se vit le loisir de calculer les chances pour et contre lui, il ne put prendre sur lui de regarder la partie comme désespérée.

[1] C'est-à-dire jusqu'au commencement du siècle actuel. (L. V.)

[2] Cette manière d'enchaîner les prisonniers était universellement pratiquée en Écosse après la condamnation. Quand un homme était sous sentence de mort, il était attaché à ce qu'on appelait le *Gad* (le Promeneur), c'est-à-dire fixé à la barre de fer de la manière mentionnée au texte. Cet usage a subsisté à Édimbourg jusqu'à la démolition de l'ancienne Tolbooth, il y a quelques années, et peut-être existe-t-il encore. (W. S.)

— Le domaine est perdu, se dit-il ; cela doit être : Pleydell et Mac Morlan réduiront à néant les réclamations que j'élèverai à cet égard. Ma réputation? — que je me tire d'ici libre et la vie sauve, je regagnerai de l'or et m'en revernirai une nouvelle. Je ne savais rien de l'affaire du jaugeur avant que le coquin n'eût fait le coup, et quoique j'aie eu quelque intérêt dans la contrebande, ce n'est pas un cas capital. Mais l'enlèvement de l'enfant? — sur ce point ils m'atteignent de plus près. Voyons : — Ce Bertram était alors enfant ; — son témoignage ne peut faire entièrement foi. — L'autre drôle est un déserteur, un gipsie, un proscrit ; — Meg Merrilies (puisse-t-elle être à tous les diables!) est morte. — Ces maudits billets! Hatteraick les avait apportés avec lui, je suppose, pour avoir les moyens de me menacer ou de m'extorquer de l'argent. Il faut tâcher de voir le coquin ; — il faut que je lui persuade de tenir bon, et de donner quelque autre couleur à l'affaire.

Son esprit forgeant ainsi des plans de futures impostures pour couvrir d'anciennes scélératesses, il fut occupé jusqu'à l'heure du souper à arranger et à combiner ces projets. Comme porte-clefs, ce fut Mac Guffog qui le lui apporta. Nous savons que de vieille date c'était une connaissance particulière du prisonnier maintenant placé sous sa garde. Après lui avoir fait boire un verre d'eau-de-vie, et l'avoir amadoué par quelques cajoleries, Glossin lui dit qu'il comptait sur lui pour une entrevue avec Dirk Hatteraick.

— Impossible ! tout à fait impossible ! répondit le cerbère ; c'est contraire aux ordres exprès de M. Mac Morlan, et le capitaine (c'est ainsi qu'en Écosse on désigne le geôlier en chef de la prison du comté) ne me le pardonnerait jamais.

— Mais pourquoi le saurait-il ? dit Glossin en glissant une couple de guinées dans la main de Mac Guffog.

Le porte-clefs fit sauter l'or dans sa main comme pour en apprécier le poids, et regarda finement Glossin. — Oui, oui, M. Glossin, vous connaissez les usages de ce pays-ci. — Écoutez ; à l'heure de la fermeture je reviendrai, et je vous ferai grimper les escaliers jusqu'à sa chambre. — Mais il faudra que vous y passiez une nuit, car je suis obligé de porter les clefs au capitaine pour la nuit, et je ne puis vous faire sortir qu'au matin. — Je ferai ma visite une demi-heure plus tôt que de coutume, et vous pourrez être niché chez vous avant que le capitaine fasse sa ronde.

Quand dix heures eurent sonné à l'horloge voisine, Mac Guffog arriva muni d'une petite lanterne sourde. Il dit à voix basse à Glossin : Otez vos souliers et suivez-moi. Lorsque Glossin fut hors de la porte, Mac Guffog, comme dans l'exécution de ses fonctions ordinaires, et feignant de parler au prisonnier, cria avec affectation : Bonne nuit, monsieur! Puis il ferma la porte, en faisant retentir les verrous avec grand bruit. Il guida alors Glossin par un escalier raide et étroit, au haut duquel

CHAPITRE LVII.

était la porte de la chambre des condamnés; il la débarrassa, l'ouvrit, remit la lanterne à Glossin, lui fit signe d'entrer, et referma la porte sur lui avec la même ostentation bruyante.

La faible lumière que portait Glossin ne lui permit d'abord de rien distinguer dans la grande et sombre cellule où il venait d'être introduit. Enfin il put obscurément apercevoir la paillasse étendue sur un lit bas à côté de la longue barre de fer qui traversait la chambre, et sur cette paillasse une forme humaine qui y reposait. Glossin s'en approcha : — Dirk Hatteraick !

— Grêle et tonnerre! c'est sa voix, s'écria le prisonnier en se soulevant à demi et en agitant ses fers avec violence; mon rêve est donc vrai! — Allez-vous-en et laissez-moi à moi-même; — c'est ce que vous pouvez faire de mieux.

— Quoi, mon bon ami! la perspective de quelques semaines de prison abattra-t-elle ainsi votre courage?

— Oui, répondit le rufian d'un ton sombre, — quand je n'en dois sortir que par une corde! — Laissez-moi seul; allez à vos affaires, et détournez la clarté de cette lampe de mon visage!

— Allons donc, mon cher Dirk! ne craignez rien. — J'ai un plan superbe qui fera tourner tout à bien.

— Allez à tous les diables avec vos plans! Ce sont vos plans qui m'auront fait perdre mon bâtiment, ma cargaison et la vie; et tout à l'heure je rêvais que Meg Merrilies vous traînait ici par les cheveux, et qu'elle me donnait le grand couteau fermé dont elle se servait toujours : — vous ne savez pas ce qu'elle me disait. Mille tonnerres! vous ferez bien de ne pas me tenter!

— Allons, Hatteraick, mon bon ami, levez-vous et causons.

— Non! répondit le sauvage d'un ton encore plus bourru qu'auparavant; — vous avez causé tout le mal. Vous n'avez pas voulu laisser Meg emporter l'enfant; elle l'aurait rendu après qu'il aurait eu tout oublié.

— Vous êtes devenu stupide, Hatteraick.

— Tempête! Nierez-vous que toute cette maudite tentative de Portanferry, qui m'a coûté mon sloop et mon équipage, ait été imaginée par vous dans votre propre intérêt?

— Mais les marchandises, vous savez...

— Au diable les marchandises! nous aurions pu en avoir assez d'autres; mais, der diable! perdre le bâtiment, et mon bel équipage, et ma propre vie, pour un lâche et damné coquin qui fait toujours le mal par les mains des autres! — Ne me dites plus rien; — je suis dangereux.

— Mais, Dirk, — mais, Hatteraick, écoutez seulement quelques mots.

— Enfer! Nein.

— Seulement une phrase.

— Mille malédictions! — Nein!

— Lève-toi donc, obstinée brute hollandaise! s'écria Glossin perdant patience, et poussant Hatteraick du pied.

— Mille tonnerres! vociféra Hatteraick en sautant sur ses pieds et en le saisissant; vous *voulez* donc l'avoir?

Glossin lutta et résista, mais avec si peu de succès, tant la fureur de l'attaque l'avait surpris, qu'il tomba sous Hatteraick; et dans sa chute, le derrière de son cou porta en plein sur la barre de fer avec une violence étourdissante. La lutte acharnée continua. La pièce située immédiatement au-dessous de la chambre des condamnés était vide, naturellement, puisque c'était celle de Glossin; mais les habitants de l'étage inférieur sentirent le choc pesant de la chute de Glossin, et entendirent un bruit semblable à celui d'une batterie et à des gémissements. Mais de tels sons d'horreur étaient trop habituels dans ce lieu pour y exciter beaucoup de curiosité ou d'intérêt.

Le lendemain matin, fidèle à sa promesse, Mac Guffog arriva. — M. Glossin! dit-il à demi-voix.

— Appelez plus haut, répondit Dirk Hatteraick.

— M. Glossin, venez, pour l'amour du Ciel!

— C'est ce qu'il aura peine à faire si on ne l'aide pas, continua Hatteraick.

— Qu'avez-vous donc à bavarder là-naut, Mac Guffog? cria d'en bas le capitaine.

— Venez, au nom du Ciel, M. Glossin! répéta le porte-clefs.

En ce moment, le geôlier arriva avec une lumière. Grande fut sa surprise, et même son horreur, en voyant le corps de Glossin gisant en travers de la barre de fer, dans une position qui ne permettait pas de douter que ce ne fût plus qu'un cadavre. Hatteraick était tranquillement étendu sur sa paillasse, à trois pieds de sa victime. En relevant Glossin, on vit qu'il devait être mort depuis plusieurs heures. Son corps portait des marques extraordinaires de violence. Les vertèbres cervicales avaient été grièvement offensées dans sa première chute. Sa gorge portait des marques distinctes de strangulation, qui répondaient à la teinte violacée de son visage. La tête était tournée sur l'épaule, comme si le cou eût été tordu par une violence désespérée. Il semblait donc que son antagoniste acharné eût pressé d'une étreinte fatale la gorge du misérable, et ne l'eût lâchée que quand il n'en sortait plus un souffle de vie. La lanterne, écrasée et brisée en morceaux, était sous le corps.

Mac Morlan se trouvait dans la ville; il fut appelé sur-le-champ pour examiner le cadavre. — Qui a conduit Glossin ici? demanda-t-il à Hatteraick.

— Le diable! répondit le rufian.

— Et que lui avez-vous fait?

— Je l'ai envoyé en enfer devant moi.

CHAPITRE LVII.

— Malheureux! vous avez couronné par le meurtre de votre misérable complice une vie passée sans qu'une seule vertu y ait trouvé place?

— La vertu? Mille tonnerres! j'ai toujours été fidèle à mes armateurs; — j'ai toujours rendu compte de la cargaison jusqu'au dernier stiver. Écoutez. Faites-moi avoir une plume et de l'encre, pour que j'écrive à notre maison tout ce qui vient de se passer; et laissez-moi seul une couple d'heures, voulez-vous? — Mais faites enlever cette charogne, mille tonnerres!

Mac Morlan pensa que le mieux était de faire ce que demandait le bandit; on lui apporta ce qu'il fallait pour écrire, et on le laissa seul. Quand on revint, on trouva que ce scélérat déterminé avait anticipé sur l'œuvre de la justice. Il avait enlevé une corde du lit bas à roulettes sur lequel était posée sa paillasse, avait attaché cette corde à un os, débris de son dîner de la veille, qu'il avait réussi à fixer entre deux pierres mal jointes de la muraille, aussi haut qu'il avait pu atteindre en montant sur la barre. Après avoir serré le nœud, il avait eu assez de résolution pour s'affaisser sur lui-même comme s'il eût voulu se mettre à genoux, et pour garder cette posture jusqu'à ce que la résolution ne fût plus nécessaire. La lettre qu'il avait écrite à ses patrons, quoique roulant principalement sur les affaires de leur commerce, contenait nombre d'allusions au jeune Ellangowan, et confirmait positivement tout ce qu'avaient rapporté Meg Merrilies et son neveu.

Pour n'avoir pas à nous occuper plus longtemps de la catastrophe de ces deux misérables, j'ajouterai seulement que Mag Guffog fut renvoyé de sa place, nonobstant sa déclaration (qu'il offrait d'attester par serment) que le soir précédent il avait exactement enfermé Glossin dans sa chambre. Son histoire, cependant, a trouvé créance près du digne M. Skriegh et de quelques autres amateurs du merveilleux, qui sont restés convaincus que l'Ennemi du genre humain avait réuni ces deux scélérats pendant cette nuit, par une intervention surnaturelle, afin qu'ils pussent combler la mesure de leurs crimes, et en recevoir la récompense, par le meurtre et le suicide.

CHAPITRE LVIII.

> Pour résumer... la fin de tout.
>
> DEAN SWIFT.

GLOSSIN étant mort sans héritiers, et avant d'avoir soldé le prix d'acquisition, le domaine d'Ellangowan revenait aux mains des créanciers de M. Godfrey Bertram ; mais une bonne partie d'entre eux devaient néanmoins voir leurs droits écartés, dans le cas où Henry Bertram établirait son caractère d'héritier par substitution. Le jeune homme remit ses affaires aux mains de M. Pleydell et de M. Mac Morlan, avec la seule clause que, dût-il être obligé de retourner dans l'Inde, il entendait que toutes les dettes légitimes et justes contractées par son père fussent acquittées jusqu'à la dernière. Témoin de cette déclaration, Mannering prit affectueusement la main du jeune héritier, et de ce moment peut être datée une parfaite intelligence entre eux.

L'argent comptant de miss Marguerite Bertram, et la généreuse assistance du colonel, mirent aisément l'héritier à même de faire honneur aux créanciers réels de son père, en même temps que la perspicacité et le contrôle de ses deux amis, MM. Pleydell et Mac Morlan, découvrirent tant de surcharges, surtout dans les comptes de Glossin, que la somme totale de la dette en fut très-notablement réduite. Dans ces circonstances, les créanciers n'hésitèrent pas à reconnaître les droits de Bertram, et à lui remettre la maison et les biens de ses ancêtres. Tout le monde partit de Woodbourne pour la reprise de possession, et le colonel Mannering fut si impatient de surveiller certains travaux d'agrandissement qu'il avait recommandés à Bertram, qu'il quitta aussi, avec sa fille, Woodbourne pour Ellangowan, quoique dans son état actuel cette dernière habitation fût loin d'offrir autant de ressources que celle qu'il abandonnait.

La joie fit presque tourner la cervelle du pauvre Dominie, en revenant à son ancienne demeure. Il monta les escaliers quatre à quatre, jusqu'à une petite pièce située dans les combles, son ancienne cellule et son dortoir, et que la possession de son appartement beaucoup plus beau de Woodbourne n'avait jamais pu bannir de son souvenir. Là, une douloureuse pensée vint tout à coup frapper l'honnête homme : — Les livres ! — Trois chambres d'Ellangowan n'auraient pas suffi à les contenir. Tandis que cette réflexion attristante lui traversait l'esprit, il fut appelé par M. Mannering pour l'aider à calculer quelques proportions relatives à une maison vaste et splendide qu'on devait élever sur l'emplacement de la nouvelle Place d'Ellangowan, dans un style digne de la magnificence des ruines dont elle était voisine. Parmi les divers appartements indiqués dans le plan, le Dominie remarqua que l'un des plus grands emplacements était intitulé : LA BIBLIOTHÈQUE ; et tout à côté était une chambre commodément disposée et assez spacieuse, où l'on avait inscrit : APPARTEMENT DE M. SAMPSON. — Prodigieux ! prodigieux ! pro-di-gi-eux ! exclama le Dominie dans son ravissement.

M. Pleydell avait quitté la compagnie pour quelque temps ; mais, selon sa promesse, il revint à l'époque des vacances de Noël. A son arrivée à Ellangowan, toute la famille était dehors, à l'exception du colonel ; celui-ci était tout occupé des plans de ses constructions et de son parc, plans auxquels il était fort entendu et prenait grand plaisir.

— Ah ! ah ! dit le conseiller, vous voilà ici ! Où sont les dames ? Où est la belle Julia ?...

— A se promener en compagnie du jeune Hazlewood, de Bertram et d'un de ses amis, le capitaine Delaserre, qui vient d'arriver. Ils sont allés visiter Derncleugh, où on veut faire construire une chaumière. Hé bien, en avez-vous fini de vos affaires de justice ?

— En un tour de main ; nous avons fait parvenir à la chancellerie l'affaire de notre jeune homme. Nous l'avons fait reconnaître héritier devant les massiers.

— Les massiers ? Qu'est-ce que c'est que les massiers ?

— Hé mais, c'est une sorte de saturnales judiciaires. Il faut que vous sachiez que l'une des conditions requises pour être massier, ou officier près de notre cour suprême, est d'être absolument dénué de connaissances.

— Fort bien !

— Maintenant, notre législature écossaise, par amour pour la plaisanterie, je suppose, a constitué ces hommes dénués de connaissances légales en cour particulière pour juger les questions d'état, telles que cette affaire de Bertram, lesquelles impliquent souvent les questions les plus délicates et les plus embarrassantes.

— Quelle diable d'idée ! J'aurais cru un tel usage sujet à quelques inconvénients.

— Oh ! la pratique fournit un remède à l'absurdité de la théorie. Un ou deux juges remplissent en ces occasions les fonctions d'aides et d'assesseurs de leurs propres huissiers. Mais vous savez ce que dit Cujas : *Multa sunt in moribus dissentanea, multa sine ratione*[1]. Au surplus,

[1] Il y a dans les coutumes bien des choses contradictoires, et beaucoup sans raison. La singulière inconséquence à laquelle il est fait allusion, est maintenant à peu près entièrement abolie. (W. S.)

cette cour des saturnales a fait notre affaire; et nous avons eu ensuite chez Walker une glorieuse consommation de bordeaux. Mac Morlan ouvrira de grands yeux quand il verra le mémoire.

— Ne craignez rien; nous ferons face au choc, et, par-dessus le marché, nous régalerons le comté chez mon amie mistress Mas Candlish.

— Et vous choisirez Jock Jabos pour votre maître d'écuries?

— Cela pourra bien être.

— Et où est Dandie, le redoutable lord du Liddesdale?

— Il est retourné à ses montagnes; mais il a promis à Julia de faire une descente ici cet été, avec la bonne femme, comme il dit, et je ne sais combien d'enfants.

— Oh! les petits drôles à tête bouclée! il faudra que je vienne aussi pour jouer avec eux à Harry l'aveugle[1] et à cligne-musette[2]. Mais qu'est-ce que tout ceci? ajouta Pleydell en examinant les plans. — Une tour au centre à l'imitation de la Tour de l'Aigle de Caernarvon; — *corps de logis*[3]... Diable! — des ailes... Des ailes? Mais la maison prendra le domaine d'Ellangowan sur son dos, et s'envolera avec!

— Alors, nous aurons soin de la lester avec quelques sacs de roupies sicca.

— Aha! est-ce de là que le vent souffle? Alors je suppose que le jeune lionceau enlève ma maîtresse, la belle Julia?

— Mon Dieu oui, conseiller.

— Ces heureux coquins, les *post-nati*[4], prennent toujours le dessus avec nous autres hommes de la vieille souche. Mais il faudra qu'elle transporte à Lucy l'intérêt qu'elle avait pour moi.

— A vous parler franchement, je crains que de ce côté-là encore vous ne soyez pris en flanc.

— En vérité?

— Bertram a eu ici la visite de sir Robert Hazlewood, pensant, jugeant, estimant.....

— O mon Dieu! faites-moi grâce, je vous prie, des triades du digne baronnet.

— Hé bien, monsieur, pour abréger, il a pensé que le domaine de Singleside s'étendant comme enclave entre deux de ses fermes, et étant situé à quatre ou cinq milles d'Ellangowan, quelque chose comme une vente, un échange, un arrangement quelconque, pourrait avoir lieu, à la convenance mutuelle des deux parties.

— Bien; et Bertram...

— Hé bien, Bertram a répondu qu'il regardait la donation originelle

---

[1] Sorte de Colin-maillard. (L. V.)
[2] *Hy-spy.*
[3] Ces mots sont en français dans l'original.
[4] Cadets.

CHAPITRE LVIII.

de mistress Marguerite Bertram comme l'arrangement le plus convenable dans les circonstances où se trouvait la famille, et qu'en conséquence le domaine de Singleside était la propriété de sa sœur.

— Le drôle! dit Pleydell en essuyant ses lunettes, il me volera mon cœur aussi bien que ma maîtresse. — Et puis?

— Sur ce, sir Robert s'est retiré après maint gracieux compliment; mais la semaine dernière il s'est remis en campagne avec de nouvelles forces : son carrosse à six chevaux, son habit écarlate brodé et sa plus belle perruque; — en grande tenue, comme on dit.

— Oui-da! et quelles ont été ses ouvertures?

— Il a parlé, avec de grandes circonlocutions cérémonieuses, d'un attachement de Charles Hazlewood pour miss Bertram.

— Oui, oui; il a respecté le petit dieu Cupidon quand il l'a vu perché sur le haut de Singleside. Et cette pauvre Lucy va-t-elle habiter avec ce vieux fou et sa femme, qui est la contre-épreuve en jupons du baronnet?

— Non, — nous avons paré à cela. Singleside-House sera réparé pour les jeunes gens, et portera à l'avenir le nom de Mont Hazlewood.

— Et vous-même, colonel, vous proposez-vous de continuer de résider à Woodbourne?

— Seulement jusqu'à ce que ces plans soient exécutés. Voyez; voilà le plan de mon Bungalow disposé de manière à ce que je sois seul, quand il me prendra un accès de misanthropie.

— Et comme il est situé, à ce que je vois, porte à porte avec le vieux château, vous pourrez faire réparer la Tour de Donagild pour la contemplation nocturne des corps célestes? Bravo, colonel!

— Non, non, mon cher conseiller; ici finit l'Astrologue¹.

: *Voyez* ci-après la note additionnelle J.

NOTES

DE

GUY MANNERING.

(A) Page 157.

MUMPS'S HA', OU L'HÔTEL DU MENDIANT.

Il convient d'expliquer au lecteur la localité décrite dans ce chapitre. Il y a, ou plutôt je devrais dire il y *avait* une petite auberge appelée Mumps's-Hall, c'est-à-dire Hôtel du Mendiant, non loin de Gilsland, lieu qui n'avait pas encore atteint sa renommée actuelle de nouveau Spa [1]. C'était un cabaret [2] de très-médiocre apparence, où les fermiers des deux côtés de la frontière s'arrêtaient souvent pour se rafraîchir, eux et leur monture, soit en allant aux foires et aux assemblées [3] du Cumberland, soit en en revenant, et spécialement ceux qui venaient d'Écosse ou y retournaient, à travers un canton dépouillé et solitaire où l'on ne trouvait ni route ni sentier, et auquel on donnait le nom emphatique de Solitude de Bewcastle [4]. A l'époque où sont supposées avoir eu lieu les aventures racontées dans le roman, il y avait de nombreux exemples d'attaques faites par les maraudeurs sur ceux qui traversaient ce canton sauvage, et Mumps's-Ha' avait la mauvaise réputation de donner asile aux bandits auteurs de ces déprédations.

Un vieux et robuste fermier du côté écossais de la frontière, appartenant à la famille des Armstrong ou des Elliot, mais bien connu par son sobriquet du Batailleur Charlie du Liddesdale, et dont on a gardé la mémoire dans ces cantons, à cause du courage qu'il montra dans les querelles qui avaient fréquemment lieu sur la frontière il y a cinquante ou soixante ans [5], fut, dans le *Waste*, le héros de l'aventure suivante, qui a suggéré l'idée de la scène racontée dans le chapitre XXII.

Charlie était allé à la foire de Stawshaw-bank, où il avait vendu ses moutons ou son bétail, ou n'importe ce qu'il avait conduit au marché, et il avait repris la route

---

[1] Gilsland-Spa est un petit bourg que ses eaux ont rendu célèbre, situé sur la lisière orientale du Cumberland, à l'est de Carlisle. La lande de Bewcastle tire son nom de celui d'une petite ville située entre Gilsland et la frontière écossaise. (L. V.)
[2] *Ale-house.*
[3] *Trysts.*
[4] *Waste of Bewcastle.*
[5] C'est-à-dire vers le milieu du dix-huitième siècle. (L. V.)

du Liddesdale. Il n'existait pas alors de banques provinciales, où l'argent comptant pût être déposé en échange de billets, ce qui encourageait grandement le brigandage dans ce pays sauvage, où ceux qu'on attaquait étaient ordinairement chargés d'or. Les voleurs avaient dans les foires des espions, par le moyen desquels ils savaient généralement quels étaient ceux dont la bourse était la mieux garnie, et qui avaient à suivre, pour retourner chez eux, une route isolée et déserte; — ceux, en un mot, qui valaient le plus la peine d'être volés, et qui paraissaient devoir être le plus aisément dépouillés.

Charlie savait très-bien tout cela; mais il avait une paire d'excellents pistolets, et un cœur qui ne connaissait pas la crainte. Il s'arrêta à Mumps's-Ha', nonobstant la mauvaise réputation de l'endroit. Son cheval avait été placé là où il pouvait prendre le repos et la nourriture nécessaires, et Charlie lui-même, gaillard entreprenant, devenait gracieux avec l'hôtesse, femme plus que réjouie, qui usa de tous ses moyens d'influence pour l'engager à passer la nuit chez elle. Son mari était absent, lui dit-elle, et il ne faisait pas bon à traverser le *Waste*, attendu que le soir devait nécessairement le surprendre avant qu'il eût atteint le côté écossais de la frontière, regardé comme plus sûr que l'autre. Mais Charlie le Batailleur, quoiqu'il se fût laissé retenir plus longtemps que la prudence ne l'eût voulu, ne regardait pas Mumps's-Ha' comme un endroit assez sûr pour y loger une nuit. Il s'arracha donc à la bonne chère et aux belles paroles de Meg, et remonta à cheval après avoir au préalable visité ses pistolets, et s'être assuré, au moyen de la baguette, qu'ils étaient chargés.

Il avait fait un mille ou deux, marchant au bon trot, lorsque, le *Waste* se déployant devant lui dans toute sa sombre nudité, des appréhensions commencèrent à s'éveiller dans son esprit, en partie causées par l'accueil inhabituel de l'hôtesse, auquel il ne pouvait s'empêcher de trouver une apparence suspecte. Il résolut donc de recharger ses pistolets, de peur que la poudre n'eût pris de l'humidité; mais quelle fut sa surprise, quand il retira la charge, de n'y plus trouver ni poudre ni balles, et de voir que les canons avaient été soigneusement remplis d'étoupe, dans l'espace que la charge avait occupé! L'amorce étant restée intacte, rien autre que la précaution qu'il avait eue de retirer et d'examiner la charge n'eût pu lui faire découvrir l'inefficacité de ses armes, jusqu'à l'instant fatal où il aurait eu besoin de leur service. Charlie envoya à son hôtesse une imprécation cordiale du Liddesdale, et rechargea ses pistolets avec soin et attention, ne doutant pas alors qu'il ne fût épié et ne dût être bientôt attaqué. Il n'avait pas encore été bien loin dans le Waste, qui alors, comme aujourd'hui, n'était traversé que par des chemins tels que ceux que décrit le texte, qu'il vit sortir tout à coup d'un trou de tourbière deux ou trois hommes déguisés et diversement armés, en même temps que, par un regard jeté en arrière (car marchant, comme dit l'Espagnol, la barbe sur l'épaule, il voyait dans toutes les directions à la fois), Charlie vit à l'instant que la retraite était impossible, deux autres hommes vigoureux se montrant derrière lui à quelque distance. Le borderer prit sur-le-champ sa résolution, et s'avança contre ses ennemis, qui lui crièrent de s'arrêter et de livrer son argent. Charlie continua de marcher sur eux en leur présentant son pistolet. Au diable votre pistolet! dit celui des voleurs qui se trouvait le plus près de lui, et que Charlie, jusqu'au jour de sa mort, protesta qu'il croyait être l'hôte de Mumps's-Ha', au diable votre pistolet! je ne m'inquiète guère que vous m'en menaciez. — Oui-da, camarade? répliqua la voix creuse de Charlie le Batailleur; mais *l'étoupe n'y est plus, maintenant.* Il n'eut pas besoin d'ajouter un mot de plus; les coquins, surpris de rencontrer bien armé un homme dont le courage était redouté, quand ils s'étaient attendus à le trouver sans défense, se sauvèrent par les marais dans différentes directions, et il continua son chemin sans autre fâcheuse rencontre.

L'auteur a entendu raconter cette histoire par des personnes qui la tenaient de Charlie le Batailleur lui-même; il a su en outre que Mumps's-Ha' fut par la suite le théâtre de quelque autre scène d'atrocité, pour laquelle les habitants de la maison furent pendus. Mais ce sont là des récits qui datent d'un demi-siècle, et le *Waste*, depuis longues années, est un lieu aussi sûr qu'aucun autre endroit du royaume.

(B) Page 168.

ORIGINAL DE DANDIE DINMONT.

L'auteur peut faire remarquer ici que le caractère de Dandie Dinmont n'a pas été tracé d'après un modèle individuel. Une douzaine au moins de vigoureux fermiers du Liddesdale qu'il a connus, et dont il a reçu l'hospitalité dans ses courses à travers ce pays pittoresque, à une époque où il était totalement inaccessible, sauf de la manière indiquée dans le texte, pourraient réclamer l'honneur d'avoir été les prototypes du rude, mais fidèle, hospitalier et généreux fermier. Toutefois, une circonstance du portrait de Dandie a fait que son nom a été rapporté à un très-respectable individu de cette classe, qui maintenant n'est plus. M. James Davidson de Hindlee, tenancier de lord Douglas, outre les points communs de ressemblance qu'il pouvait présenter avec Dandie Dinmont par la droiture cachée sous la rudesse des formes, par sa force personnelle et son intrépidité, eut la fantaisie de désigner une race célèbre de terriers qu'il possédait, par les noms de Mustard (Moutarde) et de Pepper (Poivre), selon que leur couleur tirait sur le fauve ou sur le gris foncé, sans autre distinction individuelle que la nomenclature mentionnée dans le texte. M. Davidson résidait à Hindlee, ferme située dans un canton sauvage, au pied même des montagnes du Teviotdale et longeant le Liddesdale, au point où les rivières et les ruisseaux se partagent, selon qu'ils prennent leur cours vers les mers de l'est ou de l'ouest. Sa passion pour la chasse sous toutes ses formes, mais notamment pour la chasse au renard, qui se faisait de la manière décrite au chapitre XXV, et pour la conduite de laquelle il surpassait en habileté la plupart des habitants des Highlands du sud, était le point saillant de son caractère.

Quand l'ouvrage pour lequel ces commentaires sont écrits commença à devenir populaire, le nom de Dandie Dinmont fut généralement attribué à M. Davidson. Celui-ci prit très-gaiement la chose, et dit seulement, en désignant l'auteur par le nom qu'on lui donne dans le pays où le sien est si commun, « que le sheriff n'avait pas parlé de lui plus que des autres, mais seulement de ses chiens. » Une dame anglaise de haut rang et fort à la mode, désirant posséder un couple des célèbres terriers Mustard et Pepper, exprima son vœu dans une lettre qui fut littéralement adressée à Dandie Dinmont, indication qui suffit pour la faire parvenir directement à M. Davidson, lequel fut justement fier de la demande, et ne manqua pas de satisfaire à une requête qui lui faisait tant d'honneur ainsi qu'à ses compagnons favoris.

J'espère ne pas être regardé comme offensant la mémoire d'un bon et digne homme, si je mentionne ici un petit trait de caractère qui se rapporte à la dernière maladie de M. Davidson. J'emploie les propres expressions de l'excellent ecclésiastique qui l'assista, et qui en rendit compte à un autre ministre de la même communion :

« J'ai lu à M. Davidson les vérités si convenables et si intéressantes que vous lui avez adressées. Il les a écoutées dans un grand recueillement, et a constamment montré une profonde préoccupation au sujet du salut de son âme. Il est mort le premier dimanche de l'année (1820). Une attaque d'apoplexie foudroyante l'a privé subitement de toute sensation; mais heureusement son frère était à son chevet, car il l'avait empêché ce jour-là de se rendre à l'église pour le garder près de lui, quoiqu'il ne se sentît pas plus mal que de coutume. — Ainsi vous avez eu le dernier petit Mustard que la main de Dandie Dinmont ait donné.

« Sa passion dominante n'avait rien perdu de sa force, même au bord de la tombe. Les chiens de chasse de M. Baillie avaient fait, il y a quelques semaines, lever un renard vis-à-vis de la fenêtre de notre malade. Dès qu'il entendit la voix des chiens, ses yeux brillèrent; il insista pour être sorti de son lit, et fut porté, avec beaucoup de difficulté, jusqu'à la fenêtre, d'où il jouit de la *plaisanterie*, comme il disait. Quand je vins demander de ses nouvelles, il me dit qu'il avait vu Reynard[1], mais qu'il n'avait pas vu sa mort. — Si ç'avait été la volonté de la Providence, ajouta-t-il, j'aurais bien voulu être à ses trousses; mais je suis charmé d'être venu jusqu'à la fenêtre, et reconnaissant de ce que j'ai vu, car cela m'a fait du bien. — Nonobstant ces originalités (ajoute le sensé et tolérant ecclésiastique), j'espère sincèrement et crois qu'il est allé dans un meilleur monde jouir d'une meilleure compagnie et de plaisirs meilleurs. »

Si quelque passage de cette petite narration peut exciter un sourire, il en est un qui s'accorde avec le plus parfait respect pour le moribond au cœur simple et pour son bienveillant et judicieux instructeur religieux, lequel, je l'espère, ne sera pas choqué de ce que nous avons donné, nous le croyons, la version exacte d'une anecdote qui a été très-généralement répandue. La race des Peppers et des Mustards est aujourd'hui plus estimée que jamais, non-seulement pour détruire la *vermine*[2], mais pour son intelligence et sa fidélité. Ceux qui, comme l'auteur, en possèdent un couple, les regardent comme des compagnons très-désirables.

(C) Page 181.

LUM-CLEEKS, OU CROCS DE LA CHEMINÉE.

Le *cleek* ici mentionné est un crochet ou une crémaillère en fer appendue dans la cheminée d'une chaumière d'Écosse, et où est suspendu le chaudron ou la marmite. Le même appareil est souvent nommé le *croc*. On fait ordinairement sécher le saumon en le suspendant, après qu'il a été ouvert et frotté de sel, au milieu de

---

[1] Le Renard; c'est une personnification très-habituelle parmi les chasseurs anglais. (L. V.)

[2] Nous avons expliqué, dans une note du texte, ce qu'on entend en Angleterre par cette expression de vénerie. (L. V.)

la fumée du feu de tourbe, au haut des *cleeks*, où il est dit se *fumer,* cette préparation étant ainsi nommée (*reist*). Le saumon ainsi conservé est mangé comme une recherche sous le nom de *kipper,* délicatesse à laquelle le docteur Redgill avait donné sa sanction, comme ingrédient du déjeuner écossais. — Voyez l'excellent roman intitulé *Mariage.*

(D) Page 182.

SURNOMS DE FAMILLE.

La distinction des individus par un surnom, quand ils ne possèdent point de propriétés, est encore une chose commune sur la frontière, et à la vérité elle y est nécessaire, à cause du nombre de personnes qui portent le même nom. Dans le petit village de Lustruther (comté de Roxburgh) il y a toujours eu, de mémoire d'homme, quatre habitants appelés André ou Dandie Oliver. Ils étaient distingués par les dénominations de Dandie Eassil-gate (Dandie de la porte de l'Est), Dandie Wassil-gate (Dandie de la porte de l'Ouest), Dandie Thumbie (Dandie le Pouce) et Dandie Dumbie (Dandie le Muet). Les deux premiers avaient reçu leurs surnoms de ce qu'ils demeuraient l'un à l'est, l'autre à l'ouest dans la rue du village; le troisième, de quelque particularité de conformation de son pouce; le quatrième, de ses habitudes taciturnes.

On raconte comme une plaisanterie bien connue qu'une mendiante, repoussée de porte en porte un jour qu'elle sollicitait un asile pour la nuit dans un village de l'Annadale, s'écria, dans son désespoir : N'y a-t-il pas de chrétiens, ici? A quoi les auditeurs, comprenant qu'elle s'informait de quelques personnes ainsi surnommées, répondirent : Non, non, il n'y a pas de Chrétiens ici; nous sommes tous des Johnstones et des Jardines.

(E) Page 190.

SUPERSTITIONS DES GIPSIES.

Les rites mystérieux au milieu desquels est représentée Meg Merrilies appartiennent à son caractère comme reine de sa race. Tout le monde sait que les gipsies de tous les pays prétendent au don de prédire l'avenir; mais eux-mêmes, et cela arrive souvent, sont accessibles aux superstitions dont ils profitent pour exploiter les autres. Le correspondant du *Blackwood's Magazine,* cité dans l'introduction de cet ouvrage, nous donne quelques informations au sujet de leur crédulité.

« Je me suis toujours aperçu, dit-il en parlant des gipsies de Yetholm, qu'ils sont extrêmement superstitieux; — ils remarquent avec soin la formation des nuages, le vol de quelques oiseaux particuliers et l'impression que l'oreille reçoit du vent qui souffle, avant de tenter aucune entreprise. On les a vus rebrousser chemin pendant plusieurs jours de marche, avec leurs charrettes chargées, leurs ânes et leurs enfants, parce qu'ils avaient rencontré des personnes qu'ils regardaient comme d'un aspect de mauvais augure; et ils ne commencent pas non plus leurs pérégrinations d'été sans quelques augures propices de leur heureux retour. Ils brûlent les vêtements de leurs morts, non pas tant parce qu'ils craignent que ces vêtements ne leur communiquent quelque infection, que par la conviction où ils sont que l'acte même de les porter abrégerait leurs jours. Pareillement, ils veillent avec soin le corps du mort, jour et nuit, jusqu'au moment de l'enterrement, et s'imaginent que le diable tinte à la *lyke-wake*[1] de ceux qui sentent, à leurs derniers moments, les agonies et les terreurs du remords. »

Ces superstitions ne sont pas particulières aux gipsies; elles étaient autrefois généralement répandues parmi le bas peuple d'Écosse, où on ne les retrouve plus aujourd'hui que chez les hommes d'habitudes les plus grossières, et qui sont le plus dépourvus d'instruction. L'idée populaire que la lutte entre la vie et la mort est péniblement prolongée si l'on tient fermée la porte de la chambre, était reçue comme certaine par la superstition des anciens Écossais; mais il ne fallait pas non plus qu'elle fût entièrement ouverte. Laisser la porte entre-bâillée était le milieu adopté par les vieilles femmes les mieux initiées aux mystères des lits de mort et des *lyke-wakes*. De cette façon, l'âme emprisonnée avait assez de place pour s'échapper, en même temps qu'un obstacle, nous a-t-on assuré, était opposé à l'entrée de tout objet effrayant qui autrement aurait pu s'introduire. Le seuil d'une habitation était en quelque sorte une limite sacrée, et l'objet d'une grande superstition. Une nouvelle mariée, même aujourd'hui, est toujours soulevée pour le franchir, coutume qui paraît dérivée des Romains.

(F) Page 291.

TAPPIT-HEN, OU POULE HUPPÉE.

Le tappit-hen ou poule huppée contenait trois quartes de vin de Bordeaux (claret):

> Elle aimait un *gill*[2] de Hawick,
> La vue du *tappit-hen* la faisait rire.

J'ai vu autrefois une de ces formidables mesures chez le prévôt Haswell de Jedburgh. C'était un pot d'étain, le claret étant tiré du tonneau pour être servi, et le couvercle était surmonté de la figure d'une poule. Plus tard, le nom en a été donné à une bouteille de même dimension. Mais ce sont aujourd'hui de rares apparitions parmi les buveurs dégénérés des temps modernes.

(G) Page 291.

HABITUDES DE TABLE DU BARREAU ÉCOSSAIS.

Le récit que fait M. Pleydell de la manière dont, au milieu d'une orgie, il rédigea un acte d'appel, a été pris d'une histoire (que m'a racontée un vieux gentle-

---

[1] Veillée d'un mort. (L. V.)
[2] Autre mesure de moindre dimension. (L. V.)

man) de l'ancien président Dundas d'Arniston (père du jeune président du même nom et de lord Melville). A l'époque où ce légiste distingué était avocat du roi, on jugea très-désirable, dans un certain cas d'appel, que son assistance pût être obtenue pour en rédiger l'acte, qui était regardé, à cette époque où le cas s'en présentait rarement, comme un objet de grande difficulté. Le procureur agissant pour l'appelant, suivi de son clerc, celui-là même dont je tiens l'anecdote, s'en furent à la demeure du lord-avocat, située, je crois, dans le *Fishmarket-Close* (Impasse de la Poissonnerie). C'était un samedi à midi; la cour venait de se séparer, le lord-avocat avait changé de costume et mis ses bottes, et son domestique attendait avec ses chevaux au bas du *close* pour le conduire à Arniston. Il n'était guère aisé de l'amener à écouter un mot sur un sujet d'affaires. Le rusé procureur, cependant, sous prétexte de lui faire une ou deux questions qui ne le retiendraient pas une demi-heure, avait entraîné Sa Seigneurie, qui n'était pas moins éminent comme bon vivant que comme légiste, à prendre un verre de vin dans une célèbre taverne, où le savant avocat s'engagea peu à peu dans une discussion animée sur les points de droit de la cause. Enfin, il lui vint à l'esprit qu'il pourrait aussi bien se rendre à Arniston par la fraîcheur de la soirée. Les chevaux furent renvoyés à l'écurie, mais en ordonnant de ne les pas desseller. On commanda le dîner, la loi fut temporairement mise de côté, et la bouteille circula avec grande activité. Sur les neuf heures du soir, et lorsque depuis nombre d'heures le lord-avocat festoyait Bacchus, il commanda qu'on dessellât ses chevaux, — qu'on apportât du papier, une plume et de l'encre; — puis il se mit à dicter l'acte d'appel, — et il poursuivit cette tâche jusqu'à quatre heures du matin. Le procureur envoya à Londres, par la poste du lendemain, l'acte ainsi rédigé, un chef-d'œuvre dans son genre, et dans lequel, m'assurait celui qui me racontait ces particularités, il n'y avait pas eu à revoir ou à corriger cinq mots. Je ne crois donc pas avoir outre-passé la vérité en rapportant comment les anciens hommes de loi d'Écosse unissaient parfois le culte de Bacchus à celui de Thémis. Mon narrateur était Alexandre Keith, esq., grand-père de mon ami sir Alexandre Keith de Ravelstone, et clerc, à cette époque, du procureur qui conduisait la cause en question.

(H) Page 367.

LORD MONBODDO.

Le Burnet dont le goût pour le souper des anciens est cité par M. Pleydell est lord Monboddo, métaphysicien célèbre et excellent homme, dont les *cœnœ* ne seront pas oubliés de sitôt par ceux qui ont eu part à son hospitalité classique. Comme juge d'Écosse, il avait pris la désignation de son domaine patrimonial. On sait assez que sa philosophie était d'un caractère bizarre et quelque peu fantastique; mais ses connaissances étaient profondes, et il était doué d'un singulier pouvoir d'éloquence, qui rappelait à ses auditeurs l'*os rotundum* du bosquet d'Académe. Enthousiaste des habitudes classiques, ses festins avaient toujours lieu le soir, et là circulait d'excellent bordeaux, dans des flacons ornés de guirlandes de roses; des roses jonchaient aussi la table, à la manière d'Horace. La meilleure société, soit quant au rang, soit quant à la distinction littéraire, était toujours réunie dans St. John's Street, Canongate. La conversation de l'excellent vieillard, son esprit élevé, noble, chevaleresque, le savoir et l'esprit avec lesquels il soutenait ses singuliers paradoxes, son hospitalité bienveil-

NOTE J.

lante et libérale, doivent rendre ces *noctes cœnæque* chers à tous ceux qui, comme l'auteur (quoique alors bien jeune), ont eu l'honneur de s'asseoir à sa table.

(I) Page 369

INSOMNIES DES HOMMES DE LOI.

Il est probablement vrai, comme le dit le conseiller Pleydell, que les inquiétudes d'un homme de loi au sujet de sa cause, en le supposant un peu rompu à la pratique, troubleront rarement son repos ou sa digestion. Les clients aimeront cependant quelquefois à se bercer d'une opinion contraire. Un excellent juge, qui maintenant n'est plus, racontait l'anecdote d'un gentilhomme campagnard, qui, étant venu voir son conseil (celui dont je tiens l'histoire), alors avocat très-répandu, le matin du jour où devait être plaidée sa cause, lui dit, avec une singulière bonhomie : Hé bien, mylord (le conseil était lord-avocat), le grand jour est arrivé, enfin. Je n'ai pas pu en fermer l'œil de la nuit, — ni, j'ose le dire, Votre Seigneurie non plus.

(J) Page 437.

NOTE ADDITIONNELLE A GUY MANNERING.

LOCALITÉS DU GALLOWAY ET PERSONNAGES AUXQUELS ON SUPPOSE QU'IL ÉTAIT FAIT ALLUSION DANS LE ROMAN.

Un vieux proverbe anglais dit que Tom Fool est connu de plus de gens que Tom Fool n'en connaît, et cet adage semble s'appliquer à des ouvrages composés sous l'influence d'une oiseuse et folle planète. Nombre de rapports de circonstances, dont l'auteur n'avait jamais soupçonné l'existence, sont découverts par les lecteurs. Il doit néanmoins regarder comme très-flatteur pour lui qu'en détaillant des incidents purement imaginaires, il ait été assez heureux pour approcher de la réalité au point de rappeler à ses lecteurs des faits réels. C'est donc avec plaisir qu'il consigne ici quelques fragments d'histoires et de traditions locales dans lesquels on a cru trouver des rapports avec les personnages fictifs, les incidents et les localités de *Guy Mannering*.

Le prototype de Dirk Hatteraick est regardé comme ayant été un patron hollandais appelé Yawkins. Cet homme était bien connu sur la côte du Galloway et de Dumfries, comme seul propriétaire et maître d'un *buckkar* ou longre contrebandier appelé *le Prince-Noir*. Comme il se distinguait par son habileté nautique et son intrépidité, son bâtiment était très-souvent frété et ses propres services employés par les compagnies de contrebande françaises, hollandaises, mankoises et écossaises.

Une personne bien connue sous le nom de Buckkar-Tea, parce qu'elle se livrait spécialement à la contrebande du thé (*tea*), et aussi sous le nom de Bogle-Bush, lieu de sa résidence, a assuré à l'obligeant M. Train, de qui je tiens ces détails, qu'elle avait fréquemment vu au delà de deux cents hommes de Lingtow se rassembler à la fois, et se répandre dans l'intérieur du pays chargés d'articles de contrebande.

Dans ces jours paisibles du *commerce libre,* le prix fixé pour transporter une caisse de thé ou une balle de tabac des côtes du Galloway à Édimbourg était de quinze shillings, et un homme avec deux chevaux pouvait transporter quatre de ces ballots. Le commerce fut entièrement détruit par la célèbre loi de dégrèvement (*commutation law*) de M. Pitt, qui, en abaissant les droits sur les articles soumis à l'accise, permit au commerçant licite de lutter avec le contrebandier. Dans le Galloway et le comté de Dumfries, ceux que cette nouvelle disposition avait sortis du commerce de contrebande donnaient au statut le nom d'*acte d'incendie et de famine.*

Assuré d'une assistance aussi active sur la côte, Yawkins se conduisit avec tant d'audace que son nom seul était devenu la terreur des officiers du fisc. Il sut bien mettre à profit les craintes qu'inspirait sa présence, une certaine nuit que, se trouvant à terre avec une quantité considérable de marchandises sous sa seule garde, il vit venir de son côté un fort parti de douaniers. Loin de reculer devant l'attaque, Yawkins avança vers eux en leur criant : Approchez, camarades, Yawkins est devant vous ! Les douaniers intimidés abandonnèrent leur prise, quoiqu'elle ne fût défendue que par l'adresse courageuse d'un seul homme. Sur son propre élément, Yawkins n'était pas moins heureux. Une fois, qu'il était à décharger sa cargaison au lac de Manxman, non loin de Kirkcudbright, deux cutters de la douane (le *Pigmy* et le *Dwarf*[1]) se montrèrent en vue sur deux points à la fois, l'un tournant les îles de Fleet, l'autre entre la pointe de Rueberry et le Muckle-Ron. Sur-le-champ, l'intrépide contrebandier leva l'ancre, et cinglant droit entre les deux lougres, il en passa si près qu'il lança son chapeau sur le pont de l'un d'eux et sa perruque sur celui de l'autre ; puis il hissa une barrique à son grand mât pour montrer son genre d'occupation, et gagna le large en faisant force de voiles, sans avoir reçu la moindre injure. Pour expliquer ces évasions et d'autres analogues, la superstition populaire alléguait que Yawkins avait assuré son célèbre buckkar en abandonnant au diable à chaque voyage la dixième partie de son équipage. Comment s'opérait la répartition de cette dîme, c'est ce qui est laissé à nos conjectures. C'était peut-être en l'honneur du formidable assureur que le buckkar avait été appelé *le Prince Noir.*

Le Prince Noir avait coutume de débarquer son chargement à Luce, à Balcarry et sur d'autres points de la côte ; mais le lieu de débarquement favori du patron était à l'entrée de la Dee et de la Cree, près du vieux château de Rueberry, à six milles environ au-dessous de Kirkcudbright. Il existe au voisinage de Rueberry une caverne de vaste dimension, qui servit souvent de retraite à Yawkins, et qui, d'après les rapports que les contrebandiers de la côte sont supposés avoir eus avec elle, est maintenant appelée la Caverne de Dirk Hatteraick. Aux étrangers qui visitent ce lieu, dont l'aspect et les environs sont éminemmet pittoresques, on montre aussi, sous le nom de *Gauger's Loup* (Saut du Jaugeur), un effrayant précipice, qui, assure-t-on, est celui-là même d'où Kennedy fut précipité [2].

---

[1] Le *Pygmée* et le *Nain.*

[2] Ces diverses localités, situées sur la côte orientale de la baie de Wigton, comté de Kirkcudbright, sont assez éloignées à l'ouest de la côte de Carlaverock, que l'auteur

NOTE J.

Meg Merrilies est regardée, dans le Galloway, comme ayant tiré son origine des traditions relatives à la célèbre Flora Marshall, une des royales compagnes de Willie Marshal, plus communément appelé le *caird*[1] de Barullion, roi des gipsies des Basses-terres (*Lowland*) de l'Ouest. Ce potentat mérite lui-même de fixer l'attention, par les particularités suivantes. Il naquit dans la paroisse de Kirkmichael, vers l'année 1674, et il mourut à Kirkcudbright le 23 novembre 1792; il devait alors avoir atteint sa cent-vingt-septième année. On ne pourrait dire que cette existence d'une longueur si peu ordinaire se soit fait remarquer par une grande régularité de conduite ni d'habitudes de vie. Willie avait été *pressé* ou enrôlé dans l'armée sept fois, et sept fois il avait déserté, sans parler de trois autres désertions du service naval. Il avait été marié légitimement dix-sept fois, et outre une part si raisonnable des douceurs matrimoniales, il était, après sa centième année, le père avoué de quatre enfants, fruit d'affections moins licites. Il vivait, dans son extrême vieillesse, d'une pension que lui faisait le grand-père du comte actuel de Selkirk. Will Marshal est enterré dans l'église de Kirkcudbright, où l'on montre encore son tombeau décoré d'un écusson convenablement blasonné de deux cornes de bélier et de deux cuillers à manche court (*cutty*).

Dans sa jeunesse, il faisait de temps à autre une promenade sur les grands chemins, dans le but d'assister les voyageurs en les soulageant du poids de leur bourse. Une fois, le caird de Barullion détroussa le laird de Bargally, dans un endroit situé entre Carsphairn et Dalmellington. Il n'était pas venu à son but sans une lutte vigoureusement soutenue, dans laquelle le gipsie perdit son bonnet qu'il fut obligé de laisser sur la route en se sauvant. Le premier voyageur qui vint à passer ensuite sur le lieu de la scène se trouva être un respectable fermier; en apercevant le bonnet, il mit pied à terre, le ramassa, et assez imprudemment le mit sur sa tête. En cet instant, Bargally revenait avec du renfort; reconnaissant le bonnet, il accusa le fermier de Bantoberick d'être son voleur, et l'arrêta. Comme il y avait quelque ressemblance entre les parties, Bargally persista dans son accusation, et, en conséquence, malgré l'excellente réputation bien reconnue du fermier, il fut mis en jugement devant la cour du district. Le fatal bonnet était posé sur la table du tribunal. Bargally jura que c'était le même que portait l'homme qui l'avait volé, et il déposa en outre, ainsi que d'autres témoins, qu'ils avaient trouvé l'accusé, le bonnet sur la tête, à la place même où le crime avait été commis. L'affaire paraissait mal tourner pour le prisonnier, et l'opinion du président semblait défavorable; mais il se trouvait dans le tribunal un homme qui savait bien qui avait ou n'avait pas commis le crime : c'était le caird de Barullion, qui, montant à la barre, près de la place où se tenait Bargally, saisit vivement le bonnet, le mit sur sa tête, et regardant le laird en face, lui dit, d'un ton qui attira l'attention de la cour et de l'auditoire : Regardez-moi, monsieur, et dites-moi, par le serment que vous avez fait, si *je* ne suis pas l'homme qui vous a volé entre Carsphairn et Dalmellington? Frappé de surprise, Bargally s'écria : Par le Ciel, c'est bien vous qui êtes l'homme. — Vous voyez quelle sorte de mémoire a ce gentleman, dit l'avocat officieux; il jure sur le bonnet, quels que soient les traits qui soient dessous. Si vous-même, mylord, le mettiez sur votre tête, il serait tout prêt à jurer que Votre Seigneurie

semble avoir lui-même désignée comme le théâtre supposé des principaux incidents de *Guy Mannering*. (L. V.)

[1] Chaudronnier ambulant. (L. V.)

est l'homme qui l'a volé entre Carsphairn et Dalmellington. Le tenancier de Bantoberick fut acquitté à l'unanimité; et ainsi Willie Marshall réussit adroitement à tirer un innocent du danger, sans s'y mettre lui-même, le témoignage de Bargally devant paraître à chacun trop instable pour qu'on pût y faire fond.

Tandis que le roi des gipsies était livré à cette louable occupation, sa royale compagne, Flora, tenta, dit-on, d'enlever le capuchon de la robe du juge. Cette peccadille, jointe à sa culpabilité présomptive comme gipsie, la fit envoyer à la Nouvelle-Angleterre, d'où elle ne revint jamais.

Maintenant, je ne puis accorder que le caractère de Meg Merrilies ait été, dans sa première conception, dérivé de celui de Flora Marshal, attendu que déjà j'ai dit qu'elle était identifiée avec Jeanne Gordon, et que je n'ai pas l'excuse du laird de Bargally pour charger du même fait deux individus distincts. Néanmoins, je consens tout à fait à ce que Meg soit considérée comme un représentant de sa secte et de sa classe en général, — de Flora aussi bien que des autres.

Les autres particularités dans lesquelles mes lecteurs gallovégiens m'ont aidé, en assignant

> A des riens sortis de ma cervelle,
> Une demeure ainsi qu'un nom,

seront aussi sanctionnées autant que l'auteur peut être en droit de le faire. Je crois que le facétieux Joe Miller rapporte un exemple très-applicable ici, lorsqu'il raconte que le gardien d'un muséum, qui montrait, disait-il, l'épée même avec laquelle Balaam avait été sur le point de tuer son ânesse, ayant été interrompu par un des visiteurs, qui lui rappela que ce Balaam n'avait pas d'épée, mais que seulement il en désirait une : « C'est vrai, monsieur, répliqua l'imperturbable *cicerone*, mais ceci est l'épée même qu'il désirait avoir. » L'auteur, pour l'application de cette histoire, n'a plus qu'à ajouter que bien qu'il n'ait pas connu la coïncidence des fictions du roman et de quelques circonstances réelles, il veut bien croire qu'il doit y avoir pensé à son insu, ou tout au moins qu'il les a rêvées, tandis qu'il était occupé de la composition de *Guy Mannering*.

FIN DES NOTES DE GUY MANNERING.

www.ingramcontent.com/pod-product-compliance
Lightning Source LLC
Chambersburg PA
CBHW070527230426
43665CB00014B/1592